JN284643

立憲国家と憲法変遷

赤坂正浩

立憲国家と憲法変遷

学術選書
8
憲　法

信山社

本書を

故小嶋 和司先生

故菅野喜八郎先生

に捧げる

目次

第三部　憲法変遷の観念

立憲国家と憲法変遷

第一部　立憲国家の諸相

I　国家法人説とベッケンフェルデのアンシュタルト国家論

一　国家法人説と憲法学

憲法は「国家の基本法」だとされるが、一般に憲法教科書にはいわゆる「国家三要素説」への簡単な言及があるのみで、国家についての立ち入った検討はみあたらない(1)。さらに「国家法人説」となると、特に言及しないもの(2)、その歴史的・イデオロギー的意味だけを指摘するもの(3)、イデオロギー性に注意を喚起しつつ技術的有用性に触れるもの(4)、もっぱら技術的必要性を説くもの(5)と、その取り扱い方はまちまちである(6)。いずれにせよ憲法教科書では、国家三要素説も、国家法人説も、日本国憲法の解釈という本題に入る前の、ほんの前置き程度の扱いしか受けていないと言っても過言ではない(7)。

教科書的記述のレベルだけでなく、専門的研究のレベルでも、国家法人説が日本国憲法下の憲法学でとりあげられることはほとんどなかった(8)。しかし、こうした教科書的記述のばらつきや、専門的研究の低調は、必ずしも国家法人説の否定を意味するわけではなく、憲法学は、「国家をはじめとする…基礎概念の規定においては、無意識のうちにそれ「国家法人説」を前提とし」てきたと評することも可能であろう(9)。そうしたなかで、日本国憲法の解釈レベルで、国家法人説を明示的に否定する数少ない論者として、杉原泰雄の名をあげることができる(10)。

日本の憲法学界にとっては、国家三要素説・国家法人説の輸入元であったドイツでも、最近の学界事情は類似していうようである。すなわち、国家三要素説・国家法人説についての立ち入った検討なしに、それらがドイツ基本法の自明の解釈前提として承認されている、ということである。

たとえば、現在のドイツで最も版を重ねた統治機構の教科書のひとつである、イェルン・イプセンの『国法I』には、次のような解説がある。[11]「国際法の観点に立つと、国家とは、国家領域 Staatsgebiet、国民 Staatsvolk、（有効に機能する）国家権力 Staatsgewalt をその構成メルクマールとする国際法上の主体である」（Rn. 5）。「三要素説の必然的な帰結として、国家とは、その（始原的）諸権限すなわち国家権力を、ある特定の領土（国家領域）において行使するひとつの人的団体である」（Rn. 7）。「三要素説は、国家内の権利義務が問題となる場合には、それ以上助けにならない。…この欠陥を埋めるのが、国家法人説である」（Rn. 9）。「国家を…公法上の法人として捉えることには、今日では思考上の困難はまったく存在しない。したがって、国家法人説は、今日では通説とみなすことが許される」（Rn. 11）。「かくして、国法上、ドイツ連邦共和国は、権利義務の主体として、その諸機関を通じて行為するひとつの公法人であり、ひとつの領域団体である」（Rn. 15）。

イプセンは、[12]こうした通説的理解に対して、明示的かつ根本的な疑義を呈した稀有な例として、ベッケンフェルデの論文をあげている。[13]本章は、ベッケンフェルデがハンス・J・ヴォルフの七五歳記念論集に寄稿したこの論文の内容を紹介し、国家法人説が日本国憲法の理解に際してもつ意味を、改めて考察するための糸口とすることを目的としている。

二　国家法人説のイデオロギー的側面に関する批判

ハンス・J・ヴォルフは、国家法人説を基礎とした機関概念を精緻化させ、「第二次大戦後・（西）ドイツ行政組織法論の一頂点」[14]と評される公法学者である。そのヴォルフを Habilitationsvater とするベッケンフェルデが、[15]

師に献呈された記念論集において、師説批判を展開したのが、「機関、組織、法人」と題するこの論文である。ベッケンフェルデ論文は、ヴォルフの国家法人説・国家機関論の批判の上に、国家現象の法的把握の新たな構想を提示しようとしたものである。批判は、一つには、国家法人説のイデオロギー的側面に向けられ、いま一つには、法技術的側面に向けられている。

国家法人説のイデオロギー的側面に向けられたベッケンフェルデの批判の要点は、この学説がドイツ基本法の民主主義原理と合致しないということである(16)。歴史的にみれば、国家法人説は、それぞれ主権者の地位を要求する君主と人民の上位に国家を置き、「君主にも人民にも由来しない政治的支配の中心的帰属点として、」国家という「より高次の法的統一体」を想定する学説である。国家法人説は、国家をその設置者から切り離して独立の人格として構成し、本来、国家の設置者であり主権者であるはずの人民を、法人としての国家の機関の地位に限局する。「人民は、それに対峙する国家法人の内部では、第一次的創設機関の地位と作用、そして場合によっては投票機関・決定機関の地位と作用という機関作用を分担し、かつそれに尽きることになる」。ベッケンフェルデによれば、国民主権原理に立脚する民主国家においては、人民は国家組織の出発点であり主人であるはずであるから、国家法人説はドイツ基本法上の人民の地位と合致しない。

国家法人説が、君主主権か国民主権かという体制原理の選択を引き延ばす「遷延的妥協」という歴史的・イデオロギー的機能を果たしたことは、日本の憲法学でもよく知られている(17)。したがって、国家法人説の政治イデオロギー性の指摘という点では、ベッケンフェルデの批判は日本の学界にとって特に目新しいものではない。

しかし、国家法人説が、過去に一定のイデオロギー機能を営んだとしても、そのことはただちに、現行憲法のもとで国家の法人的構成が不要であるという理由にはならない。日本国憲法の解釈書にも、国家法人説のイデオロギー性と技術的必要性の双方を指摘するものがあることはすでに述べた(18)。したがって、国民主権原理のもとでは人民は法人たる国家の機関ではなく、国家の主人そのものだとして、憲法解釈のレベルにおいて明示的に国家法人説に異議を唱えるベッケンフェルデの主張はきわめて異色であり、この点で前述した杉原泰雄と符合する。

このようにベッケンフェルデと軌を一にする杉原の国家法人説否定のことばも、ここで引いておこう。「日本国憲法下で、『国家法人説』をとるならば、…主権者たる国民は統治権の所有者（権利主体）ではなくなるから、統治機構の民主的運営は大きく阻害されることになる。明治憲法下で『国家法人説』（天皇機関説）が天皇主権に対して及ぼした阻止的効果…を、日本国憲法下では国民主権に対して及ぼすことになる。国民（人民）は、法人たる国家の機関にすぎないことになるから、『人民の、人民による、人民のための統治』は論理的に成立できなくなる。…しかし、日本国憲法が国家法人説的な国家の概念をとっているとは、とうてい解されない。その諸規定からすれば、国民（人民）を統治権の所有者とする国民（人民）即国家の立場をこれほど明瞭に示している現代市民憲法は少ないといっても誤りではあるまいと思う[19]」。

三　国家法人説の法技術的な側面に関する批判

(1)　しかし、こうした国家法人説のイデオロギー的側面の批判以上に、ベッケンフェルデ論文の主要な特徴は、国家法人説を基盤とするハンス・J・ヴォルフの国家組織法体系、とりわけその機関概念を批判的に検討している点に求めることができるだろう。そこで次に、こうした国家法人説のいわば法技術的側面に関するベッケンフェルデの批判を紹介しておきたい。

ベッケンフェルデは、ヴォルフ（に代表される通説）の機関概念の特徴を次のように要約する。すなわち、ヴォルフの国家組織法の理論体系は、「国家の法人としての（法的）性格づけ」をその中心点とし、隅石としている[20]。「このことから、ヴォルフの機関概念は、徹頭徹尾、法理論的な帰属概念、法人への帰属概念として展開されている。[ヴォルフの定義によれば]《機関とは、法人に所属する権限を便宜的に執行transitorische Wahrnehmungする権限を与えられた制度上の自立的主体である》。[ある主体に]所属する権限と[ある主体に]よって]執行される権限との区別は、機関が（機関担当者を通じて）みずから行為することで、その機関は（単に）法人の権利義務を主張し行使しているにすぎないこと、つまり、機関はたしかに自立的な権限を有し、そのかぎりで《主体》であるのだが、それはまさに、（当該機関に割りふられた任務領域内で）法人の権利義務を執行する権限、法人として行為し、法人のために行為する権限にすぎないこと、この点を法律構成的に記述するのに役立つのである。…組織体の内部的組織構造および統一性の維持は、[ヴォルフの]概念構成の重要な観点ではない。[ヴォルフの]機関概念の出発点は、組織の概念（および組織という現象）ではなく、法人という（独立の）法的帰属主体なのである」(21)。

このようにベッケンフェルデによれば、ヴォルフに代表される通説的国家組織法体系は、権利義務の帰属主体である国家法人と、あくまで国家法人のために国家法人の権利義務を行使するにすぎない国家機関という行為単位とを、基本的な構成要素として組み立てられている。

こうしたヴォルフ的構成に対するベッケンフェルデの批判の要旨は、存在と当為の峻別論を組織法領域に投影したヴォルフの国家法人・国家機関概念では、現実の国家組織を法的に把握することができないということである。ベッケンフェルデ自身のことばを確認しておこう。

「法理論および法的概念構成の領域で、法規範と社会的現実、すなわち、法的意味での国家・組織・機関と、社会的（社会科学的・事実的）意味での国家・組織・機関とを、無関係に並列するやり方は、法哲学の領域における『存在』と『当為』との無関係の二元主義に対応したものだ。したがって、ヴォルフの場合、『社会的意味の』機関ないし『法事実的意味の』（!）機関と、『規範的意味の』機関という、それぞれ独立の自立した機関概念が構成される。…しかしながら、組織の作用連関および統一性がそれにもとづいて樹立され維持される規範の複合体も、組織と機関の社会的現実の一部なのである。こうした規範複合体は、この社会的現実を形成し、（共に）作り上げるモメントとして当然付加され、『社会的な複合体』としての機関と組織は、規範の複合体を算入することなしには、適切に記述することがまったくできないのである」[22]。

(2) このようにベッケンフェルデによれば、権利義務の唯一の帰属主体である国家法人と、その行為の法的効果がすべて国家法人に帰属する国家機関という、二つの基本的構成要素からなるヴォルフの規範的国家組織法体系では、現実の国家組織のあり方を法的に適切に把握することができない。その具体例として、ベッケンフェルデは四つの現象をあげている。

① 第一に[23]、ヴォルフ的な国家法人―国家機関概念では、機関自身の権利義務について語ることは本来不可能なので、同一法人内部の機関の相互関係を法的に説明できない場合が生ずる。ベッケンフェルデはその典型例として、基本法九三条一項一文をあげている[24]。この条項は、「ある連邦最高機関の権利義務の範囲に関する紛争」および「基本法またはある連邦最高機関の職務規則が固有の権利を付与している他の連邦最高機関の権利義務の範囲に関する紛争」を、連邦憲法裁判所の管轄権の一つとして掲げている[25]。つまり、ドイツの実定法は、国家法人ではなく国家機関にとって固有の権利義務が存在することを承認しており、権利義務の帰属主体を国家法人に限定するヴォルフ的構想とは矛盾するのである。

② 第二に[26]、ヴォルフ的構想では、法人が別の法人の権限を行使する場合も、本来位置づけ不能である。ベッケンフェルデは、その典型例として、国家から市町村への事務の委任をあげている。国家と市町村はそれぞれ独立の法人として構成され、市町村は国家の委任事務も自己の名において行使する。にもかかわらず、こうした委任事務の執行に際しては、市町村はあたかも下位機関が上位機関に服するように、国家の法的監督および専門的

監督に服するのである。ヴォルフは、独立の法人が国家の監督を受けながら国家の委任事務を執行する場合、この独立の法人を国家組織の構成分肢 Glieder とよんだ。

ベッケンフェルデによれば、法人理論では、法人が別の法人の「構成分肢」となることはありえないので、ヴォルフもここでは市町村を「国家法人の」構成分肢とはよばずに、「国家組織の」構成分肢という言い方をせざるをえなかった。しかし、「機関と構成分肢との質的区別は不可能であって、両者は組織法上の自立性の程度に応じて、相対的に区別することができるにすぎない。…この場合、国家組織への組み込みの程度と種類が、同列扱いと別扱いの決定的な観点であって、『法人』という帰属単位の存在が決定的な観点なのではない」[27]。ひとつの「組織的作用主体」に対して、たとえば民事上の財産能力・行為能力に関しては法人としての自立性を認め、別の領域では他の法人の非自立的な権限行使者の地位を与えることも、法技術的にはけっして不可能ではない。ベッケンフェルデにしたがえば、ここにもヴォルフ理論のほころびが見られる。

③　ベッケンフェルデがあげる第三の例[28]は、権利能力をもたない公的アンシュタルト[29]の存在である。たとえば、公立学校は権利能力なき公的アンシュタルトとして扱われ、法人格を認められていない。ベッケンフェルデによれば、公立学校はその設置者である国家や市町村との関係では、せいぜい一種の機関にすぎないので、学校長・職員会議・クラス担任のような学校内部の作用主体は、国家や市町村の機関とは言えない。しかし、公立学校が法人でない以上、学校長などは学校の機関とも言えず、これらの作用主体の行為の効果は、学校に帰属するものではない。他方、学校関係法の諸規定では、学校長が自立的な権限主体として構成され、若干のラントでは行政手続法・行政訴訟法上の重要な官庁として、取消訴訟・義務付け訴訟の名宛人とされている場合もある。ベッケンフェルデによれば、ヴォルフも、こうした学校長のような作用主体を念頭において「準機関 Quasi－Organ」という新たな概念を立て、公立学校のように、準機関を有し、権利能力はもたないが相対的に自立的な組織的統

一体を、権利能力を有する組織的統一体と等置している。

ヴォルフ自身のこの追加的概念構成によって、「ヴォルフの機関概念の決定的な問題点、すなわち、組織という行為単位に代わって、法人を連結点としていることの問題点が明らかになった。ヴォルフ自身もこれに気づいており、ある箇所では『機関概念の相対性』…を指摘し、機関を『権利能力ではなく、むしろ組織の行為能力と』関連づけることの必要性を語っている[30]」。

④　第四に、ベッケンフェルデにしたがえば、③と同様の問題は、分節化した組織構造をもつ国家機関の法的理解についても生ずる[31]。たとえば、ドイツ連邦議会がその典型例である。国家法人との関係では、連邦議会と連邦議会議長だけが国家機関と理解されているが、連邦議会は議長以外にも、議長団・長老会・常任委員会・院内会派などの一定の自立性を有する作用主体に分節化された組織である。これらの作用主体の権限の帰属主体は国家法人ではなく、連邦議会自体であるから、国家法人の観点からはこれらは実質的には機関の機関ということになる。さらにたとえば院内会派は、会長・院内幹事長のような作用主体に分節化され、国家法人の観点からは、これらはいわば機関の機関の機関ということになる。

ヴォルフは、「自立的部分機関 selbstängiges Organteil」という概念を立てることによって、こうした現実の組織状況を彼の組織法体系のうちに取り込もうとしている。みずからが構成要素となっている機関との関係で、固有の権限を有する作用主体が「部分機関」であり、そのかぎりで「部分機関」自身が機関であるという構成をとることは、たしかに所与の状況の表現としては適切であるが、ベッケンフェルデの立場からすれば、同時にこれもヴォルフ的機関論の破綻の証左ということになるのである。

四　代案としてのアンシュタルト国家論

（1）「アンシュタルト」という用語の意味

以上のような国家法人説のイデオロギー的側面と法技術的側面に関する批判の上に立って、ベッケンフェルデが、国家法人説よりも基本法の国民主権原理に一層適合的で、現代ドイツ国家の現実の組織構造をよりよく説明できる国家理解として提示するのは、アンシュタルトとしての国家Staat als Anstaltである。以下、ベッケンフェルデがこの論文で素描した「アンシュタルト国家論」を紹介する。

ベッケンフェルデは、基本法の国家は「アンシュタルト」として構成され理解されるべきだとする。「ひとつまたは複数の（社会科学的意味での）機関が生み出し、しかし、それとは同一視することができない行為および作用の統一体として、国家的統一体は、全体としてアンシュタルトの性質を有している」[32]。

しかし、ベッケンフェルデ論文には、アンシュタルトの定義的な説明はみあたらず、むしろ批判の対象であるヴォルフ自身のアンシュタルト概念が借用され、皮肉なことにヴォルフ学説の批判の道具として再利用されている[33]。そこで、まず、ヴォルフのアンシュタルト概念を確認しておきたい[34]。

ヴォルフによれば、アンシュタルトという用語は、日常語としてのみならず法的術語としても、意味を限定されずに使用されることがある。その場合には、「アンシュタルトということばは、ある特定の目的を持続的に追求するために、物と人的力とが何らかの仕方で結合されたもの、すなわち、ひとつの事業体Betriebを指している」。ヴォルフは、このような一般論的なアンシュタルト概念の延長線上にオットー・マイヤーのアンシュタルト概念が存在し[35]、アンシュタルトの語は、今日でもこの意味で使用されることがあるとする。「オットー・マイヤーは、アンシュタルトを、『公行政の主体の手中にあり、ある特別の公的目的に持続的に仕えるものと決められた手段・物・人の存続体Bestand』、すなわち、公的任務を充足するためのひとつの事業体と定義している」。

しかし、ヴォルフ自身は、「学問と実務にとって有用な、特殊なアンシュタルト概念は、アンシュタルトを、社団からも財団からも一義的に区別された組織形態と理解する場合にのみ獲得することができる」として、次のように定義する。「この場合、アンシュタルトとは、その構成員として所属するわけではない単数または複数の人によって担われた、この［単数または複数の］人に固有の事務あるいは法律的に課せられた事務を遂行するために、通常は恒常的に活動する、法的に主体化された組織である」。

ヴォルフによれば、「公法上の法規にもとづいて設立され、公法上の法規によって特別の権利義務の主体とみなされている公法上のアンシュタルトは、たいてい『公的アンシュタルト』［公営造物］とよばれている。単に『アンシュタルト』と言う場合も、たいていはこの公的アンシュタルトが念頭に置かれている」。「公的アンシュタルトは、高権を担当する単数または複数の人 eine Hoheitsperson oder mehrere Hoheitspersonen によって担われ、通常は高権を備えた、法的に主体化され制度化された組織である。公的アンシュタルトを通して、この担い手（アンシュタルトの主人）は、事項的な関連性を有する自己または法的に課せられた他者の公的事務を遂行する。したがって、アンシュタルトの主人は、この公的事務に対して、法律が禁止していない限り、恒常的に決定的な影響力を行使する」。「アンシュタルトの担い手は、そのアンシュタルトを設立した Hoheitsperson である。アンシュタルトは彼の任務を自分の一部として遂行し、彼の意思はアンシュタルトを通して、アンシュタルトにおいて実現される。アンシュタルトは、アンシュタルトの外部にいる担い手（アンシュタルトの主人）の機関ないし構成分肢である…」[36]。

ヴォルフの行政組織法体系においては、公的アンシュタルトは、その組織法的特徴によって、公法上の社団および財団と区別される。まず、「アンシュタルトは、社団のように複数の構成員からなる人的団体ではなく、会社でもない。もちろん、たいていのアンシュタルトにはその働きに浴する複数の人が存在するが、彼らは『利用者』であり、人的団体の構成員とは異なって、この組織の機関の働きは、法的要素としてこれらの人に帰属するわけではない」。また、公的アンシュタルトは、「財団が、寄付者とは別の人（権利能力をもつ財団の場合には財団自身、権利能力なき財団の場合には受託者）に対して、他者のための目的を充足するのに必要な財産を寄託し、したがって寄付者の影響力は組織設立の意思行為（寄付行為）に尽きる点で、財団とは区別される」。

(2)　国家をアンシュタルトとみなすことの意味

以上のように、ヴォルフの行政組織法体系では、アンシュタルトは、とりわけそれ自体が人的団体ではない点で社団と区別され、設置者が常在的に管理する点で財団とも区別される特殊な組織体であるが、この三者は、法人格の有無を基準として区別されているわけではない。すなわち、ヴォルフによれば、ドイツの実定法上、実際に設立されている公法的団体には、権利能力をもつ公法上の社団、権利能力なき公法上の社団、権利能力をもつ公法上のアンシュタルト、権利能力なき公法上のアンシュタルト、権利能力をもつ公法上の財団、権利能力なき公法上の財団が存在するのである。

しかし、国家法人説の正統な継承者・展開者であるヴォルフにとって、国家自体は、権利能力をもつ公法上の社団である。「概念上も用語法上も、社団と権利能力とが必然的に結びつくわけではない。むしろ、（私法の場合と同様）権利能力をもつ公法上の社団というものが［部分的権利能力をもつ公法上の社団および権利能力なき公法上の社団と並んで］存在している。権利能力をもつ公法上の社団には、特に国家、領域団体、公法上の組合が含まれる(37)」。

このようなヴォルフの概念枠組を下敷きとしたベッケンフェルデのアンシュタルト国家論は、公法上の社団法人としての国家という、ヴォルフ的・通説的構成＝国家法人説に対する二つの否定を含意する。すなわち、第一に国家を社団と理解することの否定と、第二に国家を法人と理解することの否定、より正確には相対化である。

①　国家は社団とみなされるべきではなく、アンシュタルトとみなされるべきである。ベッケンフェルデがこう主張するのは、すでに国家法人説のイデオロギー的側面の批判として紹介したように、国家を社団と理解するよりもアンシュタルトと理解するほうが、ドイツ基本法の国民主権原理に適合的だという理由による。

「国家的統一体をアンシュタルトと性格づけ、現実の組織的所与に見合った法的構成をおこなうことは、民主制原理に対応した政治的な帰属・依存関係を法学的構成の上で明確に表現するのにまさに適している。組織法的には、もはや人民は国家法人の他の特定の機関を単に創設する一機関の地位に縮減されて雲散霧消するものではなく、かつての君主のように——民主的観点からは——そうあるべきはずのもの、すなわち国家アンシュタルトの『主人』および出発点として立ち現れる。国家は人民のアンシュタルト Veranstaltung であり、人民は国家の（単なる）一機関ではないということ、さらに人民は憲法制定権力の担い手として、究極的には国家的統一体に対して目標と方向を指示し、国家的統一体に組織形態を与えるということ、これこそがまさに国家をアンシュタルトとして構成させるのであり、おそらくアンシュタルトという構成だけが、この点を適確に表現できるのである。…憲法上の諸機関は、アンシュタルトの主人である人民のために、国家アンシュタルトの指導を直接遂行する代表機関として立ち現れる。少なくとも現れうる。こうした代表機関は、主人である人民によって国家指導を委託され指名されるが、その作用を憲法に準拠して、まさに代表者として行使するのである(38)」。

すなわち、ベッケンフェルデによれば、国民主権原理に立脚するドイツ基本法のもとでは、人民は国家の外部に存在し、国家というアンシュタルトを管理し利用する、国家アンシュタルトの主人の地位を与えられているというのである。

②　さらにベッケンフェルデのアンシュタルト国家論は、国家の社団性の否定と同時に、国家の法人格の相対化をも含意する。

「国家をアンシュタルトとして性格づけ構成することによって、国家的統一体の権利能力は、国家に認められるべき『相対性』によって置き換えられ、――法人という形式で――把握される全体性・統一性には格上げされない。アンシュタルトの自立性が意味するのは、主人である人民からのアンシュタルトの独立ではなく、人民からの直接の影響可能性と人民への依存を維持し続けることである。アンシュタルトの概念は、この点を確認するものである」[39]。

ベッケンフェルデの理解では、国家を単一の法人とみなし、その機関として説明できる作用単位だけに視野を限定して、これらの作用単位＝国家機関の行為を法人たる国家に帰属させることに終始するヴォルフの静態的な国家観では、現実の国家活動を有効に説明することはできない。ベッケンフェルデがあげるこうした不整合の例はすでに紹介した。彼が提唱するアンシュタルト国家論は、現実に即していない国家法人説に代えて、国家を複合的な組織と理解することを意味する。

それではベッケンフェルデの言う「組織」とは何か。「特定の任務と結びついた作用連関が、他の作用連関から区別され、他の行為主体との関係で当該任務・権限の主体と認められ（したがって相対的に独立していると認められ）、この作用連関それ自体が、分節化された複数の行為主体、すなわち自立的な複数の行為主体（複数の作用統一体）を備えた統一体として、あるいはそれらを表示する統一体として構成されている場合には、つねにひとつの組織が存在する」[40]。ベッケンフェルデによれば、この意味の組織は、もちろん法規範およびそれにもとづく行為と密接に関連しているが、基本的には実態の観察によって獲得される作用単位である。

このように、国家を分節化された重層的組織の一種と捉えることと、国家を法人と捉えることとは、どのような関係に立つのであろうか。ベッケンフェルデの理解では、アンシュタルト国家論は、「統一的な国家人格を、統合されずに競合しあう複数の法主体へと、『法的に不可能な』分割をおこなうものではないし、…複数の組織的行為主体の法的統一性を解体するものでもない」[41]。「組織法的な概念構成の出発点として、権利能力をもつ法人という帰属単位に代えて、組織という行為単位を前提とする場合でも、機関の行為を権利能力の主体、すなわち財産・責任・賠償責任の主体と考えられる単位に帰属させるという、法実務にとって重要な問題が排除されるわけではけっしてない。ただ、この問題は、ハンス・J・ヴォルフの場合そうだったような、組織法的概念構成の全体を規定する唯一の地位を失うのである。権利能力をもつ行為単位に機関の行為を帰属させるという問題が相対化されることで、最終的には権利能力の相対化という洞察の帰結が得られることになる」[42]。

ベッケンフェルデのアンシュタルト国家論は、実態的観点から抽出された（組織体としての）国家や、その分節的な下位組織の一部が、実定法上法人格を付与されうること、あるいは法人と解釈されうることを否定するのではなく、法人とその機関という説明図式には納まりきらない国家現象を切り捨てたり、無理に国家法人─国家機関図式に押し込めることを拒否する主張と理解することができよう。その意味で、アンシュタルト国家論は、国家法人説の「相対化」なのである。

五　日本の憲法学への示唆

日本国憲法下の憲法学の潜在意識的通説は、国家法人説だと言って大過ないであろう。ベッケンフェルデ論文の紹介から確認できるように、国家法人説は国家の社団的構成と国家の法人的構成の二つの側面をもつ。したがって、日本の憲法学は、日本国家を無意識のうちに公法上の社団法人と理解してきたと言い換えることが可能であろう[43]。

このうち、国家の社団的理解が、日本国憲法の国民主権原理と矛盾するのではないかという問題を明確に意識する論者は、管見するところ上述の杉原泰雄以外には見られないようである。この点で、杉原とは学問的立脚点が異なり、これまで個人的な接触点もなかったであろうベッケンフェルデが同様の見解をとっていることは興味深い。

しかし、国家の社団的理解は、国民主権原理とは相容れないのか。その場合の国民主権原理とは何を意味するのか。社団性の否定という意味でのアンシュタルト国家論は、君主にあらざる人民の家産国家論ではないのか。これらの点は、さらに慎重な考察を要する問題だと思われる(44)。

他方、国家の法人的理解についてはどうだろうか。国家の法人性を明示する規定は、日本の実定法にはみあたらないようである。しかし、憲法には、「国が債務を負担する」(八五条)といった国家の法人的構成を示唆する規定が散見されるほか、外国法人に関する民法三六条が(外)国の法人性を承認するなど(45)、日本国の法人性は実定法上の当然の前提とされていると言うことができる。また、周知のように、地方公共団体は、地方自治法二条一項によって、明示的に法人とされている。

このように、その法技術的必要性とこれを反映する実定法のあり方からみて、国家の法人的構成を否定することには現実性がないと言えるだろう。しかし、日本法の現状は、国家の法人的構成の相対化というベッケンフェルデ論文の主張にも、あらためて注目と支持とを提供するように思われる。憲法および憲法学の対象である「日本国家」が、けっして法人としての国(くに)に限定されるものではないことが、ベッケンフェルデのアンシュタルト国家論によってあぶり出されるからである。日本国家は、憲法の地方自治規定や種々の政治的・法技術的理由から、国(くに)、地方公共団体など、複数の法人に分割されており、この傾向は、独立行政法人の設立に代表される近年の行政改革によってますます進行している。組織体としての日本国家は「国」(くに)と同義ではない。その時々の政治的・政策的理由によって、いわば恣意的に構成される公法人という法技術的単位とは区別され、これらを包括する総体的組織としての日本国家、この考察視角をもつことは、「国家の基本法」である憲法を対象とする学にとって不可欠の方法的前提であろう。

（1）　芦部信喜・高橋和之補訂『憲法・第四版』（岩波書店、二〇〇七年）は、その冒頭で次のように述べている。「一定の限定された地域（領土）を基礎として、その地域に定住する人間が、強制力をもつ統治権のもとに法的に組織されるようになった社会を国家と呼ぶ。したがって、領土と人と権力は、古くから国家の三要素と言われてきた。この国家という統治団体の存在を基礎づける基本法、それが、通常、憲法と呼ばれてきた法である」（同書三頁）。ほかにも、たとえば伊藤正己『憲法・第三版』（弘文堂、一九九五年）一～五頁、野中＝中村＝高橋＝高見『憲法Ⅰ・第四版』（有斐閣、二〇〇七年）四頁、戸波江二『憲法・新版』（ぎょうせい、一九九八年）一頁、辻村みよ子『憲法・第二版』（日本評論社、二〇〇四年）八～九頁、長谷部恭男『憲法・第四版』（新世社、二〇〇八年）四頁など参照。

（2）　八〇年代以降出版された体系書では、例外的に、小林直樹『新版憲法講義・上』（東大出版会、一九八〇年）二六～五八頁、杉原泰雄『憲法Ⅰ』（有斐閣、一九八七年）六七～八二頁、橋本公亘『日本国憲法・改訂版』（有斐閣、一九八八年）一～二八頁、阪本昌成『憲法理論Ⅰ・第三版』（成文堂、二〇〇〇年）三～二八頁が国家概念の比較的詳しい検討をおこなっている。

（3）　野中＝中村＝高橋＝高見『憲法Ⅰ・Ⅱ』は、その例と言ってよいだろう。

（4）　芦部『憲法』二一頁、高橋和之『立憲主義と日本国憲法』（有斐閣、二〇〇五年）四～五頁。

（5）　伊藤『憲法』二～三頁および三頁注(2)、樋口陽一『憲法Ⅰ』（青林書院、一九九八年）八〇頁、佐藤幸治『憲法』五五～五七頁、長谷部『憲法』五頁。

（6）　大石眞『憲法講義Ⅰ』（有斐閣、二〇〇四年）一六頁。

（7）　戸波『憲法』二頁は、次のように憲法学における国家研究の低調の理由を説明している。「現在は、国家についての基礎研究はあまり盛んであるとはいえない。それは、現代の世界の大多数の国で、自由・人権・民主・平和などの理念が普遍性をもった基本価値として受け入れられており、これに相応して、憲法学の学問関心も、これらの普遍的な基本価値を実際の政治社会のなかでどのように実現していくかということに重点を移してきているからである。この意味で、観念的な国家論を一般的に論ずる実益は大きいとはいえない」。

ドイツでも、たとえばイーゼンゼーが同様の指摘をしている。「今日、ドイツ国法学においては、ひとつのパラダイム転換が顕著である。すなわち、『憲法』と『民主主義』による『国家』の解体である」。その原因としてイーゼンゼーは、伝統的な国家概念の現実性の喪失、国家が内部的に多元化し、外部的に統合されつつあること、人権普遍主義、当時まだ存続していた東西ドイツの分裂、国家権力・国家理念が濫用された過去の歴史に対するドイツ人のトラウマをあげている。J. Isensee, Die Staatlichkeit der Bundesrepublik Deutschland, in: Hrsg. Isensee=Kirchhof, HdbStR I, 1987, S. 592.

(8)　管見するところ、杉原泰雄の『憲法Ⅰ』と『憲法と国家論』（有斐閣、二〇〇六年）の第一章・第二章を別とすれば、数少ない専門的研究には、柳瀬良幹「アルプレヒトの国家法人説」初出一九六八年、のちに同『元首と機関』（有斐閣、一九六九年）五一～七七頁、栗城壽夫「国家」『岩波講座・基本法学2』（一九八三年）二〇五～二三二頁、渡辺良二「国家」杉原泰雄編『講座憲法学の基礎1』（勁草書房、一九八三年）一～二〇頁がある。また、戦前の作品だが、黒田覚『改訂日本憲法論・上』（弘文堂、一九三七年）一～九五頁は、その後の憲法学界に類例を見ない本格的な国家法人説研究である。

(9)　杉原『憲法と国家論』三一頁。

(10)　杉原『憲法と国家論』三四～三九頁。

(11)　J. Ipsen, Staatsrecht I, 18. Aufl., 2006, S. 3-6. 本文の引用には原著の欄外番号（Randnummer）を付した。

(12)　J. Ipsen, aaO. S. 5, Anm. 12.

(13)　E-W. Böckenförde, Organ, Organisation, juristische Person, in: Festschrift für H. J. Wolff, 1973, S. 269-305. いまさら断るまでもなく、ヴォルフガング－エルンスト・ベッケンフェルデ（一九三〇～）は、長くフライブルク大学教授を勤め、一九八三年から一九九六年まで連邦憲法裁判官の職にも就いた戦後ドイツを代表する公法学者である。憲法裁判官としてのベッケンフェルデについては、T. Oppermann, Das Bundesverfassungsgericht und die Staatsrechtslehre, in: Festschrift 50 Jahre Bundesverfassungsgericht, 2002, S. 422, S. 447-451、渡辺康行「憲法裁判官としてのベッケンフェルデ」法律時報七二巻九号六四～六七頁参照。日本の憲法学の著書・論文でベッケンフェルデを引用するものは、それこそ枚挙に暇がないが、代表的なものとして次の著作をあげておきたい。ベッケンフェルデ自身の作品としては、その広範な研究領域から一五の代表的な論文を翻訳編纂した、ベッケンフェルデ／初宿正典編訳『現代国家と憲法・自由・民主制』(風行社、一九九九年)がある。専門的研究としては、藤田宙靖「E・W・ベッケンフェルデの国家と社会の二元的対立論」初出一九七六～七七年、のちに同『行政法の基礎理論・上』(有斐閣、二〇〇五年)八〇～一三三頁、渡辺康行「『憲法』と『憲法理論』の対話(五)」国家学会雑誌一一三巻五・六号(二〇〇〇年)一～七四頁が代表的である。また、ベッケンフェルデの行政組織法研究をとりあげたものには、稲葉馨『行政組織の法理論』(弘文堂、一九九四年)一〇〇～一〇三頁、松戸浩「行政組織編成と立法・行政間の権限分配の原理(一)」東北大学・法学六五巻二号(二〇〇一年)三七頁以下、とりわけ四九～五四頁がある。しかし、本稿がとりあげるベッケンフェルデ論文の詳細な紹介検討は、これまでのところ存在しないようである。ちなみに、ベッケンフェルデ自身も、この論文ののちアンシュタルト国家論をさらに展開することはなかった。また、ウーレンブロックによれば、このベッケンフェルデ論文は、ドイツの学界で特に反響をひきおこすこともなかったようである。H. Uhlenbrock, Der Staat als juristische Person, 2000, S. 165.

(14)　稲葉馨『行政組織の法理論』三頁。

(15)　ドイツ憲法判例研究会編『ドイツの憲法判例・第二版』(信山社、二〇〇三年)五九四頁の表参照。

(16)　以下は、Böckenförde, aaO., S. 290 f.

(17)　黒田『改訂日本憲法論・上』二六～二七頁、宮沢俊義『憲法・改訂版』(有斐閣、一九六二年)二一～三頁、伊藤『憲法』三頁注(2)、樋口『憲法Ⅰ』八〇頁など。高橋『立憲主義と日本国憲法』五頁は、この点を端的に、「ドイツの国家法人論は、統治権(主権)を君主でも人民(国民)でもなく、国家に帰属すると構成することにより、君主主権論と人民主権論の歴史的対立の決着を回避し棚上げする意味をもつものであった」としている。また、日本の近代憲法史においては、国家法人説＝天皇機関説が、一定のリベラルな役割を演じたことも、しばしば指摘されてきた。早い時期のものとしては、宮沢俊義「美濃部先生の業績」初出一九四八年、のちに同『日本憲政史の研究』(岩波書店、一九六八年)三一六～三一八頁。また、樋口『憲法Ⅰ』八〇頁参照。

(18)　注(5)参照。

(19)　杉原『憲法と国家論』三四～三五頁。

(20) Böckenförde, aaO. S. 273.
(21) Böckenförde, aaO., S. 274 f.
(22) Böckenförde, aaO., S. 276 f.
(23) 以下はBöckenförde, aaO., S. 277–279.
(24) Böckenförde, aaO., S. 277 f.
(25) 高田敏＝初宿正典『ドイツ憲法集・第五版』（信山社、二〇〇七年）二六六～二六七頁参照。
(26) 以下はBöckenförde, aaO., S. 279–282.
(27) Böckenförde, aaO., S. 281.
(28) 以下はBöckenförde, aaO., S. 282–284.
(29) 本章では、Anstaltはそのままアンシュタルトと表記し、ベッケンフェルデが提起した国家の法的理解を示す場合のStaat als Anstaltをアンシュタルト国家とよぶ。ただし、ヴォルフを批判的に検討するこの文脈でのAnstaltは、ヴォルフ行政組織法上のAnstalt、すなわち日本の行政法学の言う公営造物である。たとえば、美濃部達吉『日本行政法・下巻』（有斐閣、一九四〇年）五八一頁は、「営造物（öffentliche Anstalt）」について、「これを概括して言へば、公共団体が特定の社会公益の為に権力的手段に依らずして経営する人的及び物的の施設の全体を謂ふものと定義することが出来る」としている。後述、**四**(1)のヴォルフのアンシュタルト概念の紹介を参照。
(30) Böckenförde, aaO., S. 284.
(31) Böckenförde, aaO., S. 284–286.
(32) Böckenförde, aaO. S. 294 f.
(33) vgl. Böckenförde, aaO., S. 296, anm. 93.
(34) 以下、ヴォルフのアンシュタルトの紹介は、Wolff=Bachof, Verwaltungsrecht II, 4.Aufl., 1976, S. 364-370による。ベッケンフェルデ論文は一九七三年に公表されているので、そこで引用されているヴォルフ『行政法』は、この一九七六年の第四版よりも前の版であるが、残念ながら今回参照することができなかった。
(35) オットー・マイヤーは、一九世紀後半の立憲主義国法学の時代に、ラーバント、G・イェリネックらが確立した国家法人説に反対して、アンシュタルト国家論を唱えた代表的な論者である。その意味では、ベッケンフェルデ論文の先行者と言ってもよい。Otto Mayer, Die juristische Person und ihre Verwertbarkeit in öffentlichen Recht, 1908. 本章では、オットー・マイヤーのアンシュタルト国家論を取り上げることはできない。塩野宏『オットー・マイヤーの行政法学』（有斐閣、一九六二年）八三～九五頁参照。

(36)　Wolff=Bachof, aaO., S. 366. ヴォルフによれば、公的アンシュタルトの担い手は、たいていの場合、連邦・ラント・郡・市町村である。これらの領域団体が設立する公的アンシュタルトには、たとえば公立学校がある。また、公庫 Sparkasse は、市町村が設立する公的アンシュタルトの例である。「ドイツ第二放送」のように、複数のラントが共同で公的アンシュタルトを設立する場合もある。

(37)　Wolff=Bachof, aaO., S. 352.

(38)　Böckenförde, aaO., S. 295 f.

(39)　Böckenförde, aaO., S. 296.

(40)　Böckenförde, aaO., S. 298.

(41)　Böckenförde, aaO., S. 300.

(42)　Böckenförde, aaO., S. 304.

(43)　国家法人説の集大成者とも言えるゲオルク・イェリネックは次のように述べている。「法学的な側面からは、国家は、…権利主体としてのみ把握される。しかもより詳しくいえば、国家を包摂する上位概念は社団の概念である。…法的概念としては、国家は始原的な支配力を備えた定住せる国民の社団、…始原的な支配力を備えた領土社団である」。G. Jellinek, Allgemeine Staatslehre, 3. Aufl., 1913, S. 183、G・イェリネク／芦部信喜ほか共訳『一般国家学』（学陽書房、一九七四年）一四五～一四六頁。しかし、日本国憲法下の憲法解説書で、国家法人説に比較的詳しく言及した小林直樹・橋本公亘・杉原泰雄・阪本昌成の体系書では、国家法人説が国家の社団性と法人性という二つの主張を含む学説であることが、明確に意識されているとは言えない。

(44)　ベッケンフェルデ自身は、憲法制定権力の主体としての人民について、それは憲法および法に先行する存在であるので、「そこにあらかじめ定められた法的拘束なるものは存在しない」とする。ベッケンフェルデ／初宿正典編訳『現代国家と憲法・自由・民主制』一七八頁（松本和彦訳）。この憲法制定権力観は、アンシュタルト国家の設置者・管理者としての主権者人民というベッケンフェルデの本論文での主張と平仄が合う。しかし、同時にベッケンフェルデは、憲法制定権力たる人民には、精神的・倫理的・文化的な事実上の制約が存在するとも述べ、また、憲法改正権者たる人民は、憲法機関としての国民として、「憲法の枠内で、憲法の境界内でしか活動できない」としている。同訳書一七六〜一七九頁参照。ベッケンフェルデの憲法制定権力論については、菅野喜八郎『論争憲法‐法哲学』（木鐸社、一九九四年）所収「憲法制定権力論と根本規範論」の注(1)〜(10)が、詳細な分析と批判を展開している（同書二三四〜二四〇頁）。ベッケンフェルデも、憲法を制定する権力と、憲法によって設定された権力との区別を承認するのであるから、憲法制定後の人民は、基本的には国家機関としての国民であって、アンシュタルトの設置者として国家に外在する不定形の人民は背景に退くことになるのではなかろうか。

(45)　大石眞『憲法講義Ⅰ』一六頁。渡辺良二・前掲(注8)論文二頁は、民法三六条のほか民事訴訟法四条もあげている。

II　立憲主義のドイツ的理解

はじめに

ドイツの憲法史学 Verfassungsgeschichte は、parlamentarische Regierung 成立の問題を主要な柱の一つとして一九世紀プロイセン－ドイツ史を論じてきたと言ってよい(1)。わが国では通常、この言葉は議院内閣制と同義であると考えられているが(2)、憲法史を parlamentarische Regierung の成立に向かう憲法の構造変化過程、すなわち Parlamentarisierung 過程として理解し得るか否かという問題関心は、わが国の憲法学にはなじみの薄いものであろう。この章の目的は、従来ドイツ法研究において本格的に取り上げられることの少なかった Parlamentarisierung 論の整理を通じて、ドイツ憲法史学の分析枠組とその parlamentarische Regierung 観との関係を検討することにある。ドイツ憲法史学のこの論議は、ドイツ法を母法とし、大正デモクラシー期の政党政治から一五年戦争末期の翼賛政治に至る運用の幅を示した明治憲法体制の構造理解に対しても、反省材料を提供することが期待されうる。

そこでこの章では以下の問いに答えるという形で論述を進めることにしたい。ドイツの憲法史学は、自国の parlamentarische Regierung がどのように成立したと考えているのか。その判断を支える憲法史の分析枠組はいかなるものであり、この判断及び分析枠組からどのような parlamentarische Regierung 観をくみとることができるであろうか。

さて本論に入る前に、ドイツにおける議論の特色とも関連して、訳語の問題について一言しておかなければならない。まずParlamentarismusというドイツ語であるが、これには広狭二つの意味がある。[3] 広義のParlamentarismusはわが国で議会制（度）と呼ばれるものに対応し、狭義のそれはここで問題とされるparlamentarische Regierungと同義であって、これが一般に議院内閣制と称されていることについては既にふれた。ところでシュタール（F. J. Stahl）以来ドイツでは、この狭義のParlamentarismus（parlamentarische Regierung）はKonstitutionalismus（konstitutionelle Regierung）の対概念として用いられ、このような用語法は基本的には今日なお妥当している。[4] とりわけ、のちに紹介するように一九世紀後半の国法学以降、両者は単なる統治機構の作用或いは形態の相違を越えて、例えば冷戦期における「西側民主主義」と「ソヴィエト社会主義」との関係と同様に、国家類型そのものの対立ともみなされてきたが、議院内閣制の語に国家類型としてのKonstitutionalismusの対立物というこうした主張まで表示させることは、わが国の通常の用語法には適さない。この点にも既に、わが国の議院内閣制論とドイツのparlamentarische Regierung論との相違が現れているが、その詳細についてはのちに譲るとして、ともかく、いささかirreführendであることを承知の上で、この章では、文脈から判断して広義のParlamentarismusには議会制、狭義のそれには議会主義、狭義のParlamentarismusの対立物たるKonstitutionalismusには立憲主義、parlamentarische Regierungには議会主義政府、konstitutionelle Regierungには立憲主義政府、の訳語をそれぞれあてたいと思う。

※　文中傍丸はすべて本書の著者が付したものである。原文で用いられている《　》、《、〝　〟等の引用符は、引用文中ではすべて《　》に統一した。

(1) 例えばベッケンフェルデは、das nationale, das konstitutionelle und das soziale Verfassungsproblem の三つを一九世紀ドイツの中心的な Verfassungsproblem であると述べているが、ここに言う das nationale Verfassungsproblem とは統一国民国家形成の問題、das soziale Verfassungsproblem とは資本主義の発展に伴う社会的階級的対立の問題、そして das konstitutionelle Verfassungsproblem とは本章のテーマである Parlamentarisierung をめぐる諸問題を、それぞれ意味している。Vgl. E.-W. Böckenförde, Verfassungsprobleme und Verfassungsbewegungdes 19. Jahrhunderts, in: E.-W. Böckenförde, Staat, Gesellschaft, Freiheit, 1976, S. 93 ff.

(2) 我妻栄編『新版・新法律学辞典』（有斐閣、一九六七年）一七三頁、末川博編『全訂・法学辞典』（日本評論社、一九七一年）一四〇頁参照。

(3) Vgl. K. v. Beyme, Parlamentarismus, in: hrsg. von C. D. Kernig, Marxismus in Systemvergleich, Politik, Bd. 4: Parlamentarismus bis Wahlen, Wahlsystem, 1973, S. 2; H.-H. Röhring, Parlamentarismus, Parlamentarisches Regierungssystem, in: hrsg. von H.-H. Röhring u. K. Sontheimer, Handbuch des deutschen Parlamentarismus, 1970, SS. 342-343.

(4) ドイツにおける Konstitutionalismus, konstitutionell という語の用例は次のように整理できるであろう。まず運動としての立憲主義と体制としての立憲主義とを区別しなければならない。前者 Konstitutionelle Bewegung は、日本における通常の用法と同様、市民の権利自由の確保・政治参加、権力の分立を要求する政治運動の意味であり、ドイツでは一九世紀前半の市民的自由主義運動と同義に用いられる。これに対して後者、体制としての Konstitutionalismus は、一九世紀前半にはなお政治的闘争概念として、その意味が流動的であったが、プロイセン―ドイツ的体制の成立以降本文で述べたように議会主義に対する特殊ドイツ的体制の意味で使用されるようになった。このような用法からすれば、イギリスやフランスの立憲主義について語る余地はない。（但し、フランスにおける一八一四年復古王制のようにドイツ型の体制とみなされる時期だけは立憲主義の名で呼ばれることがある。）他方ハルトゥングの場合のように Konstitutionalismus の語をイギリス等も含めた上位概念として、わが国における通常の用法と同様に用い、特殊ドイツ的体制としての立憲主義には Konstitutionelle Monarchie というタームをあてる論者も存在する。この場合にはイギリス立憲君主制について語ることができない。また運動としての立憲主義と体制としての立憲主義とを区別するために liberal-konstitu-

tionell, monarchisch-konstitutionell という表現もしばしば行われる。なおG・イェリネックやH・プロイスなどごく少数の人々は、人権保障と権力分立の体制という意味で Konstitutionalismus ということばを使用している場合がある。現代ドイツの憲法学では konstitutionell の語はほとんど使用されず、わが国で立憲主義の名の下に語られるような事柄は Rechtsstaat の問題として取り扱われることが多い（第Ⅳ章参照）。但し Verfassungsstaat という用語は、わが国で言う立憲国家とほぼ同じ意味で今日でも使用されている。本章では議会主義の対立物としての立憲主義と区別するために、Verfassungsstaat には憲法国家の訳語をあてた。

一　議会主義化の学説史

ドイツの憲法史学は、議会主義の成立についていかなるシナリオを描いてきたのか。この疑問に答えるために、まず、各論者がいかなる問いを立て、それにどのような答えを与えたのか、という点に限って一つの論争史[1]を追跡することにしよう。その際、問いの立て方自体にドイツにおける議会主義政府観の特色が現れていることに注意を喚起したい。

(1)　先程も述べたように、一九世紀ドイツ国法学においては、議会主義は一の国家形態として、いわゆる「立憲主義」の対立物とみなされることが多かった。このような思考の代表例としてザイデル（M. v. Seydel）の一八八七年の論文をあげることができる。「立憲主義政府と議会主義政府」とはどのように区別されるのであろうか。「立憲主義政府は国法上の概念であるが、議会主義政府は政治上の概念[3]」であるから、「そこで問題となっているのは国法上の対立ではな[4]」く、「議会主義政府は立憲主義政府の理想状態である[5]」という見解を論駁してザイデルは次のように結論する。「議会主義政府の概念は、立憲主義政府の概念に対する単に統治形態上の対立物たるにとどまらず、まさしく国家形態上の対立物を表現している。立憲主義的－君主主義的 constitutionell-monarchisch 統治形態にあっては、主権・支配権は国王の手中にあり、議会主義統治形態にあっては、主権・支配権は議会ないし選挙民の手中にある。立憲君主制 Die constitutionelle Monarchie は君主制の現象形態であり、いわゆる議会君主制なるもの Die parlamentarische, sogenannte Monarchie は共和制の現象形態である」[6]。

(2)　議会の予算権や大臣責任の態様をめぐって、当時実定憲法の解釈論上重要な意味を有していたこのような立憲主義・議会主義二分論は、世紀転換期以降憲法史学上の研究にも引き継がれた。その最初の業績は一九一一年のヒンツェ（O. Hintze）論文であろう[7]。「議会主義統治体制に対立する君主主義的－立憲主義統治体制は、プロイセン－ドイツに特有の体制ということができる。この体制の完全に純粋かつ重要な形態は、現在のところわが国にのみ存在している」[8]、と述べてヒンツェは、次のような問いを提起する。「わが国においてもまた君主主義的－立憲主義統治体制は、単に比較的短期間の過渡期 Übergangszustand とみなされなければならず、歴史内在的な必然性を伴って議会主義がそのあとにやってくることになるのであろうか。それとも事態《ザッヘ》はもっと別のものであるのか。」[9]この問いはこれ以後、議会主義についての憲法史学による問いかけの、いわば雛形となった。ザイデルが立憲主義と議会主義との区別に国家形態の対立をみたのとパラレルに、ヒンツェの解答は立憲主義の過渡性の否定であった。「君主主義的立憲主義は、イギリスと比べて不完全な〔近代〕立憲主義の発展段階なのではけっしてなくて、絶対主義の継続の上に根拠を置き、君主制の幹に〔近代〕立憲主義の諸制度を継ぎ木することによって成立した独自の憲法形態なのであり、議会主義体制とはまったく異なる歴史的・政治的背景を有している」[10]。

(3)　このようなザイデル流の国法学、ヒンツェ的歴史像に反対する見解を、はじめて定式化したのがシュミット（C. Schmitt）である。一九二八年出版の Verfassungslehre においても既にその異説が表明されているが[11]、とりわけこのテーマのみを取り扱った一九三四年論文は、シュミットがナチ・レジームに深くコミットして、ヴェルサイユ・ヴァイマル体制に対する憎悪を露骨に示していた時期[13]のものであるだけに、用語法自体が伝統的国法学とは異なり、主張もVerfassungslehreに比べて一層鮮明である。シュミットは第一次世界大戦におけるドイツ敗北の原因を問い、その答えをプロイセン－ドイツの憲法構造に内在していた分裂、議会主義に向かう必然的傾向のうちに見出そうとした。「いまだに支配的な国民自由党的歴史像と、これに結びつき・同じ精神から生まれた国家学とが、一九一八年の崩壊の最も深くかつ最も本来的な原因に迫ることを妨げている。しかし我々は、……不幸の真の原因についての問いを発することをやめてはならない。私は、……二世代以来支配的である自由主義的国法学のカムフラージュを暴露し、第二帝国の国家構造をその現実の構造《フェアファッスング》において正しく見、それによって軍と憲法、国家と社会の危険な分裂、国家的－軍事的指導と社会的－市民的指導との致命的な争いを現代ドイツに自覚させるために、……この義務を果そうと思う(14)」。これがシュミットが自らに課した任務であり、「あらゆる留保と区別、公式に行われている・言うところの立憲主義政府と議会主義政府との区別にもかかわらず、それ〔政府が議会主義的なものとなり、軍が議会軍となること〕は当時《憲法》の語の下に理解されていた事柄の理論的帰結(15)」であるというのが、その主張であった。

(4)　このシュミット論文に対しては、早くも翌一九三五年に、ヒンツェの高弟ハルトゥング（F. Hartung）による批判が公にされている(16)。書評の形式をとって発表されたハルトゥングの批判の意図は、「ビスマルク帝国の構造とその崩壊の原因とに関するシュミットの見解が、歴史的事実と合致しないことを証明することであった(17)」。ハルトゥングは述べている。「シュミットは若干の表面上の類似性に惑わされて、フューラーのあとに続いて第三帝国を建設した政治的兵士と市民的－自由主義的思想の残滓との対立を過去に投影したのである。恣意的に構成されたシュミットの歴史像に反対して《本当はどうであったのか》、一九世紀就中一八六六年以降におけるプロイセン－ドイツの憲法展開はいかなる諸勢力によって規定されていたのかを示すことは、同時にこの問題に即して、厳密な方法に従って良心的に行われた研究の成果は永続するのであって、単に主観的な政治的立場から提起された批判を覆することができるのだ、ということを確認するものであるだけに、私にはますます学問上の義務であると思われた」[18]。ここにも明瞭に示されているように、ハルトゥング自身の見解はヒンツェを忠実に踏襲するものであり、それは第二次世界大戦後も変化しなかった。主著『ドイツ憲法史』第八版（一九六四年）から引いておこう。「憲法紛争がこのように終ったことに伴って、同時に立憲君主制というプロイセン国家の特別な性格も確定し、この性格は君主制の崩壊まで存続した」[19]。

(5)　第二次世界大戦後、ボン基本法の下でシュミットのテーゼは装いも新たに再登場するが、その嚆矢となったのが一九五七年のフラウエンディーンスト（W. Frauendienst）の論稿[20]である。「プロイセン－ドイツ国家及びその統治形態は、国法学上、歴史学上、そして憲法史叙述におけるヒンツェ及びハルトゥングの研究によると、《君主主義的要素の優位》のゆえに、自立的で特別な・歴史的に生成してきたドイツ的類型として、イギリス型の議会君主制と区別され、立憲君主制と称されている」[21]。「ヴィルヘルム二世期におけるドイツ立憲主義の民主主義化」と名付けられたフラウエンディーンスト論文の主題は、このヒンツェ・ハルトゥング流の歴史叙述を論駁することであった。フラウエンディーンストによれば、一八五〇年プロイセン憲法が制定される以前から、そして議会が開設される以前から、参政権の拡大、民主主義化、さらに議会君主制を目指す要求が既に掲げられており、議会主義化へのこのような傾向は、「たいていは潜在的なものであって、他方一九一七／一八年に至るまで君主の全権という擬制が維持されてはいたにせよ、《立憲主義の内在的帰結》によって、とどまることなく進行していった。世論に対する配慮、議会の諸関係に対する配慮、ついには議会多数派に対する配慮が、歴史的発展の経過のなかで、統治の実務を変化させたのである」[22]。

(6)　ヒンツェ、ハルトゥングのように立憲主義政府をドイツに特有の体制と看做すのか、あるいはシュミットにしたがって立憲主義のうちに西欧流の議会主義政府への歴史内在的な移行を見出すのか、この論争は、現代ドイツを代表する二人の憲法史家によって受け継がれた。フーバー（E. R. Huber）とベッケンフェルデ（E-W. Böckenförde）の二人である。[23] その『ドイツ憲法史』の第三巻[24]（一九六三年）冒頭部分において、フーバーはこのテーマについての一般的叙述を行っている。フーバーによれば一八五〇年プロイセン憲法の制定当時において既に、「人はその政治的性向に応じて、ドイツ《立憲主義》のこうした憲法上の妥協を、政治家達のすぐれた才能の成果とみたり、憲法〔協約〕当事者同士のだましあい、あるいは宿命的な自己偽瞞とみなしたりした」[25]。そして「当時直接的な政治闘争の争点 Argument であった事柄は、カール・シュミットによってはじめて、国法学上の言明という地位を与えられた」[26]。それではシュミットの言うように立憲君主制は、その制度をつきつめていくことによって完全な議会主義化達成のための単なるペースメーカーとなったのであって、立憲主義と議会主義との区別は、《自由主義と権威主義との妥協の仕方の単なるニュアンスの相違》から、第一次的な《世界観的対立》を作り出そうという《目的をもったアンチテーゼ Zweckantithese》にすぎな」[27]かったのであろうか。「ここにはまさしく一九世紀憲法理論の中心テーマが提示されており、しかもこのテーマは、今日の憲法理論にとっても興味深いものである。というのは、……自分達の前の時代の憲法政治上の自己実現が、既に出発点からして誤った企て以外の何物でもなかったのか、それとも時代と状況に適合的な独自の存在秩序を意味するものであったのか、という自分自身に対する根本的な問いかけは、その後のドイツの国家形態を一九世紀立憲君主制から分かつ諸変動がいかに強力なものであっても、常に残るからである」[28]。この一国民にとっての「基本的な問い」に対するフーバー自身の解答は、「党派の争いから距離を置いて判断すれば、立憲主義が憲法政治上の自己形成の体系的モデルの地位に立つことは否定されない」[29]というものであった。

(7)　一九六七年に発表されたベッケンフェルデ論文[30]は、シュミットの思考法を踏襲してフーバー批判を行うことを直接の目的としている。その問いはヒンツェ、フーバーに倣い、その答えはシュミット、フラウエンディーンストと同旨である。煩を厭わずベッケンフェルデ自身に語らせよう。問題提起、「いわゆるドイツ立憲君主制を特徴づけるメルクマールはいかなるものであろうか。このメルクマールにもとづいて一つの独特な君主制の形態について語ることができるであろうか、それとも政治構造《フェアファッスング》それ自体にはかかわりのない・重要性の薄い修正Modifikationenにすぎないのであろうか。ドイツ立憲君主制によって、独自の政治的形態原理にもとづく自立的な憲法類型が実現されたのか、――憲法Verfassungを憲法典Konstitutionと理解するのではなく、オットー・ブルンナーとともに政治的社会的構成態Bauformと理解するとして――君主制と国民主権との過渡期、遷延的妥協にすぎなかったのであろうか。[31]」結論、「立憲君主制の意義は、E・R・フーバーによって想起されたような対立物を止揚した独自の政治形態をもたらす、君主主義原理と代表制原理との（言うところの）結合にあるのではなくて、一連の妥協に基礎を置く、君主主義政府から議会主義政府への、君主制から国民主権への、継続的な移行の可能性のうちに存するのである[32]」。

(8)　一九七〇年前後から、一九世紀ドイツ史をめぐって新しい傾向の研究が相次いで発表され、一九世紀ドイツ憲法史就中ビスマルク帝国の国家構造に関しても従来とは非常に異なる観点に立つ見解が登場した。個々の研究者の所説には大きな相違があり、その人的範囲も「不明瞭で流動的[33]」であるものの、この新傾向に属する人々は歴史学研究上の一定の共通性を認めあい、「批判学派」Kritische Schuleと呼ばれている[34]。ここでは、そのなかからボルト（H. Boldt）とシュテュルマー（M. Stürmer）の論文を取り上げたいと思う。

一九七〇年に発表された「ドイツ立憲主義とビスマルク帝国」と題する論文[35]の冒頭で、ボルトは次のように問題を要約している。「ビスマルクはドイツ立憲主義の救済者として憲法史のなかに位置づけられてきた。彼は議会支配Parlamentsherrschaft〔議会主義〕に対するプロセインの守護者、いわゆる君主主義的－立憲主義統治様式の守護者とみなされている。この君主主義的－立憲主義統治様式は、他の国々では単なる過渡期にすぎなかったが、ビスマルクによって樹立されたドイツ帝国に受け継がれることで確固たるものとなった。そうではないにしても、少なくとも——第一次世界大戦におけるこの体制の崩壊後に言われたことだが——約半世紀間議会主義への歩みを妨げ、継続的な移行へと減速させた。これまでのテーゼはこのようなものか、これに類似のものである。しかしながら、ビスマルクが救ったとされている特殊《ドイツ立憲主義》的なるものとはいかなる種類の事柄であったのか。ビスマルクはドイツの憲法展開にとっていかなる役割を演じたのか。ビスマルクの作った憲法 Verfassungswerk が議会主義統治体制への継続的移行を可能にしたという主張は維持されうるのであろうか[36]。」

容易に理解されるように、ここには、ヒンツェ＝ハルトゥング＝フーバー流の考え方と、シュミット＝フラウエンディーンスト＝ベッケンフェルデ流の考え方との、双方に対する疑問が表明されている。ボルトにとっては、とりわけビスマルク帝国のうちに議会主義への発展傾向を認める考え方が、「ヴァイマル共和国における議会主義統治形態への移行から、そういう方向への必然性を逆推し、それゆえ前の時代に$1/4$議会主義、$1/2$議会主義あるいは疑似議会主義的発展段階を見出す、単純な遡及的考察方法 ex-post-Betrachtung」[37]であるとして、主要な批判の対象となっている。ボルト自身の見解は、例えばヴェーラー（H-U. Wehler）によって比較的明瞭に定式化されているボナパルティズム・テーゼ[38]と同一線上に立つものである。「ボナパルティズム・テーゼの助けを借りることによって、ビスマルクのドイツにはブルジョワジーの権力獲得の前段階と主張されうるような自由主義的立憲主義はまったく存在していなかった、……ということが明らかにされうる」[39]。第一次世界大戦中の議会主義政府導入ののちにも、「《議会主義体制か、人民投票的独裁 plebiszitäre Diktatur か》という選択肢は、新しい形をとってなお引続き残ったのである」[40]。

(9)　法学者として出発したボルトが憲法理論や法制度を比較的重視するのに対して、シュテュルマーは批判学派に属しながらも、社会階層間の対立と統治技術との関係により大きな注意を払っていると言うことができよう。

彼の見解は一九七三年に発表されたモノグラフィー(41)において簡潔に示されている。シーザー主義 Cäsarismus の「構想が、どの程度までビスマルク国家にも妥当するのかを述べることが(42)」シュテュルマー論文の目的である。プロイセン－ドイツ国民国家の形成をはじめて可能にしたビスマルク国家は、立憲主義国家学によって法的根拠を与えられた。この立憲主義国家学にとって、「プロイセンさらにドイツは、立憲主義的に制限された君主制の像に合致(43)」するものであった。それでは「ビスマルク国家の政治体制は、歴史的にはどの程度まで〔実証主義国法学の立てた〕立憲主義国家の尺度に適合すると理解されるべきか(44)」。「立憲主義の概念及び理論は、新ドイツ帝国の権力の複雑な相互関係を完全には把握して」おらず、「革命の恐怖とクーデタの恫喝、社会問題の重要性と一八八〇年代に新たな規模に達した〔経済上の〕国家干渉主義によって絶えず脅かされていた(45)」。古い権力エリートと勃興しつつある中産階層との妥協の産物であった立憲主義は、たしかに「市民的－自由主義の目標観念とも親縁性を示してはいたが、このような議会主義的ヴァリアントは、一八四八年革命から一八六六年の《ドイツ戦争》までの諸決定の時期においてのみ、そのあとは世紀の変り目に人民投票的カイザー思想の輝きが薄れてはじめて、再び広汎な社会層の支持を見出したのであって、ビスマルク以後のドイツ立憲主義の段階的に進展する民主主義化（フラウエンディーンスト）とか、《迅速かつ継続的に進展する》政党への権力の移行過程（フーバー）について語ることは困難である(46)」。そうであるなら、ビスマルク国家はいかなるものとして規定されるのであろうか。シュテュルマーの場合、その鍵概念となるものが冒頭に述べた「シーザー主義」である。「ブルジョワ的議会支配〔議会主義〕及び社会民主主義に対する政治的選択肢として上昇してきたのは、君主主義的立憲主義ではなくてシーザー主義であった(47)」。「ボナパルティズム、あるいはより一般的にはシーザー主義が、時代の徴標・工業化の薄明期における市民社会の政治構造《フェアファッスング》(48)」なのである。

(10)　このような新傾向の登場によって、従来の憲法史叙述が一掃されたのかというと、もちろんそうではない。

その例示の意味で、近年ベッケンフェルデと同一方向で大部の実証的研究を発表したラウー（M. Rauh）を、この論争史のしめくくりとして紹介しておきたい。一九七三年に出版されたラウーの Dissertationsschrift[49] は、ちょうど同じ時期に発表されていたボルトやシュテュルマーの研究とは真向から対立する構想の下に書かれている。ラウー自身が Vorwort において問題と結論とを示しているので、それを掲げておこう。「ビスマルクによる憲法制定は、ドイツ帝国とプロイセンにおける国家の発展を立憲主義というドイツに特殊な形態の見地から固定化する、という目的を追求するものであった。その不自然さ Künstlichkeit は、常に議会主義へと向かう立憲主義の自然的発展傾向を、はじめから排除しようと試みた点にあった。……帝国建設者の反議会主義という目標設定と一致するドイツ第二帝国の国家構造における特殊性は、連邦参議院 Bundesrat のうちに集約されていた。もちろんこのような憲法体制も、立憲主義国の内在的発展法則を永久に廃棄することはできなかった。ビスマルクの下では帝国立憲主義の諸原理を維持することにまだ成功していたが、ビスマルク失脚後帝国の構造は次第に静かな議会主義化の過程に支配されるようになった。この過程のなかで連邦参議院は中心的機関の地位から副次的位置へと下降していった。その反議会主義的機能を徐々に喪失することによって連邦参議院は、ドイツ立憲主義の克服に道を開いたのである[50]」。この立場から、連邦参議院の法的構造と機能変化とが、いくつかの立法過程を取上げることによって具体的に検討されるのである。

一九七七年に続編として出版された Habilitationsschrift[51] においてラウーは、前著の段階ではまだ注意を払っていなかったヴェーラー、ボルトなどのいわゆる「批判学派」に対して反論を加えている。批判学派の人々は、「支配のメカニズムを固定化し・民主主義の発展を阻害し・そして結局はファシズム構造の前段階たりえた、あるいは、……彼らにはそう思われたものを、暴露[52]」することに熱心なあまり、ラウーが前著で「静かな議会主義化」と名付けた過程を否定するが、「これは、史料やこれまでの研究成果を考えると[53]」まことに驚くべきことである。これによって批判学派は、きわめて奇妙なことにフーバーの憲法史に接近する結果となっている。「フーバーは史料に裏打ちされた満足できる〔憲法史〕叙述を何ら提供していない」[54]が、この点は批判学派も同様である。批判学派の「歴史家の場合には、国家装置ないし国家制度の機能と発展とに関する方法的論議が、社会学主義 Soziologismen と、根拠のない時代錯誤的な構成とによって排除されているという印象を禁じえない」[55]。かようにラウーは新傾向に属するヴェーラー、ボルト、シュテュルマー等の史料解釈とシェーマの立て方の双方について、激しい批判を浴びせているのである。ここでは紹介しなかったが、七〇年以降、フーバーとベッケンフェルデとの間にもなお論争が続いている[56]ことも合わせて、プロイセン―ドイツの国家構造に関するドイツ憲法史学界の議論は、いまだ終息をみていないと言うことができるであろう。

以上、ヒンツェから数えておよそ六〇年に及ぶ一つの論争史を、批判と反批判との関連に留意しつつ、提起された問題とその解答とに焦点をあてて追跡してきた。その結果、一九世紀ドイツ〔就中ビスマルク帝国〕[57]の国家構造如何という問いが繰返し提起され、それに対して、独自の完結した国家類型としての立憲主義、議会主義への過渡的形態としての立憲主義、シーザー主義という三つの異なる解答が寄せられてきたことが明らかになった。そこでこの論争を、ドイツの憲法史学は自国における議会主義の成立についていかなるシナリオを描いてきたのか、という私自身の問いに立返って、次のように整理してみたいと思う。まず、一九世紀を通じて議会主義への構造変化が徐々に進行し、その終着点として一九一八年憲法改正法律さらにはヴァイマル憲法において憲法典レベルで議会主義が確定されたという考え方、いわゆる立憲主義は絶対主義から議会主義への「移行過程」、議会主義の「ペースメーカー」であったという考え方、これを事実認識の次元で肯定する者と否定する者とに分かつことができる。便宜上ここでは、前者を漸進的議会主義化肯定説（Ⅰ）、後者を否定説（Ⅱ）と呼ぶことにしよう。肯定説に立つ人々も、漸進的議会主義化という歴史的事実を評価する段になると、さらに消極的に評価する者と積極的に評価する者とに分かれる。消極的評価を下したのは、自由主義思潮の隆盛と議会主義化とを結びつけ、これを第一次世界大戦敗北の真因とみるシュミットであり（Ⅰ-a）、逆に、第二次世界大戦後、漸進的議会主義化テーゼを採用する論者は、この事実を民主主義の進展とパラレルに捉えて積極的に評価する。右一〇名の論者中、フラウエンディーンスト、ベッケンフェルデ、ラウーがこのタイプに属する（Ⅰ-b）。他方否定説の側も、漸進的議会主義化という歴史的事実の不存在を積極的に評価する者と消極的に評価する者とを含んでいる。立憲主義の独自性、一九世紀ドイツの時代と状況とに対するその適合性を強調するヒンツェ、ハルトゥング、フーバーが前者にあたる（Ⅱ-a）。ボルト、シュテュルマーの場合、権威主義と大衆民主主義との結合、旧来の権力エリートによる・有産階級全体のための・世論操作と民主的正当化とを動員した支配のメカニズムのうちに近代ドイツのパラドクスが見出されている。彼らによれば、このシーザー主義的国家類型こそ、ビスマルクのドイツ、形を変えてヴァイマル共和国からナチ・レジームに向かうドイツが議会主義・社会主義に対立して行った政治的選択なのである（Ⅱ-b）。いま一度学説の分類を図示しておこう。

- 漸進的議会主義化肯定説（Ⅰ）
  - この事実の存在を消極的に評価する立場（Ⅰ-a）――シュミット
  - この事実の存在を積極的に評価する立場（Ⅰ-b）――フラウエンディーンスト、ベッケンフェルデ、ラウー、
- 漸進的議会主義化否定説（Ⅱ）
  - この事実の不存在を積極的に評価する立場（Ⅱ-a）――ヒンツェ、ハルトゥング、フーバー、
  - この事実の不存在を消極的に評価する立場（Ⅱ-b）――ヴェーラー、ボルト、シュテュルマー、

議会主義成立に関する学説の類型的整理を行うために、一九世紀ドイツの国家構造というドイツ憲法史学のテーマ、いわばwasの問題を追跡したきた。そこで次に、ここに一応整理したような各説は、それぞれいかな

る分析枠組にもとづいて、その主張をどのように展開しているのか、すなわち wie の問題を検討したいと思う。

（1）Vgl. E.-W. Böckenförde, Der Verfassungstyp der deutschen konstitutionellen Monarchie im 19. Jahrhundert, in: hrsg. von E.-W. Böckenförde, Moderne deutsche Verfassungsgeschichte（1815-1918）, 1972, SS. 146-147.; E. Nolte, Deutscher Scheinkonstitutionalismus, in: Historische Zeitschrift, 228, S. 536.

（2）M. v. Seydel, Constitutionelle und parlamentarische Regierung, in: M. v. Seydel, Staatsrechtliche und politische Abhandlungen, 1893.

（3）（4）（5）A. a. O., SS. 121-122.

（6）A. a. O., S. 123.

（7）O. Hintze, Das monarchische Prinzip und die konstitutionelle Verfassung, 1911, in: O. Hintze, hrsg. von G. Oestreich, Staat und Verfassung, 1962.

（8）A. a. O., S. 359.

（9）A. a. O., S. 360.

（10）A. a. O., S. 365.

（11）G. Schmitt, Verfassungslehre, 1928, S. 334.

（12）C. Schmitt, Staatsgefüge und Zusammenbruch des Zweiten Reiches, 1934.

（13）シュミットとナチズムとの関係については、例えば宮田光雄『平和の思想史的研究』（創文社、一九七八年）二五六頁以下、長尾龍一『思想史遮断』（木鐸社、一九八一年）一五六―一六〇頁、初宿正典「カール・シュミットにおける抵抗権の問題」原秀男他編『法の理論』１（一九八一年）一九五頁参照。

（14）C. Schmitt, a. a. O., SS. 8-9.

（15）A. a. O., S. 9.

（16）F. Hartung, Staatsgefüge und Zusammenbruch des Zweiten Reiches, 1935, in: F. Hartung, Staatsbildende Kräfte der Neuzeit, 1961.

（17）（18）A. a. O., S. 391.

(19) F. Hartung, Deutsche Verfassungsgeschichte vom 15. Jahrhundert bis zur Gegenwart, 8. Aufl., 1964, S. 226. 第九版（一九六九年）の翻訳として、F・ハルトゥング、成瀬治・坂井栄八郎訳『ドイツ国制史』（岩波書店、一九八〇年）がある。ちなみに第八版が生前最終版である。

(20) W. Frauendienst, Demokratisierung des deutschen Konstitutionalismus in der Zeit Wilhelms II., in: Zeitschrift für die gesamte Staatswissenschaft, 113, 1957.

(21) A. a. O., S. 721.

(22) A. a. O., S. 722.

(23) フーバー、ベッケンフェルデの論争の紹介として、木谷勤『ドイツ第二帝制史研究』（青木書店、一九七七年）一二六―一二八頁、仲哲生「立憲主義（Konstitutionalismus）の概念をめぐって」高知短大研究報告社会科学論集四一号三二―三五頁、シュミット、ベッケンフェルデ、フーバー説等の簡単な紹介として、前田光夫『プロイセン憲法争議研究』（風間書房、一九八〇年）一〇―一九頁、フーバー説に依拠して一九世紀ドイツの憲法体制を説明したものとして、深瀬忠一「明治憲法制定をめぐる法思想」野田良之・碧海純一編『近代日本法思想史』（有斐閣、一九七九年）一八二―一八七頁がある。

〔**文献補遺**〕初出論文公表後に接したフーバー＝ベッケンフェルデ論争に関する文献として、栗城壽夫「ドイツ型立憲君主政」同『一九世紀ドイツ憲法理論の研究』（信山社、一九九七年）三九三頁以下がある。

(24) E. R. Huber, Deutsche Verfassungsgeschichte seit 1789, Bd. 3, 1963.

(25) A. a. O., S. 9.

(26)（27） A. a. O., S. 10.

(28) A. a. O., SS. 10–11.

(29) A. a. O., S. 11.

(30) E.-W. Böckenförde, Der deutsche Typ der konstitutionellen Monarchie im 19. Jahrhundert, in: hrsg. von W. Conze, Beiträge zur deutschen und belgischen Verfassungsgeschichte im 19. Jahrhundert, 1967. この論文を補訂したものが註（1）に示した論稿である。本章では引用はすべて後者による。翻訳として、村上淳一訳「一九世紀ドイツ

立憲君主政の国制類型」F・ハルトゥング、R・フィーアハウス他、成瀬治編訳『伝統社会と近代国家』（岩波書店、一九八二年）四八七―五二二頁がある。

(31) E.-W. Böckenförde, a. a. O., S. 147.

(32) A. a. O., S. 159.

(33) M. Rauh, Die Parlamentarisierung des Deutschen Reiches, 1977, S. 9.

(34) Vgl. H.-U. Wehler, Das Deutsche Kaiserreich 1871–1918, 4. Aufl., 1980, S. 12.; E. Nolte, a. a. O., S. 536.; M. Rauh, a. a. O., S. 11.

(35) H. Boldt, Deutscher Konstitutionalismus und Bismarckreich, in: hrsg. von M. Stürmer, Das kaiserliche Deutschland, 1970.

(36) A. a. O., S. 119.

(37) A. a. O., S. 134.

(38) ハンス－ウルリヒ・ヴェーラー、大野英二・早島瑛訳「ボナパルティズムとビスマルク・レジーム」思想六四四号（一九七八年）九三―九四頁参照。

(39) H. Boldt, a. a. O., S. 135.

(40) A. a. O., S. 136.

(41) M. Stürmer, Bismarckstaat und Cäsarismus, in: Der Staat, 12, 1973.

(42) A. a. O., S. 474.

(43) (44) (45) A. a. O., S. 468.

(46) A. a. O., S. 469.

(47) A. a. O., S. 475.

(48) A. a. O., S. 477.

(49) M. Rauh, Föderalismus und Parlamentarismus im Wilhelminischen Reich, 1973.

(50) A. a. O., S. 7.

(51) M. Rauh, Die Parlamentarisierung des Deutschen Reiches, 1977.
(52) A. a. O., SS. 9–10.
(53) A. a. O., S. 10.
(54) A. a. O., S. 11.
(55) A. a. O., S. 12.
(56) ベッケンフェルデの批判に対するフーバーの反批判として、E. R. Huber, Die Bismarcksche Reichsverfassung im Zusammenhang der deutschen Verfassungsgeschichte, in: hrsg. von T. Schieder u. E. Deuerlein, Reichsgründung 1870/71, 1970, S. 165 ff. とりわけ SS. 190–196. また E.-W. Böckenförde, a. a. O., SS. 169–170, Anm. 78. を参照。
(57) 論者によってその議論の時間的・空間的射程には相違がある。時間的射程が最も長いフーバーの憲法史第三巻冒頭部及びベッケンフェルデ論文が対象とする時期はドイツ同盟の成立から第二帝国の崩壊まで（一八一五年～一九一八年）であり、この時間的射程の長さに応じて空間的にも一八一〇年代末の南ドイツ諸邦、一八三〇年代の中部ドイツ諸邦の憲法が議論の射程に含まれることになる。ヒンツェ、シュミット、ハルトゥング論文が念頭に置いているのはプロイセン憲法の成立から第二帝国の崩壊まで（一八五〇～一九一八年）、とりわけ憲法紛争期（一八六一年～六六年）のプロイセン及び統一後のドイツ（一八六七年の北ドイツ連邦を経て一八七一年のドイツ帝国の成立からその崩壊まで）である。ボルト、シュテュルマー論文、ラウーの博士論文が直接対象としているのはドイツ第二帝国（ビスマルク帝国、一八七一年～一九一八年）であるが、ボルト、シュテュルマーの場合には、ビスマルクの支配という意味で憲法紛争期のプロイセンについての論及もみられる。時間的・空間的射程が最も短いフラウエンディーンスト論文及びラウーの教授資格論文の論述対象の中心は、彼らが議会主義化現象の存在を主張するヴィルヘルム二世期のドイツ帝国（一八九〇年～一九一八年）に置かれている。本章の対象は、二以下において主として取上げる論者——シュミット、ベッケンフェルデ、ヒンツェ、フーバー、シュテュルマー、ボルト——の共通項である憲法紛争期のプロイセン及び北ドイツ連邦を経て第二帝国の崩壊に至るまでのドイツ中央権力と理解してよい。

二　立憲主義・議会主義・シーザー主義

1　右に整理したような諸学説は、具体的にはいかなる論点をめぐって、どのような分析枠組にもとづいて展開されているのか。それを検討することによって、ドイツの憲法史学は議会主義の成立をどのように理解してきたのかという当初の疑問に対する答えをさらに一歩進めることがこの節の課題である。ここでは、議会主義それ自体の国法学的・定義的指標の問題と、議会主義化の歴史学的指標の問題とを一応切離して考えてみたい。各論者が議会主義それ自体の中核的指標として念頭に置いている事柄に相違があれば、何を以って議会主義の成立と考えるかは当然異なってこよう。しかしながら、議会主義の指標として掲げるものに重大な差異が存在しなくても、いかなる歴史事象に議会主義化過程の徴候的価値を認めるのかという点で見解が異なれば、やはり学説の対立が生ずるからである。

2　議会主義の中核的指標は、議会と政府との関係に着目して構成されてきた。ここで議会主義の定義の歴史（概念史）に詳しく立入る余裕はないが、バイメ（K. Beyme）やボルトによると、この語がドイツで使用され始めたのは一八三〇、四〇年代、ヘーゲル（G. W. F. Hegel）、フーバー（V. A. Huber）、シュタイン（L. Stein）、ビュラウ（F. Bülau）、シュタール、モール（R. v. Mohl）などの人々によってであった。[1]そこで念頭に置かれていたのはイギリスの政治制度であるが、なかでも議会主義原理について古典的な定式を与えた一八四五年のシュタール論文によると、「議会主義政府とは、まさしく、大臣達が統治の全体を自らの手中に握り、国王の意思はまったく無視し、議会の意思を無制約に考慮して統治を行うことにほかならな」かった。[2]バイメは、「イギリスの《議会主権》時代の意味における議会主義政府は、最小限の要求として、組閣に際しての議会の優位、大臣の政治責任すなわち議会多数派に対する政府の依存、内閣の職務逐行に対する議会の広汎な統制を含んで」おり、ドイツではイギリス起源の語としてこの用語が継受されたと述べているし、[3]他方ボルトも三月前期に議会主義政府という語を用いた政治的には様々の立場にある論者――今あげたヘーゲル、シュタール、モール等――を取り上げ、彼らに共通する議会主義のメルクマールを次のように要約している。すなわち、これらの論者によって、議会主義政府は、「議会とりわけ衆議院 Volkskammer が権力の中心的地位に立つこと、自分自身の考えを放棄して議会多数派の指導者達を大臣に任命しなければならない君主のもはや形式的な地位、議会多数派に対する内閣の依存性及び多数派の信任を喪失した場合の辞職の強制と定義……されている[(4)]」と。あるいはまた、第一次世界大戦中の帝国の議会主義化要求についてアンシュッツを引き、議会主義化とは「官僚政府ではなく、国民代表の信任にしっかりと基礎づけられた、議会主義政府をもたらす……[(5)]」ことであると言う。政府形成の場面における信任と政府終了の場面における信任の撤回のいずれに力点を置くかの相違はあれ、このように議会（多数派）の信任に対する政府の依存を議会主義の中核的指標とする用語法は、私がこの章で対象としている憲法史学上の諸学説にも踏襲されている。シュミットは、帝国政府の議会主義化が問題とされる場合の議会主義を「帝国議会の信任に対する帝国政府の依存性[(6)]」としているし（I-a）、ベッケンフェルデも、立憲君主制と議会君主制との形式的区別を論じて、立憲主義政府は「制度的にも人的にも国民代表から独立しており、……国民代表は信任の撤回によって政府を退陣させるいかなる可能性も有していなかった[(7)]」、と述べていることから知られるように、「国民代表の信任に対する政府の依存性[(8)]」の有無を議会主義の形式的メルクマールと考えている（I-b）。ヒンツェにとって、議会主義政府という「この名称で呼ばれている現代の体制は、周知のように、その時々の下院多数派の指導者達が大臣として指名され、国王は単にこれを形式的に任命するにすぎない[(9)]」体制であり、フーバーの場合にも、「政府が議会の意思に依存するところでは……《議会主義》が支配する[(10)]」という「伝統的理論」が叙述の出発点となっている（もっとものちに述べるようにフーバーはこの指標では不十分だとするのであるが）（II-a）。ドイツ立憲主義は「ビュラウと……シュタールとによって、西欧とりわけイギリスの議会支配と対置された[(11)]」、と述べるボルト自身、ドイツ憲法史の叙述においても、自らが要約したビュラウ・シュタール的意味（前出）で議会主義の語を使用している[12]（II-b）。以上で確認されたように、議会主義の成立をめぐる学説の対立は、議会主義の中核的指標の相違にもとづく議論のすれ違いから生じたものではなく、その意味では論者の間に議会主義観の相違は存在しないと言ってよい。

3　それでは、議会の信任に対する政府の依存を制度的に確立する方向に向かう歴史内在的発展傾向、すなわち議会主義化、それは歴史上のいかなる現象を指標として承認され、あるいは否認されてきたのであろうか。この点に関して興味深いのは、政治諸勢力間の力関係や国家機関相互の権限分配上の紛争をめぐる同一の憲法史的事象が、ある論者によって議会主義化現象を証明する指標とみなされ、別の論者によって今度はまったく反対に立憲主義であるにせよシーザー主義であるにせよ、議会主義化と相反する現象の指標とみなされている点である。そこで次に、議会主義化の、或いは反議会主義現象の歴史的分岐点として、各論者がほぼ共通にいかなる事象を取り上げ、それをいかなるシェーマを設定してどのように解釈しているのかを探ることにしよう。

(1)　一九三四年シュミット論文の基本シェーマは兵士と市民 Soldat und Bürger の対立である。シュミットによれば、本来「ドイツ民族は他民族に例を見ないほど兵士としての資質 soldatische Qualitäten にめぐまれている[13]」。ところが一九世紀に入ってから市民的自由主義思想が「運命的な不可抗性をもって[14]」ドイツに流入してきたため、プロイセン兵士国家 der preußische Soldatenstaat と自由主義的市民国家 der liberale Bürgerstaat との対立相剋が一九世紀ドイツ史のライトモティーフとなったのである。「兵士と自由主義的市民、プロイセン軍と市民社会との対立は、同時に世界観、精神的道徳的教養、法思想、そしてとりわけ国家の構造と組織に関する根本的な出発点の対立でもあった[15]」。この対立抗争のなかで、プロイセン王権さらには参謀本部によって指導された「プロイセン兵士国家は勇敢に身を守った[16]」（国王に対する旗宣誓、統帥権の独立等）が、自由主義の氾濫の前に「著しい守勢に立たされ」、「その命運も尽きて水に浸されつつある孤島[17]」となった。それが原因でドイツは第一次世界大戦に敗北し、ヴァイマル憲法おいて市民的法治国家が「父の死後に遺された」postum勝利者となるわけであるが、シュミットに言わせれば、ナチ運動の勝利によってはじめて、このような歴史の流れを堰止め、「市民的社会思想の憲法概念を克服[18]」して兵士的メンタリティーにもとづく別の国家構造を確立する可能性が開けたのである。シュミットの場合、上述したように真の対立物は兵士国家と市民的法治国家であり、いわゆる立憲主義も議会主義も共に自由主義思想にもとづく兵士国家の制約の結果である以上、市民的法治国家の側に属し、ただその制約の程度と態様に相違があるにすぎない。兵士に対する市民の勝利が歴史の趨勢であるということは、換言すれば従来の兵士国家的権力行使に対する自由主義的制約が極大化するということであり、それは伝統的用語法に即して表現するならば立憲主義から議会主義への移行を意味している。シュミットが一九世紀国法学によって説かれた立憲主義と議会主義との質的区別を否定する根拠は、このような基本シェーマと歴史観のうちにあり、一九世紀憲法史上の重要な事象に対する彼の解釈もこれに相即するものである。いまそれを要約すればおよそ以下のようになろう。せっかくの外交的軍事的勝利を無予算統治に対する事後免責請願という妥協によって曖昧にしてしまったプロイセン憲法紛争の結末[19]、当初は連邦諸君主・民主的な帝国議会・ヘゲモニー国家プロイセンの均衡をうまく維持して「兵士と市民」の分裂を糊塗していたが、国民自由党多数派の消滅後はクーデタまで考えざるをえなくなったビスマルクの統治[20]、副署を要しない統帥権行使という兵士的部分と君主無答責という市民的部分とに引裂かれた皇帝も、皇帝の臣下という兵士的部分と憲法上の責任という市民的部分とに分裂していた帝国宰相も真の政治的指導力を発揮できず、帝国議会が予算権によって軍の要求に足枷をはめ政治的発言力を拡大していったヴィルヘルム時代[21]、そしてとうとう第一次世界大戦中の「敵の憲法理念」に対する屈服すなわち議会主義の明文化[22]、これが彼のシナリオである（I-a）。

(2)　兵士国家と自由主義的法治・憲法国家との対立を軸に「編年的」なアプローチを試みたシュミット論文に

対して、ベッケンフェルデの方法は事項別の「構造－機能的」アプローチとでも称することができよう。ベッケンフェルデの場合にはシュミットと異なって、立憲主義と議会主義との伝統的な区別が議論の出発点として受容されている。論文の前半で六つの指標――①君主主義原理、②憲法制定権力の所在、③立法に関する君主と国民代表との共同決定、④君主の行政権と大臣責任の態様、⑤軍制及び統帥権の独立、⑥立憲君主制と議会君主制に共通の前提としての資本主義社会の成立――を掲げることによって一九世紀ドイツ立憲君主制の理念型が構成され、論文の後半では四つの論点――①憲法改正権、②議会の予算権、③大臣責任、④支配の正当性の問題――をめぐってその政治的動態と機能変化とが分析され、その結果として既に指摘したように立憲主義の妥協的過渡的性格、議会主義への段階的発展が説かれるという構成になっている。議会主義化現象の指標としていかなる歴史事象が掲げられているのか、というのが私の問題であるから、ここでは政治的動態の叙述に焦点をあて、議会の予算権と大臣責任の問題を取り上げることにしよう。

シュミットと同様ベッケンフェルデにとっても、いわゆる立憲主義の漸進的議会主義化をもたらした中心的な制度要因は議会の予算権であった。等族の租税承認権に由来する予算権を認めることによって「立憲主義憲法は、国民代表及び国民代表に体現された民主主義原理に対して活動の余地と武器とを与えた。そしてこの武器は時代が下がるにしたがってますます君主主義原理と自立的な君主の支配とを形骸化し、国民代表に対する政府の事実上の従属を導くのに役立った」[23]。それを最も明らかに示しているのはプロイセン憲法紛争である。この紛争において「立憲君主制の憲法問題は決定的状況にまで先鋭化した。この例外的事件を通して、通常の憲法状態がレンズで拡大したように認識できる」[24]。「紛争の憲法上・政治上の核心問題は、Ｅ・Ｒ・フーバーが正しく指摘したように、《議会が予算権を君主主義原理に対する決定的勝利を得るための武器として利用することに成功するかどうか》ということであった」[25]。ビスマルクは「正規の手続きを経て議決された予算なしに」[26]四年間統治を行ったが、一八六六年の戦勝ののちに事後免責の請願を議会に提出し、議会がこれを承認したことによって紛争は終結をみた。ベッケンフェルデによればこの事件の歴史的意味は、「外見及び通説に反して議会が少なくとも本質的な部分について勝利を納めた[27]」ことにある。つまり「立憲主義憲法の妥協的性格が明らかになり、予算権の自由主義的―立憲主義的解釈が将来にわたって攻撃し得ないものになった[28]」ことである。帝国議会もこの予算権を手離しはしなかった。軍制及び予算をめぐる紛争は帝国にもちこされ、そこでは現有兵力が法律によって七年、のちには五年さらに三年毎に確定されたのであるが、この期間短縮も議会の発言力の増大を示している。このような経過からも理解されるように、自由主義的予算権は「長い目でみれば勝利を金で購ったのである[29]」。

今一つ議会主義化現象の中心的指標とされているのは大臣責任の問題である。憲法の枠組からすれば、立憲主義の下では、「統治及び行政は立法権とは異なり君主に固有の留保物であった[30]」。たしかに「ドイツ立憲君主制においても君主は、……専制的に統治するのではなく、責任を負う大臣の副署に拘束されていたが、政策を決定し、個々の行政部門を指導するこれらの大臣は、議会多数派の代表者として、したがって独自の権力として君主に対峙しているのではなく、君主によって任命され君主の信任にのみ依存している顧問であり助言者であった[31]」。この官僚的専門大臣制とバランスをとるための大臣責任も、「議会主義的責任ではなくて、特殊な《立憲主義的》（国法上の）責任であった[32]」。しかしながら、政治の動態に目をむけると立憲主義の様相はまた異なったものにみえてくる。「責任を負う大臣は、自分あるいは国王の政策を議会に対して理由づけ・弁明し・擁護する義務を負った[33]」のであるが、ベッケンフェルデによれば「この責任制は一旦認められると、自らの推進力によって発展していくことになった。この力は国民代表の予算権と結びついて非常に強化され、これによって責任制は明示的な不信任投票なしにも一つのサンクションを獲得したのである[34]」。「したがって、立憲主義的責任制が議会主義統治様式に移行するか否かは、原理の問題ではなくて状況及び政治的勢力配置の問題であった[35]」。「……第一次世界大戦中に会派間委員会 der interfraktionelle Ausschuß という方法で、議会主義政府が結局現実のものとなったが、これは —— 構造的にみるならば —— 立憲主義憲法の破壊ではなく、その有機的流出物であった[36]」。立憲主義下の大臣責任に関する上にみたようなベッケンフェルデの考え方も、シュミット説の復刻版と称してよい。シュミットは「責任が国事裁判所の判決の形式で実現されるのか、不信任決議によって議会主義的に実現されるのか、あるいは人民投票によってプレビシット的に実現されるのかはどうでもよい[37]」と言う。「法案や予算案の提出に際して議会で演説・答弁しなければならないということが、大臣の責任及び立憲君主の無答責に対して十分に政治的な現実性を与えるのである[38]」。

以上概観したように、議会主義化現象の存在を肯定する根拠づけの仕方についてはシュミットとベッケンフェルデとの間に大きな共通性があり、ただその評価に関して、いわゆる立憲主義を真の統治の欠如した混屯状態、議会主義導入を敵の憲法理念に対する屈服とみなすのか、それとも立憲主義を「自由平等の民主的秩序[39]」＝議会主義への「移行の調整者[40]」とみなすのか、という正反対の立場に分かれるのである（I-b）。

(3)　これに対して「比較憲法史的観点から[41]」問題を取り扱うと言うヒンツェは、イギリスとドイツにおける国家と社会の関係の相違を図式的に整理し、これを主要な根拠としてイギリス型議会主義とドイツ型立憲主義との質的区別、ドイツの議会主義化という事実の否認を基礎づけようとしている。イギリスは「軍事的に比較的安全で、政治的には早くから集権化された島国[42]」であったために、絶対王権・常備軍・官僚制を必要とせず、そこでは社会の支配階級（地主階級さらには産業資本家階級）が「自らの利害と欲求とに従って国家を組織し[43]」、社会は「自らを政治化して装飾的な象徴としての王権を備えつけた《政治社会》political society となった[44]」。これに対して、ヨーロッパ大陸の中央に位置するドイツでは軍備が不可欠であり、この軍事制度を核として成長してきた古い官憲国家が指導権を握って「社会の階級対立を国益に従わせようとし[45]」、国家と、シュタイン－ハルデンベルクの改革によってはじめて一定の自立性を認められた社会とは、立憲主義という形で国家の優位の下に「有機的に結合」している。君主主義的立憲主義は「古い啓蒙絶対主義のメタモルフォーゼ」であって「軍事国家類型」に属し、「産業国家類型」としてのイギリス議会主義とはその歴史的背景をまったく異にする。したがってヒンツェによれば、「革命によってのみ生じうるような完全な変動なしに」(46)立憲主義が議会主義に変化することは、プロイセン―ドイツの歴史的社会的条件を前提とする限り不可能なのである。(47)旧来の官憲国家勢力の強大さと並んで、プロイセン―ドイツの議会主義化を阻む社会的・政治的要因として今一つヒンツェがあげるのは、「政党の勢力配置」Parteikonstellation である。保守党・自由党というイギリスの二大政党が同質の社会的政治的基盤の上に立っており、政治的取引を可能とするような現実性を具備しているのに対して、ドイツでは東エルベの農業利益とライン地方の工業利益、エヴァンゲーリッシュとカトリック、ブルジョワ諸政党と社会民主党との間に深刻な社会経済的・宗教的・政治的亀裂があり、政党は経済的利益の代弁者あるいは硬直した世界観政党であって政治的取引になじみにくい。「例えば中央党と社会民主党との間に存在するような政策及び世界観の天地ほどの隔りは、政党が交代に政権を握る可能性をまったく排除しているのである」(48)。二〇世紀初頭に、議会主義導入のための現実的条件として政党システムに着目した点もきわめて卓見と言えるであろうが、ドイツに敢えて議会主義を導入するならば「極右と極左とが決定的な政党として対立し、その結果健全な国民政治の主柱たる市民的中道政党は保守主義者―教権主義者 Konservativ―Klerikalen と社会主義者及び民主主義者との間で粉々に砕かれてしまうであろう」(49)という予想は、ヴァイマル議会主義の運命を念頭に置くとき、ヒンツェの深い洞察力を思わせる。

次にフーバーは、伝統的な国法学の「国家理論的―概念的方法」(50)では絶対主義・立憲主義・議会主義の区別を行うことはできないとして、「憲法史学的―社会学的方法」によるアプローチを試みるのだと言う。そこに言う

「憲法史学的－社会学的方法」とは、憲法規範と憲法現実の両者を考察の対象とすることである。フーバーによれば、「抽象的な憲法規範の組織系 Geflecht も現実の権力因子の活動 Getriebe も、それだけでは立憲主義のような具体的憲法類型の本質を形成するものではな」く、憲法規範と政治現実との統一的考察によってはじめて立憲主義の本質が明らかになる。(51) では、絶対主義から議会主義への過渡期・遷延的妥協ではなくて一九世紀ドイツを支配した独自の完結的国家類型とされる、その立憲主義の本質をフーバーはどのように描いているのであろうか。立憲主義とは王権と国民代表とが前者の優位を保ちつつ結合した体制である。(52) 立憲主義の憲法生活を規制する第一の原理はヴィーン最終議定書五七条に定式化された「君主主義原理」であり、(53) 第二は旧等族 Stände 的な利益代理ではなくて「国民の全体性を体現し」、「市民社会を君主に指導される国家に統合するという任務」を負った国民代表を設置するという意味での「代表制原理」である。(54) 第三に、王権の優位は「実存的留保」Der existentielle Vorbehalt の原理によって担保される。(55) フーバーによれば、例外は原則よりも重要な意味をもっており、公法の場合、例外は「留保という法技術的形態をとって現われる」(例えば「法律の留保」)。留保には日常的な「瑣末な」留保と、秩序の存立それ自体が危殆に瀕しているため原則を破棄しなければならないような非日常的な「実存的」留保とがある。一九世紀ドイツ立憲主義の場合には一般的に、憲法典明示の実存的留保として君主による議会解散権・緊急命令権・戒厳布告権・統帥権・宣戦講和権が認められ、憲法の全体連関から導き出される黙示の実存的留保として統帥権の独立(統帥行為に対する大臣副署の不要)・憲法の欠缺を専権的に補充する君主の権能があげられる。フーバーは、成文憲法に対するこうした不文の留保を認める体制を「立憲主義」と名付けるのは「たしかに大胆な言葉使いである」としながら、王権・官僚・軍などの前立憲的諸勢力が「憲法の決定的かつ本質的契機」となっている一の秩序がドイツ立憲主義なのだと言う。フーバーの場合、君主権力の実存的留保の有無こそ立憲主義と議会主義とを実質的に区別する指標である。かつてアンシュッツが「国法ここに終る」

と述べた所から一歩踏込んで、君主の欠缺補充権を「憲法の全体連関から」立憲主義の本質的要素と説明する点に、(56)フーバーの考える「憲法史学的・社会学的方法」の一つの結果を見出すことができよう。王権と議会との関係で前者の優位を担保するものが実存的留保であるならば、第四に、両者を結合するものが立憲主義に特殊な「大臣責任制」である。(57)立憲主義に特殊な、とはこうである。一方で内閣は答弁責任によって議会に依存しているが、不信任投票にもとづく辞職義務の不存在によって議会から独立しており（議会主義との相違）、他方で内閣は国王の任免権によって彼に依存しているが、大臣副署なしには国王も行動できないために彼から独立している（絶対主義との相違）。かくしてフーバーによるならば、「大臣の独立性と依存性との結合は、君主主義原理と代表制原理とを立憲主義のうちに統合する縫合部を形成しているのである」。

以上のように、ヒンツェは歴史的社会的条件の類型的把握を通して、フーバーはなるほど特定の憲法典の条文に視野を限定しないという意味では「憲法史学的－社会学的」と称しうるかもしれないが、帰するところ制度的思考によって、漸進的議会主義化現象を否定し、議会主義とは質的に異なる国家類型の存続した時代として一九世紀を描く。それでは、一九世紀ドイツの主要な憲法事象を彼らはどのように説明するのであろうか。まずプロイセン憲法紛争について。フーバーによれば、一八五〇年プロイセン憲法の立憲主義は「二度きわめて重大な危機に直面した」。一度目は疑似絶対主義に復帰しようとするマントイフェル時代の超保守派の試みによって、二度目は予算権をテコに議会主義を導入しようとした憲法紛争期の自由主義によって、である。「しかし一八六六年の事後免責法によって保守主義左派と自由主義右派とは改めて一八五〇年の憲法妥協の基礎の上に自らを見出した」。(58)ヴァール（R. Wahl）は憲法史学文献におけるプロイセン憲法紛争の問題を、当事者の政治的・法的立場を如何に判断するのか、勝者を誰とみるのかという二点に整理しているが、(59)いまこの基準を借りるならば、フーバーとベッケンフェルデは「立憲主義か議会主義か」の選択を当事者の争点とすることでは共通し、勝者を政府側（立憲主義への復帰）とみなす(60)のか議会側（議会主義への一歩）とみなすのかという点では真向から対立していることになる。ちなみにヒンツェ及びボルトの場合には、当事者の意図とその客観的役割とを別問題と考え、ヒンツェは結論的にはフーバーと同趣旨であるが(61)、ボルトのほうはとりわけ議会側の意図は議会主義導入ではなかったとして詳細なフーバー批判を展開している(62)。シュミットは既にみたように、政府と議会との対立を兵士国家と法治国家との闘争とみなす点で枠組自体がフーバー、ベッケンフェルデとは異なるが、曖昧な妥協を経た究極的な勝者を議会と考える点ではベッケンフェルデと一致する。次にビスマルクの統治について。フーバーによれば、ビスマルク帝国の立憲主義は個々の点は別として、一八五〇年プロイセン憲法の立憲主義と「基本構造における相違はない(63)」。ビスマルク時代は憲法紛争をのりきった立憲主義の「最盛期(64)」であり、そのクーデタ計画は政党の側に再燃してきた議会主義導入の要求に対する立憲主義の防衛策であった(65)。第三にヴィルヘルム二世の個人支配 Das persönliche Regiment と第一次世界大戦中の議会主義化について。ヴィルヘルムの個人支配は比較史的観点からすれば容易に説明がつく。すなわち「一定の規則性を伴って、自ら統治する偉大な大臣のあとには自ら統治する偉大な君主が続」くのである（リシュリューのあとにはルイ一四世、シュヴァルツェンベルクのあとにはフリードリヒ大選帝侯、大ピットのあとにはジョージ三世、そしてビスマルクのあとにヴィルヘルム二世）。いずれにせよヴィルヘルムの個人支配は「立憲主義憲法の枠内で可能な限りにおいて」のことにすぎない（ヒンツェ(66)）。ヴィルヘルムの個人支配はたしかに「強力で自覚的な国家指導」とは言えないが、驚くべきは、「にもかかわらず立憲主義秩序が大体において揺ぎなく維持された」という事実である（フーバー(67)）。シュミット、ベッケンフェルデが第一次世界大戦中の議会主義の明文化を、長い間の議会側の努力の最終段階とみて議会のイニシアティヴを重視した解釈を行う(68)のに対して、ハルトゥング、フーバーはむしろ最高統帥部が主導権を握った敗戦処理・革命回避策と理解している(69)。以上のごく簡単な紹介からも、Ⅰ-a及びⅠ-b説とⅡ-a説とはそれぞれ同一の歴史事象にほとんど正反対の解釈を与えていることが理解できるであろう（Ⅱ-a）。

(4)　ボナパルティズム（シーザー主義）論は、二人のナポレオンの支配を示す歴史学上の概念に端を発しているが[70]、その系譜と全貌とを整理することはもとよりこの章の任ではない。このタームを用いてビスマルク帝国の国家構造を説明しようとする論者が、主としていかなる観点からビスマルク帝国の議会主義化現象を否定しているのかを瞥見することが目的である。

ヴェーラーをはじめとするこれらの論者の基本的な主張は、ほぼ以下のように要約することができよう[71]。西欧と違ってドイツではブルジョワ革命が失敗し、政治の主導権を握り続けた絶対主義勢力が「上からの革命」によって必要最小限の改革を行った。ビスマルクの帝国建設はユンカーの政治支配をおよそ半世紀間固定化するものであり、ブルジョワジーは政治的には無力な状態にとどまった。経済的社会的にみても、一八七〇年代初頭に始まった大不況期以降ドイツは早くも独占資本主義段階に入り、ブルジョワジーは不況を克服し・抬頭しつつある労働者階級に対処するために国家官僚制に依存し、保護関税政策支持に転向したユンカーと同盟するのみならず（「鉄と穀物の同盟」）、生活様式や社会意識の点でも王権及びユンカー層に一体化していく（いわゆるドイツ・ブルジョワジーの「再封建化」）、政治的にも経済的にもこのようにブルジョワジーが旧支配層（王権とユンカー）に依存しこれと一体化していたのであるから、ブルジョワ支配の発現形態である自由主義的議会制がドイツで発展しなかったのは当然である。これを旧支配層－官僚制の側からみると、彼らは経済過程に積極的に介入し・革命の恐怖をかきたてることによって自由主義野党とかけひきする一方で、社会政策の展開と植民地獲得・艦隊建設などの対外膨張策によるナショナリズムの昂揚とを通じて自由主義者よりも機敏に社会問題の発生・大衆民主主義状況に対処しようとした（ヴェーラーのいわゆる「社会帝国主義」）、旧支配層・自由主義市民層・労働者大衆の三元構造を前提に、正統主義と人民投票的独裁との結合によって帝国の支配体制を維持しようとしたビスマルクの支配技術とヴィルヘルム二世の統治スタイルは、まさしくこのような旧支配層側の対応を示すものである。伝統的支配層の存続と社会の停滞性、カトリック・社会民主党など「帝国の敵」の弾圧、これと帝国議会の無力とが結びつき、「憲法の静かな議会主義化」現象は存在しなかった。ブルジョワ議会主義・社会民主主義に対するいま一つの政治的選択肢であるシーザー主義とは、このような支配構造と統治技術の双方を含む観念である。(72)彼らの見解によれば、一九世紀ドイツが議会主義化されなかった原因には、支配の構造的要因（政治的経済的与件）と支配の技術的要因（統治の手法）という二つの側面が存在するのである。ここでは、一九世紀の主要な憲法史的事象を彼らがどう意味づけしているのかという問いに答えるために、議会主義化と相反するビスマルクの統治技術について、主としてシュテュルマーの説明をいま少しみておくことにしたい。

シーザー主義的統治様式が典型的に現われるのは紛争解決と支配の正当化の場面においてである。その手法は、ナショナリスティックな「大国主義政策」Großmachtpolitik を通して国内的危機を外に逸らすことにより、国民的統合を達成すること、そして議会選挙を権力の人民投票的正当化のために利用すること、この二つの要素から成り立っていた。(73)後者について述べると、三月前期の初期自由主義者は財産制限選挙による同質的な議会を前提に、政府と議会との対立を選挙民に対するアペル Appell によって解決するよう要求していたが、ビスマルクは帝国議会に普通選挙制を導入することによって議会の解散に異なる機能を与えた。「議会多数派と政府の権威との抗争のなかで、自由主義的－議会制的な矯正手段 Korrektiv からシーザー主義的大衆指導と人民投票とにもとづく支配の基盤が生じた。ビスマルクが冷静に行ったように、想定上の人民意思 der hypothetische Volkswille をひきあいに出すことが常に議会内の敵対者に対する武器となった」。(74)シュテュルマーによると普墺戦争の勝利によって世論を変化させ、これを機に自由主義者と妥協して紛争を終結させたプロイセン憲法紛争時のビスマルクの手法はまさしく上述の二要素からなるシーザー主義的統治様式の一例であった。「シーザー主義的政治家という役割は、ビスマルクが憲法紛争の手詰まり状態のなかで、プロイセンの国家的危機の解決をドイツ問題の解決と結びつけたときにうちたてられたものである」[75]。その後もビスマルクは、例えば、一八七四年には兵力量の固定化をねらう軍制法律支持の新聞キャンペーンを展開させ、当時帝国議会多数派であった国民自由党に圧力をかけることによって結果的には七年軍制法の成立にこぎつけ、一八七八年には多岐にわたる農民むけキャンペーンを通じて自由貿易主義から保護関税政策支持へのユンカーの転向を促進させて保護貿易派による議会多数派ブロック形成に導いた。「第一次社会主義者鎮圧法 Sozialistengesetz の否決から帝国議会の解散を経て第二次社会主義者鎮圧法の可決に至る一八七八年の内政上の深刻な危機は、革命の恐怖によって保護関税及び〔ユンカーとブルジョワジーの〕結集 Sammlung への道ならしをし、秩序の守護者としての政府の権威を確立しようという試みを意味するものにほかならなかった」[76]。海外植民地獲得・軍備増強政策の是非という対外問題を争点として保守党の党勢を挽回した一八八四年と八七年の選挙もビスマルクのシーザー主義的手法の一例と言うことができる[77]。対外政策による国内危機の回避・人民意思の援用による議会操縦というこのような紛争解決のための統治手法は、ビスマルク神話にもとづく支配の正当化と結合していた。シュテュルマーによると、不況時代にドイツに広がった終末感情 Aschermittwochstimmung のなかで、国家官僚の頂点に立つ鉄血宰相に対する「崇拝が自由主義的議会に対する希望にとってかわった」[78]。ビスマルク自身がこの崇拝を利用助長したのであり、それが「ビスマルク体制の存続を国民の死活問題にまで高めるための前提」[79]をなしていた。自分が「かけがえのない人物」であることを強調し、「シーザーか無か」、「私かカオスか」という選択を突きつけることが「君主、プロイセン内閣、一八七〇年のバイエルン分離主義、一八七八年のバーデン自由主義、帝国議会及び国民、に対抗する手段となったのである」[80]。かくして、「立憲君主制の理論は人民投票的権威という現実によって脇へおしのけられてしまい」[81]、その時々の争点に従った多数派ブロック形成という手段を用いて議会を操縦しつつ帝国議会そのものの制度的弱体化を繰返し企図するビスマルクの下で、[82]議会多数派による政府支配への動きは生じなかったのである。[83]シュテュルマー、ボルトによれば同様のことはヴィルヘルム二世時代にもあてはまる。ヴィルヘルム期にみられる君主権力の増大化現象は漸進的議会主義化説に適合しないし、またヴィルヘルム二世個人のパーソナリティの問題に還元することもできない。[84]むしろ、一方でますます巨大化し複雑化した官僚制、他方で反議会制的職能団体イデオロギーとナショナリスティックな感情とに満たされ、社会民主党の抬頭に脅威を感ずる資本家・中産市民層・農民大衆、彼らが議会制的統合に代わる個人による統合を必要としていたことが重要である。[85]プロイセン蔵相ミクヴェル（J. Miquel）の結集政策、宰相ビュロー（B. Fürst v. Bülow）の世界政策、ティルピッツ提督（A. Tirpitz）の建艦計画、これらは各々個別的な集団利益の産物ではあるけれども、結局「シーザー君主制の確立という一点に収斂するのである」。[86]一九一四年以降のドイツの戦争政策も、単に軍事上経済上の計算に由来するのみならず、改革への圧力を外にそらすことをねらったものであったし、一九一六年から一八年にかけての最高統帥部の「大衆的疑似独裁」die populäre Quasi-Diktatur もこのような基礎の上に展開したのである。[87]ヴィルヘルム二世の失敗によって失われたのは人民投票的独裁の機会ではなく、ただホーエンツォレルン王家によるその実現に対する期待であったにすぎない[88]（Ⅱ-b）。

4　以上、議会主義の定義的国法学的指標の問題と議会主義化現象を肯定あるいは否定する憲法史学上の指標の問題とについて四つの学説類型の内容を簡単に紹介した。この節のしめくくりとして、一九世紀の主要な憲法史的事象に関する各説の解釈をまとめておくことにしたい。

(**1**)　プロイセン憲法紛争。漸進的議会主義化肯定説は、憲法紛争を兵士国家か市民的法治国家か（シュミット）、あるいは立憲主義か議会主義か（ベッケンフェルデ）という選択を先送りにした遷延的妥協によって終結したと看做す。但しその妥協の実質はこれらの論者にとって、ビスマルクが軍事的勝利を政治的に十分利用し尽すことに失敗したという意味で（シュミット）、あるいは事後免責の請願を行ったのが議会ではなく政府の側であったことに示されるように（ベッケンフェルデ）、議会主義化の里程標である。漸進的議会主義化否定説は、議会側の目的あるいは機能を議会主義導入にあったとみて、それが直接には実現しなかった憲法紛争の終結を、一八五〇年プロイセン憲法典の立憲主義への復帰と解釈する（フーバー、ヒンツェ）か、あるいは憲法紛争という国内的対立を普墺戦争によって外に逸らし、世論の変化を待って妥協に踏切ったビスマルクの統治手法に着目して、シーザー主義支配の例示とする（シュテュルマー）。

(2)　ビスマルクの統治。漸進的議会主義化肯定説中、議会主義化現象を消極的に評価するシュミットによれば、ビスマルクの統治の後半は、真の政治指導の欠如したカオスであり、クーデタ計画がその証しである。積極評価するベッケンフェルデは、ビスマルク時代にも、例えば七年軍制法をひきあいに議会権力の拡大化をみ、他方ラウーは、この期間をフーバー的意味における立憲主義時代と考える。漸進的議会主義化否定説中、フーバーは、ビスマルク時代をドイツ立憲主義の最盛期とみなし、クーデタ計画を議会主義化の企図を砕く立憲主義擁護の試みと解する。他方シュテュルマー等は、（ヴィルヘルム時代を含めて）ビスマルク国家を立憲主義の枠組で説明することに反対し、とりわけビスマルクの統治手法を人民投票的独裁の一例と解している。クーデタの恫喝も想定的人民意思を根拠に議会内反対派に圧力をかけるシーザー主義の手法として説明される。

(3)　ヴィルヘルム二世の個人支配。ヴィルヘルム二世のスタンドプレイ的な統治それ自体が失敗であったことは、同時代人のヒンツェの場合には微妙であるが他のすべての論者が承認する。しかし、漸進的議会主義化肯定説が、ヴィルヘルムの個人支配に議会主義化を促した一契機を見出すのに対して、否定説の側は、例えば社会民主党も議会内で一定の妥協に応ずるようになったことを理由に、個人支配による政治指導の混乱にもかかわらず立憲主義特有の憲法構造が維持されたと解したり（フーバー）、あるいは国家官僚制と反議会制的大衆というシーザー主義体制の両輪が政治統合のためのカリスマ的指導者を必要としており、この要求自体はヴィルヘルムの失敗とかかわりなく存続したと理解するのである（シュテュルマー）。

(4)　第一次世界大戦中の議会主義化。一九一八年十月二八日憲法改正法律が、明文の規定によって議会主義政府を導入したという歴史的事実を否定することはもちろんできない。ただ前述したように、漸進的議会主義化肯定説は、この事実を半世紀にわたる議会主義化への歴史内在的趨勢の終着点と判断し、とりわけ議会側のイニシアティヴを重視するのに対して、否定説は、敗戦が疑いえない状況に立った時点における最高統帥部の対外的（連合国向けの）及び対内的（革命回避のための）戦争政策としてこの憲法改正を位置づけるのである。

（1）　K. v. Beyme, Der Begriff der parlamentarischen Regierung, in: hrsg. von K. Kluxen, Parlamentarismus, 4. Aufl., 1976, S. 192.; H. Boldt, Parlament, parlamentarische Regierung, Parlamentarismus, in: hrsg. von O. Brunner, W. Conze, R. Koselleck, Geschichtliche Grundbegriffe, Bd. 4, SS. 653–654.
（2）　F. J. Stahl, Das Monarchische Prinzip, 1845, S. 7.
（3）　K. v. Beyme, a. a. O., S. 189 u. S. 192.
（4）　H. Boldt, a. a. O., S. 654.
（5）　A. a. O., S. 672.
（6）　C. Schmitt, Verfassungslehre, 1928, S. 66.
（7）（8）　E.-W. Böckenförde, a. a. O., S. 152.
（9）　O. Hintze, a. a. O., S. 362.
（10）　E. R. Huber, Deutsche Verfassungsgeschichte seit 1789, Bd. 3, S. 5.
（11）　H. Boldt, Deutscher Konstitutionalismus und Bismarckreich, in: hrsg. von M. Stürmer, Das kaiserliche Deutschland, S. 119.
（12）　Vgl. z. B. H. Boldt, Deutsche Staatslehre im Vormärz, 1975, S. 6, S. 253 ff., S. 287.

(13) C. Schmitt, Staatsgefüge und Zusammenbruch des Zweiten Reiches, S. 8.
(14) A. a. O., S. 16.
(15) (16) A. a. O., S. 13.
(17) A. a. O., S. 16.
(18) A. a. O., S. 7.
(19) A. a. O., SS. 10–11, u. SS. 21–22.
(20) A. a. O., SS. 25–26.
(21) A. a. O., S. 24, u. S. 30.
(22) A. a. O., S. 40.
(23) (24) E.-W. Böckenförde, a. a. O., S. 156.
(25) (26) (27) (28) A. a. O., S. 157.
(29) A. a. O., S. 158.
(30) (31) A. a. O., S. 151.
(32) A. a. O., S. 152.
(33) (34) (35) A. a. O., S. 158.
(36) A. a. O., SS. 158–159.
(37) (38) C. Schmitt, a. a. O., SS. 27–28.
(39) (40) E.-W. Böckenförde, a. a. O., S. 161.
(41) O. Hintze, a. a. O., S. 360.
(42) A. a. O., S. 365.
(43) (44) A. a. O., S. 364.
(45) (46) A. a. O., S. 365.
(47) A. a. O., S. 379.

(48) A. a. O., SS. 377–378.
(49) A. a. O., S. 378.
(50) E. R. Huber, Deutsche Verfassungsgeschichte seit 1789, Bd. 3, S. 6.
(51) A. a. O., S. 11.
(52) Vgl. a. a. O., S. 12.
(53) Vgl. a. a. O., S. 13. ヴィーン最終議定書五七条は以下のように規定する。「ドイツ同盟は、自由都市を除いて、主権を有する君主からなるので、このことによって与えられた基本概念に従って、国家の全権は国家元首のうちに統合され、主権者は特定の権利の行使に関してのみ、ラント等族的憲法 eine landständische Verfassung によって議会の協賛 die Mitwirkung der Stände に拘束されうる。」Vgl. hrsg. von E. R. Huber, Dokumente zur deutschen Verfassungsgeschichte, Bd. 1, S. 88.
(54) E. R. Huber, Deutsche Verfassungsgeschichte seit 1789, Bd. 3, SS. 19–20.
(55) A. a. O., S. 16 f.
(56) Vgl. a. a. O., S. 340.
(57) A. a. O., S. 20 f.
(58) A. a. O., S. 9.
(59) R. Wahl, Der preußische Verfassungskonflikt und das konstitutionelle System des Kaiserreichs, in: hrsg. von E.-W. Böckenförde, Moderne deutsche Verfassungsgeschichte (1815–1918), S. 171.
(60) E. R. Huber, a. a. O., S. 333, u. S. 337.
(61) O. Hintze, a. a. O., SS. 375–376.
(62) H. Boldt, Verfassungskonflikt und Verfassungstheorie. Eine Auseinandersetzung mit Ernst Rudolf Huber, in: Probleme des Konstitutionalismus im 19. Jahrhundert, Beihefte zu "Der Staat" Heft 1, 1975, S. 75 ff.
(63) E. R. Huber, a. a. O., S. 15.
(64) A. a. O., S. 9.

(65) A. a. O., S. 15.
(66) O. Hintze, a. a. O., SS. 384–385.
(67) E. R. Huber, a. a. O., S. 15.
(68) C. Schmitt, a. a. O., S. 40,; E.-W. Böckenförde, a. a. O., S. 158.
(69) F. Hartung, Staatsgefüge und Zusammenbruch des Zweiten Reiches, in: Staatsbildende Kräfte der Neuzeit, S. 390; E. R. Huber, Die Bismarcksche Reichsverfassung im Zusammenhang der deutschen Verfassungsgeschichte, in: hrsg. von T. Schieder u. E. Deuerlein, Reichsgründun 1870/71, S. 193.
(70) ボナパルティズム概念に関しては、例えば西川長夫「ボナパルティズム概念あの再検討」思想五八三号（一九七三年）一頁以下参照。
(71) 主としてE. Nolte, a. a. O., SS. 531–532. によった。
(72) 木谷・前掲書（本章第一節註(23)）一二九—一三四頁参照。
(73) M. Stürmer, Bismarckstaat und Cäsarismus, in: Der Staat, 12, S. 487.
(74) A. a. O., S. 488.
(75) A. a. O., S. 492.
(76) A. a. O., S. 490. 木谷・前掲書一七三—一八六頁、とりわけ一七九頁参照。
(77) M. Stürmer, a. a. O., SS. 487–488. 木谷・前掲書二一四頁。一八八四年選挙で保守党は五〇議席から七八議席（三九七議席中）に増え、一八八七年選挙でも八〇議席を獲得した。Vgl. W. Tormin, Geschichte des deutschen Parlamentarismus, 1966, S. 69.
(78) (79) M. Stürmer, a. a. O., SS. 491–493.
(80) (81) A. a. O., S. 492.
(82) 木谷・前掲書190—193頁。
(83) M. Stürmer, a. a. O., SS. 469–470.
(84) H. Boldt, Deutscher Konstitutionalismus und Bismarckreich, in: hrsg. von M. Stürmer, Das kaiserliche

Deutschland, SS. 135–136.
(85) M. Stürmer, a. a. O., S. 484.
(86) (87) A. a. O., S. 485.
(88) A. a. O., S. 483.

三　議会主義化をめぐる学説対立の原因

1　それではなぜ議会主義化現象について見解が分かれるのであろうか。さしあたり、一九世紀の主要な憲法史的事象に関していままとめたような解釈の違いが存在するからだと答えてもよい。これらの解釈がそれぞれどの程度精密な史料批判にもとづくものであるのかを、個別的に検討する準備を私はもたないし、またその点から各学説の優劣を判定することはこの章の目的ではない。議会主義化現象の認否はたしかに個別事象の解釈によって裏づけられているが、しかしまた逆に、個別事象の解釈が漸進的議会主義化テーゼに対する立場の相違によって方向づけを受けるという関係に立ってもいる。いかなる歴史解釈も無前提では行われえないであろうから、ここでは史料批判の精度の問題とは別に、議会主義化現象について見解の相違が生まれる原因を、各論者の思考の前提と考えうるものの側から私なりに探ってみたいと思う。

(**1**)　第一節において私は、漸進的議会主義化という歴史事実の存在を肯定あるいは否定する者を、さらにこの歴史事実の存否に対する消極積極の評価を基準にして肯定消極評価（Ⅰ-a）・肯定積極評価（Ⅰ-b）・否定積極評価（Ⅱ-a）・否定消極評価（Ⅱ-b）の四学説に分類した。この積極消極という評価による区別は、憲法史学上のこの種のテーマに関する叙述が、自覚すると否とにかかわらず各論者の政治的価値観と不可分に結びついたものであることを先取りして行われている。論争当事者達が特定の政治的立場を前提として自説を展開していることは、やはり第一節においても触れておいた以下のような自己正当化と非難の応酬からも窺知ることができる。「この問題に対する偏見のない解答を政党に期待することはできない。……この問題は理論的な考察によってのみ解答されうる」[1]（ヒンツェ）、「いまだに支配的な国民自由党的歴史像、……二世紀以来支配的である自由主義的国法学のカムフラージュ」[2]（シュミット）、「厳密な方法に従って良心的に行われた研究の成果は……主観的な政治的立場から提起された批判を覆す」（ハルトゥング）、「党派の争いから距離を置いて判断すれば……」（フーバー）、「国家の権威ないし官憲国家に対する〔フーバーの〕偏愛」（ラウー）、漸進的議会主義化テーゼにおける「保守主義の運命史観と……証明されていない信念との結合」[6]（ボルト）、等々である。議会主義化肯定説中、シュミットと他の論者との政治的立場の対立はこれらの論文を一読すれば明らかである。シュミットがドイツ人民の兵士としての資質とプロイセン軍国主義とを称揚し、ナチ・レジームにその復活をみるのに対して、例えばベッケンフェルデは君主主権―君主的正当性―君主主義政府、国民主権―民主的正当性―議会主義政府を、それぞれ一系列のコロラリーとみなし、民主主義化と議会主義化との予定調和を前提している。既に指摘したように両説の間には議会主義化をめぐる個々の論点（憲法紛争と議会の予算権、大臣責任等）の解釈に大差はなく、その相違は専ら反議会主義と親議会主義という政治的価値観の対立に由来するといってよい。議会主義化否定説における積極評価説と消極評価説との間に私が見出した相違も、「君主制的＝官僚制的」エートスのもち主と評されるヒンツェやドイツ立憲主義のうちに時代と状況に適合的な秩序、国民的統一と自由の理念の保障とを認めるフーバーの親君主主義的政治観と、ビスマルクからナチズムに至る帝国主義的対外膨張政策の連続性を主張するヴェーラー等の近代ドイツの宿痾と対決しようとする反権威主義的政治観[9]との対立に少なくとも部分的には依拠している。議会主義化肯定消極評価（I―a）説と否定積極評価（II―a）説、肯定積極評価（I―b）説と否定消極評価（II―b）説とは、それぞれ楯の両面のような関係に立っており、前者について言えば、フーバーが「超保守主義的な王制擁護者は立憲主義のうちにそこから国家が必然的に議会主義的－民主主義的体制に到達する移行状態をみた[10]」と述べてシュミットと超保守主義との親縁性を指摘し、逆に漸進的議会主義化テーゼの側も「フーバーの構成は、……伝統的に好まれてきた社会と国家の分離というドイツの公理にもとづいて国家の至上権要求を再び掲げようとする試みである[11]」（ラウー）としてその保守性を批判していることからも理解されるように、共通の保守主義的モティーフを含んでいる。他方後者の側は親議会主義的心情という点では共通するとみなしてよいであろうが、民主主義に対する信頼度に関しては真向から対立する。いま述べたようにベッケンフェルデが民主主義化と議会主義化との予定調和を前提とし、フラウエンディーンストも民主主義化、議会主義化の語をほぼ同義に使用している[12]のに対して、ボルト・シュテュルマーは大衆民主主義状況の現出が必然的に議会主義と結びつくものではなく、人民投票的独裁の可能性を常に念頭に置かなければならないと考えるからである。シュテュルマーの言葉を引いておこう。「帝国議会の普通平等選挙権によって疑いもなく与えられた憲法の民主的性格 Einschlag が〔議会主義化現象の〕証明手段として過大評価されてはならない。……一九世紀初頭以来、憲法国家の民主的構成要素 die demokratische Komponente が人民投票的－シーザー主義的 plebiszitär-cäsaristisch 方向と自由主義的－開放的 liberal-emanzipatorisch 方向とに分裂していたことを見逃してはならない[13]」。以上のように、学説の対立は政治的立場の相違にもとづく面をもつと言うことができるが、それだけでは説明しきれない面もある。次にそれを論じよう。

(2)　憲法史叙述に際して法制度・政治的現実等種々の要因のうち何を重視するのかという意味でのアプローチの差異と、学説の対立との関係がここでの問題である。とりわけ学説間の分岐の原因として重要と思われる二つの論点、制度的要因に対する考え方と憲法史における普遍と特殊の問題とを取り上げることにしたい。

人の指摘するように[14]、ビスマルク憲法の採用する連邦主義 Föderalismus は議会主義の制度的阻止要因をなしていた。第一に憲法典の規定によると帝国宰相は連邦参議院の議長を務め（第一五条）、他方連邦参議院議員と帝国議会議員との兼職は禁止されていた（第九条）ので、連邦レベルにおける唯一の民選議院たる帝国議会の多数派領袖が帝国宰相となる機会は制度上奪われていたし、第二にやはり一五条の規定にもとづいて皇帝によって任命される帝国宰相は通常プロイセン首相を兼ねており、帝国中央官庁の未発達の結果帝国政府の構成員とプロイセン内閣の閣僚との間にも複雑な重複関係が存する一方で、周知のように普通平等秘密選挙で選出される帝国議会と三階級記名式選挙法にもとづいて選出されるプロイセン下院との間に共通の多数派は形成され難かったため、[15]連邦とヘゲモニー国家プロイセンとのこのように特殊な二重構造のうちにも帝国議会主義を阻む制度要因が存在した。議会主義化現象として観念されている事柄をいま少し仔細に検討すると、議会主義化肯定説の側は議会の政治的発言力の増大化を歴史的事実として確認し、これを政府が議会多数派の信任に依存する体制（その明文化）への歴史的趨勢（＝議会主義化）と同一視するのに対して、否定説の側はそもそも議会の政治的発言力の増大化自体が存在しなかったとする者（Ⅱ-b説）と、そういう現象の存在は（肯定説と同じ程度にではないにしても）認めつつこれを議会主義化とは判断しない者（Ⅱ-a説）とに分かれる。否定説中の後者、とりわけフーバー[16]と肯定説とのこの場合の対立点は、議会の発言力増大の結果として一九一八年憲法改正法律及びヴァイマル憲法の議会主義を位置づけるか、議会の発言力増大にもかかわらず敗戦間際まで議会主義の制度的阻止要因が排除されなかったという事実から立憲主義（的妥協）構造の強度の証しを読みとるかの違いである。ビスマルク憲法に内在する議会主義の制度的阻止要因と政治の現実における力関係の変化という議会主義の事実的促進要因とのいずれに重きを置くかというこの相違は、要するに憲法史の規定力として制度的与件と政治的力関係のいずれを重要視するのかというアプローチの差異に帰することができる。

議会主義化という現象の存在を認めるか否かにかかわっていま一つ重要なのは、憲法史における普遍と特殊との関係に対する判断である。議会主義化肯定説が一般に特殊ドイツ的要因よりもヨーロッパ規模で普遍的な要因

（と各論者が考える事柄）を重視するのに対して，否定説はちょうどその逆である。シュミットの場合議会主義化現象の存在を肯定するための前提となった普遍的要因は，兵士国家対市民的法治国家という彼のシェーマからも知られるとおり市民的自由主義思想の発展であった。「一九世紀に，自由主義的民主主義は運命的な不可抗性をもってドイツの内部にもドイツ以外のヨーロッパや全世界にも氾濫した」。[17] 既にみたようにシュミットによれば，この自由主義の浸透が市民的法治国家の勝利，すなわち立憲主義から議会主義への発展を帰結するのである。議会主義化の前提としてベッケンフェルデが重視する普遍的要因は資本主義の発展及び民主主義化である。「ドイツ立憲君主制が他の諸国，就中議会君主制と共通にもっている傾向」として彼は「営利－大衆社会」の形成をあげ，[18] この基礎条件に立脚して国民主権－民主的正当性－議会主義政府が君主主権－君主的正当性－君主主義政府を次第に駆逐していった過程が一九世紀ドイツ立憲主義の内実であったとする。[19] その意味で，漸進的議会主義化テーゼにあっては「君主制の立憲主義化の帰結として民主主義と議会支配とが常に現われてくるものとみる保守主義の運命史観と，ドイツの発展を西欧のモデルに従って構成し・産業革命がいかなる場合にも民主主義化をもたらすはずであるという証明されていない信念をもつことが，独特の仕方で混ぜあわされている」[20] というボルトの指摘は的確であると言えよう。このボルトの言葉にも現われているように，「批判学派」の人々は比較近代史の枠組のなかで，ヨーロッパ諸国に共通する普遍的要因よりもドイツの特殊性を重視する。例えばヴェーラーは，フランス革命以降「ドイツ人が宿命的にたどった特殊な道程」der verhängnisvolle Sonderweg der Deutschen について語り，「比較可能な諸問題に関して西ヨーロッパ－北アメリカの発展があまりにも肯定的に描かれるべきではないとしても，繰返し問題となるのは，ドイツ史に特有の負債，成人化し・責任を負う公民からなる社会の前にたちはだかり，ないし対立してきた重大な阻害要因，はじめは自由主義的社会，続いて民主主義的社会に対する一貫しかつ成果を納めた抵抗……である」[21] と述べている。「負債」Belastungen という表現に特徴的に示されているように、これらの人々の主要な関心が近代ドイツの負の部分、就中ナチズムの問題に向けられているのに対して、同じく普遍に対する特殊に重きを置くと言っても II-a 説に含まれる論者は、ドイツ史の特殊性に対する肯定的評価を強調する傾向にある。II-a 説と II-b 説とがその政治的立場の違いとパラレルにもつ相違であると言えよう。西欧の憲法類型に対するドイツの憲法類型の独自性・優越性を説く論調はとりわけ第一次世界大戦中に支配的であったが（例えばカウフマン E. Kaufmann）、第一次世界大戦直前のヒンツェ論文・第二次世界大戦後のフーバーの著述も、それぞれの時代状況を反映してニュアンスを異にするものの、ドイツに特殊な条件に適合的なドイツに固有の体制として一九世紀立憲主義を評価する点では共通している。このように何をヨーロッパ史的な普遍的現象とみ、何をドイツに特殊な要因とみるのか、そのいずれに重点を置くのか、という点もまた議会主義化に対する考え方の相違を導く一因をなしているわけである。

2　以上、議会主義化に関する学説の対立の類型化、各学説の具体的な内容の要約紹介、学説の対立が生ずる原因の検討を行うことによって、ドイツの憲法史学は自国の議会主義がどのように成立したと考えているのか、その判断を支える憲法史の分析枠組はいかなるものであるのか、という最初の問いに私なりの答えを提出したものと考えたい。では、かような議会主義化観の対立から、議会主義観それ自体についていかなる帰結が生ずるであろうか。注意書き風に二、三指摘することにしよう。

(1)　議会主義化観の相違にもかかわらず、議会主義の国法学的・定義的指標を議会の信任に対する政府の依存に求める点（すなわち元首の信任や政府の議会解散権を中核的指標のうちに加えない点）で論者が共通することは既に述べた[22]。

(2)　議会主義化についての問いが、「立憲主義は絶対主義・議会主義と並ぶ独自の国家類型か」、「ビスマルク帝国の国家構造はいかに性格規定されるべきか」、というふうに立てられ、議会主義化に関する論述のなかで、国家と社会の基本構造、憲法制定権の所在や権力の正当性、予算権・大臣責任を中心とする議会の主要権限等、要するに国家を統治する者は誰か——君主か、議会か、君主と議会が共同統治者であるのか、あるいはまたカリスマ的政治家か——という問題が論じられていることからも知られるように、人は議会主義を、単に政府と議会との関係規定としての狭い意味での統治機構の一種であるのみならず、国家構造の基本類型の一つでもあるとみなしている。ここで各論者によって問題とされているのは国家構造の歴史的類型とその相互関係なのであるが、そこに次のような見解の相違が存在することはこれまでの叙述から理解できよう。いままでドイツ憲法史学によって想定されてきたオーソドックスな歴史的国家類型を示しているのはII-a説である。絶対主義国家→立憲主義国家→議会主義国家の三分類によって近代ドイツ憲法史を説明するやり方がそれである。I-b説も一見したところこの三分類を踏襲しているようにみえるが、彼らの主張する漸進的議会主義化テーゼは立憲主義を独立した国家類型と看做すことの拒否を含意するから、実質的には絶対主義国家——(議会主義化)→議会主義国家の二分類であると言うことができる。I-a説のみは立憲主義ばかりでなく議会主義が独立の国家類型であることもまた否定し、兵士国家→市民的法治国家→兵士国家の復活(ナチ・レジーム)の二類型を設定している。II-b説の場合にはビスマルク帝国がシーザー主義として特徴づけられるので、その類型論は絶対主義国家→シーザー主義国家⇅議会主義国家となろう。二方向の矢印は、I-b・II-aの両説が不可逆的な憲法史展開を想定しているのに対して、II-b説が歴史の一方向的直線的発展を否定していることを示す。II-b説によって一括して「伝統的憲法史叙述」と称されるI-b・II-a説がいずれもナチ・レジームを憲法史学から追放しているのと異なり、[23] II-b説の中心的課題がまさに近代ドイツ史の破産とも言うべきナチ・レジームの憲法史的解明に置かれていることが、歴史的類型論にも反映しているのである。

(3) II-a説の場合立憲主義国家と議会主義国家、II-b説の場合シーザー主義国家と議会主義国家とがそれぞれ対置されるわけであるが、この対置のうちに暗黙裡に前提されている議会主義国家と他の国家類型との主要な相違点は国家権力の担い手の問題にかかわる。議会の開設と政党システムの発達とは、国家権力の行使に対する従来の被治者による反対 Opposition・政治的決定への被治者の参加要求が公的に認知され、少なくとも一定程度制度化されたルート（政党）を通じて公的な場（議会）において反対と参加とが恒常的に現実化されることを意味している。反対の承認及び統治と反対の分業関係の成立である。立憲主義国家もシーザー主義国家も、議会と政党とが存在する段階のドイツ憲法史を説明するために構成された歴史学的国家類型であるから、そこにおいてもこのような事実は前提されているものとみなさなければならない。立憲主義もシーザー主義も議会主義と同様に、議会制国家の範疇に属することに変りはない。問題となるのは統治と反対との分業関係の態様である。いずれの学説の場合にも、プロイセン－ドイツにおける統治と反対の役割分担は固定化していたという認識が出発点となっている。国王・官僚・将校団が統治の役割を担い、議会に結集した諸政党が大なり小なり反対の役割を担う。しかもプロイセン－ドイツでは官僚団・将校団に占めるユンカーの比率は圧倒的であり[24]、支配層の語は明瞭な社会学的実体に対応するものであった。代々統治に携わる社会集団と被治者層との静態的分離という社会的基盤の上に、国家と社会、政府と議会という観念を実体的に構成するドイツ的思考法が成立したと考えることが許されよう。議会主義の既に成立している国家では統治と反対との分業が与党と野党 Regierungsparteien u. Oppositionsparteien という形で議会内部に凝集され、議会の信任に対する政府の依存という指標は政府の形成終了手続を指示するにとどまるのであって、特定の具体的な政党に統治の任を委ねることを意味しないのに対して、プロイセン－ドイツにおいては統治と反対の分業が議会内部に収斂せずに政府（＝ユンカーを中核とする統治集団）と議会（＝被治者層の代表者）との間で固定しており、その上帝国議会内部における親政府政党の勢力も常に不安定かつ弱体であったから（すなわち実質的にも議会＝野党）、議会主義導入は即座に現在の統治集団が統治の任を議会多数を占める被治者代表の側に譲り渡すことを意味していた。私は、一九世紀ドイツにおいて議会主義導入が一貫して中心的な憲法問題であり続け、今日ドイツ憲法史学上の重要な論争点となっているのは、それが形式的手続的のみならず実質的具体的に誰が統治者であるべきかの決定を含意していたからであると思う。その場合、フーバーの立憲主義国家論は統治と反対との役割固定の保証を国王に認められた成文不文の「実存的留保」という法制度のうちに求めるのに対して、シュテュルマー等のシーザー主義国家論は役割固定の原因を三元的階級構造とカリスマ的政治家の人民投票的独裁という統治のメカニズムとに力点を置いて説明する。他方議会主義化テーゼの場合には、第一次世界大戦末期以降、統治と反対との役割固定が破れた原因を反対勢力（としての議会）の強大化のうちに見出すのであるから、問いの発し方がⅡ説とは逆方向なのである。本章第一節で述べた学説間のアプローチの相違がここにも現われているのであるが、それはともかく各説に共通して、議会の信任に対する政府の依存が議会主義の形式的手続的メルクマールであるとすれば、統治と反対との役割交代の現実化が議会主義の実質的実体的メルクマールと考えられていると言うことができる。

(4)　議会主義化をめぐる論議からは、議会主義の存立条件についても一定の考え方をくみとることが可能である。ここではさしあたり次のように整理しておこう。第一に議会主義化肯定説の側。① 議会主義の思想的基盤は議会制一般と同様自由主義思想の浸透のうちに求められる。② 次に議会主義の社会経済的存立条件とみなされているのは資本主義社会の成立である。資本主義の発展は、絶対主義勢力の後退・ブルジョワジーの経済的支配及び政治的発言力の増大・さらには大衆の社会的平等や政治参加への要求（大衆民主主義状況）を惹起し、民主的正当性観念を伸長させる。資本主義の展開によって生ずるこれらの政治的帰結が議会主義の存立条件なのである。③ これらに加えて、議会の予算権と大臣の答弁義務とが最小限度の制度的条件とみなされている。第二に、議会主義化否定説の側も自由主義思想を議会主義の存立条件と考えていることは、いわゆる立憲主義もまた「保守主義左派と自由主義右派との妥協」の産物とみられていることや、あるいは自由主義思想と議会主義的ヴァリアントとが同義に扱われていることから推察することができる。これに対して、資本主義社会の成立という社会経済的条件と予算権・答弁義務という制度的条件とは、さほど重視されていない。というのは否定説の場合、資本主義の発展は（イギリスにおいて議会主義の担い手となったような）ブルジョワジーの経済的政治的支配を必ずしも帰結せず、ドイツでは絶対主義勢力の主導権の下に資本主義社会が形成されたと考えるからである。そこで議会主義の存立条件としては、④このような歴史的特殊性——絶対主義的な王権・官僚・軍——の不存在ないしこれらの勢力の清算（社会革命）が要求されることになろう。⑤また予算権・答弁義務という制度的条件の存在よりもむしろ議会主義を阻止する制度的要因の不存在が重要視されている。ビスマルク憲法の場合について言えば、帝国宰相＝連邦参議院議長と帝国議会議員との兼職禁止規定、各ラントの君主政府使節からなる連邦参議院（のプロイセン票）の憲法改正（阻止）権等々である。⑥加えて一定の政党状況が必要条件と考えられている点にも注目しなければならない。すなわち宗教的政治的イデオロギーによって厳しく対立し、あるいは特定の経済的階層的利益の代弁者の立場に固執しているような硬直した世界観政党の「分極的」分立状態が存在しないこと、逆に言えば、政権交代のための現実的代案となりうる体制内的野党 loyale Oppsition が存在すること、である。

（1）O. Hintze, a. a. O., S. 360.
（2）C. Schmitt, a. a. O., S. 11.
（3）F. Hartung, a. a. O., S. 391.
（4）E. R. Huber, Deutsche Verfassungsgeschichte seit 1789, Bd 3, S. 8.
（5）M. Rauh, Die Parlamentarisierung des Deutschen Reiches, S. 10.
（6）H. Boldt, a. a. O., S. 134.
（7）O・ヒンツェ、成瀬治訳『身分制議会の起源と発展』（創文社、一九七五年）訳者解説一六八—一六九頁。

（8）ビスマルク帝国の正当性根拠に関するフーバーの見解については、Vgl. E. R. Huber, Die Bismarcksche Reichsverfassung im Zusammenhang der deutschen Verfassungsgeschichte, in: hrsg. von T. Schieder u. E. Deuerlein, Reichsgründung 1870/71, S. 195.

（9）H.-U. Wehler, a. a. O., S. 12.「就中帝国《カイザーライヒ》においてますます重大なものとなっていったこの歴史的な負い目の批判的分析なしには、ドイツ・ファシズムというカタストローフェに至る道程は解明されえない。現代ドイツ史が、ナチズム Nationalsozialismus の勃興と没落というこのような観点からのみ判断されるべきではないとしても、まずこの問題から出発することは不可避である。帝国の終焉からヒトラーの《権力獲得》までは十二年しかたっていないのである。」また、ハンス－ウルリヒ・ヴェーラー、早島瑛訳「ドイツ帝国主義」思想六三六号四〇頁参照。

（10）E. R. Huber, Deutsche Verfassungsgeschichte seit 1789, Bd. 3, SS. 3-4, u. S. 366.

（11）M. Rauh, Föderalismus und Parlamentarismus im Wilhelminischen Reich, S. 13, Anm. 23.

（12）Vgl. z. B. W. Frauendienst, a. a. O., S. 721, u. S. 743.

（13）M. Stürmer, a. a. O., S. 470.

（14）Vgl. z. B. G. Jellinek, Bundesstaat und parlamentarische Regierung, in: G. Jellinek, Ausgewählte Schrift und Reden, Bd. 2, 1911, SS. 439-447.; E. Kaufmann, Bismarcks Erbe in der Reichsverfassung, 1917, in: E. Kaufmann, Autorität und Freiheit, 1960, S. 217.; O. Hintze, a. a. O., S. 379. マックス・ヴェーバー、山田高生訳「帝国憲法第九条の改正」マックス・ヴェーバー、中村貞二他訳『政治論集I』（みすず書房、一九八二年）二三四―二三八頁参照。

（15）帝国議会における議席分布については、Vgl. W. Tormin, a. a. O., SS. 68-69. プロイセン下院については、さしあたり望田幸男他『ドイツ現代政治史』（ミネルヴァ書房、一九六六年）二〇一頁参照。

（16）E. R. Huber, Die Bismarcksche Reichsverfassung im Zusammenhang der deutschen Verfassungsgeschichte, in: hrsg. von T. Schieder u. E. Deuerlein, Reichsgründung 1870/71, SS. 185-186.; Vgl. O. Hintzwe, a. a. O., S. 359.

（17）C. Schmitt, a. a. O., S. 16.

（18）E.-W. Böckenförde, a. a. O., SS. 153-154.

（19）A. a. O., S. 159, u. S. 161.

（20）H. Boldt, a. a. O., S. 134.

（21）H.-U. Wehler, a. a. O., SS. 11–12.

（22）議会主義の指標について補足しておくと、例えばバイメは六つの制度的メルクマールと五つの社会的メルクマール（政党システムなど）を掲げているが、制度的メルクマールの一～三は議会の信任にかかわるものであり、解散権は第六番目にあげられている。

K. v. Beyme, Parlamentarismus, in: hrsg. von C. D. Kernig, Marxismus im Systemvergleich, Politik, Bd. 4: Parlamentarismus bis Wahlen, Wahlsysteme, 1973, SS. 9–10. レーリングも八つの制度的基準と五つの社会構造上の基準を掲げて議会主義を規定しているが、解散権はやはり制度的基準の最後にあげられているにすぎず、しかも解散権規定が存在しないかあるいは議会の自主解散制度によって置き換えられている場合も議会主義に含めている。

H.-H. Röhring, Parlamentarismus, Parlamentarisches Regierungssystem, in: hrsg. von H.-H. Röhring u. K. Sontheimer, Handbuch des deutschen Parlamentarismus, 1970, SS. 342–344.

（23）本章註（9）参照。なおヴェーラーは、その後の論稿（Kritik und kritische Antikritik, in: Historische Zeitschrift, 225, 1977.）においてはボナパルティズム論とファシズム論との架橋可能性について否定的であると言う。大野英二『現代ドイツ社会史研究序説』（岩波書店、一九八二年）六二頁参照。

（24）例えば村瀬興雄『ドイツ現代史・第九版』（東京大学出版会、一九七〇年）第二章、望田幸男他・前掲書七〇―七三頁参照。

（25）Vgl. W. Tormin, a. a. O., SS. 68–69. それによると一八七一年から一九一八年までの間に行われた一三回の帝国議会選挙のうち、ユンカー層の代弁者である保守派の議席占有率は最高時でも三〇％に満たない。（一八七八年選挙、三九七議席中一一五議席）

おわりに

以上の論述から解明し得た点を要約することによってむすびにかえたいと思う。

1　立憲主義の概念　一九世紀後半以降今日まで、ドイツでは、Konstitutionalismusという言葉は、特殊ドイツ的な立憲君主制を指すものとして、Parlamentarismusの対立概念として使用されている。すなわち、ドイツ人にとってKonstitutionalismusとは、憲法典が制定されて国民の権利が宣言され、議会が開設されて国王の立法権に協働することになったが、国王はなお大臣（内閣）の実質的任免権をもっており、けっして議会下院の多数派が内閣を形成するわけではない政治体制を意味する。

一九世紀後半のドイツの政治体制を、この意味での「立憲主義」と理解し呼称する点では、「シーザー主義論」に立つ論者（Ⅱ-b説）以外の国法学者・憲法史学者は一致している。しかし、これらの国法学者・憲法史学者も、「立憲主義」を独立の統治類型とみなすのか、「絶対主義」から「議会主義」への単なる過渡期とみなすのかという憲法史評価に関しては見解が分かれる（Ⅰ説とⅡ-a説）。

いずれにせよ、日本で一般にいう「立憲主義」を、Konstitutionalismusというドイツ語に翻訳することが、きわめてミスリードであることには注意が必要である。現代ドイツの憲法学上の用語で、日本の憲法学がいう「立憲主義」に最も近似しているのは、むしろRechtsstaat（実質的法治国家）であろう。

2　議会主義の成立　ドイツの憲法史学は自国の議会主義政府がどのように成立したと考えているのか。まず確認しておかなければならないのは、議会主義の制度的・形式的指標の中核を「議会の信任に政府の存立が依存していること」に求める点では論者間に一致がみられる、ということである。にもかかわらず、議会主義の成立については学説に対立が存在する。第Ⅰ説は、一八五〇年プロイセン憲法－一八七一年ドイツ帝国憲法体制が、プロイセン憲法紛争以降の憲法史事象に徴してみるならば、政治的力関係の変化によって議会主義へと漸進的にメタモルフォーゼしていったと理解できるとするのに対して、第Ⅱ説はこのメタモルフォーゼ現象の存在を否定し、議会主義の導入を第一次世界大戦の敗北と社会革命への動きという政治変動に対処するための支配層の便法とみなす。

3　議会主義成立の判断枠組　議会主義成立についてのこのような判断を支える憲法史の分析枠組はいかなるものであるのか。便宜上「憲法史の分析枠組」という言葉を用いたが、私がここで述べようとしたのはとりわけ以下の二点である。第一に論者の憲法史学観の問題。すなわち憲法の諸理念・憲法典の制度枠組・政治上の諸事件・政党システム・社会経済状況と階級構造等の諸要因のうち、どの要因までを考慮の対象とし、これらの要因のいずれを重視することが憲法史叙述にとって合目的であると考えるか、という点についての論者間の見解の相違の問題である。(1) ① フーバーは憲法典の制度枠組と政治上の諸事件との関係に視野を限定した憲法史叙述を構想し、しかも制度が事件を規定するという方向性を発想の根本に据えているとみてよい。② これに対してベッケンフェルデ、ラウーも、同じく憲法制度と政治的事件との関係に着目した憲法史叙述を構想しながらその発想の方向性はフーバーと正反対であって、政治的力関係の変化が制度の内実を変えるという立場に立っている。③ボルト、シュテュルマーは憲法制度・政治的事件と社会経済構造との関係の解明に力点を置いて憲法史叙述を行おうとしている点で共通する。②は漸進的議会主義化肯定説、①はプロイセン－ドイツの現実政体を君主制と議会制とが君主権力優位の形で結合した二元体制とみる立憲主義国家論、③はプロイセン－ドイツの現実政体をビスマルク及びヴィルヘルム二世のカリスマ的・人民投票的独裁体制として理解するシーザー主義国家論に対応している。第二に論者の憲法史観にかかわる問題。すなわち多かれ少なかれ西欧の憲法理念・憲法制度を受容することからはじまった一九世紀以降のドイツ憲法史が西欧と共通の展開をみせるという前了解、そういう意味で近代憲法史に一種の法則性を認めるという前了解の認否の問題である。漸進的議会主義化肯定説はドイツ史のかような普遍的傾向性を承認し、否定説は否認するという関係がみられる。

4　議会主義化論の示唆　議会主義化をめぐる論議からどのような議会主義観をくみとることができるか。

第一に、一九世紀プロイセン－ドイツを議会主義化の時代、立憲主義体制の時代、シーザー主義的独裁制の時代のいずれとみるかという論争の前提には、議会主義を絶対主義と並んで憲法史学上の時代区分単位となる基本的な国家類型とみなす考え方がある。第二にその場合問題となっているのは、単に政府が議会の信任に依存するか否かという両者の関係規定にとどまらず、国家機関レベルにおける統治の実権の所在、及び統治の職務と反対の職務との関係なのである。絶対主義においては君主が統治の実権者であるのに対して（議会は存在しないし、他に反対の職務を公的に担う機関も存在しない）、議会主義においては分化した統治の職務と反対の職務の双方が議会内部に収斂している（君主は虚位であるかあるいは存在しない）。そして議会は開設されたけれども議会内部に統治・反対が収斂しているわけではない中間段階をどのように理解するのかが、まさしくここで取り上げた議会主義化論の主題なのである。君主政府が統治を、議会に結集した政党勢力が反対を固定的に分担することからはじまったプロイセン－ドイツの体制が議会主義に移行することは、ただちに統治と反対の役割交代を意味した。議会主義導入の形式的意味が議会の信任に対する政府の依存であるのに対して、その実質的意味はドイツの場合、政権交代の実現にあったと言うことができよう。

ところでドイツ法を範として制定された明治憲法も、憲法典の制度枠組としてはドイツ人のいわゆる立憲主義憲法とみなすことができるであろう。それでは明治憲法下の現実政体は立憲主義憲法の現実化＝立憲主義国家と判断され得るのか、それとも天皇カリスマと普通選挙との結合にもとづいてシーザー主義的支配と理解されるべきか、あるいはここにも議会主義化過程を認めることができるのか（大正デモクラシー？）、現行憲法の制度枠組は形式的意味の議会主義ではあるとしても、五〇年にわたって統治と反対との役割交代がほとんど存在しないその現実は、はたして実質的意味の議会主義と言いうるのであろうか。ドイツ憲法史学の Parlamentarisierung 論は、近代日本憲法史理解に対しても豊富な反省材料を提供するのである。

（1）　現代ドイツの憲法史家のアプローチの差異については上山安敏の指摘に負うところ大であった。上山安敏『憲法社会史』（日本評論社、一九七六年）一五頁及び二〇―二二頁註（1）―（5）参照。
（2）　小嶋和司『憲法学講話』（有斐閣、一九八二年）一六二頁は、フランスにおける政治制度の分類が、支配実権者の別によるものであることを指摘されている。

Ⅲ　ケルゼンの民主主義論

はじめに

ハンス・ケルゼンは、「ヴァイマル共和国の国家理論を叙述する場合には……多かれ少なかれ、その立場についての詳細な論究を避けて通るわけにはいかない[1]」理論家である。ケルゼンの純粋法学に「非好意的[2]」であったドイツ語圏でも、彼に対する関心は持続し、一九八一年の生誕百年を機に、改めてケルゼン理論のアクチュアリティが指摘された[3]。

一方、彼が戦前戦後を通じて、わが国の公法学界に最も大きな影響を与えた法学者の一人であることは疑いないであろう[4]。そのデモクラシー論[5]も、日本がドイツと同様戦争とファシズムへの道を突き進むなかで、宮沢俊義が彼に依拠しつつデモクラシー擁護の論陣を張ったのをはじめとして、すでに多くの論者によって様々に取り上げられてきた[6]。これらの先行業績で描き出された平均的なケルゼン像は、相対主義によって基礎づけられたリベラル・デモクラシーの代表的擁護者というものであった。

本章は、デモクラシーに関するケルゼンの著述を、ヴァイマル期のみならずアメリカ亡命後のものも含めて、本書の著者の眼で点検し、通説的ケルゼン・デモクラシー像に、ごくかぎられた視点からではあるが再検討を加えようと試みたものである。以下においては、まず私なりに彼のデモクラシー論の基本的な枠組を概観し（第一節）、これを前提としてデモクラシーとリベラリズム、デモクラシーと相対主義の関係をめぐるケルゼンの所説について、若干の考察を行うことにしたい（第二節）。

※　傍点はすべて本書の著者の付したものである。引用文中の圏点は原著者による強調点を、《　》は原文中の引用符を示す。

※　本章に引用したケルゼンの著作の略記号は以下のとおりである。

AS――→Allgemeine Staatslehre, 1925.

WuWI――→Vom Wesen und Wert der Demokratie, in : Archiv für Sozialwissenschaft und Sozialpolitik, Bd. 47（1920/21）.

WuWII――→Vom Wesen und Wert der Demokratie, 2. umgearbeitete Aufl., 1929.

GTLS――→General Theory of Law and State, 1945.

Foundations――→Foundations of Democracy, in: Ethics 66（1955）.

WRS――→hrsg. v. H. Klecatsky/R. Marcic/H. Schambeck, Die Wiener Rechtstheoretische Schule. Ansgewählte Schriften von Hans Kelsen, Adolf Julius Merkl und Alfred Verdross, 1968.

（1）　H. Dreier, Rechtslehre, Staatssoziologie und Demokratietheorie bei Hans Kelsen, 1986, S. 15.

（2）　菅野喜八郎『国権の限界問題』（木鐸社、一九七八年）一〇五頁。

（3）　H. Dreier, ebd. 一九八一年には生誕百年を記念して、ケルゼンに関する国際的なシンポジウムが、オーストリアのライプニッツ郊外で開催された。その成果は、hrsg. v. W.Krawietz/E. Topitsch/P. Koller, Ideologiekritik und Demokratietheorie bei Hans Kelsen（Rechtstheorie Beiheft 4, 1982）にまとめられている。

（4）　日本におけるケルゼンの解釈及び研究については、山下威士「ハンス・ケルゼン関係邦語文献年表――一九二〇―一九八五年」『憲法学と憲法』（南窓社、一九八七年）三〇九―三三八頁に詳細なリストが掲げられている。

（5）　デモクラシーをテーマとするケルゼンの主要なモノグラフィーとその邦訳を示せば以下のとおりである。

① Vom Wesen und Wert der Demokratie in: Archiv für Sozialwissenschaft und Sozialpolitik, Bd. 47 (1920/21). 長尾龍一訳「民主制の本質と価値」(『ケルゼン選集9　デモクラシー論』木鐸社、一九七七年〔以下『選集9』と略記〕所収)。

② Das Problem des Parlamentarismus, in Soziologie und Sozialphilosophie, Schriften der soziologischen Gesellschaft in Wien. III (1925) →in: *WRS.* 森田寛二訳「議会制の問題」(『選集9』所収)。

③ Zur Soziologie der Demokratie, in: Der österreichische Volkswirt, 19. Jahrgang, Heft 8/9 (1926) →in: *WRS.*

④ Demokratie, in: Schriften der deutschen Gesellschaft für Soziologie, I. Serie, V. Band (1927) →in: *WRS.* 布田勉訳「民主制」(『選集9』所収)。

⑤ Vom Wesen und Wert der Demokratie, 2. umgearbeitete Aufl. 1929. 西島芳二訳『デモクラシーの本質と価値』(岩波文庫、一九四八年)。

⑥ Verteidigung der Demokratie, in: Blätter der Staatspartei, 2. Jahrgang (1932). 長尾龍一訳「民主制の擁護」(鵜飼・長尾編『ハンス・ケルゼン』東京大学出版会、一九七四年所収)。

⑦ Staatsform und Weltanschauung, 1933→in: *WRS.* 長尾龍一訳「政治体制と世界観」(『ケルゼン選集1　自然法論と法実証主義』木鐸社、一九七三年所収)。

⑧ Foundations of Democracy, in: Ethics 66 (1955). 古市恵太郎訳『民主政治の真偽を分つもの』(理想社、一九五九年)。

本章でもこれらの邦訳を参照した。ただし原文の引用にあたっては、文体の統一その他の理由から、訳文を変更したところが多い。

(6) 戦後発表されたものを中心に、ケルゼンのデモクラシー論に関するわが国の主要な研究を掲げておく。もとより網羅的なリストを意図したものではない。詳細な文献案内としては、山下・前掲書参照。また、デモクラシー論に関する戦前の研究については、山下・前掲書二九三―二九七頁をあわせて参照。

矢部貞治「現代独墺に於ける衆民政諸論㈠㈡㈢完」一九三一―一九三二年(国家学会雑誌四五巻一〇号、第一二号、第四六巻第二号所収)。

矢部貞治「序文」(西島芳二訳『民主政治と独裁政治』岩波書店、一九三二年に付されたもの。のちに西島訳『デモクラシーの本質と価値』岩波文庫版に再録されている)。

宮沢俊義「民主制と独裁制」一九三二年(同『民主制の本質的性格』勁草書房、一九四八年所収)。

宮沢俊義「独裁制の本質的性格」一九三四年(『民主制の本質的性格』所収)。

宮沢俊義「独裁制理論の民主的扮装」一九三四年(『民主制の本質的性格』及び同『憲法の思想』岩波書店、一九六七年所収)。

宮沢俊義「民主制と相対主義哲学」一九三四年(『民主制の本質的性格』及び『憲法の思想』所収)。

宮沢俊義「民主制の世界観」一九五一年(世界六四号所収)。

樋口陽一「憲法―議会制論」鵜飼・長尾編『ハンス・ケルゼン』(東京大学出版会、一九七四年)所収。

樋口陽一「《議会までの民主主義》と《行政権までの民主主義》」一九七七年(同『現代民主主義の憲法思想』創文社、一九七七年所収)。

長尾龍一「民主制論」一九七四年(鵜飼・長尾編『ハンス・ケルゼン』所収。のちに「ケルゼンの民主制論」として長尾『思想史斜断』木鐸社、一九八一年に再録)。

長尾龍一「訳者解説」一九七七年(『ケルゼン選集9　デモクラシー論』に付されたもの)。

長尾龍一「ケルゼンと民主制」一九八二年(公法研究四四号所収)。

長尾龍一「民主制の哲学」長尾・田中編『現代法哲学1　法理論』(東京大学出版会、一九八三年)所収。

手島孝『ケルゼニズム考』(木鐸社、一九八一年)。

手島孝「公法学におけるハンス・ケルゼン或いはハンス・ケルゼンにおける公法学」一九八二年(公法研究四四号所収)。

筒井清忠「デモクラシー理論」長尾他編『新ケルゼン研究』(木鐸社、一九八一年)所収。

今井弘道「思想史的ケルゼン研究・序説」一九八一年(北大法学論集三二巻一号所収)。

今井弘道「第一次大戦後ケルゼンの〝憲法体験〟・〝政治体験〟・政治思想(1)(2)(3)(4)完」一九八一―八三年(北大法学論

集三二巻二号、三号、三三巻一号、六号所収)。

今井弘道「ケルゼン」長尾・田中編『現代法哲学2　法思想』(東京大学出版会、一九八三年所収)。

今井弘道「マルクス国家論と民主主義」今井他『人間社会の理論』(青弓社、一九八五年)所収。

尾吹善人「ケルゼン　v　シュミット、三つの争点」一九八八年(同『憲法の基礎理論と解釈』信山社、二〇〇七年所収)。

〔文献補遺〕

初出論文公表後に接したケルゼンのデモクラシー論関係の研究を以下に掲げておく。

高田篤「ケルゼンのデモクラシー論㈠㈡」法学論叢一二五巻三号、一二六巻一号(一九八九年)。

高田篤「戦後ドイツにおける多数決論の展開――ケルゼンのデモクラシー論(『社会学的』研究)の発展可能性――㈠㈡」広島法学一七巻三号(一九九三年)、一七巻四号(一九九四年)。

高田篤「シュミットとケルゼン――民主制論における相反とその意義」初宿・古賀編『カール・シュミットとその時代』(風行社、一九九七年)。

苗村辰弥「ハンス・ケルゼンの政党国家論」九州大学・法政研究六八巻一号(二〇〇〇年)。

渡辺洋「ハンス・ケルゼンにおける『反立憲主義的傾向』㈠～㈤・完」早稲田大学・法研論集六八号(一九九四年)～七七号(一九九六年)。

渡辺洋「民主主義のまもり方――Hans Kelsen における自己支配的=自己破壊的民主主義観から考える――」神戸学院法学三二巻一号(二〇〇二年)。

小貫幸治「『法の純粋理論』と『民主制の擁護』の間」山下威士先生還暦記念『ドイツ公法理論の受容と展開』(尚学社、二〇〇四年)。

第一節　デモクラシー論の概要

一　理念と現実

ケルゼンのデモクラシー論を貫く一本の縦糸を示すとするならば、それは「理念と現実との二元性」という視点であろう。現実ないし実在とは、「社会団体を形成している人々の間に存在する事実関係の現実態」であり、理念あるいはイデオロギーとは、「社会成態 soziale Gebilde が、それを構成する人々の意識のうちに現われ[1]」出たものである。後者のうちには、社会成態のあるべき姿についての規範も含まれている。ところが同時に「社会成態の構成員は、このイデオロギーに照らして自己の実在的関係を解釈し正当化しようとする[2]」ので、すなわち、理念は現実の解釈・正当化機能をも果たすので、社会成態構成員の主観においては、じつは理念であるものがそのまま現実と受け取られている場合もしばしばあることに注意しておかなければならない。「国法学の領域においては、社会的行為自身が自分に与える主観的意味を、理論が客観的意味として受け取って……いることに、多くの誤謬が帰因しているのである[3]」。ケルゼンによれば、このことはデモクラシー論にもあてはまる。「デモクラシーをめぐる争いのなかで多くの誤解がたびたび生じているのは、ある者は現象の理念のみを、他の者は現象の現実のみを語り、誰も全体を把握していないために、すなわち、現実をその上にそびえたつイデオロギーの下で把握せず、イデオロギーをそれを支えている現実の観点から把握しないために、両者が互いに矛盾するからなのである[4]。」そこでケルゼンは、デモクラシーの理念と現実とを区別しつつ、その双方を視野に納め、理念に従って現実が形成され、現実に直面して理念が変容するデモクラシーの諸相を描き出そうと試みる。以下においては、私なりの整理を加えながら、「理念と現実との二元性」というこの縦糸に従って、彼のデモクラシー論の展開を跡づけておこう。

二　デモクラシーの前提となる現実

ケルゼンが考えるようなデモクラシー理念の形成とその変容の背景には、それを促す二つの現実的要因が前提されているように思われる。その一つは、自由に対する人間の根源的欲求の存在である。ケルゼンは述べている。「政治的イデオロギーにおける自由の思想 Freiheitsgedanken に、過大評価とはいえない巨大な意識を認めることがなぜふさわしいかは、自由の思想が、人間の魂の究極的源泉に由来し、個人を社会と対立させる・かの国家敵対的本能に由来するかぎりでのみ説明可能である。[5]」「自由を要求して社会に反抗することは、〔人間の〕本性そのものである。[6]」

しかし他方でケルゼンは、自由と平等に対する欲求を「社会的動物の始源的本能 Urinstinkte des geselligen Lebewesens[7]」と呼ぶことによって、人間が社会的存在であることも同時に承認している。ケルゼンが自明の前提とするいま一つの現実的要因は、社会的動物である人間の共同生活と、それに伴う支配の必要性である。「社会、さらには国家が存在すべきであるならば、その場合には人間相互の行動を拘束する一つの秩序が妥当しなければならず、支配が存在しなければならない。[8]」

後述するように、ケルゼンがデモクラシーの理念を自由の理念によって基礎づけようとするのは、彼がさらにその背後に、「自由」へのやみがたい欲求という人間の現実をみていたからであろうし、デモクラシーの理念の考察に安住せず、デモクラシー論の全体を通じて、執拗なまでに理念のヴェールを次々と剥ぎとろうとするのは、デモクラシーといえども、その究極的現実が「支配」であることを冷徹に認識していたためと考えられる。デモクラシーを、「自由への欲求」と「支配の必要性」という二つの現実的要因の関数として理解しようとするところに、彼のデモクラシー論の特色が見出されるであろう。デモクラシーは前者によってその理念へと突き動かされ、後者によって自らの現実へと引き戻されるのである。

三　デモクラシーの理念

(1)　まず、ケルゼンの説くデモクラシーの理念を確認しておかなければならない。その際ここでは、二つの論点にふれておきたいと思う。第一は、理念としてのデモクラシー、デモクラシーの理想像をケルゼンはどのように考えていたかという問題であり、第二は、デモクラシーの基礎にあり、デモクラシーがそれに仕えるところの理念は何かという問題である。

「デモクラシーとは、その理念の上では、共同体意思、比喩抜きで述べれば社会秩序が、それに服する者、すなわち、人民によって創設される国家形態ないし社会形態である。デモクラシーは、指導する者と指導される者との同一性、支配の主体と客体との同一性、人民に対する人民の支配を意味する。[9]」「デモクラシーとは、国家の法秩序中に表明されている《意思》と被治者 subjects の意思とが同一であることを意味する　その反対物がオートクラシーによる拘束である。オートクラシーにおいては、被治者は法秩序の創設から排除され、被治者の意思と秩序との調和はもはや保障されない。[10]」

ケルゼンのいう理念としてのデモクラシーとは、オートクラシーの対立概念である。オートクラシーにおいても、創設される法秩序が「人民のための」for the people 秩序であることはしばしば標榜されるし、秩序の「内容」が現実に被治者の利益と合致することもありうるから、秩序の「内容」によってオートクラシーとデモクラシーとを区別することはできない。[11] 両者が区別されるのは、共同体意思形成の方法の相違、法秩序創設の形式の相違によってである。「人民による」by the people という秩序創設の「形式」こそが問題となる。「デモクラシーは政治の《形式》[12]」なのである。このようにケルゼンは、法秩序創設の方法に着目してデモクラシーの理想概念を構成する。こうして彼は、プロレタリア独裁あるいは一党独裁の方法を用いて財産の平等という実質的内容を実現することこそ、真のデモクラシーなのだと説くボルシェヴィズムの議論[13]のように、秩序の内容に着目することで、デモクラシーと独裁の区別を曖昧にしてしまうことに、強く反対するのである。[14]

(2)　デモクラシーの理念に関連してふれておきたい第二の論点は、デモクラシーの仕える理念、すなわち、デモクラシーの目的についてのケルゼンの見解である。ケルゼンによれば、デモクラシーは自己目的ではなくて目的のための手段であり、その目的とは個人の「自由」である。この点を彼は随所で指摘している。「デモクラシーは、その理念の上では自由……たることを欲する。[15]」「デモクラシーの基礎をなすのは、平等の理念と結びついた自由の理念である[16]」。「デモクラシーは、個人の自由の保護こそ最高の目的であるという前提に立ってはじめて、正しい国家形態であるということがいえるのである。[17]」

ここでケルゼンのいう「理念としての自由」とは、「社会的拘束の絶対的否定[18]」、個人の「自己決定としての自由[19]」である。「自由の理念が本来もっているのは、純粋に消極的な意味である。それはあらゆる拘束の不存在、義務を課するあらゆる権威の不存在を意味する。[20]」「自由の理念」の変容という問題や、自由とデモクラシーの問題についてのケルゼンの見解には、のちに改めて検討しなければならない論点が含まれている。しかし、「理念としての自由」と「理念としてのデモクラシー」との関係については、さしあたり以下の点を確認しておいてよいであろう。

ケルゼンの場合、個人の自己決定としての自由が、尊重されるべき理念として前提されており、そこから共同体の意思形成、法秩序の創設も、その秩序に服する個々人の意思の一致という方法によって、つまり、デモクラシーという形式によって行われるべきである」という要請が導き出される。「共同体の秩序は被治者の意思の一致にもとづいて形成されるべきである」という規範（デモクラシーの理念）の前提には、「各人は自己の意思にのみ従うべきである」という規範（自由の理念）が措定されているわけである。後者は各個人を最高価値の担い手とする個人主義思想の表明と解されうるから、ケルゼンのデモクラシー理論は、個人主義思想のコロラリーとみなすことが可能である。

このような理解は、彼の平等観を一別することによっても裏付けられるであろう。『デモクラシーの本質と価値（第二版）』の冒頭部分でケルゼンは次のように述べている。「他者がより大きな価値 Mehrwert をもつことを一切拒絶して、自分には固有の価値があるという本源的感情を、人間が直接的に表明すればするほど、そして支配者・命令者に対して服従を強いられている者の、彼だって私と同じ人間だ、われわれは平等だ、いったいどこに、彼が私を支配する権利があるのか、という体験が根源的であればあるほど、社会秩序が課する他者の意思という負担は、ますます耐えがたく感じられるようになる。それゆえ、まったく消極的で、その最も奥深いところで反英雄主義的な平等の理念が、同じく消極的な自由の要請に仕えるのである。」[21] ここに示されている「平等の理念」とは、各人に人間としての同等の固有価値を認めよという要請と捉えられる。万人が同等の価値を承認されるべきであるならば、何びとも他者をその意に反して支配すべきでないことになり（平等→自由）、何びとも他者の意思に服さないのであれば、万人は互いに同等ということになる（自由→平等）から、ケルゼン自身は平等の理念に副次的意義しか認めていないにもかかわらず[22]、彼のデモクラシー理念の基礎にある自由と平等とは、各個人に最高価値を認めよとする個人主義思想を、異なる仕方で表現したものとみなすことが許されるのではなかろうか。[23]

四　「自由」理念の変容

(1)　ケルゼンは理念と現実とが、相対立する二つの領域に截然と区別されうると考えていたわけではない。彼によれば、両者の関係は相対的なものである。「イデオロギーに対して実在であることが前提されているものも、さらに仔細に吟味してみれば、それ自体が一つのイデオロギーであることが判明する。したがって社会学的分析は、イデオロギーの諸層を確認せざるをえない。[24]」それは「クルミを割る」ような性質の作業ではなく、むしろ「玉ネギの皮むき」である。[25] デモクラシーの理念と現実に関してケルゼンが行なった分析は、まさにこの考え方の実践であったといえよう。私の理解するところでは、ケルゼンは、デモクラシー理念の現実化を、具体的には「自由」及び「人民」の理念が、主として「支配の必要性」という現実的要因に促されて段階的に変容していく過程として描き出す。そこで次に、デモクラシー理念の段階的変容について、ケルゼンの説くところをふりかえっておかなければならない。

(2)　①デモクラシーの基礎にあり、デモクラシーの目的をなす「自由」の理念とは、すでに述べたように、本来的には「社会的拘束の絶対的否定」である。しかし他方で、社会秩序の不可避性それ自体も、ケルゼンの議論の自明の前提となっている。本来的意味での自由は、何らかの秩序の存在を不可避とする人間の現実においては、永遠に到達不可能な理念である。デモクラシーも支配の一形式であるから、[26] この意味の自由を実現することはできない。「デモクラシーであるという主張を掲げている社会的現実が、多かれ少なかれデモクラシーの理念にまで達することができないのは、やむをえないことのように思われる。なぜなら自由の理念としてのデモクラシー理念は……、本質的に拘束であることによってのみ結合でもあり、デモクラシーもその一形式たらんとしている一切の社会的実在、したがって、とりわけ一切の国家的実在の否定を、まさしく意味しているからである。[27]」「自由というデモクラシーの理想、支配の不存在、したがって指導の不存在は、近似的にもけっして実現されえない。なぜなら社会的実在とは、すなわち支配及び指導だからである。[28]」

②　このように支配の必要性という現実に直面し、この現実に対する配慮を組み込むことによって、自由の理念の最初の「意味変化」が生ずる。「社会の内部、とりわけ国家の内部で可能な自由は、一切の拘束からの自由ではありえず、特定の種類の拘束からの自由でしかありえない。社会秩序に服従しつつ如何にして自由であり続けるかということが、政治的自由の問題なのである。デモクラシーがその答えとなる問いを、ルソーは、このように定式化した。被治者subjectは、彼の個人的意思が、社会秩序のうちで表明される《集団的》意思（或いは《一般》意思）と調和しているかぎりにおいて、政治的に自由である。《集団的》意思と個人的意思とのこのような調和は、社会秩序が、その秩序によって自己の行態を規律される諸個人によって創設されるときにしか保障されない。……政治的自由、すなわち社会秩序の下での自由とは、その社会秩序の創設に参加することによる個人の自己決定なのである。[29]」

自由は、もはや拘束の絶対的不存在ではなく、「市民の政治的自己決定としての自由、国家の支配意思の形成に協働する自由[30]」を意味する。ケルゼンによれば、この意味変化は、「自然状態」から「社会状態」「国家的強制秩序状態」への変化に対応している。ケルゼンは本来的意味の自由の理念を「自然的自由」とも呼んでいるから、「自由」理念の意味変化の第一段階は、「自然的自由」から「政治的自由」への変化ということになろう。[31]

③　「政治的自由」の理念は、「社会秩序がその服従者subject全員の一致した決定によって創設されるべきこと……を要求する。[32]」「一切の拘束の絶対的不存在」という自然的自由の理念が実現不可能であることから、いわば次善の理想として、「必要な拘束は、その拘束を受ける者全員の一致によって決定されるべきだ」という規範が導き出されてくることになるのである。ところが、この政治的自由の理念も実際には実現不可能である。社会

秩序がつねに全員一致によって創設され維持されている状態を想定するならば、それは「自然的自由」「アナキーの自由」ともはやほとんど区別がつかない[33]。秩序が秩序である所以は、それが「究極的には規範服従者の意思から独立に妥当する[34]」こと、つまり全員一致によらないで創設された秩序も、反対者・違反者をやはり拘束するということのうちに求められる。「したがって、一般的には社会、特殊には国家が存在すべきであるとするならば、秩序の内容とこの秩序に服する者の意思内容との間に相違の可能性が存在しなければならない[35]。」

こうして「政治的自由」も、支配の存在と両立しうる別な理念へと変貌を遂げるのである。ケルゼンによれば、その理念とは、多数決原理 Majoritätsprinzip である。「……社会秩序の存在と両立しうる自己決定の理想の最大限可能な近似値は、社会秩序の改変には、その秩序の服従者の単純多数の同意が要求されるという原理によって保障される。この原理に従えば、社会秩序の服従者のうち、当該秩序を承認する者の数は、当該秩序を――全体としてあるいは部分的に――否認しながら、なお、その秩序の拘束を受けている者の数より、つねに多いことになろう。……多数決原理の基礎にある理想は、社会秩序はできるかぎり多くの服従者 subject〔の意思〕と一致すべきであり、不一致となる者はできるかぎり少数であるべきだという理念である[36]。」自由理念の変容の第二段階は、「政治的自由」から「多数決原理」への意味変化なのである。

④　多数決の原理は、それ自体のうちに他律的支配の容認を含意している。このことは、少数の側に投票した者が、すでにその時点で多数者たる他者の意思に服することからばかりでなく、ひとたび多数の側に立った者も、自己の意思を変更すれば、変更された彼の意思内容が再び多数者意思となるまでは、やはり他者の意思に服する結果となることからも明らかである[37]。このように他者の支配という社会的現実を承認する「多数決原理」は、自らを自由の理念と主張するには、本来の自由理念からあまりに距っている。そこでケルゼンによれば、今度は自由理念そのものの根本的な変化、自由の「主体」の原理的転換が生ずるという。すなわち、自由であるべきなの

は「個人」ではなく全体としての「人民」なのだという考え方への転換である。「個人の自由にかわって人民主権、同じことであるが自由な国家、自由国 der Freistaat が原則的要求として現れる。[38]」ケルゼンの思考前提に従うならば、一方で、「国家秩序に服さなければならない以上、個人は自由ではないという認識からもはや目をそむけることができ[39]」ず、しかし他方で、自由を求める人間の「始源的本能」の存在も認めざるをえないことから、おそらくこのような自由理念の原理的転換が導き出されてくるのであろう。

(3)　ケルゼンは「人民主権」「自由国」の理念が「自由という思想の意味変化の最終段階である」としている。[40]そこで彼のいう「自由概念がその内在的論理に従ってたどってきた自己運動[41]」をいま一度ふりかえっておくと、それは私の理解では以下のようになる。①「各人は自己の意思にのみ従うべきである」（自然的自由の理念）→②「社会秩序はその服従者全員の意思の一致にもとづいて形成されるべきである」（政治的自由の理念）→③「社会秩序は、可能なかぎり多くの服従者の意思の一致にもとづいて形成されるべきである」（多数決の理念）→④「人民は自己の意思にのみ従うべきである」（人民主権の理念）。

ここでケルゼン自身が与えたデモクラシーの定義を思い起こしてみよう。「デモクラシーとは、その理念の上では、共同体意思、比喩抜きで述べれば社会秩序が、それに服する者、すなわち人民によって創設される国家形態ないし社会形態である。」この定義は「変容した自由の理念」②③④と基本的には同一であることに気がつく。言い換えると、「自然的自由」から「政治的自由」への変容（①→②）とは、ケルゼンの場合、「自由理念」の「デモクラシー理念」への変容と定義上同一物である。少なくとも一見したところでは、前者は後者によって完全に置き換えられ、デモクラシーの志向する目的（自然的自由の理念）は手段としてのデモクラシーの理念（政治的自由の理念）のうちに吸収されている。したがって、自由理念の変容の第二段階（②→③）、第三段階（③→④）として論じられている事柄は、実質的には、むしろ「デモクラシー理念の変容」と称せられるべきものである。

「自由」に基礎をおき、「自由をめざす人民の支配」であったはずのデモクラシーの理念は、「自由とは、人民の支配である」という解釈操作を経て、端的に「人民の支配」へと収斂するようにみえる。このようにしてケルゼンは、引き続き「支配主体としての人民」とは何かという問題の解明を通して、「デモクラシーの現実態」へと迫ろうとするのである。

五　「人民」の理念と現実

(1)　支配の存在が避けることのできない現実であるとするなら、それでは誰が支配の「主体」であるべきか。この問いに対してデモクラシーの理念は、それは「統一体としての人民」であると答える。「多数の人間が人民という一つの統一体を形作っていることは、デモクラシーの基本前提である[42]」。ところでデモクラシーのイデオローグたちは、デモクラシーの下では現実においても、統一体としての人民は支配の「客体」であるのみならず、「主体」でもあると主張してきた[43]。しかしケルゼンによれば、社会学的観察の前には「統一体としての人民」などというものは存在せず、あるのはただ民族的・宗教的・経済的に分裂した「諸集団の束[44]」だけである。ケルゼンはいう。「人民とは、根本的には法律学上の構成物 Tatbestand にすぎない。人民の統一体を幾分か正確になるように書き換えるならば、規範に服従する人間行態を規律する国家の法秩序の統一体ということになる[45]。」「人民の統一体とは、国家の法秩序によって規律された人間行為の統一体にすぎないのであるから……人民とは、再び、支配の客体として見出された統一体にすぎないことになる[46]。」

デモクラシーの理念における「人民」は、「支配の主体」としてはけっして実在するものではない。あえて「統一体としての人民」を現実のなかに探し求めるとすれば、それは規範受命者の全員（より正確には規範受命者の規範服従行為の総体）以外にはありえない。それでは「支配の主体としての人民」とは現実には何を意味するのであろうか。この点に関するケルゼンの考察を追跡することによって、デモクラシーの「現実態」を彼がいかなるものとして理解していたのかを知ることができる。

(2)　ケルゼンによれば「支配の主体として考慮されるのは、国家秩序の創設に参加する人間だけである。[47]」したがって、支配主体としての人民を構成するのは、被治者の全員から、未成年者・精神障害者など一定の自然的制約を有する者を差し引いた「参政権者の全体」ということになる。のみならず、今日なお参政権は国籍保有を要件としているし、女性やあるいは奴隷に参政権を認めない社会のうちにもデモクラシーは存在しうるとされてきた[48]。こうしてみると、参政権者としての人民の範囲は、被治者の総体としての人民よりもはるかに狭いことが多い。

しかし「人民の理想概念からその現実概念へと迫ろうとするならば、全支配服従者の総体を、参政権を認められた者という、より狭い範囲に置き換えることで満足しているわけにはいかない[49]。」ケルゼンは、さらに国家の意思形成に参加する大衆を、「判断能力のない群衆として他者の影響に追従する者」と「自主的な意思決定を通じて……共同体の意思形成手続に介入する者」とに分け[50]、支配主体としての人民の名に価するのは後者に限られるとみている。

このように、支配主体としての人民とは政治的自覚を有する積極的な市民であることが明らかになると、さらに、「現実のデモクラシーの最も重要な要素の一つ、すなわち公的な関係の形成 die Gestaltung der öffentlichen Verhältnisse に対する自分達の現実的影響力を確保しようとして、意見を同じくする者が結成する政党〔複数〕というものの有効性 Wirksamkeit に行きあたる[51]。」ケルゼンの分析によると、政党こそが支配主体としての人民の現実態なのである。

(3)　理念としてのデモクラシーにおいては、治者と被治者とが同一であること、両者ともに「人民」であることが説かれ、その場合には「統一体としての人民」の存在が前提されている。しかし、これはあくまで「理念」であって「現実」ではない。すなわち、「支配の客体」としての人民＝被治者の総体はそれ自体現実の存在であるが、被治者の総体がそのまま「支配の主体」となりうるわけではないから、支配主体としての「人民」は単なる理念にすぎない。「支配主体としての人民」の現実態を追い求めるならば、「参政権者の総体」から「政治的自覚をもつ積極的な市民の総体」を経て、結局、彼らが結成する「政党（複数）」へと行きつく。ケルゼンのみるところ、「治者としての人民」の現実態は「政党」であり、デモクラシーの現実は「政党の支配」なのである。「政党国家としてのデモクラシーは、諸政党の意思の合力としてのみ共同体意思が形成されることを欲する(52)」。「デモクラシーとは、必然的且つ不可避的に政党国家なのである(53)。」

六　デモクラシーの現実

(1)　しかし政党国家においても、通常、直接的に法秩序の創設に携わるのは、政治的自覚を有し、政党に結集した市民の全員ではない。こうして、結局のところ議会制 Parlamentarismus こそ、デモクラシーの現実態を求めて考察をすすめてきたケルゼンがたどりつく終着点である。「たしかにデモクラシーと議会制とは同一物ではない。しかしながら、現代国家にとって直接デモクラシーは実際上不可能なので、今日の社会的現実のなかでデモクラシーの理念が満たされうる唯一の現実的形態が議会制であることを、まともに疑うことはおそらくできないであろう。したがって議会制に関する〔賛否の〕決断は、同時にまたデモクラシーに関する決断でもある(54)。」

ケルゼンは別な箇所で、「自由の理念と、したがってデモクラシーの理念とを制約するこれまで言及してきた諸要素のうち、おそらく最も重要なものは議会制である(55)」と述べているが、これは彼の議論の全体構造から判断するかぎり、不正確な表現といわなければならない。議会制がデモクラシーの理念を制約しているのではなく、デモクラシーの理念が他の現実的要因の制約を受けて、議会制という現実形態へと転化したというのが、彼の議論の趣旨である。ケルゼンによれば、議会制は「デモクラシーの現実態」なのであるから、議会制の理念は「デモクラシーの理念」と同じものになるはずである。そのことをケルゼンは次のように認めている。「議会体制を規定している理念を意識にもたらそうとするならば、そこで支配的なのは民主的自己決定の思想、つまり自由の思想であることが分かる。議会制を求める闘争は、政治的自由を求める闘争であった[56]。」

それではデモクラシーの理念を議会制という現実へと転化させる要因は何か。「自然的自由の理念」を「デモクラシーの理念」へと変容させ、「人民の支配」を「政党国家」へと変化させた中心的要因は、私の理解では支配の必要性という社会的現実の存在であった。議会も支配のための装置であるから、その生成の背後にはやはり支配の必要性が存在すると考えなければならない。けれども、特に議会制を生み出す現実的要因としてケルゼンによって強調されているのは、「労働分業」の不可避性である。議会制においては「自己決定の思想としての自由の思想は、労働分業、社会的分化に対する不可避的欲求という、民主的自由理念の始源的な基本性格とは相容れない傾向の拘束を受ける[57]。」「議会制は、政治的自由という始源的理念と、細分化された労働分業の原理との、必要不可欠の妥協として捉えられる[58]」。

そこでさらに、デモクラシーの現実態としての議会制の現実は、と問われるならば、ケルゼンの解答は、社会的諸勢力の妥協による社会統合の達成ということに帰着しよう[59]。社会統合達成の手段として彼が念頭においているのは、一つは議会それ自体の形成の場面における「比例代表制」である。比例代表制によって「すべての政治集団がその勢力に比例して議会に代表を送り、それに伴って現実の利害状況がおおよそはじめて議会に反映されることになる。これは妥協が成立しうるための原理的前提条件なのである[60]」。「比例制 Proporz の理念はデモクラシーのイデオロギーに即応し、比例制の実効性はデモクラシーの現実たる議会制に即応している[61]。」

比例代表制に従って形成された議会内部での意思形成の場面において、妥協と統合を可能にするものは、再び「多数決原理」である。多数決原理は、無数に存在する争点を、最終的には多数派・少数派の対立に還元することによって、両者の話し合いによる調整に道を開く。[62]ケルゼンのことばを引いておこう。「議論と反論、論証と反証をねらう弁証的－争論的 dialektisch-kontradiktorisch な手続を伴った議会の手続全体が、妥協の獲得をめざしたもの……である。ここに、現実のデモクラシーにおける多数決原理の固有の意義が存在する。」「議会の実務を一瞥するだけでわかるように、まさに議会体制においては、多数決原理は妥協の原理、政治上の諸原則の調整の原理なのである。[63]」

(2)　理念から現実への推移という彼自身の観点に立って整理を加えつつ、ケルゼンのデモクラシー論を概観してきた。その結果、議会制こそ、ケルゼンの考えるデモクラシーの現実態であることが確認された。すなわち、ケルゼンの想定する現実デモクラシーとは、複数政党制を前提に、比例代表制によって選出された議会において、多数決へと至る議事手続のなかで利害対立が調整され、国法秩序が創設される制度のことである。

ケルゼン自身が認めるように、[64]デモクラシーの理念と現実との間に彼が見出した落差はきわめて大きい。にもかかわらず、ケルゼンは終始一貫して、理念に比べれば色褪せた現実である議会制の支持者であった。このようにデモクラシーの現実を議会制のうちに、議会制の現実を妥協のうちに見出すケルゼンのデモクラシー観は、「後世人の特権を行使していうならば、[65]」ある意味では陳腐であるし、また誤解や弱点も含んでいるが、同時にきわめて慧眼でもあった。

ヴァイマル期の思想界において高唱されていた反議会制の論調[66]や、ヴァイマル末期にあらわとなった議会の機能不全を前にして、ケルゼンの議会制擁護論は、同時代人には陳腐なものに響いたであろうし、「穏健右派と穏健左派の話合いと妥協による政治的統合[67]」に、基本的には成功している戦後の「西側諸国」においても、また別な意味でケルゼンの解答は陳腐に聞こえるかもしれない。比例代表制や議会内部での妥協に対するケルゼンの厚い信頼が、事実認識としては必ずしも正しくないことは、やはりヴァイマル共和国の不幸な歴史が証明しているし、議会制の機能条件に関する社会的分析の欠如は、彼のデモクラシー論の弱点に数えられてよいであろう。

しかし、逆からいえば、「指導者民主主義」や「職能国家」が声高に主張されていた時代に、議会制だけが「今日の社会的現実のなかでデモクラシーの理念を満足させうる唯一の現実的形態である」こと、現代国家のデモクラシーは常に議会制デモクラシーでのみありうることを繰り返し強調した事実は、自己の洞察に賭けるケルゼンの強靱さと先見の明の証左でもあろう。(68) これに関連して、彼の慧眼を示す二つの論点を指摘しておきたい。その一つは、政党敵視の思想伝統が強固であったドイツ語圏において、政党こそ実在の人民なのであり、デモクラシーとは政党国家なのだということを喝破した点である。「政党なしにもデモクラシーが可能であるという思い違いができるのは、自己欺瞞か偽善によってのみである」(69) という彼の言葉は、憲法生活における政党の重要性を指摘した代表的な発言として今日でも引用されている。(70) いま一つは、議会制を「デモクラシー理念と労働分業の妥協物」として基礎づけなおした点である。「議会制の本質は、……代表制の擬制という助けを借りなくても規定することができるし、国家秩序を創設する特殊な社会技術的手段として、その価値は正当化されうるのである。」(71) 従来、わが国では、「国民代表の擬制的性格」を鋭く剔抉する「イデオロギー批判者」としての側面が強調される傾向にあったが、(72) むしろ「代表の擬制的性格」に対して加えられた攻撃から、議会制を擁護しようとしたケルゼンのこの試みにも注目しておく必要があるであろう。

(3)　以上概観したように、ケルゼンのデモクラシー論は、デモクラシーの「理念論」と「現実論」とに二分して捉えなおすことができる。「支配主体としての人民」の現実態を追求するというやり方で論じられた「現実論」の趣旨は、私のみるところ明快なものであった。これに対して「理念論」は必ずしもそうとはいえない。その難解である所以は、ケルゼンが展開する「自由理念の変容」論の性格に求められるように思う。すでにみたように、ケルゼンの叙述においては、デモクラシーの基礎とされていた自由の理念は、実質的には彼のいうデモクラシー理念と同一のものへと変容していく。自由理念がこのように多義的であり、デモクラシー理念と重複することが、ケルゼンによる自由とデモクラシーとの関係理解を不分明なものにしているのである。そこで節を改めて、この問題について、不十分ながらも若干の考察を試みることにしよう。

(1) Zur Soziologie der Demokratie（*WRS*）, S. 1729; Demokratie（*WRS*）, S. 1744（『選集9』〔布田訳〕九八頁）。
(2) Zur Soziologie der Demokratie（*WRS*）, S. 1730; Demokratie（*WRS*）, S. 1746（『選集9』〔布田訳〕一〇〇頁）。
(3) Zur Soziologie der Demokratie（*WRS*）, S. 1730; Demokratie（*WRS*）, S. 1747（『選集9』〔布田訳〕一〇二頁）。
(4) *WuWII*, S. 14.
(5) *WuWII*, S. 5 f.
(6)（7）*WuWII*, S. 3.
(8) *WuWII*, S. 4.
(9) *WuWII*, S. 14; vgl. Demokratie（*WRS*）, S. 1743（『選集9』〔布田訳〕九五頁）。
(10) *GTLS*, p. 284.
(11) *Foundations*, p. 2（古市訳七―八頁）。
(12) *Foundations*, p. 4（古市訳一三頁）。
(13) vgl. *WuWII*, S. 93. 政党独裁については *GTLS*, pp. 301～302.
(14) *Foundations*, pp. 6～7（古市訳一七頁）。
(15) Demokratie（*WRS*）, S. 1747 f.（『選集9』〔布田訳〕一〇三頁）。
(16) *WuWII*, S. 52（『選集9』〔長尾訳〕五頁）。
(17) What is Justice?（1957）, p. 10（ドイツ語版の翻訳として『選集3』〔宮崎訳〕二一頁参照）。
(18) *WuWII*, S. 4.

(19)　*WuWII*, S. 55.

(20)　*GTLS*, p. 284.

(21)　*WuWII*, S. 3.

(22)　*WuWII*, S. 93.

(23)　かつて菅野喜八郎はJ・ロックの『統治論第二篇』を分析し、ロックのいう自然状態における自由と平等は、いずれも「個人主義という規範の単なる言い換えにすぎぬ」ということを論証されたが、この点に関するかぎり、自然法論者ロックと法実証主義者ケルゼンとの間には、思考構造の類似性が存すると評することができよう。菅野喜八郎『国権の限界問題』（木鐸社、一九七八年）三〇九―三一〇頁参照。

(24)　(25)　Demokratie（*WRS*), 1745（『選集9』〔布田訳〕九九頁）。

(26)　Staatsform als Rechtsform（*WRS*), S. 1960.

(27)　Zur Soziologie der Demokratie（*WRS*), S. 1730.; vgl. Demokratie (WRS), S. 1747（『選集9』〔布田訳〕一〇二頁）。

(28)　Zur Soziologie der Demokratie（*WRS*), S. 1735.

(29)　*GTLS*, p. 285.

(30)　*WuWII*, S. 5.

(31)　*Foundations* p. 19（古市訳四六―四七頁）。

(32)　*GTLS*, p. 285.

(33)　*GTLS*, p. 286.

(34)　(35)　*WuWII*, S. 7.

(36)　*GTLS*, p. 286.; vgl. WuWII, S. 8 f.

(37)　*WuWII*, S. 8.

(38)　*WuWII*, S. 13.

(39)　*WuWII*, S. 12.

（40）（41）　*WuWII*, S. 13.
（42）　*WuWII*, S. 14 f.
（43）　*WuWII*, S. 17.
（44）（45）　*WuWII*, S. 15.
（46）（47）　*WuWII*, S. 16.
（48）　*WuWII*, S. 17.
（49）　*WuWII*, S. 18.
（50）（51）　*WuWII*, S. 19.
（52）　*WuWII*, S. 23.
（53）　*WuWII*, S. 20.
（54）　*WuWII*, S. 27.
（55）　*WuWII*, S. 25.
（56）　Das Problem des Parlamentarismus（*WRS*）, S. 1663（『選集9』〔森田訳〕五七頁）。*WuWII*, S. 28.
（57）　*WuWII*, S. 29.; vgl. *WuWII*, S. 30.
（58）　*WuWII*, S. 33.
（59）　vgl. *WuWII*, S. 58.
（60）（61）　*WuWII*, S. 91.
（62）　vgl. Das Problem des Parlamentarismus（*WRS*）, S. 1679 f（『選集9』〔森田訳〕七七―七八頁）。*WuWII*, S. 57 f.
（63）　*WuWII*, S. 57 f.
（64）　Zur Soziologie der Demokratie（*WRS*）, S. 1737.
（65）　長尾龍一『カール・シュミットの死』（本鐸社、一九八七年）三一五頁
（66）　K・ゾントハイマー、河島・脇訳『ワイマール共和国の政治思想』（ミネルヴァ書房、一九七六年）一四八―一五六頁参照。

(67) 長尾龍一『カール・シュミットの死』一四〇頁
(68) C・シュミットと対比しつつケルゼンの議会制論を検討した論稿として、樋口陽一「憲法―議会制論」鵜飼・長尾編『ハンス・ケルゼン』(東京大学出版会、一九七四年) 六三一頁以下参照。
(69) *WuWII*, S. 20.
(70) 丸山健『政党法論』(学陽書房、一九七六年) 一一五頁、手島孝『憲法学の開拓線』(三省堂、一九八五年) 九頁参照。
(71) *WuWII*, S. 32.
(72) 宮沢俊義『憲法の原理』(岩波書店、一九六七年) 一一三頁参照。

第二節　デモクラシー論の諸問題

一　デモクラシーとリベラリズム

(1)　前章でケルゼンのデモクラシー論を概観した際、自然的自由とデモクラシーの理念との関係が問題になった。デモクラシーの目的は「自然的自由の理念」を達成することであるが、社会的現実のなかで自然的自由を実現することは不可能なので、自由の理念自体が「政治的自由の理念」に変容するとケルゼンはいう。ところが前述のように、「政治的自由の理念」は彼のいう「デモクラシーの理念」と同一と解されるから、自然的自由から政治的自由への変容とは、目的(自由の理念)が手段(デモクラシーの理念)のうちに解消され、手段であったものが新たに目的の位置を占めることを意味するように思われる。そこから、ケルゼンの思考においては、各人の自然的自由は留保なしに政治的自由(デモクラシー)の理念へと変容することになるのではないか、言い換えると、自由の理念は、秩序創設の「形式」であるデモクラシーを「内容」的に何ら制約するものではないということになるのではないのか、という疑問が湧き起こる。

ケルゼンの考えるデモクラシーの現実は、「必然的且つ不可避的に」議会デモクラシーであった。それでは、彼のいうデモクラシーの理念は、概念上、リベラル・デモクラシーであるのか。それがここでの問いである。これは彼のデモクラシー論が、「自由に対する国家権力の介入を限定するロック」型に属するのか、それとも「一般意思の全能を説くルソー」型に属するのかという問題であると言いなおしてもよいであろう。(1)

(2)　そこで試みに、デモクラシーとリベラリズムとの関係についてケルゼン自身の説くところを確認してみると、そこには内容上正反対の発言が見出され、彼の真意の補捉に苦しむことになる。

前節で概観したケルゼンの議論の流れから判断すると、「支配」を不可欠とする社会的現実のなかで自然的自由は政治的自由に完全に転化し、「支配の形式」としてのデモクラシーは、他者による拘束の否定を説くリベラリズムから切り離されるように受け取られるのであるが、彼自身もそのことを次のように確認している。

「国家による支配からの個人の自由という観念から、国家の支配への個人の参加という観念への自由概念の変化は、同時に自由主義 Liberalismus から民主主義 Demokratismus が分離することを意味している。デモクラシーの要求が充足されて、国家秩序に服する者がその秩序の創設に参加するまでに到れば、デモクラシーの理想は、国家秩序が……個人を把握する範囲、すなわり国家秩序が個人の《自由》に介入する度合いから独立することになる。個人に対して国家権力が無制限に拡張される場合、つまり個人の《自由》が完全に否定され、自由主義的な理想が完全に否認された場合であっても――そのような国家権力がそれに服する個人によってのみ形成されるかぎりで――デモクラシーはなお可能なのである。(2)」

一方でデモクラシーとリベラリズムとをはっきりと切り離す、このような論述もみられる反面、別な箇所では、デモクラシーがリベラリズムを本質的な構成要素として含意するという主張も見出される。「共同体の意思は、デモクラシーにおいては、常に、多数者と少数者との継続的な討論……を通じて創設される。こういう討論は、議会のみならず、とりわけ政治集会、新聞、書物その他の世論の媒体においても行なわれる。世論なしのデモクラシーなど概念矛盾である。言論・出版・宗教の自由という精神的自由が保障されるところにおいてのみ、世論は成立しうるのであるから、そのかぎりにおいてデモクラシーは——必ずしも経済的自由主義ではないが——政治的自由主義と一致する。[3]」「統治の不存在としての自然的自由の理念が、統治に対する参加としての政治的自由の理念へと変容することは、前者の完全な放棄をけっして意味するものではない……。残っているのは、統治権力の一定の制限という原理、すなわち、政治的自由主義の基本原理である。現代デモクラシーは政治的自由主義と切り離すことができない[4]。」

たしかにケルゼンは、「政治体制としてのデモクラシーはかならずしも特定の経済体制に属するものではない[5]」と述べて、経済的自由とデモクラシーとの結びつきには否定的なのであるが、その反面、むしろこのコンテクストでは、精神的自由とデモクラシーとのつながりを強調する傾向にある。「デモクラシーにとって本質的なのは経済的自由ではなくて、精神的自由——宗教・学問・出版の自由——なのである[6]。」「現代デモクラシーの本質をなす消極的自由とは、宗教・学問・芸術活動、出版その他の形態による意見表明、合法的な目的での結社などを制限する、立法・行政・司法上の一切の行為を、憲法で禁止することのうちに存する[7]。」

(3)　ケルゼン自身のこういう振幅を反映してか、戦後の日本でケルゼンのデモクラシー論を検討した主な論者の間にも、解釈の相違が存在するようである。ケルゼンのデモクラシーをリベラル・デモクラシーと解する立場（肯定説）と、そうは考えない立場（否定説）とに分けて、それぞれが説くところを一瞥しておこう。

①　直接的にはケルゼン解釈の次元における発言ではないが、ケルゼン・ラートブルフに依拠して自らのデモクラシー論を展開しつつ、デモクラシーとリベラリズムの本質的結合を主張した宮沢俊義を、肯定説の代表者と

してあげることが許されよう。宮沢は、ケルゼンのいうデモクラシー理論にほぼ逐語的に従って、デモクラシーを次のように定義する。「民主制とは何であるか。それは、法規範の定立者とその法規範によって義務づけられる人間との間に自同性（Identität）が存する政治形態である。換言すれば、治者と被治者との自同を原理とする政治形態である。それならばこうした自同性の否定を原理とする政治形態は何であるか。それは独裁制である。独裁制は治者と被治者とのあいだの自同性を全く否定する原理にもとづく。この意味で民主制と独裁制は、互いに、反対する概念である[(8)]。」

このように、ケルゼンに倣ってデモクラシーとオートクラシーとを対立物とした上で、宮沢は、当時のドイツで高唱されていたデモクラシーとリベラリズムとを切り離す論調、後者の否定は前者の否定ではないばかりか、むしろ真のデモクラシーの実現であるとする論調に反対し、両者の本質的結びつきを説いたのである。

「民主主義は元来、それ自体においては反国家的・反法秩序的な原理である自由主義が、積極的に国家・政治形式を基礎づける原理に転化したものにほかならない。したがって、それは根本的にリベラルな性格をもつ。民主主義を原理とする政治形態、すなわち、民主制では、通常リベラルなものとせられている言論の自由・科学の自由・信仰の自由などは、その欠くことのできぬ生命原理なのである。これらのものを欠く民主制は、すなわち、リベラルでない民主制は、もはや、一般に民主制ではない。それは、むしろ、民主制の否定である[(9)]。」

この文章の前半部分、反国家的原理であるリベラリズムが積極的な政治形式に転化したものとしてデモクラシーを捉える箇所は、自然的自由から政治的自由への変容に関するケルゼン理論の言い換えとみなすことができるし、後半部分は「デモクラシーにとって本質的なのは精神的自由である」という先に引いたケルゼンの発言と同趣旨であるから、宮沢のこの考えは、リベラル・デモクラシーとして理解されたケルゼン理論に立脚したものと評しうるであろう。この部分を宮沢のケルゼン解釈と読むことは、彼がこのあとに続けて、スメントの議会制批判に対するケルゼンの反論を引用していることからみても、あながち不適当ではあるまい。[10]

②　長尾龍一もケルゼンのデモクラシーを、基本的にはリベラル・デモクラシーと捉えているようである。[11] 長尾がケルゼン説として要約したところから引いておこう。「……少数者の保護、野党の存在の容認、反政府的言論の自由・政権交替の可能性は民主制の本質的要素をなすものである。民主主義と自由主義を対置し、反自由主義的民主主義が可能であると説く左右の諸思想（ボルシェヴィズムからカール・シュミットまで）はこのことを看過している。実際現在の権力の担当者を選ぶ以外に何のオルターナティヴも残されていないような選挙によって支持された政権なるものは人民の政治的選択権を奪っているもので、それは自由主義的でないという理由によって民主主義でない。[12]」

但し長尾の叙述のなかには、これとは逆のケルゼン理解をとっているように思われる箇所も存する。長尾は自然状態から社会状態への転化に際して残存する個人的自由があると述べ、その個人的自由を「団体の一般意思によっても侵されないものとする思想と、一般意思が自由に与奪しうるとする思想とがある」としている。長尾によれば「前者の代表者はロックであり、後者の代表者はルソーである。……従ってルソーを反自由主義的民主主義……の祖と考える者もある。[13]」ところで長尾は、別の文章のなかで「ケルゼン民主制論〔は〕国家権力の自由への介入を限定するロックではなく、一般意思の全能を説くルソーをモデルとしている[14]」とも述べているから、ここでは、彼の理解するケルゼンのデモクラシーは、「反自由主義的民主主義」であることになろう。ケルゼン自身が示している振幅が、長尾のケルゼン理解のうちに反映しているとみてよいのであろうか。

③　ケルゼンを「反自由主義的民主主義者」とみなすこのような解釈を、一貫してとっているのが今井弘道である。今井は「ケルゼンを実践的には資本主義的経済体制を批判し、それを廃棄しようとする社会主義的民主主義者であった[15]」と考える立場から、彼を反リベラリストと解している。今井の浩瀚な著述を誤解している虞なし

としないが、この趣旨の論述を二三引いておきたい。

「ケルゼンは《哲学的リベラリズム》……の意味におけるリベラリストであるとはいいえても、《経済的・政治的リベラリズム》の意味におけるリベラリストであったとは決していえない。むしろ彼は後者の意味においては強固な反リベラリストであったのである[16]」。「自由主義と民主主義はラードブルフにおいてもケルゼンにおいても概念的に截然と区別される。……本来の民主主義は自由主義的な《自然的で前国家的自由》を神聖不可侵とは見ない。そのような《自由》は各人が参与し形成した国家意志＝多数意志が承認する限りで与えられるものであり、従ってその意志によって廃棄されてよいのである。このような民主主義理解を第一次大戦後の革命的状況という具体的状況の中で実践的課題として引き受けていこうとするところに……ケルゼンの問題意識の核心が存する[17]」「このようなケルゼンの立場は同時にルソー主義の復権への志向性というモメントを有している[18]」。「ケルゼンはラディカルな民主主義者に属し、リベラルな民主主義者たるウェーバーとはその限りで重要な差異を示す[19]」

(4)　このように解釈の対立が生ずる根本的な要因は、すでに指摘したケルゼン自身のアンビヴァレンスに求めることができよう。そもそもデモクラシーを法秩序創設の形式に関する規範、リベラリズムを法秩序のあるべき内容に関する規範として捉える場合には、両者の間に一定の緊張関係が存在することになる。この点を例えばオルテガは、次のように説明している。「リベラリズムとデモクラシーは、最初は互いに無関係な二つのものとして始まり、……最後は相互に対立する意味をもったものとして終わるのである。デモクラシーとリベラリズムは、二つのまったく異なる問いに対する二つの答えである。……デモクラシーは《誰が公権力を行使すべきか》という問いに対する答えであり、公権力の行使は統一体としての市民に属すべきだというのがその解答である。……他方、リベラリズムは《誰が公権力を行使するかにかかわりなく、その限界はいかにあるべきか》という別な問いに対する答えである。そして《公権力は独裁者によって行使されようが人民によって行使されようが絶対的なものではありえない。個人は国家のあらゆる介入を免れた諸権利を有する》というのが、リベラリズムの解答である。[20]」リベラル・デモクラシーは、多数決の妥当すべき範囲にはじめから限界を設けることによって、両者の緊張関係をリベラリズムの要請に有利なように解決しようとする試みである。「自由主義者は、その時々の多数派の権力が、長期的な原則によって制限されることを重要とみなすのである。[21]」

ケルゼンもデモクラシーを「法秩序創設の形式」と考えるから、彼の場合にもデモクラシーとリベラリズムとは、ちょうどオルテガが述べたような意味で緊張関係に立つわけであるが、彼はこの緊張関係を一義的に解決することに失敗したと解釈することが、ケルゼン・デモクラシー論の素直な読み方ではなかろうか。「個人の自由が完全に否定され、自由主義的な理想が完全に否認された場合であっても、デモクラシーはなお可能である」「現代デモクラシーは政治的自由主義と切り離すことができない」という、先に示したような彼の発言の不整合はその証左であろう。そこで本章では、ケルゼンがデモクラシーの純粋な形式性を維持しようとしてリベラリズムの問題を回避したと考えられる側面と、むしろ自由価値がデモクラシーの内在的限界をなすことを前提していたと考えられる側面とを、それぞれ確認しておくにとどめることにしたい。[22]

デモクラシーの純粋形式性が強調され、デモクラシーとリベラリズムとの緊張関係が前者に有利に解決されているようにみえるのは、「自由理念の変容」論の場面である。ケルゼンのこの議論のなかには、リベラリズムがふつうに規定するような「自由観」が欠落しているように思われる。たしかに彼は、デモクラシー理念を「自然的自由」の理念によって基礎づけているが、その場合「自然的自由」は、「社会的拘束の絶対的否定」「あらゆる拘束の不存在、義務を課するあらゆる権威の不存在」と規定されていた。これは一七世紀自然法論者のいう「自然状態」「前国家的状態」に対応する観念であるから、社会秩序の存在と両立しないことは定義上当然である。ケルゼン自身がこの自由のことを「アナキーの自由」と呼んでいる。[23]ところで彼も認めているように、アナキズムとリベラリズムとは同じものではない。前者は「強制秩序としての国家の根本的否認[24]」であるのに対し、後者は国家的強制秩序の存在そのものは是認しつつ、その「内容ができるかぎり制限される[25]」ことを目指すものだからである。したがってリベラリズムが主張する自由も「アナキーの自由」と同一ではないはずである。例えば「ウィーン大学におけるケルゼンの聴講者で、かつケルゼンの批判者[26]」であったハイエクは、「他者による強制が、社会のなかで可能なかぎり縮減されているような人間の状況」のことを「自由の状態 a state or liberty or feedom」と規定している[27]。この定義においては、「自由」は社会の存在を前提にしており、「強制の絶対的不存在」ではなく「可能なかぎりの縮減」を意味することに注目しておきたい。ハイエクによれば、問題となるのは、ある人が行動する際に「どれほど彼自身の計画と意図に従うことができるか、彼の行動パタンはどの程度まで自分自身の構想によるものなのか、どの程度まで、他者が自分達の欲していることを彼にさせるために作り出した必要よりも、むしろ継続的に追求してきた自分の目的を志向するものなのか[28]」という点である。ここでは「自由」は絶対的な理念ではなく相対的な可能性であるから、社会的現実のなかでも実現しうるものであり、実現の度合いを測定しうるものなのである。

　ところがケルゼンによる「自由の変容」論は、いま述べたような意味での、「自由主義的目的」の観念を欠いており、「アナキーの自由」が直接「政治的自由」へと変容するものとされている。さらに、彼のいう「政治的自由」political freedom が「参政権」political right と同じものではないことにも注意を要するであろう。後者が、議会選挙や人民投票などにおいて、一票を投ずることによって自己の意思を表明する（したがって多数決に参加する）各人の権利を指すのに対し、前者は、「秩序はその服従者全員の意見の一致にもとづいて形成されるべきだ」という、多数決原理とは別の理念だからである。ケルゼンにあっては、「政治的自由」の理念がデモクラシーの理念と同一物であることは、すでに指摘した。「自由」の理念の側を変容させることによって、自由理念とデモクラシー理念とを同一化するに至るこの種の用語法に対しては、ハイエクの次のような批判がおそらくは妥当しよう。「しかしながら、《自由》という言葉を政治的自由 political liberty の意味に使用し、それによってリベラリズムとデモクラシーとを同一視するに至る者がある。彼らに対しては、自由の理想は、民主的行為の目的の何たるべきかについて何も語ることができない。デモクラシーが作り出す状況はすべて、定義上自由な状況ということになるからである。これは、控え目に表現しても、言葉の非常に混乱した使用法であるように思われる[29]。」

「自由の変容」論の場面においては、ケルゼンのデモクラシーは、自然的自由の理念による個人主義的な基礎づけを受けると同時に、創設される秩序の「内容」とは無関係な秩序創設の「形式」として首尾一貫していた。そのかわりここでは「自由主義的自由」の観念は彼の議論のなかに組み込まれていない。これに対して「デモクラシーの現実」論、すなわち「人民の現実」論の場面には、リベラル・デモクラシーの要請が、デモクラシーと不可分のものとして結びつけられているように解される箇所が存在する。

まず、支配客体としての人民と支配主体としての人民の範囲が異なることを述べる文脈において、ケルゼンは、支配客体としての人民とは、実際には被支配者服従行為の総体にすぎないことを指摘し、社会秩序の下においても各人に留保される自由領域が存在するという観念を承認している。

被治者の「統一体としての《人民》は……人間の複合体といったものではけっしてなく、国家の法秩序によって規定された個々の人間の行為システムにすぎない。なぜなら、人間は全体として、すなわち、彼の精神的・肉体的生活のすべての働き・すべての方向において社会共同体に属するものではなく、人間を最も強力に把握する社会共同体としての国家にも属するものではないからである。人間の生活がそれに属するところが最も少ないのは、自由の理想にもとづいて形成された国家である。国家秩序によって把握されるのは、常に個人のまったく特定の生活行動 Lebensäußerungen だけである。多かれ少なかれ人間生活の大部分は、常にこの秩序の外部にとどまらねばならず、国家から自由な人間領域が常に維持されていなければならない(30)。」

この文章が、デモクラシーも含めて、およそあらゆる国家からの自由領域を個人に認めようとする規範的主張であるのか、それとも単なる事実の描写にすぎないのかは、必ずしも明らかではない。前者と解するならば、このコンテクストにおけるケルゼンは、リベラリズムの要請を、デモクラシーをも制約する原理とみなしていたことになる。

「デモクラシーの現実」論の場面で、デモクラシーとリベラリズムの不可分の関係を想定しているように思われる箇所として、ほかにも少数者保護と複数政党制に関するケルゼンの言及をあげることができよう。彼がデモクラシーの現実態を政党国家と考えていたことはすでに指摘した。複数の政党から議員が選出され、彼が議会における討論と多数決を通じて妥協することにより、国家意思が形成される制度は、政党結成の自由・政治的表現行為の自由・少数者の存在保障といったリベラリズムの要請を自己の本質的前提として承認しているはずであり、ケルゼンもそう考えていたと解されるのである(31)。

ケルゼンがリベラル・デモクラシーを首尾一貫した形で説いたとはいえないことが、以上の考察で明らかになったであろう。「理念論」の次元では、秩序創設形式の観点からはオートクラシーでありながら、秩序内容に着目して自己をデモクラシーと僭称する左右の政治体制に対して、秩序創設形式としてのデモクラシー理念の純粋性を擁護しようとしたことが、同じく秩序内容に関する要請であるリベラリズムからも、デモクラシー（デモクラティスムス）が切り離されたおそらく主要な原因であろう。「現実論」の次元では、今度は議会制擁護の文脈のなかで、デモクラシーは、議会制存立の前提条件としての政治的リベラリズムと再会を果たすことになるのである。ところで、リベラリズムとデモクラシーが切り離された理由には、「相対主義こそデモクラシー思想が前提とする世界観である[32]」というケルゼンの見解も関係をもっているようである。絶対的価値の認識が不可能であるから、共同体秩序も多数決によって決定されるべきだというふうにデモクラシーを捉えるならば、「自由」価値を多数決の範囲外におこうとするリベラリズムはデモクラシー理念と結びつかないことになるだろうからである。デモクラシーと相対主義の関係という問題は、従来わが国でもケルゼン・デモクラシー論理解の一つの焦点となってきた。最後にこの論点についても、簡単な検討を加えておきたい。

二　デモクラシーと相対主義

(1)　デモクラシーと相対主義との関係をめぐって、わが国の論者のケルゼン理解は、対立する二つの立場に分類することができる。ケルゼンの「デモクラシー」と「相対主義」との間に論理的・必然的関係を見出す見解（宮沢俊義・長尾龍一）と、そのような関係を否定する見解（菅野喜八郎）である[33]。まず両説の主張を概観してみよう。

①　長尾龍一はいわゆる相対主義を、「普遍妥当的な認識は存在しない」と説く「認識相対主義」と、「普遍妥当的な価値は存在しない」と説く「価値相対主義」とに区別し、ケルゼンは認識相対主義者ではなく価値相対主義者であるとしている。ところで教授の議論の特色をなしているのは、価値相対主義をさらに二つに区分する点である。教授によれば「価値相対主義という観念には《価値判断は相対的である》という認識上の主張と《諸々の価値に対して相対的に振舞うべし》という実践上の原則とがある。前者は価値情緒説などとよばれる倫理学上の主張で、窮極的な価値判断は要請されうるのみで認識不可能なものだと主張する。後者は実践上の態度であって、一定の使用料を払う者にはあらゆる政治勢力の集会に会場を貸す会館や、一定の埋葬料を払う者にはあらゆ

る宗派の死者の埋葬を許す墓地の態度はその一例である[34]」。

それでは長尾が「民主制と相対主義を結びつけるケルゼンの理論[35]」と述べるときの相対主義は、これら二つの価値相対主義のうちのいずれであろうか。「絶対的価値の……認識可能性を否定する相対主義の立場が民主制と結びつけられる[36]。」「絶対的真理・絶対的正義への不可知論とのみ結びつくというケルゼンの民主制論[37]……」といった叙述からみて、長尾は「認識上の価値相対主義」とケルゼンのデモクラシー論との「結びつき」を承認していると解することができる。また、長尾によれば、実践上の「価値相対主義は近代自由主義国家の原則となっており、その政治的実現は、選挙において多数を占めた者にはいかなる政治勢力であれ政権を委ねるという民主制の原則である[38]。」これは、ケルゼンのデモクラシーと「実践上の価値相対主義」との「結びつき」を認める趣旨であろう。してみると、「ケルゼンは認識上において断乎たる価値相対主義者であり、実践上においても基本的には価値相対主義者である。しかし実践においては《自由》が相対主義の例外とされているである[39]」という長尾の指摘は、ケルゼンのデモクラシーは長尾のいう二つの意味の価値相対主義の双方と結びつくが、ケルゼンの場合、デモクラシーの実践による「自由」の破壊だけはもはやデモクラシーとは認められないものとされた、という意味に理解可能である。

② 宮沢俊義の場合はどうであろうか。宮沢には、ラートブルフの有名な講演[40]に依拠して相対主義とデモクラシーとの関係を論じた文章がある。ここでもやはり宮沢のいう「相対主義」の意味内容をまず確認しておかなければならない。宮沢の相対主義がいわゆる「認識上の価値相対主義」を含むことは、ラートブルフを引いた例えば以下の論述から明瞭である。「法律哲学における相対主義とは、《正しい法》についてのすべての実質的な主張は、一定の社会状態および一定の価値秩序の条件の下においてのみ、妥当するという命題である。社会状態は、無限に変化しうる。が、価値体系の数はかぎられている。であるから、一定の社会状態において、理論的に可能

な価値づけの明確な体系をつくることは可能である。しかし、それらの可能性の中において、科学的な、証明されうる方法で、選択を行うことは不可能である。選択は、個人の意識においてのみなされる決定によってのみ、なされうる。(41)」この文章に続く次の箇所から理解できるように、宮沢の相対主義には一定の実践上の命題も含まれている。「相対主義は理論理性のあきらめを意味するが、しかし、同時に、実践理性に対するそれだけいっそう強い訴えを意味する。……〔相対主義は〕第一に、反対者の確信が証明せられえないものであることを示して、これに挑戦する。が、それはまた同時に、反対者の確信が駁撃せられえないものであることを示して、これを尊敬すべきことを教える。一方において、戦いの決意、他方において、寛容、これが相対主義の道徳である。(42)」

宮沢によれば、マックス・ヴェーバー、ゲオルク・イェリネック、ヘルマン・カントロヴィッツと並んでケルゼンの説く相対主義とは、このように認識上の命題と実践上の要請との複合物である。そのことはまた、「相対主義は、いろいろな政治的・社会的確信の真理の内容が科学的に認識せられず、したがって、すべての確信を同等に取り扱うべきことを主張する(43)」という説明からも知ることができる。この文章の前半部分は長尾のいわゆる「認識上の価値相対主義」に、後半部分は「実践上の価値相対主義」に相当しよう。宮沢はラートブルフに従って、「諸確信を同等に取り扱うことは、諸々の人間を平等に取り扱うことを意味する」とし、人間の平等を政治的現実において近似的に実現するものこそデモクラシーなのだという。「政治的平等は多数決制度に、民主制に流れこむ。相対主義は民主的な国家を要求する。……また、民主制は民主制て、相対主義を予想する。このことを印象深く、かつ、説得的な方法で証明したのは、ハンス・ケルゼンである。(44)」こうして宮沢は、認識と実践の複合命題としての相対主義と、(ケルゼン)のデモクラシーとの不可分の結びつきを強調したのである。「民主制の精神的基礎は相対主義であり民主制の危機はまた相対主義の危機である。民主制是か非かの問題は、だから、相対主義是か非かの問題でなくてはならない。(45)」

③　これまで紹介してきたような相対主義理解に対して、最近、菅野喜八郎が、方法二元論を徹底させる立場から鋭い批判を提起している。批判の第一点は、ケルゼン、ラートブルフの「相対主義」は認識上の命題であって、実践上の要請を含まないということである。「ラートブルッフ自身、《相対主義は実践理性ではなく、理論理性に所属する》、と述べている……。即ち、ラートブルッフにあっても、相対主義は、如何なる価値も他の価値に対し自己の優越性を主張できる理論的根拠をもたぬとする主張、認識判断内容の言表なのであり、それ故、命題としてこれを見るならば言明・認識命題であって、実践的意欲内容の言表たる規範・当為命題と峻別されねばならぬ、ということになる。[46]」

方法二元論の立場に立つかぎり、「究極的な価値相互間の優劣を学問的に証明することはできない」という言明から「すべての価値を同等に取り扱うべきである」という規範を導出することは「論理的不可能事」であるから、菅野の見解に従えば、「相対主義は、いろいろな政治的・社会的確信の真理の内容が科学的に認識せられず、したがって、すべての確信を同等に取り扱うべきことを主張する」と述べたことによってラートブルッフは、そしてこの言葉を好意的に引いたことによって宮沢も、方法二元論を放棄したことになるであろう。「認識上の価値相対主義」と「実践上の価値相対主義」という長尾の用語法についても、菅野は次のように述べている。「私は、ラートブルッフが《理論理性に所属する》とした《相対主義》に限ってこれを相対主義と呼び、長尾教授が《実践上の相対主義》と呼ばれたものは寛容の美徳ないし道徳と呼ぶ方が良いと思う。前者は《理論》、したがって命題としてこれを見れば言明・認識命題であるのに反し、後者は《要請》、したがって命題として見れば規範・当為命題であって、両者は全くその性質を異にするので《実践上の》という限定詞を付してみても、これを相対主義と呼ぶのは混乱の源になる、と考えられるからである。[47]」

批判の第二点は、相対主義は言明、デモクラシーは規範であるから、方法二元論に立つならば前者から後者を導き出すことはできない。つまり両者に論理的・必然的な関係を認めることはできない、というものである。「相対主義が《寛容》とか《民主主義》等と結びつく傾向があるのは確かである。……しかし、それは、あくまでも個人心理の問題なのであって論理の問題ではない。(48)」「方法二元論に立脚する限り……、言明である相対主義からの《自由と平等の理念》、《人権、法治国、権力分立、人民主権などの諸原理》等の導出可能性は否定されねばならぬ。」これらの原理は「存在事実についての言明ではなくて、国家は個人をどう扱うべきか、国家体制は如何にあるべきかについての当為命題・規範である。したがって、これらの《理念》や《原理》を相対主義からの《論理必然の帰結》とする主張は、言明からの当為命題の導出を可能とする主張に他ならず、方法二元論の放棄ないし否定以外の何物でもない。(49)」

ケルゼンのいう理念としてのデモクラシーも、「国家体制は如何にあるべきかについての規範」であるから、菅野の考え方に立つならば、デモクラシーは「相対主義的基礎を採用する場合においてのみ、理義一貫しうる(conséquent)(50)」として、デモクラシーと相対主義との必然的な結びつきを承認するかぎりにおいてラートブルフも宮沢も、「死に至るまで相対主義と存在と当為の二元論を墨守したケルゼン(51)」とはじつは立場を異にした、ということになるであろう。

(2)　以上のようにデモクラシーと相対主義をめぐるケルゼンの見解に関しては、相対主義の内容についてもデモクラシーと相対主義との結びつきについても、捉え方の相違が存在している。そこで、これらの点について、ケルゼン自身の言をあらためてふりかえっておかなければならない。

『デモクラシーの本質と価値（第二版）』の終章は、ケルゼンがデモクラシーと相対主義との関係を論じた箇所として有名であるが、そこをみるかぎりでは、ケルゼンのいう相対主義とは究極的価値の認識を不可能とする認識上の命題、言明であるということができる。この章のなかでケルゼンは、「絶対的真理の認識、絶対的価値の洞察」は可能か否かを問い、可能と答える立場を「形而上学的・絶対主義的世界観」、不可能と答える立場を「批判的・相対主義的世界観」と名付けているからである。「人間の認識にとって到達可能なのは相対的真理〔複数〕・相対的価値〔複数〕のみである、かくしてあらゆる真理・あらゆる価値は……舞台から退場し、他者に席を譲る準備を常にしておかなければならない、という見解を採るならば、批判主義及び実証主義の世界観に帰着する。(52)」

ケルゼンの相対主義が認識上の命題であるとするならば、ケルゼン自身の立場である方法二元論を貫くかぎり、相対主義から理念としてのデモクラシーを導き出すことは「論理的不可能事」のはずである。したがってケルゼンが、絶対主義・相対主義という「このような世界観の対立には……政治的見解の対立が対応 entsprechen している。形而上学的・絶対主義的世界観には専制的な態度 autokratische Haltung、批判的・相対主義的世界観には民主的な態度 demokratische Haltung が対応 zuordnen している(53)」と述べるときの entsprechen・zuordnen の語は、論理的・必然的結びつきを示すものではなく、「絶対的価値の存在を立証することは理論的に不可能と考える人達は、自分と異なる価値観の持主に対し寛容であるのは心理的に容易であろう(54)」という事実上の対応関係を示したものと読むほかないであろう。ケルゼン自身、別の箇所ではこのことをはっきりと認めている。

「私もまた、一方ではデモクラシーと経験主義的相対主義との間に、他方ではオートクラシーと形而上学的絶対主義との間に《論理必然的関係》が存在すると主張しているわけではない。二つの政治システムと、それに対応する哲学体系との間に存在することを私が想定している関係は、《親和性 congeniality》として特徴づけるのが適当であろう(55)。」

(**3**)　さて、デモクラシーと相対主義の問題に対する以上のようなケルゼンの態度について、これまでの考察をもとに二、三の論評を試みておきたいと思う。

①　デモクラシーと相対主義との間に「論理的・必然的」関係を見出そうとする見解は、方法二元論とは相容れない。いま確認したようにケルゼンもそういう考え方は採っていなかった。しかしながら、デモクラシーと相対主義との「対応関係」を再三強調したケルゼン自身の発言が、両者間に「必然的結びつき」を見出そうとする誤解が生ずる一因となったことは否定できないであろう。のみならず、例えば次の文章のように、相対主義とデモクラシーの関係として論じられている事柄のなかには、ケルゼンの真意が、現実デモクラシーの機能条件としての寛容の勧めにあったと読むほうが自然な箇所も含まれている。「相対主義こそデモクラシー思想が前提とする世界観である……したがってデモクラシーは、あらゆる政治的確信に対して、……自由競争において自己主張を行なう平等の可能性を与える……。デモクラシーの特徴をなす多数者支配が他のあらゆる支配から区別されるのは、デモクラシーの多数者支配は反対派……を政治的にも承認し、基本権・及び自由権、比例代表制の原理によって保護している点である[56]。」

②　相対主義をめぐるケルゼンの議論の曖昧さは、彼がデモクラシーとリベラリズムとの緊張関係を一義的に解決できなかったこととも関係をもっているように思われる。「客観的価値の不可知論」(価値相対主義)の強調は、デモクラシー概念を秩序創設形式の意味に純化する態度とも相俟って、意思決定手続としての多数決を絶対化する傾向を含むのに対し、「寛容のモラル」はむしろリベラリズムと結びついて少数者保護の要請を導くからである。

③　方法二元論に立つ以上、言明である相対主義と規範であるデモクラシー理念との間に対応関係を認めるとしても、それは心理的「親和関係」の意味に理解されなければならない。しかし、こういう事実の次元での「親和性」の主張自体、常に真であるとはかぎらない。絶対的価値の客観的証明が可能であると考える絶対主義者が、同時に実践の上では寛容を旨とする民主主義者であることもありうるからである[57]。その意味でもケルゼンは、相

対主義とデモクラシーとの対応関係を強調しすぎたということができよう。

④　デモクラシーの擁護をめざしたケルゼンにとって、相対主義との親和性の強調は、戦術としても適切ではなかった。ヴァイマル期ドイツには、反民主主義的信条をもった左右のイデオローグが満ちあふれており、「自他ともに認める民主主義・自由主義の理論家たちが、民主主義とはじっさい一つの相対主義の国家形態であると証言したとき、〔これらの〕反民主主義者たちはいっそう勇気づけられた(58)」からである。「相対主義のテーゼそのものが必然的に民主主義を要求するという主張よりも、自由を究極価値として選ぶところの自分にとっては民主主義が正しい政治形態なのだという……言い方の方が、首尾一貫した相対主義者の言い方であると思われる(59)。」加藤新平のこの指摘は、デモクラシー擁護の戦術論についても、おそらくは妥当するであろう。

（1）長尾龍一『カール・シュミットの死』（木鐸社、一九八七年）一三九頁参照。
（2）*WuWI*, S. 10 f.
（3）*GTLS*, pp. 287～288.
（4）*Foundations*, p. 27（古市訳六八頁）、cf. *Foundations*, p. 75（古市訳一九八頁）。
（5）*Foundations*, p. 94（古市訳二四八頁）。
（6）*Foundations*, p. 81（古市訳二一二―二一三頁）。
（7）*Foundations*, p. 83（古市訳二一七頁）。
（8）宮沢俊義『憲法の思想』（岩波書店、一九六七年）二七四頁。
（9）宮沢・同書二八四―二八五頁。
（10）樋口陽一もケルゼンのデモクラシーをリベラル・デモクラシーと捉え、宮沢の前掲引用箇所の参照を求めている。樋口陽一「憲法―議会制論」鵜飼・長尾編『ハンス・ケルゼン』（東京大学出版会、一九七四年）六八頁及び同頁註（1）参照。
（11）同様の解釈を示すものとして樋口・前掲論文のほか、筒井清忠「デモクラシー理論」長尾他編『新ケルゼン研究』

（木鐸社、一九八一年）一三頁、手島孝『ケルゼニズム考』九一頁、一八一頁参照。

(12) 長尾龍一『思想史斜断』（木鐸社、一九八一年）六三頁。

(13) 長尾龍一「民主制の哲学」（長尾・田中編『現代法哲学1』（東京大学出版会、一九八三年）三三三頁。

(14) 長尾龍一『カール・シュミットの死』一三九頁。

(15) 今井弘道「第一次大戦後ケルゼンの〝憲法体験〟・〝政治体験〟・政治思想（1）」北大法学論集三三巻二号五一頁。

(16) 今井弘道「思想史的ケルゼン研究・序説」北大法学論集三三巻一号二八頁。

(17) 今井弘道「マルクス国家論と民主主義」今井他『人間社会の論理』一一八頁。

(18) 今井・同論文（今井他・同書）一三九頁。

(19) 今井弘道「ケルゼン」長尾・田中編『現代法哲学2』（東京大学出版会、一九八三年）二九八頁。

(20) J. Ortega y Gasset, Invertebrate Spain (1937), p. 125. 但し、F. A. Hayek, The Constitution of Liberty (1960) pp. 442～443（気賀・古賀訳『ハイエク全集5　自由の条件Ⅰ』（春秋社、一九八六年）二二八頁から再引用。

(21) F. A. Hayek, op. cit., p. 106（気賀・古賀訳『全集5』一五五頁）。

(22) H・ドライヤーは、リベラリズムに対するケルゼンのアンビヴァレントな態度を、『デモクラシーの本質と価値（第二版）』（一九二九年）から『デモクラシーの基礎』（一九五五年）への改説とみなす余地のあることを示唆している。H. Dreier, Rechtslehre, Staatssoziologie und Demokratietheorie bei Hans Kelsen, SS. 263～265. 同様の指摘として手島孝「公法学におけるハンス・ケルゼン或いはハンス・ケルゼンにおける公法学」公法研究四四号（一九八二年）四四―四五頁参照。たしかに、二つの著作の間にニュアンスの相違を看取することはできよう。しかし私のみるところでは、ケルゼンのデモクラシー論の基本構造はヴァイマル期・アメリカ在住時代を通じて一貫していた。ケルゼンの振幅を、時間的変化として解釈することには無理があるように思われる。

またドライヤーは、ケルゼンの示すこの矛盾に対して、二つの整合的解釈の試みを提起している。H. Dreier, a. a. O., SS. 266～268. 第一は、リベラリズムなしにもデモクラシーは可能であるという彼の発言を、「限界事例についての言明」Schwellenaussage とみなす解釈である。自由が確保されている状況で、その自由の廃棄を決定する多数決は、なお民主的と言いうるというのが、ケルゼンの真意であったとするのである。しかしドライヤーも認めるように（a. a. O., S.

267)、ケルゼン自身の論述中に、そのような解釈を裏づける根拠は見出しがたい。

第二は、ケルゼンがデモクラシーの下において廃棄可能とみなしていたのは、経済的自由のみであった、とする解釈である。しかしながら、『本質と価値（第二版）』には精神的自由を含めすべての自由を廃棄してもなおデモクラシーが可能であることを述べる箇所（*WuWII*, S. 10 f.）と並んで、精神的自由と経済的自由を区別せずに個人の自由領域が国家に対して留保される趣旨の言及もみられ（*WuWII* S. 15 f.）、第二の解釈も十分説得的とはいえないように思われる。私としては、本文で述べたようにケルゼンの理論内在的なアンビヴァレンスとみておきたい。

因みにP・コラーも、ケルゼンは「基本権—自由権がデモクラシーにとって有する重要性を承認し、その価値を明示的に認めている」としながら、しかしケルゼンのデモクラシー論には「多数決原理に対する・システムのうちに根拠をもつ制約 eine systematisch begründete Einschränkung という意味で、基本権を正当化する論証が欠落している」とも述べている（P. Koller, Zu einigen Problemen der Rechtfertigung der Demokratie, in: Rechtstheorie Beiheft 4, S. 324）. さらにコラーは、ケルゼンは「基本権が〔デモクラシー〕理論の基本前提から必然的に生み出されるものであることを示すのではなく、この権利〔基本権〕の可能性をアド・ホックに主張しているにすぎないが、それではデモクラシーを適切に根拠づけるためには不十分なのである」と批判している（a. a. O., S. 325）。

（23）　*WuWII*, S. 6.
（24）　*AS*, S. 28（清宮四郎訳『一般国家学』岩波書店、一九七一年四七頁）。
（25）　*AS*, S. 31（清宮四郎訳『一般国家学』五三頁）。
（26）　長尾龍一『カール・シュミットの死』一三八頁。
（27）　F. A. Hayek, op. cit., p. 11（気賀・古賀訳『全集5』二一頁）。
（28）　F. A. Hayek, op. cit., p. 13（気賀・古賀訳『全集5』二四頁）。
（29）　F. A. Hayek, op. cit., p. 104（気賀・古賀訳『全集5』一五一頁）。
（30）　*WuWII*, S. 15 f.
（31）　少数者保護については *WuWII*, S. 53.; S. 57.; S. 102. 政党結成の自由については *GTLS*, p. 295. 精神的自由の保障については *Foundations*, p. 83（古市訳二一七頁）など参照。

(32)　因みに加藤は、ケルゼンがデモクラシーと相対主義との論理必然的関係を説いたと解しつつ、その誤りを指摘している。加藤新平『法哲学概論』（有斐閣、一九七六年）五二四―五三三頁。とりわけ五二五、五二八―五二九頁参照。
(33)　*WUWII*, S. 101.
(34)　長尾龍一『思想史斜断』七二頁。
(35)　長尾・同書七〇頁。
(36)　長尾・同書六二頁。
(37)　長尾・同書七七頁。
(38)　長尾・同書七二頁。
(39)　長尾・同書七四頁。
(40)　G. Radbruch, Le relativisme dans la philosophie de droit, Archives de philosophie du droit et du sociologie juridique 1934 no 1~2, pp. 105~110.（尾高朝雄訳「法哲学における相対主義」『ラートブルフ著作集第四巻』東京大学出版会、一九六一年三―一一頁）。なお、ラートブルフのこの論文を批判的に検討した論稿として、結城光太郎「民主々義を基礎づけるものは何か」法政理論一六巻三号（一九八四年）一頁以下がある。
(41)　(42)　宮沢俊義『憲法の思想』二八八頁。
(43)　(44)　宮沢・同書二九二頁。
(45)　宮沢・同書二九五頁。
(46)　菅野喜八郎「宮沢憲法学の一側面」同『続・国権の限界問題』（木鐸社、一九八八年）三二八頁。
(47)　菅野・同書三三〇―三三一頁。
(48)　菅野・同書三二九頁。
(49)　菅野・同書三二八頁。
(50)　宮沢俊義・前掲書二九二頁。
(51)　菅野・前掲書三二九頁。
(52)　*WuWII*, S. 100 f.

(53) *WuWII*, S. 101.
(54) 菅野・前掲書三二九頁。
(55) *Foundations*, p. 98, Note 71（古市訳一〇二頁）。
(56) *WuWII*, S. 101 f.
(57) 長尾龍一『思想史斜断』六九頁、七三―七四頁参照。
(58) K・ゾントハイマー、河島・脇訳『ワイマール共和国の政治思想』（ミネルヴァ書房、一九七六年）一八一頁。
(59) 加藤新平『法哲学概論』五二八頁。

おわりに

本章は、ケルゼン自身が設定した「理念と現実」というフォーミュラを導きの糸として、彼のデモクラシー論を専ら理論内在的に検討しようとするささやかな試みであった。先行業績と幾分なりとも異なる解釈となった点を中心に、検討の結果をまとめることによって稿をとじることにしたい。

(1)　デモクラシーの理念。ケルゼンが想定する理念としてのデモクラシーとは、「社会秩序は人民意思の一致によって形成されるべきだ」という規範であった。この理念としてのデモクラシーが仕える理念をさらに遡行すると、「各人は自己の意思にのみ従うべきだ」とする自然的自由の規範に到達する。この意味では、ケルゼンのデモクラシー理念は、各人を最高価値の担い手とする個人主義思想のコロラリーと解される。

(2)　デモクラシーの現実。「人民による支配」というデモクラシーの理念が、「自由の理念」論・「人民の現実」論という二段階の考察を経てたどりつく現実態は、複数政党制を前提とする議会制であった。彼の現実デモクラシー像を筆者なりに再構成するならば、それは「複数政党制の下で、比例代表制にもとづいて選出された議会において、多数決に至る議事手続を通じて妥協が達成され、国家意思が形成される制度」である。議会制はデモクラシー理念と労働分業原則の妥協物として位置づけなおされる。ケルゼンは、議会制の理念はデモクラシーであり、デモクラシーの現実は議会制であることを、議会制の危機の時代にも一貫して説き続けた稀有な思想家であったといえよう。

(3)　デモクラシーとリベラリズム。議会制を支持する一貫した姿勢とは対照的に、リベラリズムの要請をデモクラシーの本質的構成要素とみなすか否かについては、ケルゼンの態度はアンビヴァレントであった。彼の場合、デモクラシーの「理念論」は、「自然的自由」＝「アナキーの自由」から「政治的自由」＝「デモクラシーの理念」への変容論として展開され、そこには「アナキーの自由」とは区別される「自由主義的自由」の契機が欠如していた。すなわち、専ら秩序形成手続として構成された彼のデモクラシー理念には、秩序内容に関する要請としてのリベラリズムは組み込まれていないのである。これに対して、デモクラシーの「現実論」の次元では、精神的自由の保障が、議会制の存立要件という意味でデモクラシーの本質的構成要素としての地位を取り戻す。私のみるところケルゼンは、「理念論」の次元ではラディカル・デモクラシーを、「現実論」の次元ではリベラル・デモクラシーを主張したことになる。デモクラシーとリベラリズムとの間に存在する緊張関係を、一義的に解決することには、彼も成功したとはいえないように思われる。

(4)　デモクラシーと相対主義。ケルゼンの依拠する方法二元論を貫くならば、事実命題から当為命題を導出することは論理的に不可能であるから、「絶対的価値の存在を証明することはできない」という価値相対主義の言明は、「他者の抱懐する価値に対して寛容であれ」と説く寛容のモラルとも、国家形態に関する規範としてのデモクラシー理念とも、論理的関係をもたないということになる。ケルゼンは、相対主義とデモクラシーとの「対応」を強調したが、そこにいう相対主義を彼の発言どおり認識上の価値相対主義と受け取るならば、この対応関係は、論理的・必然的関係の意味ではなく、事実的・心理的親和性の意味に読まれなければならないであろう。第二次大戦後の著作のなかでは、彼自身もそのことを明言している。おそらくケルゼンの真意が、デモクラシーの現実形態である議会多数派の支配に対して、寛容と冷静と妥協を呼びかける点にあったことを考えるならば、デモクラシーと価値相対主義との関係を強調するのではなく、むしろ卒直に寛容のモラルを説くほうが誤解が少なかったであろう。

以上要約したように、ケルゼンのデモクラシー論は、一般に説かれているほど明確にリベラル・デモクラシーの主張とはみなすことができない。しかしながら、「議会制こそ現代デモクラシーの唯一可能な現実的形態である」とする彼の現実デモクラシー像は、断乎とした議会制擁護論であった。ケルゼンはさらに、「議会制の現実」を多数決を通じての妥協に求めたが、この命題は、それ自体としてはむしろ規範的なものである。妥協を実現するための現実的条件の検討は、彼の論述のなかには見出されない。ヴァイマル共和制の致命傷となった議会の機能不全に対する制度的対応は、ケルゼンのデモクラシー論を超え出た地点で、ボン基本法の制定者の手に委ねられたのである。(1)

（1）　いわゆる「たたかう民主制」の問題に対するケルゼンの態度については、長尾龍一「ケルゼンと民主制」公法研究四四号六四―六六頁参照。それによると、ケルゼン自身は、「たたかう民主制」という考え方に対して否定的であったと思われる（なお、ケルゼン・長尾訳「民主制の擁護」鵜飼・長尾編『ハンス・ケルゼン』二五五頁参照）。

Ⅳ　法治国家と民主制

一　はじめに

憲法典と憲法理論には、立憲主義・国民主権・代表制・権力分立といった抽象度の高い、いわば「大きな概念」が、しばしばキーワードとして登場する。しかし、これらの概念は長い歴史的背景をもつ上に、いろいろな勢力によって種々の意味をこめて使われてきた政治的論争概念でもあるために、その内容理解にさまざまな対立が生まれるのは宿命といってもよいであろう[(1)]。まして、このような抽象概念同士の相互関係については一層不明確な点が多い[(2)]。

そうしたなかで、一九六三年の佐藤幸治論文以降、野坂泰司、松井茂記など多くの人が取り上げてきた「司法審査と民主主義」についての研究は、アメリカ憲法理論を直接の考察対象としながら、有権者の信託を受けた議会の法律を、そのような民主的基礎をもたない裁判所がどこまでチェックすべきなのかという観点から、日本国憲法の構造の理解にも新たな光をあてる試みであった[(3)]。さらに、二〇〇一年に公刊された阪口正二郎『立憲主義と民主主義』は、この問題を立憲主義の重視か民主主義の重視かという一般論的な視点から捉え直し、アメリカと日本における民主主義を優先させる諸理論を批判的に吟味して、日本国憲法にかかわる「大きな概念」の相互関係について、再考を促す新たな契機を提供した[(4)]。本章は、このような議論の動向に触発されて、類似の問題がドイツではどのように論じられているのかを、ごくかぎられた範囲ではあるが瞥見し、多少の考察を試みることを目的としている。

現行ドイツ基本法は、第一章「基本権」に続く第二章「連邦とラント」の冒頭に位置する第二〇条に、次のような規定を置いている。第一項「ドイツ連邦共和国は、民主的かつ社会的な連邦国家である。」第二項「すべての国家権力は、国民に由来する。国家権力は、選挙および投票において国民により行使され、かつ、立法、執行権および裁判の個別の諸機関を通じて行使される。」第三項「立法は憲法的秩序に拘束され、執行権および裁判は、法律および法に拘束される」[5]。

ドイツの学説によれば、二〇条一項は共和制原理・民主制原理・社会国家原理・連邦国家原理、三項は法治国家原理の採用を謳ったもので、これらは一般に「国家構造規定」とよばれている[6]。ちなみに二〇条の国家構造規定は、七九条三項によってその改正が禁止され、基本法自身が定める憲法改正の限界をなしている。

こうした条文構造の結果、ドイツの憲法解釈論においては、国家構造規定の内容理解とともに、その相互関係如何という問題がひとつのトピックを形成してきた[7]。議論を先取りすれば、上述の日本の学説が、裁判所による違憲審査と議会民主制の関係、より一般的には立憲主義と民主主義の関係と表現している事柄は、ドイツの場合には、基本法二〇条の国家構造規定中、法治国家原理と民主制原理の相互関係という憲法解釈問題に属していると考えられる。そこで、この両原理の相互関係に関するドイツの学説を検討することが本章の課題である。そのためにまず、基本法上の法治国家原理と民主制原理の概念内容に関する学説の理解を、それぞれ確認することから作業を始めることにしよう。

（1）たとえば、日本国憲法前文・一条の国民主権原理の理解をめぐっては、周知のように宮沢・尾高論争、杉原・樋口論争などの議論の応酬があり、さらにこれらの論争を対象とする研究もおこなわれてきた。宮沢俊義『憲法の原理』（岩

波書店、一九六七年）二八一頁以下、樋口陽一『近代立憲主義と現代国家』（勁草書房、一九七三年）二八七頁以下、杉原泰雄『国民主権と国民代表制』（有斐閣、一九八三年）第一篇、菅野喜八郎『続・国権の限界問題』（木鐸社、一九八八年）三四五頁以下、小林直樹「戦後日本の主権論（上）（下）」国家学会雑誌一〇四巻九・一〇号（一九九一年）一頁以下、同一〇四巻一一・一二号一九九一年一頁以下などを参照。

（2）　たとえば、憲法に明文規定のある国民主権原理と、明文はないが一般に憲法原理と考えられてきた民主制との間にいかなる関係が存在するのかについて、これまでの憲法解説書にはほとんど説明がない。私自身の理解については、渋谷秀樹・赤坂正浩『憲法2統治・第三版』（有斐閣、二〇〇七年）二四六～二五〇頁参照。

（3）　佐藤幸治「司法審査とデモクラシー(1)(2)」法学論叢七四巻三号（一九六三年）一頁以下、同七四巻五・六号（一九六四年）三五頁以下、野坂泰司「『司法審査と民主制』の一考察（一）（二）（三）（四）」国家学会雑誌九五巻七・八号（一九八二年）一頁以下、同九六巻九・一〇号（一九八三年）一一六頁以下、同九七巻五・六号（一九八四年）六八頁以下、同九七巻九・一〇号（一九八四年）七〇頁以下、松井茂記『司法審査と民主主義』（有斐閣、一九九一年）、長谷部恭男『比較不能な価値の迷路』（東京大学出版会、二〇〇〇年）一三五頁以下、棟居快行「プロセス・アプローチ的司法審査観について」同『憲法学再論』（信山社、二〇〇一年）一二二頁以下、市川正人「違憲審査制と民主制」佐藤・初宿・大石編『憲法五十年の展望Ⅱ』（有斐閣、一九九八年）三九四頁以下、土井真一「司法審査の民主主義的正当性と憲法の観念」佐藤幸治先生還暦記念『現代立憲主義と司法権』（青林書院、一九九八年）一一五頁以下など。

（4）　阪口正二郎『立憲主義と民主主義』（日本評論社、二〇〇一年）、阪口の批判に対する反批判として、松井茂記「なぜ立憲主義は正当化されるのか・上下」法律時報七三巻六号（二〇〇一年）八八頁以下、同七三巻八号六二頁以下。ちなみにイギリスでの議論の紹介として、愛敬浩二「現代イギリス憲法学における『立憲主義と民主主義』」法律時報七四巻六号（二〇〇二年）一〇五頁以下。

（5）　条文の翻訳として、高田敏・初宿正典編訳『ドイツ憲法集・第五版』（信山社、二〇〇七年）二二三頁以下（初宿訳）、阿部照哉・畑博行編『世界の憲法集・第二版』（有信堂、一九九八年）二五五頁以下（永田秀樹訳）。

（6）　本文で示したように、基本法二〇条は民主制・共和制・連邦国家・社会国家については明文で言及しているが、法治国家という用語は使用していない。他方、ラントの国家構造を定めた基本法二八条一項一文では、「ラントにおける憲法的秩序は、この基本法の意味に即した共和制的・民主的および社会的な法治国家の諸原則に合致していなければならない」として、法治国家という用語が明文化されている。連邦憲法裁判所は、二〇条三項には法治国家の語が欠け、二八条一項一文はラントを対象としていることから、連邦レベルでの法治国家原理を、基本法一条三項・一九条四項・二〇条三項・二八条一項一文の全体から導き出すという手法をとっている。BVerfGE 2, 380 (381, 403); vgl. C. Callies, Rechtsstaatlichkeit und Sozialstaatlichkeit, 2001, S. 40. これに対して、シュテルンは、二〇条と二八条の文言の違いは、理由のはっきりしない制定史の偶然に由来するのであるから、二〇条三項を連邦レベルの法治国家原理規定だと解釈することに問題はないとし、比較的のちの判決では連邦憲法裁判所も「二〇条三項に定錨された法治国家原理」という言い方をするようになったと指摘している。K. Stern, Das Staatsrecht der Bundesrepublik Deutschland, Bd. I, 2. Aufl., 1984, S. 779. vgl. BVerfGE 58, 81 (97) usw.

(7)　とりわけ、法治国家原理と社会国家原理との関係については、一九五〇年代～六〇年代にかけてさまざまな議論があった。Vgl. E. Forsthoff (Hrsg.), Rechtsstaatlichkeit und Sozialstaatlichkeit, 1968. 最近では、一九九四年に基本法二〇ａ条として導入された「環境保護国家目標規定」と、二〇条の国家構造規定との関係についても議論がある。Vgl. C. Callies, aaO. 二〇ａ条の成立過程と意味については、赤坂正浩「ドイツ基本法への環境保護規定の導入」比較憲法学研究一三号（二〇〇一年）一頁以下（本書第Ｖ章）、および同一五～一六頁注(4)掲記の文献を参照。

二　法治国家原理

1　法治国家原理の定義

まず、基本法上の法治国家原理に関する学説の定義を見てみよう。法治国家原理をテーマとした近年の包括的な研究書には、一九九七年に出版されたカタリーナ・ゾボタの教授資格論文がある。このなかでゾボタは、基本法の法治国家原理には次元の異なるさまざまな内容が盛り込まれ、互いに異質な多数の下位原理が発展してきたために、法治国家原理を定義する試みは大きな困難に直面しているという。そして彼女は、こうした困難に挑戦する大胆な試みの例として、ウルリヒ・ショイナーとクラウス・シュテルンをあげている[8]。

ゾボタによれば、ショイナーの定義には詳細なバージョンと簡潔なバージョンがある。詳細な定義はこうである。「法治国家とは、単に法律適合的な行政ないし包括的な裁判統制を備えた国家、法的安定性と執行の拘束とを備えた国家であるだけではない。実質的意味において法治国家とは、人格的自由の尊重と、その保護にとって適切な確実に秩序づけられた国家権力とによって構成された共同体である。国民に由来するこの国家の法秩序は、こうした基盤と、正義と平等にもとづく人間関係の形成への努力とによって、国家のあらゆる行為を拘束する[9]」。簡潔な定義では、「法治国家とは、市民の人格的・政治的自由と、すべての公権力行使の中和および法的拘束を、みずからのうちに体現する」国家だとされる[10]。

他方シュテルンは、『ドイツ連邦共和国国法第一巻』の初版では、基本法の法治国家原理を以下のように定義していた。「法治国家性とは、憲法適合的に制定された法律にもとづいて、自由、正義、法的安定性の保障を目標として、国家権力が行使されることを意味する」。この定義は、第二版では次のように補充される。「法治国家性とは、憲法にもとづき、形式的にも実質的にも憲法適合的に制定された法律により、人間の尊厳・自由・正義・法的安定性の保障という目標をともなう場合にのみ、国家権力の行使が許容されることを意味する[11]」。

ゾボタは、ショイナーの詳細な定義は一九世紀の法学的観念と一八世紀の啓蒙主義的理念との複合体で、読者が期待するような明確な輪郭を欠くとし、シュテルンの補充された定義はどの要素も拡張され曖昧化されたと評して、ショイナーの簡潔な定義を有用だと述べている。しかし、ヘルツォークのような有力なコンメンタールの著者が、シュテルンの補充定義をむしろ受け入れていることは彼女も認めており[12]、またシュテルン自身も、彼の補充定義のような法治国家観には広範な一致があると述べて、エルンスト・ルドルフ・フーバー、ハンス・ペータース、ショイナーをはじめ多くの論者をあげている[13]。

一見して共通点の多いシュテルンの定義とショイナーの詳細な定義は、一般に実質的法治国家概念とよばれるものにあたる。実質的法治国家概念と形式的法治国家概念については多数の研究があるが、[14] たとえば、一九八〇年代後半から九〇年代にかけて公刊された壮大な『ドイツ連邦共和国国法ハントブーフ』において、「法治国家原理」の章を担当したシュミット－アスマンは、両者についてこう述べている。「権力分立、裁判所の独立、行政の法律適合性、公権力の行為からの権利保護、放棄できない制度としての公法上の損失補償、これらを承認する国家が形式的法治国家と見なされる。……この法治国家は、これらの形式的要素を—法技術として—尊重することに尽き、より高次の規範秩序による立法内容の方向づけを知らないかぎりでは、形式的なものに」すぎない。立法内容に対する「こうした方向づけを保障し、それを特に憲法による立法の拘束と基本権の規範化によって確保する国家が、実質的法治国家と見なされる。この意味で、実質的法治国家は形式的法治国家の対立物ではなく、法の実質的要素と形式的要素とが統合された国家なのである。基本法一条三項、二〇条三項、七九条三項が示しているように、基本法の法治国家性は、形式的構成要素と実質的構成要素の双方を含んでいる」。[15] こうして見ると、基本法の法治国家原理に関するシュテルンなどの通念的理解は、むしろ「形式的・実質的法治国家」観とでも表現するほうが適切であろう。

2　法治国家原理の構成要素

ゾボタは、法治国家の定義の困難性を考えれば、ほとんどすべての論者が、定義もそこそこにこの原理の基本的な構成要素をリストアップする方法を選択するのは驚くにあたらないという。[16] ゾボタはこの点でもシュテルンを範例としてあげている。[17] そこでシュテルン自身を見てみよう。基本法の法治国家原理は、シュテルンによれば具体的には次のような七つの要素からなっている。[18] ⑴ 憲法国家性。[19] すなわち「法的基本秩序であり国家の最高ランクの法規範である憲法の存在」。⑵ 人間の尊厳・自由・法的平等。すなわち「とりわけ人間の尊厳、人格的・政治的自由、法的平等を保障する基本権によって、市民と国家の関係が法的に秩序づけられていること」。(3)「作用の割りふりおよび権力のコントロールとしての権力分立」。(4)法による拘束。すなわち「あらゆる国家行為の根拠および制限としての法、つまり立法にとっては憲法による根拠と制限として、行政および司法にとっては法律による根拠と制限として［現れる］法」の存在。(5)裁判所の保障。すなわち「法律に定められた手続に従って、立法を含む国家の措置にも対抗する、独立の裁判所による包括的・実効的権利保護の保障」。(6)補償のシステム。すなわち「国家機関の責任性を認め、加害行為ないし権利侵害について、国家機関の責任および市民への補償を認めるシステム」。(7)過剰規制の禁止。すなわち「国家による介入の適切性・必要性・比例性」が守られること。この七つである。

ゾボタの教授資格論文は、シュテルンをはじめとする代表的論者が掲げる法治国家の構成要素を可能なかぎり枚挙し、これを理論的に再構成することを中心的な課題としている。ここでは彼女の見解を詳細に検討することはできないが、ドイツの法治国家論の現状を確認する意味で、ゾボタが列挙した二五項目にのぼる法治国家原理の構成要素も、シュテルンと並んで掲げておこう[20]。(1)憲法国家性、(2)憲法の最高性、(3)憲法による拘束、(4)憲法裁判権、(5)自由、(6)法的平等、(7)基本権、(8)権力分立、(9)法律、(10)法による拘束、(11)正義、(12)法律の優位、(13)法律の留保、(14)基本法八〇条一項による授権の限定、(15)明確性の命令、(16)権限の明確性、(17)国家行為の公開性、(18)機能に適合的な公権力の組織化、(19)公正な行政手続、(20)国家活動の法的基準、(21)法的安定性、(22)裁判保障の一般的義務、(23)公権力に対抗する裁判保障、(24)国家責任、(25)比例原則の二五項目がそれである。

3　こうしたおおざっぱな概観からも、基本法の法治国家原理に関するドイツの学説理解が、日本でいわれる立憲主義の内容と近似していることがわかる。もちろん両者には無視できない相違もある。なかでも、ゾボタによる列挙はいうまでもなく、シュテルンやシュミット－アスマンを見ても、ドイツ人の理解する法治国家原理が日本の立憲主義概念よりもはるかに多くの具体的な構成要素を含む点と、法治国家の内容として「正義」について語られる点が特徴的である。しかしいずれにせよ、日本語の立憲主義と、ドイツ語の Kosnstitutionalismus, Verfassungsstaat との間に、かなり非対称な部分があることも考慮すれば(21)、むしろ日本の立憲主義概念とドイツの Rechtsstaat 概念との類似性は、この際強調しておいてよいであろう。

（8） K. Sobota, Das Prinzip Rechtsstaat, 1997, S. 21, S. 23.

（9） U. Scheuner, Die neuere Entwicklung des Rechtsstaats in Deutschland, in : Forsthoff（Hsrg.）, Rechtsstaatlichkeit und Sozialstaatlichkeit, 1968, S. 461; K. Sobota, aaO., S. 23.

（10） U. Scheuner, aaO., S. 490; K. Sobota, aaO., S. 24.

（11） K. Stern, Das Staatsrecht der Bundesrepublik Deutschland, Bd. I, 2. Aufl., 1984, S. 781, K. Sobota, aaO., S. 22.

（12） K. Sobota, aaO., S. 24. vgl. R. Herzog, Art. 20, Rn. 3（1980）, in : Maunz / Dürig, Grundgesetz.

（13） K. Stern, aaO., S. 781, anm. 114. ここでシュテルンは、フーバーの次のような定義を引用している。「法治国家とは、その政治的存在と行為が、具体的な基本価値の実現と保護に仕える法秩序によって制限される国家を意味する。この法秩序は、個々人の自由領域を国家全体からも、お互い同士の関係でも保障し、個々人に求められた発展領域を、個々人の素質と力に沿って委ねるかあるいは創設し、個々人の生存、人間の尊厳および活動の確保を保障する法秩序である。」E. R. Huber, Deutsche Verfassungsgeschichte seit 1789, Bd. 6, 1983, S. 83.

（14） zB. E-W. Böckenförde, Entstehung und Wandel des Rechtsstaatsbegriffs, in : ders., Recht, Staat, Freiheit, 1991, S. 143 ff. 翻訳として、ベッケンフェルデ／初宿正典編訳『現代国家と憲法・自由・民主制』（風行社、一九九九年）二六～六〇頁［樺島博志訳］。日本の代表的な研究として、高田敏「ドイツにおける法の支配」同『社会的法治国家の構成』（信山社、一九九三年）三～四七頁所収参照。

（15） Schmidt-Assmann, Der Rechtsstaat, in : Isennsee / Kirchhof（Hrsg.）, Handbuch des Staatsrechts der Bundesrepublik Deutschland, Bd. I, 1987, Rn. 18–19.

（16）K. Sobata, aaO., S. 24.
（17）K. Sobata, aaO., S. 26.
（18）K. Stern, aaO., S. 784.
（19）ここでシュテルンのいう Verfassungsstaat は、成文硬性の最高法規としての憲法典が存在する国家であるから、日本でいう立憲国家とは意味にずれがあるように思われる。そこで本稿では、あえて「憲法国家」の訳をあてておくことにしたい。
（20）K. Sobata, aaO., S. 27 ff.
（21）Parlamentarismus の対立物として使用されるドイツの Konstitutionalisumus 概念については、赤坂正浩「ドイツ憲法史学における Parlamentarisierung 論をめぐって」東北法学七号（一九八三年）一頁以下（本書第Ⅱ章）参照。注（19）でも触れたように、Verfassungsstaat という用語も、基本権保障とか権力分立などの内容的な側面よりも、成文硬性憲法典の存在する国家という形式的規範秩序の側面を念頭に置いて使用されることが多いようである。一九九六年にベッケンフェルデが東京でおこなった講演、Begriff und Probleme des Verfassungsstaates、初宿正典編訳・前掲書一四九頁以下、とりわけ一五〇～一五三頁（岩間昭道訳）参照。

三　民主制原理

1　シュテルンの民主制概念

基本法の民主制原理の概念理解についても、ここではまずシュテルンの説明を確認してみよう。[22] シュテルンによれば、民主制という言葉はきわめて多義的に使用され、「ブルジョワ」民主制・「宰相」民主制・「ソビエト」民主制などじつにさまざまな形容詞を付加され、民主制の過去や現在、あるいは現実や理想の現象形態が示されてきたが、民主制概念の核心は、少数の基本的構成要素に還元することができるという。彼によると、近代民主制の基本観念は、その語義にしたがえば、専制君主制における一人の支配や、貴族制におけるエリートの支配と対立する「国民の支配」である。

しかし、直接民主制という意味での「民主制の理解が、どれだけ現実と対応しているかがすでに疑問視されざるをえない以上、近代的政治支配の現象形態としては、こうした「国民の支配を直接民主制と理解する」民主制概念は存立しえない。民主制が国家の形式であるためには、国家支配を行使するための実効的で恒常的な組織が存在しなければならない。これは、国民の代表なしには不可能である。代表制なしの民主制は、国家の決定能力の恒常的存在が要請されない場合にのみ思考可能である」。

にもかかわらず、シュテルンは、民主制の概念要素として国民の支配をあげることは正しいという。国民の支配は「国家権力の究極の担い手如何という問いに対する答えである。基本法二〇条二項一文は、……『すべての国家権力は、国民に由来する』という定式で、このことを表現している」。国家の「支配は、必ずしも国民によって行使される必要はないが、国民によって正当化されなければならない。民主制とは、国家権力が国民から、すなわち専制君主制のように上から下へではなく、下から上へと構築されることを意味する」。「民主制は、支配の国民による正当化と理解される」。

シュテルンによれば、「このような民主的正当化関係の形態化はきわめて多様であるが、その本質は国家意思の形成に国民が参加することである。憲法制定権力の行使と限定的な国民投票を別とすれば、近代民主制の国民は、機関および機関担当者を選挙する」。「国民の政治的意思は、定期的に繰り返され、特定の諸原則によって拘束された選挙と投票において表明されうるのでなければならない。市民の可能なかぎり全員が、国家意思の形成に参加する権利をもつことで、国民の支配は最もよく実現される。民主的国家形態は、国家市民全員の平等という原則によって支えられなければならない」。「国民は、単に支配の正当化根拠であるのみならず、みずからも国家権力の行使に影響を与えることを欲したのである」。

しかし、意思形成への参加者が多くなればなるほど、全員一致を期待することは困難になる。「したがって、

『共同体における決定の必要性を満たすメカニズム』が必要になる。これに仕えるのが多数決準則である。多数決準則は、選挙および投票において決定を見出すための民主的装置であり、それ自体すべての民主制において、とりわけ議会において慣例化している」。

こうしてシュテルンは、民主制原理を次のように定義する。「上にあげた概念要素に対応して、民主制とは、支配が――制度的に組織された――諸機関によって実施され、支配が国民によって正当化され、国民構成員全員が平等［原則］にもとづいて、たいていは多数決によっておこなわれる決定に参加する国家形態と理解することができる」(23)。

2　ベッケンフェルデの民主制概念

国民による国家権力の正当化と、選挙・投票を通じた国民の国政への参加を柱とするシュテルンの民主制概念は、現代ドイツ国法学の通念を代表すると思われる。その一つの証左として、次に『ドイツ連邦共和国国法ハンドブーフ』に寄稿したベッケンフェルデの「憲法原理としての民主制」を見ておこう(24)。ここでベッケンフェルデを取り上げるのは、のちに検討するように、彼が法治国家と民主制との関係についても、重要な考察をおこなっているからでもある。

ベッケンフェルデによれば、「民主制は、国民が政治的支配権力の源泉であり、その究極の担い手であるのみならず、政治的支配権力を自分でも行使し、政治的支配権力を保持しており、保持すべきであることを意味する」(Rn. 8)。「国民が国家権力の担い手であり保持者であるという命題は、積極的・構成的な意味では、国家権力の保持と行使は、国民から具体的に導かれなければならないという決定である。国家の任務の実施、国家の権限の行使は、国民自身に還元されるか、国民に由来する正当化（いわゆる途切れのない正当化の連鎖）を必要とする」(Rn. 11)。

このように、シュテルンと同様ベッケンフェルデの場合にも、民主制原理は国民による国家権力の正当化と、国民による国家権力の行使という二つの要素からなっている。第一の要素である民主的正当化について、彼はその形態を「機能的・制度的正当化」「組織的・人的正当化」「事項的・内容的正当化」に分類して詳論している(Rn. 14〜25)[25]。

①すでに見たように、基本法二〇条二項は、第一文ですべての国家権力が国民に由来すること、第二文で国家権力は選挙・投票によって国民により行使され、さらに立法・執行権・裁判の諸機関を通じて行使されることを規定した。すなわち基本法は、国民に由来する権力を行使するための三権の作用と機関を分立させている。ベッケンフェルデはこれを「機能的・制度的正当化」とよぶ（Rn. 15）。②「組織的・人的正当化」とは、国民と国家権力の職務担当者との間に、任命関係による正当化の連鎖が存在しなければならないことを指す。そのかなめは議会である。「議会体制においては、国民代表機関としての議会が、民主的正当化の連鎖全体における不可欠の構成要素である。たしかに、議会が民主的正当性の提供者として直接関与しているわけではなく、単に正当性の媒介者として関与するにすぎないような組織的・人的な民主的正当化も存在する。その最も重要な例は、議会によって民主的に正当化され議会に責任を負う大臣が、官吏を任命することである。しかし、国民による直接選挙を別とすれば、正当性の媒介者としての議会を飛び越すような正当化の形態は存在しない」（Rn. 16）。③「事項的・内容的正当化」とは、「国家権力の行使を内容の点で国民から導き出し、あるいは国民の意思によって媒介されるものにすることで、国民による国家権力の行使を確保するためのものである」。事項的・内容的正当化は、第一に、国民によって直接選挙された議会に立法権を留保し、他のすべての国家機関をこうして制定された法律によって拘束することと、第二に、サンクションを伴う責任の連鎖を確保することによって実現される。議会は国民に責任を負い、この責任は定期的に反復される選挙によってサンクションされる。大臣は自己の行為

と、その指図・監督に服する官庁の行為について議会に責任を負い、この責任は議会のコントロールと罷免権によってサンクションされる（Rn. 21, 22）。

民主制原理の第二の柱である国民の自己統治・自己決定という要素に関連して、ベッケンフェルデの論文では、民主制と自由の理念、民主制と平等の理念の考察に相当の頁が割かれている（Rn. 35~51）。ここではシュテルンとの対応関係を確認する意味で、国民の平等な政治的参加権についての論及を紹介しておく。「民主制と平等にはきわめて緊密な関係がある。国民のなかの若干の少数者ではなく、国民の構成員全員が、共通かつ同等に政治的支配権力の保持者であり、その正当化の出発点であるべきである。かくして、民主制には政治的権利の平等が不可欠である」。民主的平等は「権力の獲得に道を開き、権力の獲得を対象とするあらゆる権利、すなわち政治的協働権をカバーする。これには、（能動的および受動的）選挙権（基本法三八条一項）、公務就任権（基本法三三条二項）、平等な民主的自由の基礎である民主的自由権（基本法五条一項・八条一項・九条）への参与、さらにこれを基礎とする政党の平等、とりわけ機会の平等に対する政党の権利（基本法三八条一項・二一条と結合した三条一項）が含まれる」（Rn. 41）。

民主的自由への平等な参加を内実とする国民の自己統治は、ベッケンフェルデの場合にも「多数決原理」を必然的な要素とする。「民主制にとっての多数決の内的必然性は、自由と自己決定の帰結であるとともに、民主的平等原理の帰結でもある」（Rn. 52）。

3　こうして、シュテルンとベッケンフェルデの解説を概観した結果、基本法の民主制原理の概念について、われわれはふたたびシュテルンの定義に戻ってくる。基本法の民主制原理とは、国民によって国家権力が正当化され、国民が選挙と投票への平等な参加権を通じて、多数決原理にもとづいて国家権力の行使に参与する国家形

態である。(26)

(22)　以下の叙述は K. Stern, Das Staatsrecht der Bundesrepublik Deutschland, Bd. I, 2. Aufl., 1984, S. 592-595 の要旨をまとめたものである。

(23)　K. Stern, aaO., S. 595.

(24)　E-W. Böckenförde, Demokratie als Verfassungsprinzip, in : Isensee / Kirchhof (Hrsg.), Handbuch des Staatsrechts der Bundesrepublik Deutschland, Bd. I, 1987, S. 887 ff. 以下本文（　）内の数字は、原文の Randnummer を指す。ベッケンフェルデの民主制論については、同著／初宿正典編訳『現代国家と憲法・自由・民主制』（風行社、一九九九年）二一三頁以下所収の論文「国家形態および統治形態としての民主制」［高田篤訳］と「民主制と代表制」［樺島博志訳］も参照。また、小貫幸浩「自由国家の法理と、E-W. ベッケンフェルデの憲法学」高岡法学一二巻一号（二〇〇〇年）一七頁以下でも、ベッケンフェルデの民主制論が紹介検討されている。同六二～七一頁参照。

(25)　民主制原理の構成要素として、国家権力の正当化の連鎖をあげることは、ドイツの学説に一般的といってよいだろう。たとえばイーゼンゼーも、次のようにベッケンフェルデと同様の指摘をおこなっている。「民主的正当化は、法的な経路のきわめて技巧的なシステムから導かれ、この経路は、その源泉である国家国民から隔たれば隔たるほど、多くの枝分かれを生じる。正当化の流れは、みずからの意思を選挙で表明する国家国民から発し、議会を経て政府へ、さらに政府を経て行政および裁判権へと至る。それは、正当化の源泉［である国民］から、たとえば課税通知・建築許可・『国民の名による』裁判判決のような、国家権力の具体的な発現に至る長く込み入った道のりである。しかし、これらの［具体的な］措置が合法的と見なされるべきだとすれば、民主的な導出関係が維持されなければならず、正当化の流れは中断されてはならない。民主制においては、国家権力の表明はすべて、国民にフィードバックされなければならないからである」。J. Isensee, Grundrechte und Demokratie, in : Der Staat, 1981, S. 162 f.

(26)　このような民主制原理の概念は、芦部信喜に代表される日本国憲法上の「国民主権」原理の理解ときわめて類似している。周知のように、芦部説でも、国民主権原理は、「正当性的契機」と「権力的契機」の二面性をもつとされている。芦部信喜『憲法学Ⅰ』（有斐閣、一九九二年）二四二～二四九頁参照。

四　絶対民主制の観念

1　これまで二と三で確認したところから、以下のような要約が可能であろう。シュテルンやシュミット－アスマンなどによれば、基本法の法治国家原理とは、「人間の尊厳・自由・平等・正義・法的安定性を守るために、成文憲法の優位・権力分立・行政の法律適合性・裁判統制・国家責任・比例原則などを制度化する統治原理」である。他方、シュテルンやベッケンフェルデによれば、基本法の民主制原理とは、「国家権力が国民によって正当化され、国民が選挙・投票への平等な参加を通じて、多数決原理にしたがって国政に参与する統治原理」である。それでは、両者の間には、どのような相互関係が存在するのだろうか。次に、この点についてのドイツの学説を概観してみよう。

上に紹介したベッケンフェルデの一九八七年論文の、法治国家と民主制の関係を論じた箇所では、一九五三年に発表されたヴェルナー・ケーギの論文だけが、この問題に関する基礎的文献としてあげられている[27]。そこでここでは、まずケーギの論文を手がかりにして考察を始めることにしたい。

2　ケーギの絶対民主制批判　「法治国家と民主制（アンチノミーとジンテーゼ）」と題されたケーギの論文は、ナチ支配の衝撃が生々しかった時期に書かれた。この論文におけるケーギの意図は、「決断主義的・全体主義的民主制観」の克服と、「民主的法治国家」の確立であった。

ではケーギのいう決断主義的・全体主義的民主制観とは何か。彼は、それが特定の論者や学派の言説そのものではなく、一種の理念型であることを断っているが（S. 108）、ルソー、カール・シュミットなどの主張を念頭に置いて構成された民主制像であることは、容易にうかがい知ることができる。この民主制観によれば、「民主制」＝「国民主権」＝「国民の意思」＝「投票資格を有する市民の多数者の意思」＝「投票資格を有し、決定に参加した市民の多数者の意思」という等式が成立するという（S. 108 f.）。しかし、決断主義的・全体主義的民主制観の特色は、むしろこの民主制観が、こうした多数者意思に対して認める属性のうちにある。すなわち、ケーギの理解する決断主義的・全体主義的民主制観にしたがえば、民主的多数者の意思は、法を超越するという意味で絶対的であり、その対象事項に制限がないという意味で包括的・全体的であり、いかなる形式にも拘束されないという意味で無制約である。また、民主的多数者意思の絶対性・包括性を承認するこの民主制観は、代表制と権力分立制に対して敵対的であり、多数者意思の無謬性を想定しているともいう（以上についてはS. 109~120）。このようなケーギの「決断主義的・全体主義的民主制」、すなわち多数決の絶対性・包括性を承認する民主制を、われわれは「絶対民主制」ないし「純粋民主制」とよぶこともできるだろう。

3　基本法と絶対民主制

そこでまず問題となるのは、基本法の民主制はこうした絶対民主制の範疇に属するのか、という点である。もちろん、学説の答えがノーであることは明らかであろう。上述三からわかるように、シュテルンやベッケンフェルデも、基本法の民主制原理が、究極的には「投票資格を有し、決定に参加した市民の多数者意思」による決定であることは認める。しかし彼らが、多数者意思に対して絶対性・包括性・無制約性・無謬性といった属性をまったく承認していないこと、民主制原理が代表制・権力分立原理に敵対的だなどとはまったく考えていないこと、この点もやはり三の確認によって明白である。

これは（西）ドイツの学説の公理だといっても過言ではない。典型例として一九七九年のオットー・キミニッヒ論文をあげておこう。キミニッヒは「民主制を単なる多数者の支配と把握し、あらゆる憲法原理をこの多数者の自由な処分に委ねる誤った民主制理解は、とりかえしのつかない結果を招く」と述べ、デトレフ・メルテンの次のようなことばを引いている。「国民の無制約の支配は、馴致されない多数者の独裁に変質し、ハンス・フーバーが語るイメージを借りれば、単なる民主制の形式から全体主義のほくそえんだ顔が現れる。民主制を神格化してしまって、この点を見誤ってはならない」。キミニッヒによれば、「ハンス・フーバーはこの警告をすでに二〇年以上前におこなっていた。彼の同郷人であるヴェルナー・ケーギは、『決断主義的・全体主義的民主制理解』について語り、この民主制を『法治国家の敵対者』とよんだ。しかし、これは、断じて基本法が想定する民主制ではない(28)」。

4　絶対民主制と民主的基本権

絶対民主制は基本法の民主制ではない。この点を確認した上でさらに浮かぶ疑問は、それでは、絶対民主制はそもそも民主制とはいえないのか、「絶対民主制」観は民主制の誤解なのか、である。ケーギやキミニッヒの答えはイエスであろう。しかし、たとえばベッケンフェルデの理解は、必ずしもそうとはいえないようである(29)。民主制一般を念頭に置いて、彼はこう述べている。「国家形態・統治形態としての民主制は、みずからのうちに政治的自由の思想を含んでいる。民主制は、個人および国民の自己決定・自己統治という原理の流出物」である（Rn. 35）。しかし、「共同生活には拘束的な秩序が必要であるから、個人の自由と自己決定の原理が民主制のなかで妥当しうる形態は、当然のことながら直接的なものではなくて、媒介的なものである。この媒介は二つの段階でおこなわれ、そこでは個人の自由のある種のメタモルフォーゼが生じる」（Rn. 37）。ベッケンフェルデがいう自由のメタモルフォーゼの第一段階は、個人の自律一般から民主的協働権への変容である。意見の自由・プレスの自由・情報の自由・集会結社の自由という、いわゆる民主的基本権がその現象形態である（Rn. 37）。メタモルフォーゼの第二段階は、個人の民主的協働権から主権者国民の集団的自由への転換である。主権者国民の「民主的自由には、政治的・法的秩序の処分権が原則的に含まれる。……民主制の自由原理から生じる法的拘束は、民主的一般意思を形成する方法と手続に関するものであり、……その基盤としての民主的基本権に関するものである。……そのかぎりで民主制は形式的なものであり、内容的には開かれている」(Rn. 38)[30]。

ここからわれわれは、二つの考え方を読み取ることができる。第一に、主権者国民が「政治的・法的秩序の処分権」をもつ体制、すなわち、多数者意思の絶対性・包括性を認める体制も、ベッケンフェルデにとっては民主制であるということ、つまり、絶対民主制も民主制の一形態と見なされていることである。しかし第二に、(絶対)民主制は多数者に対して秩序内容の決定を委ねる統治形態ではあるが、多数決そのものを成り立たせる手続的ルールと、その基礎にある民主的基本権は、多数者のこうした「処分権」を法的に拘束すると理解されていることである。

かつてハンス・ケルゼンは、言論・出版・宗教などの精神的自由が保障される場合にのみ、民主制は可能だと述べる一方で、個人の自由が完全に否定され、自由主義の理念がまったく否認されても民主制は成立しうるとも主張して、アンビバレントな民主制観を止揚することができなかった[31]。ホルスト・ドライヤーはこの点の整合的解釈を試みて、ケルゼンの真意を、自由が確保されている状況で多数者が自由を廃棄する決定をおこなった場合には、その決定自体は民主的と評しうるという限界事例の言明と理解した[32]。この解釈に立てば、一九三三年にライヒ議会がおこなったいわゆる全権委任法[33]の可決もまた、なお民主的と理解される可能性もある。これに対して、ベッケンフェルデの民主制観では、多数決システムそのものを廃棄する多数決は、もはや絶対民主制の意味でも民主的とはいえないことになろう。ベッケンフェルデのこの見解は、絶対君主制は、政治的表現の自由や多数決システムがまったく存在しない場合でも概念上成立しうるのに対して、絶対民主制のほうは、実はそうではないという洞察へとわれわれを導く。

(27)　E-W. Böckenförde, Demokratie als Verfassungsprinzip, in : Isensee / Kirchhof(Hrsg.), Handbuch des Staatsrechts der Bundesrepublik Deutshland, Bd.I, 1987, S. 942, Anm. 149. W. Kägi, Rechtsstaat und Demokratie (Antinomie und Synthese), in: FG für Zaccaria Giacometti, 1953, S. 107 ff. 本文でケーギの紹介に付した（　）内の数字は、この原著の頁を指す。なお、シュテルンも、国家構造規定の相互関係について、法治国家原理と社会国家原理の関係は、基本法制定直後から学界の注目を集めたのに対して、法治国家原理と民主制原理の関係の考察は等閑視されてきたという。K. Stern, Das Staatsrecht der Bundesrepublik Deutschland, Bd.I, 2. Aufl., S. 870. ちなみにシュミット-アスマンは、法治国家と民主制の関係を取り上げた文献として、O. Kimminich, Die Verknüpfung der Rechtsstaatsidee mit den anderen Leitprinzipien des Grundgesetzes, in: DÖV 1979, S. 765 ff.; J. Isensee, Grundrechte und Demokratie, in: Der Staat, 1981, S. 161 ff.; H. Goerlich, Demokratieverständnis und Grundrechtsdoktorin, in: Rechtstheorie 13 (1982), S. 503 ff.; K. Stern, aaO.; G. F. Schuppert, Grundrechte und Demokratie, in: EuGRZ 1985, S. 525 ff. などをあげている。Vgl. E. Schmidt-Assmann, Rechtsstaat, in: Isensee / Kirchhof (Hrsg.), Handbuch des Staatsrechts der Bundesrepublik Deutschland, Bd.I, S. 1040, Anm. 297.

(28)　O. Kimminich, aaO. S. 770.

(29)　E-W. Böckenförde, aaO. S. 909 ff. 以下本文（　）内の数字は、原文の Randnummer を指す。

(30)　個人の自由から民主制への変容に関するベッケンフェルデの説明は、ケルゼンの民主制理解ときわめて近似している。ケルゼンの民主制論における自由理念の変容については、赤坂正浩「ケルゼン・デモクラシー論再考」日本法学五四巻二号（一九八八年）一七六～一八三頁（本書第Ⅲ章）参照。民主制と自由理念の変容については、イーゼンゼー論文にも次のような指摘がある。「高踏的な民主制理論は、自由主義的自由と民主的自由との相違を無視し、絶対的自由、すなわち、あらゆる支配の廃棄、治者と被治者との同一性を約束する。ラディカル民主制のイデオロギーは、この約束が果たされない場合に不可避的に生じる失望を回避するための、技術的な手段も準備している。ユートピア主義者が挫折する場所では、救い手としてソフィストが待っている。ルソーはソフィストに学んだのである。ルソーは、あきれかえるほど巧妙で絶対的な論証の型を完成させた。すなわち、まず個人の自由が約束される。続いて、個人の自由は集団の自由に交代される。つまり、自由主義的自由の概念が、民主的自由の概念に置き換えられる。最後に、個人の自由に対しては、民主的全体性のうちに解消されることが宣告される。それが拒否されれば、共同体の絶対的命令が、『真の』

自由を強制するものとして下される」。J. Isensee, aaO., S. 165.

(31) 赤坂・前掲論文一九五～一九六頁。H. Kelsen, Vom Wesen und Wert der Demokratie, 2. Aufl., 1929, S. 10 f.; ders., General Theory of Law and State, 1945, p. 287–288.（尾吹善人訳『法と国家の一般理論』木鐸社、一九九一年四三三頁）。

(32) 赤坂・前掲論文二一四～二一五頁の注(22)参照。H. Dreier, Rechtslehre, Staatssoziologie und Demokratietheorie bei Hans Kelsen, 1986, S. 266–268.

(33) 正式名称は「民族および国家の危難を除去するための法律」という。形式上はヴァイマル憲法七六条の手続に従って、憲法改正法律として一九三三年三月二四日に制定された。五か条からなるこの法律の全訳として、高田敏・初宿正典編訳『ドイツ憲法集・第五版』（信山社、二〇〇七年）一五六～一五八頁参照。

五　法治国家的民主制

1　すでに見たように、学説によれば、基本法の民主制は絶対民主制ではない。学説は、基本法の民主制を「法治国家的民主制」と性格づけている[34]。ベッケンフェルデは、法治国家原理と民主制原理は、一方が国家権力を制限する内容的原理であるのに対して、他方は国家権力の担当者を形成し組織化する形式的原理であって、互いに異なる目標をもつという。したがって、彼によれば、民主的でない法治国家、法治国家的でない民主制がそれぞれ成立可能である[35]。この理解を前提として、法治国家的民主制なるものを概念的に整理すれば、おそらく次のようになるだろう。第一に、基本法の民主制原理は、上述**四**の**4**の意味における絶対民主制の採用を意味する。しかし、第二に、基本法は法治国家原理も採用している。したがって第三に、両原理が結合することによって、結局基本法の民主制は絶対民主制ではなく、法治国家的民主制と性格づけられる。

それでは、法治国家的民主制における民主制原理と法治国家原理の相互関係は、どう理解されているのだろうか。これまでに取り上げたベッケンフェルデ、シュテルン、シュミット‐アスマン、イーゼンゼーといった論者や、さらにコンラート・ヘッセ[36]なども総合すると、ドイツの学説は法治国家原理と民主制原理の間に、共通要素、協力関係、制限関係を想定していると整理することが可能であろう。それぞれ簡単に確認しておきたい。

2　法治国家原理と民主制原理の共通要素

基本法が採用する「実質的法治国家」原理は、成文憲法による個人の基本権保障を構成要素としている[37]。他方で、ベッケンフェルデやシュテルンも指摘するように、基本法の民主制原理も、意見・情報・プレス・集会・結社の基本権的保障、すなわち民主的基本権の保障を不可欠の内実とする[38]。こうした基本権の保障なしに、何らかの民主制が概念上可能であるか否かについて、学説の理解は必ずしも明確ではない。しかし、四でベッケンフェルデの見解を手がかりに確認したように、多数決の絶対性・包括性を承認する絶対民主制の下においても、多数決システムそれ自体を多数決で廃棄することは、民主制の概念と矛盾するというべきだろう。多数決システムの否定は、実質的には民主制そのものの否定と見なすことができる。そして、多数決が実効的であるためには、意見・情報の流通を保護する民主的基本権が必要不可欠である。かくて政治的表現の自由の保障は、民主制原理と法治国家原理の双方に共通の構成要素ということになる。もちろん、法治国家原理が想定する基本権は、政治的表現の自由には限定されない。すなわち、法治国家の観点からは、基本権は意見・情報基本権だけではないし、意見・情報基本権も政治的表現だけをカバーするわけではない。つまり、絶対民主制が民主的基本権を内在的な制約要素とするのに対して、法治国家的民主制は、さらにプラスアルファの基本権的制約の下に置かれている。にもかかわらず、ベッケンフェルデもいうように、「民主的自由権は民主制と法治国家の決定的な接合部なのである」[39]。

3　法治国家原理と民主制原理の協力関係　本来はそれぞれ別の目標を追求している民主制原理と法治国家原理だが、法治国家的民主制として結合することによって一定の協力関係に立つことになる。すなわち、一方で民主制も、それが持続的な統治システムであるためには、一定の組織や手続を必要とする。民主制にこうした制度的枠組みを提供することが法治国家原理の役割である。他方で、実質的法治国家とは、成文憲法の下での法律の支配である。そして、法治国家の主要な手段である法律は、民主的機関としての議会によって制定される。シュミット－アスマンによれば、「法治国家的憲法は民主制のプロセスに形式を与え、民主制からは、「法治国家の」中心的な内容形成手段としての議会法律を受け取るのである[40]」。

またヘッセも、次のように法治国家原理・民主制原理・連邦国家原理の「内的統一性」に言及している。「憲法上のほとんどすべての制度が、民主制原理にも、法治国家原理にも、連邦国家原理にも仕えている……。……憲法上の諸制度が、いずれもこれらの諸原理に仕えていることを最も明瞭に示しているのは、民主制にとっても、法治国家にとっても、放棄できない要素としての基本権である。権力分立の今日的現象形態が、国家機能の区別と分離という要素においては法治国家の本質的構成要素であり、諸権力の均衡という要素については民主制の本質的構成要素であり、いずれの点でも連邦国家的な権力分立作用によって補完されていることも、この点を示している。同じく法律は、政治的意思形成の形式としては民主的秩序と連邦国家秩序の領域に属し、その特殊な構造と作用形態においては法治国家秩序の領域に属し、そしてこの三原理のすべてから正当性を得るのである[41]」。

4　民主制原理による法治国家原理の制限　もちろん学説は、民主制原理と法治国家原理の間に、共通の構成要素と協力関係だけを見出しているわけではない。両原理の間には、制限関係・緊張関係も存在するとされる。その一つは、民主制原理による法治国家原理の制限である。ベッケンフェルデによれば、この点はとりわけ、民主制原理による権力分立原理の拘束として現れる。モンテスキューの構想した権力の分立が、国王・貴族階級・市民階級という政治的実体の間での権力分割という混合政体論的色彩を強くもっていたのに対して、法治国家的民主制における権力分立は、民主制原理の枠内での国家機能の分離でしかありえない。「民主制原理は、国家権力の行使のすべてについて、国民に由来する、あるいは国民に還元される民主的正当化を要求する（基本法二〇条二項一文）。その結果、権力の分立は、まさにモンテスキューにおいては有効であり、さらには一九世紀においてさえ有効だった、別々の政治的・社会的勢力間で政治権力を分割するという元来の目標を失い、機能の分立へと後退した。……権力の分立は、機能の分立として意図され想定されており、国家権力行使の民主的正当化の要求から、ある領域を解放するいかなる権原も含むものではない[42]」。

権力分立のこうした限界づけの最も重要な帰結を、ベッケンフェルデは民主的責任の貫徹という点に求めている。権力分立が機能の分化と理解されることは、個々の権力を「民主的正当化と責任の外部で、その人自身に原理的に当然に与えられ、自律的に実施される任務と見なすことを排除する。もちろんこのことは、裁判権への人の充当にとっても意味をもつ[43]」。

5　法治国家原理による民主制原理の制限

しかし、ドイツの学説にとって、民主制原理による法治国家原理の制限以上に重要なのは、その逆、すなわち法治国家原理による民主制原理の制限である。学説によれば、基本法の法治国家的民主制においては、民主制原理は法治国家原理によって限界づけられ、中和 mäßigen される。法治国家的民主制における法治国家原理の優位、これが学説の基本前提だと要約してさしつかえないだろう。

例証として、何人かの論者の発言を掲げておこう。たとえばキミニッヒは、グスタフ・ラートブルフの次のようなことばを引いている。「民主制はたしかに犠牲を払うに値する価値だが、法治国家は水と空気のようなものである。最良の民主制とは、まさに法治国家を保護するのに適合的な民主制である」[44]。

またイーゼンゼーによれば、「民主的共同体で何百万分の一として市民に帰属する共同決定権は、民主的支配行為が、彼にとって他者の決定として現れることを防ぎはしない。民主的共同決定によって、法律に対する服従がなくなるわけではない。個人は民主制の市民であるのみならず、民主制の臣民でもあるのだ。個人の自由は、民主制のうちに当然に存在しているわけではない。国民の支配は、それが法治国家的に形作られ、自由主義的基本権を守り、投票では決められない領域を尊重することによってはじめて、『自由な』国家形態となるのである」[45]。

ベッケンフェルデもこう述べている。「民主的に正当化された国家の決定権力は、実体的基本権と司法的基本権、特定の制度および手続の保障、法律の定立と執行の区別、遡及効の禁止等々の承認のうちに表現されているような法治国家的保障によって、単に詳細に具体化されているだけではなく、内容と範囲を拘束され限界づけられてもいる。基本法は、それ以前には争われていたことだが、みずからが立法者に対しても妥当することを明示し（基本法一条三項）、憲法裁判による規範統制（基本法九三条一項二号・一〇〇条）と、憲法異議（基本法九三条一項四a号）によって裁判的に請求できることを通じて、この拘束力と限界づけを強化している。こうして民主制は、法治国家的に拘束された、バランスのとれた『中庸な』民主制となるのだ」[46]。

さらにシュテルンの場合には、法治国家原理は憲法制定者をも拘束すると明言され、そこには、戦後間もない西ドイツ法学界における自然法復興の動き[47]が、なお残響をとどめている。「自由国家の理想は、法治国家的民主制によって、はじめて実現される。そういうわけで、民主的法治国家は、政治的に十分成熟した諸国民の唯一の国家形態でもある。この認識の首尾一貫した帰結は次のようなものだ。立法者は憲法的秩序、とりわけ基本権に拘束され（基本法二〇条三項、一条三項）、憲法改正立法者にも限界があり（基本法七九条三項）、最後に憲法制定者でさえも法から完全に自由なわけではない。国民の決定は、それが国民に由来し、国民によって正当化され、ないしは多数者の支配に発するから合法的なのではなくて、この決定が正義Rechtでもある場合にのみ、そうだからこそ合法的なのである。この理由から、憲法の保全を監視する裁判権は、実際には法治国家の要石である」[48]。

取り上げた論者のうち、こうした自然法論的な法治国家原理優位論を典型的に説くのはケーギであろう。「最高機関もまた、法治国家の基本価値の拘束、すなわち規範的制限を受ける。つまり、最上級の法権威も実質的根本規範によって制限されるという法治国家の公理が、無制約の憲法制定権という絶対主義の公理に対峙する。したがって、憲法制定者としての国民もまた、ひとつの権限を行使する［にすぎない］のである。『法原則』『根本規範』『自然法』『永久規範』など、この制限規範をどのようによぶことを望むかは副次的なことがらである」[49]。

ケーギ論文のこの主張は、戦後まもない一九五三年という発表時期からすれば、ある意味で当然であろう。しかし、基本法体制の成熟期に書かれたベッケンフェルデ論文においても、民主制原理と法治国家原理の関係を考察する際に、基礎的文献として唯一ケーギがあげられている事実は、このテーマに関する現代ドイツ国法学の姿勢を象徴するものとして興味深い[50]。

(34) K. Stern, Das Staatsrecht der Bundesrepublik Deutschland, Bd. I, 2. Aufl., 1984, S. 623 f.; E-W. Böckenförde, Demokratie als Verfassungsprinzip, in: Isensee / Kirchhof (Hrsg.), Handbuch des Staatsrechts der Bundesrepublik Deutschland, Bd. I, 1987, Rn. 83. ケーギは、第二次大戦前の「法治国家的民主制」の場合には、法治国家の形式的理解と民主制の決断主義的理解を通じて、結局は形容詞＝「法治国家的」が名詞＝「民主制」に吸収されてしまったとして、新たな時代の課題は、重点を逆転した「民主的法治国家」の確立だと述べている。W. Kägi, Rechtsstaat und Demokratie (Antinomie und Synthese), in: FG für Zaccaria Giacometti, 1953, S. 133, S. 141. 今日の国法学でも、民主的法治国家という言い回しも用いられる。Vgl. K. Stern, ebd.

(35) E-W. Böckenförde, aaO., Rn. 83, 84. またホルスト・ドライヤーも、「民主制は、基本権の保障と法治国家の保障を含んだ共同体の『良き』政治的秩序の散漫な総体ではない。このような無差別の融合は、民主制原理の規範性をあいまいにしてしまい、衝突の可能性を……隠蔽してしまう」と述べている。H. Dreier, Art. 20（Demokratie）, Rn. 133, in: H. Dreier（Hrsg.）, Grundgesetz-Kommentar, 1998. これらは、日本の憲法学で「手続的民主主義観」とか「過程説」とよばれる民主制観と理解してよいだろう。内野正幸「民主主義と質的多数決・10」法律時報六九巻八号（一九九七年）七七～七八頁参照。これに対して、戦後日本憲法学の主流は「実体的民主主義観」に立って、民主主義の語に人権保障など広い意味を付与することが多かった。宮沢俊義『憲法Ⅱ・新版』（有斐閣、一九七一年）八七頁参照。

（36） K. Hesse, Der Rechtsstaat im Verfassungssystem des Grundgesetzes, in: FG für R. Smend zum 80. Geburtstag, 1962, S. 71 ff.

（37） 本章二の法治国家原理の構成要素の項を参照。

（38） E-W. Böckenförde, aaO., Rn.86; K. Stern, aaO., S. 625.

（39） E-W. Böckenförde, ebd.

（40） E. Schmidt-Assmann, Der Rechtsstaat, in: Isensee / Kirchhof（Hrsg.）, Handbuch des Staatsrechts der Bundesrepublik Deutschland, Bd. I, 1987, Rn. 96.

（41） K. Hesse, aaO., S. 95, Anm. 70.

（42） E-W. Böckenförde, aaO., Rn. 87.

（43） E-W. Böckenförde, aaO., Rn. 89.

（44） O. Kimminich, Die Verknüpfung der Rechtsstaatsidee mit den anderen Leitprinzipien des Grundgesetzes, in: DÖV 1979, S. 770; G. Radbruch, Aphorismen der Rechtsweisheit（hrsg. von A. Kaufmann）, 1963, S. 51（筆者未見）。

（45） J. Isensee, Grundrechte und Demokratie, in: Der Staat, 1981, S. 165.

（46） E-W. Böckenförde, aaO., Rn. 92.

（47） 西ドイツ法学界における自然法復興の動きについては、さしあたり樋口陽一『比較憲法・全訂第三版』（青林書院、一九九二年）二八五～二八七頁参照。

（48） K. Stern, aaO., S. 624.

（49）　W. Kägi, aaO., S. 135 f. ケーギのこのような自然法論的憲法論については、菅野喜八郎『国権の限界問題』（木鐸社、一九七八年）四七〜五四頁参照。
（50）　E-W. Böckenförde, aaO., S. 942, Anm. 149.

六　おわりに

ドイツの憲法理論は、基本法の民主制を「法治国家的民主制」と理解する。これは、直接的には基本法二〇条が民主制原理と法治国家原理の双方を保障していることの帰結である。これに対して、法治国家的でない民主制の存在余地については、学説の態度は必ずしも明確ではない(51)。しかし、少なくともベッケンフェルデは、国民の多数意思の妥当範囲に限界を認めないという意味での「絶対民主制」も、想定可能と見なしているように思われる。ただし、ベッケンフェルデに倣えば、こうした絶対民主制も、それが定義上民主制でありつづけるためには、多数決で多数決システムそのものを廃棄することは許されず、実効的な多数決システムの前提となる政治的表現の自由も廃棄することが許されない。絶対民主制といえども、多数決原理と民主的基本権を、多数決のいわば内在的制約要素とするのである。これに対して、実質的法治国家概念を前提とした場合、基本法の法治国家的民主制は、政治的表現の自由に限定されない基本権一般の保障と憲法裁判権とによって、絶対民主制にプラスアルファの負荷がかけられた民主制である。民主制原理と法治国家原理とが衝突する場合には法治国家原理が優位するというのが、学説の共通了解だといってよい。基本法の民主制は、国民や議会の多数意思の妥当範囲が、憲法上の手続と基本権保障によって、はじめから限界づけられた民主制なのである。

以上のようなドイツの学説との関係から、「立憲主義と民主主義」をめぐる最近の日本の論議のなかで私がとりわけ目を引かれたのは、松井茂記論文の民主主義理解である。松井は、「立憲主義の重視か、民主主義の重視か」という阪口正二郎の問題の定式化を批判して、次のように述べている。「『立憲主義か民主主義か』というが、阪口教授自身認めるように、民主主義から出発して個人の権利保護の必要性を導くことは可能である。阪口教授がそれでは不十分であるというとき、教授のいわれる立憲主義は、民主主義に内在する個人の権利を超えたものを保護しようとするものである。つまり問題は『立憲主義か民主主義か』ではなく、『民主主義に内在する立憲主義か民主主義を超えた立憲主義か』と捉えられるべきであろう(52)」。

この文章に最初に接したとき、「民主主義に内在する立憲主義」という表現は、正直いって私には大変耳慣れないものに聞こえた。しかし、松井論文を読み進むと、その実質的内容が、民主主義それ自体を成り立たせる民主的基本権の保護を意味していることがわかる。もちろん松井は、「民主主義を超える立憲主義」、すなわち民主的基本権以外の基本権の保障について、司法審査を一切否定するわけではない。とはいうものの、司法審査の密度を、「民主主義に内在する立憲主義」の保護の場面か、「民主主義を超える立憲主義」の保護の場面かで二分することが、松井理論の特色であるのはまちがいないだろう(53)。したがって上述のように、民主的基本権の保護以外に民主的多数者の決定に制限を認めない民主制を「絶対民主制」とよぶならば、松井の想定する日本国憲法の民主制は、この種の絶対民主制に近似しているといえそうだ。

こうした民主制理解が、基本法の民主制に関するドイツ人の自己理解と甚だしく異なることは、本章二から五までの粗雑なスケッチによっても明らかであろう。もちろん、ドイツ基本法が設置した強力な憲法裁判権をもたない日本国憲法の民主制について、ドイツとは異なる理解がおこなわれても当然だともいえる(54)。しかしまた、立憲主義の核心内容を人権保障と権力分立と捉え、国民主権原理を国民による権力の正当化、ならびに選挙・投票を通じた国民の支配と捉えた場合、立憲主義が国民主権原理ないし民主制には納まりきらない内実をもつことたしかではないだろうか。ドイツ人の「法治国家的民主制」論と同様、日本の通説は、この意味の立憲主義と国民主権原理を、いずれも日本国憲法の構造原理だと考えてきた。立憲主義を民主主義の内在的制約要素へと還元する一種の「絶対民主制」的民主主義観は、たしかに刺激に富んだ知的冒険ではあるが、日本国憲法の基本構造の読み方として、通説的理解を凌駕する説得力を示したといえるのか、素朴な疑問を抱いたことを記して筆をおくことにしたい。

(51)　本章四で確認したように、キミニッヒは、「民主制を単なる多数者の支配と把握し、あらゆる憲法原理をこの多数者の自由な処分に委ねる誤った民主制理解」と述べて、「絶対民主制」が民主制であることを否定しているように見える。しかしそこには、多数者の支配も、民主制でありつづけるためには多数決原理には手を触れられないはずだという洞察は欠けている。

ケーギも、「決断主義的・全体主義的民主制」観をナチ独裁に導いた誤った民主制理解とする立場から、その克服を意図した。彼によれば、「決断主義的・全体主義的民主制」は、概念上も民主制とはいえないことになろう。しかし、ケーギのいう「決断主義的・全体主義的民主制」観は、直接民主制の絶対視、代表性・権力分立の敵視、民主的多数者の無謬性神話まで含んだ絶対民主制理解であるから、ベッケンフェルデ的な絶対民主制観との間に相違があることにも注意する必要がある。

(52)　松井茂記「なぜ立憲主義は正当化されるのか・上」法律時報七三巻六号（二〇〇一年）九一頁。

(53)　この松井のいわゆる「プロセス的権利論」は、憲法学界に大きなインパクトを与えた。プロセス的権利論およびこれと結合した違憲審査論の、松井自身による簡潔な説明として、松井茂記『日本国憲法・第三版』（有斐閣、二〇〇七年）九六〜九八頁、三〇五〜三〇七頁参照。もっとも、松井が民主主義に内在する立憲主義、すなわち民主的多数者意思を制約する民主的権利と考える「プロセス的権利」は、実際にはかなり広範囲にわたる。たとえば表現の自由は、その保護対象となる表現行為の内容を問わず――したがって政治的テーマとまったく無関係な芸能や演劇、さらにはわいせつ表現でも――プロセス的権利に分類されている。松井『日本国憲法・第三版』四二九頁以下参照。

通説的な二重の基準論にも、プロセス的権利観の色彩があるが、善かれ悪しかれ松井説ほど徹底したものではない。日本における二重の基準論の創唱者といえる芦部信喜も、晩年にはより一層権利の実体的価値論に傾斜する傾向にあったと指摘される。市川正人「違憲審査制と民主制」佐藤・初宿・大石編『憲法五十年の展望Ⅱ』（有斐閣、一九九八年）二九四～二九七頁参照。

(54)　しかし、日本とドイツの統治構造は、基本的には類似の性格をもつという理解が一般的であろう。日本国憲法の統治構造は、民主制とは概念的に区別される立憲主義によって制限された民主制という趣旨で、「立憲民主制」と表現されることも多い。芦部信喜・高橋和之補訂『憲法・第四版』岩波書店、二〇〇七年一七頁参照。そこでは、立憲民主主義は「法治国家的民主政」と同義であることも指摘されている。ドイツの学説にも、法治国家的民主制と同じ意味で立憲民主制 konstitutionelle Demokratie という用語を使用する例が見られる。zB. H. Dreier, Art. 20（Demokratie）, Rn. 134, in : H. Dreier（Hrsg.）, Grundgesetz-Kommentar, 1998; W. Maihofer, Prinzipien freiheitlicher Demokratie, Rn. 4, in : E. Benda / W. Maihofer / H-J. Vogel（Hrag.）, Handbuch des Verfassungsrechts, 2. Aufl., 1995, Bd. 1.

憲法裁判権の民主的正当性の問題には、ドイツの学説は比較的鈍感なようである。三で確認したように、民主制原理は「民主的正当化の途切れのない連鎖」を要求するので、この点に関連して、連邦憲法裁判官の選任方法についての議論はある。たとえばベッケンフェルデ／初宿正典編訳『現代国家と憲法・自由・民主制』二〇三～二〇七頁。しかし、憲法裁判権の正当性は、むしろそれが民主制原理に優位する法治国家原理の「王冠」「要石」であることに求められている。たとえば、かつてヘルベルト・クリューガーは、連邦憲法裁判所の判決による憲法変遷を認めて次のように述べた。「特別の憲法裁判権が存在し、この裁判権が『法治国家の王冠』と讃えられている国家では、欠くことのできない憲法変遷［の権限］が、これこそ憲法変遷という問題のすぐれて法治国家的解決と見なされたことによって、憲法裁判権に与えられたことをむしろ考慮しなければならない」。H. Krüger, Verfassungswandlung und Verfassungsgerichtsbarkeit, in : FG für R. Smend zum 80. Geburtstag, 1962, S. 155 f. シュテルンのことばも引いておこう。「法治国家および基本権理念と結合した現代憲法国家性は、とりわけ憲法の最高法規性に表現されている……。……これによって、立法者の全権は破棄された。……その結果、立法は単なる憲法執行となろう。立法が憲法と矛盾することだけは許されない。この点を監視することが、法治国家の要石となった憲法裁判権の任務である」。K. Stern, Das Staatsrecht der Bundesrepublik Deutschland, Bd. I, 2.Aufl., 1984, S. 788.

もちろん、民主制原理に対する法治国家原理の優位を承認することから、具体的な違憲審査のあり方について、一義的な解答が導かれるわけではない。その意味で、紹介したドイツ学説は、日本の「司法審査と民主制」論の主要な関心事である違憲審査の密度の問題に直接答えるものではない。周知のように、ドイツでも一九九〇年代半ばの「十字架像」決定、「兵士は殺人者」決定、「座り込みデモ」決定などを契機として、連邦憲法裁判所に対する政界・学界・市民などからの激しい批判がおこった（畑尻剛「批判にさらされるドイツの連邦憲法裁判所（上）」ジュリスト一一〇六号一九九七年七四頁以下）。それ以前からも存在した、連邦憲法裁判所に自己抑制を求める論調に加え、このときの批判は個々の判決を超えて憲法裁判制度自体にもおよび、連邦憲法裁判所法を改正して特別多数を違憲判決の要件にするなどの機構改革も提言された（H. Schulze-Fielitz, Das Bundesverfassungsgericht in der Krise des Zeitgeists, in: AöR 122, 1997, S. 30. 畑尻・前掲論文七七頁）。とはいうものの、憲法裁判制度の正当性が根本的に疑問視されたというわけではない。法治国家的民主制における憲法裁判権の正当性には大きなコンセンサスが存在するといえよう。なお、憲法裁判の限界をめぐるドイツの論議については、岡田俊幸「ドイツにおける『憲法裁判権の限界』論」憲法理論研究会編『法の支配の現代的課題』（敬文堂、二〇〇二年）五一頁以下参照。

V　基本法への環境国家規定の導入

一　はじめに

周知のように日本の場合、一九七〇年の大阪弁護士会有志の提言以来、学説では憲法一三条・二五条を根拠として環境権が認められる傾向にあるが、判例は環境権という独自の憲法的権利の承認には消極的である(1)。しかし、近年の憲法論議のなかでは、環境権の明文化が検討課題とされ、あるいは提唱されている(2)。

他方、ドイツではすでに、一九九四年の基本法改正によって、環境保護を国家目標とする二〇a条が導入された。そこで、本章の関心は以下の二点である。第一は、ドイツにおける憲法改正の実例として、基本法二〇a条の制定経過を跡づけることである。第二は、そこでの論議から、ドイツで環境基本権構想が捨てられて国家目標規定という形式が選択された理由、そして国家目標規定としての基本法二〇a条の法的意味理解を確認することによって、日本の憲法論議への示唆を探ることである。

二　基本法二〇a条の制定経過

一九九四年の改正で導入されたドイツ基本法二〇a条は、次にように規定している。「国家は、将来の世代に対する責任においても、憲法的秩序の枠内で立法により、法律および法の基準に従って執行権および裁判により、自然的生命基盤を保護する。」

最終的にこのような文言の二〇a条が導入されるまでには、ほとんど四半世紀に及ぶ長く曲折した論議の経緯があり、そうした制定の事実経過については、ドイツでもさまざまな時期区分による整理がある。[3] ここではそれらの研究をもとにして、一応次の五つの時期に分けて、制定の流れをふりかえることにしたい。[4]

(1)　一九七一年～七四年まで（自由民主党を中心に環境基本権の導入が提唱された時期）。

ドイツで環境保護と憲法との関係が論じられるようになったのは、日本と同様一九七〇年代の初頭からである。自由民主党（FDP）は、一九七一年のフライブルク綱領において、基本法二条に次のような環境基本権規定を追加することを政策課題として掲げた。「各人は、人間にふさわしい環境に対する権利を有する。自然的基盤は、国家秩序の特別の保護を受ける。公共の利益のために許される環境への負荷の限界は、法律によって規定される。[5]」また、社会民主党（SPD）の法律家作業グループも、一九七一年にFDPのフライブルク綱領と同趣旨の環境基本権の導入を提言している。[6]

こうした政党サイドの動きと並行して、ブラントを連邦首相とするSPD＝FDP連立政権も、たとえば一九七一年の連邦政府環境プログラムや、ブラント連邦首相による一九七三年の施政方針演説のなかで、「人間は全体として、人間にふさわしい環境に対する根本的な権利をもち、この権利には憲法的地位が認められるべきである」とした。[7] また、当時ブラント政権の内務大臣だったFDPのゲンシャーは、一九七三年にたとえば「大気浄化」に関する第三回国際会議の開会式など、いくつかの公式の場での挨拶において、基本法への環境基本権の導入が政府の方針であることを明言している。[8]

この時期の特徴は、連立政権の一翼を担うFDPが、個人の主観的権利としての環境基本権を基本法に導入することをいちはやく主張して、議論をリードしたことである。これに対して、いま述べたように連立政権も環境基本権構想を支持したが、施政方針演説に言う環境基本権が個人の権利として理解されていたかどうかは必ずしも明確ではない[9]。また、SPDは党のレベルでは、基本法への環境基本権の導入に必ずしも積極的ではなく、野党のキリスト教民主・社会同盟（CDU／CSU）は一貫して反対の姿勢をとっていた[10]。

(2)　一九七四年～八一年まで（シュミット政権の下で、環境基本権構想に代わって国家目標規定の導入の是非が争点として浮上した時期）。

一九七四年には、ブラントが側近のスパイ疑惑の責任をとって連邦首相を辞任し、同じSPD＝FDP連立によるシュミット政権が誕生した。これを契機として、環境基本権導入の構想は急速に下火となった。その原因としては、理想家肌のブラントから現実主義者シュミットへと連邦首相が交代したこと、オイルショックによる景気の後退によって、環境保護の政策的優先順位が低下したこと、環境基本権に対して学界から強い批判が提起されたことなどをあげることができよう[11]。環境基本権の構想に代わって、その是非が論じられるようになったのが、基本法への環境保護の国家目標規定または立法委託規定の導入である。一九七六年の連邦政府環境報告は、個人の権利の形式をとらない国家目標規定として、環境保護規定を基本法に導入することも考慮の対象となることを謳っている。同じく、環境問題専門家会議の一九七八年の鑑定意見も、国家任務規定として環境保護を基本法に導入することを提言した[12]。

(3)　一九八一年～八六年まで（デニンガー委員会の報告書が出たが、コール政権が消極姿勢をとった時期）。

しかし、上のような動きが、ただちに基本法の改正に結びついたわけではない。シュミット連邦首相の一九八〇年施政方針演説は改めてこの問題を取り上げ、環境保護を含むいくつかのテーマに関して、国家目標規定または立法委託規定を基本法に導入する必要があるかどうかが調査されるべきだとした。この政府声明を受けて、翌一九八一年に、連邦司法大臣と連邦内務大臣が共同で、「国家目標規定および立法委託に関する独立専門家委員会」を設立して調査を委ねた。[13] この委員会は、エアハルト・デニンガー、ペーター・バドゥーラ、イェルク・P・ミュラー、トーマス・オッパーマン、ティロ・ラム、エックハルト・レービンダー、ヴァルター・シュミットという、公法・環境法を専門とする七人の大学教授によって構成され、座長にはデニンガーが就任した（以下デニンガー委員会と略称する）。

デニンガー委員会は、一九八二年から八三年にかけて一三回の会議を開催し、八三年八月に報告書を提出した。環境保護に関しては、委員会は基本法に環境保護国家目標規定を導入すべきだとする点では一致したが、具体的な改正案については多数意見と少数意見とに分かれた。

多数意見は、「ドイツ連邦共和国は、民主的かつ社会的な連邦国家である」と規定する基本法二〇条一項のいわゆる国家構造規定に、「ドイツ連邦共和国は、文化および人間の自然的生命基盤を保護育成する」という国家目標を追加し、これに対応して二八条一項も補充することを提案した。これに対して少数意見は、二〇条一項の国家構造規定に環境保護を盛り込むことは体系的な整合性に欠けるとして、連邦とラントの構成および任務を定めた基本法第二章の末尾に、次のような三七ａ条を新設することを提案した。「[第一項] 人間の自然的生命基盤は、国家による特別の保護を受ける。[第二項] 自然および環境、ならびに文化的記念物および歴史的記念物は、すべての人による保護と育成に委ねられる。必要な拘束および義務は法律が規定する。法律は関係する公益および私益を調整し、国家と市町村の任務を定める。」

しかし、デニンガー委員会の活動中に政変が起こり、いかなる形式であれ環境保護規定を基本法に導入することに一貫して反対してきたＣＤＵ／ＣＳＵがＦＤＰと連立してコール政権を誕生させたため、委員会報告書は、いくつかのラントの提案やＳＰＤの政策に反映されたものの、[14] 現実政治をストレートに動かすことにはならなかった。ＣＤＵ／ＣＳＵは、次のような理由で環境保護国家目標規定の導入に反対していたと言われる。すなわち、第一に、国家目標規定のインフレ化と実現困難なプログラム規定の導入によって、憲法の規範力が弱まる。第二に、国家の権限が拡大し、市民の自由権の制限が強化される可能性が高い。第三に、経済成長など他の重要な利益に対して、環境保護だけが一方的に重視される危険性があるなどの諸点である。[15]

(4)　一九八七年〜九〇年まで（CDU／CSUの方針転換によって、環境保護国家目標規定を導入することにはコンセンサスが得られ、文言の表現に争点が移った時期）。

一九八七年の三月、FDPは、年来の主張である環境保護規定の基本法への導入を、CDU／CSUとの新たな連立協定に盛り込むことに成功した。[16] CDU／CSUの方針転換の背景には、一方で一九八六年のチェルノブイリ原発事故や酸性雨によるドイツの森林破壊に代表されるような環境問題の深刻化と、環境保護の強化を求める世論の圧力があり、他方で景気の回復により市場経済を生態系保護の方向で軌道修正する余裕が生じた事情があると言われる。一九八六年には連邦環境省が設置され、CDU／CSUが政権を担うラントも含めて、ラント憲法のレベルでは環境保護規定が次々と条文化されていたことも、方針転換の追い風となった。[17]

こうして一九八七年に、基本法への環境保護国家目標規定の導入をめぐる議論は、導入すべきかどうかの段階から、どのような文言の規定を導入すべきかの段階へ、ob の段階から wie の段階へと移ったのである。すでに一九八三年のデニンガー委員会報告以降、委員会案に刺激された導入推進派のラントや政党によるさまざまな改正案が公表されていたが、これにCDU／CSUサイドの提案も加わることになった。

ドイツでは各ラントも連邦参議院に基本法の改正案を提出することができるが、ここでは主要政党の提案だけを紹介しておく。SPDは一九八四年と八六年に、「自然的生命基盤は、国家の特別の保護を受ける」という文言を二〇a条として追加する提案をおこなった。他方、緑の党は一九八六年に、生命身体の不可侵を定めた二条二項、所有権の保障に関する一四条二項・三項、国家構造規定である二〇条一項、二八条一項をそれぞれ補充する、より包括的な環境保護条項を提案した。ちなみに、緑の党の二〇条一項補充案は次のようなものである。「自然環境は、人間の生命基盤として、環境それ自身のために国家の特別の保護を受ける。生態系への負荷と経済の必要とが抵触する場合、自然環境への重大な侵害が差し迫っているときには、生態系の利益に優先権が認められる。」これに対して、方針転換後のCDU／CSUも、FDPと共同で、「人間の自然的生命基盤は、国家の保護を受ける。詳細は法律で定める」という二〇a条案を連邦議会に提出したのである。(18)

これらの主要政党案には、主として次のような対立点があった。第一は、環境保護の理念を生態系それ自体のための保護に求めるのか、それとも人間のための環境保護に求めるのか、すなわち生態系中心主義と人間中心主義との対立である。上にあげたSPDと緑の党の改正案は前者であり、逆にCDU／CSUは「人間の」自然的生命基盤という表現で後者の立場の明文化を要求した。第二は、環境保護に対して、憲法上の他の国家目標や立法委託に優先する特別の地位を認めるか否かである。SPDや緑の党は国家の「特別の」保護という表現で、環境保護の優先性を条文化しようとしたのに対して、CDU／CSUは環境保護と他の国家任務との同格性を強調した。第三は、法律の留保を明文化するかどうかである。CDU／CSUは、国家目標規定が環境保護政策上の立法者の裁量権を狭め、特に裁判所の憲法解釈権を強めることを恐れて、「詳細は法律で定める」という法律留保条項を入れることを求めたが、SPDは、国家目標規定は立法者のみならず行政と裁判をも直接拘束するものだとして、法律の留保の明文化に反対した。(19)

各党は結局お互いを説得することができず、一九八七～九〇年の第一一立法期に連邦議会に提出された環境保護国家目標規定案は、いずれも基本法改正に必要な連邦議会総議員の三分の二の多数を獲得することができなかった。(20)

(5)　一九九〇年～九四年まで（合同憲法委員会で環境保護国家目標規定が審議され、難産の末二〇a条として基本法に導入された時期)。

今述べたように、環境保護規定を基本法に導入しようという長年にわたる努力は、政党間の対立が克服されないまま頓挫するかに見えた。しかし、東西ドイツの統合の動きと、これに伴う基本法の見直し作業のなかで、環境保護規定についても仕切り直しの機会が訪れた。

東西ドイツ統一のために締結された一連の条約のひとつである一九九〇年八月三一日のいわゆる統一条約は、その五条に次のような規定を置いていた。「この条約の当事者である［東西ドイツ］両国政府は、統一ドイツの立法機関に対して、ドイツ統一と関連して生じた基本法の改正又は補完の問題について、二年以内に対処するよう勧告する。」そして条約三四条が、このような検討項目のひとつとして、環境保護問題を掲げていたのである。(21)

統一条約五条を受けて、基本法の改正問題を審議する両院合同憲法委員会が、連邦議会と連邦参議院の議決により一九九二年一月一六日に設置された。合同憲法委員会は、連邦参議院構成員から三二名、連邦議会議員から三二名、合計六四名の委員によって構成された。連邦参議院側は一六のラント代表各二名の計三二名、連邦議会側は会派の勢力に比例して、CDU／CSUが一五名、SPDが一一名、FDPが四名、旧東ドイツの社会主義統一の後身である民主社会党（PDS）が一名、緑の党が一名の計三二名の委員を選任した。委員会は同格の共同議長として、著名な憲法学者でもあるルーパート・ショルツ連邦議会議員とヘニング・フォシェラウ Henning Voscherau 連邦議会議員を選出し、委員会の議決には全委員の三分の二の多数、すなわち四三票を要することとされた。これは、合同憲法委員会に対して、両院本会議の憲法改正特別多数をクリアする見込みのある原案を準備させるためだったと言われている。合同憲法委員会は、一九九二年一月から一九九三年十月までの一年九カ月ほどの間に二六回の会議を開催して、九三年十月二八日に連邦議会に最終報告書を提出した。(22)

合同憲法委員会での環境保護国家目標規定の審議経過は、一九八七年以降の主要政党間の対立をそのまま引き継いで、きわめて曲折したものとなった。とりわけ、生態系中心主義か人間中心主義か、法律の留保を明文化するかどうかという、二つの論点をめぐる対立が激しかったため、共同議長のショルツは、これらの対立点を一挙にクリアする目的で、「自然的生命基盤は、憲法的秩序の枠内で、国家の保護を受ける」という表現の二〇a条案を提示した。ＳＰＤは、ショルツ案が人間中心主義と法律の留保とを意味しないものとの理解に立って、これを自党案として一九九三年二月一一日の第一七回会議に提出し、ＦＤＰもこれに賛成した。しかし、バイエルン州、ヘッセン州、緑の党はそれぞれの立場から対案を提出し、法律の留保の明文化にこだわるＣＤＵ／ＣＳＵもショルツ案の玉虫色の解決に反対して、「自然的生命基盤は国家の保護を受ける。詳細は法律で定める」という従来どおりの対案を提出した。採決の結果、ショルツ案は賛成四一・反対二一・棄権一で、三分の二の多数にわずかに二票届かず、他の諸提案もいずれも否決されて、議論は再び振り出しに戻ったのである[23]。

しかし、委員の間には、環境保護国家目標規定をなんとか基本法に導入しようという気運が強く、政党間の非公式協議でもう一度妥協の道が探られた。その結果、ショルツ案否決からほぼ五カ月後に開催され、合同憲法委員会の実質的な最終会議であった一九九三年七月一日の第二五回会議において、環境保護国家目標が再び議事日程にのせられることになった。この会議で、ＳＰＤは「国家は、将来の世代に対する責任においても、憲法的秩序の枠内で立法により、法律および法の基準に従って執行権および裁判により、自然的生命基盤を保護する」という妥協案を改めて提出した。ところが、憲法裁判権の拡張を危惧するＣＤＵ／ＣＳＵが、ＳＰＤ案の「法律および法」という表現から「法」の文字を削除した対案を提出したため、合同憲法委員会としての成案の成立は、またもや微妙な雲行きとなった。しかし、今回はＦＤＰのほか緑の党もＳＰＤ案支持に回ったのみならず、環境保護規定の挫折を危惧したＣＤＵ／ＣＳＵの一部の委員もＳＰＤ案支持に動いたため、結局ＳＰＤ案は、賛成四三・反対一四・棄権三でからくも可決されたのである[24]。

その後の経過については、次の点だけを指摘しておきたい。すなわち、合同憲法委員会最終報告書の提案は、連邦議会・連邦参議院段階で文言の修正がおこなわれたものもあるが、いずれにせよその大部分が基本法改正として実現した。本稿のテーマである環境保護国家目標規定に関して言えば、合同憲法委員会が提案した二〇ａ条案は、両院の本会議で無修正のまま承認され、一九九四年一〇月二七日の基本法第四二回改正の一部として成立を見、九四年一一月一五日に施行されたのである。(25)

三　基本法二〇ａ条の法的意味

以上概観したように、二〇ａ条の導入過程のとりわけ最終局面では、法律の留保を盛り込むかどうか、それをどういう表現で盛り込むかという点に、主要政党間の対立が集中した観がある。しかし、のちにドイツの学者からさえ、「多分に象徴的、それどころかイデオロギー的」と評された(26)この争点よりも、日本の研究者にとっては、環境基本権構想に対するドイツの学界の批判や、国家目標規定の法的意味を確認しておくことが、まず必要なように思われる。そこで次に、環境基本権構想への学説の批判を簡単に取り上げておきたい。

(1)　環境基本権構想への批判。さきほど述べたように、一九七一年にＦＤＰやＳＰＤ法律家グループが、環境基本権を基本法へ導入することを提唱し、ブラント政権も軌を一にする考えを示したのに対して、一九七〇年代を通じて、これに反対する学者や実務家の論説が数多く公にされた。学説が環境基本権の構想に反対した主な理由は、以下のようなものだったと考えてよいだろう。(27)

すなわち、学説側の批判の中心は、環境基本権というものが主観的権利としての実効性に乏しく、このように権利としての実効性に乏しいものを基本権のカタログに追加することは、基本法上の基本権の性格・体系と、それについての既存の判例学説の理解とに合致しないということである。こうした考え方の背景には、周知のように、種々雑多な規定を盛り込んだせいで、かえってその多くがプログラム規定と解釈されて基本権保障の実があがらなかったヴァイマル憲法への反省から、基本法の制定者たちがあえて基本権のカタログを慎重に限定したという制定過程のいきさつと、これを受けて基本法一条三項が、「以下の基本権は、直接適用される法として、立法、執行権および裁判を拘束する」と定めているという事情がある。環境基本権構想に対するこの批判を、もう少し論点別に整理しておく。

①　環境基本権の保護対象の特殊性。[28] 通常の基本権の場合には、公益を代表する国家に対して、個人が自己の利益を主張するという構図になるのに対して、「良好な環境」はむしろ公益そのものであるから、環境基本権の場合には、個人が公益を権利として主張するという逆転現象が生じる。これが批判の第一点である。ここからさらに、具体的にはいかなる場合にいかなる個人に、環境基本権侵害を認めるのか、あるいは環境基本権侵害を根拠とする憲法異議申立適格を認めるのか、その範囲の限定が困難だという指摘が広くおこなわれてきた。「北ドイツのバルト海が汚染されたときに、南ドイツの市民は環境基本権の侵害を主張出来るのか、そしてこの問いに対する答えはその市民がかつてそこに住んでいたこととか、次の休暇を過ごそうと予定していることによって異なったものとなるのか」（ブローム）というわけである。

②　社会的基本権としての環境基本権の問題性。[29] ドイツの学説は、具体性の欠ける社会的基本権規定を根拠とする給付請求に対して、無制限に応じる能力は国家にはないので、社会的基本権は実効性に乏しく、これを基本法に導入することは基本法の体系を混乱させると考えてきた。社会的基本権一般について指摘されてきたこの問題は、社会的基本権として理解された環境基本権にもそのままあてはまる。そもそも国家には、大気や水などすべての環境財の所有権や処分権は存在しないし、具体性に欠ける憲法上の環境基本権を根拠としてなされる環境財の給付請求に、無制限に応じるような財源もないということである。

③　自由主義的基本権としての環境基本権の問題性[30]。これに対して、環境基本権を環境汚染の排除請求権として自由権的に構成する場合にも、やはり困難な問題が惹起されると言われる。つまり、環境汚染の原因者は、多くの場合国家自体ではなくて私人であるため、伝統的な学説に従って、基本権の直接的な第三者効力を否定するならば、環境基本権も私人に対しては直接主張できない権利となって、その実効性は大幅に縮減される。逆に、環境基本権に限って直接的第三者効力を承認するとすれば、既存の基本権理論体系が崩れるばかりでなく、法治国家における自由への推定が逆転してしまう。すなわち、およそ市民のほとんどすべての行為は、何らかの形で環境に負荷をかけるものであるから、それらは環境基本権侵害を理由として裁判で争われうる結果となり、結局市民は、法律で明示的に許されていない行為はおこなえないことにもなりかねないというわけである。

このように、過剰な規制のよび水になることを避けようとすれば、今度は実効性に乏しいことで人々を失望させることになる環境基本権を、あえて基本法に受容する場合には、他の基本権への信頼性や、さらには国家への信頼性にも悪影響を及ぼすことが避けられない[31]。こうして、環境基本権構想のデメリットが学説上強調され、すでに述べたようにブラントからシュミットへの政権交代や経済危機とも相俟って、(西)ドイツでは環境基本権導入構想は早々に下火となったのである。

(2)　基本法二〇a条導入の意味。それでは、環境基本権規定ではなく、国家目標規定として導入された基本法二〇a条は、どのような法的意味をもつのか。ドイツでは、基本法二〇a条に関する解説がすでに数多く公刊されており、日本でもその研究が次第に活発化する兆しが見られる[32]。この点は今後の研究課題だが、ここでは、さしあたり二三の点だけを簡単に指摘しておく。

①　国家目標規定の意味。まず、そもそも国家目標規定とは何か。たとえば一九八三年のデニンガー委員会報告書によれば、「国家目標規定とは、国家活動に対して、特定の任務―すなわち事項的に定められた目標―を継

続的に尊重し充足するように定めた、法的拘束力を伴う憲法規範である」とされる[33]。このような理解に立って、ドイツの学説では、さらに次のような指摘がおこなわれるのが一般的だと思われる[34]。第一に、国家目標規定は個人の主観的権利を根拠づけない。つまり個人は、基本法上の国家目標規定から自分の何らかの請求権を導き出すことができない。第二に、しかし国家目標規定は、単なるプログラム規定ではなく、国家機関を法的に義務づける拘束力をもつ規定である。第三に、国家目標規定によって義務づけられる国家機関は立法者だけではなく、行政部・司法部も含まれる。その点で国家目標規定は、立法者だけを義務づける「立法委託」とは区別される[35]。

② 「自然的生命基盤」の意味。次に、導入された二〇a条ばかりでなく、さきほど紹介したさまざまな草案類でも共通に使用されている「自然的生命基盤」die natürliche Lebensrundlage という言葉についても、その意味を確認しておく必要がある。「自然的生命基盤」とは、「あらゆる形態の生命の生成と長期間の存続とを可能にするようなさまざまな財 Güter」と定義されたりするが[36]、要するに自然環境のことである。一般に、それには人間自身・動植物・微生物・土壌・大気・水・気候などが含まれるとされる[37]。したがって、自然的生命基盤には、社会的・文化的制度、すなわちいわゆる社会環境は含まれないわけである。ドイツの環境法令のなかには、たとえば連邦イミッシオン法三条二項や環境適合性審査法二条一項のように、保護の対象として、人間・動植物・土壌・水・大気などと並んで「文化財その他の財物」を掲げる現行法がある[38]。これに対して、基本法二〇a条が環境という言葉を避けて、自然的生命基盤という用語を選択したことには、保護対象をより限定する趣旨が含まれていることになる[39]。

③ 国家目標規定の名宛人。さて、上述のように学説は、基本法二〇a条も国家目標規定として立法・行政・司法という国家権力の三部門すべてを拘束すると理解している。その意味では、法律の留保にこだわることによって、名宛人を立法者に限定しようとしたＣＤＵ／ＣＳＵの努力は、結局は徒労だったことになる。

とはいえ、国家目標規定の第一次的な名宛人は、当然のことながら立法者である。その際、掲げられた目標をどのようなタイミングといかなる方法で具体化していくのかについては、立法者に広範な決定の余地が認められているとされる(40)。そこで問題は、こうした立法者の活動余地に対して、基本法二〇a条が設定した限界をどう解釈するかということである。基本法二〇a条制定時点のドイツにおける環境保護水準を後退させることが、この規定で原則的に禁止されたという点には、おそらく学説の共通了解があると言えよう(41)。

しかし、それ以上の規範的要請の理解については、まさに議論が進行中ということだと思われる。たとえば、ムルスヴィークは、二〇a条が要請する環境侵害促進の原則的禁止からは、さらに原因者負担原則の徹底が導かれると言う。彼によれば、国家が環境侵害を許容しつつ、その原因者に対して侵害の効果費用を負担させなかった場合には、原則として二〇a条違反になるというのである。これに対して、クレップファーをはじめとする多数説は、環境侵害ないし環境財利用の費用負担の分配について、立法者が原因者負担から納税者負担に至るさまざまな手法を選択することを、基本法二〇a条は決して禁止したとは言えないと反論している(42)。

立法者に加えて、行政部と司法部も基本法二〇a条の名宛人だという理解でも、学説は一致していると言ってよいであろう。行政部は、法律上の一般条項や不確定概念の解釈を通じた裁量権行使にあたって二〇a条の拘束を受け、司法部も法律の解釈準則としての二〇a条の拘束を受けるとされる(43)。これまでのところ、連邦憲法裁判所の判決はないようだが、連邦憲法裁判所には、規範統制手続や連邦と州の権限争訟手続において、法令の基本法二〇a条適合性審査をおこなう可能性が開かれたわけである。

④　国家目標規定の効果。ところで、国家目標規定は、何らかの請求権を個人に直接保障するものではないので、基本権規定とはその性格を大きく異にする。しかし、二〇a条は、基本権の行使に対しても一定の影響を及ぼすと考えられている。とりわけ、環境に負荷をかける私人の行為が基本権の行使にあたるとき、それを環境保

護関係の法律でどこまで規制できるかが問題となる場合に、二〇ａ条は憲法的な価値衡量の新たな要素としての意味をもつことになる。ドイツの判例学説は、たとえば基本法五条三項の「芸術の自由」「学問、研究・教授の自由」のような、法律の留保を伴っていない基本権の制限は、第三者の基本権や憲法ランクの法的価値と競合する場合にのみ、例外的に許されるとしてきた。二〇ａ条は、環境保護が憲法ランクの法的価値であることを明定したのであるから、この条項の導入によって、学問・研究の自由も環境保護との同格的な利益衡量を通じて合憲的に規制されうることとなった(44)。

四　おわりに

さて、基本法二〇ａ条の導入に関する以上の雑駁な考察に、多少のコメントを付加することで本章のむすびとしたい。

(1)　まず、導入された基本法二〇ａ条の最終的な文言は、冗長で回りくどい印象を与えるということである。事実、この規定は、ドイツの憲法学者からも「憲法学的・憲法体系的考慮よりも政党政治的な妥協」を優先させたもので(45)、「明晰性・簡潔性の点で必ずしもできがよいとは言えず、成功した憲法美学の規範として称賛するにはほど遠い(46)」と評されている。

とりわけ、「憲法的秩序の枠内で立法により」「法律および法の基準にもとづいて執行権および裁判により」という定式は、基本法二〇条三項の「立法は憲法的秩序に拘束され、執行権および裁判は法律および法に拘束される」という規定の文字どおりの繰り返しにすぎないため、不必要な表現だったと指摘されている。実際に学説は、二〇ａ条に言う「憲法的秩序」「法律および法」を二〇条三項とまったく同じ意味と理解しているのである(47)。しかし、最終的な文言がこうした表現に落ち着いたのは、法律の留保をめぐる政党間の激しい対立を克服するためだったことはすでに述べた。こうして見ると、当然のことながらドイツにおいても、憲法改正がすぐれて政治的な作業であり、時として立法技術上の正確さや賢明さよりも、政治的配慮が優先されることを、環境保護規定導入の経緯は典型的に示していると言うことができよう。

(2)　次に、ドイツにおける環境保護国家目標規定の導入が、日本法に与える示唆についてである。たしかに、環境権は、その保護対象の特殊性から見て、権利としての実効性に乏しいとするドイツの学説の批判は、的を射ていると考えられる。しかし、日本の学説と判例は、すでに二五条の生存権規定の解釈にあたって、法律による具体化待ちの権利という「抽象的権利」のコンセプトによって、ドイツの学説が指摘するような難点には一定の解答を与えてきた経緯がある。他方で、日本国憲法には、ドイツ基本法二〇条一項のような簡潔な国家構造規定・国家目標規定が欠けているので、環境保護だけを新たに国家目標として掲げることは、かえって憲法の体系的なバランスを崩すことになりかねない。また、ドイツと違って規範統制手続をもたない日本の憲法裁判制度を前提とした場合、個人の権利という表現形式をとらない環境保護規定は、結局は立法者の政治道徳的義務の宣言としてのプログラム規定にすぎないことになるように思われる。私人が法令にもとづく処分の違法を争う行政訴訟のなかで、根拠法令それ自体が憲法上の環境権に抵触すると主張して裁判所の審査がおこなわれることで、憲法の環境保護規定が裁判規範として機能する場合にはじめて、憲法への環境保護規定の導入にドイツの国家目標規定なみの効果が期待できると言えるのではなかろうか(48)。

日本でも、憲法に何らかの環境保護条項を受容する必要があるのか。現行の環境基本法では不十分なのか。受容する場合には、環境権規定ではなく、ドイツと同様の環境保護国家目標規定の形式をとることが賢明なのか。これらの点にはなお慎重な考慮を要するが、仮に憲法に環境保護条項を追加するとすれば、国家目標規定ではなく環境権の形式をとることが、日本国憲法のテクストやこれまでの議論の流れには沿うことになるだろう。

（1）　一三条・二五条を根拠として憲法上の環境権を認める体系書としては、たとえば小林直樹『新版・憲法講義・上』（東京大学出版会、一九八〇年）五五九―五六七頁、芦部信喜・高橋和之補訂『憲法・第四版』（岩波書店、二〇〇七年）二五六―二五七頁、佐藤幸治『憲法・第三版』（青林書院、一九九五年）四五七―四五九頁、六二四―六二五頁、野中ほか『憲法Ⅰ・第四版』（有斐閣、二〇〇六年）四八八―四九一頁（野中俊彦執筆）、浦部法穂『憲法学教室・全訂第二版』（日本評論社、二〇〇六年）二四一―二四二頁、戸波江二『憲法・新版』（ぎょうせい、一九九八年）一八四―一八五頁、辻村みよ子『憲法・第二版』（日本評論社、二〇〇四年）三一七―三二一頁があげられる。

同じく憲法上の環境権を認める立場から、環境破壊の事実があれば憲法を直接の根拠として損害賠償請求・差止請求が可能なことを明示的に承認する主張として、阿部照哉「生命・自由および幸福追求権」芦部信喜編『憲法Ⅱ人権（1）』（有斐閣、一九七八年）一八七―一八八頁があり、逆に憲法上の環境権を認めつつ、請求権的側面については法律による具体化待ちの抽象的権利であることを明言する著書として、初宿正典『憲法2・第二版』（成文堂、二〇〇一年）一四七―一四八頁、四〇二―四〇四頁がある。

これらに対して、憲法上の環境権に懐疑的ないし否定的な体系書としては、伊藤正己『憲法・第三版』（弘文堂、一九九五年）二三六―二三八頁、奥平康弘『憲法Ⅲ』（有斐閣、一九九三年）四二三―四三二頁、松井茂記『日本国憲法・第三版』（有斐閣、二〇〇七年）五九二―五九三頁がある。内野正幸『憲法解釈の論点・第四版』（日本評論社、二〇〇五年）五六―五八頁も、差止請求権の根拠となる厳密に法的な憲法上の権利としては、個人の生命・健康への加害を要件とする環境人格権だけが認められるとする。

（2）　最近では、憲法学者のなかからも、憲法改正によって環境権規定を導入することが望ましいとする提言がおこなわれるようになった。岩間照道「環境保全と日本国憲法」ドイツ憲法判例研究会編『人間・科学技術・環境』（信山社、一九九九年）二二五―二二七頁参照。

（3）　M. Kloepfer, Bonner Kommentar, Art. 20 a (Stand: 1996), Rn. 1; B. Bock, Umweltschutz in Spiegel von Verfassungsrecht und Verfassungspolitik (1990), S. 53-73; R. Robert, Umweltschutz und Grundgesetz (1993), S. 34-56.

クレップファーは、基本法二〇 a 条の導入過程を、一九七〇年から八三年までの、環境規定の思想的準備期にあたる第一期、一九八三年から九〇年までの、さまざまな基本法改正案が提案された中間段階としての第二期、一九九〇年から九四年までの、合同憲法委員会による審議決定がおこなわれた第三期に分けて説明している。他方、一九九〇年に出版されたボックの研究は、その時点までを、環境基本権の導入が提案された時期（一九七一年から一九七三年）、権利ではなく環境保護の客観的規定の導入が指向された時期（一九七四年から一九八〇年）、デニンガーらの独立専門家委員会の設立と活動の時期（一九八〇年から一九八三年）、デニンガー委員会の報告を受けて、各党・諸ラントからの改正提案が公表された時期（一九八三年から八七年）、その後の動き（一九八七年から八九年頃）の五段階に区分する。また、一九九三年に公刊されたローベルトの著書では、環境基本権の提案期（一九七〇年代前半）、環境基本権構想が否定された時期（一九七〇年代後半）、環境国家目標規定導入の是非が争われた時期（一九八〇年代前半）、ＣＤＵ／ＣＳＵがそれまでの反対から環境国家目標規定賛成へと方針転換した時期（一九八六年～）、ドイツ統一後の動き（一九九〇年～）という時期区分による分析がおこなわれている。本稿では、これらを参考にしながら、独自に本文のような時期区分をおこなった。

（4）　基本法への環境規定の導入をめぐる(西)ドイツでの論議については、日本でもさまざまな紹介検討がなされてきた。管見に属するかぎりでも、たとえば次のような論稿がある。
阿部照哉「ドイツにおける憲法上の『環境権』論争」法学論叢一〇〇巻四号（一九七七年）二頁以下
松浦寛「西ドイツ基本法における『環境基本権』の法的地位と性格」阪大法学一一四号（一九八〇年）六三頁以下
ラインハルト・ノイマン、松浦寛訳「環境保全とボン基本法」阪大法学一二〇号（一九八一年）一二一頁以下
エアハルト・デニンガー、石村修訳「ドイツ連邦共和国における環境権論の今日的状況について」専修法学論集五〇号（一九八九年）三一九頁以下
マルチン・クッチャ、清水誠訳「西ヨーロッパ、とくにドイツ連邦共和国における環境保護の現実的諸問題」法律時報六一巻二号（一九八九年）八〇頁以下
浅川千尋「西ドイツにおける国家目標規定『環境保護』をめぐる最近の議論について」阪大法学四〇巻二号（一九九〇年）一〇五頁以下
同「基本法改正論議の国家目標規定について」天理大学学報一七一輯（一九九二年）一七九頁以下
同「最近のドイツにおける社会的基本権と社会的国家目標規定をめぐる議論について」榎原猛先生古稀記念『現代国

家の制度と人権』（法律文化社、一九九七年）四四八頁以下
ライナー・ヴァール、小山剛訳「環境保護と憲法」立命館法学二三七号（一九九四年）一七八頁以下
ヴィンフリート・ブローム、大橋洋一訳「社会的基本権と憲法における国家目標規定（一）（二・完）」自治研究七〇巻五号（一九九四年）五九頁以下、自治研究七〇巻七号（一九九四年）二九頁以下
ミヒャエル・クレップファー、高橋明男訳「国家目標としての環境保護」阪大法学四六巻三号（一九九六年）一五七頁以下
ヘルムート・クリューガー、和田真一訳「環境法における強みと弱み」立命館法学二〇九号（一九九八年）二〇九頁以下
ディートリッヒ・ムルスヴィーク、岡田俊幸訳「国家目標としての環境保護」ドイツ憲法判例研究会編『人間・科学技術・環境』（信山社、一九九九年）二五七頁以下
栗城壽夫「環境規定の憲法原論的意味」名城大学総合研究紀要六号（二〇〇一年）一一三頁以下
岡田俊幸「ドイツにおける『環境保護の国家目標規定（基本法二〇ａ条）』の制定過程」ドイツ憲法判例研究会編『未来志向の憲法論』（信山社、二〇〇一年）二二三頁以下
〔**文献補遺**〕初出論文公表後に接した研究として、桑原勇進「国家目標規定『環境保護』――その規範内容」東海法学二八号（二〇〇二年）三五頁以下がある。

（5）Bock, S. 54 f.; Robert, S. 20, 36.
（6）Die Arbeitsgemeinschaft Sozialdemokratischer Juristen, Kriminarisierung der Umweltzerstörung, in: ZRP 1972, S. 77; Bock, S. 55; Robert, S. 37, Anm. 115.
（7）Bock, S. 56; Robert, S. 35.
（8）Bock, S. 56 f. ゲンシャーは、たとえば一九七三年一〇月八日の第三回「大気浄化」に関する国際会議の開会挨拶で次のように述べている。「したがって、連邦政府は、可能なかぎり最良の状態の環境を享受する権利に対して、憲法的地位を与えることに決定した。連邦政府はこれに対応する［基本法改正］法律案を提出するだろう。われわれの基本権カタログはその施行から二五年間、まったく変更されていない。いずれにせよ、今回の憲法改正は、基本法で保障された

基本権・自由権のはじめての拡張を意味する。これによって、効果的な環境政策の前提条件が満たされる。しかし、これはまさに前提条件にすぎないのであって、政治の到達目標それ自体というわけではない」。

（9） Robert, S. 38 は、Menschen insgesamt という表現を用いるブラント首相の施政方針演説が、ほんとうに主観的権利としての環境権を認める趣旨であったかは疑問だとする。

（10） Robert, S. 16, Anm. 43.

（11） Robert, S. 40.

（12） Bock, S. 57.

（13） Bericht der Sachverständigenkommission Staatszielbestimmungn/Gesetzgebungsaufträge (1983), S. 84; Kloepfer, Bonner Kommentar, Art. 20 a, Rn. 3; Bock, S. 59–63; Robert, S. 41 f.; 浅川千尋「西ドイツにおける国家目標規定『環境保護』をめぐる最近の論議について」阪大法学四〇巻二号（一九九〇年）一〇八―一一一頁、岡田俊幸・前掲（註4）論文二二五頁。

（14） たとえば、ヘッセン州が一九八四年に連邦参議院に提出した環境条項案は、デニンガー委員会多数意見と同一であった。vgl. Bock, S. 66.

（15） Robert, S. 45.

（16） Bock, S. 69.

（17） Robert, S. 47 f.

（18） この時期の各党の提案については、Bock, S. 68; 岡田俊幸・前掲（註4）論文二二五―二二七頁。

（19） Robert, S. 50 f. 政党間の主要な対立点については、浅川千尋・前掲（註13）論文一一四―一一六頁、岡田俊幸・前掲（註4）論文二二六―二二七頁参照。

（20） Kloepfer, Bonner Kommentar, Art. 20 a, Rn. 4.

（21） この条約の本文の翻訳として、山口・大曲・河島・寺倉訳「ドイツの統一の回復に関するドイツ連邦共和国とドイツ民主共和国の間との条約」外国の立法法三〇巻四号（一九九一年）一三九―一六一頁参照。五条は一四五頁、三四条は一五六頁。統一直前の旧東ドイツ側の統一憲法構想として、いわゆる円卓会議案・「評議会」憲法草案について、広渡清吾『統一ドイツの法変動』（有信堂、一九九六年）三〇一―三〇七頁参照。

（22）M. Kloepfer, Verfassungsänderung statt Verfassungsreform, 1995, S. 13–33. 合同憲法委員会での審議経過についての日本語文献としては、広渡・前掲書（註21）三一九―三三一頁、岡田俊幸・前掲（註4）論文二四一―二五五頁。

（23）Kloepfer, Verfassungsänderung statt Verfassungsreform, S. 43, u. Anm. 134; 岡田俊幸・前掲（註4）論文二四七頁。

（24）BT-Drucks 12/6000, S. 67; Kloepfer, Verfassungsänderung statt Verfassungsreform, S. 44; 岡田俊幸・前掲（註4）論文二五二頁。

（25）Kloepfer, Bonner Kommentar, Art. 20 a, Rn. 8. 第四二回基本法改正の全貌については、初宿正典「最近のドイツの憲法改正について（一）（二・完）」自治研究七一巻二号（一九九五年）三―一四頁、七一巻三号（一九九五年）三―一一頁参照。

（26）Kloepfer, Verfassungsänderung statt Verfassungsreform, S. 39.

（27）たとえば、ブローム、大橋訳・前掲（註4）論文（一）六六―七〇頁。M. Kloepfer, Zum Grundrecht auf Umweltschutz（1978）, S. 35–37; H. Dellmann, Zur Problematik eines》Grundrechts auf menschenwürdige Umwelt《, DÖV 1975, S. 590 f.

（28）ブローム、大橋訳・前掲（註4）論文（一）六九頁、H. Dellmann, S. 591.

（29）ブローム、大橋訳・前掲（註4）論文（一）六七頁、H. Dellmann, S. 590.

（30）ブローム、大橋訳・前掲（註4）論文（一）六九―七〇頁、H. Dellmann, S. 590.

（31）Kloepfer, Zum Grundrecht auf Umweltschutz, S. 36.

（32）クレップファー、高橋訳・前掲（註4）論文、ムルスヴィーク、岡田訳・前掲（註4）論文参照。

（33）Bericht der Sachverständigenkommission, Staatszielbestimmungn/Gesetzgebungsaufträge, S. 21.

（34）Kloepfer, Bonner Kommentar, Art. 20 a, Rn. 10–13.

（35）ムルスヴィーク、岡田訳・前掲（註4）論文二六〇頁。

（36）M. Kloepfer, Umweltrecht, 2. Aufl.（1998）, S. 124.

(37) Jarass/Pieroth, Grundgesetz, 5. Aufl. (2000), Art. 20 a, Rn. 2.

(38) これらの法律の翻訳として、川又伸彦訳「大気汚染、騒音、振動及びこれに類する環境に加えられる有害な影響からの保護に関する法律（連邦イミシオーン法）（抄訳）、有澤知子訳「環境適合性審査法」（全訳）ドイツ憲法判例研究会編『人間・科学技術・環境』（信山社、一九九九年）三八七頁以下、四二〇頁以下参照。

(39) Kloepfer, Umweltrecht, S. 125.

(40) Kloepfer, Umweltrecht, S. 128; ムルスヴィーク、岡田訳・前掲（註4）論文二六〇頁。

(41) Kloepfer, Umweltrecht, S. 129 は「エコロジーの後退の原則的禁止」「エコロジーの最低水準としての［既存の］環境法の核心内容の保障」、ムルスヴィーク、岡田訳・前掲（註4）論文二六五頁は「環境侵害の促進の禁止」と述べている。

(42) ムルスヴィーク、岡田訳・前掲（註4）論文二六四頁。Kloepfer, Bonner Kommentar, Art. 20 a, Rn. 36 f.

(43) Kloepfer, Umweltrecht, S. 129 f.

(44) Kloepfer, Bonner Kommentar, Art. 20 a, Rn. 15.; Jarass/Pieroth, Grundgesetz, Rn. 9–11.

(45) Kloepfer, Bonner Kommentar, Art. 20 a, Rn. 9.

(46) 岡田俊幸・前掲（註4）論文の註7が、D. Murswiek, Staatsziel Umweltschutz (Art. 20 a GG), NVwZ 1996, S. 222 の言葉として引用している。

(47) ムルスヴィーク、岡田訳・前掲（註4）論文二五九頁、Kloepfer, Bonner Kommentar, Rn. 43; Jarass/Pieroth, Grundgesetz, Art. 20 a, Rn. 13.

(48) もちろん、現在の日本の判例学説を前提とするかぎり、仮に権利規定の形式で憲法に環境権がもりこまれても、この権利の侵害を根拠とする行政訴訟がただちに本案審理を受けることは必ずしもならない。判例のみならず行政法学説も、原告適格を定めた行政事件訴訟法九条に言う「法律上の利益」には、憲法上の権利は含まれないと理解しているからである。まして、国家目標規定においておや、ということになろう。行政訴訟の原告適格の問題についての解説として、神橋一彦「行政訴訟へのアクセス（1）――原告適格」笹田＝亘理＝菅原編『司法制度の現在と未来』（信山社、二〇〇〇年）一一一頁以下参照。

第二部　基本権保障の諸問題

Ⅵ　制度保障論と制度的基本権論

はじめに

「制度的保障」の理論は、わが国でも現行憲法の解釈論のレベルで多くの論者によって採用されてきた。他方、津地鎮祭事件最高裁大法廷判決が「政教分離規定は、いわゆる制度的保障の規定であって、信教の自由そのものを直接保障するものではな(1)い」として二〇条三項の射程を縮小するためにこの概念を利用したこともあって、学説のなかには「制度的保障」という考え方に疑問を投げかけるものもある。

そこで、しばしば個別研究の対象とされながら、その理論的性質は必ずしも十分に解明されたとはいえず、評価も分かれている「制度的保障論」に、私なりの省察を加え、現行憲法の解釈論上この理論がどの程度有用であるのかを検討するための材料を提供することが、本章のねらいである。

ところでこの理論の発祥の地であるドイツでは、今日きわめて異なる二つの学説に「制度的保障論」の名が冠せられている。一つはわが国の「制度的保障論」の原型となったC・シュミットの学説であり、いま一つはこれも近年何人かの論者によって紹介されているP・ヘーベルレのいわゆる「制度的基本権論」である。この二人の所説について、これまでのところ組織的な比較検討は行われていないようである。そこでここでは制度概念、保障の意味、理論形成の動機、自由観の諸点について両者の見解を再構成しつつやや詳細に比較し、その共通点と

相違点とを浮き彫りにするという作業を通じて、シュミット型保障論の特色と限界とを明らかにすることに努めたい。(2)

（1）　最高裁判所大法廷判決昭和五二年七月一三日・民集三一巻四号五三九頁。

（2）　シュミット型制度保障論の研究としては、まず山下教授の一連の論稿をあげることができる。山下健次「所有権の保障と制度的保障の理論」立命館法学四一号（一九六二年）一頁以下、「制度的保障の法的性格とその問題点」公法研究二六号（一九六四年）八一頁以下、「人権と制度的保障の理論」小嶋和司編『憲法の争点（増補）』（有斐閣、一九七六年）五〇頁以下、「制度的保障論覚書」立命館法学一五〇―一五四号（一九八〇年）七七九頁以下。また現行憲法九二条に関連してシュミットの保障論を分析した注目すべき論稿として、柳瀬良幹「地方自治の制度的保障」『地方自治論文集』（良書普及会、一九七二年）二七頁以下。さらにシュミット型保障論に関する最近の業績としては、とりわけ戸波江二「制度的保障の理論について」筑波法政七号（一九八四年）六六頁以下。このほかの個別研究及び現行憲法解釈論のレベルにおける制度保障論肯定説否定説については、戸波・前掲論文六七―六九頁註（1）～（3）および本章末の〔文献リスト〕参照。

ヘーベルレの制度的基本権論の紹介としては、戸波江二「西ドイツにおける基本権解釈の新傾向（二）」自治研究五四巻八号（一九七八年）九五―一〇二頁、青柳幸一「基本権の多次元的機能（二）」法学研究五五巻五号（一九八二年）三四―三八頁、のちに同『個人の尊重と人間の尊厳』（尚学社、一九九六年）九八頁以下に再録、浜田純一「制度概念における主観性と客観性」小林直樹先生還暦記念『現代国家と憲法の原理』（有斐閣、一九八三年）四八八―四九一頁などがある。

一　制　度

1　シュミット、ヘーベルレいずれの場合にも制度とは保障の対象物そのものであることをまず確認しておかなければならない。この点で例えば、自由という保障の対象物を制度的に――つまり「制度的」と表現される一定の手法を用いて――保護しようとするH・シュタイガーの立論(1)とは基本的に異なる。したがって以下では、ドイツ語を直訳した「制度的保障」というミスリードなよび方をせず、端的に「制度保障」と言うことにする。

次にシュミット、ヘーベルレが保障の対象物と考える制度とは何かということが問題になる。この問題に取り組む際に私は、論者の制度観が ideales Sein としての法規範と reales Sein としての社会的現実[2]との間にいかなる関係を想定しているのかという点にとりわけ注目したいと思う。保障範囲の画定や保障の方法をめぐる論者間の相違は主としてこの点とかかわっていると考えられるからである。

2　シュミットが institutionelle Garantie, Institutsgarantie というときの Institution, Institut とは何であろうか。このテーマを取り扱った二つの論稿から定義的な部分を抽出してみよう。Institut とは「伝統的に確定している典型的な規範複合体 Normenkomplex 及び法関係[3]」である。また別な箇所で述べているように「Institutsgarantie とは……内容的には特定の規範複合体の保障[4]」である。この二つの定義の共通項をとるならば、シュミットのいう Institut とは ideales Sein としての法規範、それも彼の Institutsgarantie が専ら私法に関するものとして公法にかかわる institutionelle Garantie と区別されているところから[5]、私法上の伝統的・典型的な法規範の複合体であると理解することが許されよう。

Institution についてはシュミットは次のようにいう。「institutionelle Garantie は当然のことながら、Institution、すなわち形成され・組織され・したがって境界画定可能・区別可能な・公法的性質を有する Einrichtungen を前提にしている[6]」。最も定義らしい仕方で Institution について言及したこの文章によっても、Institution がいかなるものであるのか、特に法規範と社会的現実との関係がそこでどのように理解されているのかは必ずしも判然としない。Institution は Einrichtung であると述べてみても、それはラテン語系の語をゲルマン語系の語に置き換えたにすぎないから、理解の鍵はこの Einrichtung を限定する「形成され・組織され」云々の形容詞の意味ということになるだろう。そこでいま少し別な部分を引いてみると、シュミットによればゲマインデ自治の

institutionelle Garantie は「歴史的発展のなかから特徴的・本質的なものとして形成されてきた一定の典型的メルクマール」[7]の保護を意味し、職業官吏制度とは「特別な基本的特徴 Grundzüge と、ドイツ国法の発展のなかで形成されてきた典型的組織とを伴った、公法上の Einrichtung」[8]であり、ドイツの大学の神学部という概念及び用語は「抽象的に構成されうるものではなくて、一九世紀及び二〇世紀の具体的な歴史的状況のなかでのみ理解できる」のであるから神学部の「保障のなかにはこの Institution にとって典型的・特徴的とみなされなければならないことはすべて含まれる」[9]。これらの説明を相互につきあわせてみると、Einrichtung を限定する三つの性質が浮かびあがる。第一は「歴史的に形成されてきた」ということであり、第二は「典型的・特徴的」ということ、第三は「公法上の」ということである。

シュミットのいう Institution とは「歴史的に形成されてきた・典型的な・公法上の Einrichtung」である。ところで先ほど述べたように、シュミットの Institut は「伝統的に確定された・典型的な・私法上の規範複合体」であるから、Institution と Institut はいずれも伝統的（乃至歴史的）・典型的という点では一致し、一方が公法上の、他方が私法上のという点で区別される Einrichtung 或いは Normenkomplex ということになる。この対応関係から推すと、ここでいわれている Einrichtung は規範複合体と同義であろうと考えられる。このことはまた、一九二八年の Verfassungslehre の段階ではまだ Institution と Institut との区別は行われていなかったこと、シュミット説を敷衍した諸家の見解を容れて一九三一年にこの区別を採用して以後も、保障の対象物が公法私法の観点から二分された以外に立論に変化がみられないことによって裏付けられるであろう。

F・クラインの改説[10]に代表されるように今日では Institution といい Institut といっても、いずれも等しく憲法的効力の付与によってある「制度」を保護しようとする点に変わりはないという理由で、公法私法の別に立脚したこの区別を否定するのが一般的なようである。[11] シュミットについてもそのように Institution, Institut を一括して論ずることが許されるならば、両者のいずれにも「制度」の訳語を当ててさしつかえないであろう。[12] そうすると要するに、シュミットの「制度」とは「伝統的且つ典型的な規範複合体」を意味するという結論に達する。[13]

そこで今度はこの「伝統的」「典型的」という条件が具体的には何を意味するものであるのか、少しくシュミットの論述を追跡して、彼の制度観の理解を進めることにしよう。

すでにみたように、ここで「伝統的」とは「伝統的に確立された」「歴史的に形成されてきた」という意味である。シュミットはまた、制度保障は「つねに何らかの現存物、形成され組織されて存立し・現に存在しているものに関係する」[14]という。シュミットの制度保障論が、ヴァイマル憲法第二編中の若干の規定は歴史的に形成されてきた現存物（＝制度）の保護を目的とするという趣旨の主張であることから知られるように、ここにいう制度は憲法典制定・発効時の現存物でなければならない。すなわち「歴史的に形成されて現にあるもの」とは特定憲法典の制定発効に先行して形成され現存するものを指し示す。「伝統的」の語は「制度保障規定を置くまさにその憲法典に先行する」の意味に理解することが可能であろう。[15] そうでなければ憲法典の組織的部分で規定されている例えば大統領・議会・政府などの「基本概念」と制度保障の対象物たる「制度」とが区別不可能になってしまうであろう。現にレーヴェンシュタインは憲法典によって創設されたこれらの諸機関についてまで制度保障概念を拡張し、シュミットの批判を浴びている。[16] レーヴェンシュタインを批判するこの箇所でシュミットが、ライヒ大統領、人民投票などを通常よくいわれるように「制度」とは呼ばずに「憲法上の基本概念」と称していることは、制度保障論のコンテクストではシュミットの制度概念が前憲法典的という条件を内包していることを端的に示しているといえよう。

「伝統的」というメルクマールが保障の対象物を憲法典に先行して存在する法規範に限定する機能を担うものであるとすれば、「典型的」という条件は前憲法典的法規範及び事実状態のなかで保障対象を限定する働きを示す。シュミットによれば、ヴァイマル憲法発効日といった特定時点の事実的ないし法的状態 Sach-oder Rechtslage の現状保障と制度保障とは区別されなければならない。[17] 歴史的に形成されてきて現存する事実的・法的状態（現状）は制度とそうでないものとを含む。この両者を区別する基準をシュミットは、「典型的・特徴的・本質的」の語で表現した。憲法典制定発効日の現存物中「典型的法規範」のみが「制度」であるから、憲法典がたとえその余のものまで保護しているとしてもこれを制度の保障と称することはできない。広義の現状から「制度」を差し引いた残余の部分の保障をシュミットは「現状保障」と名付けたと理解することが可能であろう。

純粋な現状保障の例としてシュミットがあげているのは、ライヒ法律が制定されるまでの間既存の法状態が維持されるべきことを定めたヴァイマル憲法一七三条・一七四条の規定である。これ以外の場合には、多くは制度保障と現状保障とが「連結的―補充的」関係に立つという。[18] 例えば一三七条五項の公法上の社団 Körperschaften des öffentlichen Rechtes としての宗教団体の制度保障規定と一三八条の教会財産の現状保障規定との間には、シュミットによればこのような連結的―補充的関係が存在している。[19] しかしまた、同一の条項が制度保障のみを規定しているのか、それとも現状保障までも含むのか、いずれとも解釈される可能性をもつ場合がある。ヴァイマル憲法についていえば一二七条（ゲマインデの自治）・一二八乃至一三〇条（官吏法上の諸保障）・一四二条（学問の自由）・一四九条三項（神学部の存置）がそれである。[20] シュミットの解釈に従えば、これらの条項によって、現存する個々のゲマインデが合併から守られたり、[21] 官吏の俸給の最高水準が減額から保護されたり、個々の神学部の現状がその講座数・教員数・予算も含めて維持されたりするわけではなく、既存の法規範の「典型的基本的特徴」が保障されるにとどまる。ドイツの職業官吏制度についていえば、終身雇用、一般的規定によって計算可能な・地位に応じた生活費及び扶養費の支給、職階制《ヒエラルヒー》、懲戒権、[22] 神学部に関していえば、宗派の教義上の制約内における研究教授の自由、学内事項に関する自治権、学位授与権、修道士との兼職禁止を帰結する教官の身分的独立、がそれであるという。[23] シュミットが制度の保障と現状の保障とを区別する実際的意味はここにある。しかし第一に、ある規定がなぜ現状ではなく制度を保障するものと解釈されるのか、その根拠、第二に、何を「典型的」法規範＝制度として広義の「現状」のなかから抽出するのか、その基準、は判然としない。柳瀬良幹のいうように、結局シュミットがそうだというところのものが制度保障規定であり、シュミットがこれが典型だというところのものが典型的特徴だということにもなりかねない。[24] 私のみるところ、シュミットの制度保障論にはその保障範囲の画定困難性すなわち制度概念の外延の不確定性が内在しているが、その主たる原因は「伝統的且つ典型的規範複合体」という彼の制度概念中、「典型的」か否かの判別規準の不存在から由来すると考えられる。

シュミットの制度概念に関していま一つ論じておくべきことがある。彼によると「伝統的な基本権保障のうちにはすべて、規範の伝統的・典型的態様の保障を見出すことができる」[25]（傍点本書著者）。例えば憲法上の人身の自由条項は、逮捕・捜査等に関する既存の刑事手続規定の典型的規準 Maßの保障を含む。傍点を付した部分は私の理解するシュミットの制度概念と一致するから、この文章は「伝統的な基本権保障のうちにはすべて、制度の保障を見出すことができる」、と読み換え可能なようにみえるが、シュミットはここにいう「法律規定の伝統的・典型的規準」をはっきりと制度《インスティトゥート》から区別している。なぜか。人身の自由のような「伝統的基本権」は彼の前提に従えば決して制度ではないからである。シュミットは伝統的基本権条項を、一方ではそのプログラム性のゆえに生じ、他方では法律の留保の結果として生ずる法的無内容性から救い出そうとし、これらの条項は法律の留保に対するミニマムの保障として、伝統的な自由侵害の態様をさらに加重することの禁止を含意すると主張したのである。シュミットの思考法からすると、自由は制度ではなく、したがって伝統的自由権条項に内在する自由に対する特定侵害態様の保障も制度ではない、ということになるもののようである。

これで一応シュミットの制度概念をひととおり検討した。いま一度その結論をまとめておくことにしよう。①

私の理解によれば、シュミットの制度とは（Institution, Institut の双方を含めて）「伝統的且つ典型的な規範複合体」である。② ここに「伝統的」というのは「憲法典制定発効に先行する」の意味であり、③「典型的」というのは「単なる現状とは区別される」の意味である。但しその場合、どのようにしてその区別が行われるのかは明らかにされていない。④ 同じく「伝統的・典型的法規定」といっても、自由権に内在する・自由に対する侵害態様のミニマムの保障という意味のそれは、そもそも自由が制度ではないので、制度に含まれない。

保障の対象物としての制度は、シュミットの場合社会的現実の次元を含まない。歴史の推移のなかで生成される一定のまとまりをもった社会的現実は、慣習法及び制定法を通じて法規範の次元にまで「高められて」はじめて、その後に制定される憲法典の保障対象となる。この憲法典の授権にもとづく立法者にとっては、制度は社会的現実における動的生成を経たのちの法的静止状態として現われる。憲法制定前から存在する法規範の複合体という条件からみると、立法者に対する保障対象の指示はかなり明瞭であり、一定の社会的現実の維持が命令されている場合に比して立法者の選択肢ははるかに限定されている。ところが法規範の典型的特徴という条件が加わることで、立法者に対する授権の範囲の画定は再び困難に直面することになる。ゲマインデの自治・職業官吏制度・大学・結婚・所有権などに関する数多くの法規範のうち、どの規範の改廃が、大学・結婚などこれらの名称で一括して表象されている規範複合体の全体構造を、これまでのあり方ともはや同定できないまでに変質させたり破壊したりすることになるのか、これを探究することが問題の鍵であるとしても、いずれにせよ個々の具体的な論点について見解の対立が生ずることは避けられないであろう。制度に関連してなお論じ残した自由と制度との関係、主観的公権と制度保障との関係をめぐるシュミットの所説については、節を改めてやや詳しく検討することにしたい。

3　シュミットの場合、自己の制度概念が、規範的存在のレベル及び社会現実の存在のレベルといかなる関係を有するのかという点を自覚していたとはいいがたい。この観点を自覚しつつ制度保障論を再構成したのが戦後のF・クラインである。クラインは「保障内容の観点からすると（法）制度以外に社会的実態 gesellschaftlicher Sachverhalt も保障されている[26]」とした上でその態様を、①社会的実態の（独立した）保障、②（法）制度と結びついた社会的実態の保障、③基本権と結びついた社会的実態の保障、④（法）制度及び基本権と結びついた社会的実態の保障の四種に分類する。

シュミットとの共通点と相違点を確認しながらクラインの制度保障論の特色をあげてみよう。第一に、クラインの戦前の著作では制度の保障 Einrichtungsgarantie が公法制度の保障 institutionelle Garantie と私法制度の保障 Institutsgarantie とに二分されていたが[27]、すでに述べたようにここでは公法私法の区別を疑問視する立場からこの分類が放棄されている。この点ではクラインは、シュミットの見解を一九三二年論文から一九二八年の Verfassungslehre へとひき戻したと評することができよう。四種の組み合わせの三要素が基本権・（法）制度・社会的実態であることから知られるとおり、第二に基本権と制度とが別種のものとして区別され、第三に社会的実態と区別された制度は、まさに括弧書きで「法」の語が補われているように専ら法的次元の存在として想定されている。この二点についてはシュミットと一致するが、規範と社会的現実とを区別し、制度が法規範の次元に属するということを明らかにした点ではシュミットと異なる。このこととの関連で第四に、やはりシュミットとは異なって社会的実態が基本権からも制度からも独立に保障されうることを示し、しかもこれを制度保障の範疇に加えたことを最大の特色としてあげることが許されよう。

但しここでクラインの説くところを具体的にみるならば、社会的実態が独立に保障されている例として彼があげるのはヴァイマル憲法一六四条（農業・工業における独立中産階級の保護規定）だけであり、「社会的実態の独立した保障は「ボン」基本法には見出されない[28]」というのであるから、解釈論的にはグラビッツとともに「社会的事実の憲法的保障はクラインの理論のなかで何ら自立的な役割を演じていない[29]」ということができる。むしろまず歴史的に生成してきた社会的実態が、ひきつづいて「法規定の力でいわば法的次元に高められる」のであり「法制度とは社会的実態の法的承認にほかならない[30]」。そして最後にこの法制度が憲法によって保障される。ここにみられる社会的実態の生成→その法的承認＝制度→その憲法上の保護＝制度保障という思考法は、2で理解したシュミットの制度保障論の構造とまさしく軌を一にするものである。「制度保障の対象となる制度」がクラインの場合にもシュミットと同様に「特定憲法典の制定前から存在する法規範の複合体」であることは、彼がボン基本法二一条を政党の制度保障と解釈する際の次のような論述の仕方からも明らかであろう。「政党は慣習法によってすでに以前から法制度であったのか、それとも〔ボン〕基本法の公布により憲法的保障の力を借りてはじめて法制度となったのか、……前者が正しいのだから、二一条は《政党》という伝統的な法制度とそれに伴って社会的実態とを保障しているのである」(傍点筆者)。総じてクラインの制度保障論は、シュミットと基本的には同一線上に立ちながら、社会的現実のレベルにも注意を払っている点で次にみるヘーベルレ説への過渡期を代表するものとみることもできよう[31]。

4　新しいタイプの制度保障論——いわゆる制度的基本権論——の代表者ヘーベルレの制度概念を、すでにこの分野の「古典」と評される[32]彼のDissertation『基本法一九条二項の本質的内容保障』を素材として私なりに再構成することが次の課題である。

自由ないし基本権と制度及び制度保障との関係については、シュミットの項でも断っておいたように節を改めて論じたいと思うが、シュミットとヘーベルレの制度概念の最もきわだった基本的な対立がこの点にかかわっているので、行論の都合上まずそれにふれておかなければならない。シュミットが「自由は決して制度ではない」という大前提から出発するのに対して、ヘーベルレの博士論文の眼目の一つはまさしくシュミットと正反対に

「基本権は制度的側面をもつ」というテーゼを主張する点にあった。へーベルレ自身は「制度保障」の語を用いずに基本権の「制度的側面」institutionelle Seite、「制度としての基本権」Grundrechte als Institute という言い方をしているが、これは制度的保障の語が「シュミットの理論によって、一面化と〔自由と制度の間での〕見せかけの選択という負い目を背負い込んでいる」[33]と判断したからである。へーベルレの考え方によれば「基本権」という一つの存在が「制度」と「個人の主観的公権」という二つの側面をもつ。[34]したがって、保障の対象物はへーベルレの場合にもシュミットと同様に「制度それ自体」ではあるが、しかしそれはシュミットと異なって同時に「基本権」でもある。

へーベルレの制度概念を論ずるに先立っていま一つ注意しておかなければならないのは、「基本権によって保護された生活領域は設定されたもの etwas Eingerichtetes、すなわち制度的なもの Institutionelles である」「客観的生活関係すなわち制度としての基本権」といった表現[35]に端的に示されているように、彼にあっては「制度」Institute、「生活関係」Lebensverhältnisse、「客観的秩序」objektive Ordnungen、「生活領域」Lebensbereiche の語が同義語として互換的に使用されていることである。この二点（①制度＝基本権の制度的側面、②制度＝生活領域・客観的秩序等）を絶えず念頭に置きながら、以下法規範と社会的現実との関係に重点を置いてへーベルレの制度概念を検討することにしたい。[36]

へーベルレの制度的基本権論に強い刺激を与えたのはM・オーリウの制度理論とE・カウフマンの法思想であった。この二人の理論それ自体を論ずることは本章の任ではないが[37]、へーベルレの制度概念を再構成する足がかりとしてここではまず、へーベルレ自身が引用するオーリウの制度の定義から出発することにしよう。「制度とは、社会環境のなかで、法的に実現され持続する仕事または事業の理念である une institution est une idée d’oeuvre ou d’entreprise qui se réalise et dure juridiquement dans un milieu social〔第一命題〕。この理念の実現のために権力が組織され、これによって理念は機関を獲得する〔第二命題〕。この理念の実現に利益を有する社会集団の構成員の間に、〔第二命題にいう〕権力機関によって指導され手続によって規律された同信の表示 manifestations de communion が現われる〔第三命題〕」[38]。ヘーベルレは制度の定義を行っていないという指摘がなされ[39]、またヘーベルレ自身も「客観的生活関係〔＝制度〕は前もって確定された抽象的定義になじまない」と述べているが[40]、私の理解によれば、彼の制度概念はいま掲げたオーリウのそれに従って整理することが可能である。オーリウの第一命題では制度の内容をなす三つの要素が提示されている。「仕事または事業の理念」「法」「社会環境」がそれである。第二命題は「理念」と「法」との関係を「法」の創出者に力点を置いて説いたものであり、第三命題はこの「理念」が「法」を通じて「社会環境」のうちに実現される態様（としての「同信の表示の出現」）について語ったものと解することが可能であろう。ヘーベルレの制度概念もオーリウの第一命題中のそれに対応する三つの要素から成り立っており、三要素の関係についてもオーリウの第二・第三命題と同趣旨の理解がなされているのである。ヘーベルレはコンテクストから判断すると同一と解される事柄に種々の用語を当てる傾向があるけれども、オーリウに照応させてこれらを整理列挙してみると、①「仕事ないし事業の理念」→「基本権理念」Grundrechtsidee、「基本権の指導理念」das grundrechtliche Leitbild、「原則及び指導理念」Grundsätze und Leitbildern、「固有の法則」Eigengesetzlichkeit、②「法」→「規範複合体」Normenkomplex、「規範叢」Normengeflecht、「法規」Rechtssätze、③「社会環境」→「社会的現実」soziale Wirklichkeit、「社会的存在領域」soziale Seinssphäre、「社会生活」das soziale Leben、「生活実態」Lebenssachverhalten などとなる[41]。

ヘーベルレは、「基本権は無数の法規・規範複合体・制度によってはじめて、社会的存在領域のなかへと植えつけられうる」[42]―Ⓐと述べているが、私のみるところこの文章は三要素の関係を最もよく示すものである。多少の説明が必要であろう。まずここにいう「基本権」は「基本権理念」の意味に理解することが可能である。ヘーベルレによれば「憲法規範なかでも基本権規範は、その本質上一般的・包括的 generell und summarisch 性質をもつものであり、憲法は通常、原則及び指導理念の定立をもって満足している(43)」のであるが、「憲法によって規定された個々の基本権の指導理念それ自体は、社会生活における基本権の実現、基本権の《制度化》という憲法の目標を達成しえない(44)」。すなわち「立法者なしには基本権理念は社会的領域で実現されることができない(45)」。ここから判断するに、社会のなかに実現されるべき基本権とはすなわち憲法が定める各基本権の指導理念のことである。基本権理念自体は自己を社会的現実のうちに移しかえる能力をもたず、そのためにはそれを実現する媒介物が必要だというのである。私がⒶの記号を付して掲げた文章では、この媒介物として「無数の法規・規範複合体・制度」が列挙されている。ここに「制度」Institute があげられていることは、グラビッツのいうようにヘーベルレの制度概念が規範複合体と「社会学的意味内容(46)」との間で「動揺」していることを示してはいるが、少なくとも法規・規範複合体と同格に置かれ、社会的存在領域と区別されている「制度」が規範的存在であることには疑いがない。ここにいう「法規・規範複合体・制度」の三者を一括して「規範複合体」と考えても誤りではないと思う。そこでⒶの文章は、「基本権の指導理念は無数の規範複合体を通じてはじめて、社会的存在領域のなかへと植えつけられることができる」という意味であると私は理解する。すぐに気がつくように、これは先ほど掲げたオーリウの第一命題と基本的に同一である。両者をならべて再定式すれば、オーリウ、「制度とは、社会環境のなかで、法的に実現され持続する仕事または事業の理念である」。ヘーベルレ、「制度としての基本権とは、社会的存在領域のなかへと、規範複合体によって植えつけられた基本権理念である」。基本権理念が規範複合体によって社会的存在領域のなかで現実化している状態、これが「基本権の制度的側面」であり、この現実化の過程、これが「基本権の制度化」であるといってよいであろう(47)。

さて基本権理念・規範複合体・社会的現実の三要素の関係規定として制度概念を抽出するに至ったので、つづいてこれら三要素のそれぞれについてへーベルレの述べるところをいま少し拾い出して彼のいう基本権の制度的側面の理解に努めよう。

基本権理念に関しては、「基本権理念すなわち義務づけする力を伴って個々の基本権に根拠を与える理念、（基本法六条の）結婚及び家族の指導理念、（基本法二条の）自由な人格の理念、（基本法一四条の）自由な所有秩序の理念、乃至は制度としての基本権に内在している《固有の法則》、これらはオーリウのいう《仕事の理念》[48]」であるとされている。上に引いた「自由な人格の理念」「自由な所有秩序の理念」という例示や、「憲法は［各基本権に］固有の法則を前提している……が、しかし憲法がこの固有法則を作り出すこともまれではない[49]」「憲法に先行し憲法によって受容された個々の生活領域[50]」「しばしば憲法の基本権部分の特徴をなしている受容 Rezeption という現象――それは基本権領域に存在しうる法史的内容を自覚化すること Besinnung を要求する[51]」などの論述からみると、「基本権理念」「固有法則」というときにへーベルレが主として念頭に置いているのは、歴史的に形成され継承されてきた人権思想、「信教の自由」とか「人身の自由」とかいうときに人が個別具体の実定憲法とはかかわりなく思い浮かべるある一定の思想、のことのようである。特定の憲法典は多くこれを受容し条文化し宣言する。「基本権理念」と憲法典との関係についてのへーベルレの思考がこういうものであるとすれば、それは「伝統的典型的規範複合体」と憲法典との関係に対するシュミットの考え方と類似している[52]。

すでに述べてきたように規範複合体もへーベルレの制度概念の要素である。このことは例えば、「規範複合体は制度としての基本権の存在様式に含まれる[53]」（傍点原著者）という彼自身の言によっても確認される。オーリウの第二命題は仕事ないし事業の理念を実現するための権力の組織化について語っているが、へーベルレの場合これに対応するのは基本権理念を実現する立法者の役割の重視である。「立法者は基本権理念を個々の社会領域で実現する――ためにもちろんそれぞれ異なる《密度》で必要な――規範複合体を創出する」。規範複合体は「本質的に立法者の形成行為 ausgestaltende Tätigkeit の産物である(54)」。彼のこの書物全体を貫くこうした立法者重視の立場から知られるように、規範複合体として想定されているのは主として議会制定法である。制度（としての基本権）を保障する当該憲法典の下において、基本権理念実現の手段として制定される諸法律である点で、保障されるべき対象物それ自体たるシュミットの前憲法典的典型的規範複合体とは異なることに気がつくであろう。

オーリウの第三命題では、「仕事の理念」に対する社会集団構成員の「同信の表示」の出現について述べられていたが、社会的存在領域における基本権理念の実現としてヘーベルレが想定しているのも、基本権者 Grundrechtsberechtigte が基本権理念によって絶えず満《リクルート》たされて現実に基本権を主張しているという事態である。

制度としての基本権は「少数の者しか基本権を主張することができず、あるいはほとんど誰も現実には基本権を主張することができない場合、〔及び〕基本権〔理念〕がもはや基本権者の実在的《現実的意思内容》ではないような場合に、危険にさらされるのである(55)」。例えば経済的強者による独占が排除されて、それまでも形式的に法的可能性を有してはいた経済的弱者が再び事実上自由に契約を締結し、個々の集会が第三者に妨害されることなく日常的に開催されるのでなければ、契約の自由、集会の自由といった「基本権はその制度的意義を喪失してしまう(56)」。

これらの論述から理解されるように、第一に、ヘーベルレのいう基本権理念の社会的現実化とは個々の基本権者が自己の基本権を実現する意思を現実にもっていること、そして多数の基本権者の主張が日常的に実現されること、この二点をその内容とする。第二に、これまでも述べてきたように社会的に基本権理念が実現されている状態は制度概念の要素の一つである。「生活領域〔＝制度〕は規範複合体《規範叢》を別とすれば、数えきれないほど多数の個人が日々基本権を主張することによって成り立って」おり、「制度としての基本権は個人の行態及び意思行為に依存している」[57]。このように大量観察される個々人の行動様式それ自体も問題にする点で、ヘーベルレの制度概念は社会学的と評することができよう[58]。第三に、制度としての基本権は一面自由を時の流れから守る「安定化要素」でもあるのだが、しかし多面多数の個人による現実的行使に着目すれば制度としての基本権は単なる「状態」Zustandではなくて同時に過程Vorgangでもある[59]。ここにはヘーベルレの制度観における「安定性と可塑性」Stabilität und Elastizitätの結合がよく示されているといえるだろう。制度の社会学的次元と可塑性の重視は、規範複合体についての説明で言及した立法者の役割に対する大きな期待と結びついている。

最後にヘーベルレの制度観についてこれまで考察してきた事柄をまとめておこう。①ヘーベルレによれば基本権は個人権的側面とともに制度的側面をも有する。したがってこのコンテクストでは、制度とは「制度としての基本権」のことである。②私の理解によれば制度としての基本権とは、「基本権理念が規範複合体を通して社会的存在領域のなかで現実化している状態」である。③ここで「基本権理念」とは憲法典の基本権部分各条項に受容された人権思想のことであろう。④基本権理念が社会的に現実化されるための媒介項たる「規範複合体」は、主として議会制定法を意味している。⑤「社会的存在領域において現実化している」とは個々の基本権者が自己の基本権を実現する意思を現実にもっており、基本権の主張及び実現という行動様式が社会的に大量観察される状態である。

5　このようなヘーベルレの制度概念を二及び三で取り扱ったシュミット、クラインのそれと比較してみよう。第一に制度保障の対象と制度概念との関係について。シュミットの場合、保障の対象となる制度とは「伝統的且つ典型的な規範複合体」であった。クラインの「制度」も規範複合体ではあるが「伝統的典型的」というメルクマールを含んでいない。但し「制度保障の対象となる制度」は「伝統的な」規範複合体に限定されている。クラインにあっては基本権・伝統的規範複合体・社会的実態の三要素のうちの基本権のみを保障する場合以外は、すべて制度保障概念に包摂される点にも特色がある。基本権・法制度・社会的実態というクラインの三要素が変形されて、概念内在的位置を与えられたものがヘーベルレの「制度」であると理解することもできよう。そこでは憲法上の保障の対象物は「制度としての基本権」であり、それは基本権理念・規範複合体・社会的現実の三要素からなっている。

第二に規範と社会的現実との関係について。シュミットの「制度」は規範複合体それ自体であるから、社会的現実はそれが慣習法・制定法によって規範複合体の次元にひきあげられてはじめて保障対象たる制度となる。クラインの場合には制度ではないなまの社会的現実も制度保障の対象に含まれる。つまり社会的現実と規範との関係づけという観点から整理するならば、社会的現実→規範複合体→その憲法的保障（シュミット、クライン）及び社会的現実→その憲法的保障（クラインのみ）ということになろう。これに対して、基本権理念が規範を通して現実化されている状態というヘーベルレの制度観の構造はちょうどその正反対であって、憲法上の基本権理念→規範複合体→社会的現実となる。この対立は、制度保障というときの「保障」の意味と立法者の役割をめぐるシュミットとヘーベルレの見解の相違を導く基本構図として重要であると思われる。次節ではこの「保障」の問題を論ずることにしよう。

（1）H. Steiger, Institutionalisierungder Freiheit? Zur Rechtsprechung des Bundesverfassungsgerichts im Bereich der Grundrechte, in: Zur Theorie der Institution, hrsg. v. H. Schelsky（1970）, S. 114 f.

（2）横田喜三郎「法律における存在と当為」同『純粋法学論集Ⅰ』（有斐閣、一九七六年）一一五頁以下参照。

（3）C. Schmitt, Grundrechte und Grundpflichten（1932）, in: ders., Verfassungsrechtliche Aufsätze（1958）, S. 215.

（4）C. Schmitt, Freiheitsrechte und institutionelle Garantie der Reichsverfassung（1931）, in: C. Schmitt, Verfassungsrechtliche Aufsätze, S. 164.

（5）vgl. C. Schmitt, Verfassungsrechtliche Aufsätze, S. 143, S. 215.
（6）C. Schmitt, Verfassungsrechtliche Aufsätze, S. 149.
（7）C. Schmitt, Verfassungsrechtliche Aufsätze, S. 146.
（8）C. Schmitt, Verfassungsrechtliche Aufsätze, S. 149.
（9）C. Schmitt, Verfassungsrechtliche Aufsätze, S. 158.
（10）v. Mangoldt/Klein, Das Bonner Grundgesetz（1955）, Bd. I, S. 84.
（11）z. B. T. Maunz/R. Zippelius, Deutsches Staatsrecht, 24., völlig neubearbeitete Aufl.（1982）, S. 138.
（12）以下本章では特段の区別が必要でないかぎり、institutionelle Garantie, Institutsgarantie, Einrichtungsgarantie のいずれに対しても「制度保障」の語を当て、文脈上区別を要する場合には institutionelle Garantie には「公法制度の保障」、Institutsgarantie には「私法制度の保障」の訳語を当てることにする。
（13）この点に関してはドイツ人研究者の間にも見解の相違がある。例えばグラビッツ、ブレックマンはシュミットの「制度」を専ら規範の次元の存在と解するのに対して、アーベルはシュミットのいう Institution と Institut のうち前者を社会的現実の次元までも含んだ存在と解している。私自身は本文で示したように、グラビッツ、ブレックマンの理解を採る。vgl. E. Grabitz, Freiheit und Verfassungsrecht（1976）, S. 219, A. Bleckmann, Allgemeine Grundrechtslehren（1979）, S. 171, G. Abel, Die Bedeutung der Lehre von den Einrichtungsgarantien für die Auslegung des Bonner Grundgesetzes（1964）, S. 46 f.
（15）G. Abel, a. a. O., S. 56 f. u. S. 71.
（16）C. Schmitt, Verfassungsrechtliche Aufsätze, S. 153.
（17）C. Schmitt, Verfassungsrechtliche Aufsätze, S. 155.
（18）C. Schmitt, Verfassungsrechtliche Aufsätze, S. 155.
（19）C. Schmitt, Verfassungsrechtliche Aufsätze, S. 156.
（20）C. Schmitt, Verfassungsrechtliche Aufsätze, SS. 213–215.
（21）vgl. C. Schmitt, Verfassungslehre（1928）, S. 171. シュミット、尾吹善人訳『憲法理論』（創文社、一九七二年）二

一三頁。以下 Verfassungslehre の訳はすべて尾吹訳に依った。ただし、おくりがななど表記法を一部改めたところがある。

(22) C. Schmitt, Verfassungsrechtliche Aufsätze, S. 214.

(23) Verfassungsrechtliche Aufsätze, S. 158.

(24) 柳瀬良幹「地方自治の制度的保障」『地方自治論文集』（良書普及会、一九七二年）三三頁、三五頁。

(25) C. Schmitt, Verfassungsrechtliche Aufsätze, S. 166.

(26) v. Mangoldt/Klein, a. a. O., S. 84.

(27) vgl. F. Klein, Institutionelle Garantien und Rechtsinstitutsgarantien (1934), SS. 93-107.

(28) v. Mangoldt/Klein, a. a. O., S. 84.

(29) E. Grabitz, a. a. O., S. 220.

(30) v. Mangoldt/Klein, a. a. O., S. 85.

(31) ブレックマンは、シュミットが「制度」を明確に規範複合体と考えていたに対して、クラインの場合には「事実の次元での制度」die faktische Institution への重点移動が生じているという。たしかにクラインは社会的実態のレベルを議論のうちに自覚的に取り込んだ点でシュミットと異なるわけであるが、他方で社会的実態そのものはクラインのいう「制度」の概念要素ではなく、その点でのちに述べるヘーベルレとも一線を画していることに、クラインの学説史的位置づけを明確にする上からも、注意しておく必要があろう。vgl. A. Bleckmann, a. a. O., S. 177.

(32) A. Bleckmann, a. a. O., S. 184.

(33) P. Häberle, Die Wesensgehaltgarantie des Artikel 19 Abs. 2 Grundgesetz, 2. ergäuzte Aufl. (1972), S. 71. ヘーベルレは一九八三年に同書の増補第三版を出版している。これは第二版を無改訂で再録し、そのあとに「ヨーロッパ諸国の憲法解釈・憲法裁判・憲法学に対する基本法一九条二項のモデルとしての役割」「連邦及びラントの憲法裁判所における判例の展開」「基本法一九条二項・本質的内容保障の学説への影響」「立憲国家における本質的内容保障の展開のパースペクティヴ」という四つの章を付加したものである。彼の制度的基本権論自体は第二版と変化していないとみられる。本章の考察は専ら第二版に依った。

(34) P. Häberle, a. a. O., S. 70.

(35) P. Häberle, a. a. O., S. 96, S. 100.

(36) 基本権の institutionelle Seite, Institutscharakter という表現が同義に用いられていることからも理解できるように、ヘーベルレは Institut と Institution とを特に区別していない。名詞形としては主として Institut の語が使用されているようである。本章ではいずれの場合にも「制度」「制度的」の訳語を当てた。

(37) ヘーベルレの制度観とM・オーリウ、E・カウフマンの制度理論との関係については、浜田純一「制度概念における主観性と客観性」小林直樹先生還暦記念『現代国家と憲法の原理』(有斐閣、一九八三年) 四八七頁以下参照。

(38) M. Hauriou, La théorie de l'institution et de la fondation, en: Cahiers de la nouvelle journée, t. 23 (1933), p. 96. P. Häberle, a. a. O., S. 105.

(39) 青柳幸一「基本権の多次元的機能 (三・完)」法学研究五五巻六号 (一九八二年) 六〇頁、のちに同『個人の尊重と人間の尊厳』(尚学社、一九九六年) 一三三頁。

(40) P. Häberle, a. a. O., S. 102.

(41) Grundrechtsidee→z. B. a. a. O., S. 105, S. 193, das grundrechtliches Leitbild→z. B. a. a. O., S. 201, Grundsätze und Leitbildern→z. B. a. a. O., S. 185, Eigengesetzlichkeit→z. B. a. a. O., S. 106, Normenkomplex→z. B. a. a. O., S. 106, Normengeflecht→z. B. a. a. O., S. 117, Rechtssätze→z. B. a. a. O., S. 185, soziale Wirklichkeit, soziale Seinssphäre, das soziale Leben, Lebenssachverhalten→z. B. a. a. O., SS. 184–186.

(42) (43) P. Häberle, a. a. O., S. 185.

(44) P. Häberle, a. a. O., S. 184.

(45) P. Häberle, a. a. O., S. 116.

(46) E. Grabitz, a. a. O., S. 228.

(47) vgl. E. Grabitz, a. a. O., S. 229.

(48) P. Häberle, a. a. O., S. 105 f.

(49) P. Häberle, a. a. O., S. 100.

(50)（51）P. Häberle, a. a. O., S. 96.
(52) vgl. P. Häberle, a. a. O., S. 169 f.
(53) P. Häberle, a. a. O., S. 96.
(54) P. Häberle, a. a. O., S. 116.
(55) P. Häberle, a. a. O., S. 117.
(56) P. Häberle, a. a. O., S. 118 f.
(57) P. Häberle, a. a. O., S. 117, S. 109.
(58) 法学的制度概念と社会学的制度概念については、例えば平凡社『政治学事典』（一九五四年）七六三頁、N・ルーマン、村上・六本訳『法社会学』（岩波書店、一九七七年）八九頁参照。
(59) P. Häberle, a. a. O., S. 102.

二　保　障

1　前節では保障の対象物としての「制度」について考察した。本節においては「保障」の問題、すなわち論者が念頭に置く「保障」とは何であるのか、そこからいかなる法的効果が発生するのか、その際、基本権の保障と制度の保障との関係はどのように考えられているのか、といった問題を検討することにしたい。いま論者が想定する保障の態様を標語的に表現するならば、シュミットの場合には「（単純）立法者からの保障」[1]、ヘーベルレの場合には「（単純）立法者による保障」ということになるであろう。この相違はそれぞれの制度概念からすでに予想されていた。憲法上の保障の対象物が「前憲法典的規範複合体」である場合には、当該憲法典の授権にもとづく立法者は憲法的効力をもって守られたこの規範複合体に手をふれることが許されないはずであるし、憲法上の保障の対象が「基本権理念が規範複合体によって現実化している状態」であるならば、規範複合体の創出者としての立法者にはこの状態を現出させる任務が憲法によって課せられていることになるからである。現にシュミットは、制度保障規定は「単純立法の方法による廃止を不可能にすることを目的としている[2]」と語り、へーベルレは立法者による「基本権の内容形成」Grundrechtsausgestaltung の説明に多くの頁を割いている[3]。その意味で論者の制度概念と保障観とは整合的であるといえよう。それでは立法者から制度を守る、立法者によって制度を守る、とは具体的には何を意味するのか。以下論者ごとに分説することにしよう。

2　「単純立法の方法による廃止を不可能にする」というシュミット的「保障」を、ここでは単純立法者の権限問題の角度から考察してみたいと思う。その際便宜上問題を、⑴シュミットの考えによれば単純立法者はいかなる権限をもつのか（権限内容の問題）、⑵シュミットの考えによれば単純立法者の権限内容は誰によって決定されるのか（権限の決定者の問題）の二つに分かつことにしたい。

(1)　単純立法者はいかなる権限をもつとシュミットは考えているのか。「単純立法の方法による廃止を不可能にする」とは「憲法律の加重された改正要件 erschwerte Abänderbarkeit の助けを借りて単純立法者から保護し・その侵害を免れさせる[4]」ことであるから、そこでは当然に憲法改正権者と単純立法者との区別が前提されている[5]。いわゆる軟性憲法の下では、シュミット型の制度保障論が成立する余地はない。権限問題として語るならば、彼のいう「保障」とは、制度の「廃止権」を憲法改正権者に留保することの主張にほかならない。但し、前節でみたように彼の制度＝「伝統的・典型的規範複合体」が「典型的」のメルクマールによって狭義の現状から区別され、しかもアンシュッツを引いて単純立法者には制度それ自体を「廃止」する権限は認められないが「制限」する権限は認められるとして廃止と制限とがさらに区別されていることから知られるように[6]、シュミットに従えば単純立法者は制度に当たらない狭義の現状を（それが憲法上の「現状保障」の対象とみなされないかぎり）自由に変更することができ、制度についても廃止に当たらない制限を加えることが許される。憲法改正権者に制度の廃止権を留保するとは裏からいえばそういう意味である。

そこで「制度を立法者から保護する」という場合、実際上問題になるのは単なる現状と制度、制度の制限と廃止とをそれぞれどのようにして区別するのかである。シュミットが「単なる現状」と「制度」との判別規準である「典型的特徴」のメルクマールをそれ以上具体化せずにゲマインデ自治制・神学部・所有権などの制度内容を直観的な形式で把握提示していることについてはすでにふれた。また制限と廃止との判別困難を理由に制度保障論の実益に懐疑的なアンシュッツ(7)に対してシュミットは、そういう考え方は境界画定の困難さから境界の不存在を推論するGrenzenlosigkeitsschlußであって憲法解釈には何ら資するところがないと批判を加えているが、彼自身は制限ではなく廃止であることが確認可能な「若干の極端な事例」を想定しうるから立法者には決してフリーハンドが認められているわけではないとするにとどまって(8)、限界事例に積極的な解答を与えてはいない。

(2)　シュミットによれば単純立法者は制度にあらざる狭義の現状の変更権、制度自体の制限権を有して制度の廃止権はもたない。この主張を仮に受容するとして、立法者の具体的な行為がその権限に属するか否かについて疑義が生じた場合これに決定を下すのは誰であるのかという問題がさらに存在する。通常、近代立憲主義の諸憲法典では立法機関と別に憲法改正機関が常設されているわけではなくヴァイマル憲法もその例外ではないから、憲法改正権者と単純立法者との権限分配上の疑義について第一次的に決定を行うのは専ら単純立法者自身、すなわちその時々の議会における単純多数である。シュミットの場合「単純立法者からの保障」といっても、権限に関する決定権の所在の角度からみるならば、さしあたってそれは単純立法者に対する自己抑制の要求にとどまるのであって、法的なサンクションを欠くことに注意しておく必要がある。彼の制度保障論は狭義の現状と制度、制度の制限と廃止の区別によって社会的経済的諸条件の変化に応じた立法活動の余地を残しながら、制度それ自体の廃止に当たる極端な事例を憲法違反と主張しておくことを通して自己の権限の決定者である立法者に政治的非難を蒙るリスクを負わせ、その行動に事実上抑制を加えようというねらいをもつものなのである。にもかかわらず立法者が敢えて「制度」の侵害を企てる場合には法的サンクションが準備されておらず、彼の立論が無力であることはシュミット自身も認めている。制度保障論の実益を疑うアンシュッツの「境界不存在の推論が目立たないやり方で制度を形骸化し空洞化する方法があり、制度保障もこれを防ぐことはできないということを言おうとしているのであるならば、それは立法機関の態様及び構成の如何によっては正しい[9]」場合がある、と。

シュミットの議論はここに留まるようであるが、私はさらに事後的第二次的な裁判統制の問題に考察を進めたいと思う。わが国には制度保障規定はプログラム規定とは異なって裁判規範であると主張する論者も存在するか[10]らである。問題は、特定の議会制定法が憲法典の制度保障規定に牴触し後者が保護する制度を廃止するものだと判断する第三者（すなわち当該法律を制定した議会多数派以外の人）に、裁判に訴えて自己の主張を実現するためのいかなる可能性が存在するのかということである。これはほとんど、当該憲法典――シュミットの場合であればヴァイマル憲法――の下にいかなる裁判制度が用意されているのかと問うに均しい。憲法裁判は認められているのか、それは付随的具体的違憲審査制かそれとも抽象的違憲審査制か、どういう種類の行政訴訟が存在するのか、判決にはいかなる効力が認められているか、等々である。しかしこれらの問題のすべてを遺漏なく論ずることはもとより私のよくするところではない。ここではただ、制度保障と基本権保障とを峻別するシュミットの前提を受け容れるならば、行政法上の客観訴訟をしばらく措くとして、制度保障に固有の法的サンクションが存在するためには今日の（西）ドイツに存在するような裁判所による抽象的規範統制が不可欠であることを指摘するにとどめる。いま公権力の行使によって主観的公権が侵害されたという主張及び制度が侵害されたという主張の有無を考えてみると、形式的には次の四つの組み合わせがある。

① 主観的公権侵害の主張ナシ、制度侵害の主張ナシ。
② 主観的公権侵害の主張アリ、制度侵害の主張ナシ。

③　主観的公権侵害の主張アリ、制度侵害の主張アリ。

④　主観的公権侵害の主張ナシ、制度侵害の主張アリ。

①にはもちろん何の問題もない。②の場合にもいわゆる制度保障規定の裁判規範性の有無は問題にならない。③で私が述べようとしているのは制度保障の侵害と自己の主観的公権の侵害とをリンクさせて訴が提起される事例である。そういうことが起こりうること、換言すれば制度の保障と個人の主観的公権の保障とが結びつく場合のあることは、シュミット自身が認めている。但しシュミットはこの点に関して二通りの異なったケースを想定しているようにみえる。第一は彼のいわゆる制度保障が副次的に個人の主観的公権を含む場合である。制度保障と主観的権利とは「互いに結びつきうるが、ただ解釈にあたって注意しなければならないのは、主観的権利の保障は制度の保障の下位に立ってこれに仕えなければならないものであり、したがって主観的権利者の個人主義的・利己主義的利益ではなく制度的観点が決定を行うということである[11]」。「主観的公権的請求権は、例えば官吏の財産権的請求権のように制度保障のうちに含まれうるが……これらの場合には主観的権利の保障は制度保障の単なる構成要素乃至副産物とみなされなければならず、自立的な基本権とみなしてはならないのである[12]」。第二はこれと逆に制度保障が「連結的―補充的」に基本権的自由権の保護に仕える場合である。「制度保障を一般的自由の単なる連結的―補充的保障と考えることは自由主義的法治国的憲法の精神に合致する。こういう見解に立てば、例えば一三七条の公法上の宗教団体の制度保障は一般的な信仰―及び良心の自由の単なる補充的保障にすぎな[13]」いことになろう。

第一の説明と第二の説明とを制度保障全体に妥当する一般的命題と解するならば両者の間には明らかな矛盾が存在し[14]、シュミットの叙述からはいずれが真意とも判断しがたい。またこれらを先ほど述べたように二つの異なるケースを想定したものと受けとった場合でも、彼の例示はきわめて限られたものであるので、制度保障とされるすべての規定がそれぞれこの二つのケースのいずれに属すると考えられているのかは明らかでない[15]。もしある種の主観的公権が制度の保障に付随しその枠内でのみ認められるものであるとするならば、この権利の侵害を主張する者はその前提として制度の侵害を主張立証しなければならず、彼の権利は当該制度の侵害が除去される範囲内で回復されるということになるであろうから、制度は自己のために語る代弁者をもつわけであり制度が事後的裁判的に担保される可能性が開かれる。但しこれを権利者の側からみると、彼の権利は制度の保障と結合されることによってむしろ縮減することがある。俸給の減額はヴァイマル憲法一二九条一項三文の官吏の既得権を侵すものではないとし、その根拠を同規定が制度を保障するものであるという解釈に求めたシュミットの議論を例としてあげることができよう[16]。逆に、ある制度の保障を連結的補充的に基本権の保障に仕えるものと考えることは、仮に事実の指摘としては首肯されうるとしても、制度の裁判的担保という観点からは実益に乏しい。権利者は制度侵害の有無にかかわらず、まず自己の権利が侵害されることの主張立証を行わなければならず且つそれで十分だからである。権利者の側からみると、条文の定式如何によっては権利が縮減される場合もある。例えば日本国憲法二〇条三項が補充的に信教の自由の保障に仕える制度保障規定と解されると、私人が二〇条三項だけを根拠として自己の権利を主張することは不可能になろう[17]。

シュミットの制度保障論の真骨頂は基本権ではなく制度を保障した規定が（ヴァイマル憲法の）基本権部分には存在すると主張した点にあるのだから、この議論の実益――法的サンクション――も本来④の場合について問われなければならない。④は制度侵害の主張アリ、主観的公権侵害の主張ナシというケースであるが、自己の法的利益の存在を前提にする主観訴訟の枠組の中ではこのような事態は訴訟の対象とならない。そこですでに述べたように制度保障規定が立法者の自己抑制を促すのみならず、独自に裁判規範としても機能するためには憲法上の抽象的規範統制或いは少なくとも行政法上の客観訴訟の整備が不可欠の条件となるのである。

さてシュミットの「保障」論についてこれまで考察してきた事柄をもう一度まとめておこう。① 彼の主張によれば単純立法者は制度とは区別される狭義の現状の変更権及び制度の制限権をもつ。制度の廃止権は憲法改正権者に留保される。したがってシュミットのいう「保障」は憲法改正手続と単純立法手続との区別を前提とする。② 「典型的な特徴」とか「極端な事例」という以外に現状と制度、制度の制限と廃止とを区別する規準は与えられていない。③ シュミットが考える保障とは制度保障規定に抵触する法律を制定するに先立って当該保障規定が改正されなければならず、それには特別多数を要するからその結果として議会の単純多数の企図が阻止されるというものである。しかしこの抵触の有無の判断権は単純立法者自身がもつのであるから、彼のいう保障は畢竟立法者の自己抑制の期待にほかならない。④ 但し制度の保障に付随して、その枠内で主観的公権も保障されているという解釈が成立するかぎりで、この権利者の出訴を待って立法者の行為が事後的に裁判所によってもチェックされる可能性が存在する。⑤ 制度保障規定が主観的公権との関係にかかわりなく裁判規範としての機能を果たし立法者に対して裁判所による事後的なチェックが働くためには、憲法のレベルでいえば抽象的規範統制が不可欠である。例えば連邦政府・ラント政府・連邦議会議員の1/3のいずれかが憲法上の制度保障規定違反を理由に、ある法律の抽象的規範統制を求めて連邦憲法裁判所に提訴し、その結果当該法律が違憲無効と判断される可能性が開かれている（西）ドイツの場合のようにである。(18)

3　**(1)**　シュミットの場合と同様、ヘーベルレに関しても単純立法者の権限問題の角度からその保障観を探りたいと思う。シュミットは基本権と制度との峻別を前提にしながら、基本権はもとより制度についても（少なくとも主観的には）単純立法者の権限を限定されたものにしようとした。彼が制度の「廃止」と「制限」とを区別し、立法者に許されるのは後者のみだと考えたことは繰り返し述べたとおりである。これに対して「制度としての基本権」を立法者の手によって保障しようとするヘーベルレは、そういうシュミットの発想及び用語法を自覚的に拒絶する。へーベルレによれば、ヴァイマル時代に基本権及び制度保障の「絶対的」保護を目的として展開された「基本権の許されざる《廃棄》（《廃止》）と許容される《制限》〔とを区別する〕という学説は支持することができない」[19]。立法者には廃止のみならず「侵害」Eingriffe、「制約」Beschränkungen、「制限」Einschränkungenを行うことも許されていない。「適法な侵害などというものは存在せず、いかなる場合にも侵害は違法で憲法上許されない」[20]ものだからである。

これは立法者の権限をさらに限定しようとする主張ではなくて、逆に自由とその侵害、或いは制度とその制限という伝統的な原則―例外思考に対するへーベルレの訣別宣言である[21]。制度としての基本権を保障するという立法者の任務を原則的自由―例外的侵害の枠組で捉えることはできない。こういう考え方の上に立って、彼は基本権の領域における立法者の権限をAusführung, Konkretisierung, Determinierungの語で表現する[22]。へーベルレによれば基本権の「施行[23]」AusführungとはGrundrechtsbegrenzungとGrundrechtsausgestaltungとを包摂する上位概念である[24]。

Grundrechtsbegrenzungとは基本権保障の限界画定である。立法者は基本権と基本権、基本権とこれに同等及び高次の憲法的法益との利益衡量Güterabwägungによって基本権の保障の限界を画定するとされる[25]。これを伝統的理論のようにEingriff・Beschränkung・Einschränkungと呼ばないのは、いま述べたように自由は原理的に無制約なものであって法は自由を外部から例外的に規制するものであるとは考えずに、法があってはじめて自由が存在し自由を保障してはじめて法は法の名に値する、自由と法とは相関概念である、とみているからである[26]。しかしながら立法者の任務はこの限界画定に尽きるものではない。「むしろ個人に委ねられた自由の領域は、種々の法制度[27]や法形式が個人の利用に供されることによって形成されるのでなければならない。これらの法制度・法形式〔の存在〕によってはじめて基本権の行使、個々の生活関係の自由な形成が可能になる」[28]。例えば立法者が民法上の様々の契約類型を準備し、結社関係法規を整備してはじめて、契約の自由・結社の自由という憲法上の権利が実際に利用可能なものとなるのである。(29) これがヘーベルレのいうGrundrechtsausgestaltungである。立法者はこういう法制度・法形式の現実的利用状況に絶えず注意を払い、基本権理念が現実化するように新たな施策を講ずる義務を負う。

いまシュミット、ヘーベルレの制度保障観を相互に比較してみると、「制度の保障」とは、ヘーベルレの場合には「基本権理念（目的）が、規範複合体を通して（手段）、社会的存在領域のなかで現実化している状態（結果）（制度としての基本権）の維持であるのに対して、シュミットの場合には「伝統的典型的規範複合体＝制度」（目的）が、憲法律的効力を付与されて（手段）、単純立法者による廃止から保護されていること（結果）であるから、ヘーベルレの制度概念は目的・手段・結果の観念を含んでいるがシュミットの場合にはそうではなく、したがってヘーベルレにあっては保障方法の指示が制度概念内在的であるのに対してシュミットにおいては外在的であるという相違、さらに単純立法者の権限内容の指定が保障の手段の位置を占める（ヘーベルレ）のか保障の結果の位置を占める（シュミット）のかという相違、そして前節で指摘したように保障対象が社会的現実であるのか規範それ自体であるのかという相違が存在している。社会的現実のレベルを視野に納め、保障の実現者の位置を占めるヘーベルレの立法者は、これに見合った権能、基本権保障の限界を画定し基本権の内容を形成する（すなわち基本権を施行する）という権能をもつのである。

単純立法者にこういう権限を認める根拠も彼の制度的基本権観そのもののうちに与えられている。(30) 第一に「制度としての基本権」の概念要素である「基本権理念」はその本質上包括的一般的な性質を有し、このように「憲法規範 Verfassungssätzen がもつ一般条項としての幅が立法者に創造的な内容形成を授権し、《内容形成の自由》Gestaltungsfreiheit を与える」からであり、第二に「制度としての基本権」が社会的事実状態のレベルを含むことによっても立法者に対する授権が正当化されるのである。「憲法の下位に立つ法秩序という《下部構造》なしには基本権は実効性 Wirkung をもたず、《絵に描いたモチ》になってしまうだろう[31]」からである。ヘーベルレによれば、このように制度的基本権観を媒介にして憲法の「暗黙の授権」にその根拠をもつとされる立法者の基本権「施行」権限は、問題となる基本権の社会的性質が強くなればなるほどさしせまって必要なものとなり[32]、基本権領域における立法行為は単に例外的なものではなくて恒常的 regelmäßig に許されているのである。

とはいえヘーベルレも単純立法者が随意に基本権の限界を画定しその内容を形成できるとは考えていない。彼が立法者の基本権「施行」行為の規準として掲げるのは利益衡量原則と基本権の指導理念である。利益衡量原則については次のように述べている。「別のコンテクストで、基本権の限界づけの許容される態様及び程度を決定する尺度 Maßstab として利益衡量原則をあげた。本章ではこの原則は、同等及び高次の法益に対して基本権を限界づけるという立法者の機能の尺度であるかぎりで重要性をもつ。立法者はこれらの法益を保護するために、いま一つには基本権自体のために、ということは要するに、憲法の全体 Totalität のためにこの任務を負うのである[33]」。そこでこの原則について説明した「別のコンテクスト[34]」をみてみると、そこでは概要以下のようなことが言われている。基本権を含む憲法全体が一つの統一的な価値体系であることの結果として、各基本権はいずれもその性質に応じて憲法上承認された他の同等乃至高次の法益と相互制約関係に立つ。当該権利が「一般法律」の留保の下に置かれる旨を定めたボン基本法五条二項の規定はこのことを述べたものである。つまりそこにいう「一般的」とは適用の形式的平等ではなくて内容の実質的な一般的妥当性・公益性を意味し、およそ他の同等乃至高次の法益による限界づけを受けない基本権は存在しないから、「一般法律」という限界は五条のみならずすべての基本権に妥当する。基本権は他の基本権に対してこういう「一般的」限界を形成するが、ほかにも基本権を限界づける「一般法律」として基本法二〇条の社会国家条項、特別権力関係、刑法及び全私法秩序をあげることができる。

ヘーベルレのこの主張については二つの場面に分けて考えてみる必要がある。裁判の場面では、これらの「一般法律」が基本権と同等乃至高次の価値を保護しているとの前提に立って両者の衡量を行い、基本権の限界を画定すべきだというのがその趣旨であろう（例えば表現の自由と刑法上の名誉毀損の罪）。しかし立法の場面ではまさに「一般法律」の制定それ自体が問題なのであるから、そこにいう利益衡量とは、社会国家条項を具体化したり刑法を制定したりする場合に、単純立法者はこれらの法律が「一般法律」の名に値するよう、自分達の保護しようとする価値と他の基本権との関係を十分配慮して立法を行うべきだという要請のようにも解されるが、であるとすれば基本権の限界づけの際にこれと同等乃至高次の法益を衡量の対象とするというよりも、むしろある法益を保護する際の限界がこの法益と対立する基本権の保護の観点から画されるというほうが正確であろうと思う。しかしヘーベルレによると、「重要なのは〔一般法律たる〕刑法の制定 Normierung が憲法及び基本権自体のために必要だ[35]」ということであり、刑法なくしては自由の代わりに恣意と暴力とが支配するだろうということなのであるから、そこでは例えば刑法のような「一般法律」が基本権と同等乃至高次の法益を保護するものであることが当然の前提とされており、その結果生ずる基本権の限界づけはまさしく基本権を基本権たらしめるものとしてはじめから正当化されているように思われる。そうであるとすると彼の言にもかかわらず、利益衡量原則は立法者の基本権「施行」に規準を提供するものとはいえないことになろう。

利益衡量原則が主として基本権を限界づける際の立法者の規準と考えられているのに対して、基本権理念は基本権の内容形成に規準を提供するものとされている。「基本権をその指導理念に従って形成しない立法はすべて、この〔基本権を侵犯してはならないという〕禁止に抵触する[36]」。基本権理念が基本権形成の規準となるためには、理念の内容が具体的に明確になっていなければならないが、ヘーベルレによれば基本権の具体的形成が要求されるのは理念が一般的包括的だからである。理念が内容形成を必要とし内容形成が理念を必要とするというこの循環は、ヘーベルレの場合理念に反する内容形成はそもそも基本権の具体化すなわち基本権の施行とはいえない[37]から、基本権施行といわれる以上それらはすべて理念を規準としたその具体化であるとして「概念的」には平仄が合わされているが、現実にどのようにして基本権理念が立法者の基本権施行の規準となるのかは判然としない[38]。

(2)　ヘーベルレの叙述は、立法者への深い信頼、立法者の積極的な行動に対する大きな期待によって貫かれている[39]。それでは彼の制度概念そのものから要請される立法者の基本権「施行」権限は事後的にどのようなチェックを受けるのであろうか。基本権を「創造的に具体化」するという「憲法裁判に承認されている事柄を、立法に対して長く拒むことは法理論的にみてできないはずである。憲法裁判によるコントロールが存在する以上基本権にとって危険はない[40]」。この発言からわかるように、ヘーベルレは(西)ドイツの憲法裁判を立論の当然の前提とし、連邦憲法裁判所が基本権の具体化にあたって果たしてきた積極的な役割を立法者にも認めようとしているのである。

立法者の基本権「施行」行為が憲法裁判による事後的チェックを受ける可能性は彼の議論の構造そのものによっても予定されている。第一に、シュミットと異なってヘーベルレの場合には、すべての基本権が例外なく個人権的側面と同時に制度的側面をもつと考えられているので、自己の基本権侵害を理由とする訴はつねに基本権の制度的側面にもかかわるのであり、立法者の行為を事後的にコントロールするためにシュミットの場合のように抽象的規範統制を必要としない。また第二に、先にみたとおり利益衡量原則及び基本権理念は、制度としての基本権を維持する立法者の行為に規準を与えるというよりも、むしろ正当化根拠を提供するものと評しうるが、しかしこれらの規準は制度としての基本権の維持について裁判所が立法者と別個の判断を形成するための手がかりともなるわけであるから、ヘーベルレの場合にはシュミットとは違って自己の制度観に沿って裁判の指針も議論のなかに準備されているのである。

最後に制度的基本権観が基本権者にとってもつ意味を指摘しておこう。へーベルレ自身は基本権の両側面の同格性を強調しているが(41)、具体的な訴訟の場面を取り上げるならば、基本権の制度的側面が個人権的側面に対して一方的に影響力を及ぼすということができる(42)。換言すると、特定の基本権理念が社会的に現実化している状態を維持する必要から、個人の権利内容があるいは拡充されあるいは縮減される。ベッケンフェルデも指摘するように(43)、制度的基本権論は自由の特権化と自由の義務化という二つの傾向を惹起すると評することも可能であろう。

以上考察してきたへーベルレの「保障」観を整理するならば、私が述べようとしたのは次の諸点である。① シュミット的な原則―例外思考を否定するへーベルレは、制度としての基本権を維持するために基本権の限界を画定し内容を形成するという積極的権能を立法者に認めている(権限の性質)。② この立法者の基本権「施行」権限は、「規範複合体が基本権理念を社会的現実のなかへと移し変える」という彼の制度(的基本権)概念それ自体のうちに根拠をもち、一般的包括的な基本権理念のみを規定する憲法の委託にもとづくものである(権限の根拠)。③ 基本権を「施行」する立法者に対してへーベルレは、基本権と同等ないし高次の法益との利益衡量の原則と基本権の指導理念という二つの規準を課す。しかし実際的にはこの二つは立法者の行為に正当化根拠を提供するものであろう。但し、事後審査にあたってこれらの規準は、裁判所が独自の判断を形成するための手がかりとなる(権限行使の規準)。④ 立法者の行為には制度としての基本権を侵すことの禁止、個人の選択の余地が極小化してしまうほどの余すところのない規制 Reglementierung の禁止という、ちょうどシュミットの「極端な事例」に当たるような限界が存在するとされている(権限の「実体的」限界)。⑤ すべての基本権が個人権的側面と制度的側面とから成ると考えられているので、立法者の行為を裁判所が事後的にチェックする上で抽象的規範統制は不可欠ではない(権限の「手続的」限界――事後統制)。⑥ 裁判の場面では個人権的側面は制度的側面によってその内容を拡充されたり圧縮されたりする（個人権的側面と制度的側面との関係）。

（1）周知のようにドイツでは、憲法改正も特別多数の議決にもとづく議会制定法の形式でなされる。そこで憲法改正を内容とする法律のことを das verfassungsändernde Gesetz、憲法改正権を行使する議会のことを der verfassungsändernde Gesetzgeber と称して、通常手続による法律、通常の立法活動に従う議会 das einfache Gesetz, der einfache Gesetzgeber と区別している。本章では前者を「憲法改正法律」「憲法改正権者」、後者を「単純法律」「単純立法者」と呼ぶことにする。

（2）C. Schmitt, Verfassungslehre, S. 170. 尾吹訳二一二頁。

（3）P. Häberle, Die Wesensgehaltgarantie des Artikel 19 Abs. 2 Grundgesetz, 2. ergänzte Aufl. S. 180 ff.

（4）C. Schmitt, Verfassungsrechtliche Aufsätze, S. 154.

（5）vgl. H. Quaritsch, Institutionelle Garantie, in: Evangerisches Staatslexikon, hrsg. v. H. Kunst und S. Grundmann (1966), S. 801 f.

（6）C. Schmitt, Verfassungsrechtliche Aufsätze, S. 146.

（7）C. Schmitt, Verfassungsrechtliche Aufsätze, ebd.

（8）C. Schmitt, Verfassungsrechtliche Aufsätze, S. 147.

（9）C. Schmitt, Verfassungsrechtliche Aufsätze, S. 148.

（10）例えば山下健次「制度的保障の法的性格とその問題点」公法研究二六号（一九六四年）八五―八六頁。

（11）C. Schmitt, Verfassungsrechtliche Aufsätze, S. 149.

（12）C. Schmitt, Verfassungsrechtliche Aufsätze, S. 214 f.

（13）C. Schmitt, Verfassungsrechtliche Aufsätze, S. 171.

（14）青柳幸一「基本権の多次元的機能（二）」法学研究五五巻五号（一九八二年）三一頁、のちに同『個人の尊重と人間の尊厳』（尚学社、一九九六年）一〇一―一〇二頁、戸波江二「制度的保障の理論について」筑波法政七号七九頁、八二頁注（27）参照。

（15）主観的権利が制度的保障の副産物である事例としてシュミットは、ヴァイマル憲法一二八―一三一条の官吏法的保障をあげ（vgl. C. Schmitt, Verfassungsrechtliche Aufsätze, S. 151, S. 215.）、制度的保障が基本権を補充する事例として宗教団体の保護と信仰の自由との関係（a. a. O., S. 171.）、プレスの自由と表現の自由との関係（a. a. O., S. 169 f.）をあげるにすぎない。しかもシュミットによれば、プレスの自由は「制度に類似した保障」institutsähnliche Sicherung なのであって、制度そのものではない（vgl. a. a. O., S. 171.）。

（16）C. Schmitt, Wohlerworbene Beamtenrechte und Gehaltskürzungen (1931), in: ders., Verfassungsrechtliche Aufsätze, SS. 174-180.

（17）佐藤幸治『憲法・第三版』（青林書院、一九九五年）三四二頁参照。

（18）例えば樋口陽一『比較憲法・全訂第三版』（青林書院、一九九二年）三〇六頁参照。

（19）（20）P. Häberle, a. a. O., S. 223, bes. Anm. 518.

（21）現代西ドイツ公法学における原則例外思考と開放思考については、藤田宙靖「財産権の保障とその限界」公法研究三八号（一九七六年）一二四頁以下参照。

（22）Ausführung については z. B. P. Häberle, a. a. O., S. 197 f., Konkretisierung については a. a. O., S. 201, Determinierung については a. a. O., S. 222.

（23）同義語として取り扱われているこの三語をここでは Ausführung に代表させ、これに戸波江二「西ドイツにおける基本権解釈の新傾向（二）」自治研究五四巻八号九八頁に従って、「施行」の訳を当てたい思う。

（24）P. Häberle, a. a. O., S. 197 f.

（25）P. Häberle, a. a. O., S. 188.

（26）P. Häberle, a. a. O., S. 225.

（27）Rechtsinstiut. へーベルレの場合、「制度としての基本権」とは概念上別物であることに注意を要する。

（28）P. Häberle, a. a. O., S. 192.

（29）P. Häberle, a. a. O., S. 194, S. 197.

（30）P. Häberle, a. a. O., S. 208, Anm. 459.

（31）P. Häberle, a. a. O., S. 184.

(32) ヘーベルレによれば立法者の基本権「施行」権限は、良心の自由で極小化し、所有権に関して極大化する。vgl. P. Häberle, a.aO., S. 182 f.

(33) P. Häberle, a. a. O., S. 188 f.

(34) P. Häberle, a. a. O., SS. 31–39.

(35) P. Häberle, a. a. O., S. 189.

(36) P. Häberle, a. a. O., S. 182.

(37) P. Häberle, a. a. O., S. 201.

(38) 但し、シュミットが制度の「制限」ではなく「廃止」にあたるような「若干の極端な事例」を想定しうるとしていたのと同じように、ヘーベルレの場合にも、立法者がそこをふみ超えることの許されない限界線が、基本権理念・利益衡量原則という基本権「施行」の規準とは別に提示されている。この限界線の第一は、制度としての基本権そのものを侵すことの禁止（P. Häberle, a. a. O., S. 122.）、換言すれば基本権が社会生活において果たしている諸機能を阻害することの禁止（a. a. O., S. 10.）であり、第二は、個人の選択の余地が極小化してしまうほどに当該基本権の行使態様を余すところなく規律することDurchnormierung, Reglementierung の禁止（a. a. O., S. 196.）である。

(39) ヘーベルレの人間観は極端にペシミスティクで、彼は「具体的形態と任務」Gestaltung und Aufgabe を与えられずに人間が自由を行使しうるとは考えていないのに、立法者だけをその例外とみなしているというシュタイガーの批判は、ヘーベルレの議論の特徴をよく捉えたものということができよう。H. Steiger, Institutionalisierung der Freiheit?, in: Zur Theorie der Institution, hrsg. v. H. Schelsky, S. 112.

(40) P. Häberle, a. a. O., S. 187.

(41) P. Häberle, a. a. O., S. 72.

(42) シュタルクによれば、同じように基本権の個人権的側面と制度的側面とを承認しながら、個人権的側面の優位を強調している点で連邦憲法裁判所の見解はヘーベルレと異なるという。Ch. Starck, Die Grundrechte des Grundgesetzes, in: JuS 1981, Heft 4, S. 238.

(43) E-W. Böckenförde, Grundrechtstheorie und Grundrechtsinterpretation, in: ders., Staat Gesellschaft Freiheit

(1976), S. 231 f.

三　自　由

1　人々によって同じく「制度保障」の名を冠せられていても、シュミットとヘーベルレの学説が制度概念・保障の意味のいずれについてもきわだった対照を示していることがこれまでの考察から明らかになった。そこで本節では、この対立の背景に存在する両者の基本的発想の相違について検討を加えたいと思う。私がここで取り上げたいのは、一つは両者の自由観の相違であり、いま一つは両者にみられる学説形成の動機の違いである。後者から論じよう。

2　新しい学説の形成を動機づける要因は社会経済状況の急激な変動、論者の政治的意欲など様々のレベルに求めうるが、ここでは憲法解釈学上の直接的な必要性の問題に話を限定することにしたい。

シュミットに制度保障の理論を展開させるに至った直接の原因はヴァイマル憲法第二編（基本権部分）の混雑を整理する解釈学上の必要であった。「ライヒ憲法における自由権と制度保障」の冒頭で彼は次のように述べている。〔ヴァイマル憲法の起草者である〕「プロイスは、続く制憲史の経過のなかで矢継ぎ早に行われた新しい基本権の導入と《定錨》Verankerungとを防ぐことができなかったし、現行の基本権部分の異質で支離滅裂で冗長な性質を阻止することもできなかった。コッホ議員が皮肉ったように、現行の基本権部分は《人と神とにかかわるすべての事物を余すところなく規律すること》を課題としているかのようにみえる。その結果このような基本権部分についての法学的研究は戦前の国法学の定式やカテゴリーでは決して把握することができず・まして解決することなど及びもつかない・新たな・そしてきわめてアクチュアルで複雑な課題に直面しているのである」(1)。このように「異質・支離滅裂・冗長」なヴァイマル憲法第二編の諸条項をシュミットはその内容に応じて七つのカテゴリーに分類した。①自由権、②公民の政治的権利、③社会的・文化的な積極的給付に対する個人の権利、④公的団体それ自体の国家に対する権利及び請求権、⑤公法制度の保障、⑥私法制度の保障、⑦現状保障、がそれである。[2] 基本権部分に含まれる全条項の「実質的《ザハリヒ》」な内容にもとづくこの分類は、各条項が原則的には一つの性質だけをもち、したがって以上七つのカテゴリーのいずれか一つに排他的に帰属することを暗黙の前提としてなされている。

　ヴァイマル憲法に比べて立法技術的にははるかに周到なボン基本法の制定とともに、混乱した基本権部分の内容を各条項（Artikel, Absatz, Satz）を基本単位として整理する必要性は減少したのであるが、[3]「制度保障」という分類のカテゴリーは学説上維持された。その間の事情をF・クラインは次のように説明している。「厳密にいえばこのコンテクストでは制度保障論は基本法上の基本権カタログとその周辺規定にのみ関係 interessieren する。しかも発展史的にみれば制度保障論は、ヴァイマル憲法の組織的部分ではなくて基本権部分についてのみその種々の規定を学問的・体系的に把握するために提示されたものなのである。しかしながら制度保障論は基本権規定よりも大きな射程をもつ。なぜなら当時基本権部分のうちにあった一連の特別な制度保障が今日では再び憲法の組織的部分に置かれているからである」[4]。元来形式上基本権部分に属する種々雑多な規定の整理を目的として案出されたこの概念装置はその適用の範囲を憲法典の全体に拡大することになったのである。例えば一九五三年に発表されたU・ショイナーの論文がこういう傾向の典型である。彼はボン基本法の基本権規定をその内容に従って自由権・制度保障・共同生活秩序の保護（シュミットの私法制度の保障に当たる）・憲法上の指導原則・社会権という五つのカテゴリーに分類し、制度保障規定としてはゲマインデの自治制（二八条）・職業官吏制度（三三条四、五項）・学問の自由（五条三項）・裁判官の地位（九七、九八、一〇一条）・プレスの地位（五条）及び政党（二一条）をあげている。[5] ここに制度保障規定として揚げられた六つの条項（乃至条項群）のうち四つまではボン基本法の基本権部分（一条乃至一九条）に属していないから、ショイナーの場合まず何らかの実質的規準に従って憲法典の諸条項が基本権規定とそうでないものとに分類され、この実質的基本権規定がさらに別の内容的規準にもとづいて上の五つのカテゴリーに細区分されていることになる。また彼によれば「制度保障は主観的権利ではない」[6]ので、基本権は主観的権利性をその概念要素としないわけである。たしかにショイナー自身基本権には個人の自由権と並んで国家的公的諸制度の保護も含まれると述べているが、しかしそこで念頭に置かれているのが例えば一七七六年のヴァージニア権利宣言が自由な政府・権力分立・自由選挙の要求も含んでいた事実であることからみると、ショイナーは「（実質的意味の）基本権には主観的権利以外のものの保障も含まれる」という命題と「権利宣言（形式的意味の基本権部分）には実質的意味の基本権以外のものの保障も含まれる」という命題との混同を犯しているように思われる。もしそういう混同があるとすればそれは基本権部分の整理を目的として作られた装置を、ヴァイマル憲法からボン基本法への解釈素材の変動に伴う整理の必要性の変化にもかかわらず維持しようとして生じた過渡的現象といってよいであろう。

ショイナー論文は形式的意味の基本権部分の内容的分類から実質的意味の基本権の内容的分類への（混乱を含んだ）移行を示している点で過渡的であるのみならず、「個人的自由権の多くは同時に共同体生活の基本秩序の保障を定めたものである」[7]（傍点本書著者）として、一つの基本権が有する複数の性質に着目しはじめた点でも過渡的と評価することができる。

ヘーベルレが制度的基本権論を展開した直接の動機はボン基本法一九条二項についての自己の解釈を根拠づけることにあった。[8]「いかなる場合にも基本権の本質的内容が侵害されてはならない」と定める一九条二項は、ヘーベルレの見解によれば創設的 konstitutiv 規定ではなくて単に確認的意味 deklaratorische Bedeutung しかもっていない。[9]この規定の有無にかかわらず基本権の「本質的内容」が「憲法内在的に」保障されていることを、彼は基本権の性質の分析という形式を籍りて主張しようとしている。「本質的内容の保障」とは彼がその著書のなかで展開した基本権に内在する自己保全のメカニズムの集約的表現にほかならないというのである。したがってヘーベルレによれば、一九条二項が「無内容」な確認規定であるといっても危険でないのは彼の以下のような提唱が受け容れられている場合だけである。すなわち「基本権がもつ憲法規範という性質が尊重されること、基本権領域における立法の実質的限界が立法者の機能の点から画定されていること（指導理念に従った内容形成、利益衡量によって正当化された限界画定）、基本権の原則性・準則性という要請と基本権の社会的機能とが配慮されること、基本権的自由が個人権であるとともに客観的制度でもあることが洞察されていること、自由概念・法概念・両者の内的関係が規定されていること」がそれである。[10] 要するに基本権に内在する二面性とその諸帰結の宣言が一九条二項の法的意味だというのである。

学説形成の憲法学内在的な動機に着目するならば、シュミットは一つの条項が原則として一つの性質しかもたないことを前提として、ヴァイマル憲法第二編の混乱を整序するために制度保障論を唱え、ヘーベルレは一つの条項が複数の側面を有するという新たな認識の上に立って、ボン基本法一九条二項の法的意味を確定するために制度的基本権論を展開したということができよう。

3　シュミット型制度保障論とヘーベルレ型制度的基本権論との相違の根底には、第一節でも指摘したように、自由と制度の関係についての両者の以下のような対立が存在している。シュミット、「自由は法制度 Rechtsinstitut ではないし……まして組織され・形成された公法上の制度 eine organisierte und formierte Institution des öffentlichen Rechtes ではない」。[11] ヘーベルレ、「個人の自由は制度としての自由 Freiheit *als Institut* を前提としている」。[12] この二つの命題の対立はいかなる性質のものであるのか、多少の検討を試みることにしよう。

すでに述べたことであるが、シュミットとヘーベルレの制度概念は同一ではない。したがって、「自由は制度ではない」「個人の自由は制度としての自由を前提としている」という両者の主張は、そこにいう「制度」がそれぞれの異なった制度概念を意味するかぎり、同一次元の主張として噛み合っていないのではないかという疑問がまず生ずる。しかし簡潔でドラステックなこのテーゼは、のちにシュミット、へーベルレの自由観を検討するなかで明らかになるように、いずれも自由と実定法規範との関係についての一定の判断を表示したものとして理解することが可能である。自由は制度であるのか否かと問うときに、「伝統的且つ典型的な規範複合体」「社会的現実のうちに規範複合体によって植えつけられた基本権理念」という両者の制度概念のうちで問題とされているのは、「規範複合体」の役割である。すなわちこの問いは「自由は実定法規範の複合体の存在を前提としているのか否か」という疑問文に読み換えることができる。このように解釈するならば、シュミットのテーゼは「実定法規範の存在しないところに自由は存在する、自由は実定法規範の不存在を前提とする」というふうに、そしてへーベルレのテーゼは「実定法規範が存在してはじめて自由も存在する、自由は実定法規範の存在を前提とする」というふうに、それぞれパラフレイズ可能であろう。こういう理解に立つとき、二つのテーゼはひとまず同一次元で相互に対立するものとみなすことが許されると思う。

そこで次に、彼らのいう「自由」の意味を探ることにしよう。シュミットによれば「自由は他者の裁量によって充足される留保の下には立ちえない」。「程度と内容とが他者によって決められている自由は、より高次の・より高貴な・より真実の・より深く理解された自由のあり方なのかもしれないが、市民的法治国において自由として理解されなければならないものとは異なる。……自由とは何であるかを最終的に決定することができるのは自由たるべき人だけである」[13]。「《法律の規定にもとづく》nach Maßgabe des Gesetzes 自由は、およそ自由主義的意味での自由 Freiheit im liberalen Sinne ではない」[14]。「この〔市民的法治国の〕自由は国家からの自由である。したがって自由この自由は消極的意味での権利、消極的地位 status negativus と表現されているものである。

権を給付請求権の意味での権利と理解することは誤解を招く。自由が侵害された場合、そこから発生しうるのは否定的な請求権、すなわち防御請求権 Abwehransprüche だけである[15]」。「およそ基本権を口にしようとするかぎりは、人間は固有の《自然的》権利にもとづいて国家に対立するということ、そして、諸個人の前国家的・超国家的なもろもろの権利という思想が完全に払拭されてはならないということが要求される。……本来の意味における基本権とは、ただ個人の自由主義的な人権のみである。これらの人権の承認や《宣言》の法的な意味は、この承認が、個人の原理的に無限定な自由の領域と原理的に限定され・可測的でコントロールしうる国家の侵害可能性という、市民的法治国の基本的な配分原理の承認たるところにある[16]」。

以上の引用によって明らかなように、「自由は制度ではない」というときにシュミットが念頭に置いているのは市民的法治国に対応する「自由主義的意味での自由」の観念である。この自由観によれば、①個人には前国家的で原理的に無制約の自由の領域が留保され、これに対して国家に許されるのは自由に対する限定された侵害可能性のみである（市民的法治国の配分原理）、②したがってこの自由は国家の介入の不在、個人の自己決定をその内容とする（国家からの自由）、③介入の不存在という消極的自由概念から導き出される法的請求権は防御請求権のみである（防御権としての自由権）、④基本権概念は予めこの前国家的な個人の自由権のみを指称するものとして限定されている。

ひとくちに自由主義といっても、それには長い歴史と様々の潮流とが存在するのであるから、「自由主義的自由」の理念をシュミットのように単純化することが許されるか否かは問題であろう。あるいはまた対象をJ・ロックやJ・S・ミルのような代表的な自由主義思想家の自由観に限定しても、それが果たしてシュミットのいうような内容を有するかどうかは別個に検討する余地があると思われる[17]。しかしながら、ここではとりあえず、ヘーベルレも「自由主義的自由」の理念の内容理解という点では、シュミットと一致していることを指摘しておきたい。ヘーベルレによれば、伝統的な侵害―制約思考 Eingriffs-und Schrankendenken の基礎にある「自由概念とは、個人主義的自然法の自由概念である。……〔そこでは〕自由はそれ自体無制約なものとして、法に先行し法に対立するものとして、理解されている」[18]。「さらにこれは消極的自由概念である。この自由概念にとっては、自由は一種の《二重否定》、つまり自由を制限することの《否定》・欠如・乃至禁止である。……自由とは専ら（法及び国家）《からの》自由である。……さらにまたこの自由概念は、C・シュミットと彼の学派のいう・国家共同体したがって法の外に立つ《自由主義的》自由であ〔る〕。……これは空間的な表象から発して[19]、規範の存在しない自由の領域を法規範に対置し、この自由の領域に留保されているものを個人の任意 Beliebigkeit と同一視する考え方である[20]」。

こうしてみると「自由は制度ではない」というシュミットのテーゼは、実定法規範の複合体を中核的要素とする制度概念と、法規範の不存在を中心的内容とする「自由主義的自由」の理念とを前提とするものだということができる。したがってこのテーゼは、やや極論するならば、「実定法規範の不存在（自由）は実定法規範の存在（制度）ではない」という、自由と制度について右にみたような考え方をとる以上いわば当然の事理を表現したにすぎないともいえよう。ところでヘーベルレの場合にも規範複合体は制度概念の中核的要素をなし、他方いまみたように「自由主義的自由」の理念内容の認識でもシュミットとの一致がみられる。それゆえヘーベルレがシュミット・テーゼを受け容れないのは、彼自身の自由観が「自由主義的自由」の理念とは異なり、且つ憲法解釈論の次元では、ボン基本法の宣言する自由がシュミットのいう市民的法治国の自由ではないと判断しているためではないかと推測される。

シュミットにあっては（自由主義的）自由＝自由権＝（古典的本来的意味の）基本権という等式が成り立つと解しうるが、ヘーベルレの用語法においても「自由ないしは基本権[21]」という表現にみられるとおり自由＝基本権と理解されていると考えて大過ないように思う。したがってヘーベルレの「自由」も、その「基本権」と同様主観的側面と客観的側面との二面をもつことになる。自由の主観的側面はちょうど基本権の個人権的側面に対応して「個人の自由」と呼ばれ、ときには「個人の自発性（自己決定）」Die Spontaneität des Individuums とも表現される。主観的・客観的の二側面はいずれも「自由」の不可欠の構成要素として相互に条件づけあう関係に立つとされている。「個人の自由は、制度的に保障された生活関係・基本権の制度的側面とこれを充実させる規範複合体を必要とする」[22]「個人の自発性は規範複合体なしには――すなわち法の存在しない空間においては――効果を発揮できない wirkungslos」[23]「〔個人の〕自由は法の規律をうけない vom Recht ausgesparte 自由、法の外部にある自由ではなくて、法の内部における自由である」[24]。このように個人の自由・自発性は、それが広義の「自由」の一側面であることによって、はじめから限定され義務と責任とを伴ったものとして立ち現われる。個人の自由は「拘束と責任とを伴い・課題を担った」「人格的自由 personale Freiheit であって、何でもできる自由 Freiheit zur Beliebigkeit ではない」[25]。「秩序なしの自由は恣意 Willkür であって、何ら現実的な自由ではない……」[26]。ヘーベルレのいう個人の自由―自発性とは法規範によって形成された所与の生活関係に「主体的に参加する」sich engagieren ことなのである。

「自由」の客観的側面については、第一節で整理した制度としての基本権に関する論述がほぼそのまま妥当しよう。個人の自由は規範複合体を必要とするという先ほどの引用や、「個人の自由は生活関係のなかで現実性をもち、生活関係のなかでつねに新しく現実性を見出す自由である」[27]という主張からもみてとれるが、「制度としての自由」とは「個人の自発的行動が規範複合体の力を借りて現実化している状態」を意味するものと理解できるであろう。但し自由の問題は、自由の個人的側面と制度的側面という視角からではなく、主として自由と法との関係という視角から論じられている。すでにみたように、個人の自由がはじめから法の内部における自由であるとすると、その法規範が「個人の自由」＝「個人の自発的行動の可能性」を圧殺するような内容をもつ場合、自由は隷従に、せいぜいのところ隷属状態への「主体的参加」に、均しいものとなってしまう。そこでへーベルレは、法規範の側にも予め概念上の限定を加えるのである。「自由な社会国家 freiheitlicher Sozialstaat においては法は自由な法である。Recht ist freiheitliches Recht……法は決して自由の相対化・自由の縮減ではない。……法は自由の確認・充足であり、自由の帰結である」[28]。法概念をこのように「個人の自由」に対する「侵害という要素から」解放してはじめて、法は「制度としての自由」の構成要素となることができた。

こうしてへーベルレの「自由」は、個人の自発性と法規範とを概念要素とする一つの状態という意味でのそれと、個人の自発性それ自体という意味でのそれとの広狭二義を有する。シュミットの「自由」が「市民的法治国における自由」、法が存在しない空間における個人の自己決定であったのに対し、へーベルレの自由は「自由な社会国家における自由」、法によって「方向と尺度・確実性と安定性・内容と任務」を与えられた、個人の自発性である。「個人の自由は制度としての自由を前提とする」というへーベルレ・テーゼは、「個人の自発的行動はそれを可能にする実定法規範を必要とする」という意味に解することができる。

シュミット、へーベルレの両者は、制度保障論に関連して問題となる「自由の理念」を個人の自己決定・自発性と実定法規範との関係規定として理解している点、「自由主義的自由」の理念の中心を法の存在しない空間における個人の自己決定性に求める点では共通しており、シュミットがこの「自由主義的・市民的法治国的自由」をいわば所与の前提としているのに対し、へーベルレは実定法規範を不可欠の構成要素とする「社会国家の自由」の理念をこれに対置している点では対立している。このような「自由の理念」の対立にひきつづいて私が取り上げたいのは、解釈素材となる憲法の構造理解における両者の相違である。たとえ「市民的法治国の自由」「社会国家の自由」という二つの自由理念が措定されえても、所与の憲法が前提とする自由の理念の認識において一致がみられるならば、当該憲法典の解釈論のレベルでは共通の制度保障論に到達してもおかしくないと考えられるからである。

シュミットが制度保障論を展開するにあたって直接念頭に置いていたのは、すでに述べたようにヴァイマル憲法であった。制度保障論をはじめて提示したVerfassungslehreの序言の部分で、「主としては、市民的法治国の憲法理論が説述される。この種類の国家は、今日一般になお支配的で、ヴァイマル憲法はまったくこの類型に合致している[29]」とされていることから知られるとおり、シュミットの場合には市民的法治国的自由の理念→市民的法治国的憲法類型としてのヴィイマル憲法→ヴァイマル憲法基本権部分の解釈論として展開された制度保障論という筋道が存在している。そして憲法構造についてのシュミットの認識自体は第二次世界大戦後も基本的に変化していない。一九五四年にVerfassungslehreを無改訂で重版するに際して彼は次のようにいう。本書に「持続的な需要があるのは、それが、法治国的・民主政的憲法という類型を、今日まで説得力をもつ体系性をもって説明したからであろう。……ドイツ連邦共和国とその諸州でも……この憲法類型が実定的に通用しているのである[30]」。したがって彼の場合いま述べた筋道はボン基本法の下においても妥当することになる。

これに対して、ヘーベルレによるボン基本法の構造理解はシュミットとは異なっている。ヘーベルレによればボン基本法の前提する自由観は「社会国家の自由」なのである。「法及び自由の本質を法技術上はじめて正しく評価したボン基本法における自由権とは何かと問うならば、その答えは明白である。すなわちボン基本法二条一項[31]は、自由の領域における憲法規範と法律との関係を法技術的且つ客観的《ザハリヒ》にはじめて正しく評価し、この関係を社会国家にふさわしい仕方で表現した基本権である。……ボン基本法二条一項によって憲法制定者自身が、長いこと基本権をその《制約》〔という面〕から把握しようとしてきたあの思考方法との関係を断ったのである[32]」。「学説が規準の留保 Maßgabevorbehalte に反対する場合、それは基本法とは無関係な・自由主義的な《絶対的》

基本権概念にもとづいてなされている」[33]（傍点筆者）。ここでは基本法二条一項についてのヘーベルレの解釈の当否は問題にしない。さしあたり、ヘーベルレの場合にはシュミットとはまったく逆に、社会国家的自由の理念→社会国家的憲法類型としてのボン基本法→ボン基本法一九条二項の解釈のために展開された制度的基本権論という筋道を措定しうることを指摘しておけば足りる。

これまで検討してきた「自由」観をめぐるシュミットとヘーベルレとの相違は以下の四点にまとめることができると思う。①「自由」の概念構成上のちがい。シュミットが「自由」を端的に個人の自己決定・活動可能性と理解しているのに対し、ヘーベルレの議論の特徴は「自由」のうちに個人の自発的行動の内容・条件を整える規範複合体を取り込んだその概念構成の仕方そのもののうちに求めることができる。②この概念構成の相違を反映した「個人の自己決定」の内容上のちがい。シュミットのいう「個人の自己決定」Selbstbestimmungは、立法者を含め牧師・教師・医師などおよそいかなる人であれ他者による決定Fremdbestimmungの排除と表裏一体をなす。ところがヘーベルレの「個人の自己決定」はこういう作為内容の任意性Beliebigkeitと同義ではなく、予め主として立法者が整備した生活関係に参加するか否かの選択権であるから、家族の形成・団体への加入・職業の選択など特定の生活関係への参加を決定した以上、この生活関係の目的・任務に合致した行動をとる対他的な責任と義務とを引き受けるところまで含んだ自発性なのである。③解釈素材となるヴァイマル憲法、ボン基本法の歴史的位置づけのちがい。シュミットがこれらを典型的な自由主義的法治国の憲法類型に属するとみるのに対し、ヘーベルレはボン基本法を自由な社会国家という新たな憲法類型を定立したものと理解する。それゆえ二人の前提する自由観がそれぞれストレートに解釈論に結びつくのである。④国家権力の現実についての認識のちがい。シュミットは国家権力が個人の自己決定の敵対者であったという歴史認識を暗黙の出発点とするが、ヘーベルレの側は特に現代国家においては国家権力による配慮と調整なしには個人の自己決定も現実的意味をもたないという認識に立っている。

さて「自由」をめぐるこれらの諸点については、国家による生活配慮の必要性の増大という現代的状況に対処しつつ消極的自由観をも維持しようとする立場から、シュミットとヘーベルレとをいわば折衷する試みも存在している。最後にその例としてシュタイガーの所説[34]にふれておくことにしよう。

シュタイガーは次のようにいう。「自由とは哲学的意味においては自己決定の可能性である。法的な意味では自由とは、法的にその内容を規定されえない・あることをするかしないか及びどういうことをするかについての任意の決定Beliebenである。《自由は法制度ではない》（カール・シュミット）とは、自由は法によって定義されえないし法によって止揚されるべきでもないということを意味するものにほかならない[35]」。このように自由の概念構成においてはシュミット的な「自由主義的自由」が維持され、ヘーベルレのような概念の拡張はみられない。②右の引用から明らかなように、「自己決定」の性質もヘーベルレとは異なって、作為不作為、作為の内容についての決定の任意性と理解されている。シュタイガーは、「ヘーベルレの書物では理性的存在としての人間については何も語られていない[36]」としてそのペシミスティックな人間観を批判し、何が理性的であるかをつねに一義的に確認することはできないとしても、それをはっきりさせるためには「誤りを犯す自由も含めた自由が必要である」という。③このように自由の概念構成の仕方・個人の自己決定の内容理解においてはシュミットと一致するシュタイガーも、ボン基本法の構造認識の点ではシュミットと異なる。「じっさい基本法はもはや、一義的に自由主義的に理解された自由から出発しているわけではない。連邦憲法裁判所が、基本法は個人を再びより強く共同体に結びつけていると強調しているのは正しい[37]」。但し注意すべきは、シュタイガーは自由の概念要素のうちに共同体関係性や実定法規範による内容形成をもち込むわけではないから、彼の場合には、基本法は新たな自由の理念を定立したというのでなく「自由主義的自由」観から離れて「一定程度の特権化を正当視」するものと理解されている点である。④ 国家権力と個人との関係の認識においてもシュタイガーはシュミット、ヘーベルレのいずれにも与しない。この点を基本権保障に関する立法者の役割についてみてみよう。一方でシュタイガーはシュミットのように原理的に無制約の自由と立法による限定された侵害という見方をせずに、基本権領域における立法者の積極的役割を承認する。「ヘーベルレが、憲法を具体化するという立法者の役割を指摘していることはたしかに正しい。……立法者に対して最も広い意味での社会形成 Sozialgestaltung と、これに伴って必然的に形成の自由 Gestaltungsfreiheit とを認めることは、たしかに正しいことであり現代における立法者の役割に合致している」(38)。しかしながら他方で彼は、ヘーベルレのように基本権の内容形成の役割を立法者に認めるわけではない。「立法者に自由権の内容形成《アウスゲシュタルトゥング》を一般的に委ねるならば、支持することができないような、義務―特権関係への自由の包括的な変質過程の徴候が現われることになる。立法者に与えられた社会形成の任務とは、目標及び任務の内容を自ら設定することではなくて、むしろ自由の行使を確保するために、一般的な手続を発展させ形式的な制度を準備することなのである」(39)。結局シュタイガーは、立法者の積極的活動によって個人の自由が実現される側面と逆に個人の自由が統制され危険に瀕する側面との同時発生という認識に立ち、このほとんど「解決不可能にみえるディレンマ」からの「逃げ道は、現代国家において再び様々の形で復活した特権であるように思われる」(40)と述べている。

こうして個人の自己決定と法規範との関係については、他者の決定の産物たる法規範を自己決定の対立物とみて両者を区別する立場、自己決定と法規範との予定調和を前提とし両者を広義の自由のうちに包摂する立場、そして自由＝個人の自己決定という概念構成を維持し自己決定と他者の決定との対立を自覚しつつ法規範の内容をチェックしていこうとする立場の三類型に整理することが可能であり、これらはそれぞれシュミット型制度保障論、ヘーベルレ型制度的基本権論、ヘーベルレ以降の修正理論に対応している。

以上の考察から明らかなように、憲法典基本権部分のある種の規定は「自由」ではなく「制度」を保障するものであるというシュミット型制度保障論は、自由と制度との峻別を前提とし、この峻別論は自由を規範の存在しない領域における個人の自己決定と考える「自由主義的自由」の理念と、当該憲法典がこの理念を採用しているという構造認識とを背景にもっており、基本権は個人の主観的権利と客観的秩序の双方を同時に保障するものであるというヘーベルレ型制度的基本権論は、自由と制度との相関性を前提とし、この相関関係は、広義の自由をはじめから責任を伴った個人の自発的行動（狭義の自由）とこれを実現可能にする特定の法規範の二要素からなるとする自由についての独特の概念構成によって表現され、当該憲法典がこの自由観を採用しているという構造認識に支えられているのである。

（1）C. Schmitt, Verfassungsrechtliche Aufsätze, S. 140.
（2）C. Schmitt, Verfassungsrechtliche Aufsätze, SS. 207–216.
（3）ボン基本法がいわゆる自由権的基本権のみを列挙し、社会権の条文化を自覚的に避けたことによって基本権部分の分類論の必要性は減少した。逆に社会権に関する個別規定の欠如によって、自由権規定から社会権的給付請求権を引き出してくる解釈論上の必要が生じ、このことが基本権の多次元的機能、重層的意味内容という考え方の発展を促したといえよう。
（4）v. Mangoldt/Klein, Das Bonner Grundgesetz, Bd. I, S. 84, Anm. 12.
（5）U. Scheuner, Die institutionellenGarantien des Grundgesetzes（1953）, in: ders., Staatstheorie und Staatsrecht（1978）, SS. 671–673.
（6）U. Scheuner, a. a. O., S. 673.
（7）U. Scheuner, a. a. O., S. 672. のちにショイナーはより明確に基本権の二側面説を展開する。U. Scheuner, Pressefreiheit, in: VVDStRL 22（1965）, S. 55 ff. の ち に Ders., Zur Systematik und Auslegung der Grundrechte, in: ders., Staatstheorie und Staatsrecht, S. 705 ff. 浜田純一「制度概念における主観性と客観性」小林直樹先生還暦記念『現代国

家と憲法の原理』（有斐閣、一九八三年）四九一―四九三頁、四九七頁註（7）参照。
（8）P. Häberle, Die Wesensgehaltgarantie, S. 3.
（9）P. Häberle, a. a. O., S. 234.
（10）P. Häberle, a. a. O., S. 235.
（11）C. Schmitt, Verfassungsrechtliche Aufsätze, S. 167.
（12）P. Häberle, a. a. O., S. 99.
（13）C. Schmitt, Verfassungsrechtliche Aufsätze, S. 167.
（14）C. Schmitt, Verfassungsrechtliche Aufsätze, a. a. O., S. 209.
（15）C. Schmitt, Verfassungsrechtliche Aufsätze, a. a. O., S. 207 f.
（16）C. Schmitt, Verfassungslehre, S. 164. 尾吹訳二〇四―二〇五頁。
（17）ロックの自由観については例えば菅野喜八郎『国権の限界問題』（木鐸社、一九七八年）三一三頁註6参照。またサラディンは、合衆国憲法をはじめとするアメリカ独立時の諸憲法はけっして「主観的―防御的自由権解釈」に基礎をおくものではないとしている。vgl. P. Saladin, Grundrechte im Wandel, 3. Aufl. (1982), S. 294 f.
（18）P. Häberle, a. a. O., S. 150.
（19）「自由主義的自由観」の「空間的」発想については、例えば小早川光郎『行政訴訟の構造分析』（東京大学出版会、一九八三年）九一頁参照。
（20）P. Häberle, a. a. O., SS. 150–152.
（21）P. Häberle, a. a. O., S. 96.
（22）（23）P. Häberle, a. a. O., S. 98.
（24）P. Häberle, a. a. O., S. 225.
（25）P. Häberle, a. a. O., S. 101.
（26）P. Häberle, a. a. O., S. 200.
（27）P. Häberle, a. a. O., S. 100.

（28）　P. Häberle, a. a. O., S. 225, u. S. 230, Anm. 556.
（29）　C. Schmitt, Verfassungslehre, S. XI, 尾吹訳六頁。
（30）　C. Schmitt, Verfassungslehre, Vorbemerkung, 尾吹訳三頁。
（31）　ボン基本法二条一項「各人は、他人の権利を侵害せず、かつ、憲法的秩序または道徳律に反しないかぎり、その人格の自由な発展を目的とする権利を有する。」宮沢俊義編『世界憲法集・第四版』（岩波文庫、一九八三年）一六〇頁。
（32）　P. Häberle, a. a. O., S. 230.
（33）　P. Häberle, a. a. O., S. 194, Anm. 407.
（34）　H. Steiger, Institutionalisierung der Freiheit? Zur Rechtsprechung des Bundesverfassungsgerichts im Bereich der Grundrechte, in: Zur Theorie der Institution, hrsg. v. H. Schelsky, S. 92 ff. 戸波江二「西ドイツにおける基本権解釈の新傾向（三）」自治研究五四巻九号（一九七八年）七八頁註（34）参照。
（35）（36）　H. Steiger, a. a. O., S. 111 f.
（37）　H. Steiger, a. a. O., S. 114.
（38）　H. Steiger, a. a. O., S. 113.
（39）　H. Steiger, a. a. O., S. 114. vgl. Ch. Starck, Die Grundrechte des Grundgesetzes, in: JuS 1981, Heft 4, S. 242 f.
（40）　H. Steiger, a. a. O., S. 113.

おわりに

シュミット説・ヘーベルレ説についての以上の分析を手がかりに、日本国憲法の解釈論のレベルでシュミット型制度保障論を採用する際に自覚しておかなければならないと私が考える若干の論点について、一応の整理を加えることによってむすびとすることにしたい。

①　シュミットによれば、保障の対象となる制度とは、保障規定をおく当該憲法典の制定以前からすでに存在

していた規範複合体である（第一節**2**）。したがってわれわれがシュミットを引きつつ現行憲法の解釈論上制度保障論を採用するということは、日本国憲法中のある種の規定はその制定前（したがって、とりわけ旧憲法下）にすでに成立していた典型的規範複合体の保護を定めたものであると主張することを意味するはずである。[1]旧憲法下に成立した法規範のうちのあるものは今日でも保護されるべきであるという主張は、結局のところ各人の価値判断の表明にほかならないわけであるが、そのような主張が現行憲法典の解釈論のレベルでなされるかぎり、通常の解釈ルールにもとづく「ワク」のうちにとどまるものであることが学問上要請されよう。[2]それゆえ憲法典のテクストそれ自体からみてもあるいは制定の経緯からみても旧法令の廃止を意味することが明らかと思われる条項については、当該条項をシュミットの意味での制度保障規定と解する余地に乏しいということができるであろう。[3]例えば二〇条三項が敗戦前の国家神道を否定して政教分離を定めた規定であるという理解に従えば、この規定はシュミットのいう「制度」（つまりこの場合には日本国憲法制定前に存在していた規範複合体としての国家神道制度ということになろう）を保護しているのではなくて逆に廃止したことになるのである。

もちろんシュミットとは異なる制度概念を立てることも可能であるが、その場合にはシュミットを直接引照しつつ制度保障論を展開することは学問的には不正確であろうから、各論者が自分とシュミットの制度概念の相違を自覚し、自己の制度概念を改めて明確に定式化することが要求されるように思われる。

②　シュミットの場合にはヴァイマル憲法第二編に属する種々雑多な規定を整理することが、制度保障論を展開した直接の目的であった。ところが、例えばボン基本法を対象とした一九五三年のショイナー論文では、形式的意味での基本権部分に属する諸規定の整理と実質的意味での基本権の内容的分類とが混同され、すでにシュミット説継受の目的が曖昧になっている（第三節**2**）。

そこでわれわれが制度保障論を受容する場合にも、「憲法典の基本権部分には実質的意味の基本権の保障以外に制度の保障も含まれている」という主張を行おうとしているのか、それとも「実質的意味の基本権には主観的権利の保障のみならず制度の保障も含まれている」と主張しようとしているのかを、まず明確に区別しておく必要があろう。シュミットとともに前者の命題を採用するというならば、さらにヴァイマル憲法第二編と日本国憲法第三章という解釈素材の相違を考慮し、日本国憲法第三章の諸条項を整理する上でシュミットの命題がどれほど必要且つ有用であるのかをいま一度反省してみなければならない。

例えば、ヴァイマル憲法の場合「ゲマインデの自治権」を定めた一二七条は形式上第二編に含まれていたので、これを制度保障規定として基本権保障規定と区別することも基本権部分の内容的分類論という点で首尾一貫し、有用であったわけであるが、第三章の権利宣言に属していない現行憲法九二条を制度保障規定と解することはこれとは異なる次元の主張であることに注意しなければならない。とりわけわが国の論者は、九二条がシュミットのいう「制度」＝前憲法典的規範複合体、すなわち旧憲法下の地方制度を保護した規定であると理解しているわけではないのであるから、憲法典が新たに創設し、したがってその存在の保障を宣言した国家組織に関する諸規範のうちなぜ九二条を特に制度保障規定としなければならないのかを説明することが要求されるのではなかろうか。憲法典のうちに基本権を直接保障したのではなくて、国家組織に関する規範を定立した規定が存在するというのはいわば当然のことであって、後者の規定をすべて制度保障と呼ぶならばシュミットの批判するレーヴェンシュタイン的な概念拡張に陥り、といって後者のうちのある種のものだけを制度保障規定と解するためには、シュミット説を（不正確に）継承するばかりではなくそれなりの実質的根拠を提示することが必要になると思われるのである。

③　シュミットはある特定の憲法典に先行する典型的規範複合体をその憲法典によって授権された単純立法者による廃止から保護しようとするのであるが、何が制度の廃止にあたるかの判断権は単純立法者に属するのであ

るから、そこにいう「保障」とは要するに立法者の自己抑制に対する期待であって、そのかぎりでは彼の議論のうちには法的サンクションが準備されていない。立法者による「制度の廃止」が事後的にチェックされることによってシュミットの制度保障論が固有の法的実益を伴うためには、特定の法律が憲法典の制度保障規定に反するか否かを裁判所が審査し、制度保障規定違反と判断した場合には当該法律を失効させる「抽象的規範統制」が不可欠となろう（第二節**2**）。したがって判例学説上ほぼ一致して、違憲審査のあり方としての抽象的規範統制が否定されているわが国においてシュミット型の制度保障論を説くことには、立法者の自制を促す以外の法的実益が乏しいことを自覚しておかなければならない。その上でなお特定の憲法条項を制度保障規定であると主張しておくことが、立法者に対してどの程度有効な制約となりうると考えるかは事実の予測の問題であって、人により判断の分かれるところであろう。

④　シュミットの制度保障論が基本権保障にとっていかなる意味を有するのかは、わが国の論者によってもしばしば問題とされてきたが[4]、ここでは次の点を指摘しておきたい。

「ヴァイマル憲法第二編には基本権ではなく制度を保障した規定が含まれている」というシュミットの命題は、基本権の名に値するのは古典的自由権のみであり、この自由権の内容を為す自由は制度ではないという考え方を前提としている。この場合の「自由」とは、立法者のみならず教師・医師・牧師などおよそあらゆる種類の他者による決定と性質上対立する個人の自己決定の可能性のことである（第三節**3**）。他方彼の「制度」概念の中核におかれている規範複合体は主として立法者（＝他者）の決定の産物であるから、第一に、シュミットの場合には発想の根底においてすでに、基本権と制度とは互いに相容れない存在であることがわかる。

第二に、このように決定の形式乃至主体の点からはつねに対立関係に立つ基本権的自由と制度の間にも、決定の具体的内容という点からみれば一致が存在することもありうるが、シュミットの場合特定の憲法典のどの規定を制度保障規定と解し、その制度の内容をどう捉えるかは、まず伝統的にいかなる制度が形成され・それがたまたまどのような形で憲法典基本権部分に受容されているのか（シュミットの感覚では、むしろまぎれこんできたのか）という、いわば歴史的偶然によって枠づけられており、その上、伝統的且つ典型的規範複合体といっても何を以って典型的とみなすかは主張者のいうなれば匙加減に委ねられているのであるから（第一節**2**）、シュミットの議論の構造に従うかぎり基本権の内容と制度の内容との関係を一義的に性格づけることはできず、制度保障が基本権保障を強化するとも弱体化させるとも一概にはいえないことを理解しておく必要があろう。

さて、シュミットとともに本章で取り上げたヘーベルレの見解が、これらの諸点についてシュミットと好対照をなすことは本文の叙述から了解されうると思う。ヘーベルレの「制度」はある特定の憲法典に先行する規範ではなく、当該憲法典の授権を受けた立法者によって形成され、一人一人の市民の行動によって現実化される。また彼の「基本権」は個人の自己決定と法規範との複合概念として構成されているから、権利宣言に含まれる諸規定は、個人権保障の形式をとっているのか或いは特定の規範複合体の保障の形式をとっているのかという条文定式上の体裁の如何にかかわらず、いずれもその両側面を保障したものとの推定が働き、基本権理念の実現に矛盾する規範複合体ははじめから「制度」のうちに含まれないのである。しかしながらヘーベルレの議論に対しても、個人の自由と立法者の決定との緊張関係についての配慮を欠く等の難点が指摘されうるのであり、結局われわれは現代国家における個人の自由という最も根本的な問題に行きつくことになる。

ともあれ、ここではシュミット型制度保障論を受容する際に注意しておくべきいくつかの論点を指摘して、ひとまず稿を閉じることにしたい。

（1）　同旨の指摘として、川添利幸「制度的保障」芦部他編『演習憲法』（青林書院、一九七三年）一七一頁。また、塩野宏「放送の特質と放送事業」杉村章三郎先生古稀記念『公法学研究・下』（有斐閣、一九七七年）四三二頁も、「自由な放送制度が、基本法成立時には、なお制度としては存在していなかった」ということを理由の一つにあげて、西ドイツの放送制度をシュミットの古典的制度保障概念では包摂しきれないとしている。しかしこの点は、これまでのわが国の議論においては見過ごされがちであった。

（2）法解釈学の性質をめぐっては周知のような議論が存在するが、ここではさしあたり、阿部純二「刑法解釈の客観性についての一試論」平場安治博士還暦記念『現代の刑事法学・上』（有斐閣、一九七七年）二九頁以下、とりわけ四三―四七頁参照。憲法解釈の枠の問題については、本書第XV章参照。

（3）この点は津地鎮祭事件最高裁判決多数意見も承認している。民集三一巻四号五三八―五三九頁。

（4）例えば、川添・前掲論文一七三―一七六頁、戸波江二「制度的保障の理論について」筑波法政七号（一九八四年）九一―九五頁参照。

〔文献リスト〕

この際、シュミット型の制度保障論を研究対象とした日本の著書・論文を、本書著者が知りえたかぎりでなるべく網羅的に掲げておく。

森静太郎「ドイツ憲法の制度的保障」法文論叢一五号（一九三四年）二八頁以下
鵜飼信成「制度的保障の理論」法学新報四六巻一一号（一九三七年）四一頁以下
大西芳雄「基本権と制度的保障（一）（二）」法学論叢四〇巻六号（一九三九年）一三頁以下、四一巻一号（一九三九年）一二一頁以下
岡田紬「西ドイツにおける制度的保障の理論について」公法研究一八号（一九五八年）七七頁以下
山下健次「所有権の保障と制度的保障の理論」立命館法学四一号（一九六二年）（同『人権規定の法的性格』三省堂、二〇〇二年三〇頁以下）
山下健次「制度的保障の法的性格とその問題点」公法研究二六号（一九六四年）八一頁以下
山下健次「人権と制度的保障の理論」小嶋和司編『憲法の争点（増補版）』（有斐閣、一九七八年）（同『人権規定の法的性

格』六九頁以下）
山下健次「制度的保障論覚書」立命館法学一五〇～一五四合併号（一九八〇年）（同『人権規定の法的性格』八八頁以下）
山下健次「人権と制度的保障の理論」小嶋和司編『憲法の争点（新版）』（有斐閣、一九八五年）（同『人権規定の法的性格』八〇頁以下）
成田頼明「地方自治の保障」宮沢俊義先生還暦記念『日本国憲法体系第五巻』（有斐閣、一九六五年）一三五頁以下
柳瀬良幹「地方自治の制度的保障」『地方自治論文集』（良書普及会、一九七二年）二七頁以下
石村善治「人権と制度的保障の理論」法学教室（第二期）二号（一九七三年）二三頁以下
川添利幸「制度的保障」芦部信喜＝池田政章＝杉原泰雄編『演習憲法』（青林書院、一九七三年）一六九頁以下
斎藤孝「『制度保障（Einrichtungsgarantie）』の理論」駒澤大学大学院・公法学研究七号（一九八〇年）一二五頁以下
斎藤孝「『制度保障論』序説」中央大学・大学院研究年報一二号Ｉ‐１（一九八三年）三七頁以下
斎藤孝「地方自治の保障と制度保障論」法学新報九三巻六・七・八号（一九八七年）四九頁以下
戸波江二「制度的保障の理論について」筑波法政七号（一九八四年）六六頁以下
赤坂正浩「二つの制度的保障論—Ｃ・シュミットとＰ・ヘーベルレ」東北大学・法学四九巻一号（一九八五年）（本章）
赤坂正浩「『制度保障』論の成否」法学教室一〇八号（一九八九年）三二頁以下
赤坂正浩「制度保障と人権」長谷部恭男編著『リーディングズ現代の憲法』（日本評論社、一九九五年）（本書第Ⅶ章）
赤坂正浩「人権と制度保障の理論」高橋和之＝大石眞編『憲法の争点・第三版』（有斐閣、一九九九年）六〇頁以下
柏崎敏義「制度的保障理論の受容とその展開」明治大学大学院紀要二三巻一号（一九八六年）七三頁以下
柏崎敏義「連邦憲法裁判所判例における制度的保障論の展開（一）」千葉商大論集三七巻四号（二〇〇〇年）四七頁以下
柏崎敏義「憲法における制度と人権—制度的保障論考」憲法理論叢書一二『現代社会と自治』（敬文堂、二〇〇四年）七九頁以下
駒林良則「カール・シュミットの制度的保障理論と地方自治」名城法学三六巻別冊（一九八七年）四七頁以下
駒林良則「地方自治をめぐる制度的保障論の展開」名城法学三八巻二号（一九八九年）一頁以下
太田和紀「地方自治の制度的保障（一）（二）」自治研修三四〇号（一九八八年）五八頁以下、三四二号（一九八八年）八

五頁以下
高橋正俊「制度保障について」香川法学七巻三・四号（一九八八年）二二七頁以下
中島茂樹「ドイツにおける『制度的』基本権理論と『制度的』法思考」室井力先生還暦記念『現代行政法の理論』（法律文化社、一九九一年）二〇三頁以下
兎原明「『制度的保障論』考」小林孝輔編『ドイツ公法の理論』（一粒社、一九九二年）三一七頁以下
石川健治『自由と特権の距離』（日本評論社、初版一九九九年、増補版二〇〇七年）
三並克敏「制度的保障理論―総論的部分についての若干の批判的考察」京都学園法学二八号（一九九九年）一頁以下
三並克敏「『制度的保障』論―各論的考察」小林武＝三並克敏編『二一世紀日本憲法学の課題』（法律文化社、二〇〇二年）三六頁以下
山本敬三「憲法による私法制度の保障とその意義―制度的保障論を手がかりとして」ジュリスト一二四四号（二〇〇三年）一三八頁以下
小山剛「財産権の内容形成」小高剛先生古稀記念『現代の行政紛争』（成文堂、二〇〇四年）三〇三頁以下（同『基本権の内容形成』尚学社、二〇〇四年一六四頁以下）
小山剛「制度的保障」法学セミナー六〇五号（二〇〇五年）一六頁以下
小山剛「人権と制度」『岩波講座・憲法2』（岩波書店、二〇〇七年）四九頁以下

Ⅶ　制度と自由

一　客観的法規範と主観的権利規範

成文法が存在する場合でも、規範は条文の文章＝テクストそれ自体なのではなくて、テクストの意味内容である。たとえば、「禁煙」「no smoking」というそれぞれ異なるテクストは、その意味内容、すなわち規範としては同一である。そこで、日本のような成文法中心の国では、さまざまな紛争の法的解決にあたって、まず成文法のテクストの意味を解明すること、すなわち成文法上の規範を発見することが（その紛争に関係する成文法上の規範は存在しないという結論に至る場合も含めて）、法律家にとって不可避の仕事となる。これが一般に言われる「制定法の解釈」である。

事情は憲法の分野でもまったく変わらない。現在の日本における第一次的な憲法規範は、「日本国憲法」という成文法のテクストの意味内容である（もちろん、だからといって、成文憲法の条文以外に憲法法源が存在しないことにはならない）。したがって、成文憲法の各条項の意味内容の解明＝成文憲法に表現された憲法規範の発見が、憲法解釈学の重要な任務だということになる。

国家組織の基本法である成文憲法の条文に表現された憲法規範は、一般的にはすべて、何らかの点で国家機関の創設、それらの機関の地位と相互関係の決定、権限の確定に関係する規範である。たとえば、「国会は、国権の最高機関であり、国の唯一の立法機関である」とする憲法四一条は、あまりにも自明のことなのでテクスト上は省略されているが、「日本国に国会という名称の国家機関を設置する」という規範を前提にしており（機関の創設）、この国会が国権の最高機関とされるべきこと（機関の地位）、そしてその主要な権限が立法権であるべきこと（機関の権限）を規定した条項である。

成文憲法のうち、憲法四一条のようないわゆる統治機構の諸規定に盛られた憲法規範は、直接に国家機関を創設し、その地位を決定するとともに、その機関に授権された行為の内容、そしてそれらの行為をおこなう手続・方法を定めた規範である。統治機構の諸規定に表現されたこのような組織規範・授権規範の第一次的受命者は、当然のことながら国家である。

ところで言うまでもなく、立憲主義思想にもとづいて制定された成文憲法は、単に国家の権力組織を整備するのみならず、個人の人権を保護するために国家権力の行使に限界を設けることをその主目的としている。人権規定に内包される憲法規範は、直接的には立法者の権限行使を制限する意味をもつ。すなわち、国会は憲法四一条以下の規定にしたがって、法律を制定する権限を付与されているのであるが、たとえばキリスト教の礼拝や布教を禁止する法律、報道番組の内容を郵政省（現総務省）のような国家機関に事前審査させる法律、被疑者の取調べにあたって警察官による拷問を認める法律、これらを制定することは、それぞれ憲法二〇条・二一条・三六条によって禁止されている。人権規定に含まれる憲法規範のこうした意味に着目して、学者はこの種の規範を「制限規範」と呼んだり(1)、あるいは「消極的授権規範」と呼ぶのである(2)。人権条項に盛られた「制限規範」に違反する法律を適用する国家行為は、同時に個人の人権侵害とみなされ、憲法八一条によって、原則として、被害者たる市民には違憲の人権侵害行為の無効や損害賠償を求めて裁判所に出訴する道が開かれている。

そこでごく単純化して言うと、成文憲法には、もっぱら国家機関の組織および国家機関に対する授権だけを規範内容とする条項と、国家機関への授権規範を含むと同時に、個人の権利規範をも含む条項とがある、ということになる。国家機関の創設および地位・権限の決定に関する規範を、直接には各人の主観的権利を保障した規範ではないという意味で「客観的法規範」と呼び、各人の権利を保障した規範を「主観的権利規範」と呼ぶならば、成文憲法には、客観的法規範だけを含む条項と、客観的法規範と同時に主観的権利規範をも含む条項とが存在するわけである(3)。

二　制度と人権

いま述べたように、人権条項は、主観的権利規範と客観的法規範とを同時に含むと考えられる。憲法解釈論では、個々の人権規定が誰のいかなる自由や利益をどのように保護する趣旨なのかという観点から、すなわち、人権規定に表現された主観的権利規範の内容如何という角度から論議がおこなわれるのが一般であるが、国家機関は具体的には何を授権され何を禁止されているのかという逆の視角から、問題を検討することも当然可能かつ必要である。

(1)　Ｐ・ヘーベルレの「制度的基本権論」

人権規定は国家機関に具体的には何を授権する憲法規範を含意するのかということの観点から、興味深い論議が展開されてきたのは戦後（西）ドイツの学界である(4)。なかでも、一九六二年に公刊された博士論文で、現代ドイツを代表する憲法学者の一人であるＰ・ヘーベルレが主張したいわゆる「制度的基本権論」は、人権規定による立法者への授権内容についての独特の解釈を含む学説として、日本でもすでに紹介されてきた(5)。

そこでまず、ヘーベルレの主張を典型的な形で示す文章をいくつか引用してみよう。

「基本権には二重の憲法的内容がある。第一に、基本権は個人の権利という《側面》をもっている。基本権は権利者に主観的公権を保障する。……第二に、基本権は《制度的側面》によって特徴づけられる。基本権は自由な秩序と構成とをもつ生活領域の憲法的保障を意味する」(70)。「基本権は、形成され組織されて存在するものである。」民法に規定された種々の契約類型、家族や結婚に関する諸規定、報道の自由に関連するプレス諸法律など、「これらの規範のすべてによって、基本権は客観的な存在となり、基本権は状態となる。これらの規範はすべて、基本権の制度的側面の流出物であり現実化である」(97)。「基本権のこのような《制度的側面》には、個人の権利という側面、人的な側面が結びついている」(97)。「個人の自由は、制度的に保障された生活関係、基本権の制度的側面、これを充実させる規範複合体を必要とする。これらは個人の自由に対して、方向と基準、確実性と安定性、内容と任務を与える。個人の自発性は、規範複合体なしには――法の存在しない領域では――効果を発揮することができない。個人の自由は、それが真価を示し、展開可能となるような客観的秩序を必要とする。客観的秩序が個人の自由を保護し、刻印づける。……個人は、結婚・家族・結社・職業といった客観的構成体へと歩み入る。個人は、これらの客観的構成体のなかで初めて全き自己実現を見出し、人格へと成熟する。けれども逆に、個人の側も客観的構成体を形成する。たとえば、[ドイツ連邦共和国]基本法は、特定の職業像を確定していないから……個人は新しい職業像を創造することができる。この場合、個人は、自由な職業秩序の全体、制度としての職業の自由の全体を内容豊かなものにしたことになる」(98)。「基本権の制度的側面にわけても特徴的なのは、それが法の存在しない領域なのではなくて、法的に構成された生活領域だということである。……立法者は、基本権の制度的側面の展開へと決定的に参加する……。立法者は個々の生活領域を創出する。立法者は基本権が持続的に存続することを助ける。立法者は、基本権理念を個々の社会領域で実現する――上で、もちろんそれぞれ異なる《密度》で必要な――規範複合体を創造する。立法者はいろいろな法益を定める。たとえば私法上の契約類型、種々の職業秩序、制度としての基本権を構成し・基本権を《改造》するのみならず現実化する客観的構成体、これらをを定めるのである」(116)。「立法者は基本権の制度的側面に関して、ここで詳論する必要のあるひとつの機能を有する。数多くの基本権制限が、制度としての基本権を維持するという目的を追求している」(116)。「こうした制限は、自由を危険にさらすのではなくて、自由に対して《社会的現実》を付与することによって、自由を強化するのである」(117)。

大部の著書からこのようにわずかな引用をおこなうだけでも、ヘーベルレの主張の骨子はうかがい知ることができよう。すなわち彼によれば、① 成文憲法上の人権（ドイツ人の用語では基本権）は、個人の権利を保障すると同時に、客観的な制度の保障でもある。憲法は「制度としての基本権」の保護を要請している。② ここに言う「制度としての基本権」「基本権の制度的側面」とは、成文憲法でその保護が謳われた各人の自由や利益が現実化している状態、およびそういう状態を可能にするための法規範のシステムのことである。たとえば、各人が日常的に契約の自由を行使するためには、契約法を形作る種々の法規範が必要になる。そこでこの場合、契約法の体系が「制度としての基本権」の内容をなす。③「基本権の制度的側面」を形成するのは主として立法者＝議会の任務であり、しかもそれは成文憲法が授権した任務である。④ 立法者が創造し、「制度としての基本権」の内容を形作る法規範のシステムは、自由の制限というより自由の現実化手段と評価することができる。

このヘーベルレの議論も含めて、(西) ドイツでは、基本権が複数の意味の層をもつとか、多元的な機能を果たすという言い方がされるが、そこで主張されていることの実質は、成文憲法上の基本権規定は複数の憲法規範を内包するということである。右に紹介したヘーベルレの制度的基本権論の場合には、基本権規定は、各人に主観的権利を保障する憲法規範と、憲法が各人に認めた自由や利益を現実化するのに必要な法制度の積極的な整備を、国家機関とりわけ立法者に対して授権する憲法規範の、双方を同時に表現した規定と理解されているのである。「制度的基本権論」は、人権規定に含まれる客観的法規範の内容、とくに立法者への授権の内容に関するひとつの解釈だということになろう。

ヘーベルレに代表される制度的基本権論は、各人の自由を実質化するためという条件つきではあるが、立法者の介入を人権規定自身の要請として広く容認する見解であることから、日本の学界ではこれに対する警戒感が強い。たとえば芦部信喜は次のような論評をおこなっている。「制度的自由の理論は、基本権が、主観的権利（個人の権利）であるという側面だけでなく共同社会の客観的秩序の基本的要素であるという側面をもつことをとくに重視するドイツ憲法学の一般的傾向を推し進めて展開された理論であり、社会国家における人権のあり方を考える上で注目に値するが、国家権力の積極的な配慮と調整による人権の実現を広汎に認めることになるので、……日本国憲法の人権理論にはそのままでは妥当しえないであろう[6]」。

佐藤幸治の以下の発言も同じ趣旨と考えられる。「人間の自由を社会国家理念の下に統一的に把握し、国家（法律）による自由の現実的保障の面を重視する考え方がありうる（ここでは、法律は自由を制限するものではなく、自由の実現に奉仕するものとして立ち現われる。西ドイツにおける『配分請求権』の発想は、この種の考え方によっているようである）。確かに、社会権のみならず、伝統的な自由も、その確保のためには、国家による積極的な保障ないし具体化が必要とされる場合が多いことは否定できない。が、自由は、そもそも他者の干渉をうけずに自己決定を行なう自由であるところに本質をもち、自由を実現するために他者（国家）に依存するということは一種のパラドックスなのであって、このパラドックスがないかのごとく説くことには無理があり、近代人権思想が描く自由の観念を全く変質せしめてしまうおそれがないかの疑念をぬぐいきれない[7]」。

ところが、このようにヘーベルレ的な発想に懐疑的な芦部や佐藤の著書には、同時に次のような叙述も見出される。「……裁判制度、選挙制度、国家賠償制度、健康保険制度、年金制度、生活保障制度、教育制度など、多くの制度が権利・自由を保障するために設けられていること、また設けられる必要があることは、言うまでもない」[8]。「……憲法の保障する各種基本権は、それぞれ固有の歴史的背景と政治社会的構造システムに見合っているのであって（例えば、表現の自由と自由な情報流通システム、経済的自由と自由な経済システム）、基本権の内容は人格的自律ということから一義的に演繹されるわけではない。その意味で、各種基本権は『制度としての基本権』の性格をもっている」[9]。

芦部や佐藤のこのような叙述が、ドイツ的な「制度的基本権論」「配分請求権論」に対する右に引用した懐疑と、正確にはどのような関係に立つのかは必ずしも明確ではない。私見によれば、ヘーベルレの制度的基本権論には、事実の認識と憲法の解釈という二つの側面があるように思われる。すなわち、現代社会における個人の自由が、契約・家族・職業などについての制度＝法規範の複合体なしには現実のものとならないという見解は、彼の論議に含まれる事実認識の側面であり、他方、さまざまな生活領域の制度を整備し、各人の利用に供することは人権規定が立法者に認めた権限であるという主張は、成文憲法の人権規定に関するひとつの解釈という側面である。こうした理解に立って、ここでは一応、これらの論者も適切な制度が整備されないかぎり現代社会における個人の自由は守られないという少なくとも事実のレベルについては、ヘーベルレと認識を共有していると解しておきたい。このように仮定すると、芦部・佐藤とヘーベルレとの相違は、自由を現実化するための制度の整備を、成文憲法の人権規定そのものに含まれる立法者への授権とみなし、そこから人権規定の解釈論を導き出すか否かという点に求められることになろう。

(2)　奥平康弘の「個人・権利・制度」観

芦部・佐藤よりもさらに一歩踏みこんで、最近、権利と制度との関係について注目すべき考察を展開している論者として、奥平康弘をあげることができるであろう[10]。

奥平は、日本国憲法が――国家・民族共同体・会社などの――あらゆる集団を超える価値を個人に認めるという意味での個人主義に立脚していることを前提に、憲法は各人の「自由」と同僚市民との「共生」を両立させるために一定の権利を保障し、種々の制度を設けたのだとする（八八―九〇頁）。その場合奥平は、国語辞典の常識的な意味にしたがって、「制定された法規、社会的なしくみやきまり」のことを「制度」と呼んでおり（九六頁）、具体的には憲法第四章以下の統治機構の諸規定や、さらにはマスメディアのような社会的な客観的存在を念頭に置いている（九一頁、九五頁）。

その上で奥平によれば、「現代にあって国家は、単に政策上だけではなくて憲法の構造から割り出される要請上、市民の権利行使が実際上可能になるような機会・施設・場所その他を提供せざるを得なくなっている。学校、公民館、図書館、美術館、その他の〝公共の広場〟を考えればいい。文化的、教育的な制度の繰り出しである」（九四―九五頁）。ここには、現代社会において個人の自由が現実化するためには、各種の制度の整備が不可欠であるという事実認識と、そうした制度の整備を成文憲法自体が国家に対して要請しているとする憲法理解とが表明されている。

さらに進んで奥平は、権利自体が制度でもあるとする。「『権利』というものも、単に個人の意思あるいは利益のなかに自足的にある、純粋に主観的なるものであるのではなくて、『法規』＝『制度』のなかに客観的に定められているものでもある……。正確に言うと、『権利』はまずなによりも、『法規』（あるいは、たとえば、裁判による判決という制度的・客観的な法宣言）によって承認（＝規定）されている必要があり、それを個人が自分のために発動することによって姿を現すのである。第一段階は、客観＝制度の世界に属し、第二段階ではじめて主観＝人間・個人のものとなる。そう言ってよければ、『権利』というものは、客観と主観との両方に棲む両棲類に似たコンセプトなのである」（九七頁）。

憲法上の権利が客観的側面と主観的側面とを合わせもつという趣旨のこの理解の例として、彼は憲法三六条を引いて次のように述べている。三六条の「規定はテクストとして確定した客観法である。これは、拷問および残虐な刑罰をしそうな公務員に向けて発せられた命令であり、こうした命令を出すことにより、日本国から『拷問及び残虐な刑罰』という形態の非人道的な公権力的暴力を放逐しようとする、一般的ねらい（＝客観的なねらい）をもっている。ひと口で言えば、暴力をともなわない、適正な・釣合いのとれた公権力の確立・保持という制度目的に、これは仕える。しかしこの規定は他方で、こうした命令にもかかわらず、特定の公務員が拷問をおこないまたは残虐な刑罰を科したさいには、その直接の被害者たる市民が、命令違反の暴力行為に対する救済をもとめる『権利』を有することの、明々白々の根拠法であることも否定できない。憲法三六条は、制度保障規定であると同時に、権利賦与規定でもあるのである……。……個人は……『権利』をみずからのために行使し、非人道的な暴力からの救済をもとめることができる。すなわち、自己の利益を確保し、そのかぎりにおいて満足を得るのである。これは『権利』行使の主観的な側面である。『権利』行使には、もう一つの側面がある。すなわち、個人の側のこうした動きは、客観的に見て、憲法三六条が設定した目的に即して制度が軌道修正をおこなう契機になる、ということである」（九七―九八頁）。

奥平によれば、「憲法三六条を例にして述べたことは、多少の修正をほどこせば、憲法第三章の諸規定すべてについて当てはまる」（九八―九九頁）。「制度の受け手（ユーザー）としての個人こそ、もっとも端的に制度欠陥のよき認識者であり得る。きわめてしばしば、彼または彼女は、制度欠陥の直接の被害者でもある。そうした場合、当該利害関係者は、自分の利益のため、あるいは自分が意欲して、『それは間違っている』『それでは話が違う』と異議申し立てをすることができることによって、一方ではその者の立場が救われ、他方では『制度』が軌道修正をするきっかけをつかめるのである。……『権利』というものが大事なのは、このように主観の法と客観の法をつなげる役目を果たすからだと思う。憲法は、国家統治の根幹になる基本制度を構築しながら、入念に熟慮して、いくつかの『基本権』を選抜し、それらをそれぞれが対応する制度の端々にきちんきちんとはめ込んでいる。そうすることによって、本来の目的に即した諸制度の運用を確保し、よってもって、諸個人の人間的な価値を満足させつつ、共生の世界を構築しているのだと思う」（一〇〇頁）。

奥平の叙述には、「制度の周縁にはめ込まれた権利」とか、権利は「客観（制度的なるもの）と主観（個人・人間的なるもの）の両方にまたがった観念」であるといった表現もみられるが、「憲法三六条は、制度保障規定であると同時に、権利賦与規定でもあ」り、このことは「憲法第三章の諸規定すべてについて当てはまる」という前引の文章が、彼の真意を最も明瞭に示していると思う。すなわち、奥平の主張も、成文憲法の人権規定は主観的権利規範と客観的法規範の双方を含み、後者は各人の自由を現実化するための制度の構築を立法者に授権する規範だという趣旨に理解できる。奥平は、外国法の分野では主としてアメリカ憲法の研究に携わってきた学者であり、この書物でも現代ドイツの人権論にはとくに言及していないのだが、ここに紹介した奥平の議論と、ヘーベルレの「制度的基本権論」との類似性は明らかではなかろうか。

簡単なまとめをしておこう。①ヘーベルレ・奥平・芦部・佐藤は、現代社会における個人の自由が、種々の制度なしには確保されないという事実認識では共通している。②個人の自由を保護する制度の構築を、成文憲法上の人権規定の要請とみなす点で、ヘーベルレと奥平は共通する。芦部・佐藤のこの点についての考え方は明瞭ではない。③人権規定が、とくに立法者に対して制度の構築を授権した客観的法規範を含むと解する点では、それを強調するか否かを別とすれば、ヘーベルレと奥平の議論の構造に違いはないと考えられる。これに対して、芦部・佐藤は、立法者の役割を重視するこうした人権規定理解には明らかに警戒的である。④ヘーベルレは自由を保護する制度の構築が、憲法上立法者に授権された任務であることを強調するのに対して、奥平はむしろ各人の権利行使が制度の維持修正の契機になるとして、個人のイニシアティヴを強調する点で、二人の間にはアクセントの相違がみられる。

(3)　自由と制度

そこで、右に要約したヘーベルレや奥平の発想を前提として、きわめて粗雑なスケッチにとどまるが、自由・制度・憲法の相互関係についてもう一度考えてみることにしたい。「制度」という言葉で私が念頭に置いているのは、「法規範の複合体」のことである。たとえば、「婚姻制度」と言う場合、それは憲法二四条の原則的な規定にはじまって、民法七三一条ないし七七一条の婚姻関係諸規定、さらに戸籍法・戸籍法施行規則・家事審判規則等々、関連法令の諸規定の内容全体によって構成されている、婚姻に関するひとまとまりの法規範の体系を意味している。他方「自由」とは「他者による拘束・強制の不存在」を意味し、とりわけ憲法が予定する自由とは、「国家機関による個人への拘束・強制の不存在」を意味すると考えておきたい。憲法に関連する諸制度と個人の自由との関係はさまざまであるが、ここでは仮に、①個人の自由と直接的な関係をもたない制度、②個人の自由に敵対する制度、③個人の自由を保護する制度、④パラドクシカルな表現だが、個人に自由の状態を強制する制度、の四つに分類してみることにしよう。

①　立憲主義思想に立脚した憲法上の諸制度はすべて、秩序の形成と同時に、究極的には個人のさまざまな生活局面での自由の保護を目的としていると言ってもよい。しかし、成文憲法の諸条項および関連法令の諸規定には、一般個人の自由と直接的には関係をもたない組織規範を内容とするものもある。たとえば国会両院の内部組織・国会あるいは各院の権限・両院の相互関係・議員の院内における権利や懲罰などについての憲法の諸規定

（おおむね四八条から六三条まで）や、それらをさらに具体化した国会法・衆参両院の議院規則・両院の先例などの大部分がその例である。これらに含まれる法規範が一体となって、議会制度・議院自律権の制度が構成されている。

②　大なり小なり人間の行動を制限することが法規範の一般的性質であるが、制限の目的・内容・程度はきわめて多様であるから、もちろんそうした法規範のすべてがここに言う個人の自由に敵対する制度というわけではない。個人の自由に敵対する歴史上典型的な制度としては、たとえば一党独裁制・強制労働収容所制度・検閲制度といったものをあげることができよう。これらはそれぞれ、個人の政治活動の自由、人身の自由や人間としての尊厳、報道をはじめとする表現活動の自由を抑圧することを意図し、またそのように機能した制度であった。国教制度も個人の宗教的自由と鋭い緊張関係に立つ場合が多い。日本国憲法は、一八条で強制労働を明示的に禁止し、二一条二項前段では検閲制度をやはり明示的に禁止したほか、二一条一項の結社の自由は一党独裁制の禁止、二〇条一項後段は国教制度の禁止を含意するものと解釈されてきた。学説では、たとえば佐藤幸治の体系書も、憲法が人権保障にあたって一定の制度を忌避している場合を認め、貴族制度・国教制度・検閲制度を例示している[11]。

③　憲法に関係する諸制度のなかには、逆に個人の自由を保護助長する機能を営むものも存在する。前述のように、佐藤幸治はヘーベルレ的な考え方に懐疑的なのであるが、しかし彼も憲法が人権を保障するにあたって一定の制度を前提としている場合があるとし、その制度を日本国憲法が明示しているケースとして、次のものをあげている。公務員を選定・罷免する権利の前提となる選挙制度（四四条・四七条）、職業選択の自由・財産権保障の前提となる私有財産制度（二九条二項）、婚姻・家族生活における自由・平等の前提となる婚姻制度・相続制度（二四条二項）、裁判を受ける権利の前提となる裁判制度（第六章の諸規定）である[12]。また佐藤は、テクスト上明示

されてはいないが、人権保障にあたって一定の制度が黙示的に前提されている場合があることも認め、その例として、憲法一七条の国家賠償請求権は国家賠償制度、二三条の学問の自由は大学の自治制度、二五条の生存権保障は社会保障制度、二六条の教育を受ける権利は教育制度を前提にしているとする(13)。

佐藤の著書のこの部分では、これらの制度の設置運営に関する立法者の役割には何ら触れられていない。しかし、「婚姻制度・相続制度」や「私有財産制度」にしても、憲法規定が「個人の尊厳と両性の本質的平等に立脚して」とか「公共の福祉に適合するやうに」という条件つきで、それらの具体化を「法律」に委ねていることに示されているように、およそ佐藤が例示した制度を具体的に形成する主要な国家機関としては、やはり立法者を考えるほかはない。こうしてみると、佐藤はヘーベルレ的発想への警戒感にもかかわらず、実質的にはそれと非常に近い地点に立っているように思われる。

④　通常は、特定の宗教団体や政治団体に加入するかどうか、特定の場所に旅行するかどうか、特定のマンションを購入するかどうか、といった行動の選択が本人の意思に委ねられている場合に、その人は自由だと言われる。ところが、自由を保護する制度のなかには、この種の選択を本人に認めないものもある。たとえば刑事手続的人権規定には、逮捕・捜索・投獄などの手続に関して、被疑者・被告人としての市民にその手続に従う以外に何の選択権も認めない規定がある。むしろ憲法は特定内容の刑事裁判制度を創設し、国家機関にも市民にもこの制度の利用を義務づけることを通じて、市民の人身の自由を擁護しようとしているとも言える。この種のケースでは、個人の自由は彼ないし彼女の主観的意図から離れた客観的状態を意味する。

憲法第三章の個々の人権規定が、一方で個人にいかなる自由や利益を保障した憲法規範を含み、他方で立法者に何を授権し、何を制限した憲法規範を含むのかは、個別具体的な検討を必要とする問題である。これはまさに人権各論のテーマそのものであるから、この問題に綿密周到な解答を与えることは本章の任ではない。ここでは、

「自由」と「制度」の関係に関する右の雑駁な分類を前提にして、以下のようにやや乱暴なまとめをしておきたい。

(a)　第一に、人権規定は、それぞれの規定が保護している自由や利益に敵対的な制度を立法者が設けることを禁止する規範を含むと理解されるべきである。たとえば、一四条の法の下の平等条項は貴族制度のような身分的特権制度、一八条の奴隷的拘束からの自由の保障は奴隷制度、二〇条の信教の自由・政教分離規定は国教制度、二一条の表現の自由の保障は検閲制度、二二条の居住移転の自由の保障は、移動や転職を許可制とする国内パスポート制度、二四条の婚姻における両性の平等規定は一夫多妻制度、二八条の労働基本権保障は組合禁止法制、それぞれこうした制度を設けることを立法者に対して禁止している。禁止に触れる制度の樹立・運用に対しては、市民に憲法上の救済請求権が認められるのがふつうである。

(b)　第二に、人権規定は、それぞれの規定が保障する自由や利益を保護するための制度の構築を、立法者に授権する規範を含むと理解されるべきである。このことは、「生命、自由及び幸福追求に対する国民の権利」は「立法その他の国政の上で、最大の尊重を必要とする」と定める憲法一三条のテクストにも示唆されていると解される。制度の樹立にあたっては、立法者にはふつう広範な裁量権が認められる。たとえば、一四条では社会的マイノリティの優先処遇制度、一五条では在宅投票制度や海外在留国民の投票制度、二一条では政府情報の開示制度や個人情報保護制度、あるいは新聞の集中排除制度、二三条では大学の自治制度、二五条では社会保障制度、二八条では労働組合保護法制、二九条では財産法の体系、等々の取扱いが立法者に授権されている。この場合には一般に、いったん制度が樹立されると、市民には当該制度の利用権が認められる。二五条の生存権に関するいわゆる抽象的権利説は、まさにこのような社会保障制度利用権の主張とみなすことができよう。

(c)　第三に、刑事手続的人権規定は、その趣旨に適合した刑事訴訟制度の構築を立法者に命じた規範と理解されるべきである。三三条～三九条の要求は厳格であって、(b)の場合と異なり立法者の裁量の余地は小さい。他方で市民の側も、刑事手続的人権規定にに関しては、(b)のように制度の利用に関する選択権をもつのではなく、制度を利用しない行為の法的効果が否認されるという意味で、利用を憲法上義務づけられている場合がある。

以上、人権規定は、そのテクストの表現形式の如何を問わず、またいわゆる自由権規定・社会権規定の如何を問わず、(a)(b)双方の憲法規範を含むと考えるべきであり、刑事手続的人権規定などには、(c)のように別枠で考えるべきものもあるのではないか、これが本章の一応の結論である。

三　制度保障論

(1)　学説判例の状況

一九二〇年代のドイツで、当時のドイツ憲法――通称ヴァイマル憲法――の解釈論として、成文憲法の特定の条項、とりわけ人権宣言中の特定の条項は、制度を保障した規定であるとするいわゆる「制度保障論」（一般には「制度的保障」と訳されることが多いが、憲法条項が「制度」を保障しているという議論であるから、ここでは「制度保障」と呼んでおく）が主張され、すでに第二次大戦前に日本の学界でも紹介されていた。日本国憲法の解釈にあたっても、この観念を採用する論者が多い。憲法の体系書レベルで言うと、早い時期のものとしては宮沢俊義『憲法Ⅱ』（有斐閣、初版一九五九年、新版一九七一年一〇六―一〇八頁、二〇四頁）、比較的近年のものとしては小林直樹『新版・憲法講義・上』（東京大学出版会、一九八〇年三一〇頁、三七三頁、三八三頁など）、橋本公亘『日本国憲法・改訂版』（有斐閣、一九八八年一二一―一二四頁）、伊藤正己『憲法・第三版』（弘文堂、一九九五年一九五頁）、野中・中村・高橋・高見『憲法Ⅰ・第四版』（有斐閣、二〇〇六年二一〇―二一一頁、三一四頁、四三〇頁）がその代表例であろう。これらの著書がほぼ共通に日本国憲法上の制度保障規定としてあげるのは、二〇条一項後段・三項・八九条（政教分離制度）、二三条（大学の自治制度）、二四条（婚姻・家族制度）、二九条一項（私有財産制度）、九二条（地方自治制度）である。このほかに宮沢（『憲法Ⅱ・新版』二〇四頁）は二六条二項（義務教育制度）、橋本（前掲書一二四頁）は二一条二項後段（通信の秘密）をそれぞれ制度保障規定と解している。

判例も制度保障の観念を受容し、津地鎮祭事件判決[14]では二〇条三項などの政教分離規定を、法廷メモ訴訟判決[15]では八二条の裁判の公開規定を、それぞれ制度保障の規定であるとした。

しかしながら、最近では、制度保障の観念を現行憲法の解釈論レベルで採用することに制限を加える見解や否定的な見解も有力である。たとえば、樋口陽一は、これまで制度保障規定と理解されてきた条項をこの観念でひとくくりにする必然性に乏しいとした上で、二九条一項だけを制度保障の規定とみなしており[16]、芦部信喜・佐藤幸治も、制度保障の理論を原則として不要、あるいは安易にこの理論に訴えるべきではないとし、仮に認めるとしても「制度の核心」が明確で、制度と基本権との関係も密接な場合に限定されるべきだとしている[17]。これらは、いわば制限説ということになろう。これに対して、奥平康弘は、「日本国憲法にとって、いわゆる『制度的保障』が本質的に必要な概念だとは思わない」と述べており[18]、全面的な否定説の立場をとるものと考えられる[19]。

(2)　「制度保障論」の特徴と解釈論上の必要性

これまで日本の憲法解釈に受容されてきた「制度保障論」は、ドイツの公法学者カール・シュミットの学説をモデルとするもので、ヘーベルレ的な「制度的基本権論」とは種々の違いがある。第一の大きな相違は、シュミットが、良心の自由・人身の自由・言論出版の自由・集会結社の自由など、前国家的と観念された個人主義的な自由権だけを本来の「基本権」と称し、原理的には無限定な個人の自由を保障した「基本権」と、法的に構成された規範複合体としての「制度」とを峻別するのに対し[20]、ヘーベルレの場合には、個人の自由は特定の制度の存在と不可分であり、基本権規定そのものが制度の保障規範を含意するとみなされている点である。

第二の主要な相違は、この文脈でシュミットが言う「制度」とは、職業官吏制度・市町村自治制・大学の自治・神学部制度・法律上の裁判官の保障・日曜日の休日制・所有権の保障・婚姻や相続制度など、ヴァイマル憲法制定前から存在する伝統的な法規範の複合体のことであり、新憲法がこれらの旧制度の存置を認めたというのが彼の主張の要点であるのに対し[21]、ヘーベルレには、特定の成文憲法制定前の旧制度の保護という発想はみられない点である。

私は第二節での考察を前提に、シュミット型制度保障論（とその日本版）は日本国憲法の解釈の場面では不必要だと考えている。理由を以下に掲げておこう。

① シュミット式に「基本権」と「制度」とを対立物と考えるのではなく、すべての人権規定が立法者による制度の構築を大なり小なり要請する規範を含むと考えたほうが、たとえば二三条に関してはその文言にまったく存在しないにもかかわらず、大学の自治の制度保障を読み込みながら、その第二項が立法者による社会立法の充実を示唆する二五条については、社会福祉の制度保障規定だとは言わないこれまでの解釈論よりも、首尾一貫した議論が展開でき、人権規定について内容豊かな解釈が可能になると思われる。

② シュミットの学説では、制度保障規定はヴァイマル憲法制定前の旧制度の保障という共通点をもっていたが、これまで制度保障規定と主張されてきた日本国憲法の諸条項には、憲法制定前に存在していた旧制度の保護を意図したと読む必要のある規定はみあたらない。したがって、これらにはヴァイマル憲法の諸条項に関してシュミットが見出したような共通点は存在しないことになる。私有財産制度・大学の自治制度・政教分離規定・地方自治制度のいずれも、制度保障の観念によらずにそれぞれ十分に理解可能であり、あえて議論を複雑にする必要はないように思われる。

たとえば二九条は、個々の財産権の具体化と相互調整のために、当然のことながら立法者に対して制度の構築を授権する憲法規範を含むと解すべきである。民事法や知的財産権法の体系なしには、権利規範としての財産権規定は無意味だからである。二三条も、個人の学問活動の自由を保障する上で必要な制度の構築を、やはり立法者に授権する憲法規範を含むと理解することができる。そうした制度のなかに、大学の自治制度も含まれるのである。地方自治制度は、統治機構に関する他の憲法規定と同様に、直接には個人の自由に関係しない規範であるから、「基本権」規定と区別される「制度保障」規定であると言う必要は一層乏しい。憲法は議会制度などと並んで地方自治制度も保障し、その具体化を九二条～九五条の枠内で立法者に授権していると考えれば必要十分であろう。信教の自由条項は個人の権利規範であると同時に国家機関に対する客観的法規範でもあるが、通説的理解を前提とすれば、いわゆる政教分離規定は国家機関の行動を限界づける制限規範ではあるが、直接には個人の権利規範を含まない。その意味で狭義の信教の自由保障とは性質上区別されると考えれば足りるのであって、この場合にもことさら制度保障の観念をもちだす必要はない。

③　これまで学説は、人権保障ならざる制度保障の場合、立法者は制度の中核部分に触れることは許されないが、周辺部分の変更は憲法上許容されると説き[22]、さらに判例は、地鎮祭や法廷でのメモ禁止の合憲性を判断するにあたって、政教分離や裁判の公開が人権保障ではなく制度保障であるという解釈を、合憲性承認の根拠のひとつとしてきた[23]。しかし、人権保障と制度保障とを峻別し、後者のほうが当然に立法者の裁量の範囲が大きく、後者に関する立法には広い合憲性推定が働くとする考え方は、シュミットと同様、個人主義的自由権のみを本来の「基本権」とする狭い基本権（人権）概念をとり、この種の自由権規定は国家の不介入だけを要請するので、他の権利保障や制度保障とはそもそも性格が異なるのだという前提に立ってはじめて成立する。人権概念についても自由権規定の性質についても、必ずしもこの前提を認めるわけではないのに、シュミット型の制度保障論を受

容することは、解釈論として首尾一貫しないように思われる。

四　おわりに

本章の主張の要点は次のように単純なことであった。①制定法が存在する場合でも、条文それ自体が規範なのではなく、規範とは条文の意味内容である。②日本国憲法の人権条項の意味内容は次のように理解されるべきであろう。すなわち人権条項は、自由権規定・社会権規定の別を問わず原則としてすべて、立法者などの国家機関による各人の自由の侵害を禁止する規範を含むのみならず、各規定が保障する個人の自由や利益を現実化するために必要な種々の制度の構築を立法者に授権する規範も含む。[24] ③権利と制度とを対立物と捉えた上で、若干の人権規定は権利ではなく制度を保障した規定だと主張する、カール・シュミットの唱えたような「制度保障」の観念は、日本国憲法の解釈には不要である。

（1）清宮四郎『憲法Ⅰ・第三版』（有斐閣、一九七九年）一九頁、芦部信喜『憲法学Ⅰ』（有斐閣、一九九二年）五〇頁、尾吹善人『憲法教科書』（木鐸社、一九九三年）四七頁。
（2）菅野喜八郎『続・国権の限界問題』（木鐸社、一九八八年）一一六頁。
（3）内野正幸『憲法解釈の論理と体系』（日本評論社、一九九一年）一〇五〜一〇七頁参照。
（4）ドイツでの議論の状況については、たとえば小山剛「基本権の客観法的側面をめぐる諸問題」比較法研究五三号（一九九一年）一五二頁以下、栗城壽夫「最近のドイツの基本権論について」憲法理論研究会編『人権理論の新展開』（敬文堂、一九九四年）九三頁以下参照。
（5）Peter Häberke, Die Wesensgehaltgarantie des Artikel 19 Abs. 2 Grundgesetz. 以下の引用は一九七二年の第二版による。カッコ内の数字は頁数である。なお、ヘーベルレの基本権理論については、ペーター・ヘーベルレ（井上典之編訳）『基本権論』（信山社、一九九三年）を参照。
（6）芦部信喜『憲法学Ⅱ』（有斐閣、一九九四年）八九頁。なお同書六一頁注8参照。

（7）佐藤幸治『憲法・第三版』（青林書院、一九九五年）三八七頁。
（8）芦部・前掲書注（6）九五頁注13。
（9）佐藤・前掲書注（7）三九七頁。
（10）奥平康弘『憲法Ⅲ――憲法が保障する権利』（有斐閣、一九九三年）第五章。以下カッコ内の数字は同書の頁数。
（11）佐藤・前掲書注（7）三九七頁。関連して阪本昌成『憲法理論Ⅱ』（成文堂、一九九三年）一二五頁参照。
（12）佐藤・前掲書注（7）三九七頁。
（13）佐藤・前掲書注（7）三九七頁。
（14）最大判昭和五二年七月一三日民集三一巻四号五三三頁以下。
（15）最大判平成元年三月八日民集四三巻二号八九頁以下。
（16）樋口陽一『憲法・第三版』（創文社、二〇〇七年）二五二～二五三頁。
（17）芦部・前掲書注（6）九三頁、佐藤・前掲書注（7）三九八～三九九頁。佐藤は大学の自治制度・私有財産制度を制度保障とみているようである。
（18）奥平・前掲書注（10）一〇一頁。
（19）内野・前掲書注（3）一五一頁も同旨。
（20）シュミット（尾吹善人訳）『憲法理論』（創文社、一九七二年）二〇四頁以下。
（21）シュミット・前掲書注（20）二一二頁以下。シュミットの制度概念については赤坂正浩「二つの制度的保障論」法学四九巻一号（一九八五年）八二～八七頁（「制度保障論と制度的基本権論」と改題して本書第Ⅵ章に再録）参照。
（22）野中俊彦＝中村睦男＝高橋和之＝高見勝利『憲法Ⅰ・第四版』（有斐閣、二〇〇六年）二一〇～二一一頁参照。
（23）民集三一巻四号五三九頁、民集四三巻二号九二～九四頁。
（24）自由と制度との関係、すなわち憲法解釈論のレベルでは、人権の規制と人権の具体化との関係という問題は、近年活発に論じられるようになった。初出論文公表以後に私が接したこのテーマに関するドイツ法理論研究の最も重要な業績は、小山剛『基本権の内容形成』（尚学社、二〇〇四年）である。

Ⅷ　基本権の制限と法律の一般性

一　日本国憲法四一条の「立法」の意味

よく知られているように、憲法の概説書による四一条の「立法」の説明は、おおむね次のようなものである。憲法四一条の「立法」とは、特定の内容をもつ法規範の定立（＝実質的意味の立法）と理解されるべきだ。どんな内容の法規範かという点については、二つの考え方がある。「国民の権利義務に関する法規範」の定立と見なす説[1]と、「一般的・抽象的法規範」の定立と見なす説である。

こういう整理を共有した上で、最近の概説書では、四一条の「立法」を「一般的・抽象的法規範の定立」と考える見解が有力なように見える。[2]しかし、ドイツ・フランスの法律概念学説に関するこれまでの研究[3]を前提にして、あらためて今日の憲法概説書を読みなおすと、「国民の権利義務に関する法規範」と「一般的・抽象的法規範」との関係については、人によって理解の相違があるのではないかという疑問がわく。そこで、四一条の立法概念についての学説の配置を、私なりのよび方でもう一度整理してみると次のようになる。

①「一般的権利規範説」。四一条の立法を、「一般的・抽象的法規範」のなかの、「国民の権利義務に関する法規範」の定立作用と理解する説である。たとえば清宮四郎はこう述べている。「実質的意味の立法とは、直接に国民を拘束し、または、少なくとも国家と国民との関係を規律する成文の一般的法規範（実質的意味の法律また

は「法規」）を制定する作用をいう。……憲法四一条にいわゆる立法とは、実質的意味の立法を意味する」[4]。

②「単純権利規範説」。四一条の立法を、「一般的・抽象的」か「個別的・具体的」かを問わず、「国民の権利義務に関する法規範」の定立作用と理解する説である。現在の日本で、このタイプに属する考え方を最も自覚的に主張している憲法学者の一人は新正幸であろう。新はこう言う。立法とは法規の定立作用である。それでは法規とは何か。「日本国憲法の解釈としては、憲法の直接的執行として国民の権利・義務を規律する成文の法規範と解するのを妥当とする。……法規は、必ず成文の法規範であり、しかも原則として一般的法規範でなければならないが、しかし必ずしも一般的法規範に限定されるわけではなく、個別的法規範としての法律（個別法律）の存在可能性が憲法上絶対的に否認されているわけではない」（傍点原著者）[5]。

③「一般的規範説」。四一条の「立法」とは、「国民の権利義務に関する法規範」に限らず、「一般的・抽象的法規範」全般の定立作用だと理解する説である。さきほど述べたように、いまの学界では最も有力な学説だと思われる。たとえば芦部信喜は、四一条の理解として、「民主主義の憲法体制の下では、『実質的意味の法律』をより広く捉え、およそ一般的・抽象的な法規範をすべて含むと考えるのが妥当」だとしている[6]。「一般的規範説」は、「一般的権利規範説」と比べると実質的法律概念の純粋な拡張だが、「単純権利規範説」との関係ではそうではないことに注意が必要だ。法律の内容を「権利規範」に限定しない点では拡張だが、「一般的規範」に限定する点では縮小となるからである。

④「内容無制限説（形式的法律概念一元説）」。四一条は所定の手続で「法律」を定める権限を国会に与えた規定だと理解する説である。「一般的・抽象的法規範」とか「国民の権利義務に関する法規範」といった規範の内容を問題としない。数少ない主張者として山本浩三をあげることができる。「私は第四一条の立法とは形式的法律制定作用をいうのであり、法律と称する法規範を定立するものは国会であり、国会が法律という法規範の制

定作用を独占するというのが第四一条の……意味であると解釈する」(7)。

学説のこうした不一致を見るにつけ、日本の議論に「二重法律概念」学説というモデルを提供したドイツの現状はどうなっているのか、この点にあらためて興味が惹かれる。日本国憲法と同様、ボン基本法にも法律や立法の一般的定義規定は存在しない(8)。しかし、ボン基本法一九条一項一文は次のような規定を置いて、一定範囲の法律について内容的な要求を定めている。「この基本法によって、基本権が法律によりまたは法律の根拠にもとづいて制限されうる場合には、その法律は一般的に妥当するものでなければならず、個別事案だけに妥当するものであってはならない(9)」。つまりドイツの場合には、少なくとも基本権制限法律に関しては、法律が一般性をもつことは憲法上の要求なのである(10)。

これまでのところ日本では、法律の一般性という問題についての個別研究は必ずしも多くない。ボン基本法一九条一項一文を、直接のテーマとした研究もほとんど見当たらない(11)。しかし、四一条について「一般的規範説」が優勢であることを考えると、ボン基本法上の「法律の一般性」規定がどう理解されてきたのかを知っておくことにも意味があるように思われる。そこで、一九条一項一文に関するこれまでの議論の整理を試みること、これがこの章の目的である。

二　法律の一般性の語義

基本法一九条一項一文をめぐる具体的な論議に立ち入る前に、あらかじめ用語とその翻訳の問題に触れておく必要がある。ドイツでは、規範の一般性は、受命者の範囲、対象となるFall（本稿では「事案」の訳を当てておく）の範囲、適用される時間の継続性の三つのレベルからなると言われ、それぞれ人的一般性Personelle Allgemeinheit、事項的一般性Sachliche Allgemeinheit、時間的一般性Temporale Allgemeinheitの問題として表現されている。[12] 一九条一項一文の理解に関して論じられてきたのは、そのうちの前二者、人的一般性と事項的一般性の問題である。[13]

ふつうドイツの学説においては、人的一般性のレベルで、generelle Norm（受命者が不特定の規範）と individuelle Norm（受命者が特定された規範）という対概念、事項的一般性のレベルで、abstrakte Norm（対象とされる事案が不特定の規範）と konkrete Norm（対象とされる事案が特定された規範）という対概念が語られてきた。[14] 日本でも、それぞれ「一般的規範」「個別的規範」「抽象的規範」「具体的規範」と訳される。[15] そこでこの四つの要素の組み合わせによって、論理的には四つの規範が区別できることになる。「一般的・抽象的規範」「一般的・具体的規範」「個別的・抽象的規範」「個別的・具体的規範」である。理屈としては、この四類型のいずれをも内容とする議会制定法も可能である。その国の領土内に居住・滞在するすべての人に、事件のたびごとに適用される刑法典のような法律が、「一般的・抽象的規範」の典型である。残りの三類型についても、クラウス・シュテルンが具体例を引いているので、それを紹介しておこう。[16]

① 「一般的・具体的法律」（受命者は不特定だが、対象となる事案は特定された法律）の例としては、一九三四年七月三日の「国家緊急事態措置に関する法律」があげられている。これは「一九三四年六月三〇日、七月一日、七月二日の大逆罪・反逆罪にあたる暴動を鎮圧するためにとられた措置は、国家緊急事態措置として正当である」という条文一カ条のナチ期の法律である。

② 「個別的・抽象的法律」（受命者は特定されているが、対象となる事案は不特定の法律）。この例としてあげられているのは、一九三三年八月二七日の「ライヒ大統領ヒンデンブルクに対して、ノイデック騎士領のライヒ税およびラント税を免除する法律」である。

③ シュテルンの紹介のうち「個別的・具体的法律」（受命者と対象となる事案がいずれも特定された法律）の例と

考えられるのは、一九二二年一〇月二七日の「ライヒ憲法［ヴァイマル憲法］一八〇条を改正する法律」である。この憲法改正法律は、ライヒ大統領フリードリヒ・エーベルトの大統領任期を一九二五年六月三〇日まで延長した。

ところで、一九条一項一文についての解説を読むと、いま述べた四類型を基礎とした次のような用語法が一般的であることに気がつく。すなわち、対象となる事案が特定か不特定かを問わず、受命者が特定されている法律（「個別的・抽象的法律」—上例②、および「個別的・具体的法律」—上例③）を Einzelpersongesetz と称して一括し、受命者は不特定だが対象事案は特定されている「一般的・具体的法律」（上例①）だけを Einzelfallgesetz とよぶ用語法である。その上で、両者をあわせて Individualgesetz と総称することが多い。[17] そこでこの論文でも、以下の叙述では Einzelpersongesetz には「特定人法律」、Einzelfallgesetz には「個別事案法律」、Individualgesetz には「個別法律」の訳語を、それぞれ当てることにしたい。

三　一九条一項一文の「個別事案法律」の意味

すでに見たように、基本法一九条一項一文では、基本権制限法律は「一般的に妥当するものでなければならず、個別事案だけに妥当するものであってはならない」と規定されている。[18] ふつう学説は、条文中の〈allgemein gelten〉と〈nicht nur für den Einzelfall gelten〉とを同一内容の単なる繰り返しと理解し、[19] この規定によって禁止された「個別事案法律」とは何か、というふうに問題を定式化する。その場合、特に議論が分かれるのは、第二節で紹介した学問用語としての「個別事案法律」と、条文中の「個別事案だけに妥当する法律」との関係である。大別すると三つの考え方があるように思われる。

① 第一は、いわゆる個別事案法律と特定人法律との概念的区別をおこなわず、その結果一九条一項一文の

「個別事案だけに妥当する法律」に、その双方を含めて理解する考え方である。連邦憲法裁判所の判例はこういう立場に立つと解される。その根拠としてシュテルンは、一九条一項一文についてのリーディング・ケースであるライン製鉄法判決の、次のような定式をあげている。[20]

「法律の構成要件が抽象的な書き方になっているために、当該法律がいくつの事案に、そしていかなる事案に適用されるのかを正確に見通すことができない場合には（BVerfGE 10, 234［242]）、つまり、規定された法効果が単に一回だけ発生しうるわけではない場合には（BVerfGE 13, 225［229]）、規範は不特定多数の事案に妥当する一般的法規の性質 Charakter eines für eine unbestimmte Vielzahl von Fällen geltenden generellen Rechtssatzes をもつ。つまりその規範は個別事案法律ではない」。

第一にこの定式では、学説上はさきほど確認したように「受命者」の不特定性を意味する形容詞の generell が、「事案」の不特定性を意味する形容詞として用いられていて、厳密な用語の区別はおこなわれていないこと、第二に、ライン製鉄株式会社という特定人だけに適用される法律か否かという争点について、種々理由をあげてそれを否定した裁判所が、条文上の個別事案法律から特定人法律を初めから除外する趣旨とは読めないこと、これらの点を考慮するならば、たしかにシュテルンの理解は正鵠を得ていると思われる。[21] 文献では、たとえばハンス・シュナイダーとカール・マティアス・メーセンの論説が、「区別否定説」をとっている。[22]

② これに対して学説の大勢は、個別事案法律と特定人法律とを概念的に区別した上で、「個別事案」という文言にもかかわらず、一九条一項一文は特定人法律を禁止した規定だと理解する。こうした学説の主流も、禁止されたのは主として特定人法律だと考える立場と、特定人法律だけだと考える立場とに、さらに二分することが

可能である。

一九条一項一文の中心的な意味を特定人法律の禁止に求めつつ、この規定によって副次的には個別事案法律も禁止されているとする論者の典型は、ローマン・ヘルツォークとクラウス・シュテルンであろう。彼らが禁止対象を主として特定人法律と考える根拠は、第三説と同様、基本権の制限は人を対象とするという点にある[23]。ヘルツォークはこれに加えて、何が事案かを特定することの理論的困難性もあげている。彼によると、たとえば、伝統的な行政法理論の設例である「飲み屋への立入禁止命令」Gaststättenverbotという行政行為の対象は、受命者の観点からは容易に特定できる。しかし、これを事案として考えた場合、「酒乱Xに対する飲み屋への立入禁止」という一つの事案が存在するのか、それともXが飲み屋に入ろうとするたびに、一つ一つ別々の事案が存在することになるのかは、法ドグマーティク上まったく不明確だと言うのである[24]。

にもかかわらず第二説―いわば「特定人法律中心説」―が、個別事案法律もこの条項の禁止対象だとする理由は、再び文言である。「他方では、規定の文言があらゆる憲法解釈の限界をなしていることにも注意しなければならない。したがって、―〈und nicht nur für den Einzelfall〉という―一義的な定式から言って、基本法一九条一項一文の適用領域を特定人法律に還元することはできない[25]」。しかし、ヘルツォークは、「憲法適用上のテクニックとしては」、問題となっている法律が特定人法律かどうかをまず判断し、その後に個別事案法律には該当しないかを吟味することが、判断の容易さから見て賢明だと述べている。たとえば、文献でしばしば個別事案法律の典型例としてあげられる特定の公開集会を禁止する法律も、たしかに参加者の観点からは受命者が不特定だが、主催者に着目すればふつうは特定人法律の概念で説明可能だと言うのである[26]。

③　第三は、この考え方をさらに徹底させて、禁止された法律を特定人法律だけに限定する見解だ。ハインツ・バウエルンファイントとクリスチャン－フリードリヒ・メンガーを、その代表者と目することが許されよう。

「初めに言えるのは、基本法一九条一項は、個別事案そのもの……ではなく、特定人に注目しているということだ」(27)。「この場合にもまず、個別事案法律の概念と特定人法律の概念とを厳格に区別しておかなければならない」。「基本法一九条一項一文は、特定人法律だけを対象とするものだ（個別事案法律は、それが同時に特定人法律である場合にだけ［この規定の対象となる］）」(28)。

こうした「特定人法律限定説」とでもよぶべき見解の主たる根拠は、一九条一項一文が基本権制限法律を対象とした規定だということである。基本権の制限は、当然のことながら、つねに誰かの基本権の制限であるから、この規定が禁止しているのは、特定の人や団体の基本権だけを特に制限する法律だというわけである。「基本法一九条一項一文は基本権の法律的制限を明示的な対象とするものであり、基本権の法律的制限は、人に関してのみ想定可能なのだ」(29)。この根拠づけは、一九条一項一文の目的と平等原則との関係を重視する考え方と結びついている(30)。個別法律の禁止と平等原則との関係の問題には、あとでまた触れることにしたい。

四　一九条一項一文に言う「個別事案法律」のカズイスティク

この規定が禁止している「個別事案だけに妥当する法律」を、こうした学説の大勢にならって（主として）「特定人法律」の意味に理解するとしても、ある法律が特定人法律にあたるかどうかの判断にも、実はいろいろな困難がつきまとう。学説上はさまざまな場合分けの試みがなされているが、ここでは論者の共通認識を抽出して、特定人法律かどうかが問題となる法律を次の三つのタイプに整理しておきたい(31)。

① 単数または複数の特定人・特定団体を名指ししている namentlich bestimmt 基本権制限法律(32)。

② 文言の上では名指ししていないが、条文の内容からは受命者の範囲が単数または複数の個人・団体に特定可能な法律。これには、立法者は初めから単数または複数の特定人・特定団体の規制を意図していたが、この意

図を隠すために法律の文言は一般的・抽象的な書き方をとった、いわゆる「偽装された」getarnt または「隠蔽された」verdeckt 特定人法律も含まれる。

③　立法者は単数または複数の特定人・特定団体の規制を念頭に置いていたが、文言は一般的・抽象的な書き方となっていて、少なくとも将来的には受命者の範囲が開かれている法律。ある特定人が立法の誘因となったという意味で、「誘因法律」Anlaßgesetz と称される。

学説はほぼ一致して、①②は原則として一九条一項一文に違反し、③は違反しないと考えている。[33] しかし、一九条一項一文の下で、①の「名指し法律」が制定される可能性はきわめて乏しい。[34] 他方で、②型の特定人法律と③の「誘因法律」とを相互に区別することや、[35] ②型の特定人法律と、合憲性に問題のない通常の一般的・抽象的法律とを相互に区別することには、実際上は大きな困難が伴う。困難の主たる理由は、そもそも一般性・抽象性と個別性・具体性との境界が「明確な切れ目ではなく、移動可能な目盛」にすぎない点にある。[36] 特に現代国家では、広く人一般あるいは国民全員に適用される法律よりも、何らかの範囲で受命者が限定された法律のほうがずっと多い。しかも、法律では受命者を名指ししていなくても、情報のコンピューター処理技術が急速に発展した結果、当該法律の適用対象者を、それが仮に何十万人何百万人単位であっても、名指しで特定することも場合によっては不可能ではなくなっている。[37]

そこでドイツの学説も、受命者の範囲が限定され、さらには名指し可能な法律を、すべて一九条一項一文違反とは考えないのがふつうである。なかにはヘルツォークのように、一般的・抽象的法律と特定人法律との中間に、「集団関係法律」das gruppenbezogene Gesetz という第三の範疇を設ける論者もいる。[38] しかし、ヘルツォークの言う「集団関係法律」を②型の特定人法律に含める一般の学説は、特定人法律のなかにも、なお例外的に一九条一項一文違反とは言えない場合があることを承認せざるをえないのではないか。例外を認めるとして、その判断基準をどこに求めるのか。学説が直面している最大の苦難は、まさにこの点にあるように見える。

五　許される個別法律の判断基準

(1)　おそらくヒルデガルト・クリューガーを唯一の例外として、学説は特定人法律・個別事案法律のなかにも、一九条一項一文違反とならないものがあることを認めている。こうした学説動向には、たとえばヘルツォークも指摘するような現代立法の状況や、これまで一回も法律がこの規定に反すると判断したことのない連邦憲法裁判所の態度[39]も、影響を与えているものと推測される。では、同じ個別法律のなかで、いかなる法律が合憲となるのだろうか。その判断基準に関する学説の見解はさまざまだが、それには一九条一項一文の制定目的に関する論者の考え方が、密接に関係しているように思われる。そこでここでは学説の錯綜した議論を、制定目的理解との関係から、一応次の二つのタイプに整理しておくことにしたい。

(2)　(i)　まず学説に広く見られるのは、一九条一項一文の目的は権力分立原理の保護にあるという考え方である。ヒルデガルト・クリューガーはこの点を強調して、個別法律はすべて立法部による行政権の簒奪、法律形式による行政行為という意味で「形式の濫用」に当たり、違憲だと主張した[40]。これに対して、ディーター・フォルクマールは、個別法律のなかにも行政行為の簒奪とは言えないものがあり、この種の個別法律の制定は権力分立原理に反しないので一九条一項一文違反にもならないという見解を展開している。

フォルクマールによれば[41]、理論上の個別法律（特定人法律・個別事案法律）に該当する法律はすべて一九条一項一文違反だと考えると、一九五二年一月七日の投資助成法・一九五二年八月一四日の負担調整法・一九五七年一一月五日の一般戦災復興法などは、変更の余地なく過去のある時点で確定された特定人や特定の法関係だけを対象とするので、いずれも憲法違反だという結論になる。しかし五〇年代の連邦立法の主要なテーマであった戦後処理に関するこれらの法律を、すべて違憲無効とすることが「この規定の意味に含まれているとは到底言えないであろう」。

「この規定の目的は、基本権制限の分野で、平等原則がまだ［選択の］余地を残している場合でも、立法者が個別事案の規律によって行政の作用領域に介入すること、法律の形式で実質的に行政活動をおこなうこと、これを阻止する点にある。だから、そこで規定されている禁止も……、この目的を実現するのに必要な限りで達成されれば十分なのだ。これは、個別事案（だけ）に妥当する法律の禁止によって立法者に否定されているのは、事物に即するならば行政官庁が行政行為で同じようにできる基本権制限をおこなうことだ、という意味である」。したがって、特定人または個別事案にかかわる場合も、行政による規律になじまないものは、法律で規制することが許される。「規律を受ける事実の複合が、具体的であるにもかかわらず、行政官庁による規律は純粋に事実の上から不可能であるような、そういう範囲と国家全体にとっての意義とをもつ場合」がそれである（傍点、原文イタリック）。彼によれば、負担調整法や一般戦災復興法はまさにこれに当たる。

このーフォルクマールの言うー「法律の行政行為性の基準」は、「規律の具体性にもかかわらず、その性質から見て事実上は立法者しかおこなえず、公共の利益のためにしばしば立法者がおこなわなければならない規律を、憲法法で禁止された個別事案法律から概念上除外することで、合理的な結論を導く」。しかも、争われている法律の内容が、性質上は行政行為によって実現可能かどうかは、立法者にも裁判官にも確実に判断できる。そこでフォルクマールは、「法律の行政行為性の基準」は実用的でもあると自負している。

(ii)　こうした考え方に対しては批判もある。たとえばクリスチャン−フリードリヒ・メンガーによれば[42]、まず第一に、フォルクマールの言うような、事実の性質上、立法者しかおこなえない規律など存在しない。最も包括的で重要性の高い法律案も行政部が立案していることからわかるように、事実のレベルで言えば、行政部はどんな規律もおこなう能力をもっている。問題なのは事実上の能力ではなく法的な権限分配なのである。そして、一九条一項一文は何を立法者の権限から除外したかが、まさに争点なのだ。第二にフォルクマール説には方法論的な疑問もある。フォルクマールは自分が前提とした事案概念の結果、負担調整法や一般戦災復興法も一九条一項一文の個別事案法律に含めざるをえず、この不合理から逃れるために、「法律の行政行為性」という補助基準を設定することになったというのである。

クリューガーも、逆にフォルクマールも、その後の学説で大きな支持を集めたとは言えないようだ。しかし、行政行為の形式でおこなうことが可能かどうかを、個別法律の違憲性を判断する一つの目安と見なす発想がまったくなくなったわけではない。ヘルツォークは、特定人法律とは区別された狭義の個別事案法律の認定の文脈で次のように述べている。「……行政法上の行政行為概念が、一九条一項一文の適用にあたって実際に提供する助けは明らかだ。この規定の目的は、標語的には法律の形式による行政行為の防止と表現することができる……。たしかに行政法における事案概念の問題……は、一九条一項一文の文脈におけるそれよりも、理論的にすっきりと解決されているわけではない。しかし実務的には、多くの個別問題について決定を下してきた、より専門的な判例に依拠することが可能となる。ある特定の高権的行為を、行政法学説が行政行為として一旦認定すれば、憲法［学］はこの結論を無条件に受け入れ、それと同一の内容をもつ法律は、一九条一項一文に反するので許されないという推論をそこから導くことができる」（傍点、原文ゴチック）。[43]

(3)　(i)　権力分立原理の保護規定という解釈とならんで、一九条一項一文を一般平等原則（基本法三条一項）の「具体化」「下位事例」「前線 Vorfeld」と位置づける見方も、学説には広く流布している。[44] そもそも、「法律の一般性」という要請の背後には平等思想があると考えられてきたことや、[45] 一九条一項一文が基本権に関する規定であることからも、これは当然の理解であろう。たとえば、ヴァルター・クレープスはこの点を次のように表現している。「一九条一項一文は基本権の保護に仕え、したがって基本権主体に仕えるものなので、この規範は『特定人』法律の形態における個別『事案』法律……を、特別の qualifiziert 平等命令（『正義の要求』）に服させる。したがって個別事案法律は、（……個別的―具体的という対概念に言う）個別的規律に存在する不平等扱いが、こうした別扱いを正当化できるような重要性をもった実質的根拠によって支えられていない場合には、一九条一項一文と抵触することになる……」（傍点、原文ゴチック）。逆に言えば、特定人法律も、その法律によって採用された人的集団の区分に「重要な実質的根拠」があれば、一九条一項一文に違反しないわけである。同じような趣旨の主張はH・シュナイダー、バウエルンファイント、シュテルンなどにも見られる(46)。

このような学説に従うと、一九条一項一文の規範的要求は三条一項の一般平等原則に完全に吸収されてしまい、独自の意義を失うのではないかという疑問がわく。しかし、H・シュナイダーやメンガーも言うように(47)、同種の人間（集団）を相互に差別することを禁止する一般平等原則は、他者と比較不能な特別の性質や事情をもつ特定人を、その特殊性にもとづいて法律で別扱いすることは禁止していない。したがって、一九条一項一文が一般平等原則との関係で独自性をもつかどうかは、特定の個人・団体の法律的別扱いが一般平等原則の観点からは正当視される場合にも、さらに一九条一項一文違反となることがあるのかという点に、もっぱら依存していると言うことができよう。

この問いに対しては、前述したフォルクマールのように、一般平等原則違反とはならない個別法律も、それがふつうは行政行為の形式でおこなわれるような事柄を内容としている場合には、一九条一項一文違反になると答えることもできる。この規定がもつ一般平等原則の保護という趣旨を、もう一つの目的である権力分立原理の保護＝法律による行政行為の禁止によって加重する発想だ。しかしながら大部分の学説は、独特の性質・事情をもつ特定人について、独自の規定を設けるために制定された特定人法律の場合には、一般平等原則違反にもならず、一九条一項一文違反となるわけでもないと理解しているように見受けられる。この点をきわめて明確に認めているのは、おそらくカール・マティアス・メーセンであろう。「……個別法律の許容性が、もっぱら平等原則によって測定されることは理解できる。ハンス・シュナイダーは、一回限りの独特なものをその特殊性に応じて取り扱うことを、平等原則はまさに許しているという理由で、この方法に疑問を呈している。［しかし］これを短所と見るべきではない。法律が特別なものを特別に規律することは、許されなければならない。さもなければ、二つの選択肢しか残らないことになるだろう。［すなわち］平等が不正義となってしまうか、あるいは立法者は特別な事案の規律を未決定のままにせざるをえず、一般条項を通じて……最終的には裁判所に任せなければならないか、そのどちらかである(48)」。

(ii)　このように一九条一項一文違反の判断と一般平等原則違反の判断とを、実質的には同一化する考え方に立つと、特殊な規律の必要性が高ければ高いほど、つまり特定人法律であればあるほど、逆に一九条一項一文違反にはならないという一種のパラドックスが生まれる。その上学説は、特殊な規律の必要性の判断にあたって、「社会国家原理」や「過剰規制の禁止」といった憲法上の他の要請にも考慮が払われるべきだとする傾向にある。「基本法一九条一項［一文］は―他のあらゆる憲法規定と同様―、憲法のコンテクストのなかでしか解釈できない。つまり個別事案の禁止は、憲法上の一般的な諸原則、なかでも社会国家の命令に配慮しなければならない(49)」。「……過剰規制の禁止や、個別事案に関する正義の命令と集団に関する平等の命令が、しばしば一般的規律と対立してニュアンスに富んだ規律を要求する。……したがって、きわめて重要な一つの現象や一回限りの現象（たとえば、一つの巨大な企業結合体の規制、一つの核最終処理施設の建設、一つのラント・メディア機構の設立、一つの研究機関の解散）がテーマとなっている場合には、法律による規律が一回だけだということから、ただちにその法律の違憲性が導かれるわけではない(50)」。

かつてギュンター・デューリヒは、ボン基本法一九条一項一文について、法律の一般性を強調した「カール・シュミットの遅まきではあるが明確な勝利」だと評した。しかし、学説判例の動向を追跡すると、この規定の守備範囲は大きく縮減されていることがわかる。エアハルト・デニンガーの次のような発言はそれを象徴的に示している。「こうして一九条一項一文は、理論的に鋭利で法治国家の要請にかなったカテゴリー形成機能を、今ではもう果たしておらず、むしろ立法者に対する危険信号の機能を果たす」にすぎない(51)。

六　むすびにかえて

基本法一九条一項一文によれば、基本権制限法律は「一般的に妥当するものでなければならず、個別事案だけに妥当するものであってはならない」。学説はこの条項を、主として「特定人法律」の禁止と理解してきた。特定人法律とは、法律の内容から受命者が特定可能な法律である。この種の法律は、一九条一項一文が仕える「権力分立原理」と「平等原則」の理念に、一般論としては抵触する。しかし、特定人法律も、受命者の範囲の区切り方に実質的な根拠がある場合には、ただちにこの条項に反するとは言えず、むしろ平等の理念にかなうとされる。連邦憲法裁判所も、法律を一九条一項一文違反と判断したことはかつて一度もない。

基本権領域に関して明文で「法律の一般性」を要求しているこの規定の現状は、古典的な規範の一般性・抽象性を理念どおり実現することが、今日ではいかに困難かをよく示している。多数説は憲法四一条についても、法律の「一般性・抽象性」を要求するが、「一般性」の理念にもとづいて法律の四一条違反を判断するアプローチは、現代国家における立法の機能と技術の前には、おそらく現実味に乏しい選択であろう(52)。

(1)　一応「国民の権利義務に関する法規範」と表現しておいたが、このタイプに属する学説の主張には、「新たに権利を制限し義務を課す法規範」から「何らかの意味で国家と国民の間の関係に関連をもつ法規範」に至るまで、詳細に見るとかなり幅がある。樋口陽一『憲法Ⅰ』(青林書院、一九九八年)二〇九―二一三頁、尾吹善人『日本憲法』(木鐸社、一九九〇年)七七―八三頁の解説を参照。なお、政令の限界を規定する内閣法一一条、府省令の限界を規定する内閣府設置法七条四項、国家行政組織法一二条四項も、「権利規範説」の立場に立っていることはよく知られている。

(2) たとえば、佐藤功『ポケット註釈・憲法・下・新版』(有斐閣、一九八四年)六二七―六二八頁、芦部信喜・高橋和之補訂『憲法・第四版』(岩波書店、二〇〇七年)二八〇頁、杉原泰雄『憲法Ⅱ』(有斐閣、一九八九年)二一四頁、樋口陽一『憲法Ⅰ』二二六頁参照。

(3) 宮澤俊義「立法・行政両機関の権限分配の原理」(初出一九三二年、のちに宮澤『憲法の原理』岩波書店、一九六七年に再録)、同「ドイツ型予算理論の一側面」(初出一九三八年、のちに『憲法の原理』に再録)が古典的な業績であろう。第二次大戦後の主要な研究として、ドイツについては堀内健志『ドイツ「法律」概念の研究序説』(多賀出版、一九八四年)、フランスについては山本浩三「一般規範としての法律概念」同志社法学一三八号(一九七五年)をあげることができる。また、大石眞「立法と権限分配の原理(一)」東北大学・法学四二巻四号(一九七九年)は、ラーバントの二重法律概念学説(ドイツ)と、カレ・ド・マルベールの形式的法律概念一元説(フランス)を検討する。

(4) 清宮四郎『憲法Ⅰ・第三版』(有斐閣、一九七九年)二〇四頁。同旨、長谷部恭男『憲法・第四版』(新世社、二〇〇八年)三二八頁。ドイツの法規概念については野中ほか『憲法Ⅱ・第四版』(有斐閣、二〇〇六年)六九頁[高見勝利執筆]、杉原泰雄『憲法Ⅱ』二二四頁も同様の理解に立つ。しかし、ラーバントなど、一九世紀ドイツ国法学の二重法律概念論者たちは、法規の概念要素として「一般性・抽象性」をあげない場合が多かったようである。堀内健志『ドイツ「法律」概念の研究序説』五八頁(ラーバント)、六七頁(G・イエリネク)、七七頁(アンシュッツ)参照。ラーバントの法規概念については、大石眞前掲(注(3))論文三一四頁、玉井克哉「法律の『一般性』について」芦部信喜先生古稀記念『現代立憲主義の展開・下』(有斐閣、一九九三年)三九九―四〇六頁も参照。玉井論文は、「一般性」を法規の概念要素とする論者としてゲルバーとレンネをあげている(同三九二―三九九頁)。本文で示した私の分類では、ラーバントなどは「単純権利規範説」、ゲルバーなどは「一般的権利規範説」ということになる。

(5) 新正幸『憲法と立法過程』(創文社、一九八八年)二三九頁。同旨、伊藤正己『憲法・第三版』(弘文堂、一九九五年)四二一頁。

（6）　芦部信喜・高橋和之補訂『憲法・第四版』二八〇頁。注（2）に掲げた他の概説書も参照。

（7）　山本浩三「法律と政令（二）」同志社法学四七号（一九五八年）二二頁。形式的法律概念一元論者としては、カレ・ド・マルベールが有名である。カレ・ド・マルベールの法律概念の研究としては、大石眞前掲（注（3））論文二六—四一頁のほか、山本浩三「一般規範としての法律概念」（注（3））一六—二〇頁、高橋和之『現代憲法理論の源流』（有斐閣、一九八六年）一七〇—一八二頁があげられる。

（8）　そこで現在のドイツでは、基本法の法律概念については「形式的法律概念一元説」が主流のようである。vgl. zB. F. Ossenbühl, in: Kirchhof/Isensee (Hrsg.), Handbuch des Staatsrecht, Bd. II, 1987 § 61 Gesetz und Recht, Rnr. 13; P. Badura, Staatsrecht, 2. Aufl., 1996, S. 362; Ch. Degenhart, Staatsrecht I, 11. Aufl., 1995, Rnr. 220. たとえばデーゲンハルトはこう書いている。「基本法では立法の概念は定義されていない。……実質的な観点に立てば、立法とは一般的な拘束力をもつ法規範の制定を意味する。しかし、基本法は『立法』という国家作用のこの種の実質的定義に縛られていない。基本法は、立法を、その権限をもつ機関、そのために規定された手続、法律のために特定された形式だけから定義している。つまりそれは形式的法律概念である」（傍点、原文イタリック）。

（9）　原文は Kirchhof/ Schmidt-Aßmann (Zusammengestellt), Staats-und Verwaltungsrecht, 20. Aufl., 1995, S. 14 を参照した。

（10）　この規定の対象となる基本権の範囲については争いがある。注（32）参照。

（11）　私の知る限り、ボン基本法一九条一項一文を直接の対象とする研究としては、堀内健志「法律の一般性について」弘前大学文化紀要一二号・一三号（一九七八～七九年、のちに同『立憲理論の主要問題』多賀出版、一九八七年七九—一三七頁に再録）と、菟原明「基本法一九条一項一文にいう『個別事例法』の禁止について」（ドイツ憲法判例研究会編『ドイツの憲法判例（第二版）』信山社、二〇〇三年三三〇—三三四頁）を数えるのみである。前者は、D. Volkmar, Allgemeiner Rechtssatz und Einzelakt, 1962 を対象とする研究で、そのなかで一九条一項一文に関するフォルクマールの見解も紹介している（堀内同書八〇頁、八五頁、一一三—一二〇頁参照）。後者は、連邦憲法裁判所の「ライン製鉄法事件」判決の評釈である。

（12）　vgl. H. Hofmann, Das Postulat der Allgemeinheit des Gesetzes, in: Ch. Stark (Hrsg.), Die Allgemeinheit des

Gesetzes, 1987, S. 34 ff.

(13) たとえば、K. Stern, Staatsrecht, Bd III/2, 1994, S. 735 はこう述べている。「法律の『脱時間化』・不滅性・永続性という意味での時間的一般性は、ずっと以前から失われている。……基本法一九条一項一文も、不滅の永続性としての一般性を約束しようと望んでいるわけではない」。

(14) たとえば、R. Herzog, in: Maunz/Dürig, Grundgesetz-Kommentar, 1986 (Stand 1981), Art. 19 Abs. I, Rnr. 29 には次のような解説がある。「国家行為の体系に関する伝統的学説によれば、法律と行政行為は、いずれもいわゆる外部関係について成立するものである点、すなわち、（権利の付与にせよ義務の賦課にせよ）別の国家機関にではなく、国民に向けられたものである点において共通している。しかし両者は次の点で区別される。すなわち法律は―理想型として見れば―、不特定数の事案を規律するために不特定数の人（受命者）に向けられるものであるのに対して、行政行為は―同じく理想型として見れば―、ひとりの特定人について、ひとつの個別事案を規律するものだ。このことは、対象となる人の数にもとづいて一般的―個別的という対概念を用い、規律される事案の数にもとづいて抽象的―具体的という対概念を用いるならば、ふつう法律は一般的―抽象的に書き表され、これに対して行政行為は個別的―具体的に定式化されることを意味している。事実この点は、法学上まったく争いのない用語法である」（傍点、原文ゴチック）。

(15) たとえば、芦部信喜「現代における立法」（初出一九六五年、のちに同『憲法と議会政』東京大学出版会、一九七一年）二六〇―二六一頁参照。

(16) ①②は K. Stern, aaO. (anm. 13)、S. 736, ③は S. 718 による。なお、堀内健志「法律の一般性について」同『立憲理論の主要問題』一〇〇―一〇一頁は、D・フォルクマールがあげる三つの類型の講壇的設例を紹介している。

(17) 早い時期にこの用語法を提唱した例として、Hildegard Krüger, Die Verfassungswidrigkeit der lex Schörner, DVBl. 1955, S. 761 をあげることができる。「一般的法律に対しては個別法律が対立し、個別法律も内容から見ると、個別事案に関して制定された法律と、特定人の利益・不利益のために制定された法律とに区別できる」（傍点、原文ゲシュペルト）。

(18) 一九条一項一文の原文は、〈……, muß das Gesetz allgemein und nicht nur für den Einzelfall gelten.〉である。nicht の前に darf を入れ忘れた文法的なミスのために、「法律は一般的に妥当しなければならず、個別事案だけに妥当する必要はない」と書かれていることになる。一九条一項一文の解説では、この技術的不備が必ずと言ってよいほど指摘され（zB. E. Denninger, in: Alternative Kommentar, 2. Aufl., 1989, Art. 19, Abs. 1, Rnr. 11; W. Krebs, in: Münch/Kunig (Hrsg.), Grundgesetz-Kommentar, Bd. I, 4. Aufl., 1992, Art. 19, Rnr. 6; K.Stern, aaO.（anm. 13）, S. 733; H. Dreier, in: Dreier（Hrsg.）Grundgesetz-Kommentar, 1996, Art. 19, Rnr. 8）、同時に darf を補って、「法律は一般的に妥当するものでなければならず、個別事案だけに妥当するものであってはならない」という意味に読まれている。日本でも、一般にそのような趣旨に意味を補正して翻訳されている。宮沢俊義編『世界憲法集・第四版』（岩波文庫、一九八三年）一六七―一六八頁、高田・初宿編訳『ドイツ憲法集・第五版』（信山社、二〇〇七年）二二二頁参照。

(19) zB. R. Herzog, in: Maunz/Dürig, Art. 19 Abs. I, Rnr. 29; W. Krebs, in: Münch/Kunig, Art. 19, Rnr. 6; Horst Dreier, in: Dreier（Hrsg.）Grundgesetz-Kommentar, Art. 19, Rnr. 9. 反対説として、Klaus Stern, Staatsrecht, aaO.（anm. 13）, S. 733. ただしシュテルンも、具体的な意味の違いを説明しているわけではない。

(20) K. Stern, aaO.（anm. 13）, S. 739 f.; BVerfGE 25, 371（396）.

(21) メンガーも、連邦憲法裁判所は特定人法律と個別事案法律との厳格な概念的区別をおこなっていないとする。しかし彼は、「規定された法効果が単に一回だけ発生しうるわけではない場合」という判例の定式は、法効果の発生を人と切り離すことができない以上、結局は特定人法律の禁止を意味することになると言う。Ch-F. Menger, in: Bonner Kommentar（Zweitbearbeitung）, 1979, Art. 19 Abs. 1, Rnr. 97.

(22) H. Schneider, Über Einzelfallgesetze, in: Festschrift für Carl Schmitt zum 70. Geburtstag, 1959, S. 160, anm. 3 はこう述べている。「個別法律を特定人法律と個別事案法律とに下位分類すること……は、結果的には重要な区別ではないので、私はこれを考慮しないことにする。したがって単純さを求めて、個別法律と個別事案法律とを同置した」。K. M. Meessen, Maßnahmegesetze, Individualgesetze und Vollziehungsgesetze, DVBl. 1970, S. 316 も、「個別事案法律と特定人法律との間には、何の原理的相違も存在しない」と言う。

(23) R. Herzog, in: Maunz/Dürig, Art. 19 Abs. I, Rnrn. 33 f.; K. Stern, aaO.（anm. 13）, S. 740.

(24) R. Herzog, in: Maunz/Dürig, Art. 19 Abs. I, Rnr. 32.

(25) K. Stern, aaO.（anm. 13）, S. 740.

(26) R.Herzog, in: Maunz/Dürig, Art.19 Abs.I, Rnr.46.

(27) H.Bauernfeind, Zum Verbot von Einzelfallgesetzen gemäß Art.19 I GG, DVBl.1976, S.193.

(28) Ch-F.Menger, in: Bonner Kommentar, Art.19 Abs.1, Rnr.96, Rnr.93.

(29) Ch-F.Menger, in: Bonner Kommentar, Art.19 Abs.1, Rnr.95.

(30) R.Herzog, in: Maunz/Dürig, Art.19 Abs.I, Rnrn.33 f. には次のような叙述がある。「法律の規律は、それが憲法違反の平等侵害と結びついていればいるほど、それだけ一層一九条一項一文の意味での個別事案法律である。このことは、一九条一項一文で使用されているような個別事案の概念が、該当者ないし該当者の範囲からも理解されなければならないことを意味する。……したがって、一九条一項一文が、文言上は個別事案法律だけを禁止し、特定人法律を禁止していないことは、……本質的にはたいした役割を演じない」（傍点、原文ゴチック）。「特定人法律限定説」に立つデニンガーも言う。「一項一文は、狭義の『特定人法律』（＝抽象的・個別的規律または具体的・個別的規律）だけを禁止しているのか、それとも個別事案法律（＝具体的・一般的規律）も禁止しているのか……。……その決定は、この規範の保護目的を第一次的に基本権保障と法治国家的な平等取扱いに見出すのか、それとも権力分立の強化に見出すのかにかかっている。制定史と法典の体系からは、基本権保障の思想が明らかに前面に出ている。すなわち、つねに基本権の問題である以上、立法者が平等に反して『ピックアップ』……する『個別事案』とは、いつでも人を対象とする事案であり、個別事案法律の禁止とは、本当は特定人法律の禁止なのである」。E.Denninger, in: Alternative Kommentar, Art.19 Abs.1, Rnr.11.

(31) たとえば H.Bauernfeind, aaO.(anm.27), S.195–197 は四つ、Ch-F.Menger, in: Bonner Kommentar, Art.19 Abs.1, Rnrn.111 f. は五つ、R.Herzog, in: Maunz/Dürig, Art.19 Abs.I, Rnr.36 は三つ、E.Denninger, in: Alternative Kommentar, Art.19 Abs.1, Rnr.12 は四つの場合分けをおこなって、それぞれ特定人法律の認否を検討している。詳細に触れる余裕はないが、私自身は、これらのいずれも本文に示したヘルツォーク的三類型に還元できると考えている。

(32) 一九条一項一文の基本権制限法律の範囲についても、実は見解の対立がある。「基本権が法律によりまたは法律の根拠にもとづいて制限されうる場合には」、という文言を厳格に理解する最狭義説（連邦憲法裁判所）は、一九条一項一文の適用範囲は基本法二条二項、五条二項、八条二項など、明文の法律留保を伴った基本権に限定されるとする。これに対して最広義説（シュテルン）は、この規定の保護は、すべての基本権と、基本権篇には含まれていないが通常は基本権と同等と解されている諸権利（一〇一〜一〇四条の裁判関係の権利など）に及ぶとする。その中間には、平等権や基本権の内容形成立法には性質上適用されないが、明文の法律留保の有無を問わず、すべての自由権介入立法が一九条一項一文の適用対象となるという趣旨の、おそらく多数説（バウエルンファイント・ドライヤー・シュマルツなど）がある。vgl. K. Stern, aaO.（anm. 13）, S. 727–732; H. Bauernfeind, aaO.（anm. 27）, S. 193; H. Dreier, in: Dreier（Hrsg.）, Grundgesetz-Kommentar, Art. 19, Rnrn. 10 f.; D. Schmalz, Grundrechte, 2. Aufl., 1997, Rnrn. 140 f.

（33） vgl. zB. Hildegard Krüger, aaO.（anm. 17）, S. 762; H. Bauernfeind, aaO.（anm. 27）, S. 196; Ch-F. Menger, in: Bonner Kommentar, Art. 19 Abs. 1, Rnrn. 104–109; R. Herzog, in: Maunz/Dürig, Art. 19 Abs. I, Rnr. 36; E. Denninger, in: Alternative Kommentar, Art. 19 Abs. 1, Rnr. 12; W. Krebs, in: Münch/Kunig, Art. 19, Rnr. 12; K. Stern, aaO.（anm. 13）, S. 738; H. Dreier, in: Dreier（Hrsg.）, Grundgesetz-Kommentar, Art. 19, Rnr. 12; D. Schmalz, aaO.（anm. 32）, Rnr. 142.

（34） すでに基本法制定直後の一九五一年に、テオドール・マウンツは一九条一項一文の実効性に対して、名指し法律の可能性は少ないという観点から次のような懐疑を表明していた。「……それが期待された助けをもたらさないだろうと予言することは、いまでも難しいことではない。今日では、立法技術がきわめて技巧的なものとなっているので、どんな法律でも、仮にそれが意識的に個別事案の規律に限られることが欲せられている場合でも、『すべての人に妥当する命題』の形式で制定することができる」。Th. Maunz, Deutsches Staatsrecht, 1. Aufl., 1951, S. 92. vgl. K. Stern, aaO.（anm. 13）, S. 715.

（35） たとえば、ヒルデガルト・クリューガーが「偽装された個別法律」だとして、その違憲性を厳しく批判した「シェルナー法」を、バウエルンファイントは「誘因法律」の一例として合憲と見なしている。vgl. Hildegard Krüger, aaO.（anm. 17）, S. 762; H. Bauernfeind, aaO.（anm. 27）, S. 196.

（36） H. Dreier, in: Dreier（Hrsg.）, Grundgesetz-Kommentar, Art. 19, Rnr. 14. 受命者と事案とを区別した議論にはなっていないが、D. Volkmar, aaO.（anm. 11）, S. 231 もこう述べている。「個別事案法律と一般的法律との境界を、特定複数の事案の―たとえば十、百、千という―数で引くことはおよそ不可能だ。こうした境界線は、どれも純粋に恣意的なものになってしまうだろうからである」。

(37) E. Denninger, in: Alternative Kommentar, Art. 19 Abs. 1, Rnr. 14.

(38) R. Herzog, in: Maunz/Dürig, Art. 19 Abs. I, Rnr. 7, Rnr. 42 には以下の叙述がある。「現代の立法実務においては、一人の特定人や、狭く限定された少人数の人的範囲を対象とする『真正の』特定人法律はたいした役割を演じておらず、むしろ住民の階層全体の法的・経済的・社会的関係を形成する集団関係法律［のほうが重要である］。この法律類型は、古典的立法学説に言う一般的法律と……、一九条一項一文が直接の対象とする個別事案法律との、いわば中間に位置する」（傍点、原文ゴチック）。

　ちなみに、個別法律との関連では、いわゆる「措置法律」Maßnahmegesetz の概念も必ず問題となる。紙幅の関係もあって、ここでは措置法律の問題に触れることはできないが、次の二点だけは指摘しておきたい。すなわち、ドイツの判例学説は、措置法律と個別法律とを別な次元の概念と考えていること、一九条一項一文は措置法律を禁止していないと理解していること、この二点である。たとえばすでに一九五九年に、H. Schneider, aaO. (anm. 22), S. 161 は、「個別事案法律の概念は、フォルストホフによって発見され名づけられた措置法律のカテゴリーと同義ではない」と述べている。また、連邦憲法裁判所のライン製鉄法事件判決にも、次のような説示がある（BVerfGE 25, 371 [396]）。「したがって改正法［この事件で違憲性が争われた法律］は、具体的な事物関係 Sachverhalt を目的とした法律（『措置法律』）である。しかし措置法律は、それ自体としては許されないものではないし、他の法律よりも厳格な憲法法上の基準［違憲審査基準］に服するわけでもない……。つまり、措置法律という概念は、憲法法的には重要ではない」。この点も含めて、日本における措置法律の本格的な研究として、小山正善「西ドイツにおける措置法（Maßnahmegesetz）論争の概観（一）（二・完）」阪大法学一一五号・一二〇号（一九八〇～八一年）また、最近の研究として、三宅雄彦「法律・措置・ノモス」埼玉大学・社会科学論集一一六号（二〇〇五年）二三頁以下がある。

(39) 連邦憲法裁判所の判例に関しては、vgl. K. Stern, aaO. (anm. 13), S. 721-726. シュテルンは、リーディング・ケースである「ライン製鉄法」判決を含む六つの判決を紹介し、「実質的には、……ライン製鉄判決に、―それ以後の諸決定はここまでの判例を引用しているにすぎないので―終着点が見出され」ると述べている。六つの判決とは、①一九五四年七月二〇日の投資助成法判決（E 4, 7）、②一九五七年一〇月一六日のシェルナー法決定（E 7, 129）、③一九五九年七月二九日の大エルフト組合設置法判決（E 10, 89）、④一九五九年一二月一五日のプラトゥ法決定（E 10, 234）、⑤一九六二年一一月一四日の一般戦災復興法判決（E 15, 126）、⑥一九六九年五月七日のライン製鉄法判決（E 25, 371）である。Ch-F. Menger, in: Bonner Kommentar, Art. 19. Abs. 1, Rnrn. 114-133は、この六つと「ライン製鉄法」判決以後の判決三つを含めて、全体で一八件を紹介している。いずれも合憲判断である。最近では、ベルリン近郊の鉄道路線である「シュテンデル迂回線」の建設予定地の収用を決定した連邦法律を、一九条一項一文に反しないとした決定がある（一九九六年七月一七日第二法廷決定、vgl. E 95, 1 [26]）。

（40）Hildegard Krüger, aaO.（anm. 17）, S. 791-796.

（41）D. Volkmar, aaO.（anm. 11）, S. 231-237. 特にS. 231, S. 234, S. 236.

（42）Ch-F. Menger, in: Bonner Kommentar, Art. 19 Abs. 1, Rnr. 103.

（43）R. Herzog, in: Maunz/Dürig, Art. 19 Abs. I, Rnr. 47.

（44）H. D. Jarass, in: Jarass/Pieroth, Grundgesetz, 3. Aufl., 1995, Art. 19, Rnr. 1には「具体化Konkretisierung」、D. Schmalz, aaO.（anm. 32）, Rnr. 143には「下位事例Unterfall」、K. Stern, aaO.（anm. 13）, S. 742には「前線Vorfeld」の表現が見られる。

（45）H. Hoffman, aaO.（anm. 12）は、近年のドイツの憲法学界ではめずらしい「法律の一般性」理念の思想的研究である。ホフマンはドイツにおける「法律の一般性」理念の直接の源流として、ルソーの平等・参加論、カントの理性法論、三月前期の自由主義的立憲理論をあげている。vgl. S. 15. ルソーについてはS. 20-22.

（46）W. Krebs, in: Münch/Kunig, Art. 19, Rnr. 10; H. Schneider, aaO.（anm. 22）, S. 167; H. Bauernfeind, aaO.（anm. 27）, S. 195; K. Stern, aaO.（anm. 13）, S. 743. 本文に引用したqualifiziertという言葉使いから見ると、クレープスは一九条一項一文の「特別平等原則」の審査が、三条一項の「一般平等原則」の審査よりも厳格におこなわれるべきだと考えているように思われる。ただし彼は、一般平等原則の審査基準について、従来の「恣意の禁止」ではなく、最近の連邦憲法裁判所の「新定式」に立つならば、一九条一項一文違反と三条一項違反とは同一に帰することを示唆している。同旨、H. Dreier, in: Dreier（Hrsg.）, Grundgesetz-Kommentar, Art. 19, Rnr. 15. たしかに、違憲審査基準論のレベルでは、なお一九条一項一文に独自性をもたせる構成の余地がある。「新定式」については、井上典之「平等保障の裁判的

実現（二）」神戸法学雑誌四六巻一号（一九九六年）一四三頁以下参照。
(47) H. Schneider, aaO. (anm. 22), S. 171; Ch-F. Menger, in: Bonner Kommentar, Art. 19 Abs. 1, Rnr. 34.
(48) K. M. Meessen, aaO. (anm. 22), S. 317.
(49) H. Bauernfeind, aaO. (anm. 27), S. 197. ちなみに、第四節で紹介したようにヘルツォークは、一般的法律と特定人法律との中間に「集団関係法律」というカテゴリーを設け、たとえば賃借人・引揚者・労働者・失業者など、一般的－抽象的な要件事実によって境界画定された相当数の人的集団に適用される社会立法がこれに属するとする。彼によればこれらの法律は、通常は社会国家原理の観点から、平等原則および一九条一項一文に適合する。vgl. R. Herzog, in: Maunz/Dürig, Art. 19 Abs. I, Rnrn. 42–45.
(50) H. Dreier, in: Dreier (Hrsg.), Grundgesetz-Kommentar, Art. 19, Rnr. 13.
(51) G. Dürig, JZ 1954, S. 7 Anm. 17; E. Denninger, in: Alternative Kommentar, Art. 19 Abs. 1, Rnr. 15.
(52) 結局多数説も、「一般的規範」の定立を国会の権限とは考えるが、国会は「一般的規範」しか制定できないとは主張せず、四一条は「措置法」を許容すると見るのがふつうである（芦部信喜・高橋和之補訂『憲法・第四版』二八〇頁、戸波江二『憲法［新版］』三六四―三六五頁など）。もっとも「措置法」の概念を精密化する努力がなされているわけでは必ずしもない。ドイツの「措置法」観については注（38）参照。なお、日本国憲法四一条の立法の理解については、赤坂正浩「立法の概念」公法研究六七号（二〇〇五年）一四八頁以下、大石和彦「『個別法律の問題』の問題性」白鷗法学一三巻一号（二〇〇六年）一六七頁以下参照。

Ⅸ　基本権放棄の観念と自己決定権

一　はじめに

(1)　一般に憲法が保障する自由は、行動の選択可能性の法的保障と理解できるであろう。ところが、なかにはそうは考えられていない権利規定もある。たとえば、学説は、憲法一八条前段の「奴隷的拘束」の禁止を、当人の意思に関係なく妥当すると理解してきた[(1)]。つまり国家は、当人の同意の有無にかかわらず、人を奴隷的に拘束してはならないわけである。逆に言えば、憲法上われわれには、奴隷的拘束を選ぶ自由は保障されていないということである。ふつう一八条は私人間にも直接適用されると言われるが、私人間の奴隷契約は直接的には民法九〇条に反して無効とされる。

ところが、同じく憲法一八条に規定されていながら、後段の「その意に反する苦役」の禁止は、この点ではまったく対照的である。こちらは、当人の意思が国家行為の合憲性判断の基準となることを、日本国憲法の規定としてはむしろ例外的に明文化している。「苦役」の理解についても議論はあるが[(2)]、一般人の感覚で苦痛を感じるような肉体労働が、一八条後段の「苦役」に含まれることにはコンセンサスがあると言えよう。しかし、国家は、「その意に反」しなければ、すなわち当人の同意があれば、市民にこのような肉体労働をおこなわせることも可能だということになる。この種の労務提供を約する私人間の契約もただちに無効ではない。まさに、われわれには「苦役」を避ける自由と「苦役」を選ぶ自由とが憲法で保障されているわけである。

ほかにも、たとえば選挙権について、権利の放棄ないし不行使が果たして権利の性格に適合的かどうかを改めて吟味してみる余地があると思う。周知のように多数説は、憲法一五条の選挙権を権利であると同時に公務でもあると捉えながら、権利である以上、選挙権の保障のなかには棄権の自由の保障も含まれるという理由で、強制投票制は憲法違反だとしている。(3) しかし、棄権は憲法上の保護を受けないという議論も、二元説の立場からはけっして不可能ではないように思われる。

こう考えると、憲法の人権規定のなかには、個人の意思を尊重するのではなく、むしろ国家による奴隷的拘束を受けないといった、一定の状態を人間の自由状態として保護しようとしているものがあるように見えるし、われわれの行動の選択肢を保障する場合でも、権利の放棄ないし不行使は選択肢に含まれないと理解することが可能な人権規定もある。つまり、ひとくちに憲法上の自由と言っても、そこには行動の選択可能性としての自由と、一定の状態としての自由という二種類の自由が含まれているのではないか、権利を放棄する権利が憲法上の権利に関して認められるのか、そもそも権利の放棄ないし不行使とは何を意味するのか、といった疑問が浮かんでくるのである。

そこで、このような疑問に対して、ドイツの学説はどう答えているのかを瞥見してみようというのが、この章の意図である。

(2)　憲法上の権利は放棄可能かというテーマについては、ドイツでは相当な議論の蓄積が存在する。モノグラフィーとしては、ヴァイマル最末期の一九三三年にエルンストという人が発表した『主観的公権の放棄』という博士論文が、このテーマに焦点を合わせた最初の研究のようだが、一九五〇年代から六〇年代には、ライペルト（一九五三年）、ブリュッゲマン（一九六五年）、ヴィルデ（一九六六年）、フリース（一九六八年）の博士論文があいついで公刊されている。しかし、浩瀚なこれらのモノグラフィーを対象とする研究は今後の課題として、ここでは一九七〇年代以降に発表されたいくつかの論文を素材に選び、日本の学界には知られていないと思われるドイツの「基本権放棄」という法的形象 Rechtsfigur の一端を紹介することにしたい(4)。

二　「基本権放棄」に関係するとされる諸事例

一九七〇年代以降のドイツの学説は、基本権放棄 Grundrechtsverzicht という問題を取り上げる際に、どのような事例を念頭に置いてきたのだろうか。たとえば、一九七四年のシュトゥルム論文では七つ、一九七八年のピツカー論文では八つ、一九八五年のロバース論文では五つ、一九九七年のシュピースの博士論文では一一という具合に、それぞれの論者がこもごもに具体的な事例や講壇的な設例をあげているが、それらの間には多くの重複がある。そこで、各論者が共通に掲げるいくつかの事例を、対象となる基本権を保障した基本法の規定順に、まず示しておこう(5)。

① 刑事訴訟法一三六a条二項が禁止しているにもかかわらず、被疑者の同意にもとづいてウソ発見器による取り調べをおこなうケース（基本法一条一項と結びついた基本法二条一項＝人間の尊厳と人格の自由な発展から導かれる一般的人格権との関係）。

② 交通事犯において、被告人が運転免許を放棄し、今後免許申請をおこなわないことを条件に、刑事手続を中止するケース（基本法二条一項の一般的行為自由との関係）。

③ 性犯罪による受刑者が、釈放の条件として去勢手術に応じるケース（基本法二条一項の一般的行為自由との関係）。

④　受刑者（あるいは一般市民）が、危険な医学実験の被験者となることに同意するケース（基本法二条二項の生命・身体の権利との関係）。

⑤　政府スポークスマンが、個人的な意見表明を慎むことを勤務契約上義務づけられるケース（基本法五条一項の意見表明の自由との関係）。

⑥　機動警察隊への応募者に対して、訓練期間中は所管大臣の許可なく結婚せず、無許可の結婚は解雇の申し込みと見なしてよい旨の宣誓が求められるケース（基本法六条一項の結婚保護との関係）。

⑦　いやがらせ電話に悩まされている人が、電話局に電話盗聴を依頼するケース（基本法一〇条の通信の秘密との関係）。

⑧　郵政当局が官吏任用者との間で、当局側が研修費用を負担し、任官後一定期間経過前に離職した者に対してのみ、研修費用の返済を義務づける契約を締結するケース（基本法一二条の職業の自由との関係）。

⑨　家屋所有者が裁判官の令状なしの捜索に同意するケース（基本法一三条二項の令状による家宅捜索の原則との関係）。

⑩　市町村と建設会社とが行政契約を締結し、市町村側がその建設会社の構想に対応した都市計画を策定するかわりに、建設会社側は土地の無償譲渡を約し、裁判上の異議申立権の放棄を約束するケース（基本法一四条の所有権保障および基本法一九条四項の法的救済請求権保障との関係）。

⑪　有権者自身が選挙管理委員の目の前で投票用紙に記入したり、記入ブースに夫婦で入るケース（基本法三八条一項の秘密選挙の保障との関係）。

⑫　基本法一〇四条四項によれば、身柄を拘束する裁判官の決定は、被拘留者の家族等に遅滞なく通知されなければならない。被拘留者が、家族に身柄拘束の事実が知られるのを避けるため、この通知を放棄するケース。

これらの一見したところ雑多な事例も、内容的な観点から見て、たとえば次のように、いくつかのタイプに分類することは不可能ではない。第一は、刑事手続において自分の立場をより有利にするために、一定の基本権が放棄される事案グループ。①②③④⑨⑫はこれにあたると言えるだろう。第二は、いわゆる特別権力関係に自発的に入った人が、特別な基本権制限に同意する事案グループ。⑤⑥⑧がこれに含まれる。第三は、私人が自発的にプライバシーを放棄するケース。⑦と⑪はこれである。そして第四は、⑩のように行政契約によって、法律の留保に上乗せした基本権制限に私人が同意するタイプである。

しかし、果たしてこれらすべてが同一の性質の行為なのか。これらすべてを基本権放棄というひとつの法的形象で一括することが可能ないし適切なのか。この点は検討の余地があるだろう。そこで当然のことながら、そもそもドイツの学説が考える基本権放棄とはいかなる概念なのかを確認しておく必要性が生じる。

三　基本権放棄という概念の整理

(1)「基本権の全面的放棄」と「基本権的地位の放棄」

もともと権利の放棄という概念は、私法や刑法の領域で形成され、とりわけ私法の場合には、撤回不能な意思表示による当該権利の消滅と観念されていた（たとえば相続権の放棄）。公法の領域でも、当初はこうした私法上の権利放棄概念が転用されて、主観的公権の放棄ということが言われた。一九六〇年代までは、基本権放棄も主観的公権放棄の下位事例と見なされ、放棄の意思表示による当該基本権の消滅と理解されるのが一般的だったようである。(6)

しかし、一九七〇年代以降のドイツの学説は、憲法上の権利である基本権には、このような私法的観念はあてはまらないとする点でおおむね一致していると言ってよい。たとえば、ピーツカーは、「およそ、ある基本権をもはや主張することができないという意味で、当該基本権が全体として放棄されるわけではない」と述べているし、ブレックマンも「国家や第三者に対する防御請求権や給付請求権を将来的にすべて包括的に放棄する……という意味での包括的な基本権放棄は許されない……」という趣旨の指摘をしている。(7) 学説は、「基本権放棄」を、ある基本権の全面的放棄、ある基本権の消滅とは理解していないわけである。つまり、学説の言う基本権放棄とは、ある基本権にもとづく請求権を個別の特定ケースにかぎって放棄すること、すなわちシュピースによれば「基本権で保護された個別の法的地位の放棄」(8)、ピーツカーの表現を借りれば「基本権的地位の個別的処分」である。(9) ここでもこの理解を前提として、以下の話を進めていく。

二点ほど補足しておきたい。一つは、このように今日の学説が、基本権放棄を基本権の全面的放棄と定義しない理由は、全面的放棄は憲法上許されないと見なしているからであるが、許されない理由は自明のこととされ、詳細には論じられていないということである。(10)

もう一つは、さきほど①から⑫まで紹介したような、ドイツの学説が念頭に置く問題群のすべてが、「ある基本権にもとづく請求権の個別ケースごとの放棄」という基本権放棄概念に包摂されうるかは、検討の余地があるということである。たとえば、特定事件について特定日時におこなわれる令状なしの家宅捜索に同意することと、どんな事件についていつでも令状なしに家宅捜索してよいという一般的な同意を与えることとはたしかに異なるので、この場合には基本権の全面的放棄と基本権的地位の個別的放棄という議論は理解しやすいのに対して、去勢手術への同意の場合には、結果の不可逆性から見て、このような区別が可能かどうかは疑問である。もっともドイツの学説もこの点は自覚しており、放棄の程度にはグラデーションがあるという指摘や、ラフな定義によっていろいろな問題を議論の俎上に乗せることが重要なのだという指摘がなされている。(11)

(2)　「基本権自体の放棄」と「基本権行使の放棄」

「基本権の全面的放棄」と「基本権的地位の個別的放棄」の区別と並んで、マローニーの論説のように、基本権の放棄を「基本権それ自体の放棄」と「基本権行使の放棄」とに区別して、憲法上許容される可能性があるのは後者、すなわち基本権行使の放棄だけだとする学説もある(12)。しかし、これに対しては、シュトゥルムやロバースのように、基本権それ自体と基本権の行使とは不可分であり、行使できない権利などというものはナンセンスだという批判もある(13)。

私の見るところでは、この点に関してはドイツの学説に混乱が存在している。もともと、基本権それ自体とその行使の区別という発想には、ちょうど一九世紀ドイツ立憲君主制における国家権力それ自体と国家権力行使の区別論（国家権力それ自体は国王に帰属し、その行使は憲法にもとづき三権の各機関に委ねられるという考え方）と同様の発想があるようである。シュトゥルムやロバースの否定論は、基本権についてのこの種の区別を想定した上で、こうした区別には実益がないと主張する。これに対して、マローニーの言う基本権行使の放棄とは、実はシュトゥルムなどが念頭に置いている基本権行使の全面的放棄ではなく、結局のところ基本権的請求権の個別的放棄と同一に帰するのではないかと思われる。彼は次のように述べている。「行使の権限の放棄は、基本権それ自体に手を触れるものではない。放棄者は、相変わらず基本権の保持者であり続ける。放棄の意思表示の到達によって、当該基本権それ自体が消滅するわけではない。行使の放棄については、行使の権限を発動しないという……義務づけだけが放棄と見なされ」る(14)。

この発言は、要するに放棄が許容されうるのは基本権的地位の個別的放棄だけだという趣旨に理解できる。シュトゥルムやロバースもこの点を否定しているわけではないので、一九七〇年代以降のドイツの学説は、個別ケースごとの基本権保護請求の放棄だけを基本権放棄とよび、その許容性について議論してきたと要約することが可能であろう。

(3) 「基本権放棄」と「基本権の不行使」「基本権の消極的行使の自由」

基本権放棄の概念に関しては、ドイツの学説が「基本権の不行使」および「基本権の消極的行使の自由」を、基本権放棄と概念上区別している点にも触れておかなければならない。

基本権の不行使 Nichtausübung（Nichtgebrauch）とは、文字どおり基本権を単に行使しないことである。基本権放棄との相違は、基本権の不行使には、基本権にもとづく請求権を放棄するという意思表示が明示的にも黙示的にも欠けていること、したがって放棄には法的拘束力が伴うのに対して、単なる不行使には法的拘束力がないことだと言われる[15]。たとえば、訓練期間中結婚しないことを誓約した機動警察隊員とは異なって、単に結婚していない人は、基本法六条一項による結婚の保護をいかなる意味でも放棄したわけではない。

他方、基本権の消極的行使の自由 negative Ausübungfreiheit とは、そもそも当該基本権の内容に含まれる不作為の自由を意味する。一般にドイツでも、たとえば信仰の自由（基本法四条）はいかなる神も信じない自由を含み、結社の自由（基本法九条）はいかなる団体も結成せず、あるいはいかなる団体にも加入しない自由を含むと言われる。これが「基本権の消極的行使の自由」とか「基本権の消極的次元」とよばれるものである。学説は、もともと基本権保障に内包されているこうした不作為の選択と、基本権的請求権を行使しない意思表示という作為の選択とは別物だとしている[16]。たしかに、基本権の消極的行使の場合には、国家による基本権制限は存在しないのに対して、基本権請求の放棄とは、裏から言えば国家による基本権制限への承諾のことであるから、この両者には相違があると言えるだろう[17]。

四　基本権放棄の許容性に関する判例学説の態度

ここまでの説明をもう一度まとめておくと、ドイツの学説が言う「基本権放棄」とは、「基本権の全面的放棄」「基本権の単なる不行使」「基本権規定でもともと保護されている不作為の選択」とは区別された、「個別ケースごとの基本権請求の放棄」を意味すると要約することが許されよう。この点を前提として、次にこういう意味での基本権放棄が許容されるか否かについて、判例学説はどう考えてきたのかを概観したい。

(1)　判　例

まず判例である。シュテルンやシュピースなどの解説によれば、連邦憲法裁判所は「基本権放棄」という用語自体を使用していない。これに対して、連邦行政裁判所・連邦通常裁判所などのいわゆる専門裁判所の判決には、まれに基本権放棄という言葉は出てくるが、その概念内容や許容性について詳細な議論は展開されていない[18]。つまり、基本権放棄という法的形象に関する判例理論はきわめて未発達だということである。しかし学説は、いくつかの判決を、実質的に見れば裁判所が基本権放棄の問題を取り扱ったものと位置づけ、基本権放棄の可能性を裁判所が原則的に承認してきたと理解している。連邦憲法裁判所と専門裁判所に分けて、学説が基本権放棄の問題にかかわると見なす判例から一、二拾っておくと次のようなものがある[19]。

(ア)　連邦憲法裁判所

連邦憲法裁判所の決定でよく紹介されるのは、ウソ発見器の使用に関する一九八一年の予備審査委員会決定である[20]。これについては事例①でも言及した。この決定で裁判所は、刑事裁判の被告人にウソ発見器による取調べを受けさせることは、本人が承諾していても、基本法一条一項・二条一項から導かれる一般的人格権の侵害にあたるとした。しかし、裁判所が、その主たる理由を本件被告人の承諾の任意性に疑いがある点に求めていることから、学説は連邦憲法裁判所が一般的人格権の放棄可能性を原則的に否定したとは考えていない。

その点を裏づける判例として、一九八三年一二月一五日の有名な国勢調査判決[21]も、しばしば引き合いに出される。この判決で裁判所は、基本法一条一項・二条一項を根拠とする一般的人格権から、情報自己決定権をはじめて明示的に導き出した。裁判所が、「個人情報の放棄 Preisgabe と個人情報の使用について原則的に自分で決定できるという点で」、各人には情報自己決定権が認められるとしたことを捉えて、学説は連邦憲法裁判所が情報自己決定権の放棄可能性を認めたものと理解している。

(イ)　専門裁判所

専門裁判所が基本権放棄を認めた例として、これまであげられてきたものには、たとえば次のような判決がある。いやがらせ電話の被害者が電話局に通話の傍受を依頼することは、基本法一〇条の通信の秘密に反しないとした一九六五年の連邦通常裁判所判決(22)、同旨の一九七四年のバイエルン上級ラント裁判所判決(23)など（事例⑦）。研修期間を終了して官吏に任官したのち、定められた期間以前に離職した者だけに研修費用を返済させる契約は、基本法一二条の職業の自由の保障に反しないとした連邦行政裁判所判決(24)（事例⑧）。ある市民団体が、一九〇〇万マルクの補償を条件に、火力発電所建設に対する異議申立を取り下げることに合意した契約は、基本法一九条四項の法的救済手段の保障に反しないとした連邦通常裁判所判決(25)などがそれである。

逆に、専門裁判所が結果的に基本権放棄を認めなかった事例としては、以下のような判決があげられてきた。ピープ・ショーに自発的に出演した女性は、基本法一条一項の人間の尊厳の保護に反するとした連邦行政裁判所判決(26)。受刑者が釈放の条件として去勢手術に応じることは、基本法一条一項の人間の尊厳、二条二項の身体の不可侵に反するとした連邦通常裁判所の判決(27)（事例③）。機動警察隊への応募者が、訓練期間中には許可なく結婚しない旨の宣誓をおこなっても、婚約者が妊娠している場合には、この宣誓は基本法六条一項の結婚保護に違反して無効だとした連邦行政裁判所判決(28)（事例⑥）。有権者が自発的に投票の秘密を放棄することは、秘密選挙を保障した基本法三八条一項・二八条一項に反するとしたミュンスター、リューネブルク、コブレンツの各上級行政裁判所判決(29)（事例⑪）などである。

ごく簡単に要約すれば、連邦憲法裁判所も、連邦行政裁判所・連邦通常裁判所などの専門裁判所も、基本権放棄が可能であることを原則として承認しつつ、場合によって基本権それ自体や他の憲法的価値のうちに、その限界を見出してきたということになろう。[30]

(2) 学　説

(ア) 消極説・積極説と基本権理論

判例が基本権放棄というテーマを掘り下げて検討していないのに対して、さきほども述べたように、学界では一九五〇年代から九〇年代に至るまで、このテーマを取り扱う著書・論文が相当数公にされてきた。その際、七〇年代以降の学説では、基本権放棄が憲法上許されるかという問題に答える場合、解答の方向性と、基本権についての一般的な見方、いわゆる「基本権理論」との間に関連性が存在することもしばしば指摘されてきた。[31]

基本権理論と言えば、一九七四年に公表されたベッケンフェルデの論文「基本権理論と基本権解釈」がすぐに思い浮かぶ。ドイツでも日本でも大変有名なこの論文は、基本権の性格ないし機能に関して、一九七〇年代初頭までに提起されたいろいろな見解を五つのタイプに類型化し、その後の議論の出発点となった。ベッケンフェルデが整理した五つの類型とは、「自由主義的基本権理論」「制度的基本権理論」「基本権の価値理論」「民主主義的基本権解釈」「社会国家的基本権理論」である。もっとも、彼自身が認めるとおり、この五つの基本権理論は必ずしも基本法上の基本権の理解を排他的に規定するものではなく、特に自由主義的基本権理論以外の四つは、力点の置きどころの相違を別とすれば、それぞれの違いがそれほど明確ではない面もある。

基本権放棄の問題を扱う際に、基本権理論の類型にもっとも詳しく言及したのは、私の見た範囲では一九八五年のゲルハルト・ロバースの論稿だが、そこでもベッケンフェルデの五類型はつねに首尾一貫しているとはかぎらず、中間形態や重複した主張も存在するとされている。しかし、同時にロバースは、「これらの基本権理論のどれに従うのか、どれにアクセントを置くのかに応じて、基本権的地位の放棄という問題についても、部分的には一致することもあるが、異なった結論が導かれる」とも述べている。(32) 私見によれば、とりわけ自由主義的基本権理解と、何らかの意味で基本権の客観的側面・秩序形成的側面を重視するその他の基本権理解のいずれをとるのかによって、基本権放棄に対する一般的アプローチにも差異が生じるように思われる。

① 消極説。基本権の秩序形成的側面を重視する立場から、基本権放棄が原則として許されないことを主張した七〇年代以降の代表的な論文は、一九七四年のゲルト・シュトゥルムのそれである。

シュトゥルムは、基本法のもとでの基本権の本質理解を、伝統的な「自由主義的自由概念」と、ルドルフ・スメントとヘルマン・ヘラーの影響を受けた「動態的・機能的基本権解釈」とに大別し、後者が通説だとする。シュトゥルム自身もこちらの立場に立ち、基本権には個人の利益と並んで、その行使を通じて公益の実現を目指す側面があり、基本権保障の目的は、民主主義・法治国家・社会国家の実現という観点からも理解されなければならないとする。シュトゥルムはこう述べている。「基本権の必要性……に対する市民の鋭敏な感覚と現実の行使がなければ、民主主義は死んでしまい、法治国家はトルソにとどまる。この意味で、基本権の超個人的・国家構造的機能、さらには国家構成的機能について語ることは正しい。あるいはヘーベルレが述べたように、基本権は、すべての人の個人的な自由行為を通じて、自由な秩序がつねに新たに形成されるための前提条件なのである(33)」。

シュトゥルムのこうした観点からは、基本権を放棄する個人の行為、すなわち基本権の特殊な制限に対して個別に承諾を与える個人の行為も、単なる私事ではなくて公益に影響を及ぼす行為である。「基本権保障によって保護された利益は、必然的に全体の利益でもある」。したがって、基本権の制限が必要な場合には、例外なく民主的立法者が決定を下さなければならない。「基本権放棄は、基本権の機能のゆえに禁止される。個人にはこのような処分権は欠けている」[34]。

② 積極説。この立場とは対照的に、基本権放棄は原則的に認められるとする見解を表明した代表的な論者としては、アルバート・ブレックマンをあげることができるだろう。ブレックマンは、(直接にはフリースを念頭に置きながら) 消極説には従うことができないとして、次のように述べている。「この見解では、基本権は任意性 Beliebigkeit への自由をも根拠づけるものだということが見逃されている。まさにこうした任意性への自由は、基本権行使を個別的 punktuell に放棄する権利 (私的自治、基本法二条一項) を含むものでなければならない。その場合、放棄は人格の自由な発展においてきわめて積極的な機能を果たすものだという点と、ある基本権を実現することを選ぶのか、それともその基本権を放棄することで一定の利益 Leistung を獲得することを選ぶのかは、少なくとも個別的には個人の任意に委ねられなければならないという点が、考慮されるべきである」[35]。

ブレックマンは、基本権放棄の一般的許容性を、直接には基本法二条一項の人格の自由な発展の権利から導くが、その背後には自由主義的基本権理解が存在している。彼によれば、「個人が自分の利益の内容や、自分の利益と対立する利益の重みを自分で判断できる場合に、基本権の実効性は最大化するという考え方が、自由主義的基本権理解には対応している」。したがって、国家は、個人が自分の基本権を自分で守ることができない例外的な場合にのみ、本人の意思に反して基本権保護に乗り出すことが許されるのである[36]。

(イ) 中間説と放棄可能な基本権の類型化

しかし、ピーツカー、ロバース、ヒルグルーバー、シュテルン、シュピースなど、七〇年代以降の学説の多くは、この両極の中間地点に立って、基本権の自由主義的側面と秩序形成的側面とを共に認める立場から、基本権放棄が認められる場合と認められない場合とがありうることを承認し、むしろ基本権放棄になじむ基本権となじまない基本権の類型化を試みる傾向にある。どのような基本権が原則として放棄を認められ、どのような基本権が原則として放棄を認められないのかについては、これらの論者の間に大筋では一致が見られるので、ここではそうした一般的傾向を簡単に確認しておくことにしたい。

まず第一に、この点はすべての論者の共通前提であろうが、基本法の条文の文言が、当該基本権の保障を基本権主体の意思に依存させている場合には、その基本権の放棄が認められ、逆に基本権主体の処分権を明文で否定している場合には、放棄は認められないとされる(37)。具体的にみると、たとえばピーツカーは、明文で放棄を認める基本権規定として基本法一六条一項二文、逆に明文で放棄を認めないものとして基本法九条三項をあげている。基本法一六条一項二文によると、本人の意思に反する国籍喪失は、法律にもとづいて、かつ無国籍者とならないかぎりにおいてのみ許されるが、本人の意思による場合には、それに加えて無国籍者となる国籍喪失も許されることから、「国籍を喪失しない権利」の放棄が明文で認められているとの理解のようである。反対に、基本法九条三項では、団結権を制限する合意が無効とされている点から、ピーツカーは放棄の禁止を読みとっている(38)。

しかし、基本法上の基本権規定の大部分は、基本権主体による放棄の許容性について、明確な基準を含んでいない。そこで、第二に多数説は、ある基本権の保護内容や保護目的の相違に応じて、放棄になじむ基本権とそうでない基本権とを区別しようと試みている。そして、学説は一般に、基本権が多元的機能を営むことを前提にしながらも、第一次的には人格的・個人的利益を保護していて、共同体との関連性が比較的薄い基本権と、逆にその目的や意義において、何らかの共同体利益の保護を主として目指している基本権とが存在するという理解に立って、前者は原則として放棄が許され、後者は原則として放棄が認められないと考える(39)。

学説が、第一次的には人格的・個人的利益を保護していると見なす基本権は、具体的には基本法二条一項の「人格の自由な発展の権利」、二条二項の「生命・身体の権利」、四条一項の「信仰・良心の自由」、一〇条の「通信の秘密」、一一条の「移動の自由」、一二条の「職業の自由」、一三条の「住居の不可侵の権利」、一四条の「所有権の保障」、さらに一九条四項の「法的救済請求権」、一〇四条の「法的手続保障」である(40)（第一のカテゴリー）。

これに対して、学説が、共同体利益の保護の側面が優越する基本権と理解しているのは、第一に、政治的・社会的な協働を保障する基本権のグループ（すなわち、基本法八条の「集会の自由」、九条の「結社の自由」、一七条の「請願権」、三八条の「選挙権」）、第二に、一定の社会的な制度を構成する基本権（すなわち、七条の「学校制度の保障」、シュテルンの場合はさらに六条の「結婚の保護」）、第三に、裁判的基本権（すなわち、基本法一〇一条の「正式の裁判官の裁判を受ける権利」と一〇三条の「法的審問請求権」）、そして第四に、基本法三条、三三条一項ないし三項に規定された「平等権」という四つのグループである(41)（第二のカテゴリー）。

また学説は、個人的利益保護の側面と共同体利益保護の側面とが同格的に結合している基本権があることも認める。基本法五条の「コミュニケーションの基本権」（シュピースの場合は、さらに六条の「結婚の保護」）である（第三のカテゴリー）。

もちろん、こうした分類はおおざっぱなものである。個々の権利の位置づけについては、たとえばシュテルンが、基本法九条一項の一般的な結社の自由は個人的利益を保護する基本権、九条三項の団結権は共同体関係的な基本権に分類するのに対して、シュピースは九条全体を共同体関係的基本権と見なしているなど、論者の間に食い違いが見られる。

さらに学説は、これら三つのカテゴリーの基本権のいずれに属するかによって、基本権放棄が認められるかどうかが自動的に決まると考えているわけではなく、放棄の許容性判断に際しては、利益衡量がおこなわれるべきだとしている。そして、いずれの基本権カテゴリーに属するかによって、おこなわれる利益衡量のあり方が方向づけられるとするわけである。

たとえば、シュピースは、一般論として次のように述べている。第一カテゴリーの基本権は、公益と対立する個人の自己決定権に優先権を与えるものなので、対立する利益との衡量にあたっては、放棄の自己決定に優位が認められる。ただし、個別のケースにおいては、放棄によって害される公益がきわめて重要なものである場合には、放棄が認められないこともある。第二カテゴリーの基本権の場合には、個人の放棄の意思と対立する公益は相対的に見て重要である。したがって、傾向としては放棄は否定されるべき状況にある。しかし、シュピースによれば、この種の基本権も主観的公権の保障を含むわけだから、放棄されようとしている利益と対立する公益の重要性は、やはり個別のケースごとに確認されなければならない。第三カテゴリーの基本権の場合にも、放棄される利益と放棄によって害される公益のいずれに優位が与えられるべきかについては、個別の衡量が要請される。(42)

五　基本権放棄の制限

以上のような多数説の議論を前提とするならば、基本法上の基本権についてはすべて、放棄と対立する他の利益との衡量の結果、放棄が認められない場合もありうることになる。そこで、さらに問題となるのは、放棄の意思との利益衡量の対象となるファクターは何かという点である。このような利益衡量の要素として、たとえばシュテルンは、基本法一条一項の「人間の尊厳」、基本法一九条二項の「基本権の本質内容保障」、基本法二〇条の「民主制原理」「法治国家原理」をあげている。そのほかにも「法律の留保」や「法律の優位」との関係も多くの論者によって問題とされている。残念ながら、基本権放棄を制限するこれらの憲法的利益や憲法原理の全体を体系的に整理する準備はできていないので、最後にここでは一例として、「人間の尊厳」と基本権放棄との関係について、ごく簡単に触れておくだけにする。

ドイツの判例学説は、個別の各基本権が、いずれも基本法一条一項で宣言された「人間の尊厳」の核心部分を含んでいるとしてきた。一九七〇年代以降、基本権放棄の問題について発言した論者の多くは、そこから、どの基本権についても、人間の尊厳の核心部分を傷つけるような基本権放棄は無効だという結論を導き出す(43)。しかし、同時に学説は、人間の尊厳の内容には、何が人間の尊厳であるのかを自分で判断することも含まれるとしている。すなわち、国家が人間の尊厳の内容を一義的に決定することを許さず、個人の自律・自己決定を尊重することが、とりもなおさず人間の尊厳の保護内容をなしているというのである。

こうした学説の考え方は、基本権放棄との関係ではひとつのジレンマを生じさせる。自己決定を尊重することが人間の尊厳の保護であるなら、放棄の意思は無制限に尊重されるべきことになりそうだが、他方で、学説によれば、人間の尊厳に反して無効となる基本権放棄もあるわけだからである。この点について、たとえばシュピースは、基本権放棄が基本権行使の一態様であるとしても、自由の行使には、それが自由の否定へと急変する箇所があると言い、ある基本権で表現された個人の権利主体性がまったく廃棄されてしまうような例外的な場合には、基本権放棄は人間の尊厳原理に違反すると述べている(44)。このような考え方を、基本法一条一項についての通説的な理解と結びつけるならば、たとえば奴隷制、人身売買、拷問、洗脳などを容認する結果となる基本権放棄は、人間の尊厳に反するという結論になるのだろう(45)。

六　おわりに

本章は、基本権放棄という法的形象に関するドイツの議論を一瞥するという課題だけから見ても明らかに不十分であり、ドイツの学説が考える基本権放棄の制約根拠には、パターナリスティックな根拠と第三者の利益やいわゆる共同体利益の保護とが混じりあっているのではないかなど、まだ検討すべき多くの宿題が残されたままなので、ここで日本法との関係について言及するのは早計であろう。

ただ、しめくくりとして、雑駁な感想を二つだけ述べておきたい。第一は、「基本権放棄」の概念を、「基本権の全面的放棄」「基本権の不行使」「基本権の消極的行使」とそれぞれ区別して、「個別ケースにおける基本権的請求権の放棄」と定義する用語法は、日本の憲法学にとっても十分参考になるのではないかということである。

第二は、個人の自律と自己決定権の重視を中心に構成されてきた日本の憲法学の場合、基本権の客観的・秩序形成的側面を正面から認めるドイツと比べて、基本権の放棄はより認められやすい議論構造なのではないかということである。しかしながら、たとえば奴隷的拘束についてのこれまでの理解には、自己決定権の保護だけでは説明しきれない面があるように思われる。実際の出番はごく例外的なケースに限定されるにせよ、日本国憲法の人権規定の背後にも、本人の意思でもくつがえせない場合もある客観的な人間の尊厳原理が伏在していると認めるほうが、人権規定全体の理解としてはより整合的だということではないだろうか(46)。

(1)　伊藤正己『憲法・第三版』(弘文堂、一九九五年)三三一頁、佐藤功『ポケット註釈全書・憲法・上・新版』(有斐閣、一九八三年)二八四頁、野中・中村・高橋・高見『憲法Ⅰ・第四版』(有斐閣、二〇〇六年)三八七頁参照。

(2)　渋谷秀樹・赤坂正浩『憲法1人権・第三版』(有斐閣、二〇〇七年)二一〇―二一一頁参照。

(3)　強制投票制違憲説を明示するものとして、たとえば杉原泰雄『憲法Ⅱ』(有斐閣、一九八七年)一七九―一八〇頁、初宿正典『憲法・第二版』(成文堂、二〇〇一年)四三九頁、戸波江二『憲法・新版』(ぎょうせい、一九九八年)三五〇頁、松井茂記『日本国憲法・第三版』(有斐閣、二〇〇七年)四〇五頁。強制投票制合憲説に立つと見られるまれな例としては、野中俊彦「選挙権の法的性格」佐藤幸治ほか『ファンダメンタル憲法』(有斐閣、一九九四年)一四二―一四五頁、大石眞『議会法』(有斐閣、二〇〇一年)二九頁。私自身も合憲説が妥当ではないかと考えている。渋谷秀樹・赤坂正浩『憲法2統治・第三版』(有斐閣、二〇〇七年)二七六―二七七頁。

(4)　基本権放棄をテーマとするドイツ語圏の主な文献を発表年代順に掲げておく。筆者が未入手ないし未見のものも含む。

W. Ernst, Der Verzicht auf subjektive öffentliche Rechte, 1933;
Th. Brüggemann, Der Verzicht von Zivilpersonen im Verwaltungsrecht, 1965;
K. R. Wilde, Der Verzicht Privater auf subjektive öffentliche Rechte, 1966;
K. Frieß, Der Verzicht auf Grundrechte, 1968;
M. Malorny, Der Grundrechtsverzicht, JA 1974, S. 457 ff.;
G. Sturm, Probleme eines Verzichts auf Grundrechte, in: Festschrift für W. Geiger, 1974, S. 173 ff.;
K. Bussfeld, Zum Verzicht im öffentlichen Recht am Beispiel des Verzichts auf eine Fahrerlaubnis, DÖV 1976, S. 765 ff.;
J. Schwabe, Probleme der Grundrechtsdogmatik, 1977, S. 92 ff.;
J. Piezcker, Die Rechtsfigur des Grundrechtsverzichts, Der Staat 17 (1978), S. 527 ff.;
K. Amelung, Die Einwilligunng in die Beeinträchtigung eines Grundrechtsgutes, 1981;
G. Koch, Ein Beitrag zur Lehre vom Grundrechtsverzicht, 1983;
G. Robbers, Der Grundrechtsverzicht, JuS 1985, S. 925 ff.;
M. Sachs, Volenti non fit iniuria, Verwaltungsarchiv 76 (1985), S. 398 ff.;
H. Quaritsh, Der Verzicht im Verwaltungsrecht und auf Grundrechte, in: Gedächtnisschrift für W. Martens, 1987, S. 407 ff.;
A. Bleckmann, Probleme des Grundrechtsverzichts, JZ 1988, S. 57 ff.;
Chr. Hillgruber, Der Schutz des Menschen vor sich selbst, 1992, S. 134 ff.;
R. Malacrida, Der Grundrechtsverzicht, 1992;
K. Stern, Staatsrecht III/2, 1994, S. 887 ff.;
G. Spieß, Der Grundrechtsverzicht, 1997;
Pieroth/Schlink, Grundrechte Staatsrecht II, 15. Aufl., Rn. 131 ff.（永田秀樹・松本和彦・倉田原志訳『現代ドイツ基本権』法律文化社、二〇〇一年四九―五一頁）。

（5）Pietzcker, aaO. S. 528–530; Robbers, aaO. S. 926; Spieß, aaO. S. 34–38.

（6）Spieß, aaO. S. 32によれば、たとえばWilde, aaO. S. 78がその例である。

（7）Pietzcker, aaO. S. 530; A. Bleckmann, Staatsrecht II–Grundrechte, 3. Aufl., 1989, S. 401. Vgl. Spieß, aaO. S. 38.

（8）Spieß, aaO. S. 44.

（9）Pietzcker, aaO. S. 531.

（10）Vgl. Spieß, aaO. S. 45.

（11）Spieß, aaO. S. 40.

（12）Malorny, aaO. S. 134.

（13）Sturm, aaO. S. 185; Robbers, aaO. S. 925.

（14）Malorny, aaO. S. 132.

（15）Malorny, aaO. S. 132; Sturm, aaO. S. 186; Pietzcker, aaO. S. 533; Stern, aaO. S. 904; Spieß, aaO. S. 47 f.

（16）Robbers, aaO. S. 925; Stern, aaO. S. 905; Spieß, aaO. S. 48.

（17）Hillgruber, aaO. S. 135.

（18）Stern, aaO. S. 897; Spieß, aaO. S. 67 f.

（19）学説による判例の検討としては、Stern, aaO. S. 897–901; Spieß, aaO. S. 67–74.

（20）NJW 1982, S. 375; Robbers, aaO. S. 930. Vgl. Stern, aaO. S. 897; Spieß, aaO. S. 68.

（21）BVerfGE 65, 1 ff. 国勢調査判決については、平松毅「自己情報決定権と国勢調査」ドイツ憲法判例研究会編『ドイツの憲法判例・第二版』（信山社、一九九六年）四二―四八頁、松本和彦『基本権保障の憲法理論』（大阪大学出版会、二〇〇一年）九六頁以下、とりわけ一二三頁以下参照。

（22）BGH, JZ 1965, S. 66.

（23）JZ 1974, S. 393.

（24）BVerwGE 30, 65 ff.; BVerwGE 42, 233 ff.

（25）BGHZ 79, 131.

(26) BVerwGE 64, 274.
(27) BGHSt 19, 201.
(28) BVerwGE 14, 21
(29) 以上、専門裁判所の判例については、vgl. Robbers, aaO. S. 931; Spieß, aaO. S. 71–73.
(30) Robbers, aaO. S. 931; Stern, aaO. S. 901; Spieß, aaO. S. 74.
(31) Robbers, aaO. S. 927. ベッケンフェルデによれば、基本権理論とは、「基本権の一般的性格、規範的目的方向、内容上の射程に関する、体系的に整序された見解」である。ベッケンフェルデ／初宿正典編訳『現代国家と憲法・自由・民主制』（風行社、一九九九年）二八〇頁。
(32) Robbers, aaO. S. 927.
(33) Sturm, aaO. S. 196 f.
(34) Sturm, aaO. S. 197.
(35) Bleckmann, aaO. (Staatsrecht II), S. 400.
(36) Bleckmann, aaO. (Staatsrecht II), S. 406.
(37) Pietzcker, aaO. S. 543; Stern, aaO. S. 909.
(38) Pietzcker, aaO. S. 543.
(39) Stern, aaO. S. 911; Spieß, aaO. S. 177.
(40) Stern, aaO. S. 911; Spieß, aaO. S. 178–184.
(41) Stern, aaO. S. 912; Spieß, aaO. S. 185–187.
(42) Spieß, aaO. S. 184, S. 187, S. 190.
(43) Sturm, aaO. S. 189; Pietzcker, aaO. S. 540; Robbers, aaO. S. 929; Hillgruber, aaO. S. 138; Stern, aaO. S. 923; Spieß, aaO. S. 106.
(44) Spieß, aaO. S. 112, S. 115.
(45) たとえば、ピエロート・シュリンク／永田・松本・倉田訳『現代ドイツ基本権』一一九―一二〇頁参照。

(46)　個人の自己決定権が「人間の尊厳」によって限界づけられるかという問題についてドイツの判例学説を分析しつつ、日本国憲法の解釈としては「人間の尊厳」による限界づけを否定する興味深い論稿として、押久保倫夫「自己決定と『人間の尊厳』」東亜法学論叢六号（二〇〇一年）六五頁以下がある。筆者の管見に属するかぎりでは、これまでドイツにおける基本権放棄の観念の問題を正面から取り上げた論説は、日本には存在しないようである。アメリカでは、類似の問題が「違憲な条件の法理」というテーマのもとで論じられてきた。これについては、中林暁生「違憲な条件の法理の成立」東北法学一八号（二〇〇〇年）一〇一頁以下、同「違憲な条件の法理」東北大学・法学六五巻一号（二〇〇一年）三三頁以下参照。

X　人格の自由な発展の権利

一　はじめに

憲法一三条は、通常、「幸福追求権」という独自の人権を保障した規定と解され、一四条以下に列挙された諸権利ではカバーされない「新しい人権」の根拠規定になるものと考えられている。(1) しかし他方で、一三条の法的性格をこのように解釈することに対しては、幸福追求権という観念の不明確性等を理由とする有力な反対説も存在する。(2)

論者の立場が分かれるのは、科学技術の発達・社会生活の変容に伴う、新しいタイプの生活侵害に対処する実践的必要性と、一三条が「打出の小槌」となって「人権のインフレ化」を招き、(3) 人権の意味が「希薄化」(4) してしまう危険性との、いずれを重視するのかという点で判断が異なるためであるように思われる。そこで仮に独自の権利性を承認する説をとるとしても、人権のインフレ化を回避するためには、権利の範囲を何らかの方法で限定することが一つの重要な論点として浮びあがってくるであろう。

実際、一三条の具体的権利性を承認する論者も、この規定によって根拠づけられるのは「個人の尊厳にとって不可欠の」「憲法上保護するに値する」権利のみであるとして、一定の価値判断を媒介に内容上の限界を画そうとするのがふつうである。(5) しかし例えば「環境権」(6) をめぐる判例学説の状況を一見すれば理解できるように、こういうきわめて一般的な価値判断基準が、争いとなっている具体的な問題の解決にあたって大きな意味をもちえないことも明らかなように思われる。

ところで一三条について考察する場合、比較法的にみてとりわけ興味深い素材を提供するのは、周知のようにボン基本法二条一項の「人格の自由な発展の権利」である。この条項に関してはわが国でもすでに若干の研究が発表されているが[7]、さしあたり本稿では、一三条についての解釈論上の対立を念頭におきながら、⑴基本法二条一項に独自の権利性を承認するか否か、⑵承認する論者はどのような仕方で権利内容に限定を加えようとしているかという二つの問題に焦点をあてて、(西) ドイツの主として学説、付随的に判例を素材として、この問題領域を従来とは異なる仕方で整理しておきたいと思う。

そこでまず、本論での叙述の前提として、次の二点を基準に学説の類型化を行っておこう。第一に、権利性を承認するか否か、より正確には、基本法二条一項を他の条項から独立して独自の基本権を保障した規定と解するか否かという点。第二は、権利性承認の問題とは別個に、「人格の自由な発展」という二条一項の構成要件の内容を限定的に解釈するか否かという点である。この二つの問いに対する答えの組み合わせによって、論理的には四つの立場がありうることになるが、現実の学説もそうであった。すなわち、

① 「人格の自由な発展」の内容を特に限定しないかわりに権利性は否定する見解（W・ヴェルテンブルーフなど）
② 権利性を否定し、しかも「人格の自由な発展」の内容も限定的に解釈しようとする見解（F・クライン）
③ 権利性は承認するかわりに「人格の自由な発展」の内容を限定しようとする見解（H・ペータースなど）
④ 権利性を承認するとともに「人格の自由な発展」の内容にも限定を加えない見解（G・デューリヒなど）

の四つである。

以下ではまず権利性の認否の問題を取り上げ(二)、つづいて特に権利性を承認する論者にしぼって「人格の

自由な発展」の内容理解について検討し(三)、さらに権利性を承認しつつ「人格の自由な発展」に限定を加えない見解をとる場合の権利内容の限定方法の問題を瞥見することにしたいと思う(四)。

(1) 芦部信喜編『憲法Ⅱ人権(1)』(有斐閣、一九七八年)一三八―一三九頁(種谷春洋執筆)、尾吹善人『基礎憲法』(東京法経学院出版、一九七八年)八二―八三頁、佐藤幸治『憲法・第三版』(青林書院、一九九五年)三一二―三一三頁、小林直樹『新版・憲法講義・上』(東京大学出版会、一九八三年)三一四―三一七頁参照。

(2) 伊藤正己『憲法・第三版』(弘文堂、一九九五年)二二五―二二七頁参照。

(3) 奥平康弘「人権体系及び内容の変容」ジュリスト六三八号二五一頁。

(4) 野中俊彦「新しい人種」(杉原泰雄編『講座憲法学の基礎2』(勁草書房、一九八三年)一九八―一九九頁参照。

(5) 初出論文では本文のような判断を下し、もともとの註(5)では、ごくかぎられた文献が例示してあった。しかし、現時点で主たる体系書をみるかぎり、学説状況は、むしろ「人格的利益説」と「一般的行為自由説」とが拮抗していると評すべきであるように思われる。また、こうした学説区分には納まらない見解もある。

「人格的利益説」に立つ体系書としては、もともとこの説の主唱者と目すべき佐藤幸治『憲法・第三版』(青林書院、一九九五年)四四五―四四八頁のほか、芦部信喜＝高橋和之補訂『憲法・第四版』(岩波書店、二〇〇七年)一一六―一一七頁、野中俊彦＝中村睦男＝高橋和之＝高見勝利『憲法Ⅰ・第四版』(有斐閣、二〇〇六年)二六四頁(野中執筆)、初宿正典『憲法2基本権・第二版』(成文堂、二〇〇一年)一三二頁、辻村みよ子『憲法・第二版』(日本評論社、二〇〇四年)一八八―一九〇頁がある。浦部法穂『憲法学教室・全訂第二版』(日本評論社、二〇〇六年)四三頁も「人格的利益説」の趣旨であろう。

これに対して、「一般的行為自由説」に立つ体系書としては、阪本昌成『憲法理論Ⅱ』(成文堂、一九九三年)二四〇―二四二頁と戸波江二『憲法・新版』(ぎょうせい、一九九八年)一七六―一七七頁が代表的だと思われる。なお、戸波は、一般的行為自由と言っても殺人などは一三条の保護の範囲に含まれないとする限定的な一般的自由説に立つ(同「一般的行為自由説の評価とその問題点」芦部信喜先生古稀記念『現代立憲主義の展開・上』有斐閣、一九九三年三五二頁)。また、内野正幸『憲法解釈の論理と体系』(日本評論社、一九九一年)三三三―三三七頁は、とりあえず種々の行為の自由を「一応の権利」として一三条に取り込んだ上で、その規制の合憲性を判断することが思考経済的だという

「一般的行為自由説」の根拠づけを、早い時期に示した研究として注目される。内野『憲法解釈の論点・第四版』（日本評論社、二〇〇五年）五三―五四頁も参照。さらに、長谷部恭男『憲法・第三版』（新世社、二〇〇四年）一五四―一五五頁は、一三条前段の「個人としての尊重」が「人格的自律の核心」に属する権利を保障し、一三条後段の「幸福追求権」が「一般的な行動の自由」を保障しているとする。長谷部の主張の眼目は、前者が「公共の福祉」による制約を受けないのに対して、後者は受けることになる点にある。

私も、殺人などの明確な他者加害行為を除くあらゆる行為が、一三条の保護領域に含まれると考える、微温的な「一般的自由説」に立つ。渋谷秀樹＝赤坂正浩『憲法1人権・第三版』（有斐閣、二〇〇七年）二三一―二三八頁。なお、本文では一般的な呼び名にしたがって「一般的行為自由説」としているが、一三条の保護領域には、一般市民の行為（作為・不作為）のみならず、たとえば「公務員によってみだりに容貌・姿態を写真撮影されない」という一定の状態も含まれると解されるので、むしろ「一般的自由説」と称するほうが適切である。

「人格的利益説」と「一般的（行為）自由説」という構図に納まらない体系書としては、たとえば、一三条が具体的権利保障を含むこと自体を否定する伊藤正己『憲法・第三版』（弘文堂、一九九五年）二二八―二三二頁、「プロセス的憲法観」に立脚して、政治参加のプロセスに不可欠な場合にだけ、明文の根拠を欠く権利主張を認めるべきだとする松井茂記『日本国憲法・第三版』（有斐閣、二〇〇七年）五〇三―五〇四頁がある。

（6）環境権については、たとえば野中・前掲論文一九九―二〇五頁、松本昌悦『新しい人権と憲法問題』（学陽書房、一九八四年）第二章参照。

（7）田口精一「ボン基本法における人格の自由な発展の権利について」法学研究三六巻一一号（一九六三年）一頁以下、のちに同『基本権の理論』（信山社、一九九六年）七七頁以下、妹尾雅夫「ドイツ連邦共和国憲法二条一項に於ける人格の自由な発展を目的とする権利について」早稲田政治公法研究一一号（一九八二年）一七五頁以下、恒川隆生「憲法裁判における基本権保障理論の考察」第三章、法政論集九七号（一九八三年）二一三頁以下、同九八号（一九八三年）二七一頁以下。

二　権利性の認否

(1)　権利の定義　基本法二条一項は独自の基本権保障を含んでいると解されるべきか。この点に関する学説の内容を検討する前に、そこで問題とされている権利ないし基本権とは何を意味するものであるのかを一応確認しておく必要があろう。

「この権利〔二条一項〕は、形式からみて、国家の不作為を求める主観的公権であり、しかも一条三項によれば立法・執行権・裁判を拘束する」（H・ペータース）[1]、「〔学説判例によれば二条一項は〕そこから個人の独自の請求権が発生しうる一つの基本権、一条三項・一九条・連邦憲法裁判所法九〇条の法的効果を伴う独自の現実的な基本権である」（F・クライン）[2]、「基本権とは、直接妥当する・個人の・主観的—公的な・憲法上の権利である」（W・ヴェルテンブルーフ）[3]、「二条一項は、形式からみて、主観的公権の意味での基本権を含んでいる」（G・デューリヒ）[4]、「二条一項は、国家に対する個人の主観的公権の意味での基本権を含んでいる。基本権は……立法・執行権・裁判を拘束し（一条三項）、行政裁判上の法的保護（行政裁判所法四〇条）及び一九条四項の法的保護を享受し、憲法異議によって主張されうる（連邦憲法裁判所法九〇条）」（H・C・ニッパーダイ）[5]。

このように、二条一項に関して発言した主要な論者達は、立場の相違にもかかわらず、権利乃至基本権の内容を、それ自身が憲法異議の根拠となる個人の主観的公権と考える点では一致している。

(2)　否定説　権利性否定説すなわち二条一項の主観的公権性を否定する見解をとるものとして通常あげられるのは、いずれも一九五〇年代に発表されたD・ハース、F・クライン、H・ヴェーアハーン、W・ヴェルテンブルーフの論稿[6]である。これに対して肯定説はすでにこの当時から多数説であった[7]。両説の論点は多岐にわたるが、否定説は主として実質的な論拠を、肯定説は形式的な論拠を重要視しているように思われる[8]。

(i)　否定説の論拠　否定説の論拠の中心は、二条一項の文言はきわめて抽象度が高いので個人の具体的な請求権を根拠づけるのに適当ではなく、もしこの規定に主観的公権性を承認するならば、種々の現実的な不都合が生ずるということである。

例えば、基本法が制定された直後の一九五〇年の時点では権利性を承認していたF・クラインも、五五年にはすでに否定説に改説している。クラインによれば、たとえ「人格の自由な発展」という構成要件を「人格の核心の保護」と限定解釈しても、「人格の核心という抽象的表現がもつ不確定性・拡張可能性・漠然性のゆえに、法治国原理の帰結として[9]」二条一項の権利性は否定されざるをえない。一条一項及び二条一項は、「特殊な権利の請求を根拠づけることに適さない。法的事件 Rechtssache の決定にあたってこれらの規定を直接援用するならば、これらの規定のパトスは衰え、その説得力 Aussagekraft は利害衝突の低地で骨抜きにされてしまう。[10]」クラインに改説を促したのは、一九五〇年からの数年間に、例えば商業広告を自由に行う権利、飲酒運転の権利、身分証明書に指紋を押捺しない権利、規定の閉店時間を守らない権利、賭博や宝くじの公営を求める権利、未婚男女の同棲の権利、開放性結核であっても入院しない権利などが二条一項にもとづいて現実に主張されたという事実であった。彼はいう。「自由権の指導原理として高い意義をもつ二条（一項前段）を、過度の請求とそれに伴う浅薄化・形骸化・無価値化から守ることがとりわけ重要なのである。[11]」

同じくヴェーアハーンの論旨のなかにもこの種の批判が含まれている。多数説のように二条一項に対して個別の自由権を補充する無名自由権としての機能を認めると、「そのことによって基本権カタログのなかに不確定要素がもちこまれることになり、そうすると個人の〔国家に対する〕一般的服従関係とこれを免れる自由領域との限界づけも不確定となる」。この不確定性は個人に無数の「準境界画定訴訟」を提起する可能性を与え、「個人が自己の行動範囲を維持拡張しようとする際の手段の一つが《一般条項への逃避》である[12]」ことは経験則上明らかであるから、個人は、裁判上、個別自由権よりも無名自由権に依拠するようになるであろう。こうして「二条一項による補充的保障を想定すると、個別保障の萎縮が促進されることになる[13]」というのである。

(ii)　否定説による二条一項の位置づけ　このように否定説は、二条一項の権利性を承認することによって惹起される二つの結果、すなわち一方で「基本権の大廉売」「基本権の疲弊」と、他方で個別基本権の「萎縮」とを回避するために、この規定の主観的公権性を否認する。それでは否定説によれば二条一項にいかなる法的意味が認められるのかというと、この規定を個々の基本権の解釈準則となる客観的憲法規範とみなす点で一致がみられる。二条「一項は独自の基本権ではないが、現実に妥当する客観的（憲）法規範である」（クライン）[14]。「この規定の一般的な、すなわち自由権の全領域に妥当する・客観的憲法規範としての意義云々」（ヴェーアハーン）[15]。

同様にヴェルテンブルーフによれば、多数説は二条一項を一種の包括的権利 Summenrecht・主観的権利の総体 Inbegriff とみなしているが、二条一項では「人格の……一切の権利の総体中……およそいかなる部分も規定されておらず、共同体におけるあらゆる個人の権利及び法関係がその根本において全体として把握されているのだとするならば、その場合には、もはや個人の主観的権利について語ることはできず、……せいぜいのところ自由の根本規範すなわち客観的法規範について語りうるにすぎない。」二条一項は「制憲者の包括的秩序観及び《一般的人間像》を表明したもの、つまり秩序確認規範 eine feststellende Ordnungsnorm なのである。[16]」

(3)　肯定説　(i)　肯定説の論拠　これに対して多数説は、二条一項の文言に忠実に従い、そこに「権利」とあることを権利性承認の主要な論拠とする。例えばニッパーダイは次のように述べている。「いずれにせよ二条一項では、《各人はその人格の自由な発展の権利を有する》となっているのであるから、そこに権利性を認める推定が働く。表現の点では、二条一項は他の基本権と何ら異なるところがないのである。[17]」そのほかにも、やはり形式上の論拠として、二条一項は「基本権」という標題をもつ章のなかに含まれ、「以下の基本権」の直接的拘束力を宣言した一条三項の直後に位置する条項であることがあげられることもあるが[18]、基本権の章のなかには真正の基本権規定以外のもの（例えばプログラム規定、制度保障規定）も含まれているのであるから、この点が決め手とならないことは肯定説の論者自身が認めるところである。[19]

(ii)　肯定説による否定説批判　次に否定説側の主張に対する肯定説の批判を簡単にまとめておこう。

二条一項は具体的請求権を根拠づけるにはあまりに不確定で漠然としているという論点については、肯定説は二つの面から反論を試みる。第一は、けっして不確定ではないという反駁である。デューリヒによれば「二条一項は、義務として課されていない拘束からの自由を求める基本権者の権利を含むものにほかならないと解された場合でさえ、充分特定されており・実施可能である。」二条一項の「請求権者・請求の名宛人・請求物……は特定されている。国家の介入にはすべて実定法上の根拠 Deckung が必要であるということだけで、(この権利に関係して) 何が〔国家に〕禁止されている zu unterlassen sei かは、つねに充分特定されているのである。[20]」

第二は、他の基本権規定と比べて、二条一項が特に抽象的で不確定であるとはいえないという反論である。「二条一項は……基本権であることが承認されている個別自由権の多くよりも不確定というわけではけっしてなく、これらの個別自由権も二条一項と同様に内容充足を必要としている」(ニッパーダイ[21])。「二条一項は、他の様々の基本権、例えば四条一項の宗教自由の基本権よりも不確定なわけではない。……個別自由権も基本法二条一項も、ともに一般条項として定式化され、対象の明確性を欠いているので、技術的にもっと詳細に構成され、対象もはっきりしている例えば民法上の権利とははっきり区別されるのである」(E・ヘッセ[22])。

二条一項は主観的公権ではなく客観的憲法規範であるという否定説のいま一つの論点については、例えばデューリヒが、「二条一項をまず主観的権利と理解したからといって、この規定のうちに、同時に客観的憲法規範を見出すことが排除されるわけではない[23]」と反論しており、またE・ヘッセは、もし二条一項がその不確定性のゆえに主観的公権性を否定されるとするならば、同じ理由でこの規定は、「現実に妥当する客観的憲法規範」でもありえないのではないかという疑問を提起している。「客観的憲法規範であっても、規範として拘束力をもつためには、十分特定可能でなければならない。……ある基本権の測定可能性 Meßbarkeit の問題は、その基本権の客観法としての性格についても主観的権利としての性格についても同一に判断されなければならない。[24]」主観的公権であることを否定しながら、客観的憲法規範であることを承認する否定説の主張には矛盾が存在するというのである。

(iii)　こういう肯定説の論旨に対しては次のような論評が可能であろう。第一に、肯定説自身が認めるように、二条一項が基本権の章に含まれ、一条三項の直後に位置することが権利性承認の決め手になるわけではないとすれば、同様に二条一項に「権利」とあるという形式的論拠も、個人の主観的公権性の一応の推定根拠とはなりえてもやはり決め手とはいえないことになろう。第二に、二条一項は法律上の根拠を欠く国家の介入の禁止を含意するから、けっして「不確定」ではないというデューリヒの反論も、同じく肯定説に属するE・ヘッセが指摘するように[25]、一種の議論のすりかえである。法律にもとづく国家の介入に対しても、二条一項の基本権侵害を理由に憲法異議を提起することが許容されうるほど、この条項の構成要件は十分特定されているのかというのが、否定説の提起した疑問点だからである。また第三に、一つの規定を、主観的権利の保障と客観的解釈準則の双方を同時に含むものと解することはたしかに可能であるとしても、そのことからただちに、E・ヘッセのごとく権利としての特定性と解釈準則としての特定性を同一の基準で判断すべきだということにはならないように思われる。

こうしてみると、肯定説の論点のなかで特に意味をもつのは、結局のところ、二条一項も他の基本権規定も抽象性・不確定性の程度に相違はないという点だけのようである。しかしながら、否定説に立つ場合には、二条一項にもとづく濫訴の結果として「基本権の疲弊」現象が生ずる可能性は権利性否認とともにはじめから封じられてしまうが、肯定説はつねにこの種の危険につきまとわれ、またこの点を批判されてきたわけであるから、少なくとも他の基本権規定と近い程度に二条一項の権利内容を実際に特定できるのか否かということが肯定説にとって重大な課題となるはずである。

ところで現実の状況をみてみると、連邦憲法裁判所は、早くも五〇年代に二条一項の権利性を承認して以来[26]、今日に至るまで一貫して肯定説の立場をとっており、また学説の上でも、六〇年代に入ると否定説を正面から採用する論者は存在しなくなったようである[27]。そこで次に、今日の㈣ドイツで唯一現実的な意味をもつ肯定説が、「人格の自由な発展」という二条一項の構成要件にどのような解釈を加えてきたのかを検討することにしよう。

※引用文中の傍点は原文のゲシュペルト等を、《　》は原文中の引用符を示す。

（1） H. Peters, Die freie Entfaltung der Persönlichkeit als Verfassungsziel, in: Festschrift für R. Laun（1953）, S. 676.
（2）（v. Mangoldt–）F. Klein, Das Bonner Grundgesetz, 2 Aufl.（1955）I, S. 166.
（3） W. Wertenbruch, Der Grundrechtsbegriff und Art. 2 Abs. I GG, DVBl. 1958, S. 484.
（4）（Maunz–）Dürig, Grundgesetz, Kommentar（1961）, Art. 2 Abs. I Rdnr. 5.
（5） H. C. Nipperdey, Freie Entfaltung der Persönlichkeit, in hrsg. v. Bettermann–Neumann–Nipperdey, Die Grundrechte, Bd. IV/2（1962）, S. 742 f.
（6） D. Haas, Freie Entfaltung der Persönlichkeit, DÖV 1954, S. 70 ff.;（v. Mangoldt–）F. Klein, a. a. O., S. 160 ff.; H. Wehrhahn, Systematische Vorfragen einer Auslegung des Art. 2 Abs. I des Grundgesetzes, AöR 82（1957）, S. 250 ff.; W. Wertenbruch, DVBl. 1958, S. 481 ff.
（7） vgl.（v. Mangoldt–）F. Klein, a. a. O., S. 166; H. C. Nipperdey, a. a. O., S. 743, Anm. 6.
（8） vgl. W. Wertenbruch, a. a. O., S. 481 f.
（9）（v. Mangoldt–）F. Klein, a. a. O., S. 168.
（10）（v. Mangoldt–）F. Klein, a. a. O., S. 166.

（11）（v. Mangoldt-）F. Klein, a. a. O., S. 163.

（12）H. Wehrhahn, a. a. O., S. 258 f.

（13）H. Wehrhahn, a. a. O., S. 263. なお、ヴェーアハーンについては種谷春洋「生命、自由及び幸福追求の権利（一）」岡山大学法経学会雑誌一四巻三号（一九六五年）六六—七〇参照。

（14）（v. Mangoldt-）F. Klein, a. a. O., S. 167.

（15）H. Wehrhahn, a. a. O., S. 272 Anm. 33.

（16）W. Wertenbruch, a. a. O., S. 484 u. S. 486.

（17）H. C. Nipperdey, a. a. O., S. 745.

（18）（Maunz-）Dürig, a. a. O., Art. 2 Abs. I Rdnr. 5.

（19）H. C. Nipperdey, a. a. O., S. 744.

（20）（Maunz-）Dürig, a. a. O., Art. 2 Abs. I Rdnr. 5.（Bd. I S. 6 Anm. 1）, vgl. H. C. Nipperdey, a. a. O., S. 757 f.

（21）H. C. Nipperdey, a. a. O., S. 757.

（22）E. Hesse, Die Bindung des Gesetzgebers an das Grundrecht des Art. 2 I GG bei der Verwirklichung einer „verfassungsmässigen Ordnung“（1968）, S. 35 f.

（23）（Maunz-）Dürig, a. a. O., Art. 2 Abs. I Rdnr. 5.

（24）E. Hesse, a. a. O., S. 34 f.

（25）E. Hesse, a. a. O., S. 36 f.

（26）BVerfGE 4, 7（15）; 6, 32（37）.

（27）例えば一九八〇年に公刊されたロールフの著書、八二年のローラーの著書でも、否定説として掲げられているのは本章註（6）で示した論稿のみである。vgl. D. Rohlf, Der grundrechtliche Schutz der Privatsphäre（1980）, S. 192 Anm. 1; B. Rohrer, Beziehungen der Grundrechte untereinander（1982）, S. 69 Anm. 1.

三　「人格の自由な発展」

(1)　限定説　二条一項の権利性を承認する肯定説は、「人格の自由な発展」の内容に限定を加えるか否かによって、さらに限定説と非限定説とに区別することができる。この節では両説の主張について概観を試みたい。

限定説の代表は、周知のようにH・ペータースのいわゆる「人格核心説」Persönlichkeitskerntheorieである。五〇年代に限定説の立場を表明していたのは、ほかにW・ハーメル、O・バホフなどの若干の論稿であった。[(1)] ここではペータースの議論をまとめておこう。[(2)]

ペータースの主張の要点は、二条一項の保障内容を、「西洋的文化観の意味における真正の人間性の実現」(673)に限定すべきだということである。人格の自由な発展の「真の内容とは、真正の人間性の表現と一致する人であれば誰に対してでも、創造主によって付与された人格の実現が許されるということ」(673f)なのである。このように「人格の自由な発展は……一つの理想の表現」なのであるから、「経済的・社会的日常生活における個々の法的事件が、この規定のカバーする次元内に入ることはめったにない」(673)。経済上の自由競争、自由な商業宣伝、自由な道路利用などの「平凡な目的のために二条一項の人格権を浪費すること」は許されない(673)。

彼のこの考えには、私のみるところ三つの根拠がある。第一はボン基本法についての一定の見方—①、第二は基本法上の人格概念の思想史的把握—②、第三は限定説をとることの実益の評価—③である。

①　ペータースによれば、ボン基本法は、ヴァイマル・デモクラシーの挫折の一因となったヴァイマル憲法の価値中立性に対する反省の上に成立した。基本法は「過去から教訓を引き出し・価値中立的憲法の過ちを再び犯すまいとする意志」(670)「再建された国家に、法的倫理的に比類なく深い立場から、西洋の伝統に根ざした真に道徳的な価値基盤を再び与えようという意志」(669)の表明である。そのことは例えば、譲渡しえない人権の観

念を認めた一条二項、人間の尊厳やデモクラシーといった価値の変更不能を宣言した七九条三項に示されている(670)。二条一項もこの文脈で理解されなければならない。

② そこでペータースは、二条一項の「人格」概念を、二つの思想的基盤に立脚するものと考える。まず第一に、「基本法の人格概念には一九世紀の自由主義的－個人主義的思想世界の影響がみられる」(671)。基本法に影響を与えた近代個人主義の意味での人格とは、「自己の素質とイニシアティヴにもとづいて発展する人間存在menschliche Gestalt、自己を支配し・敢然と行動する・創造的人間のことである」(670)。しかし第二に、基本法上の基本権規定を貫ぬく別の世界観、とりわけキリスト教的社会的基盤も配慮されなければならない。「このことは、基本法の人格概念にとっては、人格とはけっして無制約の個人主義を指示するものではなく、共同体によって拘束された・他律的な・すなわち神の前に責任を負う人間が、基本法の人間像には対応するということを意味する。……したがって基本法は、個人主義－人格主義－集団主義という系列のなかでは、人格主義という中庸を守っているのである」(671)。

③ 二条一項の保障内容をなしているのは、こういう人格概念に到達する権利であるということになるが、ペータースによれば、そう考えることによってのみ、二条一項が「政治的・法的な自己主張の闘争場裡に投げ出され……こせこせした利己的な個別利益の闘争の道具」(669)となってしまうことを回避することができる。限定説をとることの利点は、「基本権規定という国家に向けられた鋭利な武器が、副次的な利益のために利用されすぎてなまくらになってしまう危険を犯さずに、市民の基本的権利を守りうる」(678)ことである。

「些細なことで裁判所を消耗させるような解釈はすべて不合理なものとして拒否されなければならな」いとする限定説は、内容的にみれば、否定説によって提起された「基本権の疲弊」という問題に対する解答としての側面を含んでいるが、否定説と非限定説の双方から批判を受け(3)、少数説の地位に甘んじた(4)。

(2) 非限定説　以上の限定説に対して、二条一項の権利性を承認しつつ、「人格の自由な発展」の文言に「人格核心の保護」という限定を加えず二条一項を「一般的行為自由」die allgemeine Handlungsfreiheit の保障と解する非限定説が多数説である。

(i) 一般的行為自由の概念　はじめに「一般的行為自由」の語によって論者が意味するところを確認しておこう。「発展の自由 Entfaltungsfreiheit は、一般的行為自由、すなわちあらゆる生活領域に関する行為自由の保障と理解されなければならない」。「自己の天分や本質に逆らうような……行態であっても、それが明示された制約の枠内にとどまるかぎり、二条一項によってカバーされるのである」（ニッパーダイ）[5]。「発展する」という用語は、「人間存在の発展そのもの、人間のあらゆる力を含む自然的且つ包括的な活動の自由、人間の思考・評価・意欲・行為の広がりの全体を意味する。人間は行為を通しても発展していくのであるから、こういう現実的な活動の自由なしには、人格の発展もまた存在しないであろう。……子供じみた・あるいはまったくふざけた人格表現も、予想できず・説明できず・混乱した展開も、人格の成長停止や、人格の発展という人間の目標の挫折とみるにふさわしい自己否定も、二条一項によって保護された行動様式なのである」（E・ヘッセ）[6]。「二条一項は、個人に対して、自己の人格を実現しようと欲するか否か、及びいかにして実現しようと欲するかについての自由を与える。それゆえ《俗物への発展》も憲法上の保護を享受する」（メルテン）[7]。

もちろん一般的行為自由説も、精神的‐倫理的人格発展の保護を排除するものではないが[8]、右の引用から明かなように、人間のほとんどあらゆる作為不作為を二条一項の保護客体と解し、行為の倫理性を問わない点で、限定説と著しい対照をみせている。

(ii) 一般的行為自由説の論拠　多数説が二条一項を一般的行為自由の保障と解する根拠を、ここでも便宜上形式的理由と実質的理由とに分けて、再構成しておくことにしよう。

形式的理由と考えられるのは次の二点である。第一は、二条一項は「自己の人格の自由な発展」について語っているのであって、「人格を目指す自由な発展」とも「自由な人格への発展」とも述べてはいないのであるから、そこに何らかの客観的な人格理念追求の趣旨を読みとることはできないという文理上の論拠であり[9]、第二は、制憲者意思の確認である。基本法の制定過程を探索すると、「各人は、他者の権利を侵害せず、憲法的秩序あるいは道徳律に抵触しない事柄についての作為及び不作為の自由 die Freiheit zu tun und zu lassen を有する」という一般校訂委員会草案が、荘厳さに欠けるという理由で現行の表現に改められた経緯があり、これは作為不作為の自由の保障が制憲者の意思であったことを示しているというのである[10]。

一般的行為自由説のあげる実質的理由は以下の諸点である。①二条一項の保護客体を確定しようとする限定説の試みは重大な困難に直面する。限定説に立つならば、人格の核心と「もはや憲法上の保護を受けない周辺領域やより下位の領域に属する人間の自己決定とを、事後執行及び事後審査可能な演繹法によって境界づけるという克服不可能な困難が生ずることになろう[11]。」「人格的なるものの核心領域を定義しようとする人格核心説の試みは、詳細な内容規定の困難性のみならず、この試みが単なる主観的決断主義に変質してしまうことを示している[12]。」人格概念に関する哲学的人間観の「数はあまりにも多く、その内容はあまりにも多様であるので、それらを一般的拘束力をもつ法規範の基盤として受容することはできない[13]。」②自由権の諸規定と社会国家原理の双方を含んでいることから、基本法の基礎にあるのが、「人間を拘束から自由な孤立した個人とも理解せず、単なる集団中の個物、国家行為の客体とも理解しない人間像」であることは、たしかに推定される。しかしそれは、基本法が絶対的個人主義と集団主義という両極端を排除したことを意味するにすぎず、ペータースのいう「人格主義」を採用しているとまで解することはできない[14]。③倫理的に高い価値をもち、人格の核心に属することが広く承認されるような内容のみを含んでいると考えるならば、その場合にはペータースも認めているように、二条一項は

「理念的意義」しかもたず具体的な人間行動がその視野に入ってくることはほとんどないことになる。一般的行為自由説からみると、このように例えば「三文娯楽小説を読む自由」のような一般に倫理的価値をもたないと考えられる人間行動が、広範に基本権的保護から排除される自体こそ、自由を脅かすものなのである。(15) ④限定説をとれば、「人間の尊厳」と「人格の核心」とは結局同一に帰すから、一条一項侵害が認められるときにしか二条一項侵害を語りえないことになり、後者の存在意義が失われる。(16) ⑤「西洋的文化観の意味での真正の人間性の実現」が、他者の権利・憲法的秩序・道徳律に抵触することなどおよそ考えられないので、二条一項がいわゆる「人格の核心」だけを保護していると解することはできない。(17)

一般的行為自由説も、基本法の人間観が「絶対的個人主義」と「集団主義」の双方を排除するものであり、その背景にはナチ体験の教訓が存在することを認める点ではペータースと一致するが、「主観的決断主義」に陥ることなく基本法上の人格概念をそれ以上特定することは事実上不可能でもあるし、また望ましくもないとみなすことによって、限定説と袂を分かつのである。(18) そもそも先に示したような一般的行為自由概念自体が、「人格の自由な発展」の内容確定を放棄したに等しいわけであるから、一見したところこの説は権利否定説に対しては権利内容の特定可能性を説き、限定説に対しては権利内容の特定不可能性を以て応ずるという矛盾を含んでいるようにみえる。にもかかわらず一般的行為自由説は、判例学説上一貫して通説的地位を占めてきた。そこでこの説を前提とした場合、いったいどのような方法で二条一項を根拠とする権利主張に限界を画し、「基本権の疲弊」を回避することになるのか。次節ではこの点に考察を進めることにしたい。

（1）　vgl. D. Rohlf, a. a. O., S. 192 Anm. 2. 権利性否定説に属するクラインも、この論点については限定説をとる。(v. Mangoldt-) F. Klein, a. a. O., S. 172 f.

（2）　以下本文括弧内の数字は第二節註（1）に掲げたペータース論文の頁数を示す。

（3）vgl.（Mangoldt-）F. Klein, a. a. O., S. 168; H-U. Evers, Zur Auslegung von Art. 2 Abs. I des Grundgesetzes, insbesondere zur Persönlichkeitskerntheorie, AöR 90（1965）, S. 88 ff.

（4）ペータースは六三年にも限定説に立った論稿を発表している（筆者未見）。H. Peters, Das Recht auf freie Entfaltung der Persönlichkeit in der höchstrichterlichen Rechtsprechung, Köln/Opladen（1963）. 前註所引のエファース論文はこれに対する書評である。七〇年代以降限定説的な立場をとるものとしては、H. Schulz-Schaeffer, Der Freiheitssatz des Art. 2 Abs. I Grundgesetz（1971）; K. Hesse, Grundzüge des Verfassungsrechts der Bundesrepublik Deutschland, 13 Aufl.（1982）, S. 165 f. 阿部他訳（一九八三）二一三―二一四頁をあげることができる。シュルツ－シェファーによれば、二条一項は「人格的自由の核心領域を保護するための法倫理原則」であり、そのかぎりで「これまで列挙されることのなかった自由権……を導き出すための源泉」としての機能を営む（H. Schulz-Schaeffer, a. a. O., S. 12.）。法倫理原則の内容についてはvgl. a. a. O., SS. 31-34, 彼の一般的行為自由説批判についてはvgl. a. a. O., SS. 22-26.

（5）H. C. Nipperdey, a. a. O., S. 768 u. S. 770.

（6）E. Hesse, a. a. O., S. 25.

（7）D. Merten, Das Recht auf freie Entfaltung der Persönlichkeit, JuS 1976, S. 346.

（8）vgl. H. C. Nipperdey, a. a. O., S. 770; D. Merten, a. a. O., S. 345.

（9）（Maunz-）Dürig, a. a. O., Art. 2 Abs. I. Rdnr 11; H. C. Nipperdey, a. a. O., S. 772 u. S. 774; E. Hesse, a. a. O., S. 24.

（10）二条一項の制定過程については田口・前掲論文四―一二頁参照。vgl. E. Hesse, a. a. O., S. 30 f. この点に関する反論として、vgl. H. Schulz-Schaeffer, a. a. O., S. 32 f.

（11）D. Merten, a. a. O., S. 345.

（12）E. Hesse, a. a. O., S. 30.

（13）E. Hesse, a. a. O., S. 27.

（14）E. Hesse, a. a. O., S. 28 f. vgl. H. C. Nipperdey, a. a. O., S. 773.

（15）E. Hesse, a. a. O., S. 25 f.

（16）E. Hesse, a. a. O., S. 30; vgl. H. C. Nipperdey, a. a. O., S. 769.

(17)　H. C. Nipperdey, a. a. O., S. 774, BVerfGE 6, 32 (36).
(18)　vgl. H. C. Nipperdey, a. a. O., S. 771.

四　権利内容の限定方法

(1)　連邦憲法裁判所は、一九五七年の有名なエルフェス判決(1)において一般的行為自由説を明示的に承認して以来、この立場を判例として踏襲してきた。権利性については肯定説、「人格の自由な発展」については非限定説をとる点で、判例の態度は少なくとも一見したところ首尾一貫しており、「二条一項の場合ほど裁判所が学説の批判に耳を貸さなかった例はほとんどない(2)」と評されるほどである。こうして六〇年代半ば以降学界の関心は、主として判例の分析と解釈にその重点を移していったように見受けられる。代表的なものとして六六年のW・シュミット論文と、七五年のR・ショルツ論文をあげることができよう(3)。しかしながら、この二人の判例理解にはのちに見るように大きな対立が存在した。ここでは、多数説に立った場合の権利内容の限定方法という問題を、これらの学説の目を通して理解された判例理論を瞥見することによって検討しておこうと思う。

ところで二条一項にもとづく権利主張の認否について考えてみると、その決定にあたっては、特定の行為を規制する法律が二条一項に違反しないかどうかを判断しようとする方法と、特定の行為が二条一項の保護客体となるかどうかを判断しようとする方法という二つのアプローチを一応区別することが可能であろう(4)。以下においては、二つのアプローチごとに重要と考えられる論点を指摘することにしたい。

(2)　第一のアプローチをとる場合には二条一項に規定された三つの制約根拠 Schrankentrias の理解の仕方が問題であるが、なかでも抽象度の高い「憲法的秩序」verfassungsmäßige Ordnung 概念をどう解するかが焦点となる。もし国民の行動を規制するある特定の法律が憲法的秩序の一部であるとするならば、当該法律は「憲法的秩序に反しないかぎり」で保障されている二条一項の基本権を侵害してはいないことになるからである。

エルフェス判決においては、二条一項にいう「憲法的秩序」とは「実体的及び形式的憲法規範を遵守する一般的法秩序、すなわち憲法適合的法秩序」であると定義され、「市民の一般的行為自由は……形式的にも実質的にも憲法に適合するあらゆる法規範によって正当に制限される」と述べられている。(5) 裁判所は、「人格の自由な発展」に一般的行為自由という広がりを与えることに対応して「憲法的秩序」の側にも憲法適合的法秩序の全体という拡張解釈を加え、そのことを通じて二条一項の権利内容をコントロールしようとしたのである。こういう解釈に従うならば、一方で、二条一項以外の憲法規範に違反していないと判断された法律はすべて、同時に二条一項にも違反していないことになるとともに、他方で、市民の行動を規制する法律が二条一項以外の憲法規範に違反することを理由に、二条一項にもとづく憲法異議を提起しうる可能性が開かれることにもなる。

前者の側面を重視する論者は、「これによって二条一項は、《二条一項以外のもの》によって構成された法秩序に根拠をもつ自由の、内容空虚な反射になってしまった」(6)と批判する。批判者はさらに、シュルツ－シェファーのように(7)限定説の方向に赴く者と、デューリヒやニッパーダイのように「人格の自由な発展」に関しては非限定説を維持しながら、「憲法的秩序」概念には何らかの限定を加えようとする者とに分かれるが、(8) 裁判所はこうした学説の批判にもかかわらず、エルフェス判決以後も上述の「憲法的秩序」概念を維持している。(9)

後者の側面を重視するW・シュミットは、二条一項が、判例を通して「一般的行為自由」ではなく「介入からの一般的自由」allgemeine Eingriffsfreiheit「憲法適合的でなく・したがって不当な・国家権力による介入からの自由」に変質したと判断する。(10) ①裁判所は、二条一項にもとづいて憲法異議を提起するためには、問題となっている法律が直接に異議申立人を対象としているか、あるいは少なくとも異議申立人に影響を与えることを主張すれば十分であるとして、「審査されるべき法律が、異議申立人の自由な生活形成のいかなる特定の可能性と関係をもっているのか、そもそもこの可能性は基本権の地位をもちうるものであるのかということを問題としていない。」[11]②また、W・シュミットによれば、連邦憲法裁判所が、権利カタログに列挙されていない特定の行為自由を二条一項を根拠として承認したのは海外渡航の自由（エルフェス判決）のみであり、その後の判決は、問題となっている法律を「憲法的秩序、とりわけ基本法の法治国秩序を基準として……審査し、法治国秩序違反と二条一項違反とを同一視」しているという。[12]こうして二条一項は、異議申立人適格の審査の場面でも本案審理の場面でも「介入からの一般的自由」に変質したとされるのである。[13]

上述の憲法的秩序概念を受け容れた場合、ある法律は二条一項以外の個別基本権規定に違反すれば同時に二条一項にも違反したことになるが、その場合には二条一項を援用する必要はない。逆に個別基本権規定に反しないとされるならば二条一項にも反しないわけであるから、二条一項はたしかに「空虚な定式」として「空回り」することになる。したがって、二条一項が「介入からの一般的自由」の保障という機能を営むとすれば、その意義は、基本権規定以外の憲法条項――実際には特に二〇条・二八条の法治国原理――違反が同時に二条一項違反とされる可能性が開かれた点にとりわけ存在することになろう。しかしW・シュミットは、憲法異議が法治国原理という基本権規定以外の論点で決せられることになると、より狭い限界をもつ個別基本権がないがしろにされる危険性を生ずるとしてこういう判例動向に批判的であり、これらの判決はすべて、個別基本権侵害を理由づけに用いるべきであったとしている。[14]

(3)　これに対して、連邦憲法裁判所は二条一項の行為類型特定化の努力を放棄したわけではないとしてW・シュミットに反対し、主として上述第二のアプローチの面から判例を解釈しようとするのがR・ショルツである。ショルツによれば、まず第一に、二条一項は「自由の構成要件なき自由権」などではない。二条一項の場合にも、特定の構成要件の存在自体はつねに前提とされ、「ただその具体的形態と現実に通用する輪郭とが発展にむかって開かれているにすぎない。(15)」この開かれた構成要件を充足し具体化する機能を担うのは第一次的には立法者、第二次的には裁判所である。そこで第二に、議会制定法はそれが手続上及び内容上合憲である場合には「憲法的秩序」に属することになるが、立法者によるこのような「憲法的秩序」の形成は、「人格の自由な発展」の単なる制約ではなく、同時にその具体化を意味する。通常はこのことを暗黙の前提としている「裁判所も、まれにではあるが、《憲法適合的》法定立が一般的行為自由自体の内容形成（彫琢）であることを明示的にも表明している。(16)」W・シュミットは、二条一項の構成要件が機能的に開かれたものであることを見誤り、二条一項の制約の側面〔本稿でいう第一のアプローチ〕に関する裁判所の議論を過大評価している点で正しくない。(17)

判例の理解が食い違う背景には、このように伝統的な原則—例外思考（W・シュミット）と新傾向の開放思考（ショルツ）との対立が存在しているが、(18)さらにショルツは判例による行為類型特定化の試みを具体的に跡づけうるとしている。(19)ショルツの論証を逐一追跡する余裕はないので、ここでは私が重要と考える二つの論点を取り上げておきたい。

第一点は二条一項と他の基本権条項との関係の問題である。通説判例は、両者が一般法と特別法の関係に立つと解する点では一致しているので、(20)二条一項は一般法として補充的に適用されることになる。それでは、個別基本権の適用によって二条一項が厳格に排除されることになるのか、換言すれば、個別基本権の適用がないことを確認したあとでなければ二条一項の適用の有無について判断することはできないのであろうか。ショルツによるとこの点についての判例の態度は一貫しているとはいえないが、少なくとも一二条（職業の自由）及び一四条（所有権の保障）との関係では二条一項の厳格な補充性が強調されている。(21)こういう考え方——法条競合説——をとるならば、ある特定の行態がいずれかの個別基本権の保護客体であるということは、同時にその行態が二条一項の保護客体ではないことを意味するので、そのかぎりにおいて、消極的にではあるが二条一項のカバーする行為類型が特定されていくことになる。

しかしながら、特定の個別基本権の保護客体とならないということによって、その行態が当然に二条一項の保護客体となるわけではもちろんないから、二条一項自身が保障する行為内容の特定という本来の課題はさらにそのあとにも残るのである。これが第二の論点である。ショルツはこの点に関して判例の整合的解釈を試みて、概略以下のような説明をしている。(22)

① 裁判所はたしかに人格の自由な発展と一般的行為自由とを広く同一視することによって人格核心説に反対しているが、さりとて一般的行為自由説を絶対的なものと主張してきたわけでもけっしてない(89)。むしろ裁判所の自由観は、「人格主義的」Personalistisch ではないけれども「人格的自由理解」das personale Freiheitsverständnis と称すべきものである(23)(91f)。そこでは「共同体関係的で共同体に拘束された市民」という人間像が基本法に内在するものとされ、「この市民は《人格的存在であることによって〔はじめて〕尊厳を認められ》、彼は自己の人格の自由な発展を通して《自分の個性を発展させ維持する》とされている」(91)。「一般的行為自由も、自由な自己責任ないし人格的自己決定に対する実質的・基本的信念に由来するのである」(92)。

② 共同体の拘束を受け・自己責任を負う人格的市民が自己の人格を発展させうる領域は、一般的行為自由説を前提とする以上、「私的社会的存在の全次元」(92)に及ぶことになるが、判例は二条一項で保障されたこの自由領域を「人間の自己決定の核心領域ないし内密の領域 Intimsphäre から私的領域 Privatsphäre を経て社会的領域 Sozialsphäre に至る段階的・同心円的構造」をもつものと考えている(288)。二条一項の保護客体の中核にあるのは〔他者とまったく関係をもたない〕(24)「個人の最も内面的な領域」であり、この領域は「人間の尊厳」の原理と最も緊密に結びついている(266)。さらに二条一項の保護客体はその外側に三重の層をなす。第二層が核心領域をとりまく「例えば家族法上の人間関係のような」内密の領域、第三層が「自己の隣人 Mitmenschen と

私的なコミュニケーションをかわす」私的領域（266f）、そして最も外側に位置するのは「社会的共同生活」・経済活動を含む公的な交流とコミュニケーションの領域である（273）。

③　裁判所の議論の特色は、二条一項の保護客体をこのように四段階の同心円的構造として把握し[25]、許容される制約の強度をこれに対応させた点に求められる。「個人の最も内面的な領域」はいかなる制約も受けない。これに対してその他の領域については法律による制約が許容されるが、その強度は「間主観的ないし社会的コミュニケーションの程度に従って増大する」（93）。比例原則は、私的領域の場合には、これに属する行為自由と規制法律が実現しようとする公益との比較衡量、並びに法律が追求する目的に対する手段の適合性を厳格に要求するが、社会的領域の場合には比例原則の適用は緩和されるのである[26]（267f）。

このようなショルツの判例解釈を受け容れるならば、裁判所は二条一項以外の憲法規範に合致する法規範をすべて一律に二条一項の「憲法的秩序」に編入しているわけではなく、「人間の尊厳」との結合度と社会的関連度という二つの基準に従って二条一項自体の保護客体を同心円的に把握し、どの領域に属する行態にいかなる態様で介入するかに応じて法律の二条一項適合性を審査していることになる。であるとするならば、「比例原則」は、特定の法律が二条一項に違反していないかどうかという問題（第一のアプローチ）と特定の行態が二条一項の保護客体に含まれるか否かという問題（第二のアプローチ）とを結びつける環の役割を果たしているということができよう。こうして見るかぎりでは、連邦憲法裁判所の二条一項解釈は、実質的には人格核心説と一般的行為自由説の一種の折衷と評することも可能であるように思われる。

（1）　BVerfGE 6, 32（36）. エルフェス判決については恒川・前掲論文（法政論集九七号）一二三四―一二四五頁、妹尾・前掲論文一七六―一七七頁参照。
（2）　R. Scholz, Das Grundrecht der freien Entfaltung der Persönlichkeit in der Rechtsprechung des Bundesverfa-

ssungsgerichts, AöR 100 (1975), S. 81. ショルツ論文については妹尾・前掲論文一八〇—一八二頁参照。

（3） W. Schmidt, Die Freiheit vor dem Gesetz, AöR 91 (1966) S. 42 ff.; R. Scholz, a. a. O., S. 80 ff. u. S. 265 ff.

（4） vgl. R. Scholz, a. a. O., S. 98. なお、初出論文執筆の時点では、基本権制限の合憲性を判断するスキーマとして、ちょうどこの時期（一九八〇年代後半）からドイツで急速に一般化した、いわゆる「三段階審査」論の知識がなかったため、本文のような整理をおこなった。「三段階審査」の枠組を前提とするならば、本文で「特定の行為が二条一項の保護客体となるかどうかを判断しようとする方法」として整理検討した「内密の領域」「私的領域」「社会的領域」という同心円的な領域理論は、二条一項の「保護領域」に属する行動・状態にあたるか否かを判断する場面の議論ということになるだろう。近年のドイツでは、二条一項の保護領域を、単なる「一般的行為自由」と、一条一項の「人間の尊厳」保障と結びついた「一般的人格権」とにまず区別するのが一般的なようである。ピエロート＝シュリンク（永田秀樹＝松本和彦＝倉田原志訳）『現代ドイツ基本権』（法律文化社、二〇〇一年）一二三—一二八頁参照。連邦憲法裁判所の判例と領域理論との関係については、小山剛「一般的行為自由説をめぐる諸問題」田上穣治博士追悼論文集『法と正義』（比較憲法学会、一九九三年）六八二—六八四頁参照。

　ドイツの「三段階審査」論を日本で最も早く紹介検討した功績は、松本和彦「基本権の保障と制約に関する一考察（一）（二・完）」民商法雑誌一一一巻一号、同二号（一九九四年）（のちに松本『基本権保障の憲法理論』大阪大学出版会、二〇〇一年一四頁以下所収）に帰せられるべきであろう。

（5） BVerfGE 6, 32 (38).

（6） H. H. Rupp, Das Urteil des Bundesverfassungsgerichts zum Sammlungsgesetz, NJW 1966, S. 2037.

（7） vgl. H. Schulz-Schaeffer, a. a. O., S. 28.

（8） (Maunz-) Dürig, a. a. O., Art. 2 Abs. I Rdnr. 17 ff., insb. Rdnrn. 19–23; H. C. Nipperdey, a. a. O., S. 788 ff., insb. SS. 805–818.

（9） R. Scholz, a. a. O., S. 88, vgl. zB. BVerfGE 34, 384 (395). この判決のなかで連邦憲法裁判所は、未決勾留中の面会・通信の一般的制限を定めた刑事訴訟法一一九条三項は憲法的秩序に属しているので、これにもとづく連邦通常裁判所決定が憲法異議申立人の二条一項の基本権を侵害したとはいえないと述べている。

（10）W. Schmidt, a. a. O., S. 49.
（11）W. Schmidt, a. a. O., S. 72 f.
（12）W. Schmidt, a. a. O., S. 76 f.
（13）このことが行政訴訟に及ぼした影響について、小早川光郎『行政訴訟の構造分析』（東京大学出版会、一九八三年）一五一―一六三頁参照。
（14）W. Schmidt, a. a. O., S. 76.
（15）R. Scholz, a. a. O., S. 98.
（16）R. Scholz, a. a. O., S. 100, vgl. BVerfGE 32, 373（383）.
（17）R. Scholz, a. a. O., S. 99 Anm. 118.
（18）シュミットの「介入」Eingriff 観については vgl. W. Schmidt, a. a. O., S. 54 ff., insb. S. 64.
（19）vgl. R. Scholz, a. a. O., SS. 101–104.
（20）R. Scholz, a. a. O., S. 112 f., u. ebd. Anmn. 176 u. 177; vgl.（Maunz–）Dürig, a. a. o., Art. 2 Abs. I Rdnrn. 6, 10 u. 11; H. C. Nipperdey, a. a. O., S. 760 f.; D. Merten, a. a. O., S. 347; D. Rohlf, a. a. O., S. 194.
（21）R. Scholz, a. a. O., S. 114; D. Merten, a. a. O., S. 348. 二二条に関して二条一項の厳格な補充性を確認した最近の判決として例えば vgl. BVerfGE 68, 193（223 f）.
（22）以下本文括弧内の数字は本節註（2）で掲げたショルツ論文の頁数を示す。
（23）二条一項を人格的自由理解の表明とみなす見解として vgl. P. Häberle, Die Wesensgehaltgarantie des Artikel 19 Abs. 2 Grundgesetz, 2 Aufl.（1972）, S. 230. 赤坂「二つの制度的保障論」法学四九巻一号（一九八五年）一一一頁（本書第Ⅵ章）参照。
（24）vgl. D. Rohlf, a. a. O., S. 79.
（25）ロールフはショルツの解釈に反対し、判例は二条一項の保護客体を四つではなく（内密の領域―私的領域―公開の領域という）三つの同心円構造として理解しているという。D. Rohlf, a. a. O., S. 76 f.
（26）二条一項の保護客体に関する裁判所の発言を例示しておこう。①詐欺の被害者側が極秘に録音しておいた会話テープを刑事裁判の証拠として採用することが、被告人の二条一項の基本権を侵害したことになるか否かが争われた事件で裁判所は次のように述べている。「当裁判所は、基本法が各市民に公権力の介入を免れる私的生活の不可侵領域を保護していることを、確立した判例として承認してきた。……このような核心領域、個人の内密の領域を尊重せよという憲法上の命令は、二条一項で保障された人格の自由な発展の権利にその根拠をもつ。二条一項……の内容及び射程の決定にあたっては、……人間の尊厳の不可侵性……が考慮されねばならない。……重大な一般利益でさえも私的生活形成の絶対に保護された核心領域への介入を正当化できはしない。比例原則にもとづく衡量も行われない。」BVerfGE 34, 238 (245) →保護客体の第一層。②公務員懲戒手続担当の調査官から以来を受けた上級ラント裁判所が、本人の同意なく離婚事件書類を調査官に引渡した行為の二条一項違反が争われた事件では、「私的生活形成の不可侵領域を害さないかぎり、重大な一般的利益のために比例原則を厳格に守って行われる国家の措置を、各人は受忍しなければならない」とされている。BVerfGE 27, 244 (351) →第二層第三層。③「社会政策の領域においては、立法者には自由な内容形成の広範な領域が認められる。一般的行為自由に介入しなければ目標が達成できないときには、個人の自由の保護と社会国家的秩序の要求との緊張関係を解決するのは立法者である。」BVerfGE 29, 221 (235) →第四層の例。なお、比例原則については、青柳幸一「基本権の侵害と比例原則」芦部信喜先生還暦記念『憲法訴訟と人権の理論』（有斐閣、一九八五年）六〇一頁以下、のちに青柳『個人の尊重と人間の尊厳』（尚学社、一九九六年）三三七頁以下参照。

五　おわりに

本章では、ボン基本法二条一項をめぐる（西）ドイツの学説状況を、「人権のインフレ現象」回避の要請にどう応えるかという観点を中心として概観してきた。最もラディカルな解答を提示したのは、二条一項に具体的権利性を認めない権利性否定説であり、いま一つの解答の試みは、二条一項の権利性は承認しつつ「人格の自由な発展」を西洋キリスト教文化観の意味での倫理的人格発展に限定しようとする人格核心説の主張であった。

これに対して、一貫して多数説の地位を占めてきたのが、二条一項の具体的権利性を承認すると同時に「人格の自由な発展」を「人間の思考・評価・意欲・行為の全体」と解する一般的行為自由説である。「人格の自由な発展」の内容確定を放棄したに等しいこの説に立つときは、二条一項の具体化は、「基本権の疲弊」現象の回避という問題も含めて、基本的には裁判所による判例の集積に委ねられることになろう。

三つの学説[1]はいずれも文理上の根拠と実質的理由とを提示しており、五〇年代にはそれぞれ解釈論上の可能な選択肢として並立していたが、権利性否定説と純粋の人格核心説はともに連邦憲法裁判所の容れるところとならず、少なくとも六〇年代半ば頃までには現実的影響力を失っていったといえよう。こうして二条一項の権利内容の特定は、実際においても連邦憲法裁判所の主導の下に行われてきたと評することができる。

裁判所は当初、一般的行為自由説を前提としながら、二条一項の制約根拠の一つである「憲法的秩序」概念を「憲法適合的全法秩序」の意味に拡張することによって権利内容を限定する道を選んだ。その後の判例理論の展開のなかで特に注目に値するのは、二条一項の保護客体を「同心円的構造」として理解しようとする試みであろう。二重の基準論にも類似するこの考え方は、現行憲法一三条の解釈にあたっても示唆的なものを含んでいるように思われる。

いずれにせよ本章は、ボン基本法二条一項に関する学説動向を私なりに整理した予備的作業にすぎず、一三条解釈への応用可能性を検討する以前に、ドイツ法研究固有の問題として多くの事柄があとに残された。とりわけ、二条一項関係の連邦憲法裁判所判決については二、三の学説の目を通して垣間見るにとどまったので、その網羅的系統的分析は今後の課題としなければならない[2]。その際、判例の採用する「共同体拘束的人間像」「価値秩序論」「憲法的秩序概念」に立入った検討を加えることが、比較法的見地からも有益であろう[3]。

(1)　権利性については否定説、「人格の自由な発展」については限定説をとるF・クラインを本文では否定説として取扱っているが、これを別立てとすれば学説は「はじめに」で述べたように四つである。

（2）　経済的領域に関する判例については恒川・前掲論文（法政論集九八号）二八四―三〇九頁参照。

（3）　現行憲法一三条の「個人の尊重」とボン基本法一条一項・二条一項の「人間の尊厳」「人格」との比較の試みとして、例えば樋口陽一他『注釈日本国憲法上巻』（青林書院、一九八四年）二五五―二六三頁（佐藤幸治執筆）、森英樹「包括的基本権」月刊法学教室四六号（一九八四年）二四頁以下参照。

〔文献補遺〕

初出論文公表後に接した基本法二条一項に関係する研究として、

阿部照哉「個人の尊厳と幸福追求権」法務省人権擁護局編『人権保障の生成と展開』（民事情報センター、一九九〇年）一五五頁以下、

根森健「人格権の保護と『領域理論』の現在」時岡弘先生古稀記念『人権と憲法裁判』（成文堂、一九九二年）七五頁、

小山剛「一般的行為自由説をめぐる諸問題」田上穣治博士追悼記念論文集『法と正義』（比較憲法学会、一九九三年）六七三頁以下、

戸波江二「自己決定権の意義と射程」芦部信喜先生古稀記念『現代立憲主義の展開・上』（有斐閣、一九九三年）三二五頁以下、

工藤達朗「幸福追求権の保護領域」法学新報一〇三巻二・三号（一九九七年）一九一頁、

丸山敦裕「包括的基本権条項から導かれる権利の射程」阪大法学四八巻六号（一九九九年）一六三頁、

宮地基「人格の自由な発展の権利」明治学院大学・法学研究七四号（二〇〇二年）四九頁以下がある。

XI　集会の自由に関する二つの連邦憲法裁判所判決

第一節　ブロックドルフ決定

一九八五年五月一四日連邦憲法裁判所第一法廷決定
連邦憲法裁判所判例集第六九巻三一五頁以下
BverGE 69, 315, Beschluß v. 14. 5. 1985

一　事　実

1　一九八一年二月一四日。ハノーファーに六〇の市民団体の代表約四〇〇人が集まり、ブロックドルフ原子力発電所建設再開に反対する大規模なデモを二月二八日におこなうことで合意した。ビラ・ポスター・新聞広告を通じて全国で参加の呼びかけがおこなわれ、報道機関もこの動きを取り上げて実力の行使を予想した。

2　一九八一年二月二一日。環境保護市民団体全国連合の説明によれば、デモの最終的な構想はこの日になってはじめて決定された。それによると、参加者は発電所建設現場から約九キロ離れたヴィルスターの町に集合し、ブロックドルフに向かってデモ行進をおこなったのち、建設現場近くの牧草地で解散する予定であった。二月二三日に集会法にもとづくデモの届出をおこなうはずになっていたが、実際には届出はなされなかった。

3　一九八一年二月二三日。シュタインブルク郡の郡長は、計画されているものも含めて原子力発電所の建設再開に反対する一切のデモを、二月二七日から三月一日までの間、建設現場とヴィルスター湿地の約二一〇平方キロの地域について禁止する一般措置を決定し、その即時執行を命じた。郡長は、届出がなされない場合にまず「警告」措置をとることも検討していたが、結局警告はおこなわれずに禁止決定にふみきったのである。

決定理由によれば、デモの届出がないのは集会法違反であるが、仮に届出がなされたとしてもデモは禁止されなければならない。その理由は、参加者が五万人に及ぶ可能性があり、そのなかには暴力行為を企てる者が少なからず含まれていること、新聞報道および市民団体のビラによる情報と、過去の経験とによれば、デモに伴って建設現場の占拠・破壊、第三者の身体・財産に対する加害など重大な犯罪行為や秩序違反行為がおこなわれる高度の蓋然性が存在することであった。

4　一九八一年二月二四日。憲法異議申立人Ⅱは、発電所建設現場周辺で二月二八日にデモをおこなう旨の書面による届出をおこなった。これに対して、二月二五日付の文書で郡長がデモの禁止を通告したので、憲法異議申立人Ⅱは、同日ただちに郡長に対する異議申立をおこなっている。

憲法異議申立人Ⅰも、二月二六日付の文書で郡長に対して異議を申し立てるとともに、ヴィルスターのマルクト広場およびブロックドルフにおけるデモの届出もおこなった。

5　一九八一年二月二七日。憲法異議申立人の請求を受けたシュレスヴィヒ・ホルシュタイン行政裁判所は、この日の決定によって、禁止措置の執行停止の仮処分請求を一部認容した。郡長によるデモ禁止の即時執行は、建設現場からおよそ四・五〜九キロの警察が通行止めを準備した範囲に限定して維持された。

行政裁判所は郡長の禁止措置が比例原則を充たすか否かは疑わしいとし、公共の安全および秩序に対する直接の危険を避けるために、発電所の周囲でのデモを禁止することは証拠からみて正当だが、他の場所での暴力行為が発生する徴候が証拠上明らかとはいえないので、郡長が設定したデモ禁止地域は広範に失するとしている。

行政裁判所法旧八〇条六項二文によれば、裁判所の執行停止決定に対する抗告は許されないにもかかわらず、郡長らは同日上級行政裁判所に抗告した。

6　一九八一年二月二八日。上級行政裁判所は抗告を許容し、第一審の決定を変更して、憲法異議申立人によるデモ禁止措置の執行停止請求を全面的に斥けた。

上級行政裁判所によれば、デモ参加者のなかに実力行使を意図する者が相当数含まれていることは、ビラや宣伝物、これまでの経験に徴して明らかであり、善意の参加者も彼らをデモから排除することは保障できない。地域住民は破壊を恐れて家屋に防禦設備を施したり、避難を始めており、公共の安全に対する危険は、官庁の対処義務を生じさせる程度に達した。デモ予定日の五日前になっても集会法が義務づける届出はおこなわれず、この種の大規模集会にもっとふさわしいスタジアム等の施設を推奨するなど、官庁側が主催者側と協力する機会は存在しなかった。これらの事実からみて、公共の安全に対する危険は第一審が限定した範囲を越えて存在しており、郡のデモ禁止とその即時執行には裁量権の濫用は認められない。基本法八条二項によって、屋外集会は明示的に集会法の規制を受けるので、集会法に従わない者は、予防的禁止を含む官庁の措置を覚悟しなければならない。無届集会が基本法の保護を享受しうるか否かはおよそ疑問である。

7　一九八一年二月二八日夜。憲法異議申立人Iは、この上級行政裁判所決定を受け、ただちに憲法異議を提起した。申立人Iの憲法異議は、郡長によるデモ禁止措置とこれを支持する上級行政裁判所決定に向けられ、これらによって基本法五条および八条の基本権が侵害されたと主張する。申立人Iがその理由としてあげる論点は、ほぼ以下のとおりである。官庁による集会の禁止・解散を定める集会法一五条が、基本法五条および八条の基本権と合致するかどうか、それ自体がすでに疑問である。官庁は、デモ参加者のなかに実力行使を望む者が含まれているという予測にもとづいて、平和的なデモを禁止してはならない。申立人自身は平和的なデモを意図しており、これを個人的に保証している以上、平和的なデモ参加者を保護することこそ官庁の任務である。現存の警察力からみて、少なくともヴィルスターでのデモは条件つきで認められるべきであった。広範囲にわたるデモ禁止措置は比例原則に抵触する。

申立人Ⅱの憲法異議は、郡の禁止措置・上級行政裁判所の決定と並んで、部分的には第一審の決定にも向けられている。申立人Ⅱによれば、本件のような大規模デモは自然発生的現象であり、多くの団体が参加しているのであるから、ある団体が他の団体の責任を負えないのは当然である。比較原則に従えば、せいぜい建設現場の周囲約二キロの「立入禁止区域」内でのデモ禁止が適切であり、これを越える点で第一審の決定も基本権侵害を含む。上級行政裁判所の決定は、行政裁判所法の明文規定に反して、郡側の抗告を許容したことからしてすでに、申立人の基本権を侵害している。

8　同じく一九八一年二月二八日。結局、五万人以上の人が参加して、デモ行進は予定どおり実施された。警察は、ボディーチェックののちに、第一審が定めた線まで参加者を通すことに決定した。暴力行為も生じたが、デモが全体として平和的であったか否かについては評価が分かれている。

9　なお本件憲法異議に対しては、連邦内務大臣、シュレスヴィヒ・ホルシュタイン州首相、シュタインブルク郡長が上級行政裁判所の決定を支持する立場から、警察官組合が第一審行政裁判所の決定を支持する立場から、そして環境保護市民団体全国連合が申立人の憲法異議を支持する立場から、それぞれ意見表明をおこなっている。

二　判　旨

1　連邦憲法裁判所は本件憲法異議を許容した。「デモ禁止の即時執行とこれに対する裁判所の承認とによって、憲法異議申立人は、官庁に届け出た場所で、予定した期日に、適法に（befugtermaßen）デモをおこなうことを妨げられた。申立人は、公権力のこの行為のうちに、基本権によって保護された自己の法的地位に対する介入を見出している。申立人はこれらの行為の取消を裁判所に求め、その限りで法的手段を尽くしたのであるから、出訴期間内に提起された彼らの憲法異議には法律で定められた許容性の要件が存在している。」（S. 339）。本件憲法異議は、補充性の原則と法的保護の必要性の原則も充足している（vgl. S. 340–342）。

2　連邦憲法裁判所は、第一審が限定した範囲を越えて上級行政裁判所が郡長によるデモ禁止措置を認容した点に限って、憲法違反の基本権侵害を認め、上級行政裁判所の決定を破棄して差し戻した。申立人が間接的に攻撃していた集会法の関連規定については、合憲判断が示された（vgl. S. 317, 342）。

判例集の「C」の部分で連邦憲法裁判所は、ⅠからⅣに分けて決定の理由を展開している。まずⅠでは基本法八条が保証する集会の自由の一般的意義が確認され、これを受けてⅡでは、本件で特に問題となった集会法一四条（主催者による集会の届出義務）と集会法一五条（官庁による集会の禁止・解散）の合憲性が審査されている。その上でⅢでは、本件のような大規模集会に対する集会法第一四条および一五条の適用の合憲性が取り扱われ、最後にⅣでは行政裁判所決定と上級行政裁判所決定の合憲性が吟味されている。以下この流れに沿って、連邦憲法裁判所決定の論旨を簡単に紹介することにしたい。

(1)　(i)　連邦憲法裁判所は、本件では特定内容の意見表明の禁止が問題となっているわけではないという理由で、基本法五条（意見表明の自由）違反の有無を審査する必要性を否定して、審査をもっぱら基本法八条（集会の自由）違反の論点にしぼりこむ。連邦憲法裁判所によれば、「基本法八条は、考えの異なる少数者にも認められる防禦権として、基本権主体に対して催しの場所・時・態様・内容についての自己決定権を保障し、同時に国家が公開集会の参加または不参加を強制することも否認している」(S. 343)。

(ii)　このように集会の自由の意味内容を確認した上で連邦憲法裁判所は、この権利が憲法上保障される意義として、各人の人格の発展と民主制国家の維持の二点をあげている。「憲法裁判所では、これまでのところ集会の自由を取り扱ったことはないが、以前から、意見表明の自由を民主的共同体に不可欠の基本的要素のうちに数えあげてきた。意見表明の自由は、人の人格の最も直接的な表現であり、自由で民主的な国家秩序を構成するおよそ最も主要な人権のひとつとみなされる。この国家形態の生命要素である恒常的な精神的対決と意見相互の闘いは、意見表明の自由があってはじめて可能になるからである……。集会の自由は集団的意見表明の自由と理解されるので、同じことは原則として集会の自由にもあてはまる。……デモをおこなう者は、自らの物理的存在によって、完全な公開性において、メディアが介在することなく自分の意見を表明することを通じて、直接的な仕方で自己の人格をも発展させるのである」(S. 344 f.)。「メディアを通じて意見を表明する機会が少数の人に限定されている社会では、個人には、政党や団体に組織されて協働することと並んで、一般的には、デモのための集会の自由を主張することによって集団的な影響力を行使する道しか残されていない。この自由権が妨げられずに行使されることは、政治的無力感や国家転覆の危険な傾向に対して反作用を及ぼすばかりではない。一般に政治的意思形成の諸力の平行四辺形のなかで、すべてのベクトルが何がしかの力を発揮する場合にはじめて、相対的に正しい合力が形成されるのであるから、集会の自由権の行使は、正しく理解された公共の福祉にも結局は資することになる」(S. 346)。

(2)　(i)　こうした重要な意義をもつとはいえ、集会の自由は無制約ではない。基本法八条自体が、その一項で「平和的に、かつ武器を携帯せずに集会する権利」のみを保障し、二項では屋外集会を法律の留保の下に置いているのである。しかし連邦憲法裁判所によれば、意見表明の自由と同様集会の自由の場合にも、制限の「範囲を単純法律が任意に相対化することは許されない」。「規制をおこなうにあたって立法者はつねに、基本法八条に体現された上述のような憲法上の基本決定を尊重しなければならない。立法者は、同等の重要性をもつ他の法益を保護する場合にだけ、比例原則を厳格に守った上で、集会の自由の行使を制限することが許される」（S. 348 f.）。集会規制法律を解釈適用する国家機関も、個別の「措置をとるにあたっては、同等の価値をもつ法益の保護に必要な事柄に限定しなければならない」（S. 349）。

(ii)　この解釈にもとづいて連邦憲法裁判所は、郡の措置と行政裁判所の決定の根拠となった集会法一四条の届出義務および集会法一五条の禁止・解散規定の合憲性を審査した。

集会法が屋外集会についてのみ定めている届出義務を、連邦憲法裁判所が合憲とみなした主要な根拠は、屋外集会は外部に影響を与えるので、集会そのものの可能な限り円滑な実施と第三者や共同体の利益保護のために、交通規制の必要性などに関して官庁は事前に情報を得ておかなければならないのに対して、届出義務自体は基本権の些細な制限にすぎないという判断である。また集会法の規定では、届出義務違反が自動的に集会の禁止・解散を正当化するわけではない点も連邦憲法裁判所の考慮の対象となった（vbl. S. 349 f.）。

この文脈で本決定は、いわゆる「自然発生的集会」の問題に触れ、届出義務の合憲限定解釈を示した。「圧倒的通説によれば、アクチュアルなきっかけから瞬時に形成される自然発生的デモ（Spontandemonstrationen）の場合には、時機を得た届出をおこなう義務はなくなる。……自然発生的デモは基本法八条の保障の下に立つ。……集会法の諸規定を尊重しない催しが認められることは、基本法八条一項が『届出または許可なしに』集会する自由を原則的に保障していること、二項によればこの自由は、屋外集会に関してはたしかに法律の根拠にもとづいて制限されうるが、このような制限は、一項の保障を特定タイプの催しについてまったく失効させるものであってはならないこと……によって正当化されうる」（S. 350 f.）。

(iii)　集会法一五条によれば、管轄官庁は「処分の通告時に知りうる状況からみて、当該集会または行進の実施によって、公共の安全もしくは秩序に直接の危険が及ぶ場合には」当該集会または行進を特定の条件に係らしめ、または禁止もしくは解散することができる。

連邦憲法裁判所は、「公共の安全」「公共の秩序」の概念を警察法に関する通説に沿って定義し、さらに二点にわたる限定解釈を施した上で、この規定を合憲と判断した。第一は、比例原則の要請によって、禁止および解散は他の穏当な手段が尽きた場合の最後の手段とみなされるべきであって、たとえば道路の混雑の回避といった理由では正当化されないこと、第二は、「直接の危険」という文言は、個別具体的な事実を根拠とするその都度の危険性の予測を要求すると解すべきことである（vgl. S. 353 f.）。

(3)　本件が五万人もの人々が参加した大規模な集会であったことから、さらに連邦憲法裁判所は「大規模デモ」（Großdemonstrationen）に対する集会法一四条・一五条の適用の合憲性という問題を、特に節を改めて論じている。

(i)　連邦憲法裁判所によれば、たしかに大規模デモは一九五三年制定の集会法が本来予定していなかった新しい現象であり、これに対処することは第一次的には立法者の任務であるが、だからといって自然発生的集会のように既存の届出義務が免除されるわけではない。数多くの市民団体や運動グループが統一的な組織をもたずに参加する大規模デモの場合には、メディアの報道や公の論議を通じて、デモのテーマ・場所・時期などが予め官庁の側に伝わっているのがむしろふつうである。にもかかわらず大規模デモにも届出義務を課することには、なお合理的な根拠がある。デモ参加者側と官庁側とが対話をもち、協力関係を築き上げておくことは、デモそのものが平和的に円滑に実施されるためにも、第三者の競合する利益が保護されるためにも官庁にとっては必要不可欠であり、情報交換と信頼関係の樹立は、大規模デモの場合ほどデモ参加者と官庁の双方にとって利益となるからである（vgl. S. 358 f.）。

ただし大規模デモで統一的な組織や指導に欠ける場合の届出義務については、連邦憲法裁判所は次のような限定解釈を示した。「大規模な催しを担当する組織が多様であるために、個々のグループや人物が全体の届出や指導をおこなうことができないと考えられる場合には、一五条二項〔解散・禁止〕と結びついた集会法一四条の合憲的解釈が指針を与えるように思われる。無届けを理由とする制裁が適切であったかどうかを審査するにあたっては、対話の当事者となって責任を負うために、〔個々のグループに〕与えられた委任およびおこなわれた準備が限られていたことを、無視することは許されない。全体の責任を負う届出人の不存在は、官庁の側がその〔憲法上の〕手続的義務〔vgl. S. 355 f.〕……を充たすために平和的なものとして計画されたデモの実施を可能にすべく最善を尽くした場合には……妨害行為に対する管轄官庁の介入にとって敷居が低くなるという帰結を生むにすぎない」（S. 359）。すなわち、統一的な組織をもたない大規模デモという事実は、無届の処罰の合憲性審査に際して被告人に有利に斟酌され、しかし他方で自動的な集会の禁止・解散が認められるわけではないが官庁の措置の正当性を高める根拠となる、ということであろう。

(ii)　基本法八条は平和的な集会のみを保護しているということが連邦憲法裁判所の出発点であるから、暴力的なデモは当然合憲的に禁止・解散されうる。「主催者および支持者が暴力行為を意図し、あるいは少なくとも他者の暴力行為を容認するであろうという高度の蓋然性を伴った予測が成立する場合には、集会禁止命令は、大規模集会に関しても憲法上特別の問題を生じない」（S. 360）。問題は、大規模デモの場合、個々の参加者の暴力行為を根拠としたデモ自体の禁止・解散が許されるかどうか、という点である。連邦憲法裁判所によれば、デモが全体として暴力的となる恐れや、主催者・支持者が一部の者の暴力を容認する恐れがない場合には、平和的参加者の集会の自由は保護されなければならない。「個々人の非平和的行為が、その行為者のみならず、催し全体についても基本権の停止を生じさせるとするならば……参加者の一部が非平和的意図をもっていたことはほとんどつねに『証明』できるのであるから、実際上すべての大規模デモの禁止が可能となってしまうであろう」(S. 361)。

しかしながら、一部の参加者の暴力行為を根拠とする大規模デモ自体の解散・禁止もまったく認められないわけではない。ただし「最初から平和的参加者の基本権行使の機会を奪うのではなく、非平和的参加者を孤立させるにあたって、主催者に優位を認める事後的解散がまず優先的に考慮されるべきである。これに対して、暴力を志向する少数者の暴力行為の恐れがあることを理由とする集会全体の予防的禁止は、……厳格の要件の下で、かつ集会法一五条の合憲的適用の下でのみ許される。これには危険性の予測における高度の蓋然性が存在すること……、(たとえば禁止の場所的限定によって) 平和的参加者の権利実現を可能にする有意的な適用可能手段が完全に尽きたことが含まれる。特に最後の手段としてのデモ全体の禁止は、平和的参加者との協力によって危険を防止する、より穏当な手段が失敗したか、あるいは参加者側に帰せられるべき理由によってそのような協力が不可能であったことを条件とする」(S. 362)。

(4)　(i)　以上のように、官庁の措置および裁判所決定の根拠となった法律の合憲性が認められたからといって、当然のことながら処分や決定がただちに合憲とされるわけではない。最後に連邦憲法裁判所は、特に行政裁判所決定と上級行政裁判所決定を取り上げて、それ自体の合憲性を審査している。

連邦憲法裁判所によれば、第一審の決定は上述のように合憲的に限定解釈された集会法の正当な適用として、厳格な審査に耐えうる。デモ禁止の即時執行を発電所建設現場の周辺に限定することによって、第一審は大規模集会の予防的禁止が憲法上許容される要件―危険発生の高度の蓋然性が存在し、平和的デモ参加者の基本権実現を可能とするあらゆる手段が尽くされたこと―に十分な配慮を払った。建設現場の施設、とりわけ現場の囲いに対する実力行使は完全に予想されるが、その他の暴力行為の予想には根拠が欠けるとした第一審の判断は、認識可能な当時の状況にもとづくものであり、その予測の正しさは、現実にデモの際、現場近くで暴力行為が生じたことで実証された（vgl. S. 364–366）。

(ii)　連邦憲法裁判所によれば、上級行政裁判所の決定は、第一審が限定した範囲を越える部分についても郡によるデモ禁止を追認した点で、法治国原理と結びついた基本法八条の基本権を侵害している。連邦憲法裁判所の違憲判断は二つの理由にもとづいている。

第一は、危険発生の高度の蓋然性の予測と、平和的デモ参加者の権利実現に関する官庁の努力について、上級行政裁判所には判断の誤りがあることである。連邦憲法裁判所によれば、危険の予測にあたって上級行政裁判所の審査は、公共の安全にとって第一審の決定は十分か否かという本来の問題から、地域住民の不安と恐怖という予防的禁止の根拠となりえない別な事情へとそれてしまっている。また、平和的参加者との協調を図るために、届出がおこなわれていない旨の警告を発するという当初の計画を、郡長が結局実行しなかった事実を軽視している点でも、上級行政裁判所の衡量には誤りがある（vgl. S. 367 f.）

違憲判断の第二の根拠は、行政裁判所法の明文の規定に反して、上級行政裁判所が郡側の抗告を許容したことである。二重効果的行政行為の場合だけは、執行停止決定によって不利益を蒙る市民による抗告が許容されるが、本件はそういうケースではない。上級行政裁判所は、法治国原理に反して、裁判官に許された法の継続形成の限界を越えると同時に、第一審が認めた地域についてもデモを禁止することによって、申立人の基本法八条の基本権を侵害したのである（vgl. S. 369 f.）。

三　解　説

1　本件決定は、基本法八条の集会の自由と法律によるその規制の問題を、連邦憲法裁判所がはじめて取り上げた判決である。以下では、ドイツの基本権理論で言われる「三段階審査」[1]に倣って、若干の論点に関して判決の特徴を整理しておくことにしたい。

2　**(1)**　まず問題となるのは、市民のいかなる行為が集会の自由の基本権によって保護されるのか、すなわち基本権の「保護領域」[2]―当該基本権が保護している行動様式・利益・状態―はこの場合何か、である。基本法八条の保護領域は、その文言によれば「平和的で武器を携帯しない集会」である。日本の場合と異なり、ドイツの学界では集会の概念についてかなり詳細な議論の蓄積があり、それによると共通の結びつきなしにたまたま多人数が一ヵ所に集まっている状態が「集会」でないことはもちろん、単なる観客・聴衆として多人数が集合する行為や状態も「集会」ではない。集会と言えるためには、共通の意見を形成し表明するという目的が必要であるとされるが、公的事項に関する意見の形成・表明に限定されるか否かについては学説の対立がある[3]。本決定は「―単なる集まりや民衆の娯楽行事とは区別される―コミュニケーションを目的とした共同の発展の表現としての集会および行進」が、基本法八条によって保護されていると述べているため（S. 342 f.）、目的を公的事項に限定しない広義説に立つものという理解もあるが[4]、この点は必ずしも明確ではない。事案はまさ狭義の集会に該当すると考えられるから、この論点に関する詰めた議論は連邦憲法裁判所にとってさしあたり不要であったと推測することもできよう。

(2)　むしろ連邦憲法裁判所は本決定において、集会法による規制の合憲性との関係で、「自然発生的集会」および「大規模集会」という類型を基本法八条の「保護領域」に含まれる集会として明確化した点で注目される。

自然発生的集会とは、何の結びつきも共通の目的ももたなかった群衆が、何らかの出来事をきっかけとして、その場で共同の意見を形成し、表明するに至ったケースを意味する。インゴ・フォン・ミュンヒによれば、旧東ドイツによるベルリンの壁構築時（一九六一年）や、ケネディ大統領暗殺時（一九六三年）の抗議集会などがこれにあたる。(5) 大規模集会とはまさに本件のケースであるが、すでに紹介したように、数十という団体に属する何万人もの人々が一つの集会を開くという事態を制定時の集会法は予測していなかったこと、集会の全体を組織化し統制する典型的な意味での主催者・指導者を欠く場合が多いことが、集会法による規制との関係では重要であった。

連邦憲法裁判所は本決定ののち、一九九一年の決定において、自然発生的集会・大規模集会と区別される「緊急の集会」という類型を立てた。緊急の集会とは、集会法の定める集会開催公表の四八時間以前という届出期間を遵守していては、テーマとの関係で適切なタイミングを失してしまうような集会である(6)（本章第二節参照）。

3　「三段階審査」という手法で取り扱われる第二の論点は、問題となっている国家の行為が基本権の保護領域に対する「介入」と言えるかどうかである。本件で争われている集会の届出の義務づけ・集会の予防的禁止が、基本法八条の保護領域に対する介入であることについては異論はない。なお本決定は、参加者の足止めや届出後の審査の引き延ばし、過度の監視も実質的には介入にあたると指摘して（S. 349）注目された。(7)

4　そこで、こうした介入は憲法上正当化されうるかという論点が第三の、そして最も重要な問題である。本決定は、集会の自由が集団的意見表明の自由として高い憲法的価値をもつことを承認し、集会規制の合憲性判断にあたっては、広義の比例原則が厳格に適用されるべきであるとした。(8) 九一年決定も含めて、連邦憲法裁判所が屋外での四つの集会類型（通常の集会・自然発生的集会・緊急の集会・大規模集会）と、集会法上の二つの規制（届出義務と集会の禁止・解散）との関係をいかに判断したかを、もう一度整理しておこう。

①　通常の集会──→連邦憲法裁判所は、官庁が事前に情報を入手することの必要性と、届出という規制方法の

軽微性とを根拠に、届出義務を合憲とした。禁止・解散規定については、三つの条件をあげて限定解釈をおこなった上で合憲性を認めた。第一は「公共の安全」「公共の秩序」という集会法の文言を警察法学説の通説に従って理解すること、第二は「直接の危険」という集会法の文言を、具体的根拠を示したその時々の危険性の予測を要求するものと読むこと、そして第三は禁止・解散措置をとる前に他の穏当な手段が尽くされていることである。

② 自然発生的集会──→事前に届け出ることはできないから、集会法一四条を遵守すればこの種の集会は不可能となる。連邦憲法裁判所はこうした事態を違憲と判断して、届出義務を免除する合憲限定解釈を採用した。予防的禁止は集会の性質上ありえないことになろう。本決定は自然発生的集会の解散の要件については特に言及していない。通常の集会について示された集会法一五条の限定解釈は、ここでも妥当するものと考えられる。

③ 緊急の集会──→届出義務は免除されないが、集会の開催を公表する四八時間以前という集会法一四条の時間的制限は受けない。連邦憲法裁判所によれば、集会開催の公表と同時の届出まで適法である。(9) 九一年決定が、集会の禁止・解散ではなく無届けの処罰に関する事案であったこともあって、連邦憲法裁判所は緊急の集会の禁止・解散については特に論じていないが、これは自然発生的集会の場合と同じく通常の集会と同様の要件の充足を求める趣旨であろう。

④ 大規模集会──→連邦憲法裁判所によれば、やはり届出義務自体は免除されないが、集会全体に責任を負いうる主催者の不存在は、無届けの処罰に際して被告人に有利に考慮されなければならない。一部の参加者による暴力行為の恐れがあることを理由とする集会全体の禁止は、厳格な要件を守る場合にのみ憲法上許容される。この要件のなかには、公共の安全・秩序に対する危険の予測に高度の蓋然性が存在すること、平和的参加者の権利を実現する手段が尽くされたこと、が含まれる。

5　なお、本件決定は、上級行政裁判所の決定が行政裁判所法の規定に反して、郡側の抗告を許容したことからして、すでに基本権を侵害しているとするのであるから上級行政裁判所決定に関しては、その他の判断は無用であったようにも思われる。あえて想像すれば、第一審決定と上級行政裁判所決定の比較をおこなうことによって、集会法一四条・一五条の限定解釈を明確化することに、連邦憲法裁判所の主目的があったということであろうか。

（1）「三段階審査」の紹介として、松本和彦「基本権の保障と制約に関する一考察（一）」民商法雑誌一一一巻一号（一九九四年）二五頁以下、のちに同『基本権保障の憲法理論』（大阪大学出版会、二〇〇一年）一八頁以下。
（2）「保護領域」に関して、さしあたり、Jarass/Pieroth, Grundgesetz, 3. Aufl., 1995, S. 21–23.
（3）Pieroth/Schlink, Grundrechte, 10. Aufl., 1994, S. 192–194.
（4）Pieroth/Schlink, ebd.
（5）v. Münch/Kunig（Hg.）, Grundgesetz-Kommentar, Bd. I, 3. Aufl., 1984, S. 419.
（6）BverfGE 85, 69 [75]. 論理的には、大規模集会は自然発生的集会・緊急の集会の対立概念とは言えない。「大規模な」自然発生的集会や「大規模な」緊急の集会も想定可能だからである。しかし連邦憲法裁判所は、本件のように自然発生的でも緊急でもない大規模な集会のことだけをGroßdemonstrationenと呼んでいるようである。
（7）Vgl. Jarass/Pieroth, aaO, S. 236; Pieroth/Sclink, aaO, S. 197.
（8）K. Stern, Staatsrecht, Bd. III/2, 1995, S. 805 f. クラウス・シュテルン、小山剛訳「過度の侵害禁止（比例原則）と衡量命令（1）」名城法学四四巻二号（一九九四年）一九一―一九二頁参照。
（9）BverfGE 85, 69 [75].

第二節 「緊急の集会」決定

一九九一年一〇月二三日連邦憲法裁判所第一法廷決定
連邦憲法裁判所判例集八五巻六九頁以下
BVerfGE 85, 69, Beschluß v. 23. 10. 1991

一　事　実

X（被告人・憲法異議申立人）は、「アパルトヘイトに反対するマンハイム作業グループ」が一九八六年一月二九日に公表した声明の署名者であった。この声明では、二月三日出発予定の警察官の南アフリカ旅行に対する抗議集会への参加が呼びかけられていた。この呼びかけに応じて、二月三日の昼頃、マンハイム駅でXを含む約二〇人が参加する無届の抗議集会が催された。集会は平和的におこなわれ、警察官が乗った列車の出発後に解散した。しかしXは、無届集会の主催者および指導者として、集会法一四条および二六条違反を理由に起訴された。

集会法一四条一項は「屋外の公開集会もしくは行進を主催しようとする者は、［当該集会・行進の開催を］公表（Bekanntgabe）する遅くとも四八時間前までに、当該集会もしくは行進のテーマを指定して、管轄官庁に届出なければならない」と定めた規定である。また、同法二六条二号は、主催者または指導者として「届出（一四条）なしに屋外の公開集会もしくは行進を実施した者は、一年以下の自由刑もしくは罰金刑に処せられる」と規定している。

区裁判所は、Xに無届集会の主催者または指導者としての責任を認めて罰金刑を科し、ラント裁判所は有罪判決を維持しつつ、主催者としての責任のみを認定して罰金を減額した。上級ラント裁判所はXの上告を理由なしとして棄却した。

Xはこれらの判決によって、基本法二条一項・八条・一〇三条二項の基本権が侵害されたとして、概略以下のような憲法異議を連邦憲法裁判所に申し立てた。無届の自然発生的集会を法律で無制限に禁止することは、基本法八条が保障する集会の自由の本質を侵害する。したがって集会法一四条の届出義務規定は、自然発生的集会には適用されない。これに対して、集会法二六条の罰則規定のほうは文言が一義的で、自然発生的集会は無届でも処罰されないという限定解釈が不可能なので、全体として違憲無効である。それゆえ集会法二六条を根拠とする各裁判所の有罪判決も違憲無効である。

二　判旨

1　「本件憲法異議は許容される」。集会法二六条が違憲無効である場合には、この規定にもとづく処罰は、集会の性質如何にかかわらず少なくとも異議申立人の基本法二条一項の基本権を侵害することになる。したがって、本件集会が自然発生的ではなかったという理由で、憲法異議の許容性が否定されるわけではない。

2　「本件憲法異議には理由がない。問題とされている諸判決は、異議申立人の基本権を侵害していない。異議申立人に対する有罪判決の根拠となった集会法二六条二号は基本法に適合する」。

(1)　主催者あるいは指導者として無届集会を実施した者の処罰を定めた集会法二六条二号の合憲性を判断するためには、屋外公開集会の届出を義務づけた同法一四条の合憲性を審査することが前提となる。そして「集会法一四条それ自体は、合憲解釈をすれば基本法に適合しうる」。

(i)　屋外集会の届出義務は、原則として基本法八条に抵触しない。届出制は、集会の円滑な実施と第三者や全体の利益の保護のために必要な情報を官庁に提供し、主催者と警備当局との協力を促すものだからである。集会法一四条が規定する届出期間の制限も、通常のケースについては基本法八条に違反しない。必要があれば集会の場所や時間に条件をつけたり、集会を禁止したりする機会を、集会開催の公表前に行政に与えるからである。

(ii)　但し、集会法一四条の届出義務は、「自然発生的集会」には適用されない。自然発生的集会とは、「計画なしに瞬時のきっかけを捉えて、主催者なしに展開する集会」であるから、届出は不可能である。したがって届出義務に固執するならば、自然発生的集会は一般的に許されないことになる。この結論は基本法八条に適合しない。

(iii)　いわゆる「緊急の集会」についてはどうか。緊急の集会とは、「自然発生的集会とは異なって、たしかに［事前に］計画され主催者もいるが、示威の目的を危険にさらすことなしに、集会法一四条の期間を遵守した届出をおこなうことができない集会である」。届出期間に固執するならば、緊急の集会もまた、初めから許されないことになるが、この結論も、基本法八条に適合しない。もちろん、自然発生的集会とは異なって、緊急の集会の場合には期間の遵守が不可能であるにすぎない。だから、必要なのは届出義務の免除ではなく、届出期間の短縮である。集会法一四条を合憲的に解釈するならば、緊急の集会は、それを届け出ることが可能となった時点でただちに届け出なければならない。その時点は通常、集会開催の決定と同時か、遅くとも集会開催の公表と同時ということになろう。

(2)　以上のように集会法一四条を合憲限定解釈しても、無届集会が実施された場合の刑罰規定である同法二六条二号から構成要件の特定性が失われるわけではなく、同号が基本法一〇三条二項に反することにはならない。

(i)　基本法一〇三条二項は、禁止された行動の内容とそれに対する国家の制裁とを各人が予見できる程度に、刑罰規範が具体的であることを要請している。但し、いかなる行動が処罰をもたらすかという点が、受命者にとって認識可能でありつづけるならば、法律の限定解釈も許される。

(ii)　集会法一四条の合憲解釈は可罰的な行動の範囲を狭めた。しかし、この解釈によって、期間を遵守しなかった集会がすべて届出義務を免除されるわけではないことは、集会法二六条二号の規定から明らかである。受命者は、無届集会の実施が処罰される危険性を、基本法一〇三条二項の要求を満たす明確性を伴って認識できる。

(3)　本件は、声明による呼びかけがおこなわれたことから明らかなように、自然発生的集会ではない。集会の呼びかけがおこなわれた一月二九日水曜日と、集会予定日である二月三日月曜日との間に週末がはさまることから、仮に本件集会を緊急の集会とみなすことができるとしても、異議申立人は届出をおこなうことがまったく不可能だったわけではない。それゆえ刑事裁判所による集会法の解釈適用には憲法上の疑義は存在しない。

3　ザイベルト、ヘンシェル両裁判官の反対意見

集会法一四条の届出期間の制限が、緊急の集会には適用されないとする点では多数意見に同調するが、以下の二点で多数意見に賛成できない。

(i)　集会を「主催しようとする者」の届出義務を定める集会法一四条が、そもそも「主催者」の存在しない自然発生的集会に適用されないことは、文言から推測できる。これに対して一四条を、計画的な集会の一種である緊急の集会の場合に届出期間の短縮を容認する趣旨と理解することは、文言上不可能である。多数意見は合憲解釈の限界を超えている。集会法一四条は、緊急の集会についての例外規定を含んでいない点で基本法八条に反する。

(ii)　基本法一〇三条が要請する「刑罰規範の特定性に関しては、まず第一に、受命者にとって認識および理解可能な法律要件であるか否かが尺度となる」。立法者による集会法一四条・二六条の定式化は一義的である。問題は、立法者が緊急の集会に対する考慮を忘れたために、これらの規定の射程が不明確となった点なのである。すなわち「緊急の集会を計画する者は、どの時点で自分が処罰されるのかを、集会法二六条二号および一四条の

文言から読み取ることができない」。立法者に責任のあるこの不明確性を正すことは、裁判官ではなく立法者の任務である。

三　解　説

1　基本法八条と集会法による規制

(1)　基本法八条は、一項において「すべてのドイツ人は、届出または許可なしに、平和的に、かつ武器を携帯せずに集会する権利を有する」と規定して集会の自由を保障する。しかし、同時に二項では、「屋外の集会については、この権利は法律により、または法律の根拠にもとづいて、これを制限することができる」として、屋外集会に関する法律の留保を明示している。この憲法規定を受けて制定された集会関係諸法の中心となる連邦法律が集会法である。

(2)　そこでまず、集会法による屋外集会規制のあらましを横観しておくことにしたい[1]。

(i)　実施者の側の義務と権限　集会の呼びかけには主催者の氏名が明記されていなければならない。主催者は、屋外集会の開催を公表する遅くとも四八時間前までに、管轄官庁（ラント法が指定する警察官庁）に対して、当該集会のテーマと当日の指導者（主催者自身か、あるいはその委任を受けた者）を特定して届出をおこなわなければならない。主催者はこの届出に際して、必要があれば補助者を指名することができる。屋外集会では、護身用も含めて武器を携帯すること、同一性の確認を阻む覆面・衣服を着用すること、連邦議会議事堂周辺など立入禁止区域法が定める場所に立入ることが禁止される。指導者は集会の開会・中断・再開・終了を決定する権限をもち、実施中の秩序維持に責任を負う。また指導者は、集会を甚だしく妨害する者に退去を命じることができる。集会参加者は、指導者および補助者の指示に従う義務を負う。集会から排除された者や警察官によって解散を命じられた集会の参加者は、すみやかにその場所を退去しなければならない。

(ii) 警察官庁側の権限　届出を受けた警察官庁は、処分通告時に知りうる状況から、集会実施によって公共の安全および秩序に直接の危険が及ぶと判断した場合には、当該集会を禁止し、あるいは条件つきとすることができる。警察官は無届集会・禁止された集会・条件違反の集会の解散を命じることができる。集会が暴力的なものとなったり、武器を携帯する参加者を指導者がすみやかに排除しなかった場合なども同様である。また警察官は、集会を甚だしく妨害する者を排除する権限も有する。こうした措置をとる前提として、警察官は身分を明らかにした上で、集会に立ち会うことが認められる。

(iii) 罰　則　禁止された屋外集会または無届の屋外集会を実施した主催者および指導者、届出と異なる内容の屋外集会を実施した指導者、武器を携帯した集会参加者、集会を暴力的に防害した者、指導者および補助者に暴力をふるった者などに対して、最大限三年の自由刑または罰金刑が科せられる。

2　届出義務と自然発生的集会・緊急の集会

(1)　ヴァイマル憲法一二三条二項は、屋外集会については、ライヒ法律で届出を義務づけることができると規定していた[2]。こうした明文規定を欠く基本法八条の下で、上に見たような届出制はそもそも許されるのか。学説には、一般的な届出制の導入を違憲と見なす少数説もある。これはさらに、ヘーフリングのような集会法一四条全面違憲説と、フローヴァインのような部分違憲説とに分類できる[3]。

これに対して、連邦憲法裁判所は、基本法八条の集会権を初めて対象とした「ブロックドルフ決定」において、届出制を合憲と判示した[4]。届出義務自体は基本権の些細な制限にすぎないこと、集会の円滑な実施や、第三者利益・共同体利益との調整のため、警察と主催者側とが協力する上で必要なこと、無届が自動的に集会の禁止・解散を正当化する仕組みになっていないこと、これらがその理由である。本件決定もこの見解を維持している

【判旨】２―⑴―ⅰ)。学説の大勢もこれに同調していると見てよいだろう(5)。

⑵　それでは、集会法の届出義務はすべての集会に適用されるのか。通説は早くから、自然発生的集会（Spontanversammlung）は届出義務を免除されるという集会法の合憲限定解釈をおこなってきた。その場合、自然発生的集会としてイメージされていたのは、ベルリンの壁が構築されたときや、ケネディ大統領が暗殺されたときに、西ベルリン市民が誰ともなく街頭や広場に集まっておこなった抗議集会のようなケースであろう(6)。連邦憲法裁判所も、やはりブロックドルフ決定で、自然発生的集会に集会法一四条が適用されないことを明示した(7)。但し、ブロックドルフ決定は、自然発生的集会を「アクチュアルなきっかけから瞬時に形成される」集会と定義し、主催者の有無には言及していない(8)。そのため、本件の憲法異議申立人のように、主催者がいても、きわめて短期間のうちに計画・実施された集会を自然発生的集会と理解する余地もあった。本件決定は、【判旨】２―⑴―ⅱ)で紹介したように、自然発生的集会を「計画なしに瞬時のきっかけを捉えて、主催者なしに展開する集会」と定義しなおし(9)、事前に主催者が存在する「緊急の集会」との概念的区別を明瞭にした。連邦憲法裁判所は、自然発生的集会のこうした再定義を前提として、その届出義務を免除するブロックドルフ決定を確認したわけである。

⑶　そこで、本件決定の主たる意義は、緊急の集会（Eilversammlng）の概念を初めて明確化し、この集会類型も基本法八条の保護を受けることを承認した上で、集会法の届出義務と緊急の集会との関係を判示した点にある。ここでの緊急の集会とは、集会開催を公表する四八時間前までという届出期間を遵守すると、テーマとの関係で適切なタイミングを失してしまうような集会である。本件多数意見の結論は、集会法一四条を合憲解釈すれば、最大限で集会開催の公表時まで届出期間の短縮が認められるというものだった（【判旨】２―⑴―ⅲ)）。

学説もこの解釈をおおむね受け入れているように思われるが(10)、批判もないわけではない。もともと学説には、フローヴァインやシェンケのように、集会法一四条は期間内の届出が不可能な集会にも適用されざるを得ない点で、基本法八条に反するとする部分違憲説があった[11]。また、本件決定を直接の対象とする批判としては、たとえばガイスの論説があげられる。ガイスによれば、「公表の遅くとも四八時間前まで」という集会法一四条の文言は一義的で誤解の余地がない。本件多数意見の解釈は、「許された拡張解釈の枠を踏み超えており、実際には、裁判官による許されざる規範訂正」である。但し、ガイス自身は部分違憲説にも同調せず、公表前四八時間という届出期間を遵守できない以上、緊急の集会も届出義務を免除されるというのが、唯一可能な合憲限定解釈だと主張している[12]。

(4)　こうして見ると、基本法八条と集会法一四条との関係については、五つの考え方が主張されてきたことになる。①集会法一四条の届出義務それ自体が違憲だとする全面違憲説（ヘーフリング）、②法定期間内に届出できない集会（自然発生的集会・緊急の集会）に適用される限度で違憲だとする部分違憲説（フローヴァイン）、③緊急の集会に適用される限度で違憲だとする部分違憲説（本件反対意見【判旨】3―(i)参照）、④自然発生的集会と緊急の集会は届出を免除されるとする合憲解釈（ガイス）、⑤自然発生的集会は届出を免除され、緊急の集会は届出期間を短縮されるとする合憲解釈（本件多数意見・多数説）、この五つである。

3　集会法二六条二号と基本法一〇三条二項

集会法一四条を多数意見のように限定解釈した場合、同法二六条二号の刑罰規定は、基本法一〇三条二項の要求する構成要件の特定性を満たさないのではないか。これが多数意見と少数意見との対立を生んだ第二の主要な論点である。

集会法二六条が、無届で実施された集会の主催者・指導者を処罰する文言になっている以上、緊急の集会の主催者・指導者も、つねに不可罰となるわけではない。この点は二六条の文言から認識可能である。だから特定性の要請は満たされている。これが多数意見の理解である。これに対して少数意見によれば、届出期間を短縮するという一四条の限定解釈を前提にすると、いつまでに届出が済んでいれば主催者・指導者が不可罰となるのかを、二六条の文言自体からは認識できない。少数意見はこの点が一〇三条二項に触れるとする。

つまり、緊急の集会の届出期間を短縮するという限定解釈をとった場合、二六条の文言の特定性がどの程度失われるかについては、多数意見と少数意見との間に理解の差はないと見てよい(13)。むしろ、限定解釈によって可罰範囲が縮小するという行為者の利益を重視するのか、縮小の範囲が文言から読み取れないという行為者の不利益を重視するのか。その違いが両意見の分岐点になったと考えられる。いずれにせよ、本件決定によって、緊急の集会の適法な届出期間に関しては、実務上の決着がついた形である。

4　ドイツにおける集会権理解の特色

ドイツの場合、集会権に関する議論の出発点として基本法八条が保障するのは、「平和的に集会する権利」である。ここからさらに、連邦憲法裁判所と多数説は、主催者側と警察側との「協力義務」を導き出す(14)。判旨で紹介したように、届出義務もまさにこの観点から正当化されたのである。加えて、集会法が前提とするのは、事前に主催者によって準備され、指導者によって運営される「組織された集会のモデル(15)」である。結局、ドイツの立法・判例・学説は、準備され、管理された平和的集会を最大限保護することに、基本法八条の集会権の限目を見出していると評することができよう。

その上で、秩序立った集会からの「例外」と見なされる現象に対して、どの程度の憲法的保護を認めるか。こうした「例外現象」に配慮しているとは言えない集会法の限定解釈はどこまで可能か。ブロックドルフ決定（「自然発生的集会」「大規模集会」）と、本件決定（「緊急の集会」）では、いずれもこの点が問題となったわけである。本件決定後の基本法八条関係事件で、この観点から注目されるのは、「座りこみ」（Sitzblockade）も「平和的集会」の一態様と認め、集会の解散命令後も「座りこみ」を続けた者の処罰の合憲性は、解散命令の適法性を前提

とするとした、一九九二年一二月一日の第一法廷決定である。(16)

(1) 集会法の条文は、H. Tröndle, Strafgesetzbuch und Nebengesetze, 48. Aufl., 1997, S. 1760–1766 を参照した。なお、一四条に言う「公表の遅くとも四八時間前まで」(spätestens 48 Stunden vor der Bekanntgabe) とは、「開催の意図の公表、すなわち招待や勧誘の公表の四八時間前まで」の意味である (Ott/Wächtler, Gesetz über Versammlungen und Aufzüge, 6. Aufl., 1996, S. 173.)。

(2) ヴァイマル憲法の条文は、高田敏・初宿正典編訳『ドイツ憲法集（第五版）』（信山社、二〇〇七年）一三九頁参照。

(3) W. Höfling, Art. 8. Rdn. 58, in: Hrsg. v. M. Sachs, GG-Kommentar, 1997; J. A. Frowein, NJW 1969, S. 1085 f.

(4) BVerfGE 69, 315 [349 f.]. ブロックドルフ決定については、高橋明男「西ドイツにおける警察的個人保護（二・完）」阪大法学一四〇号（一九八六年）一四〇一—一四一一頁、本章第一節参照。

(5) M. Kniesel, NJW 1992, S. 863; Ch. Gusy, JuS 1993, S. 557 といった論説、Pieroth/Schlink, Grundrechte, 10. Aufl., 1994. Rdn. 776; Jarass/Pieroth, GG-Kommentar, 3. Aufl., 1995, Art. 8, Rdn. 16; H. Schulze-Fielitz, Art. 8, Rdn. 49, in: Hrsg. v. H. Dreier, GG-Kommentar, 1997. などの解説書は、連邦憲法裁判所の見解をそのまま説明することで、実質的に合憲説をとっていることが多い。届出義務の合憲性を明示的に説く例として、A. Werbke, NJW 1970, S. 1 f.

(6) Vgl., Hrsg. v. Münch/Kunig, GG-Kommentar, Bd. I. 3. Aufl., 1984, S. 419.

(7) BVerfGE 69, 315 [350].

(8) Ebd. この点については、高橋明男「デモの自由と『平和性』（二・完）」阪大法学一四八号（一九八八年）二五一頁注（63）参照。

(9) BVerfGE 85, 69 [75].

(10) たとえば、注（5）にあげた文献参照。

(11) J. A. Frowein, NJW 1969, S. 1085 f.; W-R. Schenke, JZ 1986, S. 35 f.

(12) M-E. Geis, NVwZ 1992, S. 1027–1030.

(13) 基本法一〇三条二項の理解に関しては、多数意見・少数意見ともBVerfGE 71, 108 [114] を引いている（BVerfGE 85, 69 [73, 79]）。引用された決定のなかで連邦憲法裁判所は、「基本法一〇三条二項は、…犯罪構成要件の射程と適用範囲を認識することができ、解釈を通じて発見することができるほど具体的に、可罰性の要件を規定するように立法者を義務づけている」としている。裁判所は、「刑罰規定の特定性を判断する第一の基準となるのは、受命者にとって認識および理解可能な法律要件の文言だ」とも述べている。

(14) BVerfGE 69, 315 [355 ff.]（ブロックドルフ決定）; BVerfGE 85, 69 [74]（本件）; 学説については、たとえば Ch. Gusy, JuS 1993, S. 558; H. Schulze-Fielitz, a. a. O., Rdn. 66.

(15) Ch.Gusy, a. a. O., S. 557.

(16) BVerfGE 87, 399 ff. なお、第一法廷一九九五年一月一〇日決定（BVerfGE 92, 1 ff.）は、「座りこみデモ」を刑法二四〇条に言う「暴力による強要」に当たるとする刑事裁判所判決を、基本法一〇三条二項違反とした。この決定に関しては、松本和彦「道路上での座りこみデモと強要罪規定の明確性」ドイツ憲法判例研究会編『ドイツの憲法判例・第二版』（信山社、二〇〇六年）四五二頁以下参照。

〔文献補遺〕

初出論稿公表後に接したドイツの「集会の自由」に関する研究として、初宿正典「集会の自由に関する若干の考察——とくに基本法八条二項の成立過程を中心として——」法学論叢一四八巻五・六号（二〇〇一年）九〇頁以下、渡辺洋「憲法の歴史的記憶——ドイツ集会法論争におけるリベラル左派——」神戸学院法学三四巻一号（二〇〇四年）一八九頁以下、同「公安と公序——ドイツ集会法をめぐる論争——」神戸学院法学三五巻三号（二〇〇五年）一二九頁以下、同「表現内容に基づく集会規制——ＮＰＤによるシナゴーグ建設反対集会事件」自治研究八二巻九号（二〇〇六年）一四六頁以下がある。

第三部　憲法変遷の観念

XII　ビスマルク憲法と憲法変遷論

はじめに

美濃部達吉の紹介によって日本の学界がこの概念を知って以来、「憲法変遷」をテーマとする論文はまさに汗牛充棟の感がある。(1) いまでは日本の憲法変遷論それ自体が独自の研究対象となりうるし、また現になっている。(2) 現状はむしろ学説整理の「過剰」とさえ評することができそうだ。ところで、こうした日本の学説の大部分は、ドイツの憲法変遷論、とりわけG・イェリネックのそれを議論の出発点としている。しかしこれらの先行業績は、「憲法変遷」に関する一般理論を構築し、さらには現行憲法の解釈論レベルで自説を展開するために、必要な限度でドイツの学説を取り上げる傾向にあり、ドイツにおける憲法変遷理論史に正面から取り組んだ研究は今日でも意外に少ない。(3) ドイツ憲法理論研究のレベルでは、現状は相変わらず学説整理の「過少」と言えるだろう。

第二次大戦後の日本の場合には、憲法変遷の問題がとりわけ憲法九条を念頭に論じられてきたように、(4) この学説の母国であるドイツでも、「変遷論」はやはり特定の文脈で展開されてきた。したがって、ドイツの学説の流れを整理しておくことは、一般憲法理論や現行憲法解釈論の次元での「憲法変遷論」の射程を見極めるためにも、本来不可欠の前提作業だと思われる。本章以下の三章は、ドイツ憲法史の文脈のなかで、「憲法変遷論」の変遷それ自体を跡づけようとする学説史研究の試みである。

本章と次章が考察の対象とするのは、ラーバントがはじめてこの問題を取り上げた一八九五年の講演「ドイツ帝国憲法の変遷」(5)から、一九三二年、ヴァイマル期の最後にシュ・ダウリンが公刊したモノグラフィー『憲法変遷』(6)まで、第二次世界大戦前の学説動向である。のちに詳しくみるように、各論者は主としてその時々の実定憲法を念頭に置きながら議論を進めており、憲法制度の相違に応じて、「憲法変遷」という同一の用語でカバーされている中心的な問題領域にも違いがあるように思われる。そこで本章と次章では、ビスマルク憲法（一八七一年制定の帝国憲法。その前身である一八六七年制定の北ドイツ連邦憲法も含める）期・ヴァイマル憲法（一九一九年制定）期に区分して、実定憲法制度との関連に留意しながら学説整理を試みることにしたい。

まず第二次世界大戦前の学説史を取り扱うのは、この時期の憲法変遷論が、「憲法と憲法現実ないし憲法状態との乖離」という憲法変遷観を共有していると考えられるからである。(7)学説の整理には整理の枠組が必要である。そこで、本章と次章では「憲法と憲法現実（憲法状態）との間に乖離が存在する」という命題に注意を集中し、以下のような問いに問題を分けて学説の分析に取り組もうと思う。①「憲法と憲法現実との乖離」という命題は、いかなる認識を表現しているのか。言い換えると、各論者は何と何が何故いかに乖離していると認識しているのか。②論者はこの乖離をいかにして認識したのか。③論者はこの乖離を法的にはいかなるものとして評価しているのか。このようなアプローチを試みるのは、これらの問いに即しながら二つの時期に分けて学説を吟味することによって、ドイツの憲法変遷論が具体的には何を問題にし、どのように変化してきたのかを把握することができるように思われるからである。

（1）憲法変遷をテーマとする主な邦語文献を以下に掲げておく。後に著者自身の著書に再録された論文は、初出誌名を省略し、初出年と再録された著書とを示した。

1　芦部信喜「憲法の改正と変遷」（一九六三年、同『憲法制定権力』（東京大学出版会、一九八三年）一四二―一四八頁、補論三三五―三三九頁)。
2　新正幸「憲法の変遷」「憲法の最高法規性」(一九七五年、同『純粋法学と憲法理論』日本評論社、一九九二年一八七―一九六頁)。
3　阿部照哉「『憲法変遷』について」大石義雄喜寿記念『日本国憲法の再検討』(嵯峨野書院、一九八〇年)六〇一―六一三頁。
4　有倉遼吉「憲法の崩壊過程」法律時報二五巻一号(一九五三年)三八―四四頁。
5　石村修「憲法の変遷」(岩間・戸波編『別冊法学セミナー・司法試験シリーズ憲法Ⅰ〔第三版〕二〇―二二頁)。
6　岩間昭道「憲法変遷についての一試論」芦部信喜還暦記念『憲法訴訟と人権の理論』(有斐閣、一九八五年)七五七―七八二頁。
7　上野裕久「憲法第九条の変遷について」岡山大学創立三〇周年記念『法学と政治学の現代的展開』(法律文化社、一九八二年)三一―五五頁。
8　上田勝美「憲法の改正と憲法の変遷」龍谷法学一三巻四号(一九八一年)二六―五四頁。
9　浦部法穂「『憲法変遷論』について」小林直樹還暦記念『現代国家と憲法の原理』(有斐閣、一九八三年)三五七―三八七頁。
10　大隈義和「憲法規範の変動」樋口陽一編『講座憲法学1憲法と憲法学』(日本評論社、一九九五年)一五一―一八一頁。
11　影山日出弥「憲法の変動と規範力」同『憲法の基礎理論』(勁草書房、一九七五年)二―四四頁。
12　粕谷友介「我が国における憲法変遷論の批判的研究(一)(二)(三・完)」上智法学論集一九巻一号(一九七五年)一―七三頁、二〇巻一号(一九七六年)三一―九六頁、二〇巻二号(一九七七年)五九―一四九頁。
13　粕谷友介「憲法変遷と憲法九条」長尾・田中編『現代法哲学3』(東京大学出版会、一九八三年)四一―六八頁。
14　川添利幸「憲法変遷 Verfassungswandlung の法的性格」(一九五三年、同『憲法保障の理論』尚学社、一九八六年四九―八六頁)。
15　川添利幸「憲法の制定―改正―変遷」(一九六五年、同『憲法保障の理論』五―四八頁)。

16 川添利幸「憲法変遷の意義と性格」小嶋和司編『憲法の争点・新版』(有斐閣、一九八五年)一〇—一一頁。
17 清宮四郎「憲法の変遷について」(一九六三年、同『国家作用の理論』有斐閣、一九六八年一八五—二〇二頁)。
18 清宮四郎「憲法の変遷と『文民』規定」(一九六七年、同『国家作用の理論』二〇三—二二三頁)。
19 小嶋和司「……憲法の変遷とは、いかなる現象をいうのか」芦部・小嶋・田口『憲法の基礎知識』(有斐閣、一九六六年)三五—四二頁。
20 小林孝輔「憲法の改正と変遷」(一九五五年、同『憲法における法と政治』三省堂、一九八〇年七六—八九頁)。
21 小林孝輔「イェリネク—『憲法変遷』論の概念と問題」同編『ドイツ公法の理論』(一粒社、一九九二年)七五—九二頁。
22 小林直樹「憲法の変遷」(一九七四年、同『憲法秩序の理論』東京大学出版会、一九八六年二一五—二六八頁)。
23 小林直樹「憲法の『変遷』と『改正』」上野裕久退官記念『憲法の科学的考察』(法律文化社、一九八五年)二〇三—二二六頁。
24 小林宏晨「憲法第九条への『憲法変遷』論の適用」比較憲法学研究七号(一九九五年)一三四—一五二頁。
25 阪本昌成「憲法の保障と憲法の変動」同『憲法理論Ⅰ・第二版』(成文堂、一九九七年)一一八—一三二頁。
26 佐々木惣一「憲法ノ改正」(一九一五年、佐々木惣一博士米寿祝賀記念刊行会編『法の根本的考察』一九六五年一—四三頁)。
27 佐藤功「憲法の改正と変遷」憲法問題研究会編『憲法読本・下』(岩波新書、一九六五年)。
28 篠原巌「G・イェリネックの憲法変遷論」名古屋大学・法政論集八三号(一九八〇年)一—七四頁。
29 篠原巌「憲法の変遷」杉原泰雄編『講座・憲法学の基礎第一巻』(勁草書房、一九八三年)二二三—二四四頁。
30 杉原泰雄「憲法秩序の変化」田上穣治編『体系憲法事典』(青林書院新社、一九六八年)一六八—一七五頁。
31 芦沢斉「憲法の変遷」吉田・中村編『別冊法学セミナー・司法試験シリーズ憲法・新版』(日本評論社、一九八三年)三五—三七頁。
32 高田篤「日本の『憲法変遷』論の背景」比較憲法学研究七号(一九九五年)五七—七九頁。
33 高野修「慣習法と法秩序の統一性」菅野喜八郎還暦記念『憲法制定と変動の法理』(木鐸社、一九九一年)三三五

—三五六頁。
34 高橋和之「憲法変遷論にみられる混乱の若干の整理・上・下」ジュリスト九七三号（一九九一年）五一—五九頁、同九七四号（一九九一年）五〇—五五頁。
35 田畑忍「憲法の改正と憲法の変遷」同編『憲法の改正と法律の改正』（評論社、一九七二年）。
36 手塚和男「スメント及びドイツ国法学における憲法変遷論」菅野喜八郎還暦記念『憲法制定と変動の法理』（木鐸社、一九九一年）二八一—三〇五頁。
37 手塚和男「ルードルフ・スメントの憲法変遷論」比較憲法学研究七号（一九九五年）三五—五六頁。
38 長尾龍一「憲法変遷論考」『法学セミナー増刊・日本の防衛と憲法』（日本評論社、一九八一年）六五—七三頁。
39 長尾龍一「『憲法変遷』再考」比較憲法学研究七号（一九九五年）二五—三四頁。
40 中村睦男「憲法の変遷」同『憲法30講』（青林書院、一九八四年）二八一—二八九頁。
41 布田勉「G・イエリネクの憲法変遷論と一八七一年のドイツ帝国憲法」比較憲法学研究七号（一九九五年）九四—一一〇頁。
42 橋本公亘「憲法変遷論」ジュリスト別冊『日本国憲法30年の軌跡と展望』（有斐閣、一九七七年）一〇八—一一四頁。
43 橋本公亘『日本国憲法』（有斐閣、一九八〇年）四七—五二頁、四三〇—四三二頁。
44 長谷川日出世「純粋法学と憲法変遷の概念」憲法研究一七号（一九八四年）七二—九一頁。
45 長谷川日出世「選択的授権規範と憲法変遷概念」小森義峯古稀記念論集『現代における憲法問題の諸相』（国書刊行会、一九九四年）四七—六八頁。
46 長谷川正安「第九条をめぐる憲法学の変遷」法学セミナー三〇六号（一九八〇年）三四—三九頁。
47 浜谷英博「憲法改正の限界と憲法変遷論」憲法学会編『憲法百年』（一九九〇年）四一五—四三二頁。
48 樋口陽一「『憲法変遷』の観念」思想四八四号（一九六四年）五七—七三頁。
49 樋口陽一「『憲法慣習』の観念」（一九七五年、同『現代民主主義の憲法思想』創文社、一九七七年一一七—一六三頁）。

50　樋口陽一「『判例による憲法変遷』という考え方について」広中・樋口編『人権と司法』（勁草書房、一九八四年）九九―一一七頁。
51　樋口陽一「憲法変遷論的思考の二系譜」法学教室四四号（一九八四年）二五―三〇頁。
52　平松毅「憲法解釈の変更か憲法変遷か」比較憲法学研究七号（一九九五年）八〇―九三頁。
53　広沢民生「『憲法変遷』論批判」法と民主主義一五六号（一九八一年）二〇―二五頁。
54　ホセ・ヨンパルト「憲法第九条の変遷の問題」法の理論一一号（一九八四年）。
55　宮沢俊義「硬性憲法の変遷」（一九二四年、同『憲法の原理』岩波書店、一九六七年六七―一一一頁）。
56　宮本栄三「憲法変遷説の検討」田畑忍編『憲法の改正と法律の改正』（評論社、一九七二年）。
57　美濃部達吉「『エリ子ツク』氏憲法変化論」（一九〇八年、同『憲法及憲法史研究』有斐閣、一九八七年復刻六九三―七四五頁）。
58　山上賢一「憲法の改正と変遷」憲法学会編『憲法百年』（一九九〇年）三九七―四一四頁。
59　結城光太郎「憲法変遷論批判」新潟大学・法政理論一七巻一・二号（一九八四年）一一一号―二八頁。
60　結城洋一郎「わが国の憲法変遷論に関する一考察」静岡大学・法経研究三一巻三・四号（一九八三年）一〇五―一四二頁。
61　赤坂正浩「憲法解釈の枠について――憲法変遷論への一視角――」菅野喜八郎還暦記念『憲法制定と変動の法理』（木鐸社、一九九一年）三五七―三八二頁、本書第XV章。
62　赤坂正浩「ドイツの三憲法典と憲法変遷論」比較憲法学研究七号（一九九五年）九―二四頁。
〔文献補遺〕
63　齊藤芳浩「憲法慣習について(1)(2)(3)完」福岡県立大学紀要六巻二号（一九九八年）三三―五三頁、同七巻一号（一九九八年）一―二七頁、同七巻二号（一九九九年）一―四二頁。
64　石村修「憲法変遷の意義と性格」高橋和之・大石眞編『憲法の争点・第三版』（有斐閣、一九九九年）二九二―二九三頁。
65　玉蟲由樹「時間・憲法・憲法の現実化」栗城壽夫先生古稀記念『日独憲法学の創造力・下』（信山社、二〇〇三年）一三一―一五七頁。

66　石川健治「憲法変遷論評註」樋口陽一先生古稀記念『憲法論集』（創文社、二〇〇四年）七四七―七八五頁。

67　南野森「憲法慣習論から――ルネ・カピタン再読――」樋口陽一先生古稀記念『憲法論集』（創文社、二〇〇四年）六六三―六八六頁。

68　山本龍彦「憲法の『変遷』と討議民主主義――『法生成』に関するF・マイクルマンの議論を素材に――」法学政治学論究六一号（二〇〇四年）二五九―二九六頁。

（2）たとえば、註（1）の10、14、32、38、40、60論文参照。

（3）註（1）の10（の（一））、12、18、19、26、57、59論文がG・イェリネックの憲法変遷論、2、33、44、45論文は純粋法学と憲法変遷論との関係、36、37論文はスメントの憲法変遷論を直接の考察対象としている。そのほかにドイツの学説を相当詳細に取り上げた論文としては、11と22があげられる。私自身も研究の見取図となる小論を発表する機会があった（62論文）。しかし、私見によれば、ドイツの憲法変遷論について、学説の流れそれ自体を追跡するという意味での理論史研究と評することができるは、今日でも12論文のみであるように思われる。

（4）憲法九条の変遷の問題を直接テーマとした論稿として、たとえば6、7、11、16、19、23、43、46、53、54をあげることができる。

（5）Paul Laband, Die Wandlungen der deutschen Reichsverfassung, 1896. 初出は Jahrbuch der Gehe-Stiftung zu Dresden, 1895, Bd. I, S. 149–186 であるが入手できず、引用はその復刻、Paul Laband, Abhandlungen, Beiträge, Reden und Rezensionen, Teil 1, Leibzig, 1980, S. 574–611 によった。

（6）Hsü Dau-Lin, Die Verfassungswandlung, Berlin und Leibzig, 1932, 182 S.

（7）vgl. P. Laband, aaO., S. 575 f.; Hsü Dau-Lin, aaO., S. 17.

第一節　ラーバントの憲法変遷論

一　憲法と憲法状態——乖離の要素

(1)　憲法変遷の問題に関して、ビスマルク憲法期に発表された主な論稿としては、上述の講演を活字にしたラーバントの一八九五年論文、G・イェリネックの一九〇六年論文、ラーバントがこのテーマを再論した一九〇七年論文、「習律」に関するハチェックの一九〇九年論文、ボルンハークの一九一〇年論文、そして「憲法改正」に関するヒルデスハイマーの一九一八年のモノグラフィーをあげることができる。(1)

これらのなかから、ここではまず、憲法変遷論の創始者とされるラーバントの二つの論説を取り上げることにしたい。日本では、美濃部達吉による紹介以来、「憲法変遷」といえば一九〇六年のG・イェリネック論文が重視されて、ラーバントはほとんど取り扱われることがなかった。(3) また、ドイツでも、ラーバントは憲法変遷の概念を「まだまったく非技術的に使用し、種々の現象を記述するために利用した」にすぎないと評される。(4) しかし私見によれば、ラーバント論文はビスマルク憲法期「変遷論」のスタンダードを確立したのであり、G・イェリネックをはじめとするこの時期の他の論者の特色は、彼との比較を通じて浮き彫りになるように思われるのである。ところで約一〇年の間隔をあけて書かれたラーバントの二つの論説は、北ドイツ連邦憲法の制定についての記述を別にすれば、前者が後者のうちにすっかり包摂される関係に立つので、以下の検討に際しては、両者を一体のものとして取り扱うことが許されよう。

(2)　そこでまず、ラーバントがみずからの問題関心を集約的に表現した、一八九五年論文の冒頭部分をほぼ逐語的に掲げることから始めよう。「憲法の内容についてより精確な知識を入手したならば、ひとは……一国の現実の法状態がきわめて重要かつ徹底的な変化を経験しているにもかかわらず、憲法典にはそれが表現されていないこともある、ということを確信することになる。一国の現実の憲法状態と憲法典に定式化された準則との間にはしばしばきわめて大きな相違があり、憲法律の文言は改正される必要なしに憲法状態は大きな変動を経験しうるのである。

ドイツ帝国憲法が、その制定以来経験してきた変化の論述に、今日私が読者の注意を惹くつもりならば、ここでは憲法の文言を改正した比較的少数の法律を数え上げるのではなくて、憲法には表現されていない帝国の憲法状態の重要な変化、憲法状態と憲法律との対立を取り上げることになる。建築物の基礎と正面はもとのままで、その内部では本格的な改築がおこなわれることもあるように、表面的に観察すれば帝国憲法もまた、制定時と同じ建築構造上の線と形とをたしかに示すのであるが、その内部をのぞきこんだひとは、内部はもはや建築時と同一ではなく、別な要求と考え方に応じて改築され拡張されており、当初の計画には必ずしも従っておらず、完全には調和してもいない若干のものが形成されていることを眼にすることになる[5]」。

ここには「はじめに」で触れたような憲法変遷論に共通のモチーフ、「憲法と憲法状態との乖離」という認識が明瞭に示されている。そしてラーバントの場合には、乖離し対立している二つの要素の一方が憲法典であることは、「現実の憲法状態と憲法典に定式化された準則との……相違」「憲法状態と憲法律との対立」という表現から明らかである。

乖離し対立しているもう一方の要素は、彼の用語では「憲法状態」Verfassungszustand である。この言葉はいかにも漠然としていて、何とでも理解できそうであるが、その具体的な内容を推測させるのは、同じく一八九五年論文の冒頭部分にあり、一九〇七年論文でも繰り返されている次の一節であろう。「これらの重要事項のすべて、そして他の多くの事項が、帝国憲法の枠外にある帝国の立法によって規律されている。帝国憲法のこのような形式的性格から、帝国の憲法状態の継続形成 Fortbildung および形態変化 Umgestaltung が帝国憲法のテクストの改正なしにおこなわれ、帝国の諸法律の内容からみてとるしかないことがわかる。こういう意味で、ほとんどすべての帝国法律が、帝国に認められた権限を現実化したり、帝国の政治的任務を実行するための制度を創設したり、国家権力に対する個人の権利自由の領域や、帝国に対する支邦の権利自由の領域を規定する新たな準則を定立したりすることによって、憲法状態の変更を含んでいるのである(6)」。

この論述からは、ラーバントの言う「憲法状態」が、ビスマルク憲法の規定内容とは何らかの点で食い違う（とラーバントが判断する）帝国法律によって惹起された、法的・事実的状態を意味するように思われ、もっと端的には憲法典の内容と食い違う帝国法律の内容を意味するように思われる。そうすると、彼の言う「憲法変遷」とは、憲法典のテクストはもとのままで生じた「憲法状態の変化」であり、「憲法状態の変化」とは「憲法典と内容的に食い違いのある帝国法律の制定改廃」を意味することになりそうである。そこで次に、ラーバントの具体的叙述を追うことによって、この判断の適否を確認することにしよう。

(3)　ラーバントの二つの論説を通読すると、そこには憲法典の規定が予定していなかった若干の慣行についての指摘も含まれている。また「憲法の文言を改正した比較的少数の法律を数え上げることはしない(7)」という彼の言にもかかわらず、一九〇七年論文の場合には八つの憲法改正法律についての叙述もみられる。したがって、ラーバントの問題関心は憲法典と単純法律との乖離にあったと断言するならば、過度の単純化に陥ることになるかもしれない。しかし二つの論説のなかで、彼が具体的に言及している個別の制定法は五〇近くに及び、しかもそのほとんどは帝国の単純法律であるから、彼の「変遷論」の大部分が、ビスマルク憲法（および北ドイツ連邦憲法）の条項とは異なる内容をもつ制定法、とりわけ単純法律の説明に割かれていることもたしかである。この点と、先ほど引用したラーバント自身の論述からみて、「憲法」と対立する「憲法状態」として彼が意味している事柄の少なくとも中心は、種々の帝国単純法律であるという判断は維持できるであろう。

ところで右に指摘したように、ラーバントの「変遷論」には憲法改正法律に関する叙述も含まれており、これが彼の憲法変遷概念がG・イェリネックのそれと比べて「非技術的」と評される所以である。[8] また日本の学説でも、おそらく例外なく「憲法変遷」は「憲法改正」と対比して理解されてきたのであるから、[9] そういう考え方をとらない点に、ラーバントの憲法変遷論の著しい特徴を見出すことが可能であろう。ではなぜ彼は「憲法典」と乖離した「憲法状態」のなかに、多くの単純法律と並んで憲法改正法律もあげるのであろうか。それを知るためには、ビスマルク憲法の改正方法と改正の実態をあらためて確認しておく必要がある。

ビスマルク憲法七八条一項は、「憲法改正は立法の方法でおこなわれる。連邦参議院で一四票の反対があった場合には、改正は否決されたものとみなされる。」と規定している。[10] この条項の第一文は、憲法改正と法律制定とを本来質的に区別しないドイツ的発想を示すものである。[11] また周知のように第二文は、連邦参議院に一七票を有するプロイセンと、同じく合計すれば一六票を有する南ドイツ諸国に対して、憲法改正への拒否権を付与するという意味をもつ。[12] 単純法律と憲法改正法律の制定手続は、帝国議会に関してはまったく同一であり、連邦参議院での否決要件が前者は五八票中三〇票であるのに対して、後者は一四票である点が異なるにすぎない。その上、単純法律でも連邦参議院における反対票が一四票未満で可決される場合が当然相当数ありうることを考えれば、こうした消極的加重要件の実質的意義がそれほど大きいものとは、ますます言えないことになる。[13] これらの点からみて、ビスマルク憲法の「硬性」度はきわめて低く、その実質は「軟性憲法」に近いことがわかる。

次に改正の実態に目を向けてみよう。ハルトゥングによれば、ビスマルク憲法が施行されていた一八七一年から一九一八年までの四八年間に、一四の憲法改正法律が制定された。[14] 一九〇七年のラーバント論文では註で一〇の憲法改正法律が列挙されており、[15] これは一九〇七年以降の分を除いてハルトゥングのリストと完全に一致する。リストアップされたこれら一四の帝国法律のうち、憲法改正法律であることが標題に明記されているのは六つであり（ラーバント一九〇七年論文の段階では五つ）、残りは標題だけからは単純法律との違いが識別できない。そこで法律の本文をみてみると、標題に憲法改正である旨が示されていない八つのうち七法律は、テクスト中にこの法律によってビスマルク憲法の特定条項が改廃されるという趣旨の条文を含んでいる。たとえば、一九〇五年四月一五日の「兵役義務の変更に関する法律」が、その第一条において、「一八七一年四月一六日のドイツ帝国憲法……五九条一項を、以下のように置き換える」と規定しているのがその例である。[16] 論者が、標題にその点が明記されていないこれらの法律を、憲法改正法律にカウントするのはこのためであろう。

それゆえビスマルク憲法期には、成文憲法典のほかに、標題に憲法改正であることが明記された憲法改正法律、標題には明記されていないが本文中に憲法条項の改廃規定を含む憲法改正法律、そして形式的には憲法改正について言及していない単純法律が存在したわけである。しかし一旦成立した憲法改正法律を再度改正する場合には、七八条一項二文の加重要件は適用されないというのが実務の態度であったと言われ、[17] その上ラーバントは、憲法典と内容的に抵触するその他の法律も、実質的には憲法改正法律であると理解している。これが憲法の「黙示的な」改正である。[18] このように憲法の実質的な改正という観念を認める学説にとっては、実はもはや憲法改正法律と通常法律との境界線は存在しないと言ってもよい。ビスマルク憲法のこうした改正方法、改正の実態、そしてラーバント自身の学説を前提にすると、憲法改正の状況を追って「憲法の明示的改正」から「憲法の黙示的改正」にまで視野を広げ、その全体を「憲法変遷」として一括するという思考の流れは、きわめて自然なことであったと考えられる。おそらくここに、単純法律と「明示的」憲法改正法律とが、いずれも「憲法典」と乖離した「憲法状態」の要素として並列的に取り扱われていることの原因があるとみてよいだろう。

「憲法典」から乖離した「憲法状態」の具体的叙述のなかには、私の確認したかぎりで四つの慣行への言及も含まれている。宰相代理の常設化[19]、宰相代理（すなわち帝国各省の長官 Staatssekretäre）がプロイセン全権委員の名目で連邦参議院の構成員となる慣行[20]、連邦参議院における皇帝発案の慣行[21]、連邦参議院の常設化[22]がそれである。これらのうち前二者は、一八七八年三月一七日の宰相代理法と帝国行政機関を設置した各種の命令（たとえば海軍省を設置した一八七二年一月一日の勅令）からの派生物であり、皇帝の発案権は形式的にはビスマルク憲法七条二項の規定にもとづいてプロイセン提出議案の体裁をとって行使されたので、憲法典にもその他の制定法にも根拠のない純粋な慣行としてラーバントがあげているのは、連邦参議院の常設化だけということになろう[23]。

以上の検討から明らかなように、ラーバントの場合、「憲法と憲法状態との相違」とは、その大半は「憲法典の内容変更を含むと彼が解する単純法律（黙示的憲法改正法律）」と「ビスマルク憲法の諸条項の内容」との相違を、そして付随的には「（明示的）憲法改正法律」や「慣行」と「ビスマルク憲法の諸条項」との相違を意味していると言ってよいであろう。

二　憲法状態の諸類型――乖離の内容

（1）　論者は何と何とが乖離していると認識しているのか。この点に関するラーバント「変遷論」の立場は明らかになったと思われるので、つづいて彼の変遷論の具体的内容を、憲法と憲法状態との間にいかなる乖離が存在すると考えていたのかという観点から探ることにしたい。

ラーバントの一八九五年論文は、帝国の行政組織・財政制度・裁判制度という三つの領域に関して、北ドイツ連邦憲法およびビスマルク憲法の「変遷」を論じたものであり、一九〇七年論文は、一八九五年論文とほぼ同様の簡単な導入部の後に、帝国と支邦との関係・帝国領土・帝国国籍・皇帝・連邦参議院・帝国議会・帝国官庁・内政・司法・軍事・財政制度という一一の項目を立てて、同一のテーマをより包括的にかつ詳細に叙述したものである。

一八六七—七一年憲法は、プロイセンのヘゲモニーの維持、中小諸邦の存立、統一的な国民国家の形成という相反する三つの課題を、微妙なバランスの上に達成しようとした作品であった(24)。そのため主権の所在のような理論的問題には触れず、市民と国家権力との関係を定める基本権規定も含まず、必要最小限の組織規定に自己限定している。後世の憲法史家が、ときには「当時の他のどの憲法よりも法律学的に洗練されたもの(25)」と評し、またときには「新ドイツ帝国はきわめて複雑な形姿を呈し、それを国法学の範疇に組み入れるのは容易なことではない(26)」と述べる所以である。「疑問の余地のない政治的要求によってどうしても必要とされる変化だけを実現する」というビスマルクの「賢明な原則に発し(27)」、その代わり「憲法法にとってきわめて重要な諸制度について十分な規律が見出されない(28)」一八六七—七一年憲法が、主としてその後の帝国立法によって「木の芽から樹木が成長するように大規模な発展を遂げている(29)」姿を示す(30)。これがラーバントの二つの論説の意図であった。ラーバントは、ビスマルク憲法のこのような「継続形成および形態変化」を、憲法典には規定されていない制度が帝国法律等を通じて追加されたり、憲法典の原則的規定が帝国法律等によって具体化されていったケース（憲法典の補充）と、憲法典の明文規定に反する制度が帝国法律等によって展開されていったケース（憲法典の修正）という二つの態様に区別しているように思われる。彼自身は「憲法状態の継続形成および形態変化」Fortbildung und Umgestaltung という術語を明確に定義したり使い分けたりしているわけではないが(31)、言葉のニュアンスからあえて想像を逞しくすれば、「継続形成」が前のケース、「形態変化」が後のケースにあたると考えることもできよう。そこで、以下ではこの二つの区別を柱として、ラーバントの言う「憲法と憲法状態との対立」がいかなるものなのかを概観することにしたい。

(2)　まず第一の類型として、帝国法律によるビスマルク憲法の欠缺補充についてみてみよう。二つの論説のなかで、ラーバント自身が憲法典の欠缺補充であることを明示的に認めているのは、帝国の共通国籍得喪要件に関する法律と、艦隊法である。そのほかに欠缺補充と明言しているわけではないが、私見によれば実質的にはそう理解できる叙述もある。

①　帝国国籍要件について。ビスマルク憲法三条は帝国共通国籍についての「プログラム」を示しているが[32]、帝国国籍の得喪要件については何も定めておらず、四条で「公民権」が帝国の立法事項とされるにとどまっている。ラーバントによれば、この点で「帝国憲法はひとつの欠缺をもつ」。「当然のことながら、北ドイツ連邦においてもすでに感じられていたこの欠缺は、帝国建国以前に、一八七〇年六月一日の連邦国籍および支邦国籍の得喪に関する連邦法律によって早速補充され、この法律は帝国建国にあたって南ドイツ諸国に導入されたし、一八七三年六月八日法律によってエルザス－ロートリンゲンにも導入されたのである[33]」。

②　第二の例は艦隊法である。ビスマルク憲法五三条一項一文は「帝国海軍は単一であり、皇帝の統帥権に服する」と規定している[34]。しかしながら海軍予算も連邦参議院と帝国議会の承認を要するので、「帝国憲法が作り出したのは、法的には無制約の皇帝の組織権と、連邦参議院および帝国議会の同じく無制約の支出承認権とが無媒介に対峙し、紛争のもととなりうるという法状態であった」。こうした状況に対処するための「海軍組織の基礎は、一八九八年四月一〇日の艦隊法によってはじめて作り出され、……この法律によって帝国の憲法法の重大な欠缺が補充されたのである[35]」。

③　先ほど述べたように、ラーバントの叙述のなかには、欠缺補充と明示されているわけではいないが、さりとて憲法典に反するとみなされているとも思われない事例も含まれている。私見によれば、帝国議会選挙に関する若干の制定法についての解説はそれである。ラーバントは、これらを憲法典への追加と考えているとここでは理解しておきたい。あげられているのは、投票用紙を出版法などの規制対象からはずした一八八四年三月一二日法律、支邦の結社禁止法律を廃止した一八九九年一二月一一日法律、投票の秘密を保護する特別規定を置いた一九〇三年四月二八日選挙規則である。(36)

④　ビスマルク憲法は帝国宰相職の設置（一七条）のほかに、皇帝による大使の認証（一一条）、領事の任命（五六条）、郵便電信行政の高級官吏の任命（五〇条）、士官の任命（五三条および六四条）、支邦の租税官庁への帝国関税官吏の派遣（三六条）を定めているけれども、体系的な帝国官庁組織に関する規定をまったく欠いている。にもかかわらず、一八六七年八月一二日の連邦首長令で設置された連邦宰相府、一八七〇年と七二年にプロイセンから帝国に移管された外務省・海軍省をはじめとして、次第に帝国各省庁が分化し、整備されていった。(37)このような帝国官庁組織の発展も、憲法典が沈黙している分野について、憲法典制定後の法令による追加がおこなわれた事例ということになろう。

(3)　「憲法と憲法状態の乖離」の第二の類型は、憲法典のプログラムが法律によって具体化されるケースである。帝国国籍と内政についての記述のなかにラーバント自身がその点を指摘しているケースがあり、軍制の変化についての解説のなかにも、実質的にはそのように理解できるケースがある。

①　ラーバントによれば、ビスマルク憲法三条は「ひとつのプログラムを提示しているにすぎない」。この規定は「いずれかの支邦の国籍保有者は他のすべての支邦においても内国人として取り扱われるという原則を確認

したにとどまり、」各支邦の多様な法規定はさしあたり放置された。「このような多様性を調整することは帝国の立法事項であり、最も重要で基本的な一八六七年一一月一日の移動の自由に関する法律を頂点として、数多くの帝国法律がこうした調整をおこなってきた。たしかにこの場合には、帝国は帝国憲法で認められた権限を行使しているだけなのであるから、形式的－法学的な意味では帝国憲法の変更ということはできない。しかしながら、事実上存在している憲法状態は、現在では北ドイツ連邦やドイツ帝国の建国時とはまったく異なっている」（傍点原著者）[38]。

②　ラーバントは、ビスマルク憲法上の帝国の内政権限として、四条に列挙されている営業制度・銀行制度・度量衡・特許および著作権保護・航行・医業の警察的規制などをあげ、これらの分野に存在した各ラントの多様な法状態が、帝国建国後の諸立法によって統一整序されたとする。しかし彼によれば「帝国憲法は帝国の権限を確定することに自己限定し、これらの事項それ自体については何も規定していないので、こうした立法は憲法の改正を惹起するものではなく、帝国憲法四条に示されたプログラムの実施にすぎない[39]」ことになる。

③　ラーバントの二つの論説は、軍制の解説にもかなりの頁数を割き、そのなかで陸軍の通常兵力の変化についても触れている。ビスマルク憲法六〇条は、一八七一年一二月三一日までの陸軍通常兵力を一八六七年人口の一パーセントと定め、その後の通常兵力量は帝国法律によって決定されるものとした。ラーバントによれば、これを受けて、一八七一年一二月九日法律から一九〇五年四月一五日憲法改正法律に至る数次の法律において陸軍通常兵力量についての定めが置かれた。ちなみに一九〇五年法に従うと、一九〇九年には陸軍総兵力は五〇万人を越えるという。こうした叙述も、それと明示されているわけではないが、憲法典のプログラムが具体化された事例についての説明とみなすことができよう[40]。

(4)　第三の類型として取り上げるべきは、憲法典の規定内容に反しており、結果的には憲法規定の修正または削除にあたるとラーバントが判断した諸法律である。以下、憲法典の条文と対比しながら整理しておきたい。

①　連邦領土がプロイセン・バイエルン・ザクセン等の諸邦から成ることを規定したビスマルク憲法一条は、一八七一年六月九日法律によって連邦領土に編入されたエルザス－ロートリンゲンが、帝国直轄領 Reichsland と位置づけられたことで、実質的には大きな修正を蒙った[41]。憲法一条は「帝国権力とは異なり、概念的にも区別される、帝国権力に対して自立的ないし固有の［支邦の］国家権力を前提にしている」にもかかわらず、その文言は変更されないままで、帝国が支邦によって構成されるという憲法典の原則に、大きな例外が生じたからである。「エルザス－ロートリンゲンが帝国直轄領と宣言されたことで、帝国という建物は、まったく異なる基本原理によって設計された建物を増築された……」のである。

ラーバントは帝国直轄領の創設の影響で、憲法典の他の規定も実質的には修正されたとする。主な点を拾っておくと[42]、第一に、皇帝は帝国の機関として帝国の権力を行使するにすぎず、エルザス－ロートリンゲンも決して皇帝領ではないが、しかしこの直轄領における国家権力の行使は、憲法一一条が皇帝に認めた連邦首長権とは著しく異なる。「皇帝の地位は領土的基盤を獲得したのである」。第二に、皇帝に直属する帝国大臣としてエルザス－ロートリンゲン総督職が設置されたことで（一八七九年七月四日帝国法律）、帝国宰相のみを唯一の帝国大臣と定める憲法一七条が実質的には修正された。第三に、エルザス－ロートリンゲンに一五の帝国議会議席が割り当てられたため（一八七三年六月二五日帝国法律[43]）、三八二人という憲法二〇条の定める議員数は実は法定の議員総数ではなくなった。

②　ビスマルク憲法一七条も、単純法律によって実質的には相当の修正を受けた。そのひとつは、いま述べたようにエルザス－ロートリンゲン総督が置かれたためにエルザス－ロートリンゲン関係の事務が宰相の手を離れ、

帝国大臣が帝国宰相だけではなくなったことである。「総督はエルザス－ロートリンゲンの帝国宰相である」。

もうひとつの実質的な修正は、一八七八年三月一七日法律が宰相代理制を導入したことにもとづく。帝国の行政権が拡大の一途をたどったために、帝国宰相がただ一人の帝国大臣として、皇帝の指令および措置に副署し責任を負うという憲法一七条の構想は「完全な幻想」となり「純粋に名目的」なものとなった。七八年法は、宰相の職務権限全体をカバーする一般代理職の設置を可能にしたのみならず、分化発展してきた帝国各省長官をその管轄領域に関する帝国宰相代理に任命する道を開き、それぞれの所管事務については各省長官の副署によって皇帝の指令および措置が有効とされるものとした。もっとも七八年法では、代理は宰相に事故ある場合にかぎって随意的に任命され、代理任命後も宰相は代理の所管事務に任意に介入することができる建前になっていたが、この法律の運用上の慣行においては、各省長官はつねに宰相代理に任命され、各省固有の通常事務に対して宰相が直接干渉する事態も考えられなくなったのである。こうしてラーバントによれば、一七条の「憲法原則は廃棄された(44)」。

③　帝国議会に関しては、ビスマルク憲法の三つの規定が憲法改正法律の形式を踏んで改正された。ラーバントは議会の政治的地位とその変化にも説き及びながら、これらの改正に触れている。憲法二四条は帝国議会議員の任期を三年と定めるが、一八八八年三月一九日憲法改正法律はこれを五年に改めた。ラーバントによれば、これによって選挙につきものの党派的争いが緩和され、政府に対しても有権者に対しても、議会の政治的地位が強化された。帝国全体に関係しない事項については、当該支邦選出議員だけが票決に加わるとする憲法二八条二項の規定は、一八七三年二月二四日の憲法改正法律で削除された。ラーバントによれば、そもそもこの規定は、全国民の代表という帝国議会の地位と矛盾するものであり、帝国全体に関係しない事項か否かの判断をめぐって、疑義や紛争を惹起していた。帝国議会議員の無報酬を定めた憲法三二条も一九〇六年五月二一日憲法改正法律で

改められ、手当の支払いは認められることになった。この改正は議員の出席率の改善をねらうものでもあったが、一九〇七年論文の時点では、「発効してまだあまりにも日が浅いので、この法律が帝国の憲法制度 Verfassungswesen にどのような影響を与えているのか判断はできない」と言う[45]。

④　財政制度、とりわけ帝国および支邦の財源とその配分に関するビスマルク憲法の諸規定も、その後の単純法律や憲法改正法律によって大きな修正を経験した領域である。憲法三五条は、関税と国産の塩・タバコ・ブランデー・ビール・ビート・砂糖・シロップに対する課税を帝国の立法事項とし、憲法三八条一項は、帝国立法にもとづくこれらの収入が帝国国庫に帰属すると規定している。そして憲法七〇条によれば、関税、三五条列挙の共通消費税、郵便電信収入、前年度余剰金はすべて帝国の支出にあてられ、不足分は帝国税が創設されないかぎり支邦の分担金によって支弁されることになっていた。ところが普仏戦争の莫大な戦費支出を契機として、帝国の財政需要は増加する一方であったにもかかわらず帝国の新税は創設されず、財政赤字はもっぱら支邦の分担金で補填された。そのため、一八七九年には支邦政府が関税とタバコ税の大幅な引き上げを求め、これを受けて帝国政府は関税・タバコ税法の改正案を帝国議会に提出した。

帝国議会多数派は、これらの税収のうち毎年一億三〇〇〇万マルクが帝国に留保され、残りは人口に応じて支邦に分配されること、支邦の分担金によって帝国の赤字を補填する必要が生じた場合には、この分担金は支邦への分配分のなかから支出されること、これらの点が法律に盛り込まれることを条件に法律改正を承認した。これが提案者の名を冠してフランケンシュタイン条項と称されるものである。同一の規定は、一八八一年七月一日および一八九四年四月二七日の帝国印紙税法、一八八七年六月二四日の帝国ブランデー税法にも導入された。ラーバントによれば、フランケンシュタイン条項は、憲法三八条では帝国国庫に「帰属する」はずの収入を、一億三〇〇〇万マルクを超える部分は支邦に分配することで、帝国国庫を単に「通過する」収入に変え、その結果憲法七〇条一文では帝国の支出にあてられることになっている収入の一部を、支邦の支出に充当することを認めた。またこの条項によって、七〇条二文ではあくまで例外措置と位置づけられていた支邦の分担金制度が原則化された。フランケンシュタイン条項は「三八条の憲法原則を無効に」し、七〇条一文「の憲法原則を廃棄」し、七〇条二文「の憲法原則を逆転させた」のである。

ラーバントによると、フランケンシュタイン条項は、支邦の財政基盤の強化と同時に、帝国議会の政治的発言力の増大も目的とするものであったが、現実にはこの条項によって、支邦財政は帝国の税収と支出規模に全面的にリンクされる結果となって、かえって不安定化した。そこで、一九〇四年五月一四日憲法改正法律と一九〇六年六月三日憲法改正法律は、関税・タバコ税・新設の帝国税に関しては支邦分配制度を廃止するとともに、支邦への分配金と支邦の分担金が著しく不均衡になった場合の支払猶予制度を設けるなど、ビスマルク憲法とフランケンシュタイン条項とを同時に修正したのである。(46)

⑤　軍制の領域に関しても、ラーバントは「憲法状態」の様々な変化を叙述している。そのうち陸軍通常兵力量の問題には、憲法規定の具体化という位置づけですでに触れたので、ここでは憲法典の内容修正とみなされるその他の点を二三拾い出して、ラーバントの解説を瞥見しておきたい。

第一に、ビスマルク憲法によれば、すべての支邦は軍の組織編成に関して、「邦の大きさに応じて単に量的に異なるだけの同一の権利義務を有している。ところが軍事協定とバイエルンの特権とによって、」帝国陸軍の組織編成は、諸小邦の軍隊を自国の部隊に統合したプロイセン、憲法六三条の規定にかかわらず平時には皇帝の統帥に服さないバイエルン、憲法典の規定がそのまま適用されるザクセンおよびヴュルテンベルクという四つの分担軍 Kontingent に区分された。(47)たとえば、一八九三年五月二六日法律は、欠員が生じた場合、分担軍内部での兵員の流用を認めたが、これは各支邦ごとに新兵補充がおこなわれる旨を規定した憲法六〇条の実質的な修正である。[48]

第二に、兵役期間に関するビスマルク憲法五九条の規定も、一八八八年二月一一日憲法改正法律、一八九三年八月三日法律、一八九九年三月二五日法律、一九〇五年四月一五日憲法改正法律によって数次の修正を経ることになった。憲法五九条一項では、兵役期間は満二〇歳から常備役三年・予備役四年・後備役五年であるが、たとえば一九〇五年憲法改正法律では、満二〇歳から常備役二年・予備役五年・後備役五年、さらに第二回目の後備役が満三九歳の三月三一日までとなっている。[49]

第三に、ビスマルク憲法六一条では、帝国法律の制定までプロイセンの軍事関係法律、とくに軍刑法・軍刑事裁判所法が全国に適用されることになっていたが、現実には軍事協定や同盟条約によって、プロイセン以外の三つの分担軍に関してはプロイセン法の適用は排除された。

第四に、軍事予算の余剰金だけは支邦国庫ではなく帝国国庫に帰属することを定めた憲法六七条は、「軍事国庫」が本来は支邦の所有に属することを前提にしている。しかし、一八七三年五月二五日法律が、軍事行政に必要な物品の所有権を帝国に移管し、一八七三年三月三一日の帝国官吏法および一八七三年六月三〇日の住宅補助法が、士官は帝国国庫に対して俸給請求権をもつとしたことで、この憲法原則も修正された。[50]

⑥　ビスマルク憲法の規定と相容れない帝国法律が発展した領域としてラーバントが掲げるもののうち、最後に取り上げておきたいのは裁判制度である。ビスマルク憲法（および北ドイツ連邦憲法）は、その七六条・七七条において、支邦間の紛争の連邦参議院による調停や、支邦での裁判拒絶に対する連邦参議院への異議申立などの例外的な制度について規定するのみで、帝国の裁判権については沈黙している。ラーバントによれば、この沈黙は帝国の裁判権の否定である。ところが北ドイツ連邦時代に制定された一八六九年六月一二日法律が、連邦さらに帝国全体に管轄権を有する連邦（帝国）の官庁として、上級商事裁判所を設置したことで憲法状態は大きく変

化した。「上級商事裁判所設置法は、憲法が北ドイツ連邦時代に経験した最も重要な変更であった。この法律が帝国建国時に帝国法律として承認されたことで、この点に関しては、帝国憲法はその導入の時点で、すでに帝国の現実の憲法法によって乗り越えられていたわけである」[51]。

さらに民刑事事件に関する帝国全体の最上告審として国事裁判所が設置され、上級海事審判庁など帝国全土に管轄権を有する準裁判機関も設けられたほか、支邦の裁判所の判決もその効力は裁判所構成法や訴訟法によって帝国全体に及ぶものとされて、帝国固有の裁判制度がますます発展し、支邦の裁判権は「統一的なシステムへと統合されていったのである。」しかしこうした変化は憲法典の文言には反映されていない[52]。

(5)　これまで取り扱ってきたのは、帝国の単純法律および憲法改正法律によるビスマルク憲法の補充・修正と理解できる事例であった。これがラーバントの「憲法変遷論」「憲法発展論」の本体であると言っても過言ではない。ところで、ラーバントがこのほかにも憲法典と若干の慣行との関係や、一定の政治状況の変化にも言及していることは前に述べた。

これらのうち、皇帝の権威の増大化、連邦参議院の影響力の低下、帝国議会の政治的発言力の強化に関するラーバントの叙述[53]は、私見によればあくまで派生的な政治状況についての補足説明であって、ラーバントの解説をみるかぎり、憲法典の規定内容の補充や修正そのものとしての「憲法状態」とは言えないように思われる。

これに対して、ラーバントによる「慣行」の叙述には、ビスマルク憲法の明文規定との乖離という評価が含まれている。日本の憲法変遷論でもしばしば引照されてきた[54]連邦参議院の常設化についての記述をみてみよう。帝国法律が各支邦の執行命令によってばらばらに解釈適用されることを回避するために、憲法七条一項二号にもとづく連邦参議院の一般行政規則制定権が重視され、連邦参議院の活動量が飛躍的に増大した。こうした事務量の増加に対処するため、連邦参議院は恒常的に開会するようになるが、これは皇帝による連邦参議院および帝国議会の召集・開会・停会・閉会を定める憲法一二条などの諸規定に反する「慣行」である。[55] この慣行は、憲法典の実質的な修正という点では、上述の第三類型と同様の意味をもつことになると考えられよう。

(6)　以上、ラーバントの場合「憲法と憲法状態の乖離」とは、具体的にはいかなる事態を指すのかという視点から、彼の「変遷論」を詳細に紹介した。その結果確認できたように、ラーバントが考察した現象はすべてビスマルク憲法に関するものであり、その範囲は憲法典の規定する帝国機関と帝国の主な権限の全体に及んでいる。彼が示した「乖離」の内容は、憲法典に規定のない帝国直轄領の創設・帝国官庁組織の形成・帝国裁判所の発展、憲法典の明文規定とは異なる帝国支邦間の財源配分・軍の組織編成など、ビスマルク憲法の統治機構の根幹にかかわる重要性をもっており、こうした「乖離」の方向は、基本的には帝国権力の強化、帝国の統一国家的性格の強化にあった。ラーバントは述べている。「旧ドイツ帝国［神聖ローマ帝国］では、領邦国家のより大きい生命力が帝国の高権を吸収して中央権力を無力化したように、新帝国の場合にも、その実在の底流においては、憲法法的形式に表現されていない発展や変化が生じたし、いまも生じている。この発展の傾向は統一主義的 unitarisch なものであった……」[56]。

それでは、このような「乖離」はなぜ生じたのか。この問いに対する解答は、ラーバントの二つの論説には見出されない。「豊かで多様なこの発展の原因は、言うまでもなく、その一部分が法的なものであるにすぎない。外交・内政・通商・財政の必要、社会政策の諸傾向、個々の階層 Stände の営業活動に対する配慮、政党の利害、これらが新しい法律が制定される動機を与え、法状態の恒常的変化の深い原因をなしている。帝国の公法の歴史的発展を完璧に叙述するためには、こうしたモメントのすべてに対する綿密な考慮が要求される。しかし、いまはまだその時機ではない[57]」。すなわちラーバントは、「なぜ」の問題を意識しつつ、慎重に判断を留保したと言うことができるであろう[58]。

三　乖離の認識と評価

(1)　ラーバントの「憲法変遷論」は、以上のように、ビスマルク憲法と主として帝国法律との内容的乖離を認識叙述したものである。ところで二つの制定法の乖離の認識は、それぞれの内容の客観的認識可能性を前提とする。そしてこの点は、ラーバント国法学そのものの大前提であったとみなすことが許されよう[59]。主著『ドイツ帝国国法』初版の「はしがき」で彼は次のように述べている。「帝国の憲法は、もはや党派的闘争の対象ではなく、すべての党派とその闘争の共通の土俵である。これに対して、この憲法それ自体の理解、この憲法の諸原則とそこから導き出される諸帰結の認識、新たに生み出された法的形成物の学問的把握、これらがますます大きな関心を惹く[60]」（傍点本書著者）。あるいはまた、「国法上の諸関係に私法の概念や準則を単純に転用することは、後者の正しい認識に役立つとは言えない[61]」（傍点本書著者）といった言い回しにも、彼の学問観の現れをみることができる。

最終版となった第五版の「はしがき」でも「初版の作成にあたって従った方法は、この改訂に際しても厳格に維持された」とした上で、その方法的態度が以下のように要約されている。「特定実定法のドグマーティクの学問的課題は、法制度を構成すること、個別の法命題を一般概念に還元すること、その一方でこのような一般概念から明らかになる諸帰結を導き出すことである。これは、妥当する実定法命題の探求、すなわち加工されるべき素材の完全な知識と把握を別にすれば、純粋に論理的な思考行為である。この課題を解決するためには論理以外の手段は存在しない。この目的のためには、論理は他のいかなるものによっても置き換えることができない。すなわち、歴史学的・政治学的・哲学的考察は――それ自体としては意義深いものであるが――具体的法素材のドグマーティクにとっては重要ではなく、しばしば構成的作業の欠陥を隠蔽することにしか役立たないのである」(62)(傍点本書著者)。

現に妥当している法命題の探求、すなわち実定法命題の探求は純粋に認識作業であり、実定法命題の相互関係の判断は純粋に論理的思考作用である。ここに示された考え方は、おそらくこのように理解することが可能であろう。私見によれば、「憲法変遷」に関する二つの論説でラーバントがおこなった検討も、この方法論の忠実な適用である。たとえば彼は、一方で帝国宰相の地位と責任とに関するビスマルク憲法の規定を認識すると同時に、他方で宰相代理法やエルザス－ロートリンゲン総督設置法の規定を認識し、両者の内容に「帝国大臣は帝国宰相一人であると同時に帝国宰相一人ではない」という論理的矛盾を見いだす。あるいは、一方で帝国の裁判権に関するビスマルク憲法の規定、他方で上級商事裁判所設置法の規定をそれぞれ認識し、そこに「帝国は裁判権をもたないが、裁判権をもつ」という論理的矛盾を見出す。これが彼の言う「憲法と憲法状態との乖離」である。そしてラーバントによれば、現に妥当する法命題はいずれの場合も憲法典のそれではなく、後に制定された帝国法律のそれである。すなわち「帝国大臣は帝国宰相一人である」「帝国は裁判権をもたない」という憲法典の規定から、「帝国には複数の大臣が置かれる」「帝国は独自の裁判権をもつ」という帝国法律の規定へと、現に妥当する規範が変化したことが、彼の言う「憲法の変遷」「憲法の発展」なのである。

日本の学界の一般的観念からすると、ラーバントによるビスマルク憲法および帝国法律の内容理解も、異論の余地のない「真」の言明なのではなくて、他の読み方もありうる価値判断を含んだ一つの解釈論的主張だということになるであろう(63)。しかしラーバントの「憲法変遷論」それ自体は、ドグマーティクが真理値をもつ客観的な法認識であることを前提にして成立したものだという点を、ここでは確認しておきたい(64)。「帝国国法の多くの個別問題および争点に手を広げることも、この分野でますます繁茂している誤った学説と対決することも差し控えた」[65]（傍点本書著者）という一九〇七年論文冒頭部分での自己限定は、彼のこうした方法論的前提と自説の客観性・真理性への自信を示唆するものとみなすこともできよう。

(2)　ドイツでも日本でも、彼の「憲法変遷論」には「憲法変遷現象の法学的解明は見いだされない」[66]と評され、「実証主義は憲法の形式的改正ではない変化を、一貫して憲法現実の領域へと追放する」[67]ものだと批判される。たしかにラーバントの二つの論説は、「憲法と憲法状態との乖離」現象の具体的叙述に終始し、直接にはこうした現象の法的評価、法的性格の探求を含んでいない。しかしながら、これまで検討してきたラーバント「変遷論」の内容から、「変遷」の法的性格についても、彼の議論の帰結をある程度推測することは可能であるように思われる。

彼が二つの論説で取り上げた素材のうち、憲法改正法律は、ビスマルク憲法七八条の憲法改正手続を踏んで成立したことが明示されている法律であるから、憲法典の文言それ自体はもとのままであっても、憲法典の該当部分がこれらの法律によってとって代わられたことは明らかである。すなわち当然のことながら、憲法改正法律の制定は、憲法典にとって代わる新たな憲法規範の定立行為である。

しかしラーバントの見解に立った場合、同じことは彼が取り上げた帝国の単純法律にもあてはまるのではなかろうか。まず手続面では、憲法改正法律と単純法律との垣根がきわめて低かったことが、彼の議論の制度的前提であったと考えられる。そして二つの論説が考察の対象として選択した単純法律は、内容的に憲法典を補充し修正するとラーバントが判断した法律である。言い換えると、それらの単純法律は内容的には憲法改正法律なのであるが、そのことが法律のテクストに明示されていないだけなのだという評価を、ラーバントの論説は含意しているとみることができる。したがって、これらの単純法律の制定は、ラーバントの立場からは、やはり憲法典にとって代わる、あるいは憲法典を補充する新たな憲法規範の定立であると考えなければならない。少なくとも帝国法律が念頭に置かれているかぎりで、彼の言う「憲法状態」は、語のニュアンスにもかかわらず、単なる事実ではなくて法規範、それも憲法規範であると解するのが、ラーバントの読み方としては合理的であろう。私見によれば、ラーバントは「憲法の形式的改正ではない変化を憲法現実の領域へと追放」したのではなく、まったく逆に「憲法現実」なるものは、実は憲法規範そのものなのである。このように考えると、単純法律が問題となっている場合にも、彼の「憲法と憲法状態との乖離」は、実質的には後法優位則の適用の一場面とみなすことができるように思われる。

ラーバントは、自分の叙述した「憲法と憲法状態との乖離」を法的にはどう評価していたのか。この点に関連して、なお二つの疑問が残された。一つは、憲法典と乖離する「慣行」については、彼の法的評価をどのように考えるべきかという問題であり[68]、いま一つは、右のような私のラーバント理解が適切であるとして、彼はビスマルク憲法よりはるかに「硬性度」の高い憲法典についても、同じ立場をとったか否かという問題である。ここではさしあたり、このような疑問点の存在のみを指摘して、考察を他の論者に進めたいと思う。

四　小　結

この節を閉じるにあたって、これまでの考察の結果を要約しておこう。

① ラーバントの言う「憲法の変遷」ないし「憲法の発展」[69]とは、「憲法と憲法状態との乖離の発生」を意味すると理解できる。その場合、「憲法」とは憲法典の個々の規定内容のことであり、「憲法状態」の中心は（憲法改正法律と単純法律とを含んだ）帝国法律であるが、副次的には慣行も含まれる。こうした若干の慣行を別とすれ

ば、ほとんど憲法典と法律との関係だけを問題にしている点に、ラーバント「変遷論」の一つの特徴を見いだすことが可能であろう。彼の考える「憲法変遷」とは、「何らかの点で、憲法典の規定内容とは異なる内容をもった、法律の制定改廃（および慣行の成立）」ということになる。

② 形式面からみると、ラーバントの憲法変遷概念は、憲法改正（憲法改正法律の制定）を含む点が、たとえば日本の憲法変遷概念と比べた場合に特徴的である。これは、ビスマルク憲法の「硬性度」が著しく低かったことと関係しているように思われる。

③ 内容面からみると、ラーバントによる「憲法と憲法状態との乖離」の具体的叙述は、憲法典の「補充」として理解できる事例と、憲法典の「修正」として理解できる事例とに分類することができる。このように、憲法典と乖離した憲法状態の中身が、必ずしも「違憲」の法律にかぎられない点も、彼の「変遷論」の特徴とみなすことができよう(70)。叙述の大部分は、ビスマルク憲法の規定と矛盾する単純法律の説明にあてられ、皇帝の権限・宰相責任・財政・軍制・裁判制度といった統治機構の根幹にかかわる諸事項に及んでいる。そしてこのような「憲法の変遷」が示す全体的傾向は、ラーバントによれば帝国権力の強化であった。

④ ラーバントの「変遷論」の背後には、制定法の意味はあらかじめ確定しており、法ドグマーティクの任務はこのような制定法の意味の正しい認識であるという方法論的前提が横たわっているように思われる。そして法の正しい認識にとって政治的・歴史的検討は無用の夾雑物であるという意識が、法律を主眼とした考察対象の限定や「変遷」の原因分析の自制につながったのではないかと推測される。

⑤ ラーバントは「憲法変遷現象」の法的性格について正面から論じているわけではないが、憲法典と乖離する憲法状態の主な中身をなしている帝国法律は、ラーバントの立場からは、憲法規範とみるべきものであろう。彼の言う「変遷」とは、憲法典の明示的（憲法改正法律による）および黙示的（単純法律による）改正、すなわち新

たな憲法規範の定立とみて大過ないものと考えられる。

（1）　Paul Laband, Die Wandlungen der deutschen Reichsverfassung, 1896, in: Paul Laband, Abhandlungen, Beiträge, Reden und Rezensionen, Teil 1, Leibzig 1980, S. 574-611（以下ではWandlungenと略記）; Georg Jellinek, Verfassungsänderung und Verfassungswandlung, Eine staatsrechtlich-politische Abhandlung, 1906, 80 S.; Paul Laband, Die geschichtliche Entwicklung der Reichsverfassung seit der Reichsgründung, in: Jahrbuch des öffentlichen Rechts der Gegenwart, Bd. 1（1907）, S. 1-46（以下ではEntwicklungと略記）; Julius Hatschek, Konventionalregeln oder über die Grenzen der naturwissenschaftlichen Begriffsbildung im öffentlichen Recht, in: Jahrbuch des öffentlichen Rechts der Gegewart, Bd. 3（1909）, S. 1-67; Conrad Bornhak, Wandlungen der Reichsverfassung, in: AöR 26（1910）, S. 373-400; Walter Hildesheimer, Über die Revision moderner Staatsverfassungen.Eine Studie über das Prinzip der Starrheit und die Idee eines pouvoir constituant in den heutigen Verfassungen, 1918, 120 S.

なお第二次大戦前ドイツの憲法変遷論関連文献については、Friedrich Klein, Von der föderativen zur stärker unitarischen Gestaltung des Finanzwesens in der Bundesrepublik Deutschland, in: Festschrift für Friedrich Giese zum 70. Geburtstag, 1952, S. 113 f. Anm. 172を参照。

（2）　たとえば、Hsü Dau-Lin, Die Verfassungswandlng, 1932, S. 17; Klaus Stern, Das Staatsrecht der Bundesrepublik Deutschland, Bd. 1, 2. Aufl., 1984（以下ではStaatsrecht Iと略記）, S. 160参照。

（3）　管見するかぎりでは、川添利幸「憲法変遷Verfassungswandlungの法的性格」（一九五三年）、同『憲法保障の理論』（尚学社、一九八六年）五一—五二頁、影山日出弥『憲法の基礎理論』（勁草書房、一九七五年）六—七頁、広沢民生「『憲法変遷』論批判」法と民主主義一九八一年四月号二二—二三頁にごく簡単な解説が見られるにとどまる。なお、岩間昭道「憲法破毀（Verfassungsdurchbrechung）の概念（三）」神奈川法学一一巻二・三号（一九七五年）五一—二四頁（同『憲法破毀の概念』尚学社、二〇〇二年一〇八—一一九頁）も、ビスマルク憲法下の憲法改正実務を論じる文脈で、ラーバントの所説にも触れている。とくに二一—二三頁（同『憲法破毀の概念』一一七—一一九頁）参照。

（4）　K. Stern, Staatsrecht I, S. 160.

（5）　P. Laband, Wandlungen, S. 575 f.

(6) P. Laband, Wandlungen, S. 577. まったく同一の文章がEntwicklung, S. 2にもある。

(7) P. Laband, Wandlungen, S. 576.

(8) K. Stern, Staatsrecht I, S. 160

(9) 憲法変遷を憲法改正と対置する捉え方は、G・イェリネックにはじまると考えられる。イェリネック論文のタイトル自体がこうした対置を示唆しているし、彼の憲法変遷の有名な定義もそうである（後述、第一章第二節参照）。G. Jellinek, Verfassungsänderung und Verfassungswandlung, S. 3. 篠原巌訳「憲法改正と憲法変遷」G・イェリネック［森英樹・篠原巌訳］『少数者の権利』（日本評論社、一九八九年）六八頁。イェリネックは、ラーバントも改正と変遷とを対置しているとするが（Jellinek, aaO. S. 3, Anm. 1.）、本文で検討したように、私見によればこれは正確ではない。日本の憲法変遷論は、美濃部達吉がイェリネック論文を紹介して以来、一貫してこの対置を前提に議論を進めてきたと言ってよい。例として、清宮四郎「憲法の変遷について」（同『国家作用の理論』有斐閣、一九六八年）一八七頁以下、小林直樹『憲法秩序の理論』（東京大学出版会、一九八六年）二一五—二二六頁、佐藤幸治『憲法・第三版』（青林書院、一九九五年）三三頁参照。

(10) E. R. Huber, Dokumente zur deutschen Verfassungsgeschichte, Bd. 2, 3. Aufl., 1986（以下ではE. R. Huber, Dokumente, Bd. 2と略記）, S. 402. ビスマルク憲法の条文の翻訳として、ボルンハーク［山本浩三訳］『憲法の系譜』（法律文化社、一九六一年）二六一頁以下（七八条は二七九頁）、高田敏・初宿正典編訳『ドイツ憲法集・第五版』（信山社、二〇〇七年）八五頁以下（七八条は一一二頁）。

(11) vgl. W. Hildesheimer, aaO. S. 67 f.

(12) たとえば、E. R. Huber, Deutsche Verfassungsgeschichte seit 1789, Nachdruck der zweiten, verbesserten Aufl., 1978, Bd. III, S. 859, F・ハルトゥング［成瀬治・坂井栄八郎訳］『ドイツ国制史』（岩波書店、一九八〇年）三八四頁、C・F・メンガー［石川敏行他訳］『ドイツ憲法思想史』（世界思想社、一九八八年）二〇九頁参照。

(13) しかも、連邦参議院の審議および票決結果は秘密とされ（vgl. P. Laband, Entwicklung, S. 20; K. Loewenstein, Erscheinungsformen der Verfassungsänderung, 1931, S. 45.）、法律の公布文にも憲法七八条一項二文の加重要件を充足したかどうかは明記されない慣習であった（P. Laband, Das Staatsrecht des deutschen Reichs, 5. Aufl., 1911, Bd. 2

——以下ではStaatsrecht, 5. Aufl., IIと略記——S. 43, Anm. 1)。したがって、ビスマルク憲法の改正要件は単純立法とほとんど変わらないのみならず、明示的に憲法改正法律として制定された法律も、実際に憲法典所定の手続に従って制定されたかは外部からは確認の方法がなかった。布田勉「G・イェリネックの憲法変遷論と一八七一年のドイツ帝国憲法」比較憲法学研究七号（一九九五年）九四頁以下は、当時の連邦参議院におけるこうした法律制定実務のあり方を、議事規則・議事録を精査して確認した注目すべき業績である。

(14)　F・ハルトゥング〔成瀬・坂井訳〕『ドイツ国制史』三八六頁、四三〇頁原註（5）。ハルトゥングは本文で二つ、註で一二の憲法改正法律をあげている。そのリストは以下のとおりである。
①　一八七三年二月二四日の帝国憲法二八条の改正に関する法律（RGBl. 1873, S. 45）、
②　一八七三年三月三日の帝国憲法四条九号の追加に関する法律（RGBl. 1873, S. 47）、
③　一八七三年一二月二〇日のドイツ帝国憲法四条一三号の追加に関する法律（RGBl. 1873, S. 379）、
④　一八八八年二月一一日の兵役義務の改正に関する法律（RGBl. 1888, S. 11）、
⑤　一八八八年三月一九日の帝国憲法二四条の改正に関する法律（RGBl. 1888, S. 110）、
⑥　一八九三年五月二六日の補充兵員の分担に関する法律（RGBl. 1893, S. 185）、
⑦　一九〇四年五月一四日の帝国財政制度の改正に関する法律（RGBl. 1904, S. 169）、
⑧　一九〇五年四月一五日の兵役義務の改正に関する法律（RGBl. 1905, S. 249）、
⑨　一九〇六年五月二一日の帝国憲法三二条の改正に関する法律（RGBl. 1906, S. 467）、
⑩　一九〇六年六月三日の帝国予算の秩序および帝国債務の償還に関する法律（RGBl. 1906, S. 620）、
⑪　一九一一年五月三一日のエルザス－ロートリンゲンの組織に関する法律（RGBl. 1911, S. 225）、
⑫　一九一一年一二月二四日のドイツの水路の改修および航行料の徴収に関する法律（RGBl. 1911, S. 1137）、
⑬　一九一八年一〇月二八日の帝国憲法および一八七三年三月一七日帝国宰相代理法を改正する法律（RGBl. 1918, S. 1273）、
⑭　一九一八年一〇月一八日の一九一一年五月三一日エルザス－ロートリンゲンの組織に関する法律を改正する法律（RGBl. 1918, S. 1275）。

このように①②③⑤⑨⑬の六法律は、標題に憲法改正法律であることが明示されている。残り八法律を見ると、④の一条は、「一八七一年四月一六日のドイツ帝国憲法五九条一文は、以下のテクストを受け取る」と規定することによって、憲法改正を含むことを示している。以下、⑥の一条は「帝国憲法五三条は以下のテクストを受け取る」、⑦の二条は「憲法七〇条は以下のテクストを受け取る」、⑧の一条は「一八七一年四月一六日のドイツ帝国憲法五九条一項を以下のように置き換える」、⑩の五条は「帝国憲法三八条二項三d号の規定は、醸造税を顧慮して廃止する」、⑪の一条は「帝国憲法に、六a条として以下の規定を挿入する」、⑫の一条は「帝国憲法五四条三項二文を削除する。四項の代わりに以下の諸項を挿入する」と規定している。⑭は直接には⑪の改正なので、憲法典の条項には言及していない。なお、布田前掲論文一〇二―一〇三頁、一〇五頁註24参照。

(15)　P. Laband, Entwicklung, S. 3, Anm. 1.

(16)　RGBl. 1905, S. 249.

(17)　P. Laband, Staatsrecht, 5. Aufl., Bd. II, S. 42; Hildesheimer, aaO., S. 70.

(18)　P. Laband, Entwicklung, S. 2 f. は次のように述べている。「ここでの叙述の対象は、固有の意味での帝国の憲法法が経験した継続形成と形態変化とに限定される。しかし、これは憲法典の改正と同義ではない。これまで、ひとつの規定（五九条一項）が二回改正されたのを含めて、憲法典の九つの規定が帝国法律によって明示的に改正または廃棄されたのに対して、［以下の諸規定が］黙示的に改正または失効させられ、例外措置によって変更された」。

本文の説明と関係するので、ラーバントがStaatsrecht, 5. Aufl., Bd. IIでおこなった帝国憲法の改正手続の解説を、やや長文であるが、ほぼ逐語的に訳出しておこう（S. 38-40）。

「憲法の改正をおこなうことになる法律案。これは、連邦参議院で一四票の反対があれば否決される。……立法の方法でおこなわれた憲法典の改正はすべて、再び七八条一項が立てた準則を遵守する場合にのみ、改正できるということにも何の疑問もない。

これに対して、もうひとつの疑問は詳細に検討する必要がある。すなわち、憲法典の文言を形式的にはそのままにしておいて、しかし実質的には［憲法典の］内容の改正を生じさせる法律、つまり、普通『実質的には違憲』と言われるような法律を制定することが許されることがある。

もちろん、このような法律は、連邦参議院で一四票の反対がない場合にだけ裁可されうる。そうでなければ、七八条一項の規定はまったく有名無実となってしまうだろう。さらに、まず対応する憲法の文言が改正され、その後にはじめて企図された特別法が制定されるのが正しい手続であることも、疑問の余地なく承認されなければならない。こうすることによって、憲法に表現された諸原則と帝国の立法行為との調和が壊されずにすむのである。臨時の特別法によって、結果的には憲法法規が穴だらけになってしまうことがもつ政治的なマイナスも疑う余地がない。しかし、これらすべては、一般的法原則またはドイツ帝国憲法の指示によれば、憲法の文言と矛盾する特別法を制定することは、憲法改正の要件を充足しても否定され認められないのか、それに先行して合憲的におこなわれた憲法典の改正を経ずに、この種の法律が制定されれば、その法律は法的には無効であるのか、という法的な問題に答える上では決定的ではない。

……

帝国憲法は、憲法規定の改正はその文言の改正によって直接的におこなわれることしか許されず、特別法の制定によって間接的におこなわれることは許されないという規定を含んではいない。帝国憲法七八条一項は、憲法改正が『立法の方法でおこなわれること』、唯一の追加要件は、連邦参議院で一四票あれば憲法改正法律の否決には十分であること、これ以上は何も要求していない。したがって、『立法の方法』では不十分で、必要な文言を憲法典に与えるために一回、そして本来企図されていた法律的指示を与えるためにもう一回と、立法の方法はいわば二回繰り返されなければならないということを証明するために、七八条一項を引き合いに出すことは［私には］よく理解できない。帝国は『帝国憲法の内容を尺度として』のみ立法権を行使する権限をもつとする帝国憲法二条の規定を、すべての法律は帝国憲法の諸規定と内容的に一致していなければならないということを証明するために引き合いに出しても、やはり効果はない。なぜなら、七八条もまた、帝国憲法の内容に含まれるからである。帝国憲法が規定する形式で制定された法律はすべて、合憲性の要求を満たしているのだ。これに対して、憲法に含まれる実質的諸規定は、七八条によって明示的に、立法の方法で改正可能と宣言されている。したがって、帝国憲法に対しても、後法優位の原則が妥当するのである」。

(19)　P. Laband, Wandlungen, S. 590; Entwicklung, S. 30.
(20)　P. Laband, Entwicklung, S. 18.
(21)　P. Laband, Wandlungen, S. 592 f.; Entwicklung, S. 16 f.

(22)　P. Laband, Entwicklung, S. 18 f.
(23)　このほかに、Entwicklung 論文には、皇帝・連邦参議院・帝国議会という三つの帝国機関の政治的地位の変動に関する若干の叙述も含まれている。vgl. Entwicklung, S. 14, S. 19–22, S. 25 f.
(24)　ビスマルク憲法体制の特質については、たとえばF・ハルトゥング［成瀬・坂井訳］『ドイツ国制史』三七五頁以下、ハンス－ウルリヒ・ヴェーラー［大野英二・肥前榮一訳］『ドイツ帝国一八七一―一九一八年』（未来社、一九八三年）九五―九九頁参照。ハルトゥングは、ビスマルク憲法の前身である北ドイツ連邦憲法について、「この草案は、連邦規約［一八一五年のドイツ同盟規約］とフランクフルト帝国憲法とを融合させ、ドイツのすべての力――プロイセン国家、中小諸邦およびドイツ国民――を一つの統一的全体にまとめ上げようとする試みである」と述べている（三七八―三七九頁）。他方ヴェーラーは、「プロイセンの覇権と連邦主義的な帝国連合との、古い公権的支配と近代的選挙権との、この混合形態」は、「ひとつの専制的、半絶対主義的な外見的立憲主義であった」と、ネガティヴな評価を下している（九七頁、九九頁）。ハルトゥングはビスマルク憲法体制をドイツに特有の「立憲主義」として評価する立場であり、この見解はフーバーのドイツ憲法史に受けつがれた。これに対してヴェーラーは、ボルトやシュテュルマーなどの歴史家とともに、一九七〇年代以降の「ボナパルティズム論」の潮流に属する。ビスマルク憲法体制の評価をめぐるドイツ憲法史学界の論議に関しては本書第Ⅱ章参照。
(25)　メンガー［石川他訳］『ドイツ憲法思想史』二〇八頁。
(26)　ハルトゥング［成瀬・坂井訳］『ドイツ国制史』三八四頁。
(27)　P. Laband, Wandlungen, S. 578.
(28)　本書では、Verfassung には「憲法」の訳を当て、Verfassungsrecht には、用語として必ずしも熟していないが「憲法法」の訳語を当てることにした。周知のようにドイツ語の Verfassung はきわめて多義的で、憲法の領域にかぎっても、「憲法典」、「（法典化されている場合にかぎられない）憲法規範」、「（規範レベルと事実レベルの双方にまたがる）国家体制や政治制度」の三様の意味で使用される。これに対して、「憲法規範」を指すことを明確にしたい場合に Verfassungsrecht という術語が選択されることがある。しかし、「憲法規範」という日本語に対応する言葉には、Verfassungsnorm というドイツ語も存在するので、Verfassungsrecht のほうは「憲法法」としておく。この訳語を使用する例として、新正幸『憲法と立法過程』（創文社、一九八八年）がある。たとえば、同書五四—五五頁の叙述を参照。ただし、そこで直接論じられているのは、ウィーン法学派、とくにメルクルの「憲法」「憲法法」である（同書六三頁註（6）も参照）。

(29) P. Laband, Entwicklung, S. 2.

(30) P. Laband, Entwicklung, S. 1.

(31) P. Laband, Wandlungen, S. 577, S. 605; Entwicklung, S. 2.

(32) P. Laband, Entwicklung, S. 7.

(33) P. Laband, Entwicklung, S. 12.

(34) E. R. Huber, Dokumente, Bd. 2, S. 396. ボルンハーク〔山本訳〕『憲法の系譜』二七三頁、高田・初宿編『ドイツ憲法集・第五版』一〇四頁参照。

(35) P. Laband, Entwicklung, S. 42.

(36) P. Laband, Entwicklung, S. 24 f. 一九〇三年四月二八日の選挙規則 Wahlreglement (RGBl. 1903, S. 202) は、一八六九年五月三一日の選挙法 (BGBl. 1869, S. 145) の委任を受けて制定された連邦参議院令である。

(37) P. Laband, Wandlungen, S. 587 f.; Entwicklung, S. 31 f. ハルトゥング〔成瀬・坂井訳〕『ドイツ国制史』三八九—三九〇頁。

(38) P. Laband, Entwicklung, S. 7 f.

(39) P. Laband, Entwicklung, S. 33.

(40) P. Laband, Entwicklung, S. 38. 陸軍通常兵力量とこれに支弁される陸軍予算の決定は、帝国政府と帝国議会との政治的紛争の原因となった。両者の妥協によって一八七四年に、七年ごとに兵力量と予算を更新する「七年制予算」Septennat が導入され、これにもとづいて一八七四年法律、八〇年法律、八七年法律、九三年法律が制定された。一八九三年からは帝国議会の任期が五年に改正されたことに対応して、「五年制予算」に改められたが、このころから政府は、軍備拡張のためにむしろ自分から兵力量更新期間の短縮を図るようになる。Entwicklung, S. 38 f. ハルトゥング〔成瀬・坂井訳〕『ドイツ国制史』三九四—三九六頁。ドイツ帝国の軍備政策と政治状況についてのまとまった解説としては、ヴェーラー〔大野・肥前訳〕『ドイツ帝国一八七一—一九一八年』二二九—二四八頁参照。

（41）P. Laband, Entwicklung, S. 9 f.; Staatsrecht, 5. Aufl., Bd. II, S. 41.

（42）P. Laband, Entwicklung, S. 10 f.

（43）E. R. Huber, Dokumente, Bd. 2, S. 390 Anm. 13.

（44）P. Laband, Entwicklung, S. 29–31; S. 30 Anm. 4. 岩間「憲法破毀（三）」神奈川法学一一巻二・三号一一頁（同『憲法破毀の概念』一一三頁）参照。

（45）P. Laband, Entwicklung, S. 22–24.

（46）P. Laband, Wandlungen, S. 598–604; Entwicklung, S. 42–46. ハルトゥング〔成瀬・坂井訳〕『ドイツ国制史』四三一頁訳註3、岩間「憲法破毀（三）」神奈川法学一一巻二・三号一一—一二頁（同『憲法破毀の概念』一一三—一一四頁）。

（47）P. Laband, Entwicklung, S. 6.

（48）P. Laband, Entwicklung, S. 36.

（49）P. Laband, Entwicklung, S. 37, vgl. RGBl. 1906, S. 249.

（50）P. Laband, Entwicklung, S. 40 f.

（51）P. Laband, Entwicklung, S. 35.

（52）P. Laband, Wandlungen, S. 606–609; Entwicklung, S. 34–36.

（53）註（23）参照。

（54）たとえば、清宮四郎「憲法の変遷について」（同『国家作用の理論』）一八九—一九〇頁、川添利幸「憲法変遷の法的性格」（同『憲法保障の理論』）五三頁、小嶋和司『憲法学講話』（有斐閣、一九八二年）一七頁。ただし、典拠はいずれもイェリネック論文である。

（55）P. Laband, Entwicklung, S. 19.

（56）P. Laband, Entwicklung, S. 5.

（57）P. Laband, Entwicklung, S. 3. Wandlungen では単に「新しい需要は新しい任務を生み出す」（S. 610）と述べるに

とどまる。

(58) フィードラーは、この点を次のように批評している。ラーバントの憲法変遷論では、「憲法状態の継続形成を促す刺激がどこから来るのかについては、触れられないままになっている。付随的に言及された『事実的・政治的発展』が重要なのか、『新しい需要は新しい任務を生み出す』という確認が重要なのかは説明されていない。法規範を直接形作る法的に重要な『社会的変化』の問題は提起されていないし、そうした問題は、ラーバントの憲法理解からは法学的には処理する必要がなかった。憲法状態の継続的発展が生じる原因は、『ほとんど指摘するまでもなく、その小部分が法的なものであるにすぎない』という表現［Entwicklung, S. 3］は特徴的である」。Wilfried Fiedler, Sozialer Wandel, Verfassungswandel, Rechtsprechung, 1972, S. 28.

(59) ラーバントの実証主義国法学については、宮沢俊義「公法学における法と政治」（一九三二年）、同『公法の原理』（有斐閣、一九六七年）四五―四六頁、同じく宮沢俊義「法および法学と政治」（一九三八年）、同『公法の原理』一一二―一一四頁参照。

(60) P. Laband, Staatsrecht, 5. Aufl., Bd. I, S. V.

(61) P. Laband, Staatsrecht, 5. Aufl., Bd. I, S. VII.

(62) P. Laband, Staatsrecht, 5. Aufl., Bd. I S. IX.

(63) （憲）法解釈の性質をテーマとする著書論文は枚挙に暇がない。さしあたり、宮沢俊義『法律学における学説』（有斐閣、一九六八年）六七頁以下、八九頁以下、内野正幸『憲法解釈の論理と体系』（日本評論社、一九九一年）一九五頁以下参照。

(64) たとえば、インゴ・リヒターは憲法変遷の問題を論じるなかでこう述べている。実証主義では、「憲法解釈は私法のドグマーティクから受けつがれた準則に従うものとされる。憲法解釈は、法律に客観化された立法者意思を、論理を手段として確認する。歴史的立法者の意思と法律におけるその客観化とは、当然のことながら不変である。実証主義学説は、憲法解釈を包摂へと還元する」。Ingo Richter, Bildungsverfassungsrecht, 1977, S. 23.

(65) P. Laband, Entwicklung, S. 4.

(66) K. Hesse, Grenzen der Verfassungswandlung, in: Festschrift für Ulrich Scheuner zum 70. Geburtstag, 1973, S.

128. 同旨、川添利幸「憲法変遷の法的性格」（同『憲法保障の理論』）五一―五二頁。
（67）I. Richter, aaO., S. 23.
（68）ラーバントは、慣習法が法律を廃止する能力を認めない。「法律概念の帰結として、原則的には慣習法に廃止効は認められない。ある法規が妥当すべしという命令を国家が維持しているかぎり、臣民も官庁もこの命令に従わないことはできず、不遵守によってこの命令を廃棄することもできない」。P. Laband, Staatsrecht, 5. Aufl., II, S. 75.
（69）この節の検討は、ラーバントの言う「帝国憲法の変遷」と「帝国憲法の発展」とが同義であることを前提としている。このことは、Wandlungen 論文の内容が、北ドイツ連邦憲法の制定経過についての叙述を除いて、そっくりそのまま Entwicklung 論文に包含されることからも明瞭であると思われる。この点はすでに本文の冒頭でことわった。もちろん、ドイツの憲法理論において、「憲法の変遷」と「憲法の発展」とがつねに同義で用いられているわけではない。たとえば、ブリューデのモノグラフィーは、憲法改正と憲法変遷の上位概念として、「憲法発展」という術語を使用している。vgl. Brun-Otto Bryde, Verfassungsentwicklung, 1982, S. 22.
（70）これに対して、日本の憲法変遷論は、成文憲法の規範内容に反する何らかの状態をつねに念頭に置いてきた。「違憲の憲法実例」という言い回しはこのことをよく示している。たとえば、橋本公亘「憲法変遷論」ジュリスト臨時増刊『日本国憲法――三〇年の軌跡と展望』（有斐閣、一九七七年）一一二頁は、「憲法規範と現実との間に不一致があるときは、それは、違憲の状態であって、まだ憲法の変遷をもって論ずべきではない。憲法規範のもつ客観的意味が変わったとき、はじめて、憲法の変遷といいうるのである」と述べる。また小林直樹『憲法秩序の理論』二一八―二一九頁も、「いわば没価値的に観察し記述する方法をとれば、そこで捉えられるのは、憲法の枠を越えた『違憲』の実例がある種の規範力を以て通用している、という社会的事象である。……客観的認識としての（いわゆる社会学的意味の）憲法変遷は、そのようにして客観的に捉えられた事象である」としている。

第二節　他の論者の憲法変遷論

一　乖離する両要素

(1)　第一節の冒頭で述べたように、憲法変遷の問題を取り扱ったビスマルク憲法期の主な論稿としては、ラーバントのほかにG・イェリネック、ハチェック、ボルンハーク、ヒルデスハイマーの作品をあげることができる。この節では、前節におけるラーバント変遷論の考察結果を前提として、これらの論者の「変遷論」の内容を、ラーバントの場合と同様の観点から相互に比較しつつ検討することにしたい(1)。

そこでまず、第一の論点は、これらの論者は何と何との乖離を考察対象としているのか、という問題である。彼らは「憲法と憲法状態」という用語を使っていないが、ここでは便宜上ラーバントに従って、この言葉で乖離の両要素を表現しておきたい。

(2)　ラーバントが「憲法と憲法状態との乖離」と言うときの「憲法」とは、憲法典の個々の規定内容を意味した。これらの論者についてはどのように理解できるであろうか。

①　ヒルデスハイマーの場合には、そのモノグラフィーのテーマが「成文憲法の改正」であり、「憲法変遷」に関する検討を含む第一章のタイトルが「硬性憲法」であることから、仮に「憲法と憲法状態との乖離」という整理の仕方をするならば、ラーバントと同様、憲法典の各条項が「乖離」の一方の要素であると推測される。「近代成文憲法は、立法的改正 gesetzliche Abänderung、慣習法、解釈ないし法曹法 Juristenrecht という三つ

の方法によって継続形成される」(2)（傍点本書著者）という文章からも、この推測は裏づけられるであろう。

② 他方ボルンハークは、その論稿のねらいを次のように表現している。「ここでは、帝国憲法およびその他の帝国法律中に完結的に存在する制定憲法法 gesetzliche Verfassungsrecht が、慣習法および法学によっていかに形態変化したかを示すことにしたい」(3)（傍点本書著者）。この文章を額面どおり受け取って「憲法と憲法状態との乖離」という定式にあてはめてみると、彼の場合「乖離」の一方の要素である「憲法」とは、憲法典のみならず「その他の帝国法律」を含むことになる。ここに言う「帝国法律」が憲法改正法律だけを指すのか、それとも単純法律をも包含する趣旨なのかは、ボルンハークの論述からは明瞭ではない。ラーバントは憲法改正法律も「憲法」と対立する「憲法状態」の一部と考えていたのであるから、いずれにせよ「乖離」の一方の要素としての「憲法」の意味は、ラーバントとは異なるということになろう。しかしこの点はさらに、ボルンハークの具体的な論述に即して検討してみなければならない。

③ イェリネックの論説は、「私は憲法改正という言葉で、意図的な意思行為によっておこなわれる憲法テクストの変更を理解し、憲法変遷という言葉で、憲法テクストを形式的には変更せずに存続させたまま、そのような変更の意図または意識によって導かれる必要のない諸事実によって惹き起こされるような変更を理解しようとする」(4)という「憲法変遷」の定義とともに、日本では大変有名である。このようなイェリネックの定義のなかにも、われわれは「憲法と憲法状態（事実）との乖離」という発想を読みとることができるであろう。

しかしラーバントと異なって、考察の素材をビスマルク憲法に限ることなく、広くヨーロッパ各国法に拡大したイェリネックは、随所でイギリス法の事例を探求し、とりわけ全体が八章からなる彼の論説の第VII章では、イギリス議会制度の変貌の叙述に大きな頁を割いている。ところで、言うまでもなくイギリスには成文硬性憲法は存在しないのであるから、イギリス法に多くの素材を求めるイェリネックの「憲法変遷論」を「憲法と憲法状態との乖離の認識の仕方」という本書の視点に立って整理すると、彼の場合には、「乖離」の一方の要素である「憲法」は、必ずしも憲法典に限定されないことになる。この点にわれわれは、ラーバント変遷論とイェリネック変遷論との顕著な相違を見いだすことができるであろう[5]。イェリネックを出発点としながら、憲法改正を経ない「憲法典」の意味や実効性の変化についてのみ語る日本の憲法変遷論は、私見によれば、実はこのことからしてすでにイェリネックと隔たること遠いのである。

④　ハチェックの場合はどうか。彼が問題にする「乖離」の構図が他の論者と異なることは、その論稿の「序説」から明らかである。「ラーバントは彼の［著書］国法と『ドイツ帝国憲法の変遷』［という論文］において、憲法に規定されたのとは異なる方法でも憲法の変更は生じるという奇妙な事実に、われわれの注意を促した[6]」。「以下の検討は、次のことを証明するのに仕える。すなわち、ここで問題なのは法規範ではなくて、経験的事実の力で妥当している規範、憲法法のみならず全公法、とくに国際法をも紡ぎ出す規範……であるという証明である。私は、こういう規範についてのイギリスでの呼び方に従って、これらの規範を習律 Konventionalregeln と名づける[7]」。

ここに示されているのは、ハチェックの論説がラーバントの「憲法変遷論」に触発されたこと、ラーバントの「憲法状態」に該当するものが「習律」と称され位置づけられていること、考察の範囲は「憲法法」を超えて「公法」の全体に及ぶこと、である。対象となる「習律」の範囲が公法全体にわたるということは、その相手方である「法規範」も公法の全体であることを意味するから、「憲法と憲法状態」の定式に対応させるならば、ハチェックが問題にしているのは、「公法規範と公法習律との乖離」であると表現することができよう。この意味で彼の「習律論」の射程は、「憲法と憲法状態との乖離の認識」を自覚的に超え出たわけであるが、ハチェックが取り扱った憲法関係の素材に限ってみても、彼はイェリネックと同様、議事規則によるイギリス憲法の変容に言及することからみて、[8] その念頭にあったのは、「憲法典」と何らかの「憲法状態」との乖離だけに限定されないことになる。

「憲法と憲法状態との乖離の認識」という観点から、その前者、すなわち「憲法」にあたるものは各論者にとって何か、という点をまず問題にした。結果として、ビスマルク憲法期に「憲法変遷」の問題を取り上げたこれらの人々は、「ビスマルク憲法典」（ラーバント）、「ビスマルク憲法典と帝国法律」（ボルンハーク）、「成文憲法一般」（ヒルデスハイマー）、「成文不文を問わず実質的意味の憲法」（イェリネック・ハチェック）というそれぞれ異なる「憲法」を前提にしていることが確認された。

(3)　次に検討しておきたいのは、ラーバントの「憲法状態」にあたるものは、各論者にとって何かという問題である。この点で、最も豊富な素材を取り扱っているのはイェリネックであると考えられる。そこで、まず彼の論文をみてみることにしよう。

①　イェリネック論文の構成は、目次に従うと以下のようになっている。Ⅰ 憲法改正と憲法変遷という問題、Ⅱ 革命による憲法変更―法律による憲法変更の諸態様―ドイツ帝国およびその支邦における憲法変更、Ⅲ 議会・行政・裁判の側からの憲法解釈による憲法変遷、Ⅳ 憲法変遷を惹き起こすものとしての政治的必要性、Ⅴ 憲法実務による憲法変遷―「習律」憲法、Ⅵ 国家権限の不行使による憲法変遷―裁可権および拒否権―大臣責任、Ⅶ 憲法欠缺とその補充―憲法の歴史的死滅―議会制の将来―アメリカとイギリスにおける議会制の変遷―大陸の議会制とその学説上の反対者―議会に対する評価の低下とその原因―議会制の発展の結果としての政府権力の強化、Ⅷ 人民の直接的な力の上昇―民主的諸制度による議会の制限―将来の展望。

イェリネック自身が第Ⅶ章の冒頭部で、「これから私はより高い考察地点に登ろうと思う」と述べているように[9]、具体的叙述にあてられた第Ⅱ章〜第Ⅷ章のうち、主として議会制の展開の検討をおこなった第Ⅶ章と、直接民主主義的諸制度の発展傾向を論じた第Ⅷ章は、第Ⅵ章までとは議論の対象も方法も大きく異なっている[10]。すなわち第Ⅶ章と第Ⅷ章では、成文憲法と不文憲法の区別を問題にすることなく、全体としての「国家制度の政治的意義の変遷[11]」がおおまかな筆致で描かれているのに対して、第Ⅱ章〜第Ⅵ章でイェリネックが検討しているのは、革命の考察やイギリス法の引照という若干の例外を別にして、おおむね「憲法典と憲法状態との乖離」現象である。そして私の整理の枠組からすると、第Ⅱ章・第Ⅲ章・第Ⅵ章では「何と何との乖離か」という問題が、第Ⅳ章では「なぜそのような乖離が生じるのか」という問題が、さらに第Ⅴ章では「憲法と乖離した憲法状態を法的にはどう評価すべきか」という問題が、それぞれ論じられているように思われる[12]。

そこで第Ⅱ章・第Ⅲ章・第Ⅵ章を中心にして、ラーバントの言う「憲法状態」に該当する要素を、イェリネックの叙述から拾い出してみると、以下のようなものがあげられよう。すなわち、ビスマルク憲法に対する帝国の単純法律[13]、ラントの憲法典に対するラント法律[14]、フランスやドイツの憲法典に対する議事規則[15]、バーデン大公国憲法典の恩赦権の規定に関する行政解釈[16]、裁判官による合衆国憲法の解釈[17]、ビスマルク憲法と矛盾する慣行[18]、憲法典に規定された君主や大統領の拒否権不行使の慣行[19]、大臣責任を定めるドイツ・イタリア・スペイン等の憲法規定とそれを具体化する法律の不存在[20]などである。

このようにみてみると、イェリネック論文の前半部分で主として取り扱われている素材は、欧米各国の憲法典と内容的に乖離する制定法（法律・議事規則）、憲法典と内容的に乖離する議会や政府機関の慣行、裁判所および政府の憲法典解釈に整理できることがわかる。これに対して後半二つの章で論じられているのは、諸国の議会制が、政党の発達、内閣統治、人民発案や人民投票の制度化などのために機能変化していく状況である。そしてそこでのイェリネックの主張は、憲法典その他の制定法の規定如何にかかわらず、「実在の政治的諸力は、あらゆる法的形式から独立した固有法則に従って動く」[21]、ということであるから、議会制の機能変化が制定法にどのように反映しているかは、イェリネックの関心外だと言ってもよい。後半二章での彼のテーマを、「何と何との乖離の認識か」という私の整理枠組に従ってあえて定式化すれば、「ある時点での国家制度の機能と別な時点での当該国家制度の機能との乖離」とでも表現することになろう。

② すでに述べたようにハチェックの「習律論」は、憲法の範囲を超えて公法全体を視野に納めた議論である。そこでは憲法・行政法・刑法・国際法の諸分野にわたる、しかもドイツ法・ラント法・外国法を含むさまざまな事例を素材として、公法上の習律が七つの類型に分類されている[22]。そのうち、ハチェック自身が「ラーバントやイェリネックなどによって指摘された憲法変遷の多くはこれに属する」[23]と考えているのが、「裁判官のコントロールを受けない最上級の国家諸機関による法定立の簒奪」である。この類型では、プロイセン憲法典の限界を踰越した国王の勅令制定権の行使、議事規則によって生じたイギリス憲法の変容、それぞれの憲法典と矛盾するドイツ・アメリカ・フランスの議事規則、裁判的コントロールをおこなう合衆国最高裁自身の法簒奪による連邦立法権の拡張、という諸事例があげられている[24]。

ほかに憲法上の問題が取り扱われている主な類型は、「形式の変質」である。ハチェックによるとこの類型は、憲法の規定では複数の国家機関が協働することになっているのに、この憲法規定に反する実務がおこなわれ、関係国家機関が何ら異議を提起していないケースを指す。彼がその具体例とするのは、憲法上の命令制定権の限界をかいくぐる連邦参議院決議（ドイツ）、憲法典の定める法律の形式によらない条約公布（プロイセンとオーストリア）、憲法典の規定する法律という形式ではなく、連邦議会の決議による準州設定（アメリカ）、法律ではなくデクレによる省の新設（フランス）などである[25]。

この二つの類型では、イギリス法への言及を別とすれば、いずれも各国の憲法典と乖離する種々の国家行為が問題となっている。その大部分は、議会と政府の実務慣行であるが、議事規則という制定法そのものの内容や裁判所の憲法解釈も例示されていることは、右に示したとおりである。したがって、ハチェックの念頭にある「公法上の習律」のなかには、少なくとも「憲法典と乖離した制定法・実務慣行・解釈」が含まれると言うことができる。

③　ヒルデスハイマーの場合には、概念規定はきわめて明快である。先程引用したように、彼によれば、これまで成文憲法は立法的改正、慣習法、解釈ないし法曹法という三つの方法で変更されうると言われ、最前者が本来的な「憲法改正」、後二者が「憲法変遷」と称されてきた。(26)したがってヒルデスハイマーの理解でも、憲法典所定の手続に従った憲法典のテクスト改正は、「憲法変遷」論の対象領域から除外される。彼自身は憲法変遷否定論者であるから、慣習法や法曹法による憲法規範の変更を認めないのであるが、右のような用語規定からみて、彼が従来の憲法変遷論の対象領域と目しているのは、「憲法典の規定内容と国家機関の慣行との乖離」、および「憲法典の規定内容と裁判所の憲法解釈との乖離」であることが予想される。そして実際ヒルデスハイマーの具体的例示をみると、「慣習」による憲法規範の変更とみなされてきた例としてあげられているのは、ビスマルク憲法に規定のない皇帝の発案権の慣行、やはり憲法典に規定のないアメリカ合衆国大統領三選禁止の慣行、憲法律では認められているフランス大統領の拒否権の不行使の慣行である。(27)また「解釈」による憲法典の変更と理解されてきた例としては、合衆国憲法一条八節から、連邦の「黙示の権力」を導き出す合衆国最高裁の「法的視点に立って評価するならば憲法違反」の憲法解釈があげられている。(28)

④　さて、以上の論者と異なって、ボルンハーク論文が検討しているのはいずれもビスマルク憲法関係の事例であるが、比較的短い論文であるにもかかわらず、その叙述は多岐にわたっている。私見によれば、取り上げられている事例の第一のグループは、ビスマルク憲法の規定と対立すると判断された種々の慣行とそれに起因する

と考えられる帝国機関の地位の変化である。たとえば、憲法典に規定のない帝国政府の形成と、その議院内閣制化[29]、関連して、帝国行政の拡大と帝国宰相および各省長官の対議会答弁責任をテコとする皇帝政府の権力強化、これに対応する連邦参議院の弱体化[30]、連邦参議院における皇帝発案の慣行[31]、公布文の形式から伺われる皇帝の法律裁可権[32]、などがそれである。第二のグループは、ビスマルク憲法の規定と対立すると判断された制定法である。その一つは、上級商事裁判所設置法、帝国軍事裁判所の設置を定めた軍刑事裁判所法、税法上のフランケンシュタイン条項といった帝国単純法律であり[33]、いま一つはプロイセンと小邦との併合条約、軍事協定、プロイセン―ヘッセン鉄道共同体のような支邦間の条約[34]である。

ボルンハーク論文の具体的叙述には、憲法改正法律への言及はまったく含まれていないので、「帝国憲法およびその他の帝国法律中に完結的に存在している制定憲法法」と「慣習法および学説」との対立の解明というその構想にもかかわらず、実際の分析対象は、もっぱら「憲法典」と「慣行」「単純法律」「支邦間の条約」との対立である。こうした「乖離」の構図から判断して、「その他の帝国法律」とは憲法改正法律を指すものと理解しておきたい。「ラーバントのむこうを張るつもりはない」と彼自身述べているように[35]、取り上げられた素材の大部分はラーバントのそれと重複しているが、叙述の力点がむしろ「慣行」に置かれている点にボルンハークの特色を見出すことができるであろう[36]。

このようにラーバントの「憲法状態」に該当する要素に関しても、論者によって広狭の幅があることは、「憲法」の場合と同様である。最も広いイェリネック論文の場合には、後半部分で「国家制度の政治的意義」それ自体が扱われ、前半部分でも叙述は「制定法・慣行・解釈」に及んでいる。ハチェックの問題関心は別な意味でやはり広範であるが、憲法変遷というテーマにかぎってみても、「制定法・実務慣行・裁判所の解釈」を含む。これに対して、ヒルデスハイマーの場合には「慣行と裁判所の解釈」、ボルンハークの場合には「慣行と制定法」

に考察対象が限定されている。そして前節でみたように、最も狭いラーバントの論説は、主として「制定法」のみを取り上げるのである。(37)

(4)　これまでの検討を前提にして、「憲法と憲法状態との乖離」の内実を、各論者に即してもう一度確認しておくと以下のようになるであろう。すなわち、「国家制度の政治的機能の時間的乖離」「主として憲法典と制定法・慣行・解釈との乖離」（イェリネック）、「主として憲法典と制定法・慣行・裁判所の憲法解釈との乖離」（ハチェック）、「憲法典と慣行・裁判所の憲法解釈との乖離」（ヒルデスハイマー）、「ビスマルク憲法および憲法改正法律と、他の制定法や慣行との乖離」（ボルンハーク）、「ビスマルク憲法と主として制定法との乖離」（ラーバント）、である。こうしたかなり大きな相違は、当然のことながら「変遷」論が対象とすべき法的素材についての判断、憲法の「改正」および「変遷」の概念規定、「憲法変遷」の法的性格の評価といった諸問題に対する論者の態度とも、密接な関係をもっている。たとえば、ラーバントとボルンハークが「（裁判所の憲法）解釈」を問題にしないのは、彼らの考察対象が、裁判所による違憲審査が存在しないビスマルク憲法に限定されていたことと関係するように思われるし、ラーバント以外の論者が「憲法改正法律」を取り上げないのは、イェリネック以降「憲法改正」と「憲法変遷」との概念的区別が議論の出発点となったからであろう。また、ハチェックとボルンハークがとくに「実務慣行」に注目する背景には、「習律論」「慣習法論」の主張という彼らの基本的立場が存在していると考えられるのである。

二　乖離の内容

(1)　「何と何との乖離か」という問題の検討に際しても、論者ごとにある程度確認してきた事柄であるが、ビスマルク憲法期「憲法変遷論」の具体的な関心事を知るという意味も兼ねて、続いて「いかなる乖離が存在すると論者は考えたのか」という論点に眼を向けておきたい。日本ではふつう「憲法改正」とは改正手続規定に従った「憲法典の文言」の「修正・削除・追加」を意味するものとされ、憲法典に体現された「憲法規範」もこれに対応して「修正・削除・追加」されることが当然の前提となっている[38]。こうした観点から、ビスマルク憲法期の「変遷論」が問題にした「憲法と憲法状態との乖離」を改めて観察してみると、論者が取り上げた事例のなかには、やはり内容的にみれば「憲法規範」の「修正」にあたるもの、「削除」にあたるもの、「追加」にあたるものがそれぞれ含まれているように思われる。もちろん、こうした「憲法状態」に対して、各論者がどのような法的評価を下したかは別問題である。

(2)　イェリネックをはじめとする四人の論者が取り上げた事象の大半は、もしそれらが憲法典の改正によって導入されたならば、当然「憲法規範の修正」と目されるべきものである。代表的な事例をリストアップしておこう。

①　ビスマルク憲法の条項を修正すると解された制定法としては、以下のようなものがある。エルザス－ロートリンゲンを帝国領とする法律、エルザス－ロートリンゲンに議席を割り振ることによって帝国議会の議員総数を変更した法律、宰相代理の副署の有効性を認めた宰相代理法、皇帝の「郵便規則」制定権を定めた憲法五〇条の規定に反して、同規則の制定を帝国宰相に委任した郵便法、憲法上の帝国支邦間の財源配分を変更した租税関係諸法[39]、帝国裁判所を設置する上級商事裁判所設置法・帝国軍刑事裁判所法[40]、憲法二一条の規定に反して帝国議会に秘密会の制度を導入した議事規則[41]、二五の支邦からなる連邦の構成に変化をもたらすプロイセンとヴァルデックとの併合条約、憲法典では予定されていない分担軍を制度化した支邦間の軍事協定、憲法の定める帝国統

一鉄道網に取って代わるプロイセンと他の支邦との鉄道共同体[42]、などである。

② ビスマルク憲法の条項を修正するものと解される慣行としては、たとえば以下のものがあげられている。すなわち、連邦参議院における皇帝の発案権[43]、帝国宰相代理の常設化、連邦参議院の常設化、憲法規定からみると帝国宰相と各省長官はプロイセン全権代表の名目でしか連邦参議院の構成員となれず、連邦参議院の構成員としての資格でしか帝国議会に出席することができないのであるが、これが実際には帝国政府を代表する帝国大臣たちの対議会答弁責任へと転化していった事例[44]、憲法典の規定に従えば法律の裁可権は連邦参議院に属し、認証および公布の権限が皇帝に属すると解されるのに対して、「朕は連邦参議院および帝国議会の同意を得た以下の法律を命ず」という公布形式から、皇帝の裁可権が慣行として成立した事例[45]、などがそれである。

③ 各国憲法典の修正にあたるような制定法や慣行。制定法としては、法律議決要件を規定したフランス一八一四年シャルト一八条をめぐる両院議事規則の不統一[46]、軍人等の給与・給与体系・年金関係勅令のようにプロイセン憲法の授権の範囲を超えた国王の勅令[47]。実務慣行としては、プロイセンやオーストリアの憲法典が定める法律による条約承認とは異なる形式での議会の条約承認、合衆国憲法の規定とは異なる両院決議による準州の設定、法律によらず議会の事後的責任解除を伴った大統領デクレによる省の新設、オーストリア憲法上の緊急命令権の濫用[48]、当時の憲法典には明文規定のなかったアメリカ大統領の三選禁止の慣行[49]、などを拾い出すことができる。

(3) 主としてイェリネックは、憲法典の改正手続を踏んでいたならば、当然に憲法規範の「削除」あるいは逆に「追加」とみなされたであろう事象にも触れている。

① 「削除」にあたる例としてイェリネックがあげるのは、各国憲法典の大臣責任条項である。憲法典が、大臣の訴追・裁判・判決・執行の手続や裁判所の組織については、法律による具体化に留保したドイツ・フラン

ス・イタリア・スペインなどの諸国では、その後この種の法律が制定されていないために、大臣責任に関する憲法規定は「死せる文言にとどまっている[50]」。またヒルデスハイマーは、第三共和制フランスにおける大統領拒否権の不行使の慣行を引いているが、私見によればこれも「削除」の一例と言えよう[51]。

②「追加」の例としては第一に、議事規則による憲法典の補充をあげることができる。イェリネックによれば、第三共和制フランスの憲法律は、憲法改正の場合を除いて議決要件に関する規定をまったく含んでおらず、定足数などはすべて両院の裁量に委ねられていた。すなわち「憲法と法律の欠缺は、議会自体の規則によって充填されざるをえない」のである[52]。第二は、憲法典・法律に明文規定のない内閣制度の慣行である。当時のベルギー憲法には「内閣」「首相」の文字はまったくなかったが、慣行上は内閣制度が確立していた。オーストリアでも、成文法では予算が「首相」職に言及するだけであったが、やはり内閣制度は存在した。イェリネックによれば、「成文法規が欠けている場合……弾力的な憲法［憲法的任意法］が、流動的な要素として、成文憲法規範が提供する広範な間隙を埋めるのである[53]」。

(4)　これまで概観してきたのは、仮に憲法改正を経て実現されていたならば、ひとが当然にそれらを「憲法規範」の「修正・削除・追加」と考えたであろう「憲法典」と「制定法」・「慣行」との乖離であった。しかし、とりわけイェリネックの議論の射程はこの範囲にとどまらず、イギリスにおける不文憲法体制の変容にも及んでいることは前に述べた。その一例として、議院内閣制に関する彼の叙述をあげることができるであろう。

イェリネックは彼のいわゆる「憲法的任意法」の例として、イギリスの議院内閣制を取り上げ、概略以下のように論じている。国王は、今日でも国家を指導する大権を有するが、内閣を通じてしかこれを行使することができない。国王は、形式上は内閣構成員を自由に任命することになっているけれども、実際にはその時々の議会多数派の指導者を首相に任命し、彼の提案にもとづいて他の内閣構成員を任命する。他の国ならば憲法典に規定されたであろうこれらの準則は、イギリスの場合には「強行法」ではなくて「任意法」なのである。したがって、政治的事情を考慮してこうした準則に反する行動をとったとしても、必ずしも違法とは言えない。現に「閣僚は全員議員たるべし」という準則に反してある時期グラッドストーンは議席をもたない閣僚であったし、「首相は第一大蔵卿たるべし」という準則にもかかわらず、ソールズベリは外務大臣として内閣を率いた。「このような法［憲法的任意法］は、法規定 Rechtsregel の明示的な改正を要せずに、間断なく変遷しうる。」「イギリスにおける憲法変遷は、まず何よりもその任意的国法の変遷なのである」(54)。

また議会制の変遷を論じた第Ⅶ章でも、イェリネックは「内閣を任命したり罷免したりする力は、初めは国王から下院へ、続いて下院から人民へと移行した」というアンソンの言葉を引用して、「イギリスの現在の事実的憲法を最も簡潔に特徴づければ、それは議院内閣制に代わる内閣統治の出現」であると述べている(55)。その要因として彼は、第二次・第三次選挙法改正による選挙権の民主化、アイルランド独立派の議事妨害、最近ではバルフォア内閣の時におこなわれた下院議事規則の厳格化などをあげる。こうしてイェリネックによれば、一八六七年以降、総選挙に敗北した内閣が不信任決議を待たずにただちに退陣することが慣行となり(56)、下院ではなく選挙民が内閣を選択し、下院は内閣を実際には指導もコントロールもできない内閣統治が成立した。

ここでイェリネックがおこなったのは、政治的事件・世論の動向・制定法の改正などを契機として、弾力的な運用が許される「憲法的任意法」が変遷し、その結果「国家制度の政治的機能」が変遷する状況の描写である。ラーバントやボルンハークの論説も、ビスマルク憲法下における帝国機関の政治的地位の変化に関する叙述を含んでいるが、「憲法典と憲法状態との乖離」という発想を（おそらくさしたる自覚なしに）まったく離れて、不文憲法体制の機能的変化を問題領域として包含する点に、すでに指摘したようにイェリネック「変遷論」の大きな特徴を見いだすことが可能であろう。

(5)　これまでの検討から明らかなように、ラーバントと比較した場合、「形式的憲法改正」を憲法変遷論の対象から除外し、逆に「不文憲法体制の変容」を憲法変遷論の対象に組み込む点に、イェリネック（およびハチェック）の議論の特色があるのだが、それと並んで、「憲法典」と乖離する「憲法状態」の一要素として、「裁判所の憲法解釈」が視野に入ってきたことも、ラーバントに対するイェリネック・ハチェック・ヒルデスハイマーの議論の特色をなしている。当時、ヨーロッパ諸国には裁判所による違憲審査は存在しなかったのであるから、この三人がいずれも考察範囲をビスマルク憲法に限定しないで近代憲法一般に拡張したことが、ラーバント（およびボルンハーク）とのこうした相違を生み出した原因であろう。そこで「乖離」の内容を概観する作業の最後に、彼らが見た合衆国最高裁の憲法解釈と憲法変遷の問題にも触れておきたい。

三人がそろって取り上げているのは、合衆国最高裁が憲法規定の解釈を通じて、連邦立法権の拡大を正当化してきた状況である。たとえばヒルデスハイマーは、主としてブライスの解説に拠りながら、概略次のように言う。[57]憲法改正が手続的にきわめて困難であったことと、裁判所による法律の合憲性審査が認められたことによって、憲法解釈の技術はアメリカで最も発展した。アメリカ人は、もともと、憲法テクストが想定していたケースに当該テクストの規範を適用するための前提作業である「狭義の解釈」と、所与のケースに対する直接適用が不可能視される場合に、類推適用を正当化するための「構成」Konstruktionとを区別する。後者については、それをできるだけ厳密にテクストに依拠しておこなおうとする「厳格な構成」strict construction学派と、その逆の「緩やかな構成」broad constructionst学派とに分かれていたが、南北戦争以後の「急速に発展した新国家の生活上の需要」に応える必要から、「厳格な構成」の支持者は見られなくなった。[58]

「緩やかな構成」の例としてヒルデスハイマーがあげるのは、「上記の権限の執行、およびこの憲法により合衆国政府……に与えられたその他一切の権限の執行にあたって、必要かつ適切なすべての法律を制定する」ことを連邦議会に認めた、合衆国憲法一条八節一八項の拡張解釈によって、裁判所が導き出したいわゆる「黙示の権力」implied powers である。[59]「黙示の権力」にはハチェックも触れているが、[60]イェリネックもこの言葉をあげて、「憲法の文字のなかにはこれまで知られてこなかった権力が休眠しており、この権力は立法によって発見され、裁判官によって確定的に生命をよび覚まされる」と説明している。[61]

ところで裁判所による憲法解釈の具体例として、イェリネックは二つの事例を紹介している。[62]第一は、憲法上の明文規定なしに、南北戦争中連邦がおこなった紙幣発行を、連邦議会に宣戦布告権を与えた憲法一条八節一一項と先程の一条八節一八項によって正当化した最高裁判所判決、そして南北戦争終結後は、同様に連邦の紙幣発行を「合衆国の信用において金銭を借り入れる」権限を連邦議会に付与した一条八節二項によって正当化した最高裁判決である。第二は、州が「契約上の債権債務関係を害する法律」を制定することを禁止した憲法一条一〇節一項をめぐる判例である。労働者を保護する目的で労働契約に規制を加える州法が、この条項に反するか否かという問題に関して、各州の裁判所は違憲判決と、健康に関する措置は州立法事項であるなどの理由による合憲判決とに分かれていたが、合衆国最高裁は一九〇五年に違憲判決を下した。

このように、アメリカ法を素材とする点では共通する三人の論者も、「憲法解釈」の位置づけについては、実は必ずしも同じではない。[63]まず解釈の主体に関しても、「解釈ないし法曹法」という言い回しや叙述の内容自体から明らかなように、ヒルデスハイマーの場合には裁判官の解釈だけが念頭に置かれているのに対して、イェリネックの解釈概念はもっと広く、右に取り上げた裁判所の解釈以外にも、法律や議事規則の制定による立法者の憲法解釈、あるいは行政官庁の憲法解釈についても語っている。[64]また「憲法と憲法状態との乖離」という視点から彼らの議論を読みなおすと、憲法解釈にかかわる「乖離」の構図もじつは同一ではないように思われる。「結局制定法に反する結論に導くような解釈は、合法的ではありえず、それはもはや解釈ではまったくない(65)」。この表現に示されたヒルデスハイマーの見解は、制定法には客観的な意味が内在しており、ある限度を超えた解釈はもはや解釈とは言えないというものであろう。したがってヒルデスハイマーの場合、「乖離」の両要素は前に述べたように「憲法典と憲法典解釈」であると理解することができる。だからこそ、アメリカでの「緩やかな構成」は「法的視点に立って評価するならば憲法違反であり、法の歪曲であった(66)」という結論、すなわち「憲法典に反する憲法典解釈」であったという結論を導き出すことが可能となるのである。

ところがイェリネックの叙述を注意深く読むと、そこに掲げられている事例では、むしろ「憲法解釈の変化」が取り扱われているようにも見える。つまり「憲法解釈による憲法変遷」についての彼の議論が暗黙の前提としている図式は、ヒルデスハイマーのような「憲法典の客観的内容と憲法典解釈との乖離」ではなくて、「ある時点での憲法典解釈、あるいはある国家機関の憲法典解釈と、別な時点、別な国家機関の憲法典解釈との乖離」ではないか、ということである。連邦の紙幣発行を合憲とする最高裁の憲法論は、その根拠づけに関しては南北戦争中と南北戦争後とで変化がみえる、労働保護立法の合憲性をめぐる憲法解釈は裁判所によって異なる、というのがイェリネックの説明の趣旨であるようにも解されるからである。この点は、「行政官庁の解釈による憲法変遷」の例として、イェリネックがただ一つあげるバーデン大公国憲法の恩赦権のケースでは、一層はっきりしているように思う。大公の恩赦権を明定していなかった一八一八年バーデン憲法の下で、大公による大赦は一八五七年まで、同じく特赦は一八六五年まで頻繁におこなわれたが、その後「政府の見解が変化して……恩赦権はもはや国家元首には帰属しない(67)」ことになった（傍点本書著者）。「何と何とのいかなる乖離を問題にしているのか」という観点に立って、他の論者と比較しつつイェリネック論文を検討した結果を総合すると、そこでは「憲法典と制定法・慣行」「不文憲法と不文憲法」「憲法解釈と憲法解釈」という異なる要素の乖離について、入り組んだ議論が展開されていると言うべきかもしれない。

(6)　これまでいくつかの論点に分けてその内容を紹介検討してきた四人の論説においても、ラーバントの場合と同様、「なぜ」このような「憲法と憲法状態との乖離」が生じるのかという問題に関しては、突っ込んだ考察は見当たらないようである。たとえばイェリネックも、「変遷論」第Ⅳ章の冒頭部で、憲法変遷の原因としての「必要性」について簡単に触れるにとどまっている。「モデスティアヌスが法を創造する力として引きあいに出すネセシタース［必要］について、わが国の法源論はほとんど言及しない。しかしネセシタースは、憲法生活においては巨大な役割を演じているのである。法の外部にあって国家の基盤を掘り返す歴史的事件はすべて、このようなネセシタースを生み出す。簒奪と革命は、さもなければ峻別されるべき法と事実とが、相互に移行しあうような状態を至るところで惹起する。既成事実 fait accompli すなわち完了した事実は、憲法を形成する力の歴史的表現であり、これに対する正統理論の闘争は、すべて無益な企てである。しかし国家史の大きな転換点においてのみならず、通常の国家生活の過程においても、このようなネセシタースは思いがけない仕方で現れ、国家組織を憲法の文字に反して変遷させるのである(68)」。

イェリネックによるこのような「必要性」の強調は、彼の規範観、有名な「事実の規範力」論と結びついたものであろう(69)。しかし、「乖離の原因」として「事実上の必要性」を指摘する点では、そしてそれにとどまる点では、他の論者も大同小異である。ヒルデスハイマーも、合衆国で「厳格な構成」が衰退した理由を説明して、南北戦争後の「きわめて急速に発展した新国家の生活上の需要は、このようなやり方［厳格な構成］で解釈された憲法では正当に評価できない需要を多くの場合に作り出した」と述べ、「たしかに政治上の必要に迫られてこういうこと［解釈による憲法変遷］がおこなわれたのであり、合衆国の発展が示しているように、それは国家にとってもマイナスではなかった」と評している(70)（傍点本書著者）。

三　乖離の評価

(1)　以上、本節の第一項と第二項においては、「何と何との間に、いかなる乖離がなぜ存在すると認識しているのか」という観点から、ビスマルク憲法期の変遷論を検討してきた。その結果確認できたように、イェリネック以外の三人が主として考察対象としたのは、成文憲法の個々の規定内容と、法律などの制定法、国家機関の実務慣行、裁判所の憲法典解釈との乖離であった。少なくとも論者自身は、これらの制定法・慣行・解釈が、いずれも客観的にみて憲法典の規定内容と抵触すると判断して取り上げているのであるから、ラーバントの場合と同様、彼らの議論は法内容の客観的一義的認識可能性を前提にしていると言うことができるであろう。しかし、このような「乖離」現象の法的評価となると、三人の見解は対照的であり、そこには「憲法変遷」の法的位置づけに関する日本の学説、すなわち慣習法説・習律説・事実説の原型が、すでに出揃っていると言ってよい。この三説をベースにした憲法変遷の法的性格論は、周知のように日本の学界でもきわめて精力的に論じられてきたテーマである(71)。したがって、この問題に関するボルンハーク・ハチェック・ヒルデスハイマーの見解をここで紹介することは日本の学説の祖型の確認の意味ももつ。と同時に、これはドイツの学説史研究の文脈でも逸することのできない論点であるから、三ではこの問題について最小限の検討を加えておかなければならない。

(2)　ボルンハークによれば一八、一九世紀の二世紀間、慣習法についての見解は二転したと言う。すなわち第一期が革命前の警察国家とフランス革命期自然法論の制定法万能主義、第二期が歴史法学派の慣習法偏重、第三期が一九世紀後半の法典化の進展による制定法中心主義である。しかし彼によると、この制定法中心の時代にあっても「慣習法の意義は残っている。壁を這うツタのように慣習法は制定法にからみつき、部分的には異なる外観を制定法に与え、結局は制定法を分解するので、妥当する生きた法は条文の死んだ文字からは二度と認識することができない。一八六七年の連邦国家憲法の今日に至る変遷は、このような慣習法の意義を示す最適の事例である。帝国憲法のテクストだけから学ぼうとする者は、妥当する憲法について正しい観念を獲得することは難しい(72)」。このような認識の上に立って、ボルンハークがその論文の目的を、「帝国憲法およびその他の帝国法律中に完結的に存在する制定憲法法が、慣習法および法学によっていかに形態変化したかを示す(73)」ことにあると述べている点は前に指摘した。

ところでボルンハークがここで言う「法学」とは、具体的には統一ドイツの国家的性格の理解に関する三つの説、すなわち「国家連合」説・「連邦国家」説・「単一国家」説である(74)。しかし彼は、憲法典と学説との間に「乖離」があり、学説が法源となって憲法規範が変更されたと主張しているわけではないので、私見によれば、これらの「学説」は彼の「憲法変遷」論の本筋とは関係をもたない。ボルンハークが実際に問題にしたのは、すでに確認したように、憲法典と帝国法律、憲法典と支邦間の条約、憲法典と慣行との「乖離」であった。憲法典の規定内容と矛盾する法律の制定と施行、条約の締結と施行、慣行の形成によって憲法レベルの慣習法が成立し、この慣習的憲法規範が憲法典の定立した憲法規範にとって代わったというのが、彼の言わんとする「憲法変遷」現象だということになるであろう。したがってここでは、上位の制定法に反する下位の制定法が、一定の場合に上位の制定法規範にとって代わる、（換言すれば下位の制定法が上位の制定法と同一レベルの慣習法となる）という考え方と、制定法の規範内容に反する慣行が、一定の場合に制定法に代わる慣習法となるという考え方とが、同時に主張されているように思われる。但しボルンハーク論文には、肝心の慣習法の成立要件に関する考察はまったく含まれていない。

(3)　これに対してハチェックは、連邦参議院の常設化、連邦参議院における皇帝発案の慣行、憲法典に規定された帝国立法権の限界を踰越する帝国法律の制定を例としてあげ、これらを慣習法とみなす見解を批判する。彼はゲルバーを引いて、憲法的慣習法の成立には、「慣行の継続的行使」dauernde Uebung と「人民の法的確信」opinio necessitatis という二要件の充足が必要とされてきたと述べ、上述の例はこの二要件を満たしていないから慣習法とみなすことができないと言う。ハチェックによれば、これらの例では要件の一つである「法的確信」の立証は困難なことが多い。また同一の先例も数少ないか、あるいは帝国立法権を踰越したイエズス会法のようにたった一度の先例しか存在しない場合もあるので、もう一つの要件である「継続的行使」も満たされない。さらにイギリスの内閣制度のように、あえて不確定な可変的状態が意図的に維持されているような場合には、ますます慣習法の成立について語ることはできないと考えるのである(75)。

ハチェックの理解によれば、憲法典の規定内容と矛盾するこうした制定法・慣行・裁判所の解釈は「習律」である。彼の言う習律とは、「法規範ではなくて、経験的事実の力で妥当している規範、……まだ公的な法源に由来するわけではないので、法形成のプロセスでは法の前段階であるが、だからといって決して実効性がないとは言えない規範、いわば法秩序の外皮の下、とりわけ公法の外皮の下で、部分的には法秩序を補完し、法秩序が衰退してゆけば部分的にはその抵抗が弱まった場合に容赦なくそれにとって代わるべく形成されてきた規範(76)」である（強調は原著者）。たとえば言語の領域でも、文章語からは偏差のある話言葉が形成され、話言葉は各人の慣用的発話行為という事実によって支えられながら、個々的にはばらつきもあるし流動的でもある。まったく同様に、慣習法さらに制定法の背後や周囲にも、個々の法適用行為によって、法とは言えない一種の規範としての「習律」が形成される。「法典の背後および法典と並んで、実際の適用、すなわち習律が意義をもつ[77]」。とりわけ公法の領域では、三つの理由から習律形成に制限がないとハチェックは言う。その理由とは、包括的な法典が存在しないこと、民刑事事件を取り扱う際の裁判官と異なって、行政官には法律上広範な裁量権が与えられている場合が多いこと、公法に関しては最高国家機関相互の調整手段が存在しないこと、この三つである[78]。そしてハチェックは、ラーバントに代表される実証主義国法学の類概念では、実定法素材を完全に認識することができないと批判し、とりわけ「無比の価値をもつ国法上重要な現象」das staatsrechtlich bedeutsame Werteinmalige としての「習律」を認識するためには、歴史的比較法的概念構成が要求されるとしている[79]。

この説明からみると、慣習法や制定法の内容とは何らかの点で乖離した当該法規範の適用行為が存在し、こうした法適用のあり方が当事者により事実上遵守されている場合に、ハチェックはこれを「習律」と称しているように思われる。したがって習律は法規範にとって代わるものではないし、習律違反は違法ではない。しかし彼によると、習律の側もまた違法ではなく、さらにある一定の段階に達すると習律が法規範に変化するのである。また「慣習法説」批判の趣旨や、国法上の Werteinmalige の重視に示されているように、ハチェックの見解では、習律の形成には一回の先例で足りるのであり、「行使の継続性」を必要としない。

概略以上のようなハチェックの「習律」論には不明確な点も多い。たとえば論者の想定する「乖離の要素」「乖離の内容」の検討に際して確認したように、ハチェックの「習律」のなかには議事規則や勅令のような制定法、つまり法規範も含まれるし、仮に法の制定行為や制定法の適用行為のあり方が習律なのだとしても、これらの行為もやはり法的な行為、個別具体的な法の定立行為なのであり、したがってその内容・手続ともに法規範だということになりはしないだろうか。あるいは彼の「習律」は、憲法レベルでは法ではなく、下位法レベルでは法だということになるのであろうか。不文憲法国イギリスで、制定法も存在せず、裁判所も介入しない事項に関して発展したいわゆる「憲法習律」論[80]を制定法国にそのまま移植し、しかも憲法を超える公法分野に応用しようとすることには、後にみるシュ・ダウリンも指摘するように、やはり無理があるように思われる[81]。いずれにせよ、ハチェックの「習律説」に立った場合、憲法変遷とは（イギリスは別として）憲法典に表現された憲法規範だけが存在する状態から、憲法規範と憲法領域の習律規範とが併存する状態への移行を意味することになろう。

(4)　ボルンハークの「慣習法説」、ハチェックの「習律説」に対して、ヒルデスハイマーの主張を単純化すれば、それは「事実説」ということになるであろう。ヒルデスハイマーの結論はこうである。「法の道筋から離れまいとするならば、憲法典という『制定法』を変更する方法は一つしかありえないように思われる。すなわち、そのために憲法典自身が示している方法である。……法規範のその他の変更はすべて、妥当する法の立場から見るならばひとつの違反行為、法の破棄にほかならない。」「われわれは、成文憲法はいかにして合法的に変更されうるかという問題を検討した。その結果は、法による変更は、憲法自身が明示的あるいは黙示的に規定している方法によってのみなされる、ということであった[82]」。

彼が憲法変遷の問題として取り扱うのは、憲法典と国家機関の実務慣行との乖離、および憲法典と裁判所の憲法解釈との乖離であることは、すでに確認した。法律や議事規則のような制定法をまったく考察対象としないことが、他の論者と比較してヒルデスハイマーの大きな特徴であるが、それはともかく、上の結論からすると、憲法典に抵触する慣行および解釈は単なる違憲の事実であって、憲法典に規定された憲法規範を何ら変更するものではないことになる。ヒルデスハイマーは、慣行と解釈のそれぞれについて、この点を次のように明言している。「成文憲法には、慣習による変更の禁止が黙示的に内在しているということが想定される。この点は、成文憲法の意義および根拠それ自体から明らかであるように思われる。なぜなら、慣習による変更が許されるならば、フライナーが指摘しているように『憲法典の制定によって法治国家が導入した保障が動揺してしまう』からである[83]」。合衆国最高裁の憲法解釈、すなわち「緩やかな構成」は、「法的視点だけから見るならば、憲法違反であり、法の歪曲であった[84]」。

これらの主張だけ捉えれば、ヒルデスハイマーの見解は、日本の「憲法変遷否定説[85]」と同様の純粋な「事実説」とみなすことができる。ところが彼は、同時に次のようにも言う。こうした慣行は、「法準則と違って目的意識的な制度によって保護されておらず、政治状況にもとづいて、憲法に反して実行されているにすぎない。これらの準則は社会政治的な諸力の存在によってのみ保護され、組織化された保障の保護を受けることのできない単なる習律にすぎないのである[86]」（強調は原著者）。このようにヒルデスハイマーの議論は、憲法典と乖離した慣行や解釈を「習律」と呼ぶ点では、「習律説」とも一定の親縁性を有している。しかし、習律があくまで非法的規範にすぎないことを強調して、それが法規範に変化し、法規範にとって代わるとは考えない点で、ハチェックの見解とはやはり区別されなければならないであろう[87]。

(5)　「憲法変遷」の法的性格づけに関するイェリネックの考え方は、これまでの三人よりはるかに複雑で不明確である。イェリネック説をしばしば取り上げてきたボン基本法下の憲法変遷論では、この論点について次のような共通理解が存在するようである。すなわち、イェリネックの変遷論は、法と政治あるいは法と現実との厳格な分離という彼の方法論的前提のゆえに、事実の経験的記述の域にとどまっており、その結果としてむしろ逆説的に「変遷現象」をまるごと法規範とみなさざるをえなくなった、そして「事実の規範力」「政治的必要性」を引きあいに出して、このような「事実の規範化」を正当化しようとしている、という共通理解である[88]。しかし私見によれば、彼の変遷論では、「何と何とのいかなる乖離が問題なのか」という乖離の構図が複合的であるので、法的性格づけもこうした乖離の構図の違いに応じて異なると解されるべきであろう。そこで以下では、いくつかの場合に分けて、イェリネックの所説を検討しておくことにしたい。

第一に、イェリネックの変遷論においても、憲法典と単純法律や議事規則との乖離が取り上げられていることは前にみた。その場合、ビスマルク「憲法は多くの法律によって、そのテクストに受容されていない実質的な補充を経験した」「こうして帝国憲法は、帝国の基礎的な諸制度の一部分しか示さない一つの断片という性格をもつことになった」[89]という表現で、彼がこれらの現象をいかに性格づけようとしているのかは明瞭ではない。同じことは、憲法典と慣行との乖離に関する彼の叙述についても言えるであろう。イェリネックは連邦参議院の常設化、宰相代理の常設化、帝国大臣の対議会答弁責任の慣行を例にあげて、「憲法の文字はつねに事実状態と一致するわけではない」「この場合、憲法の取り消すことのできない変遷が生じたことは疑いない」[90]と述べるが、その趣旨如何が問題となる。おそらく最も自然なのは、彼がボルンハークと同様、これらのケースについては、憲法典と内容的に異なる制定法と慣行による憲法的慣習法の成立を認めたという理解であろう。イェリネックは、ラーバントがその『ドイツ国法』で連邦参議院の常設化に触れていないことに批判的に言及し、しかしながら「ラーバントは憲法に対する廃止的慣習法を承認しないので、その限りでは首尾一貫する」と評している[91]。この点から逆推すると、イェリネック自身は、慣習法による憲法典の改廃を認めていると理解することが可能である。

第二は、憲法典と憲法解釈との関係である。イェリネックの念頭にあるのが、憲法典とその解釈との乖離であると解するならば、「憲法は、その解釈自体の変遷によって変遷する」[92]という彼の言は、ヒルデスハイマーが否定したような意味での、解釈による憲法的慣習法の成立の承認、すなわち憲法典に体現された憲法規範が、有権解釈機関の提示した別の憲法規範に取って代わられることの承認を意味することになる。しかしイェリネックの念頭にあるのが、有権解釈機関による憲法解釈の時間的変化であるならば、「憲法は、その解釈自体の変遷によって変遷する」という発言は、「裁判官がこれが憲法だというものが憲法だ」というリアリズム法学的認識に、イェリネックも与している証左ということになるかもしれない。後者の理解に立てば、「解釈による憲法変遷」は、制定法規範に代わる慣習法規範の形成ではなくて、あらかじめ確定されているわけではない制定法テクストの意味それ自体の変化と性格づけられる。このような立場がイェリネックの法学方法論と整合的であるか否かは、改めて吟味してみる必要があるだろう。

第三は、不文憲法の変遷である。これもすでに紹介しておいたように、イェリネックはイギリスの不文憲法体制の変遷を、主として「憲法的任意法」の変遷であると言う。たとえばイギリスにおける議院内閣制の諸準則は、「強行法ではなくて、その時々の政治的諸関係の変化に適応可能な任意法の性格を有する」「イギリスにおける憲法変遷は、まず何よりもその任意的国法の変遷である」[93]。同時に彼は、憲法的任意法を「習律的憲法準則」konventionelle Verfassungsregeln ともよび、「このような習律は、全体として政治倫理を形成し、……この倫理はイギリスでは法の領域をはるかに超え出ている」と説明する[94]。したがってイェリネックは、この点ではハチェック的な「習律」論者であるようにもみえるが、彼の「憲法的任意法」「習律憲法」概念は、右に引いた文章から一見して明らかなように、任意「法」でありながら政治「倫理」でもあるから、その性格づけには大きな混乱があるように思われるのである[95]。

こうしてみるとイェリネックの場合、「憲法変遷」現象の法的性格は彼が想定する乖離の構図に応じて、制定法規範に代わる慣習法規範の形成とみなされたり、制定法の規範意味それ自体の変化とみなされたり、あるいは制定法でカバーされていない領域における任意法的慣習法の形成および変化、でなければ政治倫理の形成および変化とみなされたりしている、という結論になるであろう[96]。

四　小　結

第二節の考察の結果を簡単にまとめておくことにしよう。

①　この節で取り扱ったイェリネック・ハチェック・ボルンハーク・ヒルデスハイマーの場合、ラーバントとは異なって「憲法改正」と「憲法変遷」との概念的区別を前提にするため、改正手続を踏んだ憲法典の改正は「変遷論」の考察対象に含まれない。ラーバントと比べれば、「変遷」概念の縮小である。

②　「何と何との乖離か」という観点から整理すると、学説には「ビスマルク憲法と主として法律との乖離」（ラーバント）、「ビスマルク憲法と実務慣行、制定法との乖離」（ボルンハーク）、「成文憲法一般と実務慣行、裁判所の憲法解釈との乖離」（ヒルデスハイマー）、「主として成文憲法と制定法、実務慣行、裁判所の憲法解釈との乖離」（ハチェック）という幅がある。さらにイェリネックの場合には、「成文憲法と制定法、実務慣行との乖離」のほかに「有権的憲法典解釈の変化」「不文憲法の変化」まで議論の視野に入ってくる。考察対象とされた「乖離の要素」のこうした相違が、他の論点での学説の違いと密接な関係をもっている。

③　「いかなる乖離か」という点からみると、これらの学説が取り上げた素材のほとんどは、憲法典と抵触すると判断された制定法や慣行であった。ビスマルク憲法関係の事例は、大部分ラーバントの叙述と重複する。しかし素材が近代憲法一般にまで拡張された結果、合衆国最高裁の憲法解釈によって認められた連邦立法部の「黙示の権力」（イェリネック・ハチェック・ヒルデスハイマー）や、イギリスにおける議会制の機能変化と内閣統治制の展開（イェリネック）といったドイツ法以外の現象も考察されている。その意味では、ラーバントと比べた場合、変遷論の「一般理論化」と言うことができるであろう。

④　「乖離の法的性格づけ」という論点に関しては、学説は区々に分かれる。すなわち、憲法典と乖離する下

位の制定法は同時に憲法レベルの慣習法となり、憲法典と乖離する慣行もやはり憲法レベルの慣習法となる、という見解（ボルンハーク）、それらの制定法や慣行は法ではなく憲法領域の習律規範だという見解（ハチェック）、憲法典と乖離する慣行や解釈は、そこに事実上の規則性が認められるとしても、法的視点からは違憲の行為にすぎないとみる見解（ヒルデスハイマー）である。また、ラーバントの場合には、ある種の単純法律を実質的に見れば憲法改正法律とみなすので、憲法典に体現された憲法規範から単純法律上の憲法規範への交代が生じると主張していることになる。それぞれ「慣習法説」「習律説」「事実説」「制定法説」と呼ぶことができよう。但し、各論者が念頭に置く「乖離」の対象が異なるのであるから、こうした性格論も互いに噛みあっているとは必ずしも言えない。たとえば、ビスマルク憲法と主として法律との関係を想定するラーバントと、憲法典と法律との関係を「変遷論」の考察対象からはずすヒルデスハイマーとでは、一口に「憲法変遷」の法的位置づけと言っても、考え方が異なることはむしろ当然であろう。

⑤　ラーバントとイェリネックは、「憲法変遷」の概念構成、認識対象として取り上げる素材の範囲、「憲法と憲法状態との乖離」の構図のいずれをとっても対照的であり、他の論者はこの二人の中間に位置づけることができる。しかし全体としてみた場合、イェリネックと他の人々との偏差が最も大きいようである。とくに不文憲法が考察対象に含まれ、「乖離」の構図が複合的で、その結果「乖離」の法的性格づけも「慣習法の成立」「習律の成立」「制定法の意味変化」と多岐に解釈できる点に、イェリネック変遷論の特徴を見いだすことができるであろう。イェリネックをしばしば考察の出発点とする日本の憲法変遷論と、イェリネック変遷論それ自体との相違にも、改めて注意を喚起しておきたい[97]。

（1）　文献については本章第一節の註（1）参照。時期的にはラーバントの Wandlungen 論文が最も早く（一八九六年）、G・イェリネック論文（一九〇六年）、ラーバントの Entwicklung 論文（一九〇七年）、ハチェックの「習律」論文（一九〇九年)、ボルンハーク論文(一九一〇年)、ヒルデスハイマーのモノグラフィー(一九一八年)の順番になる。ハチェック、ヒルデスハイマーの論文の標題は「憲法変遷」ではないが、のちに検討するシュ・ダウリン以来、ドイツでも日本でも「憲法変遷」論に関する代表的な研究として取り上げられるのが一般である。この二論文が、実質的にはラーバントやイェリネックが「憲法変遷」の術語の下に取り扱ったテーマを考察対象に含んでいることは、以下本文の分析によっても確認できたと考えている。

(2)　W. Hildesheimer, Über die Revision moderner Staatsverfassungen, S. 11.

(3)　C. Bornhak, Wandlungen der Reichsverfassung, in: AöR 26, S. 373 f.

(4)　G. Jellinek, Verfassungsänderung und Verfassungswandlung, S. 3. 篠原巌訳「憲法改正と憲法変遷」G・イェリネク［森英樹・篠原巌訳］『少数者の権利』(日本評論社、一九八九年)六八頁。第一章第一節註(9)参照。

(5)　シュ・ダウリンも、成文憲法と議会の議事規則や政府の事務規程との乖離を論じた箇所で次のように述べている。「イェリネックはこの文脈でしばしばイギリスの事例も取り上げている(一般国家学五三九頁)。私にはこれは正当とは思われない。成文憲法が存在しないところでは憲法改正と憲法変遷という問題はおよそ無意味だからである」(Hsü Dau-Lin, Die Verfassungswandlung, S. 34.)。

イェリネックの憲法変遷論が問題としたのは、憲法典ではなく実質的意味の憲法であることを力説した日本の論稿としては、小嶋和司『憲法学講話』(有斐閣、一九八二年)第一講「憲法と憲法典について」をあげることができる(とくに同書一五—一八頁)。そこには以下のような指摘が見られる。憲法変遷と言うときの「『憲法』を実質的憲法と解すれば、改正されるそれも、変遷するそれも同様の『憲法』となるが、形式的憲法と解するならば、それらは同義でなくなるばかりか、不文憲法国には無縁の問題ともなってしまう。イェリネクは、どのように考えたのか。…/さらに、イェリネクは、憲法上の権能の不行使は、その権能を消滅させるかという問題を考察する。が、ここに登場する事例も、イギリス国王の法律拒否権で、憲法典の条項とは無関係である。/ということは、学説の首唱者［イェリネック］は、実質的憲法の『変遷』を考えたことになる。にもかかわらず、日本の論者は、憲法典の問題としてこれを受け止めたということである」。小嶋和司『憲法概説』(良書普及会、一九八七年)一二五—一二六頁も参照。同様の指摘として、手塚和男「スメント及びドイツ国法学における憲法変遷論」新正幸・鈴木法日児編『憲法制定と変動の法理』(木鐸社、一九九一年）二八七頁。また、結城光太郎「憲法変遷論批判――イエリネク学説とわが国の学説のちがい並びに両者に対する批判――」新潟大学・法政理論一七巻一・二号（一九八四年）一頁以下は、憲法変遷の文脈でイェリネックが言うVerfassungの意味を検討して、「イエリネクのVerfassungは基本的には実態としての国家秩序そのものであって、法ではない」とする（一一頁）。

私も、少なくとも「憲法典」の変遷「だけ」を論じたのではないところに、イェリネックの憲法変遷論の大きな特徴があると考える。しかし、これが、第二次大戦前ドイツの憲法変遷論のなかでもきわめて例外的な特徴であったことには、同時に注意が必要であろう。イェリネックの変遷論が「憲法」として何を念頭に置いていたと見るべきかについての私見は本文の検討を参照。小嶋論文のように、変遷する「憲法」を「実質的憲法」と考える場合には、憲法変遷はまったく自明の現象と言わなくてはならないように思われる。日本の憲法学では「実質的憲法」の範囲について本格的な検討がなされてきたとは言えないが（たとえば長谷部恭男『憲法・第四版』新世社、二〇〇八年三頁は、「実質的意味の憲法の範囲を厳密に確定することは不可能であるし、そうする実益も少ない」と述べる）、仮に公職選挙法が「実質的憲法」に含まれると見るならば（たとえば、野中・中村・高橋・高見『憲法Ⅰ・第四版』（有斐閣、二〇〇六年）九頁参照）、公職選挙法の改正は「形式的憲法」を改正するものではないが、「実質的憲法」を当然「変遷」させることになるからである。「実質的意味の憲法」については、大石眞『憲法秩序への展望』（有斐閣、二〇〇八年）六―一四頁も参照。

(6) J. Hatschek, Konventionalregeln, in: Jahrbuch des öffentlichen Rechts der Gegenwart, Bd. 3, S. 1.

(7) J. Hatschek, aaO., S. 4.

(8) J. Hatschek, aaO., S. 10.

(9) G. Jellinek, aaO., S. 44. 篠原訳一〇五頁。

(10) 篠原巌「G・イェリネックの憲法変遷論」名古屋大学・法政論集八三号（一九八〇年）四二頁もⅢ、Ⅳ、Ⅴ、Ⅵ章を第一グループ、Ⅶ、Ⅷ章を第二グループと述べて、イェリネックの変遷論を二つに区分している。小林孝輔「イェリネク――『憲法変遷』論の概念と問題」小林孝輔編『ドイツ公法の理論』（一粒社、一九九二年）七七頁も参照。

(11) G. Jellinek, aaO., S. 71. 篠原訳一二九頁。

(12) 小林直樹『憲法秩序の理論』（東京大学出版会、一九八六年）二四七頁註49は、イェリネックが「必要性に基づく変遷」を「解釈による変遷」、「慣習による変遷」と並列的に論じていることに疑問を呈し、「必要」は「解釈や慣習の前提要因」だとしている。これも、IV章「憲法変遷を引き起こすものとしての政治的必要性」を乖離の原因の叙述と見る読み方と解される。

(13) G. Jellinek, aaO., S. 6 f. 篠原訳七一—七二頁。
(14) G. Jellinek, aaO., S. 7 f. 篠原訳七二—七三頁。
(15) G. Jellinek, aaO., S. 10–12. 篠原訳七五—七七頁。
(16) G. Jellinek, aaO., S. 14 f. 篠原訳七八—七九頁。
(17) G. Jellinek, aaO., S. 16–21. 篠原訳八〇—八四頁。
(18) G. Jellinek, aaO., S. 23–27. 篠原訳八五—九〇頁。
(19) G. Jellinek, aaO., S. 34–40. 篠原訳九六—一〇一頁。
(20) G. Jellinek, aaO., S. 41. 篠原訳一〇二—一〇三頁。
(21) G. Jellinek, aaO., S. 72. 篠原訳一三〇頁。
(22) J. Hatschek, aaO., S. 9–34. 七つの類型とは、①「裁判官のコントロールを受けない最上級の国家諸機関による法定立の簒奪」、②「Allonomie、すなわち、ある法領域の規範を他の法領域で実定法秩序に反する仕方で利用し、類推適用すること」、③「法の分裂、すなわち、妥当する支配的法秩序と矛盾する新たな法秩序が、裁判官の判決実務の方法で形成されること」、④「組織の類似性、すなわち、国家諸制度の一組織に妥当する法規範が、別な類似の法的組織に適用される法形成現象」、⑤「形式の変質、すなわち、複数の国家機関の協働という憲法上の形式が、合憲的でなく、したがって違法だが、関係者にはより便利な別の形式で置き換えられる実務のケース」、⑥「解釈の変化」、⑦「法規と習律のHypotaxe［習律がある法規の実現の前提となっている場合］とParataxe［習律と法規とが併存している場合］」、である。川添利幸「憲法変遷Verfassungswandlungの法的性格」同『憲法保障の理論』（尚学社、一九八六年）六五—六七頁、小林直樹『憲法秩序の理論』一一五八頁註68参照。
(23) J. Hatschek, aaO., S. 9.
(24) J. Hatschek, aaO., S. 9 f.

(25) J. Hatschek, aaO., S. 31 f.
(26) W. Hildesheimer, aaO., S. 11.
(27) W. Hildesheimer, aaO., S. 14 f.
(28) W. Hildesheimer, aaO., S. 18 f.
(29) C. Bornhak, aaO., S. 382–384. ドイツ帝国の議院内閣制化（議会主義化）Parlamentarisierungについては、本書第Ⅱ章参照。
(30) C. Bornhak, aaO., S. 388 f.
(31) C. Bornhak, aaO., S. 385 f.
(32) C. Bornhak, aaO., S. 386 f.
(33) C. Bornhak, aaO., S. 393 f.
(34) C. Bornhak, aaO., S. 396–399.
(35) C. Bornhak, aaO., S. 373.
(36) ボルンハーク論文は、ドイツ帝国の性格に関する「国家連合」説・「連邦国家」説・「単一国家」説についての簡単な論評も含んでいる。しかし、彼はこれらの学説による憲法変遷を主張しているわけではないから、学説への言及は、帝国憲法の変遷を論じるための導入部と理解すべきものであろう。vgl. C. Bornhak, aaO., S. 376–379.
(37) ただし、前節で確認したように、ラーバントの考察対象は憲法改正法律を含む点ではこれらの論者より広い。
(38) たとえば、佐々木惣一「憲法ノ改正」佐々木惣一博士米寿祝賀記念刊行会編『法の根本的考察』（一九六五年）一二一—一六頁、清宮四郎『憲法Ⅰ・第三版』（有斐閣、一九七九年）三八六頁、尾吹善人『憲法教科書』（木鐸社、一九九三年）三三三頁、佐藤幸治『憲法・第三版』（青林書院、一九九五年）三四頁参照。憲法典の文言の改正によって、憲法規範がどのように変更されたと理解すべきかは法解釈問題であるから、文言の改正と規範の変更とは必ずしも同一ではないとも考えられる。しかし、ここではこの点には深入りしない。
(39) G. Jellinek, aaO., S. 6 f. 篠原訳七一—七二頁。C. Bornhak, aaO., S. 394 もフランケンシュタイン条項に触れている。郵便法以外の事例はすべてラーバント論文とも重複する。

(40) C. Bornhak, aaO., S. 393. すでに見たように帝国裁判権の問題はラーバントも取り上げている。
(41) G. Jellinek, aaO., S. 12. 篠原訳七七頁。
(42) C. Bornhak, aaO., S. 396-399. 軍事協定についてはラーバントも触れている。
(43) C. Bornhak, aaO., S. 385 f.; W. Hildesheimer, aaO., S. 14. ラーバントも取り上げている。
(44) G. Jellinek, aaO., S. 22-27. 篠原訳八五―九〇頁。これらのケースはすべてラーバントも取り扱っている。ボルンハークも連邦参議院の地位の変化を論じる文脈で、帝国大臣の対議会答弁責任に言及している。C. Bornhak, aaO., S. 389, 392.
(45) C. Bornhak, aaO., S. 387. ラーバントはこうした解釈に反対している。vgl. P. Laband, Staatsrecht, 5. Aufl., Bd. II, S. 42.
(46) G. Jellinek, aaO., S. 11 f. 篠原訳七六―七七頁。フランス・アメリカの憲法典の改正にあたるような議事規則については、ハチェックも言及する。J. Hatschek, aaO., S. 10.
(47) J. Hatschek, aaO., S. 9 Anm. 1.
(48) J. Hatschek, aaO., S. 31 f.
(49) W. Hildesheimer, aaO., S. 15.
(50) G. Jellinek, aaO., S. 40-43. 篠原訳一〇一―一〇三頁。
(51) W. Hildesheimer, aaO., S. 15.
(52) G. Jellinek, aaO., S. 12 f. 篠原訳七七頁。フランス第三共和制および第四共和制における議会を「絶対議会制」と位置づけて、その議院自律権の詳細を体系的に研究した業績として、大石眞『議院自律権の構造』(成文堂、一九八八年)三三一―一一二頁参照。
(53) G. Jellinek, aaO., S. 32-34. 篠原訳九四―九六頁。引用した文章はS. 34.
(54) G. Jellinek, aaO., S. 27-30. 篠原訳九〇―九二頁。引用した文章はS. 30.
(55) G. Jellinek, aaO., S. 50. 篠原訳一一〇頁。aaO., S. 49. 篠原訳一〇九頁。
(56) G. Jellinek, aaO., S. 48 u. 50. 篠原訳一〇八頁、一一〇頁。

(57) James Bryce, The American Constitution, 3 d. edition, 1908. ヒルデスハイマーのみならず、イェリネック、ハチェック、ヴァイマル期のイェーゼルゾーン、シュ・ダウリンも、アメリカ憲法については主としてブライスを参照している。日本でも一九二四年に宮沢俊義が、とくにブライスに依拠しつつ、「硬性憲法の変遷――米国憲法に於ける中央集権的傾向について――」を書いた（国家学会雑誌三八巻八・九号。のちに同『憲法の原理』岩波書店、一九六七年六七頁以下に再録）。
ブライスは、世論や社会制度まで含むアメリカの政治社会全般を論じたこの書物（の第一部「中央政府」の最後の五章、すなわち第三一章～第三五章）のなかで、合衆国憲法の成長と発展を考察した。ブライスによれば、合衆国憲法は、「改正」Amendment・「解釈」Interpretation・「慣行」Usageという三つの方法で発展してきた。ブライスの言う「解釈」とは、とりわけ合衆国最高裁判所の憲法解釈であり、「慣行」とは憲法典の枠内で政治部門が形成するルールである。一八八八年に初版が公刊されたこの書物は、ドイツの学者にも長期にわたって広範な影響を与えたものと推測される。

(58) W. Hildesheimer, aaO., S. 16-18.

(59) W. Hildesheimer, aaO., S. 18. 合衆国憲法の翻訳は、宮沢俊義編『世界憲法集・第四版』（岩波文庫、一九八三年）三三頁以下、樋口陽一・吉田善明『解説世界憲法集・第三版』（三省堂、一九九四年）四八頁以下を参照した。

(60) J. Hatschek, aaO., S. 10.

(61) G. Jellinek, aaO., S. 20. 篠原訳八四頁。

(62) G. Jellinek, aaO., S. 17-19. 篠原訳八一―八三頁。

(63) たとえばハチェックは、合衆国最高裁判所の憲法解釈を、彼が立てた習律の七つの類型のうち、「解釈の変遷」とは区別される「最上級の国家機関による法定立の簒奪」の一種とみなしている。J. Hatschek, aaO., S. 10.

(64) G. Jellinek, aaO., S. 9. 篠原訳七四―七五頁。

(65) W. Hildesheimer, aaO., S. 20.

(66) W. Hildesheimer, aaO., S. 20.

(67) G. Jellinek, aaO., S. 15. 篠原訳七九頁。

(68) G. Jellinek, aaO., S. 21. 篠原訳八四―八五頁。

(69)「事実の規範力」については、vgl. G. Jellinek, Allgemeine Staatslehre, 3. Aufl., 19 xx, S. 337 f. 結城光太郎「憲法変遷論批判」新潟大学・法政理論一七巻一・二号二〇頁、小林直樹『憲法秩序の理論』二四八―二五〇頁も参照。

(70) W. Hildesheimer, aaO., S. 17, u. 19.

(71) 一九五三年に発表された川添利幸「憲法変遷 Verfassungswandlung の法的性格」法学新報六〇巻九号（同『憲法保障の理論』一九八六年に再録）がすでに、シュ・ダウリンに依拠しつつ、ドイツの学説を慣習法説・事実説・習律説に分類して紹介検討している（『憲法保障の理論』五七―七一頁）。

憲法変遷の法的性格に関する日本の学説の整理としては、さしあたり、橋本公亘「憲法変遷論」ジュリスト臨時増刊『日本国憲法――三〇年の軌跡と展望』（有斐閣、一九七七年）一〇八―一一四頁、中村睦男『憲法30講』（青林書院、一九八四年）二八一―二八九頁、川添利幸「憲法変遷の意義と性格」小嶋和司編『憲法の争点・新版』（有斐閣、一九八五年）一〇―一一頁、阪本昌成『憲法理論Ⅰ・第二版』（成文堂、一九九七年）一三〇―一三一頁参照。いずれも憲法変遷肯定説（すなわち慣習法説と習律説）・憲法変遷否定説（事実説）を学説整理の基本的枠組としている。

(72) C. Bornhak, aaO., S. 374 f.

(73) C. Bornhak, aaO., S. 373 f.

(74) C. Bornhak, aaO., S. 376–379.

(75) J. Hatschek, aaO., S. 2 f. のちに見るように、シュ・ダウリンもハチェックと同様の理由から慣習法説を批判した。vgl. Hsü Dau-Lin, aaO., 112. 川添利幸『憲法保障の理論』五八頁参照。

(76) J. Hatschek, aaO., S. 4.

(77) J. Hatschek, aaO., S. 5.

(78) J. Hatschek, aaO., S. 6 f.

(79) J. Hatschek, aaO., S. 54 f.; 60–62.

(80) イギリスの「憲法習律論」に関する日本の研究としては、ダイシーの習律論を批判的に検討した伊藤正己「イギリスにおける『憲法上の習律』」法学教室［第一期］八号（一九六三年）、のちに同『イギリス法研究』（東京大学出版会、一九七八年）二七四―二八三頁が簡明である。また、イギリスでの近年の議論もフォローした本格的な「憲法習律論」

研究として、原田一明『議会特権の憲法的考察』（信山社、一九九五年）三一八七頁が参照されるべきである。

（81）Hsü Dau-Lin, aaO., S. 141. しかし、日本の論者は、成文憲法国への「憲法習律論」の応用にむしろ好意的である。伊藤正己・前掲論文（『イギリス法研究』）二七五頁参照。「憲法変遷論」の文脈では、川添利幸『憲法保障の理論』六八―六九頁参照。小林直樹『憲法秩序の理論』二五八―二五九頁は、より明確にハチェックの言う「習律」について、「イギリスにおける憲法上のコンヴェンションからヒントを得た上記のような習律論は、（すべてとまではいわなくとも）憲法変遷を生ずる多くの実例に当てはまるであろう」と述べている。芦部信喜「憲法の改正と変遷」法学教室［第一期］六号（一九六三年）、のちに同『憲法制定権力』（東京大学出版会、一九八三年）一四二―一四八頁も、日本における「習律説」の代表として有名である。註（87）も参照。

（82）W. Hildesheimer, aaO., S. 23, u. 24. ここでヒルデスハイマーの言う「憲法が黙示的に規定している方法」とは、憲法典に憲法改正手続を定めた規定がないときの改正方法のことである。彼によれば、その場合には、憲法典を通常の立法手続で改正することが許される。改正規定を欠くイタリア憲法・スペイン憲法・ドイツ帝国のラントである弟系ロイスの憲法がその例だと言う。前節で考察したラーバントの言う「黙示的な」改正、すなわち、憲法典の文言には手を触れずに、ビスマルク憲法の定める憲法改正手続に従って特別法が制定されるケースとは異なる。また、本書第XIII章第一節で取り上げる「黙示的実質的憲法改正」、すなわち、憲法典の文言には手を触れずに、ヴァイマル憲法の改正規定に従って特別法が制定されたが（「実質的憲法改正」）、憲法改正手続を遵守したことが当該法律に明記されていない（＝「黙示」）ケースとも異なる。

（83）W. Hildesheimer, aaO., S. 13.

（84）W. Hildesheimer, aaO., S. 19.

（85）代表的な憲法変遷否定説として、杉原泰雄「憲法変遷」田上穣治編『体系憲法事典』（青林書院新社、一九六八年）一七〇頁。

（86）W. Hildesheimer, aaO., S. 15. ヒルデスハイマーは「解釈」についても同様のことを述べている。S. 20.

（87）芦部信喜は、「かつてドイツの公法学者ハチェック（Hatschek）は、憲法変遷の現象にイギリス憲法でいう習律（Conventions）に当たる性格をみとめたが、私がここでいう規範的性格は、ほぼそれと同じものを意味する」と述べ

（芦部『憲法制定権力』一四七頁）、自説をハチェック的「習律説」と位置づけている。しかし、ハチェックが、いずれは習律が法規範にとって代わりうることを明確に承認しているのに対して（Hatschek, aaO., S.4.）、芦部はそうした可能性を認めないので、むしろその所説はヒルデスハイマーのこうした言明に近似すると言えよう。

(88) vgl. W. Fiedler, Sozialer Wandel, Verfassungswandel, Rechtsprechung, 1972, S.28-30; K. Hesse, Grenzen der Verfassungswandlung, in: Festschrift für Ulrich Scheuner zum 70. Geburtstag, 1973, S.130.

(89) G. Jellinek, aaO., S.6 f. 篠原訳七二頁。

(90) G. Jellinek, aaO., S.26, u.23. 篠原訳八九頁、八七頁。

(91) G. Jellinek, aaO., S.22. 篠原訳八六頁。たしかにラーバントは慣習法の法律改廃力を認めない。前節註（68）参照。

(92) G. Jellinek, aaO., S.9. 篠原訳七四頁。

(93) G. Jellinek, aaO., S.29 f. 篠原訳九二頁。

(94) G. Jellinek, aaO., S.28. 篠原訳九一頁。

(95) ハチェックも、イェリネックの「任意法」説を批判して次のように述べた。憲法の文言に反して憲法を変遷させる規範を「イェリネックは弾力的な法、任意法とよぶ。しかしこれらの規範は、より上位の制定法に抵触するのだから、およそ法なのだろうか。……しかも、これらの任意法規範によって廃棄される憲法法規自体も、任意法ということにならざるをえない。しかし、そうだとすると、憲法自体の存立を危険に陥らせることなしに、いったいどの程度まで任意的憲法法規という想定をおこなうことが許されるのであろうか」Hatschek, aaO., S.2.

(96) 川添利幸『憲法保障の理論』七三―七六頁は、美濃部達吉が「慣習法」による憲法変遷、「習俗的規律」による憲法変遷、「理法」による憲法変遷を広く認めることを確認した上で、次のように評している。「美濃部博士はむしろ、この同じ問題［憲法変遷の問題］に関し、制定法偏重の思想の危険を指摘せられ、法源の多元性と、生きた法の発展との十分な認識の上に立脚した、きわめて多元的な実際的な説明を試みられたということができよう。この点において美濃部博士の議論は、先に述べたドイツにおける三つの類型［慣習法説・習律説・事実説］の中に、その地位を見出すよりも、強いていえばむしろ、イエリネックのそれにより近いのではあるまいか」（傍点原著者。『憲法保障の理論』七五―七六頁）。裏から言えば、川添は、イェリネックが慣習法・習律・理法による憲法変遷を広く認めたと解していることになる。

「理法」については留保が必要であろうが、このイェリネック理解は正鵠を射たものと思われる。

(97)　本節註（5）参照。

XIII　ヴァイマル憲法と憲法変遷論

第一節　シュ・ダウリン以前の論議

一　考察の対象と方法

ヴァイマル期に発表された論説で「憲法変遷」という標題をもつのは、おそらくシュ・ダウリンの有名なモノグラフィーだけであろう。しかし、標題ではなく内容に即して観察すると、ラーバントやシュ・ダウリンが取り上げた事柄と重なり合う問題領域を取り扱った論説が、ヴァイマル期にも複数見いだされる。いま、その主だったところを発表年代順にあげてみると以下のようになる。すなわち、フーゴー・プロイス「憲法改正法律と憲法典」（一九二四年）、グラーフ・ツー・ドーナ「第三三回ドイツ法曹大会報告、憲法典の改正を伴わない憲法改正の許容性と形式」（一九二四年）、同じくハインリヒ・トリーペル「第三三回ドイツ法曹大会報告」（一九二四年）、カール・ビルフィンガー「憲法の迂回」（一九二六年）、エルヴィン・ヤコビ「ライヒ憲法の改正」（一九二九年）、ジグムント・イェーゼルゾーン『憲法改正の概念、種類、限界』（一九二九年）、ゲルハルト・ライプホルツ「憲法破毀」（一九三一年）(1)などである。

ライプホルツの論説を除いて、これらはいずれもシュ・ダウリンの著書が公刊される以前に発表されたものである。帝政期およびヴァイマル期憲法変遷論の集大成と評されるシュ・ダウリンの著書については第二節で詳細に検討することにして、この節では、時間的にもシュに先行するこれらの論説を考察対象としたい。ヴァイマル憲法の改正方法という、当時のアクチュアルな論点をめぐって発表されたこれらの論説の内容を検討し、実質的には憲法変遷論とみなしうるヴァイマル期の論議の概略を描くこと、これがこの節の目的である(3)。

当然のことながら、ここで取り上げる諸論説の間には、テーマの設定の仕方にも用語法にもいろいろな違いがある。しかしここでは前章と同じく、「論者が問題にしているのは何と何との乖離なのか」、「それはいかなる内容の乖離なのか」、「論者はこの乖離を法的にはどのように評価しているのか」という問いを立てて、これらの問いに即して学説の整理を試みることにしたい。私見によれば、こうした整理の枠組は、ヴァイマル期の論議の検討にあたっても有効だと考えられるからである。

二　実質的憲法改正・憲法破毀——乖離の要素

(1)　論者が問題にしたのは、憲法典そのものには手を触れずにおこなわれる憲法の改正という、ヴァイマル期の実務のあり方であった。このことは、グラーフ・ツー・ドーナとトリーペルが共同報告者を務めた第三三回ドイツ法曹大会の共通テーマ、「憲法典の改正を伴わない憲法改正の許容性と形式」に端的に示されている。これを「何と何との乖離が問題なのか」という問いに置き換えてみると、その答えが、「ヴァイマル憲法典と憲法改正法律との乖離」となるであろうことは、容易に想像がつく。現にプロイスの論説のタイトルは「憲法改正法律と憲法典」であるし、また、たとえばグラーフ・ツー・ドーナも、「比較の対象は一方で憲法典、他方で何らかのライヒ法律である」と述べている(4)。

こうしてみると、ラーバント・イェリネック・ボルンハークなど、帝政期憲法変遷論の主要なテーマの一つ、すなわち「帝国憲法と帝国法律との乖離」（第XII章参照）と、ヴァイマル憲法の下で繰り返し論じられた争点（「ヴァイマル憲法と憲法改正法律との乖離」）との間には、明らかな共通性が存在することがわかる。トリーペルが、彼の報告の前提となった問題状況を、次のように語っていることは象徴的である。

「一九〇六年、つまりビスマルク憲法の制定から一世代以上後に、ゲオルク・イェリネックは、……憲法改正についての『信じがたいような体系の不在』を非難した。それは、その結果、もはや誰も憲法のテクストからは帝国の基礎について幾分なりと正しいイメージを得ることさえできないほどの体系の不在であった。新憲法の制定からわずか五年で、この点に関してわれわれが、当時旧憲法典について存在していたのとほとんど同じ状況にあると知ったら、いったい彼は何と言ったであろうか。［ヴァイマル］ライヒ憲法一四八条によれば、義務教育の終了時に、すべての生徒に対してライヒ憲法の冊子が手渡されることになっている。遠からず、どれほど多くの箇所で憲法典のテクストが誤ったものとなり、あるいは不完全なものとなってしまったかを生徒に示すコンメンタールを、憲法のほかに配布しなければならない時代が来るであろう(5)」。

(2)　では、「ヴァイマル憲法と憲法改正法律との乖離」とは、具体的には何を意味するのか。それを理解することは、ヴァイマル憲法の改正手続と改正の実態について知ることである。

まず、ヴァイマル憲法の改正手続についてみてみよう。ヴァイマル憲法七六条一項は、以下のような憲法典改正手続を定めている。「憲法は、立法の方法でこれを改正することができる。ただし、憲法改正のためのライヒ議会の議決は、法律の定める議員定数の三分の二が出席し、少なくとも出席者の三分の二がこれに賛成する場合にのみ成立する。憲法改正のためのライヒ参議院の議決も投票数の三分の二の多数を必要とする。人民請願にもとづき、人民票決によって憲法改正が決定される場合には、有権者の過半数の同意を必要とする」[6]。

この規定を前章第一節で紹介したビスマルク憲法の改正規定と比較してみよう。まず第一に、人民票決による憲法改正を導入した点で、ヴァイマル憲法はビスマルク憲法と大きく異なっている。もっとも、これは単純立法にも例外的なルートとして人民請願・人民票決の方法が取り入れられたこと（ヴァイマル憲法七三条、七五条）の帰結とみるべきで、憲法改正だけに特有の手続ではない。ヴァイマル憲法の場合にも、憲法改正のメインルートはあくまで通常の立法機関による議決である[7]。第二に、立法機関の議決というメインの憲法改正手続をビスマルク憲法のそれと比べると、単純立法手続に対する加重要件が強化された側面と、逆に緩和された側面とがあることがわかる。

つまり、こうである。ビスマルク憲法七八条一項では、帝国議会における憲法改正法律の議決には、何ら特別多数は要求されていなかった。これに対してヴァイマル憲法では、議員定数の三分の二の議員の出席、出席議員の三分の二の多数による議決が必要とされている。この要件は第三読会後の終局議決にも、ライヒ参議院の異議を受けた再度の終局議決にもあてはまる[8]。加重要件が強化された側面である。

他方、ビスマルク憲法は、連邦参議院における憲法改正法律の「否決要件」を、総数五八票中の一四票（約四分の一）と定めていた。単純立法と比較した唯一の加重要件である。これに対してヴァイマル憲法の場合、ライヒ参議院での憲法改正議決には投票総数の三分の二が必要である。これは、憲法改正法律の「否決要件」が投票総数の三分の一であることを意味する。すなわち、「否決要件」の側からみれば、それが約四分の一から三分の一に引き上げられたことによって、憲法改正の加重要件は緩和されたことになる。しかし、ビスマルク憲法の場合には、一四票の明示的反対さえなければ、賛成票は過半数でも足りるのであるから、三分の二の明示的賛成票が必要だという面から考えれば、ヴァイマル憲法の規定はライヒ参議院の手続についても、やはりビスマルク憲法の加重要件の強化という側面ももっている[9]。

連邦参議院での否決要件のみが単純立法に比べて特殊であったことと、議事を公開しない連邦参議院の実務とによって、ビスマルク憲法の下では憲法改正法律と単純法律との区別はしばしば曖昧であった[10]。これが前提となって、ラーバントは、憲法典と単純法律との間に前法と後法の関係を見いだすことができた。しかし、ヴァイマル憲法の場合には、右に見たように、単純立法手続と憲法改正立法手続とが明瞭に区別されている。ヴァイマル期を対象とした論議が、憲法典と憲法改正法律との乖離に集中していることは、こうした改正手続の変化と密接な関係をもつと考えられる[11]。

(3)　ヴァイマル憲法七六条の手続に従って制定された法律は、一括して憲法改正法律と呼ばれる。しかし、ひとくちに七六条の手続に従った法律と言っても、それにはいろいろな態様があった。当時の学説では、制定の方法・様式という形式的観点と、制定された法律の内容という実質的観点から、憲法改正法律がさらに種々に分類されるのが一般であった。以下ではまず、形式的観点にもとづく分類を紹介することにしよう。

①　形式的憲法改正と実質的憲法改正。憲法典の文言それ自体を改正する行為およびその所産が「形式的憲法改正」である[12]。憲法典の文言を削除・修正・付加するために制定され、のちに法典と一体化される法律は「形式的憲法改正法律」と呼ばれる。ちなみに日本国憲法九六条二項では、国民投票で承認された憲法改正を、天皇が「この憲法と一体を成すものとして」公布すると規定され、日本で憲法改正と言えば、もっぱら「形式的憲法改正」を指すものと考えられている[13]。これに対して、憲法典の文言には手を触れずに、憲法典の内容を実質的に変更する法律を、憲法典所定の憲法改正手続を踏んで制定する行為が「実質的憲法改正」、こうして制定された法律が「実質的憲法改正法律」である。イェーゼルゾーンは述べている。「われわれは、［憲法典の］テクストを改

正する法律を形式的意味での憲法改正、[憲法典の]テクストには手を触れない法律を実質的意味での憲法改正と呼ぶ(14)」。またヤコビによれば、「単なる実質的憲法改正として想定されているのは、憲法典の文言は改正されずに、その内容が憲法典の内容と矛盾する法律である。通説によれば、単なる実質的憲法改正法律の制定にあたっては、憲法改正の形式が守られなければならない……(15)」。

② 無意識的憲法改正・黙示的憲法改正・明示的憲法改正。実質的憲法改正は、その表示のあり方などの形式的観点に従って、さらに三つに区別される。この三種の区別を最も明瞭に定義したのはヤコビであろう。彼の説明をほぼ逐語的に引用しておく(16)。

「a、法律の内容は憲法と矛盾しており、この矛盾は立法手続においては意識されていなかった。しかし、ライヒ議会の終局議決では、当該法律は七六条の要件と合致する多数によって可決された。こうした事態は……『偶発的憲法改正』zufällige Verassungsänderung と称することができる。／b、法律の内容は憲法と矛盾しており、この矛盾は立法手続において認識されていた。したがって、七六条の加重された形式が遵守されたが、当該法律自体は、七六条の保障［手続］の下で成立したことを表示していない。この場合には『識別できない憲法改正』nicht kenntlich gemachte Verfassungsänderung について語ることができる。……／c、法律の内容は憲法と矛盾しており、この矛盾は立法手続において認識されていた。そして七六条の要件が充足されたことは、当該法律（公布文）に表示されている。しかし、法律は憲法の文言［自体］を改正するものではない。これは『憲法の文言を改正しない、識別できる憲法改正』kenntlich gemachte Verfassungsänderung ohne Änderng des Wortlauts der Verfassung のケースである……」。

イェーゼルゾーンも、ほぼこれと同一の分類をおこなって、ヤコビの言う「偶発的憲法改正」を「無意識的憲法改正」die unbewußte Verfassungsänderung(17)、「識別できない憲法改正」を「黙示的憲法改正」die stillschweigende Verfassungsänderung、「憲法の文言を改正しない、識別できる憲法改正」を「明示的憲法改正」die ausdrückliche Verfassungsänderung と呼んでいる。[18] ただし、形式的憲法改正も明示的・黙示的・無意識的の三種に区別できるとするなど、その所論には不明瞭な箇所もある。[19] ここでは、ヴァイマル期の議論の輪郭をなるべく明瞭に描くという意味で、定義はヤコビに、用語法はイェーゼルゾーンに従っておく。明示的実質的憲法改正法律・黙示的実質的憲法改正法律・無意識的実質的憲法改正法律の具体例、およびそれらの法的許容性に関する各論者の見解については、項を改めて論ずることにしたい。

(4)　実質的憲法改正法律については、以上のような形式的観点からの区別のみならず、当該法律の内容に着目した実質的観点からの区別もおこなわれた。この観点による区別と関係をもつのが、いわゆる「憲法破毀」Verfassungsdurchbechung 論である。「憲法破毀」の概念および許容性は、ヴァイマル期の憲法学界で最も注目されたテーマのひとつと言ってもおおげさではないだろう。憲法破毀論に関しては、日本でもすでに岩間昭道の詳細な研究が公にされている。[20] この先駆的業績に、本章がとりたてて付け加えるべきものはない。しかし、憲法破毀論も実質的にはラーバントやシュ・ダウリンが対象とした憲法変遷の問題領域と重複するというのが私の理解である。そこで、憲法変遷理論史研究の一環として、憲法破毀論についても必要な範囲で簡単に振り返っておくことにしよう。

①　「憲法破毀」の概念は、一九二四年四月に開催された第一回ドイツ国法学者大会で、ヴァイマル憲法四八条二項の大統領緊急措置権について報告したエルヴィン・ヤコビによって唱えられた。[21] 大統領の緊急措置が、ライヒ議会・ライヒ参議院による憲法改正とは異なる行為であることからすでに推測できるように、憲法破毀の概念は、もともとは実質的憲法改正の下位分類ではない。

シュミットの説明を聞いてみよう。「憲法改正は、憲法の破毀……ではない。破毀においては、憲法律的規定は変更されず、ただ、個々の場合に、――その他の場合に一般にその憲法律的規定の効力を維持しながら、――それと異なる命令が下されるにすぎない。したがって、この場合には、憲法律の変更が行なわれないだけではなく、正に、憲法律がそのまま効力をもち続けることが前提されるのである。かような破毀は、その性質から言えば、措置であって規範ではない(22)」。このようにシュミットは、憲法破毀と憲法改正とを対置し、しかもこの対置を彼独特の「措置」と「規範」との対立に還元する。シュミットに従えば、破毀は法の侵犯であって法の定立行為ではない(23)。

② しかしすでに、同じ一九二四年の九月に開催された第三三回ドイツ法曹大会では、憲法破毀は実質的憲法改正の部分問題として討議の対象となった。第一報告者ドーナの報告要旨（一）はこう述べている。「その内容が憲法典の内容と矛盾する法律はすべて、広い意味での憲法改正である［第一文］。同時に憲法典を改正することなく、このような法律を制定することは、当該法律が憲法法原則の妥当性を、単にその事項的範囲について制限するものにすぎない場合には許される。しかし、当該法律が憲法法原則のこれまでの妥当性を全体として、または部分的に廃棄する場合には許されない［第二文］(24)」。

ドーナがあげる典型的な事例は帝政期の立法である。北ドイツ連邦憲法二四条は帝国議会の任期を三年と定めていたが、一八七〇年七月二一日法律は、普仏戦争の推移を考慮して、一八六七年に選挙された議会の任期を戦争終結時まで延長した。ドーナによれば、これが憲法原則の妥当性を事項的に制限する法律の例である。これに対して、一八八八年三月一九日法律は、ビスマルク憲法二四条の規定には手を触れないまま、帝国議会議員の任期を三年から五年に改めた。これが憲法原則の妥当性を廃棄した法律の例である(25)。これらのケースについてドーナは、シュミットを引きつつ「……この区別はおそらく最も簡潔明瞭には『憲法改正』と『憲法破毀』との対置によって明確化することができる」とするのである[26]。

多少の補足が必要であろう。まず、要旨（一）の書き方からすると、ドーナは、憲法典の内容と矛盾するすべての法律が――単純法律も含めて――広義の憲法改正であると主張するように見えるが、そうではない。報告のなかで彼は、「われわれがここで取り扱うべきは憲法改正法律だけである」と明言している[27]。また、シュミットにならった右の用語法では、憲法破毀は憲法改正ではないかのような印象を与えるが、要旨（一）と報告内容からわかるように、ここに言う破毀と改正とは、いずれも実質的憲法改正の下位分類である。言うまでもないことだが、要旨（二）第二文のうち、前の場合が「憲法破毀」、後の場合が「憲法改正」にあたる。

第二報告者トリーペルは、実質的憲法改正をすべてこの二つのカテゴリーに分類することができるか、ある法律をこの二つのカテゴリーのいずれかに分類することはしばしば困難ではないか、という二点の疑問を提起しながらも、ドーナの分類に基本的には賛成している。その上で彼は、精確を期すためドーナの要旨（一）の表現を部分的に改めることを提案した[28]。

一九二六年に発表されたビルフィンガーの論説も、ドーナ、トリーペルの憲法破毀概念を踏襲している。「破毀とは、……単なる実質的憲法改正のケースである。その内容が憲法規定の内容と矛盾し、しかも当該憲法規定を廃棄するのではなく制限する個別のライヒ法律が、憲法典を改正することなく（つまり「形式的憲法改正」法律としてではなく）ライヒ憲法七六条の意味での特別多数の議決によって制定される」場合が、ビルフィンガーの考える憲法破毀である[29]。

③　再三引用してきた一九二九年のヤコビ論文における憲法破毀概念の最大の特色は、実質的憲法改正の内容的分類の次元で、憲法破毀と憲法法規の改正 rechtssätzmäßige Verfassungsänderung という対概念を明確に定式化したことであろう[30]。ヤコビの言う「憲法法規の改正」とは、「憲法と矛盾する法律が、憲法典の法規［法命

題」を全面的または部分的に廃棄すること」、言い換えると「憲法と矛盾する法律が、法規的に、すなわち具体的なケースを対象とするやり方ではなく抽象的なやり方で、憲法典の法規を改正すること」である[31]。これに対して、「憲法法規の改正」の対立概念としての「憲法破毀」を、ヤコビは次のように定義している。「憲法と矛盾する法律が、具体的なケースに関して憲法法規と矛盾する秩序を付与するが、その他の場合については憲法典の継続的妥当性に手が触れられていない事態……これには『憲法破毀』という表現が用いられる」。憲法破毀とは、「準則Regelとしての憲法法規には手を触れずに、ある具体的なケースについてのみ、憲法準則と矛盾する秩序を与える一つの例外を設ける」ことである[32]。

④　イェーゼルゾーンのモノグラフィーの破毀論は、とりわけ「破毀」という行為の性質理解の点で注目に値するように思われる。これまで検討してきた論者の場合、憲法破毀とは、「個別のケース」(シュミット)、「ある具体的なケース」(ヤコビ)に関して、憲法典に規定された一般的規範とは異なる取り扱いをおこなうこと、「事項的範囲に関して」(ドーナ)、あるいは「個別の事件Tatbestandに関して」(トリーペル)憲法原則の妥当性を制限すること、と捉えられてきた[33]。しかし、イェーゼルゾーンによれば、破毀か否かのメルクマールは個別的具体的行為か一般的抽象的規範かという点に求められるべきではなく、憲法典の定める規範に対する例外扱いが暫定的なものか、それとも永続的なものかという点に求められなければならない[34]。そもそも国法学者大会でシュミットが取り上げた大統領の緊急措置にしても、一回かぎりの個別行為であることはむしろまれで、そこで本来問題となっているのは、四八条を根拠とした限時的例外措置なのである[35]。

こうしてイェーゼルゾーンは、実質的憲法改正の下位分類のレベルで[36]、憲法破毀と憲法改正を次のように再定義する。「破毀は、一つないし複数の憲法規範の存立に対して暫定的に介入し、改正は一つないし複数の憲法規範に対して永続的に介入する」。彼によると「この相違を比喩的に示せばこうなる。すなわち、憲法改正に対しては、憲法は可塑的な素材の関係に立つ。新たな形態がそのまま持続する。破毀に対しては憲法は弾力性を示す。侵害がなくなれば、憲法はもとの形態に戻るのである」[37]。

以上の検討結果から、次のように言うことが許されよう。ヴァイマル期には、制定された法律の内容に着目して、実質的憲法改正が「憲法破毀」と「憲法法規の改正」とに区別できることが意識されていた。憲法破毀とは、ある特定のケースまたはある特定の期間にかぎって、憲法典の規範内容に反する取り扱いを認める法律を、七六条の特別多数で制定する行為と、こうして制定された法律とを意味する。

(5)　ヴァイマル期に論じられたのは何と何との乖離か。冒頭に立てたこの問いに立ち戻って、この項のまとめをしておこう。ドーナ・トリーペル・ヤコビ・イェーゼルゾーンといった論者が共通に問題にしたのは、ヴァイマル憲法の規範内容と実質的憲法改正法律の規範内容との乖離であった。これをさらに、実質的憲法改正の形式に従って分類すると、論議されているのは、「憲法典と明示的憲法改正法律との乖離」「憲法典と黙示的憲法改正法律との乖離」「憲法典と無意識的憲法改正法律との乖離」ということになる。また、実質的憲法改正の内容に従って論議の対象を分類するならば、「憲法典と憲法法規の改正法律との乖離」「憲法典と憲法破毀法律との乖離」と表現することができる。

実質的憲法改正という独特の実務慣行が生み出した憲法典との乖離の問題は、後に見るシュ・ダウリンの憲法変遷論の主要な考察対象の一つでもあった。しかし、シュの変遷論の分析をおこなう前に、ヴァイマル期に問題とされた乖離の具体的な内容を概観し、さらに実質的憲法改正に関する各論者の法的評価にも触れておかなければならない。

三　乖離の具体的内容

(1)　憲法典と実質的憲法改正法律との間には、いかなる乖離が存在したのか。言い換えると、実際にはどのようなテーマについて、どのような内容の実質的憲法改正法律が制定されたのか。前章と同じく議論の具体的な文脈を知るために、この項では事実の概略を確認しておきたい。後に見るように、実質的憲法改正法律の大部分は、法律の公布文に憲法改正特別多数で議決されたことがまったく言及されておらず、憲法改正手続を経たかどうかはいちいちライヒ議会議事録などで確認しなければならない。各種の法令集でも統一的なリストは作成されていなかった。そのため、当時すでにレーヴェンシュタインは、実質的憲法改正法律の「数は、およそもはやほとんど見通すことができない」とまで述べている[38]。むしろ、憲法典はその改正の実態をほとんど反映しておらず、憲法改正法律の十全なリストさえ存在しないために、妥当する憲法規範の全体像を把握できないこの混乱状態こそ、まさにヴァイマル期の議論の出発点だったわけである。G・イェリネックはヴァイマル憲法下のこの状況を見たら何と言ったであろうかという、前に引用したトリーペルの慨嘆をもう一度想起することが許されよう。

本章で考察対象とした論説のうち、実質的憲法改正法律の系統的なリストアップを試みているのは、一九二九年のほぼ同じ時期に発表されたヤコビとイェーゼルゾーンの作品だけである[39]。しかも、いま述べた事情から、両者のリストには不一致がある。したがって学説を研究対象とする本章では、この二つの論説によりながら、あくまで例示として、若干の実質的憲法改正法律を概観することで満足せざるをえない。

(2)　イェーゼルゾーンは、一九二〇年から二八年までの期間について、年代順に合計二一の実質的憲法改正法律をリストアップしている[40]。他方ヤコビの論文には、だいたい同一の期間について、法律案にとどまったケースや単純法律として可決されたケースも含めたリストが注記されている。そのうち、彼が実質的憲法改正法律として名指ししているのは、やはり合計二一の法律であるが、イェーゼルゾーンとは食い違いがある(41)。二人の論説を比較してみると、彼らが共通にあげている法律が一八件、ほかにイェーゼルゾーンは法律名を明記し、ヤコビもその存在に触れている法律が二件あることが確認できる。いまこの二〇件を掲げると以下のとおりである。

①　一九二〇年四月二七日のライヒ選挙法、
②　一九二〇年五月八日のライヒ議会議事堂およびラント議会議事堂の静穏に関する法律、
③　一九二〇年八月三日の移行期経済のための立法形式の簡素化に関する法律、
④　一九二〇年八月一七日の軍事裁判権の廃止に関する法律、
⑤　一九二一年二月六日の移行期経済のための命令制定に関する法律、
⑥　一九二一年二月一二日の住宅建設の臨時的促進に関する法律、
⑦　一九二一年六月二六日の住宅建設促進のための租税徴収に関する法律、
⑧　一九二一年六月二七日の人民票決に関する法律、
⑨　一九二一年七月九日の国事裁判所に関する法律、
⑩　一九二三年三月一〇日のザール地方における暫定的司法措置に関する法律、
⑪　一九二三年七月二一日の共和国保護法、
⑫　一九二三年七月二一日の共和国の保護についての官吏の義務に関する法律、
⑬　一九二三年七月二一日のライヒ刑事警察法、
⑭　一九二三年一〇月一三日の（第一次）授権法、
⑮　一九二三年一二月八日の（第二次）授権法、

⑯　一九二四年八月三〇日のライヒ鉄道法、
⑰　一九二六年二月一三日のかつて統治していた君侯家との対立についての法的紛争の中断に関する法律、
⑱　一九二六年七月九日の手続中断の延長に関する法律、
⑲　一九二六年一二月一七日の手続中断の延長に関する法律、
⑳　一九二八年七月一四日の刑の免除に関する法律。

ここでは、とりあえずこの二〇件をめぐる論者の解説を対象として、若干の観察を試みたい。

(3)　これらのうち、明示的実質的憲法改正法律は⑯⑰⑱⑲⑳の五つである。ヤコビとイェーゼルゾーンはいずれも、立法過程では憲法論議はなく、たまたま三分の二以上の多数で議決されたにすぎない「無意識的（偶発的）憲法改正」を実質的憲法改正とは認めないので、(42)残り一五件はすべて黙示的実質的憲法改正法律ということになる。そこでライヒ法律官報で確認してみると、たしかに⑯⑰⑱⑲⑳では、以下のようなまったく同一表現の公布文によって、憲法改正手続を経たことが明示されている。「疑義を回避するために憲法改正立法の要件が充足されたことが確認された後、ライヒ議会は以下の法律を議決し、本法律はライヒ参議院の同意を得てここに公布される(43)」。

これ以外の一五の法律の場合には、「ライヒ議会は以下の法律を議決し、本法律はライヒ参議院の同意を得てここに公布される」という公布文が法律の冒頭に掲げられているだけで、法律の文面からは憲法改正法律であることが識別できない。しかし、憲法典との抵触が意識されて、七六条の特別多数で議決されたことが議事録から確認できるという理由で、これらは論者から黙示的実質的憲法改正法律とみなされたと推測することができる。

一例として、②「ライヒ議会議事堂およびラント議会議事堂の静穏に関する法律」の審議に関するライヒ議会議事録を見てみよう。第三読会の終局議決に際して、議長の次のような発言が記録されていて、たしかに憲法改正法律として議決されたことがわかる。

「これは憲法改正を含む法律であります。総議員の三分の二が出席していなければならず、出席議員の三分の二がこの法律に賛成票を投じなければなりません。総議員の三分の二は二八二人であります。少なくとも二八二人の議員が出席していることを確認しなければなりません。

点呼による出席の確認はしないことを提案したいと思います。それではまる一時間はかかってしまいます。憲法改正がテーマとなっていることを考慮すれば、賛成者入口と反対者入口からの入場による投票ではなく、記名投票によって、同時に三分の二の多数を確認することが最も合目的であります。……

――院はこれを了承した。

……投票が終了した。（結果が報告された。）

投票の仮結果は以下のとおりであります。三〇五票の投票がありました。そのうち、［法律案を］否とするもの一五票、可とするもの二九〇票であります。したがって法律案は第三読会で可決されました[44]」。

(4)　ヤコビとイエーゼルゾーンは、この二〇件の法律を、その性質に応じて憲法破毀法律と法規改正とにも分類している。ヤコビは②③④⑤⑧⑨⑪⑭⑮⑯を「法規改正」、①⑥⑦⑩⑫⑬⑰⑱⑲⑳を「憲法破毀」に分類するのに対して、イェーゼルゾーンは、②④⑧⑨⑫⑬を「法規改正」、①③⑤⑥⑦⑩⑪⑭⑮⑯⑰⑱⑲⑳を「憲法破毀」に分類している[45]。両者が共通に「法規改正」とみなしているのは②④⑧⑨の四つ、共通に「憲法破毀」とみなしているのは①⑥⑦⑩⑰⑱⑲⑳の八つである。③⑤⑪⑭⑮⑯の六法律については、ヤコビが法規改正と判断するのに対して、イェーゼルゾーンは憲法破毀と判断している。⑫⑬の二つは逆にヤコビが憲法破毀、イェーゼルゾーンが法規改正と考えている。

なぜこのような食い違いが生じるのだろうか。前項で確認したように、個別具体的ケースにおける憲法典からの乖離だけを破毀とみなすのか、限時的であれば憲法典から乖離した一般的抽象的規範の定立も破毀とみなすのかという点で、論者の憲法破毀観には相違があった。こうした憲法破毀の観念の相違、そして何を以て個別具体的ケースとみなすのかという、個々の法律の解釈の相違によって、法律の性格づけも論者ごとに違ったものとならざるをえない。トリーペルが言うように、「ある法律が一方［破毀］の意味で想定されたものなのか、それとも他方［法規改正］の意味で想定されたものなのか、これを確認するためには、時としてきわめて困難な法律解釈が要求される……」のである[46]。

ここでは、こうした「きわめて困難な法律解釈」に踏み込んで、いずれの主張が適確かを判定することはできないし、またその必要もないように思われる。実質的憲法改正法律が現に憲法破毀と法規改正とに分類されていること、イェーゼルゾーンはもっぱら当該法律が限時立法であるか否かをメルクマールとして憲法破毀と法規改正とを区別するのに対して、ヤコビは当該法律が個別具体的ケースに関するものかどうかをメルクマールとするために違いが生まれたこと、たしかに③⑤⑪⑭⑮⑯はいずれも限時立法であり[47]、⑫⑬はそうではないこと[48]、ヴァイマル期における憲法破毀と法規改正の具体例を垣間見るには、とりあえずこれらの点を確認すれば十分であろう。

(5)　以上、前項で概観した分類枠組どおり、実質的憲法改正法律が、現実に「明示的改正」と「黙示的改正」、および「憲法破毀」と「憲法法規の改正」とに分類されていること、ライヒ法律官報やライヒ議会議事録によればこの分類には根拠があることが確かめられた。ところで、ヤコビとイェーゼルゾーンが共通に掲げる二〇件の法律は、それぞれヴァイマル憲法のいかなる条項と抵触するとみなされたのであろうか。この点に着目することによって、当時の実質的憲法改正法律を、今度はその具体的内容に応じて、次の三つのグループに大別することが可能である[49]。

(ア)　第一グループは、ヴァイマル憲法の基本権保障に変更を加える実質的憲法改正である。二〇件中八件がこの類型に分類できる。すなわち、②⑩⑪⑫⑭⑰⑱⑲の八法律である。

②の「ライヒ議会議事堂およびラント議会議事堂の静穏に関する法律」一条は、ライヒ議会議事堂とラント議会議事堂周辺での集会を原則として禁止することによって、ヴァイマル憲法一二三条の集会の自由に、憲法典にはない制限を加えた[50]。⑩の「ザール地方における暫定的司法措置に関する法律」三条一項は、刑事被告人および有罪確定者の身柄を、ドイツ政府の管轄下に属さないザール地方官庁に引き渡す権限をラント官庁に付与することによって、外国政府へのドイツ人の引き渡しを禁じたヴァイマル憲法一一二条三項の例外を定めた[51]。⑪の「共和国保護法」は、ライヒおよびラント政府構成員の暗殺を企図する結社や取り決めに参加した者、ライヒおよびラントの共和政体を公然と誹謗した者等々の処罰を定めることによって、ヴァイマル憲法の結社の自由、集会の自由、言論の自由の諸規定を実質的に改正した[52]。⑫の「共和国の保護についての官吏の義務に関する法律」は、帝政下に制定された官吏法を改正し、職務行為に際して憲法的・共和制的国家権力を支持することをライヒ官吏に義務づけることで、ヴァイマル憲法一二九条一項三文の官吏の既得権を制限した[53]。⑭の「授権法」一条は次のように規定して、ヴァイマル憲法の基本権保障の例外的制限を許容した。「ライヒ政府は、財政的・経済的・社会的領域において、必要かつ緊急と考える措置をとる権限を付与される。その際、ライヒ憲法の基本権規定から離れることができる[54]」。⑰は、政府によって収用された帝政下の君侯家の財産をめぐる訴訟を、特別法の制定まで一時中断することを認めた法律である。ヤコビは基本権破毀の一例と解している[55]。⑱⑲はこの法律の適用期間

を延長、再延長した法律である。

(イ)　第二グループは、ラントとの関係でライヒの権限を拡張する実質的憲法改正である。⑥⑦⑬⑳の四法律がこれに属すると見られる。

⑥の「住宅建設の臨時的促進に関する法律」一条は、「住宅建設を促進するために、一九二一および二二会計年度について、住民一人あたり三〇マルクの支出をおこなうようラント政府を義務づける」としている。これは、住宅制度についてはライヒに大綱的立法権しか認めていないヴァイマル憲法一〇条四号の「踰越」である。(56) ⑦の「住宅建設促進のための租税徴収に関する法律」は、一九二一会計年度から一九四一会計年度まで、住宅建設の利払いや償還にあてるため、一定の住宅利用権者からラントが目的税を徴収することを定める。これは、ライヒがラント税を直接規律するもので、ヴァイマル憲法八条、一一条の踰越である。(57) ⑬の「ライヒ刑事警察法」は、一つのラントの範囲を越える広域犯罪に対処するために、ライヒ刑事警察を設立することを定めた。これは、ヴァイマル憲法七条のライヒの競合的立法権のリストを追加する実質的改正という意味をもっている。(58) ⑳の「刑の免除に関する法律」は、ライヒおよびラントの裁判所が「政治的な動機から企図された犯罪」に対して科し、この法律の施行時にまだ執行されていない刑罰を免除するとしている。ラント裁判所が言い渡した刑罰の免除も含む点が、ラントの裁判高権の侵害と考えられ、明示的に七六条の手続で制定された。(59)

(ウ)　第三グループは、ライヒ国家機関の相互関係や権限内容に関係する実質的憲法改正である。①③④⑤⑧⑨⑮⑯という残り八つの法律をこのグループにひとまとめにしておきたい。

①の「ライヒ選挙法」三八条三項は、東北国境沿いの第一、第一〇、第一四選挙区でライヒ議会議員選挙が延期されうることを定め、その場合には、これらの選挙区から現に選出されている憲法制定国民議会議員がライヒ議会議員として活動することを規定している。これはライヒ議会選挙までの経過措置を定めたヴァイマル憲法一

八〇条をさらに変更する意味をもつ[60]。③の「移行期経済のための立法形式の簡素化に関する法律」一条は、戦時経済から平時経済への移行の規律にかぎって、必要かつ緊急とみなされる場合に、ライヒ政府がライヒ参議院およびライヒ議会の二八人の議員から成る委員会の同意を得て、命令を制定できることを定めている。⑤の「移行期経済のための命令制定に関する法律」は、③を補充した法律である。経済統制の導入または撤廃の議決にかぎって、二八人委員会の同意には出席議員の三分の二の賛成が必要であること、この委員会の審議は公開すること、制定された命令の違反者には戦時中の経済統制関係命令の訴追規定が適用されることが定められている。③⑤ともにライヒ議会によるライヒ立法権の行使（ヴァイマル憲法六八条）の例外ということになる[61]。④の「軍事裁判権の廃止に関する法律」は、ヴァイマル憲法一〇六条自体が予定する施行法として制定されたものである[62]。ライヒ法律に関する人民票決制度を定めたヴァイマル憲法七三条はその三項で、人民請願にもとづく法律案をライヒ議会が無修正で可決した場合には、重ねて人民票決はおこなわれないとしている。しかし、⑧の「人民票決に関する法律」三条二項は、同一テーマについて複数の法律案が人民請願で提出された場合には、そのなかの一つをライヒ議会が無修正で可決しても、残りの諸案とともに、改めて人民票決に付されるべきことを規定して、憲法七三条三項を実質的に改正した[63]。⑨の「国事裁判所に関する法律」一三条は、ライヒ議会の同意のみにもとづいて恩赦をおこないうることを定めて、ライヒ大統領が大赦をおこなう場合にはライヒ法律を必要とするとした憲法四九条を改正している[64]。⑮のいわゆる「第二次授権法」は、広範な緊急命令権をライヒ政府に付与し、議会立法の例外を設けた。この点は⑭の「第一次授権法」も同様である。ただし、⑮は⑭と異なり、憲法から乖離する措置をとることは認めていないので、少なくとも条文上は基本権規定の「破毀」ではない[65]。⑯の「ライヒ鉄道法」は、憲法八九条が鉄道の国有を謳っているにもかかわらず、株式会社として「ライヒ鉄道会社」を設立することを定めて、憲法規定を実質的に改正した法律である[66]。

(6)　なぜ、このように実質的憲法改正が頻繁におこなわれたのか。その原因についての立ち入った言及は、本章が取り上げた論説のなかには見いだされないようである。たとえばヤコビは、冷めた口調で、「きわめて根本的な問題の決定は、つねに憲法律で規律された憲法改正手続の外部で、政治的諸勢力によって純粋に事実上おこなわれ、ライヒ憲法七六条にもとづく憲法改正法律は、おこなわれた政治的基本決定の変更を、たかだか宣言して合法化するにすぎない」と突きはなしている。(67)ビルフィンガーも、「所与の状況の下では、新憲法の演奏者は、事実的諸関係の力との目前に迫った不可避の対決において、法の力を貫徹できなければ」ならなかったとした上で、「生じた不都合の原因が、どの程度、主として憲法典自体の欠陥に帰せられるべきなのか、不適切な憲法実務に帰せられるべきなのか、それとも秩序の外的障害の継続、およびこれと関係する内的障害の継続という強大な力 vis maior に帰せられるべきなのかという、ほとんど不可能な確認」をおこなわなければ評価は困難だとして、深入りを避けている。(68)

しかし、改めてヴァイマル共和国の政治史に触れるまでもなく、(69)こうしてヤコビとイェーゼルゾーンが共通にリストアップした二〇の実質的憲法改正法律を概観するだけでも、これらがいずれもヴァイマル期の政治的・経済的激動に対処するものだったことは容易に理解することができる。二〇件の法律のうち一五件が、一九二〇年から二三年までの共和国の危機の時代に集中していることは象徴的である。内容的に見ても、共和国保護法・移行期経済のための特例法・授権法など、憲法上の基本権を大幅に制限し、ライヒ政府の命令制定権を強化するなど、緊急避難的な重要法律が多く含まれている。(70)上述(5)の(ア)で概観したように、ヴァイマル憲法がビスマルク憲法にはなかった基本権条項を含むことから、憲法典の基本権保障に関する例外扱いや、憲法典にはない基本権制限を設ける実質的憲法改正法律が現れたことは、とりわけ特徴的である。ここからは、ラーバントなどが問題にしたビスマルク憲法と帝国法律との乖離とは異なる、ヴァイマル期の新しい問題状況を見てとることができるだ

ろう。(71)

こうした実質的憲法改正の現状を、論者は法的にはどのように評価していたのか。次にこの点を考察することにしよう。

四　乖離の評価

(1)　実質的憲法改正という実務のあり方の法的評価をめぐって、ヴァイマル期の論者は、私見によれば、区別可能な三つの個別問題を同時に取り扱っているように思われる。すなわち、「実質的憲法改正という手法はヴァイマル憲法に反するか」、「黙示的実質的憲法改正は憲法違反か」、「実質的憲法改正の手法を用いた憲法破毀は憲法上許されるか」という三つの論点である。そこで以下では、この三つの問題ごとに、学説の主張を概観しておきたい。

(2)　実質的憲法改正、つまり憲法典の文言にはまったく手を触れずに、憲法典とは別に憲法七六条の特別多数で制定された法律で、実質的には憲法典の内容に変更を加えるやり方、この手法それ自体がそもそも憲法違反だと主張したのはフーゴー・プロイスである。

①　プロイスによれば、ビスマルク憲法の改正規定は加重要件が低く、帝国議会は、提出された法律案が憲法改正を含むか否かについて考慮する必要がなかった。しかし、ヴァイマル憲法下の「ライヒ議会は、いまや提出された法律案が憲法に適合するか否かについて、頭を悩ませなければならない。そして、疑義がある場合には、当該法律が憲法改正に必要な三分の二の多数で成立したことを確認し、すべてはまったく秩序立っていると考えることによって、いま好まれているようなやり方で」、すなわち実質的憲法改正の手法で、「ライヒ議会がこの頭

痛の種を回避することはできない」。ある法律が「憲法改正を含む場合には、その法律が憲法を改正したことが表示されなければならず、この表示は、憲法テクストの改正か、あるいは憲法典への追加によってのみ、おこなうことができるからである」「憲法改正法律が合憲であるためには、憲法改正の加重された形式で制定されるのみならず、憲法テクストの改正によるにせよ、憲法典への追加によるにせよ、実際に憲法［典］も改正しなければならない。そうでなければ、その憲法改正法律は違憲であり、したがって無効である[72]」。

プロイスのこの短い論説は、実質的憲法改正がなぜ憲法違反なのかについて、十分な説明をしていない。わずかに、実質的憲法改正の手法によって「すべてが最悪の無秩序に陥って」おり、実質的憲法改正による憲法破毀が「われわれの若い憲法生活に悪質な傷を負わせ、政治的にきわめて不幸な作用を及ぼした」という非難を見いだすことができるにすぎない[73]。

② これに対して、考察対象とした論者のうちプロイス以外は、実質的憲法改正の手法そのものは合憲とみなしていると言えよう[74]。第三三回法曹大会におけるドーナ、トリーペルそれぞれの報告要旨もこの点を明示していた。トリーペルの要旨（一）はこう述べている。「その内容が憲法典の内容と矛盾する法律はすべて、憲法を改正するものである。憲法七六条の基準に従って作られるならば、同時に憲法典を改正することなくこのような法律を制定することが許される[75]」。

トリーペルがこうした合憲論の論拠として列挙したのは、以下の点であった。すなわち、「ビスマルク帝国憲法時代の恒常的実務が、黙示的憲法改正［＝実質的憲法改正[76]］というシステムを……貫徹したこと、……ヴァイマル憲法の制定者は、その機会はあったと考えられるにもかかわらず、このシステムから離れることをしなかったこと、いずれにせよ十分明確にはそうしなかったこと、……新憲法の支配下においても、慣行はほとんど例外なくかつての実務と結びついており、そのことによって、ほぼすでに慣習法の力を獲得したこと」、の諸点である[77]。

さらにトリーペルは、実質的憲法改正という手法の実際的利点と、憲法解釈上の傍証にも言及する。当時の通説に従えば、実質的憲法改正法律を再び改正する場合には、もはや七六条の特別多数は必要ではないとされていた。したがって、実質的憲法改正を許すことで、「立法者が自分の創造物を再び殺したり、一部分壊したりすることが容易になる。時にはこれが無害であるのみならず、有益ですらあることは、私も認めざるをえない。そして、おそらく、黙示的［＝実質的］憲法改正が好まれる［理由の］一端は、こうした考慮にもとづくのであろう[78]」。憲法解釈上の傍証として彼があげているのは、ヴァイマル憲法一八条である。一八条一項二文は、「ラントの領域の変更およびライヒ内部でのラントの新設は、憲法改正ライヒ法律による」と定める。しかし、ヴァイマル憲法はもともとラントの編成や境界に関する規定をまったく含んでいないので、そもそも修正や補充の対象となる憲法規定が存在しない。したがってトリーペルによれば、一八条のこの規定は、憲法典とは別個に憲法改正特別多数による法律が制定されること、すなわち実質的憲法改正を予定したものだということになるのである[79]。

③　ヤコビも実質的憲法改正合憲論者である。彼によれば、ビスマルク憲法の下で、憲法典には手を触れない実質的な憲法改正が常態化していたことを考えると、こうした実務を排除したかったのであれば、憲法典にその旨を明記すべきであった。「たとえば、リュベック憲法三八条二項やチェコスロヴァキア憲法には、そのような明示的な規定が見いだされる。リュベック憲法三八条二項は、『憲法の文言の改正を直接の対象としていない法律は、その法律が憲法と矛盾する場合には無効である』と定め、チェコスロヴァキア憲法導入法は、憲法典と矛盾する法律は無効であり、憲法典は憲法法律であることが明示された法律によらなければ改正または補充されない、と規定している。ライヒ憲法にはこの種の規定は見いだされないので、七六条を憲法テクストの改正に限定することはできない[80]」。

④　最後にイェーゼルゾーンにも触れておこう。彼は、実質的憲法改正によって、現に妥当する憲法規範の全貌を憲法典から読みとることができなくなり、その結果法的安定性が危険に陥るとして、実質的憲法改正の実際的弊害を説きながら、法的評価としては、実質的憲法改正は違憲ではないとする。「ラーバントが、問題なのは、憲法の一般法規または特別の指示に従えば、単なる実質的改正は禁止されているのかどうかという点だけだ、と強調していることは正しい。／ラーバントの解決は新しい国法学にもあてはまる」[81]。

こうして見ると、プロイス以外の論者は、実質的憲法改正を合憲とみなす主たる論拠を、帝政期以来の慣行の継続と、憲法典に明示的禁止規定が欠けていることに求めている、と総括することが許されよう。

(3)　実質的憲法改正は合憲であるとしても、黙示的な実質的憲法改正は憲法上許されるのか。これが第二の問題点である。この点に関する学説の主張を要約すれば、黙示的改正は違憲とまでは言えないが、政策的には好ましくない。これからは実質的憲法改正は必ず明示的におこなわれるべきだ、ということになろう。

①　第三三回ドイツ法曹大会報告におけるドーナの報告要旨（一一）は、「同時に憲法典の改正がおこなわれない憲法改正法律は、いかなる場合にも――テクストか、あるいは公布文において――憲法［典］との矛盾は立法機関によって意識され意欲されたものであることを明示すべきであろう」と謳っている[82]。ドーナは言う。「憲法改正法律は、憲法［典］の文言には手を触れない場合であっても、憲法改正について定められた投票条件を遵守してはじめて、適式 rite に成立しうるのだということは、改めて強調するまでもない。議論が分かれているのは、この［憲法改正要件を定めた］規定が遵守されたことを外部的に表示すべきか否か、表示するとすればどのようにすべきか、という点に関してだけである。私は……法律のテクストそれ自体か、あるいは少なくとも公布文のなかに、対応する［実質的憲法改正法律である旨の］注記が受容されることが不可欠だと考えている[83]」。

共同報告者トリーペルも、表現について一定の留保をつけ、「私の立場から見れば、もちろんこれは最小限の要求にすぎない」としながらも、ドーナの要旨（二）を「自分のものとして受け入れる」と述べている。[84]
ヤコビと、とりわけイェーゼルゾーンの見解も、同様と見てよいであろう。「さしあたり、現行法上の識別できない憲法改正［＝黙示的憲法改正］を、憲法違反として取り扱うことはできない。それは法的に存在している rechtsbeständig とみなされなければならない」（ヤコビ）。[85]「黙示的憲法改正が法的に許されることは疑いない」。しかし、その「政治的評価については一言だけ言えば十分である。すなわち黙示的憲法改正は、まったく合目的性に欠けている」（イェーゼルゾーン）。[86]

② これらの論者が、黙示的憲法改正を違憲とは言えないとする理由は、実質的憲法改正の合憲論と同じく、黙示的改正を禁止する明文規定がヴァイマル憲法に存在しないこと、帝政期以来の慣行が存続していることの二点に集約されるようである。

実質的憲法改正であることが当該法律中に明示されることを要求する成文法の例として、ドーナはオーストリア憲法、トリーペルはライヒ各省共通事務規程各則をあげ、ヤコビとイェーゼルゾーンはこの両者をあげている。オーストリア憲法四四条一項は以下のように定めていた。「憲法法律、または単純法律に含まれる憲法規定は、議員の少なくとも半数が出席し、投票総数の三分の二の多数を得た場合にのみ、国民院において議決されうる。これらの法律または法律規定は、その旨（「憲法法律」「憲法規定」である旨）を明示しなければならない」。[87]ドーナ・ヤコビ・イェーゼルゾーンは、ヴァイマル憲法にはこの種の規定が欠けていることを、黙示的改正合憲論の一つの論拠とするわけである。[88]

他方、ヤコビによると、[89]一九二四年に制定されたライヒ各省共通事務規程各則は、政府提出法律案について次のような規定を設けた。「当該法律が憲法改正を含む場合には、たとえば以下のような追加条項によって、憲法改正議決に関する特別規定が遵守された旨が、公布文において明示されるべきである。『第×条ないし第×条に関して、憲法改正立法の要件が充足されたことを確認した後［ライヒ議会はこの法律を議決した］』。／［法律案については］事前にライヒ内務省の意見を徴しなければならない。憲法改正が含まれるか否かについて疑義のある場合には、『［確認した］後』の文字の前に『疑義を回避するために』と付加することができる」（三一条）。「提出されるべき法律が憲法を改正するものである場合には、そのことが添付書に明記され、ライヒ参議院がこの憲法改正に対して、所定の票決で同意を与えたか否かが［ライヒ議会に］通告されなければならない。当該法律が憲法を改正するものであるか否かについて、ライヒ参議院とライヒ政府の見解が異なる場合には、このことも［ライヒ議会に］通知されなければならない」（四四条二項）。

事務規程各則が発効した一九二四年八月以降、これらの規定によって、黙示的改正の問題は実務的には一定の解決を見たと考えられる[90]。しかし、トリーペルやヤコビは、これらの規定は政府案に関するものであって、議員提案やライヒ議会での修正をカバーしていないこと、もともとライヒ各省共通事務規程は憲法規範ではないこと、同規程は行政規則であって法規命令ではないので、これに反しても違法とは言えないことを根拠として、黙示的改正を違憲違法と言うことはできないとする[91]。

合憲論の二番目の論拠は、慣習の問題である。ドーナとイェーゼルゾーンは、実質的憲法改正を明示的におこなうバイエルンの慣習に触れている。バイエルンでは、「ザイデルが強調するように、憲法改正法律の公布文のなかで、『憲法典の……権原において規定された形式を遵守して』という文言を守ることが、根拠のある wohl-begründet 慣習となっている」[92]。しかし第二帝国とヴァイマル共和国にはこの種の慣習は存在しないというわけである。同様にヤコビも、「憲法改正を表示せよという要求は、その種の発展は純粋に可能性の領域では存在するけれども、まだ慣習法にまで凝縮したとは言えない」と述べている[93]。

こうして、黙示的憲法改正の実務慣行を追認しながら、将来の問題としては、論者がほぼ一致して、明示的改正の実現を政策的課題として提言していることはすでに見た。このような政策的提言がおこなわれた理由、つまり黙示的改正の弊害について、論者が指摘する点をあげておこう。無意識的（偶発的）憲法改正、すなわち、たまたまある法律案にライヒ議会とライヒ参議院で三分の二の支持が集まった場合は、実は憲法改正行為とは言えないにもかかわらず、法律の文面からはこれと意識的になされた憲法改正とが区別できない（トリーペル）。黙示的改正を認めると、憲法典との矛盾を含む法律が憲法改正法律なのか単純法律なのかも、法律の文面からは判断できない。裁判官が違憲審査権をもつとすれば、その結果、彼は法律の制定過程をいつでも確認せざるをえなくなる。またそれによって、憲法で法律公布の場として定められたライヒ法律官報は、法律の唯一の源泉ではないことになってしまう（イェーゼルゾーン）(94)。

(4)　実質的憲法改正をめぐって論じられた第三の問題は、実質的改正の手法を用いた憲法破毀は憲法上許されるのか、という論点であった。ライヒ議会・ライヒ参議院による実質的憲法改正の場合にかぎらず、ライヒ大統領の緊急措置権の行使も含めた「憲法破毀」全般の許容性に関して、ヴァイマル期の学説はいかなる態度を示していたのか。この点については、すでに岩間論文が、肯定説（代表としてアンシュッツ）・否定説（シュミット）・条件説（レーヴェンシュタイン、ライプホルツ）に分類して綿密周到な検討をおこなっている(95)。したがってここでは、実質的憲法改正の一類型としての憲法破毀について、本章で考察対象とした論者がどのような法的評価を下したのかという問題に限定して、簡単な確認をおこなうにとどめたい。

ヴァイマル憲法の下では、明示的実質的憲法改正は許される。これがプロイスを除く論者の一致点であった。ところで、ヴァイマル期には、実質的憲法改正がその内容に即して、「憲法法規の改正」と「憲法破毀」とに区別されていることもすでに紹介した。そこでさらに子細に見てみると、明示的実質的憲法改正であっても、その内容が法規改正にあたるのか、憲法破毀にあたるのかによって、論者の態度には相違があることがわかる。ドーナとイェーゼルゾーンは、明示的実質的改正による憲法法規の改正は違憲だ（あるいは好ましくない）が、明示的実質的改正による憲法破毀は合憲（あるいは合目的）だとし、トリーペルとヤコビは逆に、明示的実質的改正による法規改正は合憲だが、憲法破毀は違憲だと主張する。

①　まずドーナを見てみよう。前に引用したように、ドーナは、第三三回法曹大会の報告要旨（一）の第二文で、自説をこう表現した。実質的憲法改正法律「を制定することは、当該法律が憲法法原則の妥当性を、単にその事項的範囲について制限するものにすぎない場合［＝憲法破毀の場合］には許される。しかし、当該法律が憲法法原則のこれまでの妥当性を全体として、または部分的に廃棄する場合［＝法規改正の場合］には許されない」。(96)

ドーナは、彼の報告から見るかぎり、実質的改正による憲法破毀を合憲とする根拠を、もっぱら現実的必要性に求めているように思われる。「ここで想定されているような意味での憲法破毀がまったく禁止されるとすれば、立法政策上それはきわめて好ましからぬことであり、立法部にとって重い桎梏になるものと思う。憲法破毀は、状況によっては客観的に見てどうしても必要になる。時には、ほかに方法はまったく残されていない」。そうした場合の例として、ドーナは「予算は、会計年度の開始前に、法律で確定される」とするヴァイマル憲法八五条二項をあげている。彼によれば、予算審議の遅れから、予算法の成立が次の会計年度にずれこむ場合は、八五条二項の法原則は維持したままの憲法破毀と考えなければ説明がつかず、これを認めなければ国家生活は成り立たないと言うのである。(97)

②　ドーナのこうした主張に対して、共同報告者のトリーペルは以下のような批判を提起した。「……個別の

事件に関して憲法の要求とは逆のことを規定する法律によって、憲法の諸原則がいわば秘密裡に目立たないように歪曲され、空洞化されるほうが、私の眼にはずっと悪いことのように見える」。実質的憲法改正によって「この場合にも体面は保たれるが、こうした手続にはどこか不誠実で矛盾したところがある。原則は原則として維持することが望まれ、しかし流動的な理由から、ある特定のケースについては、この原則を無視しなければならないとひとは考えている。その理由がほんとうに承服できるものなら、まさにこの準則が、その一般性においては維持できないことは明らかだ。そしてそうであるならば、この準則が準則であることをどの程度やめるべきかは、憲法自身のうちに表現するという結論に至らなければならない。このことは、とりわけ基本権にとって意義をもつ。たとえば、官吏の既得権の不可侵性原則を、……原則自体には手を触れていないという聞こえのよい保証を与えて、黙示的改正［＝実質的改正］によって二カ月ごとにあれこれの点で破毀することを、ずっと続けるわけにはいかない」。「したがって、私の見解はこうである。……特別の事件について憲法の準則を破毀することが避けられないとすれば、憲法典自体の改正または補充によって、」これに対処する勇気をもたなければならない(98)（傍点原著者）。

トリーペルは、遅れて制定された予算法もその内容は違憲ではなく、発効要件として七六条の特別多数も必要ないという理由をあげて、ドーナの例は不適切だと批判する。また自説の補強として、帝政期の学説やプロイスの違憲説、アメリカやスイスの憲法改正実務、オーバー・シュレージエンでの人民投票に関して、憲法一八条の例外扱いを定めた一六七条の形式的憲法改正の例を引き合いにだしている(99)。

③　一方イェーゼルゾーンは、政策的提言のレベルで、トリーペルとは正反対の要求を掲げた。云わく、「本来的な憲法改正［＝法規改正］は形式的憲法改正としておこなわれるべきであり、［憲法］破毀は実質的憲法改正としておこなわれるべきである(100)」。彼はトリーペルを反駁しながら、大要以下のように自説を展開した。

第一に、法理論的な問題として、「憲法破毀法律はけっして憲法法ではなく、憲法法を法律の形式で侵害するものである。したがって、破毀は、［憲］法典にはけっして属さない。トリーペルの論証はこの点にまったく触れていない」。第二に、「トリーペルの要求は実務的にも困難を惹き起こす」。一つの憲法破毀法律が、複数の憲法条項に抵触する場合があり、これを憲法典自体に組み入れるとなると、あれこれの条文にケースや時期を限定した例外扱いを追加する必要が生じて、「形式的憲法法の混乱が不可避となる」からである。第三に、「破毀に関して要求された、『それに先行するか、あるいはそれと同時におこなわれる憲法典の改正』は、もともと不可能である。憲法法の改正が求められているわけではまったくない」からである。第四に、トリーペルが自説を補強するためにあげた例も、必ずしも適切ではない。たとえば、トリーペルが示したスイス憲法の修正条項（三二条）は、蒸留酒の製造販売に対する規制権を連邦立法部に永続的に付与する規定であって、憲法破毀とは言えない。また、一九二〇年一一月二七日の憲法改正法律によるヴァイマル憲法一六七条の形式的改正は、たしかに憲法一八条の破毀であるが、「典型的な経過規定で、……今日では歴史的意義しかもっていない。このような条項の改正から、一般的な推論を導き出すことは許されない(101)」。

④　最後にヤコビを見ておきたい。ヤコビ論文はこの論点ではイェーゼルゾーンとまったく異なって、実質的改正による憲法破毀を違憲だとする。「憲法の文言を改正しないこの種の憲法破毀は、リュベック憲法やチェコスロヴァキア憲法の場合のように……、明示的な憲法規定によって禁止することが当然できる」。しかし、「ヴァイマル憲法の下で憲法破毀を正当化するためには、ヴァイマル憲法にはリュベック憲法三八条二項と同様の禁止規定は存在しないという指摘だけでは不十分だ。ヴァイマル憲法が憲法破毀を承認しているかどうかが問題となる。しかし、これを肯定するのに十分な根拠は、憲法には示されていない(102)」。

ヤコビの論拠は以下の諸点である。第一に、憲法破毀は「憲法法の不可侵・法律の前の平等・法の理念と矛盾する」。第二に、憲法制定国民議会の審議においては、ライヒ立法権を個別事案について踰越する場合には、必ず事前にライヒ立法権の範囲に関する憲法規定を改正しなければならないことが、はっきり確認されていた。破毀は制定者意思にも反する。第三に、憲法には憲法破毀というシステムを予定していない規定が随所に見られる。たとえば、憲法五九条によれば、ライヒ議会がライヒ大統領・ライヒ大臣を弾劾するには七六条と同一の特別多数を要するとされ、罷免は国事裁判所の権限とされている。しかし、実質的憲法改正による憲法破毀が許されるなら、議会は七六条の手続でライヒ大統領やライヒ大臣を直接罷免することも合憲となろう。あるいは憲法の基本権保障の大部分は法律の留保を伴っているので、法律の留保を伴わない基本権は無制約の保障を受けると理解されている。しかし、実質的改正による破毀を認めるなら、こうした基本権についてもケースごとの例外扱いが許されることになる。第四に、憲法破毀に関しては、慣習法もまだ成立したとは言えない[103]。

ほぼ以上のような根拠から、ヤコビはこう結論している。「憲法破毀なしにはやってゆけないと本気で信じているのであれば、唯一の正しい道を進み、たとえばライヒ憲法七六条の憲法改正の方法で……明示規定を導入することによって、憲法破毀を憲法上の法制度にまで引き上げなければならない[104]」。

(5)　以上、実質的憲法改正を法的にどう評価するのかという問題をめぐって、当時の学説を垣間見た。各論者の主張の説得力を個別に判定することは本章の目的ではない。ここではむしろ、前章で考察したような憲法変遷論の文脈で捉え直した場合、これらの見解からどのような含意を読みとることができるのかを考えておきたい。

前章で見たように、ラーバントは「憲法と憲法状態との間に乖離が存在すること」、より正確には、「憲法はそのままで憲法状態が変動すること」を憲法変遷と捉えた。憲法状態の変動の中心は、憲法典と内容的に矛盾する帝国法律の制定であった。ラーバントの場合、憲法典と矛盾する法律はすべて、合憲的に成立した憲法改正法律と理解されているので、乖離の認識と評価はつねに同一である。言い換えると、憲法典と帝国法律との間に内容的な乖離があれば、それはつねに憲法典から帝国法律への憲法規範の変化を意味する。ラーバントが憲法変遷という言葉を、そういう二重の含意で使用していることは、前章第一節の末尾で確認しておいた。

この節で考察したヴァイマル期の論者にとっては、ヴァイマル憲法と乖離する実質的憲法改正法律が存在するという認識が、議論の出発点であった。乖離の存在＝変遷という用語法に従えば、論者は共通に何らかの憲法変遷を認識しているのである。しかし、これまで見てきたように、憲法典と内容的に乖離する実質的憲法改正法律が、つねに憲法典にとって代わる新憲法規範と認められたわけではない。プロイスのように、実質的憲法改正法律をすべて手続的観点から違憲とみなすならば、憲法典の内容と乖離するこれらの法律は、いずれも法的には無だということになる。その意味では憲法変遷は存在しない。前章第二節で検討したヒルデスハイマーの事実説と符合する見解である。

これに対して、黙示的改正であれ明示的改正であれ、あるいは法規改正であれ憲法破毀であれ、およそすべての実質的憲法改正法律は、その政治的合目的性、政策的当否は別として、違憲とまでは言えないとするイェーゼルゾーンの見方に立てば、彼自身がリストアップしたような実質的改正法律によって、これらと抵触するヴァイマル憲法の規定は置き換えられたことになる。これはまさにラーバントの憲法変遷論と同一の理解である。

実質的憲法改正が法規改正にあたるか憲法破毀にあたるかに応じて、合憲違憲を区別する論者は、憲法典と実質的憲法改正法律との間で、憲法変遷が成立する範囲に限定を加える結果となる。すなわち、ドーナは法規改正を単なる違憲の事実と捉え、トリーペルとヤコビは反対に憲法破毀を単なる違憲の事実と捉えるわけだから、乖離の存在によって憲法規範が交替するとみなされる場合だけを憲法変遷とよぶならば、これらの論者が憲法変遷の成立を認める範囲は、イェーゼルゾーンより狭いわけである。たとえば、本章第二項でリストアップした諸法律のうち、ヤコビが憲法破毀法律と解した①⑥⑦⑩⑫⑬⑰⑱⑲⑳は、ヤコビ説に立てば単なる違憲の事実であり、法規改正と理解された残り②③④⑤⑧⑨⑪⑭⑮⑯の諸法律によって憲法変遷が成立したことになる。

ここで問題となっているのは、ラーバントの変遷論と同様、結局のところ、抵触する二つの法規範の効力の優先順位である。したがって、「憲法変遷」というタームを用いて議論を進めたわけではないこれらヴァイマル期の論者の場合にも、その議論の構造自体は、ラーバントの憲法変遷論と基本的に同一だと理解することが可能であろう。

五 小結

この節の簡単なまとめをしておこう。

① ここで取り上げたのは、ヴァイマル期の「実質的憲法改正」をめぐる論議であった。

② 憲法典の文言には手を触れずに、憲法改正特別多数で別に法律を制定するのが「実質的憲法改正」である。実質的憲法改正は、形式的観点から見て、特別多数で議決されたことが法律に明記された「明示的憲法改正」と、法律には明記されていない「黙示的憲法改正」とに分類される。また、内容的観点からは、憲法規定の原則そのものを変更する「憲法法規の改正」と、原則には手をつけずに、あるケースやある期間に限定して例外扱いを許容する「憲法破毀」とに分類される。

③ 明示的憲法改正法律は、当然のことながら法律自体からそのことを識別できるが、黙示的憲法改正法律と単純法律とは、いちいち議会議事録などを確認しなければ区別することができない。実質的憲法改正について、さらに黙示的実質的憲法改正についても、プロイス以外の論者はおおむね、帝政期以来の慣行とヴァイマル憲法に明文の禁止規定がないことを理由に合憲の態度をとった。しかし、それらの論者も黙示的改正の弊害を重視し

て、政策論のレベルでは、今後実質的憲法改正はつねに明示的におこなわれるべきことを力説した。

④　ある実質的憲法改正法律が「法規改正」と「憲法破毀」のいずれにあたるのかについては、憲法破毀観の相違に応じて、論者の解釈に食い違いがある。そのうえ、その法的評価をめぐっても、法規改正を違憲とみなすドーナと、逆に憲法破毀を違憲とみなすトリーペル・ヤコビとの間に見解の対立があった。なお、憲法破毀そのものは、実質的憲法改正にかぎられず、憲法四八条の大統領緊急措置権にもとづく憲法破毀も、ヴァイマル期には重大な問題であった(105)。

⑤　ヤコビとイェーゼルゾーンが共通に掲げる実質的憲法改正法律を概観すると、それらの大部分が、一九二三年までの共和国の危機に対処しようとしたものであることがわかる。ビスマルク憲法とは対照的に、ヴァイマル憲法が長大な基本権規定を含んでいたこともあって、憲法典の規定内容とは異なった態様の基本権制限を定めた実質的改正が、一つのタイプとして現れる。また、ヴァイマル憲法上のラント立法権を侵食するライヒ立法権の拡張が、実質的改正の手法でおこなわれたケースも見られる。

⑥　以上のようなヴァイマル期の「実質的憲法改正論」は、「憲法典と実質的憲法改正法律との乖離」を対象とする点で、実質的にはラーバントの「憲法変遷論」と問題意識を共有している。さらに、プロイス以外の論者はいずれも、憲法典と乖離する実質的改正法律を――範囲に広狭の差はあるが――合憲とみなしている。すなわち、憲法典上の憲法規範から、実質的憲法改正法律上の憲法規範への交代を認めている。この思考構造は、まさにラーバント「変遷論」のそれと同一である。ここから逆に、帝政期からヴァイマル期へと引き継がれた「実質的憲法改正」の実務こそ、それを直接「憲法変遷」という用語で把握するしないにかかわらず、ドイツの憲法学を貫く一つの重要なイシューであったことが理解できるのである。

（1）　Hugo Preuß, Verfassungsänderunde Gesetze und Verfassungsurkunde, in: Deutsche Juristen-Zeitung, 1924, Sp.

649–654; A. Graf zu Dohna, Zulässigkeit und Form von Verfassungsänderungen ohne Änderung der Verfassungsurkunde, in: Verhandlungen des 33. Deutschen Juristentages, 1924, S. 31–44; Heinrich Triepel, Zulässigkeit und Form von Verfassungsänderungen ohne Änderung der Verfassungsurkunde, in: Verhandlungen des 33. Deutschen Juristentages, 1924, S. 45–66; Carl Bilfinger, Verfassungsumgehung, in: AöR NF. 11, 1926, S. 163–191; Erwin Jacobi, Reichsverfassungsänderung, in: Festgabe der juristischen Fakultäten zum 50 jährigen Bestehen des Reichsgerichts, Bd. 1, 1929, S. 232–277; Sigmund Jeselsohn, Begriff, Arten und Grenzen der Verfassungsänderung, 1929, 98 S; Gerhard Leibholz, Die Verfassungsdurchbrechung, in: AöR NF. 22, 1932, S. 1–26. 第三三回ドイツ法曹大会におけるドーナとトリーペルの報告については、岩間昭道「憲法破毀（Verfassungsdurchbrechung）の概念（三）」神奈川法学一一巻二・三号（一九七五年）四二―五〇頁（同『憲法破毀の概念』尚学社、二〇〇二年一一九―一三七頁）、畑尻剛『憲法裁判研究序説』（尚学社、一九八八年）九二―九五頁参照。

文献については、vgl. G. Leibholz, aaO., S. 1, Anm. 1; Friedrich Klein, Von der föderativen zur stärker unitarischen Gestaltung des Finanzwesen in der Bundesrepublik Deutschland, in: Festschrift für Friedrich Giese zum 70. Geburtstag, 1952, S. 113 f. Anm. 172. なお、憲法の改正に関する諸問題を取り扱ったヴァイマル期の研究としては、Karl Loewenstein, Erscheinungsformen der Verfassungsänderng, 1931, 308 S も重要である。この本のなかでレーヴェンシュタインは、憲法の改正を「憲法の補充」Verfassungsergänzung、「憲法の拡張」Verfassungserweiterung、「憲法の廃棄」Verfassungsaufhebung、「憲法の代用」Verfassungssubstitution、「憲法の排除」Verfassungsverdrängung、「憲法の停止および阻止」Verfassungssuspension und Verfassungshemmung、「憲法の破毀」Verfassungsdurchbrechung の七種に分類して詳細に論じている。このモノグラフィーを対象とした本格的な研究は、私の知るかぎり日本には存在しない。簡単な紹介としては、影山日出弥『憲法の基礎理論』（勁草書房、一九七五年）一七―二一頁、岩間昭道「憲法破毀（Verfassungsdurchbrechung）の概念（四・完）」神奈川法学一三巻三号（一九七八年）一七―二四頁（同『憲法破毀の概念』一六八―一七二頁）、とくに二二頁（同『憲法破毀の概念』一九五頁）註（35）参照。

（2）　vgl. W. Fiedler, Sozialer Wandel, Verfassungswandel, Rechtsprechung, 1972, S. 37.

（3）　以下本文で取り上げる論説は、帝政下の憲法変遷論と共通の問題を対象とした研究だというのが、私の理解である。

しかし、各論者が、自分の論説と「憲法変遷論」との関係をどうみなしていたかは、また別の問題である。たとえば、H. Preuß, aaO., Sp. 650は、「イェリネックの言う意味での『憲法変遷』の可能性も、ここでは考察されない。なぜなら、その［行為自体の］合憲性にはまったく争いのなかった意識的立法行為が［本稿の］テーマだからである」と述べている。ここには、憲法の「改正」と「変遷」とを峻別し、前者を意識的行為、後者を無意識の現象とみなすG・イェリネック説（vgl. G. Jellinek, Verfassungsänderung und Verfassungswandlung, S. 3. 前章第二節註（4）と、それに対応する本文参照）の直接的な継受が見いだされる。

また、Graf zu Dohna, aaO., S. 33も次のように言う。「政治的諸勢力の力関係によって、実際の取り扱い方を通して、一国の憲法がどれほどの程度で重点移動を事実上経験することがあるか。この点についてわれわれは、ラーバントとイェリネックの生き生きとした叙述から教えられた。しかし、こうした憲法変遷は本来的には法的な現象ではなく、意識され意欲された法の変形行為ではない。むしろそれは、一国民の政治的発展史の帰結である。憲法変遷は、われわれの憲法生活全体の潮流を、その滔々として尽きない流れのうちに組み込む政治文化という迂回路を経てはじめて、法的意味を獲得するのである。憲法変遷が、『単なる法律家にとどまらない人々Nichtnurjuristen』に対して大きな魅力を発揮していることは疑いないが、にもかかわらず、今日われわれがおこなう形式法学的考察からは除外されざるをえない」。

ここにも、「改正」と「変遷」とを対置して、変遷を無意識の現象と定義するG・イェリネックの影響が認められる。しかし、自分の論説の主題を限定することを目的としたプロイスとドーナのこうした発言には、誤解と混乱があるように思われる。まず第一に、ラーバントが（そしてドイツ憲法に関してはG・イェリネックも）、憲法変遷という術語を用いて論じた主たる対象は、まさしくプロイスやドーナと同じく（ただし帝政下の）「実質的憲法改正」だったということ、これを彼らは誤解している。第二に、「改正」と言い「変遷」と言っても、それらはいずれも憲法規範の変化・交代という法的現象である点で同一であり、また「改正」も「変遷」も、それらが生起する原因は、当然のことながらいずれも社会的政治的諸力の運動・変化である点でも同一である。ドーナの発言は、「憲法変遷」という用語で捕捉されてきた現象の原因と結果とを混同したものと評することができよう。第三に、意識的行為か無意識の現象か、というG・イェリネックによる「改正」と「変遷」の区別のメルクマール自体が、実はそもそも検討の余地を含んでいる。意識や意図を、文字どおり行為者の内心のレベルで捉えるならば、それはしばしば不明瞭であり、確認困難であろう。イェリネック自身が変遷の例としてあげているものにも、エルザス－ロートリンゲンに議席を配分することで、帝国憲法の定める帝国議会議員の総数を変更した法律の制定のように、実質的に憲法典の改正であることが当然意識され意図された法行為が相当数含まれている（前章第二節註（39）と、それに対応する本文を参照）。むしろイェリネックの叙述全体から推すと、彼は憲法典の字句そのものを修正・削除・追加する行為を「意識的・意図的」と表現し、憲法典には手を触れないが、憲法規範を変化させると考えられる行為（別立ての法律の制定や憲法典の解釈など）を「無意識的」と表現したと理解すべきように思われる。

たとえば、ビルフィンガーは、プロイスやドーナの主題と重なる「実質的憲法改正による憲法破毀」の問題を論じながら、「破毀という手段によって引き起こされる憲法変遷の可能性を想定することには何の障害もない」と（私の理解によれば正当にも）述べている（C. Bilfinger, aaO., S. 175.）。

（4）　Graf zu Dohna, aaO., S. 33.
（5）　H. Triepel, aaO., S. 49 f.
（6）　E. R. Huber, Dokumente zur deutschen Verfassungsgeschichte, Bd. 4, 3. Aufl., 1992, S. 162. ヴァイマル憲法の条文の翻訳として、C・シュミット［阿部照哉・村上義弘訳］『憲法論』（みすず書房、一九七四年）四四七―四七二頁（七六条は四五七頁）、高田敏・初宿正典編訳『ドイツ憲法集・第五版』（信山社、二〇〇七年）一一三―一五三頁（七六条は一二九頁）。
（7）　E. Jacobi, aaO., S. 235.
（8）　E. Jacobi, aaO., S. 235 f.
（9）　ライヒ参議院がライヒ政府による憲法改正法律案の提出に同意する議決（ヴァイマル憲法六九条一項一文）、ライヒ参議院自身による憲法改正法律案の発議（ヴァイマル憲法六九条二項）、ライヒ議会が議決した憲法改正法律案に対する異議（ヴァイマル憲法七四条一項）を否決するライヒ参議院の議決、これらのいずれにも投票総数の三分の二の多数を必要とする。vgl. E. Jacobi, aaO., S. 236; Gerhard Anschütz, Die Verfassung des Deutschen Reichs vom 11. August 1919, 14. Aufl., 1933, S. 406 f.
（10）　前章第一節註（13）と、それに対応する本文参照。

(11) もっとも、論者がビスマルク憲法とヴァイマル憲法との改正手続の変化に敏感だったとは必ずしも言えない。たとえば、イェーゼルゾーンは、「実質的憲法改正」が許されるかどうかを論ずるにあたって、ごく当然のこととして帝政期の学説に触れている（S. Jeselsohn, aaO., S. 22)。

(12) 菅野喜八郎『国権の限界問題』（木鐸社、一九七八年）六七頁は、C・シュミットの「決定 Entscheidung」の概念に関連して次のように述べる。「エームケは、シュミットの『決定』概念を『憲法制定の行為』、即ち、決定という語を行為 Akt を指すものとして理解しているが、これも問題である。決定 Entscheidung という語は、元来、行為を意味する場合と、決定という意志行為の意味ないし決定内容を意味する場合と二つある」（傍点原著者）。ひとつの名詞が行為（能産）とその結果（所産）の双方を表示することはままある。たとえば、日本国憲法九六条一項が「この憲法の改正は」と言う場合、それは「憲法を改正する行為」を意味し、七条一号が天皇の国事行為として、「憲法改正……を公布すること」と言う場合には、それは「憲法改正の内容」を意味している。

(13) 佐藤功『ポケット註釈全書・憲法・下・新版』（有斐閣、一九八四年）一二六三頁。

(14) S. Jeselsohn, aaO., S. 21. イェーゼルゾーンは、「形式的憲法改正」「実質的憲法改正」の名称は「ラーバントの先例にならった」ものだとして、ラーバント『ドイツ帝国国法』の第五版三八頁を引用する。しかし、前章第一節註（18）に訳出しておいたように、三八頁には「形式的憲法改正」「実質的憲法改正」という表現は見いだされない。

(15) E. Jacobi, aaO., S. 260.

(16) E. Jacobi, aaO., S. 261 f.

(17) S. Jeselsohn, aaO., S. 36 f.

(18) S. Jeselsohn, aaO., S. 32. ただし、トリーペルは、ヤコビ・イェーゼルゾーンの言う「実質的憲法改正」、すなわち、憲法典の文言には手を触れずに、別立ての法律で実質的には憲法典を改正すること自体を「黙示的憲法改正」と呼ぶ。vgl. H. Triepel, aaO., S. 47. ラーバントも、憲法を「黙示的に改正する」という表現で「実質的憲法改正」の説明をしていたことはすでに述べた。前章第一節註（18）参照。

(19) イェーゼルゾーンは、「特別の表示が存在するか欠けているかによって、明示的憲法改正と黙示的憲法改正について語ることができる。この区別は、いままでの説明に従えばそこではほとんど実際的な意義をもたないとはいえ、形式的憲法改正についても可能である」とする（aaO., S. 32）。しかし、憲法典の字句そのものの改正が、改正法律の標題にも公布文にもまったく表示されずにおこなわれることは、普通は考えられない。また、仮にそういうことがおこなわれたとしても、少なくとも改正法律の条文は、「憲法第×条を以下の文言に置き換える」というような体裁となることが予想されるので、憲法典の文言そのものの黙示的改正という事態は想定不可能ではないだろうか。ちなみに帝政下の形式的憲法改正の場合にも、標題・公布文に憲法改正法律である旨の表示が欠けていても、条文中に憲法典のどの条項の改正であるかが明記されていた（前章第一節註（14）参照）。したがって、本稿では「明示的改正」・「黙示的改正」を、もっぱら「実質的憲法改正」の下位分類と理解しておきたい。

（20）　岩間昭道「憲法破毀（Verfassungsdurchbrechung）の概念（一）（二）（三）（四・完）」神奈川法学九巻二号（一九七四年）一頁以下、一〇巻一号（一九七五年）一頁以下、一一巻二・三号（一九七六年）一頁以下、一三巻三号（一九七八年）一頁以下、のちに同『憲法破毀の概念』（尚学社、二〇〇二年）五―二〇四頁。

（21）　C. Schmitt, Verfassungslehre, 1928, S. 100. C・シュミット［尾吹善人訳］『憲法理論』（創文社、一九七二年）一二九頁。vgl. E. Jacobi, Die Diktatur des Reichspräsidenten nach Art. 48 der Reichsverfassung, in: VVStRL, 1, 1924, S. 109. イェーゼルゾーンによれば、帝政期の国法学は「憲法改正」と「憲法破毀」との概念的区別を知らなかったが、区別の萌芽は G. Jellinek, Gesetz und Verordnung, S. 263 に見いだされる（S. Jeselsohn, aaO., S. 43, u. S. 19）。

（22）　C. Schmitt, Verfassungslehre, S. 107. 尾吹訳一三八頁。

（23）　vgl. S. Jeselsohn, aaO., S. 39–43.

（24）　Graf zu Dohna, aaO., S. 31.

（25）　Graf zu Dohna, aaO., S. 34.

（26）　Graf zu Dohna, aaO., S. 35.

（27）　Graf zu Dohna, aaO., S. 33.

（28）　H. Triepel, aaO., S. 51. トリーペルは、註（24）に対応する本文に訳出したドーナの要旨（一）第二文を、「その事物的範囲」の代わりに「個々の事件 Tatbestand に関して」と改め、「これまでの妥当性」を「一般的妥当性」に改めたほうがより精確であり、「七六条の基準を遵守するかぎりで」、という条件も明示すべきだと主張した。すなわち、第二文は、「同時に憲法典を改正することなく、このような［憲法典と内容的に矛盾する］法律を制定することは、当該法律が憲法法原則の妥当性を、単に個々の事件に関して制限するものにすぎない場合には、七六条の基準を遵守するかぎりで許される。しかし、当該法律が憲法法原則の一般的妥当性を全体として、または部分的に廃棄する場合には許されない」という文章に改められることになる。

(29) C. Bilfinger, aaO., S. 173.

(30) E. Jacobi, aaO., S. 261. そこでヤコビは、実質的憲法改正のみならず形式的憲法改正についても、「憲法破毀」と「憲法法規の改正」との区別が成り立つことを周到に指摘している。「明示的改正」「黙示的改正」の区別とは異なって、「破毀」と「法規改正」は、けっして実質的憲法改正の一態様にとどまらない。

(31) E. Jacobi, aaO., S. 261.

(32) E. Jacobi, aaO., S. 261. u. S. 267.

(33) S. Jeselsohn, aaO., S. 45 は、ヤコビの国法学者大会報告の「破毀」概念はイェーゼルゾーンと同旨だと言う。しかし、筆者の理解では、イェーゼルゾーンの憲法破毀概念と、国法学者大会報告におけるヤコビの破毀概念とは同一ではない。むしろ、一九二四年の報告と一九二九年の論文とで、ヤコビの破毀概念に変化はないように思われる。やや長文であるが、ヤコビの報告から該当箇所を引用しておこう。

「われわれの疑問に独自の解答を得るためには、四八条二項による独裁措置とライヒ憲法の他の条項との矛盾には、いろいろな態様がありうることを出発点としなければならない。独裁者の措置は、純粋に事実的な行為である場合もあるし、法的な性格をもつ行為である場合もある。後者はさらに、多くの事案 Tatbestand を包摂する一般的な指令である場合と、個別のケースについての指令である場合とがある。一般的な指令も、法規の定立と単なる行政規則の制定とに区別することができるし、個別ケースについての指令も、双方を拘束する国家行為と権力関係内部での単なる指示とに区別することができる。ある憲法条項と矛盾する措置が、純粋に事実的な行為であるのか、権力関係内部での一般的な指示または個別ケースに特定された指示であるのか、あるいは個別ケースについての国家行為（行政行為、処置）であるのか、そして最後に法規（法規命令）であるのかによって、その法的効力は非常に異なる。［中略］国家行為（行政行為、処置）および法規（法規命令）の場合、憲法とは一致しない矛盾点があれば、当該国家行為や［法規］命令がただちに無効となるというのが，その効力である。しかし，法規命令についてはさらに区別ができることに注意しなければならない。ある法規［法命題］と，四八条以外の憲法条項の法規［法命題］との矛盾のあり方が，その［法規命令の］内容は当該憲法法規に反するが，しかし当該憲法法規自体は，他の場合には相変わらず妥当しつづけるという場合もある。その法規命令は，いわゆる単に実質的に憲法を改正する法律と同様の効力しか欲していないわけである。しかしまた，四八条二項にもとづく法規命令が，憲法法規自体を廃棄したり改正したりする場合，つまり，形式的に憲法を改正する法律の意味での効力を欲している場合も考えられる。後者は，本来的な憲法改正，すなわち憲法典の改正であるのに対して，前者の場合には，憲法の破毀について語りうるにすぎない。当然のことながら憲法破毀は，個別ケースについて，憲法と矛盾する国家行為がおこなわれたにすぎない場合にも，やはり問題となる」（Veröffentlichungen der Vereinigung der Deutschen Staatsrechtslehrer, Heft 1, 1924, S. 108 f.）。

（34）S. Jeselsohn, aaO., S. 46.

（35）S. Jeselsohn, aaO., S. 40.

（36）憲法改正の内容的区別を論じた第二章第二部の冒頭でイェーゼルゾーンは，「以下ではまず，この数年来現れてきた憲法改正の内容的分類について述べることにしたい」とした上で，破毀の問題にも触れている。vgl. aaO., S. 38.

（37）S. Jeselsohn, aaO., S. 46.

（38）K. Loewenstein, aaO., S. 53. この頁の Anm. 2 でレーヴェンシュタインは次のように述べている。「……著者は，ベルリンで『憲法改正ライヒ法律』の公式の一覧を入手しようとしたが徒労に終わった。こうした一覧は，明らかに中央機関でもリストにしておらず，明確に保存されていない。ライヒ参議院とライヒ議会において，七六条所定の多数で受容された憲法改正法律の一覧も，利用可能なものにはなっていない。A. Dehlinger の著書にある『一八六七年から一九二八年までの帝国・ライヒ法律官報の体系的概観』も便利だが，その三頁以下において憲法のテクスト改正［形式的憲法改正］が示されているにすぎず，これによって現行ライヒ憲法法の断片的な像が提供されているにすぎない。公式の一覧を作成することは焦眉の急務である。そうしないと，その時々の憲法状況を調べることはまったく不可能だからである……」。

ちなみに，S. Jeselsohn, aaO., S. 51 f. によると，一九二八年までのヴァイマル憲法の形式的改正は次の七件である。

① 一九二〇年八月六日のライヒ憲法一六八条を改正する法律（RGBl. 1920, S. 1565. ヴァイマル憲法六三条にもとづいて、ライヒ参議院へのプロイセン代表の構成が新たに決定されるまで、一年間にかぎってプロイセン政府による参議院での全プロイセン票の行使を認めた一六八条の効力を、さらに一九二一年七月一日まで延長した）。

② 一九二〇年八月六日のライヒ憲法一七八条を補充する法律（RGBl. 1920, S. 1566. ヴァイマル憲法の内容と抵触しない帝国の法令が引き続き有効であることを定めた一七八条二項の規定を、ヘルゴラント島には適用しない旨の補充である）。

③ 一九二〇年一一月二七日のオーバー・シュレージエンに関する法律（RGBl. 1920, S. 1987. ラントの領域変更に関するヴァイマル憲法一八条のうち、三項ないし六項の効力をオーバー・シュレージエンについては二年間停止した一六七条に、プロイセン州への帰属の可否を問うための二項三項を追加した）。

④ 一九二一年三月二四日のライヒ参議院におけるラントの代表に関する法律（RGBl. 1921, S. 440. ライヒ参議院における各ラントの票数の算定基準を定めたヴァイマル憲法六一条の規定を改正した）。

⑤ 一九二二年一〇月二七日の法律（RGBl. 1922 I, S. 801. 初代ライヒ大統領の任期について明確な限定のなかったヴァイマル憲法一八〇条を改正して、一九二五年六月三〇日までとした）。

⑥ 一九二三年一二月一五日のライヒ憲法三五条の改正に関する法律（RGBl. 1923, S. 1185. ライヒ議会の任期満了後または閉会中にも活動する常任委員会を設置するという文言を、ヴァイマル憲法三五条二項に追加した）。

⑦ 一九二六年五月二二日のライヒ憲法の補充に関する法律（RGBl. 1926 I, S. 243. ライヒ議会の任期満了後および閉会中も、議長・副議長・常任委員については、議員の免責特権・不逮捕特権・証言拒否権を認める四〇ａ条を追加した）。

なお、以上のうち③④は、標題には憲法改正法律であることが表示されていないが、条文中でヴァイマル憲法の特定の条項に文言を追加したり、あるいは字句を修正することが明示されている。これらはいずれも憲法典の条文自体の修正・削除・追加であるから、形式的憲法改正に分類されたものと考えられる。

(39) ヤコビとイェーゼルゾーン以外の論者が、ヴァイマル憲法下の実質的憲法改正として掲げる具体例は少ない。たとえば、Graf zu Dohna, aaO., S. 41 は、鉄道法・ライヒ財政法・軍事裁判権の廃止に関する法律・ラント租税法をあげているが、詳細な説明はまったくない。

（40） S. Jeselsohn, aaO., S. 52–56.
（41） E. Jacobi, aaO., S. 264, Anm. 69; S. 267, Anm. 78; S. 268, Anm. 80; S. 269, Anm. 81. ヤコビは、形式的改正と実質的改正の合計は一九二八年の段階ですでに五〇件を越え（aaO., S. 234）、実質的改正による憲法破毀だけでも二五件以上に及ぶ（aaO., S. 267）と述べるが、それらをすべて網羅的に列挙しているわけではない。
（42） S. Jeselsohn, aaO., S. 48; E. Jacobi, aaO., S. 263.
（43） RGBl. 1924 II, S. 272; 1926, S. 101; 1926, S. 399; 1926, S. 503; 1928, S. 195. H. Triepel, aaO., S. 58 f.; E. Jacobi, aaO., S. 263 によると、少なくとも政府提出の法律案については、各省共通事務規程が本文に示した公布文の形式を定めている。
（44） Verhandlungen der Verfassungsgebenden Deutschen Nationalversammlung, Bd. Stenographische Berichte der 169. Sitzung, S. 5374.
（45） 註（40）（41）を参照。
（46） H. Triepel, aaO., S. 50.
（47） RGBl. 1920, S. 1493; 1921, S. 140; 1922, S. 590; 1923, S. 943; 1923, S. 1179; 1924 II, S. 272.
（48） RGBl. 1922, S. 590–593; 1922, S. 593–595.
（49） なお、ヤコビは、彼が憲法破毀と考える実質的憲法改正だけを、さらに内容的に分類している。本文はイェーゼルゾーン・ヤコビの解説を参考にしながら、法律の内容を確認して私が試みた分類である。
（50） RGBl. 1920, S. 909; E. R. Huber, Dokumente, Bd. 4, S. 169.
（51） RGBl. 1922, S. 241; E. R. Huber, Dokumente, Bd. 4, S. 168.
（52） RGBl. 1922, S. 585 ff.; E. R. Huber, Dokumente, Bd. 4, S. 168 f.
（53） RGBl. 1922, S. 591; E. R. Huber, Dokumente, Bd. 4, S. 170.
（54） RGBl. 1923, S. 943.
（55） RGBl. 1926, S. 101; E. Jacobi, aaO., S. 268.
（56） RGBl. 1921, S. 175; E. R. Huber, Dokumente, Bd. 4, S. 153; E. Jacobi, aaO., S. 267 f.

(57) RGBl. 1921, S. 773 ff.; S. Jeselsohn, aaO., S. 53; E. Jacobi, aaO., S. 267, Anm. 78, Nr. 2.

(58) RGBl. 1922, S. 593; E. R. Huber, Dokumente, Bd. 4, S. 152.

(59) RGBl. 1928, S. 195; S. Jeselsohn, aaO., S. 56.

(60) RGBl. 1920, S. 634; S. Jeselsohn, aaO., S. 52 f.

(61) RGBl. 1920, S. 1493; 1921, S. 139; S. Jeselsohn, aaO., S. 53.

(62) RGBl. 1920, S. 1579. ヤコビ、イェーゼルゾーン自身は、この法律が内容的に憲法改正を含んでいるとは考えていない。しかし、ライヒ議会での審議において、ヴァイマル憲法一〇六条の授権の範囲を越えるという批判があったため、憲法改正手続がとられたと言う。vgl. E. Jacobi, aaO., S. 265, Anm. 69, Nr. 6; S. Jeselsohn, aaO., S. 53, Nr. 4.

(63) RGBl. 1921, S. 791; E. R. Huber, Dokumente, Bd. 4, S. 162; E. Jacobi, aaO., S. 265; S. Jeselsohn, aaO., S. 54.

(64) RGBl. 1921, S. 907; E. R. Huber, Dokumente, Bd. 4, S. 159.

(65) RGBl. 1923, S. 1179.

(66) RGBl. 1924 II, S. 27 ff.

(67) E. Jacobi, aaO., S. 234.

(68) C. Bilfinger, aaO., S. 173. なお、H. Preuß, aaO., Sp. 653 は、実質的憲法改正がこのように頻繁におこなわれたのは、ライヒ議会に憲法の番人としての自覚が不足しているからだと非難し、H. Triepel, aaO., S. 51 も、実質的憲法改正の手法が立法者にとって便利だからだとしている。たしかに、一般に実質的改正法律の再改正には特別多数を要しないとされていたこと、実質的に憲法典の改正にあたる条項とそうでない条項とが混在する法律をいっぺんに制定することができること、これらを考えると、実質的憲法改正は立法者にとっては安易な選択肢であったと推測される。

(69) たとえば、F・ハルトゥング〔成瀬・坂井訳〕『ドイツ国制史』（岩波書店、一九八〇年）四五一—四六八頁にも、ヴァイマル共和国の激動の歴史と、これに対処するための実質的憲法改正の状況が生き生きと描写されている。とりわけ共和国初期の政治状況については同書四五一—四五七頁参照。

(70) 本稿が検討した論説が、いずれも一九二九年までに公刊されたものであるため、ヴァイマル共和国末期の状況はここでの考察対象となっていない。

（71）　vgl. H. Triepel, aaO., S. 56.
（72）　H. Preuß, aaO., Sp. 653–654.
（73）　H. Preuß, aaO., Sp. 653–654. 岩間昭道「憲法破毀（Verfassungsdurchbrechung）の概念（三）」神奈川法学一一巻二・三号二七頁（同『憲法破毀の概念』一二一―一二二頁）は、実質的憲法改正が違憲である理由として、プロイスは次の三点を指摘したと要約している。すなわち、ビスマルク憲法時代と比べて国家生活における憲法の重要性が格段に大きくなったこと、ヴァイマル憲法上の憲法改正権は、憲法によって設定された権力としての単純立法権とは質的に異なること、国民の自由を保障した憲法の改正は一層慎重たるべきこと、の三点である。しかし、私見によれば、これらは特に実質的憲法改正という手法を違憲とする直接の根拠とは言えないし、プロイスもそう主張しているわけではないように思われる。むしろ彼の違憲論の直接の根拠は、本文に引用したように、こうしたビスマルク憲法との相違をわきまえない立法部の実質的改正実務によって、妥当する憲法規範が不明瞭になることの実害にあったと解される。
（74）　本文で触れたトリーペル・ヤコビ・イェーゼルゾーンに加えて、C. Bilfinger, aaO., S. 174.
（75）　これまでにもしばしば引用してきた第三三回ドイツ法曹大会におけるトリーペルの報告は、本来の報告予定者であったデューリンガーが大会直前に急死したため、その代役としておこなわれたものである。本文に示した要旨（一）は、正確にはデューリンガーの提言である。トリーペル自身は、この要旨を次のように修正することを報告中で提案した。「憲法典を同時に改正することなく、このような［憲法典と内容的に矛盾する］法律を制定することは、現行のライヒ国法と支配的実務とによれば、当該法律が憲法七六条に従って制定される場合には許される。しかし、将来は、事前ないし同時に憲法典を改正することなしには、［こうした法律は］けっして制定されてはならない」（H. Triepel, aaO., S. 57）。
（76）　本節註（18）参照。
（77）　H. Triepel, aaO., S. 48.
（78）　H. Triepel, aaO., S. 51.
（79）　H. Triepel, aaO., S. 48; Graf zu Dohna, aaO., S. 38 と S. Jeselsohn, aaO., S. 23 はヴァイマル憲法八二条も同旨の規定としてあげている。ドーナは憲法制定国民議会ですでにこの問題を指摘したが他の議員の賛同を得るに至らなかったと言う。

（80）E. Jacobi, aaO., S. 259 f.

（81）S. Jeselsohn, aaO., S. 22, u. 23 f. イェーゼルゾーンが、トリーペルを実質的憲法改正違憲説とみなしている（aaO., S. 25）のは、私見によれば誤解である。

（82）Graf zu Dohna, aaO., S. 33. 本来第二報告者の予定であったDüringer の要旨もこの点では同一である（vgl. H. Triepel, aaO., S. 45）。

（83）Graf zu Dohna, aaO., S. 37.

（84）H. Triepel, aaO., 57.

（85）E. Jacobi, aaO., S. 263. トリーペルとは異なって、ヤコビは、今後の黙示的実質的憲法改正の取り扱いについては特に言及していない。

（86）S. Jeselsohn, aaO., S. 32, u. 34.

（87）Graf zu Dohna, aaO., S. 38; S. Jeselsohn, aaO., S. 33 f.

（88）Graf zu Dohna, aaO., S. 39; S. Jeselsohn, aaO., S. 33 f. E. Jacobi, aaO., S. 262;

（89）E. Jacobi, aaO., S. 262. 本節註（43）も参照。

（90）S. Jeselsohn, aaO., S. 35. たしかに、ヤコビとイェーゼルゾーンが共通に掲げている実質的憲法改正法律のうち、各省共通事務規程各則発効後に制定された一九二四年のライヒ鉄道法以降（すなわち本文に示したリストの⑯⑰⑱⑲⑳の法律）は、すべて明示的改正である。

（91）H. Triepel, aaO., S. 59; E. Jacobi, aaO., S. 262 f., u. S. 235, Anm. 6.

（92）Graf zu Dohna, aaO., S. 38; S. Jeselsohn, aaO., S. 33, Anm. 5.

（93）E. Jacobi, aaO., S. 263.

（94）H. Triepel, aaO., S. 58; S. Jeselsohn, aaO., 34 f.

（95）岩間昭道「憲法破毀（Verfassungsdurchbrechung）の概念（四）」神奈川法学一三巻三号一―四一頁（同『憲法破毀の概念』一五九―二〇〇頁）。

(96) Graf zu Dohna, aaO., S. 31.
(97) Graf zu Dohna, aaO., S. 36. ヴァイマル憲法八五条二項の条文は、E. R. Huber, Dokumente, Bd. 4, S. 164.
(98) H. Triepel, aaO., S. 53.
(99) H. Triepel, aaO., S. 54 f. ヴァイマル憲法一六七条の形式的改正については、本節註（38）③を参照。
(100) S. Jeselsohn, aaO., S. 51.
(101) S. Jeselsohn, aaO., S. 49 f. vgl. aaO., S. 74–78. イェーゼルゾーンの見解については、岩間「憲法破毀（Verfassungsdurchbrechung）の概念（四）」神奈川法学一三巻三号二一頁（同『憲法破毀の概念』一九四頁）註（29）も参照。
(102) E. Jacobi, aaO., S. 269, u. 270.
(103) E. Jacobi, aaO., S. 271–273. ヴァイマル憲法五九条の条文は、E. R. Huber, Dokumente, Bd. 4, S. 160.
(104) E. Jacobi, aaO., S. 274.
(105) 憲法破毀と実質的憲法改正との関係については、岩間「憲法破毀の概念（四）」三頁（同『憲法破毀の概念』一六一頁）参照。

第二節　シュ・ダウリンの憲法変遷論

一　憲法と憲法現実――乖離の両要素

(1)　ヴァイマル時代に憲法変遷というテーマと取り組んだ研究としては、何と言ってもシュ・ダウリンの有名なモノグラフィーをあげなければならない。ヴァイマル最末期の一九三二年に公刊されたシュの著書は、(西)ドイツの学説史研究においても、「唯一の大部の研究書」[1]、「この問題に関するおそらく最も詳細な研究」[2]と評され、「ドイツの国法学がこの問題に関して、ヴァイマル共和国の終わりまでに到達した議論の水準を示すもの」

と言われている。[3] 彼の著作は日本の憲法変遷論にも大きな影響を与えてきたが、[4]「ドイツ憲法変遷理論史」それ自体の研究にとっても、当然のことながら逸することのできない作品である。そこで本章では、これまでと同様の視点に立って、改めてやや詳細な検討を試みることにしたい。

シュ・ダウリンの『憲法変遷』は、次のような構成をもつ一八〇頁ほどの書物である。第一部「憲法変遷の概念および態様」――総論および概観、憲法欠缺と憲法変遷、法命題の死文化と憲法変遷、「実質的」憲法改正と憲法変遷、憲法解釈と憲法変遷、第二部「法問題および憲法問題としての憲法変遷」――憲法変遷の問題領域、憲法変遷と慣習法、憲法変遷と習律、憲法の侵害としての憲法変遷、憲法問題としての憲法変遷。

標題から推測できるように、第一部では「欠缺」「死文化」「実質的憲法改正」「解釈」というシュの考える憲法変遷の四つの態様、第二部では「慣習法説」「習律説」「事実説」そして彼の「自説」という変遷現象に関する四つの学説が、それぞれ考察の主題となっている。私の理解では、シュ・ダウリンのこのモノグラフィーは、彼がその冒頭部でおこなった「一方の憲法規範と他方の憲法現実との不一致」という憲法変遷の定義それ自体[5]が象徴的に示しているように、「憲法と憲法状態との乖離」という問題意識、憲法変遷論のいわば「通奏低音」が、最も明瞭に、かつ一貫して流れている作品である。右に引いたシュ自身の定義に従えば、第一部で実質的に検討されているのは、憲法と憲法現実との乖離の「態様」という問題であり、第二部で検討されているのは乖離の「法的評価」の問題であるということになろう。

(2)　そこでここでもまず、シュが「憲法規範と憲法現実との不一致」と言う場合の前者、「憲法規範」の意味を確認することから始めよう。それが「成文硬性憲法に体現された憲法規範」を指すことは、第一部の総論における次のような対象限定の説明から明確である。「憲法変遷の問題は、特定の憲法類型、すなわち改正の可能性が加重された憲法（いわゆる硬性の形式的憲法）にとって特別の意義をもつ。というのも、成文憲法をもたない国では、事実的国家生活が『憲法』それ自体であり、憲法とは政治的統一と社会的秩序の具体的全体状態であって、事実的憲法法と形式的『憲法法命題』との緊張関係は存在しえないからである。軟性の形式的憲法、すなわち通常の立法の方法で改正可能な憲法の場合には、国家の現実生活におけるその時々の推進力 Impuls が宣言する立法が、同時に既存の憲法法命題の改正方式でもある。つまり軟性憲法の場合には、成文憲法と事実的憲法状態との間に、言うに値するような緊張状況はほとんど生じない。」「このような限定された問題設定は、同時に理論的研究の限定の条件でもある。こうして理論的研究も、硬性憲法の存在と結びつけられることになるからである。」「われわれが関心をもつのは、成文憲法の法命題だけである[6]」。

「不文憲法」と「軟性の成文憲法」の下では「憲法と憲法状態との乖離」は生ぜず、したがってそれらは「憲法変遷」論の考察対象から除外される、というのであるから、この点でシュはイェリネックと明瞭に一線を画するわけである。ところで、彼の言う「成文（硬性）憲法の法命題」とは、ラーバントと同じく、憲法典の個々の条文に表現された憲法規範を意味すると単純に考えてよいであろうか。「乖離の要素」の確認にあたって、いま少しシュ・ダウリンの憲法観を探っておく必要がある。

シュは「憲法問題としての憲法変遷」と題する終章のなかで、その師スメント[7]に全面的に依拠しながら、「法典 Gesetzeswerk としての憲法の本質」に関して自説を展開している。彼はまず「憲法は国家の法秩序、より精確にはそのなかで国家が生の現実を獲得する生の法秩序である」というスメントの憲法概念を引用し[8]、これを次のように敷衍する。「このことはすべての国家、すべての憲法に同じ程度にあてはまる。……事実上あらゆる国家にとって、その正当な存在を規範的に定立し、それにしたがって国家が自らの現実の存在を事実的に形成する理念的意味システムが、成文憲法によって与えられているからである。成文憲法は、国家をその全き全体性において把握する。あらゆる国家の法生活—社会生活の全体が、成文憲法に意味的に対応して実現され、展開されなければならないからである。憲法のこのような理念的普遍性（包括性）は、同時に憲法の優先的な法的妥当性、すなわち全法秩序における憲法の高次の権威、国家の政治生活における憲法の比類のない意義を説明する」(9)。

このようなスメント的憲法観に立脚してシュは、（成文）憲法には二重の意味があると言う。（成文）憲法とは、第一に、まさに憲法典の各条項に表現された「実定制定法規範の総体」であり、第二に、「国家の存在様式を完全に包括し規定する、しかし概略的・示唆的な命題によって理念的に決定されているにとどまる意味システム」である(10)。前者は成文憲法の形式、後者は内容ということになろう。そしてシュは、憲法の意味のこうした二重性に対応して、「形式的憲法変遷」と「実質的憲法変遷」という憲法変遷概念の二重性を主張する。彼によれば、前者は「成文憲法の実定諸規範が事実的憲法状態ともはや一致していない」場合であり、後者は「憲法に体現されたー規範的に確定されているにせよ、単に意味上内包されているだけにせよーシステムと、矛盾する法関係が国家の生の実在において発展する」場合である(11)。

「実質的憲法変遷」概念にはシュ・ダウリンの変遷論の独自性が集約的に示されていると考えられるので、さらに詳細な考察を必要とする。しかし、ここではその前提にある憲法観を確認しておけばさしあたり十分である。つまりシュによれば、乖離の一方の要素である「憲法規範」とは、たしかに成文憲法の個々の条項を意味するが(12)、それだけではなく、成文憲法に示唆され内包されている「システム」「基本思想」「価値志向 Wertintention」をも含むのである。この区別は、ラーバントをはじめとするビスマルク憲法期の変遷論にはみられなかったものとして、また「憲法規範と乖離する憲法現実」について、憲法典の「文字」には反するが「意味連関」には反しないといった評価を可能にする道具立てとして、注目されなければならない(13)。

(3)　「憲法規範と憲法現実との不一致」と言う場合の後者、「憲法現実」とは具体的には何を意味するのであろうか。シュは、「憲法変遷の問題が、成文憲法と事実的憲法状態との関係の問題、つまり憲法法の領域における規範と現実との関係の問題である——憲法変遷は両者の不整合な関係である——とするならば、憲法変遷の四つの態様を区別することが可能である」と言う。そして、①規範が存在しない現実（形式的には憲法に反しない実務）、②現実が存在しない規範（規範によって定められた権利の不行使）、③規範に矛盾する現実（憲法に反する実務）、④規範を撓める現実（解釈の変遷）に分類している。[14]それに対応する第一部の構成は、先程紹介したように「欠缺と憲法変遷」「死文化と憲法変遷」「実質的憲法改正と憲法変遷」「解釈と憲法変遷」という章別になっているので、これらの説明を総合すると、シュの想定する「憲法規範と憲法現実との不一致」とは、具体的には「憲法規範の欠缺と実務による補充」「憲法規範と実務によるその死文化」「憲法規範と実質的憲法改正との不一致」「憲法規範と解釈との不一致」を意味することになる。これらは一応、成文憲法規範内容の「追加」「削除」「修正」という「乖離内容」の相違に着目した編成とみなすことが可能であるが、しかし、このうちの「欠缺」「死文化」は憲法規範と憲法現実との乖離の「内容」ないし「効果」の相違という視点に重点が置かれた区分であるのに対して、「実質的憲法改正」「解釈」は乖離を惹起した「行為形式」の相違に重点が置かれた区分であるとも考えられるので、私見によればシュの体系化は必ずしも同一次元にもとづくものとは言えない。たとえば、裁判所の憲法「解釈」によって、ある憲法条項が「死文化」したという議論（解釈による死文化）も十分成立可能なことを考えれば、この点は明らかであろう。シュはラーバント・イェリネック・ヒルデスハイマーというビスマルク憲法期の変遷論に不満を示し、「どの論者も独自の概念構成と前提に従って自分のシェーマを作り上げているので、残念ながら既存の分類に依拠して体系化を試みることはできない」と述べているが、[15]この批評はシュ自身に対してもあてはまるように思われる。そこでこの論文では、第XII章の場合と同様に、「乖離を惹起した行為形式」の観点から彼の叙述を再構成して、シュの言う「憲法現実」の具体的意味を探りたいと思う。

(4) ① ビスマルク憲法期の論者と同じく、シュ・ダウリンが成文憲法規範との乖離を問題にした第一のグループは、各種の制定法である。彼は、具体的には「実質的憲法改正法律」「単純法律」「議事規則」に言及している。[16]「実質的憲法改正」という概念については本章第一節で詳細に検討した。もう一度確認しておくと、ヴァイマル時代に「実質的憲法改正」と称されたのは、憲法典所定の改正手続を踏んで憲法典の内容を変更する特別法が制定されたにもかかわらず、憲法典のテクストそれ自体にはこれに対応する字句の修正・削除・追加がなされなかった場合のことである。[17] シュはイェーゼルゾーンの著書を引いて、実質的憲法改正をさらに「明示的実質的憲法改正」「黙示的実質的憲法改正」「無意識的実質的憲法改正」に分類し、その概念規定もイェーゼルゾーンらのそれに従っている。[18] シュは、いずれもヴァイマル憲法期にその実例が存在するが、一九二四年五月一日の各省共通事務規程各則三二条によって憲法改正法律である旨の明示が要求されて以降は、「明示的実質的憲法改正」の形式が守られるようになったと言う。[19]

成文憲法規範と乖離する要素の一つとして、ヴァイマル憲法下の実質的憲法改正法律を取り扱う点で、シュ・ダウリンの憲法変遷論は、前節で考察したヴァイマル期の他の論者と共通し、またラーバントとも考察対象を共有していることになる。

② シュ・ダウリンが成文憲法規範と乖離する要素として取り上げた第二のグループは、一括して国家機関による実務慣行と性格づけることができるであろう。シュ自身は「実質的憲法改正」のことも「憲法実務」とよんでおり、[20] たしかにその具体的な叙述には、「実質的憲法改正」という独特の方式で憲法典を改正する「実務のあり方」に関する説明も含まれている。しかしそこでの中心的な関心事は、憲法典と実質的憲法改正法律（さらに

は単純法律や議事規則）という二種類の制定法の規範内容の乖離であった。これに対して、第一部の「欠缺」「死文化」、第二部の「慣習法」「習律」の各章で取れ扱われている事例の大部分は、連邦参議院における皇帝発案・帝国宰相代理の常設化・フランス大統領の下院解散権の不行使・議員との兼職が禁止されている合衆国政府閣僚の議会出席など、制定法規範の内容それ自体とは異なる、まさに「国家実務」Staatspraxis のあり方であるから、ここでは制定法とは区別して、これらを特に「実務慣行」とよんでおきたい。シュ自身は、乖離を生じさせる「行為形式」のこうした区別には関心が薄いようであるが、第XII章でもみたように、念頭に置かれている「行為形式」の種類という論点は、論者による乖離の「法的評価」を検討するにあたっても重要な意味をもつことになろう。

③　「乖離の要素」の第三グループは「憲法解釈」である。ヒルデスハイマーのように解釈主体を裁判所に限定する立場をとれば、「解釈」「実務慣行」「制定法」は行為主体の観点から相互に区別可能であるが、イェリネックのように議会・行政官庁による憲法解釈についても語る立場をとると、解釈と他の行為形式との区別は相対的なものにすぎないことになる。法の制定やその他の国家行為も、すべて憲法解釈としての側面を有していると言えば言えるからである。シュ・ダウリンが「憲法解釈」と言う場合には、主として裁判所の行為が念頭に置かれているけれども(21)、同時に政府の憲法解釈にも言及するので、その点ではイェリネックと共通する。しかしシュは、イェリネックがたとえば「議会による憲法解釈」の例として議事規則の規定をあげていることを難じて、「そこには精確な概念構成が欠けている。……彼が想定しているのは、本来的には憲法実務一般である」と述べているから、イェリネックと異なってシュには、「解釈」を法制定やその他の国家行為と概念的に区別しようとする問題意識はあることになる(22)。もちろん彼は、法制定やその他の国家行為と解釈との区別について、立ち入った考察をしているわけではない。「成文憲法法規は実際のケースに際してどのように解釈されるべきか、解釈方

法のいかなる考え方に依拠しなければならないか、これらをここで問う必要はない。憲法法規はいかに解釈されてきたのか、こうした解釈が憲法変遷を惹起したとすれば、変遷という観点は解釈とどのように規定しあっているのか、ここではこれらの点が確認されるべきである」[23]。主として裁判所の憲法解釈を想定していることや、このような叙述から想像すると、シュの言う「解釈」とは、具体的事案を解決する前提としての、成文憲法の意味解明行為それ自体を指すものと思われる[24]。

「解釈による憲法変遷」については、その前提となる「乖離」が、論者の認識では何と何との間に存在するのかという点も問題となる。「成文憲法規範と憲法解釈との乖離」なのか、「ある時点・ある機関の憲法解釈と別な時点・別な機関の憲法解釈との乖離」なのか、ということである。この違いが重要なのは、それが乖離の認識の理論的前提の相違、すなわち――制定法には解釈に先行する客観的一義的な意味が内包されていると考えるのか否かという――法認識の理論的前提の相違を意味するからである。第Ⅻ章で確認したように、この点についてのイェリネックの立場は不明確で、いずれとも解する余地があった。シュ・ダウリンの場合はどうであろうか。シュは第一部冒頭の「総論および概観」の章で、「解釈による憲法変遷」の例として、一八一八年バーデン憲法と大公の恩赦権、一八四八および五〇年プロイセン憲法四条の「法律の前の平等」、一八六七年オーストリア国家基本法の定める裁判官の法令審査権、合衆国憲法と連邦による紙幣の発行という四つの事例をあげている[25]。このうち、イェリネックも取り上げているバーデン大公の恩赦権行使と合衆国の紙幣発行のケースでは、「乖離」の具体的内容は、前章でも紹介検討したように、同一の憲法規定に関する前者の場合には政府の解釈、後者の場合には裁判所の解釈の時間的変化であった（ある時点の有権解釈と別な時点の有権解釈との乖離）。これに対して、プロイセン憲法の事例でシュが問題にしているのは、「法律の前の平等」規定が、私人間には適用されない趣旨に政府によって制限解釈され、貴族と農民・市民との通婚禁止法制が存置された状況であり、オーストリアの法令審査権の事例で問題にしているのは、裁判官による命令の合憲性審査を認める憲法典の明文規定にもかかわらず、勅令は憲法典に言う命令に含まれないとした政府解釈であった。すなわち、この二つのケースでは、「憲法条項の内容と有権解釈との乖離」が取り上げられているわけである。したがって私見によれば、シュの場合にもイェリネックと同様、「解釈による憲法変遷」と言うときの「乖離の構図」は二通りに理解することができる。

(5)　シュ・ダウリンが「憲法規範と憲法現実との不一致」と言う場合に、そこで想定されているのは具体的には何と何との乖離なのかという視点に立って、彼の論述を検討してきた。結果は、「成文憲法の個別条項に表現された規範」および「成文憲法の基礎にある基本思想や全体的意味連関」と、「実質的憲法改正法律を含む各種制定法の規範内容」「その他の実務慣行」「(主として裁判所による) 成文憲法の解釈」との不一致である、ということになろう。

ここにみられるシュの「憲法規範」の観念は、対象がドイツの実定憲法を超える点ではラーバント・ボルンハークより広く、不文憲法体制を除外する点ではイェリネックより狭い。またスメント的憲法観に立脚して、「成文憲法の意味システム」と個々の条項とを区別する点で、いわばヴァイマル期国法学の刻印を帯びていると言えよう。他方シュの想定する「憲法現実」は、やはり不文憲法体制を除外することではイェリネックより狭く、「制定法」「慣行」「解釈」の三要素を含むことではラーバント・ボルンハーク・ヒルデスハイマーより広い。そのなかに「実質的憲法改正法律」が含まれている点は、ヤコビ・イェーゼルゾーンなどヴァイマル期の他の論者との共通点である。「憲法現実」という表現にもかかわらず、ビスマルク憲法期の論者と同様、直接対象としているのは法律などの「憲法下位規範」や解釈のような「法的行為」であることにも注目しておきたい。また「実質的憲法改正法律」も「憲法現実」に含まれるのであるから、シュ・ダウリンの変遷論は、実はイェリネック的な意味での「憲法改正」と「憲法変遷」との対置という発想には立っていないことになる。

二　憲法変遷の諸類型——乖離の内容

(1)「何と何との乖離か」という問題に引き続いて、シュ・ダウリンの憲法変遷論に関しても、そこで考察されているのは「いかなる乖離か」という問題、乖離の具体的内容の問題に向かうことにしよう。シュがスメントに拠りながら、特殊な二重の憲法概念と、これに対応する二重の憲法変遷概念を説くことはすでに述べた。これは他の論者に見られない独自の主張であるから、本項ではシュ自身のこの観点に従って、彼が取り上げた種々の「憲法変遷」現象の内容を類型的に概観してみたい。

そこでもう一度、シュの言葉で彼の二重変遷概念を確認しておくと、以下のとおりである。「第一に、成文憲法の実定諸規範が、事実的憲法状態ともはや一致していない場合、つまり成文憲法と事実的に妥当する憲法との間に食い違いが生じている場合には、それは憲法変遷を意味する。すなわち形式的意味の憲法変遷、あるいは文字の変遷 Buchstabenwandlung である。」「第二に、憲法に体現された——規範的に確定されているにせよ、単に意味上内包されているだけにせよ——システムと矛盾するような法関係、それは憲法で示唆されたシステムと完全には合致しない法制度のこともあるし、憲法規範で宣言されている意図を実現しない事実的関係のこともあり、このような実在が特定の憲法規範と直接に矛盾するのかどうか、憲法の文言に形式上はまったく抵触しないのかどうかは問わないのであるが、そういう法関係が国家の生の実在において発展している場合にも、それはまさに憲法変遷を意味する。すなわち、実質的意味の憲法変遷、あるいはシステムないし意味の変遷 System- oder Bedeutungswandlung である[26]」。

このように、彼の言う「形式的憲法変遷」とは、憲法典の個々の文言に抵触する「憲法現実」であり、「実質的憲法変遷」とは、憲法典全体の意味システムに抵触する「憲法現実」である。シュによれば、「憲法の本質は個々の条項に尽きるものではなく、成文の条項は憲法のうちに示唆された意味システムの単なる『示唆と制約』にすぎないのであるから、形式的意味の憲法変遷は必ずしも同時に実質的意味の憲法変遷を意味しない」し、「実質的意味の憲法変遷もまた、必ずしも同時に形式的意味における憲法変遷であるとはかぎらない。」「しかし他方で、両者の一致が完全に不可能であると言うこともできない[27]」。

こうした説明から判断すると、形式的と言い実質的と言っても、それらはいずれも憲法変遷の「内容」に着目した概念であることがわかる。シュの叙述に従えば、憲法変遷現象はその内容に応じて、①形式的変遷ではあるが実質的変遷ではないケース、②実質的変遷ではあるが形式的変遷ではないケース、③形式的変遷であると同時に実質的変遷でもあるケースという三つの場合に分けられることになる。このようなシュの見解を踏まえた上で、以下では「形式的変遷」「実質的変遷」「その両方にあたる場合」の三類型に分類して、彼が取り上げた具体的事例を概観することにしたい。

(2)　第一の類型は「形式的憲法変遷」である。シュは「総論および概観」の章で次のように述べている。「いわゆる実質的憲法改正であれ、単純立法であれ、上級国家機関の事務規程であれ、事実的実務であれ、憲法の諸規定と明白に矛盾する憲法実務によって、憲法変遷は惹起されうる[28]」。(1)で確認した定義からみて、ここに言う「憲法の諸規定と矛盾する憲法実務」は「形式的憲法変遷」を意味するものと理解できるから、この文章は、「形式的憲法変遷」とは、実質的憲法改正法律・単純法律・上級国家機関の事務規程・事実的実務のいずれかと、憲法典各条項の規定との間に矛盾が存在する場合である、という趣旨に読むことが可能であろう。事実シュ自身もこのような構想に従って、「総論および概観」の章と「実質的憲法改正」の章において、憲法典の個々の条項に反すると判断された制定法や実務慣行の諸事例を検討している。

① シュが取り上げた事例群の第一は、憲法典の個々の規定内容といわゆる「実質的憲法改正法律」との乖離である。彼が実質的憲法改正をさらに明示的・黙示的・無意識的なそれに三分することはすでに紹介した。「明示的な実質的憲法改正法律」の例としてシュがあげるのは、一九二四年八月三〇日のライヒ鉄道法である。ヴァイマル憲法八九条によれば、「一般交通の用に供する鉄道を国有に移し、統一的な交通施設として管理することは、ライヒの任務である」[29]。これに対して一九二四年法律は、ライヒ政府からの広範な独立的権限をもつ別法人として、ライヒ鉄道会社を設立することを定めた。同法の制定にあたっては「憲法規定との矛盾が明確に認識され、この法律は憲法改正に必要な特別多数によってライヒ議会で可決されて（ライヒ憲法七六条一項）、加重要件を充足していることは公布文でも言及されている。けれども憲法の文言は、まったくもとのままなのである」[30]。この法律についても前節第二項でもすでに触れた。

シュがあげる「黙示的実質的憲法改正法律」の例は、一九二〇年五月八日のライヒ議会議事堂およびラント議会議事堂の静穏に関する法律と、一九二一年七月九日の国事裁判所法である。これも前節で紹介したように、第一の例である一九二〇年五月八日法律は、議事堂周辺での集会を禁止することによって、ヴァイマル憲法一二三条が保障する法律の留保を伴わない「集会の自由」に、法律的な規制を及ぼしたものである。第二の例である一九二一年の国事裁判所法一三条は、ライヒ大統領に無制限の恩赦権を付与するヴァイマル憲法四九条に反して、大統領が国事裁判所で有罪判決を受けた者の恩赦をおこなうにあたっては、ライヒ議会の同意が必要である旨を規定した。いずれもヴァイマル憲法の定める憲法改正の加重要件を満たして制定されたが、法律にはその点が明記されていない[31]。

「無意識的実質的憲法改正法律」の例としてあげられているのは、一九二七年一二月一六日の給与法である。

この法律の四一条は、今後ラントおよびゲマインデが、給与規則上の三等職を空席にすべきことを規定しているが、これは内容的にはヴァイマル憲法が定めるライヒ立法権の範囲を超えている。こうした矛盾は制定時には自覚されていなかったが、この法律はたまたまライヒ議会においてもライヒ参議院においても三分の二の多数で可決され、憲法改正のための加重要件は偶然に充足されていた。シュは、この種の法律の効力については議論が分かれると言うが、ヤコビ・イェーゼルゾーンがこれを憲法改正法律と認めないことは、第一節で確認した[32]。

②「形式的憲法変遷」の第二のケースは、憲法典の個々の規定と単純法律との間に矛盾が存在する場合である。シュのモノグラフィーのなかで、その例として掲げられているのは、ビスマルク憲法三八条・七〇条を実質的に修正する租税法上のいわゆるフランケンシュタイン条項[33]、エルザス－ロートリンゲン帝国直轄領を設けた帝国単純法律、エルザス－ロートリンゲンに帝国議会議席を配分した帝国単純法律である[34]。これらについてはラーバントの変遷論を検討した第一章第一節においてその内容を具体的に紹介したので、ここではこれ以上触れないことにする。

③「形式的憲法変遷」の第三のケースは、憲法典の個々の規定と、法律以外の制定法との間に矛盾が存在する場合で、シュはこの事例として、ヴァイマル憲法と抵触する議事規則の規定をあげている。ヴァイマル憲法三三条二項は、ライヒ議会の本会議および委員会にラント政府が全権委員を派遣できることを定めている。このラント全権委員について憲法典には何の限定もないが、一九二二年一二月一二日のライヒ議会議事規則九六条・九七条は、各ラントによってライヒ参議院に派遣されている全権委員（すなわちライヒ参議院議員）が、必要な場合にはライヒ議会にも出席する旨を定めた。シュによれば、これは憲法典に存在しない制限を議事規則で設けた点においても、ライヒ参議院の構成員が同時にライヒ議会で発言できることになる点においても、憲法違反の疑いが強い。

ヴァイマル憲法六四条によると、「ライヒ政府はライヒ参議院議員の三分の一の要求があれば、ライヒ参議院を召集しなければならない」。ところが一九一九年一一月二〇日のライヒ参議院規則二条は、ライヒ参議院が恒常的に集会することを定め、会議を一定期間中断する場合にはライヒ政府の同意を要するとして、憲法六四条の原則をまったく逆転させた。これもやはり憲法典の特定条項と議事規則との矛盾、すなわち「形式的憲法変遷」の一例ということになるであろう。(35)

④　憲法典の個々の規定内容と「実務慣行」との乖離、これが「形式的憲法変遷」の第四のケースである。シュは、ビスマルク憲法一二条と矛盾する連邦参議院の常設化の慣行を例としている。(36)

シュの考え方によると、これらの「形式的憲法変遷」が、同時に「実質的憲法変遷」にもあたるか否かは、憲法典の個々の文言から乖離するこうした制定法や実務慣行が、憲法典によって示唆された「理念」「基本思想」「意味システム」からも乖離しているかどうかによって判断される。「憲法に規定された諸制度が、現実を通じて、――成文憲法の諸条項から形式的には乖離したとしても――憲法に課せられた意味連関のなかで『補充および拡張』されている場合には、それは決して［実質的意味の］憲法変遷ではなく、むしろ憲法の特別な実効性の徴表なのである」。(37)右の①ないし④で概観した九つの制定法と一つの実務慣行のうち、シュがこの判断基準に立って、その乖離が「形式的憲法変遷ではあるが、実質的憲法変遷ではない」と明言しているのは、ライヒおよびラント議会議事堂の静穏に関するライヒ法律・国事裁判所法一三条・エルザス－ロートリンゲンを直轄領とした帝国法律・エルザス－ロートリンゲンに帝国議会議席を配分した帝国法律の四つである。(38)残り五つの制定法と一つの実務慣行については、彼自身の評価は明らかではない。

(3)　さて第二の類型は「実質的憲法変遷」である。とくにこの現象について論じた箇所でシュ・ダウリンは、

「国家の生の実在が、憲法に体現された価値志向――それが個々の法命題で確定されているにせよ、そうでないにせよ――と必ずしも合致していないことのうちに、実質的意味における憲法変遷が見いだされるとするならば、憲法の意図には合致していないけれども、形式的には決して憲法規範の作用の否定を意味しないような国家生活関係の発展（移行）のうちにも、憲法変遷が見いだされなければならない[39]」とした上で、そのような「国家の生の実在」「国家生活関係の発展」の具体例を検討している。また彼は、「実質的意味における憲法変遷は、必ずしも同時に形式的意味における変遷であるとはかぎらない。この点をわれわれは、形式的には憲法に違反していない憲法実務による憲法変遷の諸事例についてすでに観察した」とも言う。さらに、疑問の余地があることを指摘しながらも、「憲法解釈による憲法変遷もまた、ある意味では実質的意味における変遷を意味する」として、とくに「合衆国最高裁判所の『黙示の権力』理論による解釈実務は、憲法法の重要な実質的変遷をしばしば招来した」と述べている[40]。

そこでここでは、これらの指摘を手がかりに、便宜上「実務慣行」「制定法」「憲法解釈」に分けて、シュが「実質的変遷ではあるが、形式的変遷ではない」と考えた事例を、「総論および概観」「憲法欠缺と憲法変遷」「憲法解釈と憲法変遷」の諸章からリストアップしておくことにしたい。

① シュが取り上げる「実質的憲法変遷」の第一のケースは、憲法の個別規定には形式上触れない「実務慣行」と、憲法典の「意味システム」との乖離である。その例の一つとして彼は、ヴァイマル憲法下の議院内閣制の運用をあげている。ヴァイマル憲法五四条は「ライヒ宰相およびライヒ大臣はその職務の行使にあたって、ライヒ議会の信任を必要とする。ライヒ議会が明示的な議決によって信任を撤回した場合には、ライヒ宰相およびライヒ大臣は辞職しなければならない」と規定しており、第一文は政府が在職するための積極的要件を、第二文は辞任を義務づける消極的要件を定めたものと言われる。第一文が厳格に適用されるならば少数派内閣は存在し

ないはずであるが、議会の政党構成の結果ヴァイマル期にはしばしば少数派内閣が成立し、明示的不信任が表明されないかぎり少数派内閣も職にとどまることが慣行となった[41]。すなわち、議会による政府の信任という憲法上の在職要件は、議会による政府不信任の欠如という意味で運用されることになったのである。シュの立場からすると、これは「憲法が志向する議院内閣制システムの基礎」にかかわるような「実務慣行」と「憲法の意味システム」との乖離である[42]。

成文憲法の特定条項に反するわけではないが、憲法の意味システムには反する「実務慣行」の事例が、「総論および概観」「憲法欠缺」の章でも四つ取り上げられている[43]。皇帝発案・各支邦の連邦参議院全権代表の代理制度・帝国宰相代理の常設化というビスマルク憲法時代の慣行、および議会常任委員会への閣僚の出席というアメリカ合衆国の慣行がそれである。シュの理解では、議長（プロイセン）提案という形をとる実質上の皇帝提案は、各支邦にしか発案権を認めないビスマルク憲法（七条二項）に形式的には違反しないが、「これによって帝国憲法は……重大な変更を経験した[44]」。連邦参議院全権代表の代理制の導入は、あくまで代理であるから、各支邦の投票権と同数の全権代表が任命される旨を規定したビスマルク憲法六条二項には触れないが、「憲法の内容と憲法状態との間には緊張関係がある[45]」。法律による帝国宰相代理制度の導入とその常設化の慣行は、ビスマルク憲法一五条・一七条の宰相権限規定に直接反するとは言えないけれども、宰相による帝国行政の一元的指導という憲法典の構想とは一致しない。議員との兼職を禁止された（合衆国憲法一条六節二項）政府閣僚が、議会の常任委員会に出席する慣行によって、「憲法が否定した議会と政府との結びつきがもたらされた。憲法の変更が事実上存在することは疑いないが、実定憲法規範は何ら侵害されていない[46]」。シュによると、「これらの場合には、存在［実務慣行］と矛盾する当為［憲法規範］は、特定の憲法条項から生じるのではなくて、複数の憲法規定の相互関係からか、あるいは憲法典全体の総合的な意図 Gesamtintention から生じるのである[47]」。

②　制定法の内容が、特定の憲法規定に反するわけではないが、憲法典に体現された「基本思想」「価値志向」と矛盾するケースもありうる。上述の宰相代理制を導入した帝国法律も実はその例であるが、シュがとくに検討しているのは、ヴァイマル憲法の政教関係規定とラント法との関係の問題である。シュによれば、ヴァイマル憲法は、帝政期に公法人であった宗教団体に、引き続き公法上の法人格を認める規定や、教会税の徴収権を認める規定を設けるなど（一三七条五項・六項）、個々的には「不明瞭で矛盾も多い」が、憲法の意図が「基本的には国家と教会のラディカルな分離を目指すものである」ことは、「国家教会は存在しない」とする一三七条一項などの諸条項から「認識可能」である。ところが憲法制定の後、一九二四年のプロイセン法をはじめとする各ラント法では、財政援助や租税法上の優遇措置など教会との結びつきがますます強化され、「ヴァイマル憲法の教会政策システムをまったくの幻想と思わせるような法関係が成立した」[48]。このようなラント法上の制度と憲法典のシステムとの乖離も「実質的憲法変遷」の一例である。

③　「実質的憲法変遷」の第三のケースは「憲法解釈」である。シュが掲げる「解釈」の諸例については、「乖離の要素」を検討した際にすでに触れたので、ここでは「憲法法の重要な実質的変遷をしばしば招来した」と彼が評する合衆国最高裁の憲法解釈にしぼって、シュの叙述を概観することにしたい[49]。

アメリカにおける違憲審査制の発展の基礎を築いたのは、合衆国最高裁の初代長官で、三五年間その地位にあったジョン・マーシャルである。彼は有名な一八〇三年のマーベリ対マディソン事件判決において、おそらく憲法制定者たちは否定していた裁判所の違憲審査権を認め、違憲審査にあたっては「緩やかな構成」あるいは「自由な構成」と称される解釈手法をとった。比較的短い中断期間はあるものの（トーニ・コート）、この考え方は一貫して最高裁の方針となっている。「緩やかな構成」の手法によって「黙示の権力」というドクトリンが形成され、憲法典から種々の権限が導き出された。これらはすべて、「中央集権」「連邦権力の主権性」という単一の理念・政治的要請に仕えるものである。「黙示の権力」のドクトリンによって裁判所が承認した連邦議会の権限としては、たとえば刑事立法権の拡張をあげることができる。憲法典が明文で規定する連邦議会の刑事立法権はきわめて限定されたものであるが（一条八節六項・一〇項）、裁判所は憲法一条八節一八項の一般規定を根拠に、たとえば連邦の通商規制権から通商刑法 Handelsstrafrecht、郵便事業についての権限から郵政刑法 Poststrafrecht の制定を合憲とした。その他にも、代表的な事例として、課税および借入金に関する連邦議会の権限を基礎とする国立銀行・国税庁の設立、通商規制権にもとづく労働条件・産業保護・全国的な人と物の移動・航海および移民関係についての法律の制定、連邦の戦争遂行権から導出された南北戦争中の戦時特例措置をあげることができる。

これらの事例がいかなる意味で「実質的憲法変遷」と言えるのかという点について、シュの叙述に特段の説明は見当たらない。のみならず、すでに指摘したように、問題とされているのが「憲法典と憲法解釈との不一致」なのか、「憲法解釈と後の憲法解釈との不一致」なのかも実ははっきりしない。もっともこの点については、シュの次のような言葉から一応の推測は可能かもしれない。「憲法の文字はもとのまま変わらないのに対して、国民の社会的・政治的生活は不断に進展していくということ、したがって憲法がその意義と意味 Sinn und Bedeutung を失わないためには、解釈の助けが作り出されなければならないということ、アメリカ人はここから出発する。……それゆえマーシャルはすでに早くから、法規範を正しく解釈しようと望む裁判官は、現在の人民意思の影響によって生じた、書かれた文字の意味変化以上に、憲法やあるいは法律の父たちの意図を気にかける必要はないという見解を主張していた」(50)。こうした叙述からすると、シュがイメージしているのは「憲法典に制定者が与えていた原意と、解釈者が付与した意味との不一致」のようである。その点を前提に考えると、上述の事例を「実質的変遷」とみなすシュの発言は、最高裁の「黙示の権力」ドクトリンとその帰結は、憲法典の個々の条文に明白に反するとは言えないが、合衆国憲法の本来の意図に反して、連邦制の構造に根本的な変化をもたらした、という趣旨に理解できよう。

(4)　シュ・ダウリンの言う「憲法変遷」を、彼の立場に立って内容的に分類した場合の第三類型は、「形式的変遷であると同時に実質的変遷でもある」ケースということになる。彼自身は唯一の例として、第三共和制フランスにおける大統領の下院解散権の不行使という慣行をあげている。シュによれば、形式的憲法変遷と実質的憲法変遷との「一致が完全に不可能だと言うこともできない。すでにみたように、一八七五年二月二五日のフランスの憲法的法律五条が死文化したことによって、単に一つの憲法法規が効力を失った（形式的意味における変遷）のみならず、これにより、憲法の制定によって志向されていたシステムとは、まったく反するフランス大統領の法的地位の発展も生じたのである（実質的意味における変遷）。一八七五年の憲法制定者は、君主制の復活を期待する観点から、強力な大統領職を創造しようと望んだのであるが、現実には大統領職の法的地位は、『政治的な使い走り』にも等しい意味しかもたなくなった[51]」。

シュ・ダウリンを含めて、これまで検討してきたドイツの学説ではつねに、ある法と別な法との内容的乖離の有無、乖離の中身が問題となってきた。日本の学説でも、こうした乖離現象の存在そのものは当然の前提とされた上で、その法的評価をめぐって「変遷肯定説」と「変遷否定説」とが対立する。その際肯定論者も否定論者も、乖離の認識それ自体を「社会学的」次元の問題、「法の科学」の問題とみなす点では共通しているようである[52]。しかしながら、ある法と別の法との乖離の「認識」、その前提となるそれぞれの法内容の「認識」は、戦後日本の学説の一般的理解に従えば、むしろ実践的価値判断を伴う「法解釈作業」なのではなかろうか。であればこそ、憲法九条と自衛隊法との間に乖離は存在するか否かという論点をめぐって、これほど激しい議論が続いてきたのだと考えられる。[53] この項では「形式的憲法変遷」「実質的憲法変遷」というシュ自身の概念を基準に用いて、彼が取り扱った「乖離」現象の内容的整理を試みたわけであるが、シュのあげる具体的事例の適否は、彼の主観的意識はともかく、やはり法解釈的作業を抜きにしては語れない性質の問題であるように思う。たとえばシュは、前述のとおり、帝国宰相代理制の導入とその常設化を、ビスマルク憲法一七条には抵触しない（したがって形式的憲法変遷ではない）が、憲法典全体のシステム・構想には抵触する（つまり実質的憲法変遷である）と説明している。これに対してラーバントは、これも前章でみたように、宰相代理制度によってビスマルク憲法一七条の「憲法原則が廃棄された」（つまりシュ・ダウリン流に言えば形式的憲法変遷である）と評している。両者のいずれに従うかは、形式的・実質的というシュ独自の変遷概念を承認するかどうかの問題でもあるが、同時に結局はビスマルク憲法一七条の解釈如何にいきつく問題でもあろう。いずれにせよ、シュ自身の分類論とその具体例については、一応ひととおりの紹介検討をおこなうことができたものと考えて、筆を先に進めたい。

(5)　「シュ・ダウリンの考察対象は何と何とのいかなる乖離か」、という論点に引き続いて、ここでも他の論者の場合と同じく、「シュはなぜこのような乖離が生じると考えているのか」、という論点にも触れておこう。私見によれば、彼は「憲法問題としての憲法変遷」と題する終章の「憲法変遷の本質」という節において、実質的にはこの問題を、ビスマルク憲法期の人々に比べればかなり詳細に論じている。

まず第一にシュによれば、国家は生の現実 Lebenswirklichkeit であり、したがってその諸制度は必ず変遷する。シュは「成長と衰退は、個々の有機体の生命と同様、制度の生命にとっても必要条件である」というブライスの言葉やオーリウの制度観を引照している。[54] 「このような国家の変遷の必然性は、当然のことながら、国家の存在様式を法的に規律する憲法をも規定せずにはおかない。学問および技術の成果、時間的空間的距離の克服、それらによって惹起された文化観念・価値観念の変遷、要するに人間の現代的進歩が、つねに解決されるべき課題を憲法に課するのである(55)」。ところが立法技術的な理由や人々の心理的理由から、憲法典の改正は国家生活のこうした要求に十分に対応することができない。「憲法変遷」が生じるのはこのためである(56)。

シュによれば、憲法変遷が生じる第二の根拠は、憲法の特殊性に求められる。シュはスメントの影響を色濃く受けながら、「法典」としての憲法の三つの特殊性を指摘している(57)。すなわち、全体としての国家生活を把握することが目的であるために、憲法規範はどうしても概略的・図式的であって、必然的に不完全で可塑的であること、他の法分野と異なり憲法の規律対象である国家は、それ自体が自己目的であること、他の法分野における法とその規律対象との関係とは違って、憲法の存立を保障するのは当の規律対象たる国家それ自体であること、この三点である。こうした憲法規範の不完全性と可塑性、国家の自己目的性は、憲法変遷を惹起し促進する要因である。憲法解釈は他の分野の法解釈とは非常に異なる。国家の生の必要性に応じるための憲法解釈は、「成文法規範から個別的には乖離していても、『文字に忠実ではあるが、結果として欠陥の多い憲法生活に比べて、憲法の意義により合致している(58)』」。また憲法を保障するのが国家自身であり、「国家の生の営みが憲法と一致することを監視し保持する機関が存在しないことも、憲法変遷が阻止されえない」理由である(59)。

三　憲法変遷の法的評価

(1)　この節のはじめに述べたように、シュ・ダウリンのモノグラフィーの第二部では、「憲法規範と憲法現実との不一致」が存在することを前提として、この種の「憲法現実」を法的にはいかに評価すべきか、という問題が主に論じられている。ビスマルク憲法期の学説が現にそうであったように（第XII章第二節三参照）、シュはこの論点に関する既存の学説を「慣習法説」「習律説」「事実説」に類型化して吟味しているので、本項でもまず、この三説についての彼のコメントを確認することからはじめよう。

(2)　最初に「慣習法説」である。シュは憲法と慣習法との関係についてのドイツの学説を四つに分類しているが[60]、私見によれば、彼が紹介する基本的な考え方のタイプは二つである。すなわち、社会慣習は、国家が承認する範囲と程度においてのみ法となるという学説（「承認説」）と、社会慣習は、「事実上の行使」と「法的確信」さえ存在するならば無条件に法となるという学説である。シュによると、前者はラーバントやザイデルに代表されるビスマルク憲法期公法学の通説で、後者はプフタをはじめとする民法文献において広く認められてきた学説であると言う。前者の立場をとるならば、成文法と抵触する慣習法の存在は概念的に不可能であるから、慣習法はつねに praeter legem ないし intra legem であって、contra legem な慣習法は成立しえないことになる。これに対して、歴史法学派の流れを汲む後者は、プロイセン一般ラント法典やナポレオン法典など、慣習法を禁止する趣旨の成文規定がいかに無意味であったかという歴史事実的な理由をあげて、慣習法による制定法廃止力 derogatorische Kraft を承認するのである。

いわゆる「承認説」に立てば、成文憲法規範と抵触する「憲法事実」の憲法的効力を認める道は閉ざされてしまうから、この説はのちに述べるシュの基本的立場と相容れない。彼がこの学説を、「戦前期［ビスマルク憲法期］公法学をほとんど完全に支配していた承認説は、──法実証主義一般の衰退に伴って──新しい国法学においては完全に廃棄されたも同然である[61]」と、あっさり片付けてしまう所以であろう。他方でシュは、「事実上の行使」と「法的確信」の存在を条件に、慣習法の制定法廃止力を認める学説も、憲法変遷の問題を解決することはできないと言う。その理由の一つは、「法的確信」は、通説の説くように国家構成員が一般的に抱懐するものでなければならないのか、それともシュティアーゾムロの主張するように人民代表や政府のそれで足りるのか、

習法説」批判は、前章で紹介したハチェックの主張と同じ趣旨とみなすことができるであろう。[63]

いう考え方だけが、憲法変遷を生じさせる唯一の指導的な観点……」なのである。[62] 概略以上のようなシュの「慣件の充足が要求されたことはない。シュによれば、「事実上の行使」や「法的確信」ではなく、「政治的必要性と明が困難」だということである。のみならず、実質的憲法改正や憲法解釈については、これまでにもこうした要ということであり、いま一つは、慣習法成立の要件とされるこの二つは、いずれにせよ「憲法変遷の場合には証「事実上の行使」はどの程度の期間確認されなければならないのかといった、要件充足の判断基準が明確でない

(3)　しかしシュによれば、ハチェックが提唱した「習律説」も、憲法変遷の問題に関しては「慣習法にもとづく解決法と同じように不満足なものである」[64]。シュ・ダウリンの「習律説」批判は、イギリスで成立した「習律」の概念を、大陸法に応用することは不可能だということに尽きる。シュは大陸法と異なるイギリス法の特徴を、イギリスでは社会のなかで形成された規範が、国家によって法として事後的に追認されてきたこと、国家法の主要な創造主体が裁判所であったこと、議会主権の原理が存在することの三点に求める。[65] このような法伝統にもとづいて、イギリスでは裁判所によって強行されるものだけが「厳格な意味での法」とみなされ、広義の「憲法」constitutional law すなわち「国家における主権的権力の配分や行使に、直接間接に影響を及ぼすすべてのルール」のうち、裁判官によって強行されない規範が、成文不文の形式を問わず「憲法習律」と称されている。しかも成文硬性憲法が存在しないのであるから、「主権的」議会が、「憲法習律」を含めてすべての法を、通常の手続で自由に変更できるのである。シュはそのような「習律」の例として、ダイシーの著書から、「国王は議会両院を通過した法案を裁可しなければならず、『拒否権』を行使することはできない」「貴族院は金銭支出法案を発議することができない」「貴族院が上訴裁判所として行動する場合には、法律貴族以外の貴族は院の決定に参

加しない」「庶民院の信任を失った大臣は辞職する」といったルールをあげている[66]。

シュのみるところでは、ハチェックが指摘している習律の「特徴は、だいたいにおいて［イギリスの憲法］習律と一致している。すなわち、実効的な法規範の下位に立つという習律の性格、法規範へと変化していく習律の能力（傾向）、最高国家諸機関の活動領域という習律の主たる適用範囲、がそれである。その際ハチェックは、［イギリスで］憲法習律論が発展し形成されてきた特有の付随状況を十分尊重していない。すなわちイギリス人に特有の法観念、『law』の考え方、law of the constitution と conventions of the constitution との区別に対して裁判判決が有する意義、イギリスの法生活・国家生活の全体における議会の優越的な地位、これらをである。……こういう限られた法的基盤の上に成長した……理論が、大陸の法秩序で不要なことは明らかである[67]」。

さらにシュは、ハチェックの習律論では、法と習律とが実は十分に区別されないという批判も提起している。ハチェックの言う慣習法と習律がいずれも不文法であり、いずれも拘束力をもつものだとすれば、両者の相違は法的な観点にもとづくのではなくて、「法的確信」の有無という心理的モメントによるか、あるいは「継続的行使」という事実的数量的モメントにもっぱら依存することになって、区別はいわば程度問題となる。また、法は未来の指示、習律は過去の正当化であるという、指向性の相違によるハチェックの区別も、法もその両面をもつことを考えればやはり誤りである[68]。結局「『習律』に関する種々の理論の考察を通じて、憲法変遷の問題は、習律の概念では解決できないことが明らかになった。……イギリスの憲法法（一般的な意味での『constitutional law』）における変遷（changes）が、たいていの場合憲法習律の方法で生じるという認識がいかに本質的であり、正しいものであるとしても、憲法変遷がつねに『習律』の帰結であるという主張は疑問である。ハチェックの理論全体がこういう欠陥をもっているので、それは何の成果も生むことができないのである[69]」。シュの理解では、そもそも「成文硬性憲法と憲法現実との不一致」という問題そのものが生じる余地のない、不文憲法体制の国家であるイギリスの議論を引照すること自体が誤りだ、ということになるのであろう。

(4)　シュが第三の理論として取り上げるのは、成文憲法規範と矛盾する「憲法現実」を「事実的憲法違反」とみなす考え方、いわゆる「事実説」である。彼はヒルデスハイマーの「実証主義理論」、ケルゼンの「規範論理理論」、一般意思の表明としての法律に絶大な信頼を寄せるフランスの憲法理論をその例として紹介している(70)。それらの内容の詳細は省略し、ここではシュの結論だけを引いておくことにしよう。「憲法変遷という問題に法的意味を一切認めず、そこに単なる事実現象しか見いださないという……問題の取り扱い方は、解決しないことによる問題解決の試みを実際には意味している。……これらの理論が同じように到達した結論は、われわれの考察にとってはまったく重要性を欠く。法規範と法現実とはつねに直接的な関係をもっており、実定法学は純粋な法哲学でも、純粋な社会学でもあるべきではなくて、まず第一に法規範と法現実との生きた関係を研究し把握しなければならないという見解に立つならば、この構成［事実説］は、その演繹においてどれほど首尾一貫しており、これによって困難な問題を回避することができてどれほど好都合であるとしても、自説とすることはできないのである(71)」。

(5)　以上のように、シュ・ダウリンは、「憲法変遷」の法的評価に関して提出された三つの学説を、すべて拒否したのちに自説を展開する。彼の結論を一言で言うならば、「憲法変遷は……はじめから法である(72)」、ということになる。彼の憲法変遷は、「憲法規範と憲法現実との不一致」、すなわち具体的には「成文憲法規範と制定法・実務慣行・憲法解釈との不一致」を意味するから、彼の主張はより正確には、「成文憲法規範と内容的に矛盾する制定法・実務慣行・憲法解釈は、それ自体が憲法規範である」と表現されるべきであろう。ここで生じる疑問は、成文憲法規範と矛盾する制定法・実務慣行・憲法解釈を、法規範ではなく習律規範だとする説、それらの憲法下位法は実は法ではなくて単なる違憲の事実だとする説と並んで、憲法レベルの慣習法であるとする説も否定してしまうことである。それでは、シュが「憲法規範と一致しない憲法現実は法である」と考える場合、それはいったいいかなる形式の法なのであろうか。

この疑問に対する回答は、シュの叙述のなかに直接には見いだされないようである。彼は、憲法変遷の法的性格如何という問題が、「実際には憲法理論上の特殊問題であるのに、つねに一般法源理論の問題として取り扱われてきた」ことのうちに、従来の学説の欠陥を求め、「特殊憲法理論的レベルの観点に立って、この問題の評価を追求」しようとする。[73]事実、終章「憲法問題としての憲法変遷」では、法典としての憲法の特殊性・憲法変遷の本質・二重の憲法変遷概念などの諸点について、スメント理論をベースとしたシュ自身の見解が展開されている。[74]しかしこれまでにも紹介検討してきたように、そこで論じられている実質的なテーマは、私の理解ではむしろ憲法変遷の内容や原因であって、必ずしもその法的評価ではない。シュは、「ラーバントは自分が叙述した憲法変遷の法的性格如何という問題を意識的に避け」「イェリネックもこの問題の前で立ち止まっている」と評するが、[75]彼らの「実証主義に付随する一面的な形式主義的考察方法」[76]から脱却したはずのシュ・ダウリンも、憲法変遷、より正確には「成文憲法と乖離する憲法現実」の法的位置づけを、明確に打ち出したとは言えない。

私見によれば、イェリネックのときと同様に彼の場合にも、取り上げられた素材、つまり「憲法現実」の種類に応じて、その法的性格づけは異なると読むことが、シュ・ダウリンのより合理的な読み方であるように思われる。彼が考察対象とした「憲法現実」のうち、まず第一に「実質的憲法改正法律」は、それに対応する憲法典自体のテクスト修正がおこなわれていないとはいえ、憲法典所定の改正手続に従って成立した法律であるから、その制定行為は、憲法典に表現された憲法規範にとって代わる新たな憲法規範の定立行為と目されるべきものだというのがシュの議論の趣旨であろう。したがって、「憲法変遷は法である」という彼の見解は、「憲法典と乖離する憲法現実」のうち実質的憲法改正法律については、それが「憲法レベルの制定法」であることを承認したという意味に解される。この点では、結局シュの立場は、私の理解したラーバント説、そして前節で検討したプロイス以外の諸論者の説と同旨だということになろう。

これに対して、その他の制定法・実務慣行・憲法解釈について、「憲法変遷は法である」と彼が言う場合には、要するにその意味するところは、これらの憲法下位法や法的行為の結果、成文憲法規範にとって代わる新たな憲法的慣習法が成立した、ということになるものと考えられる。実質的憲法改正法律を除く「憲法現実」の諸要素の法的性格づけについては、シュの立場は「慣習法説」だというのが、私の理解である。前にみたように、シュ自身が「慣習法説」に反対するのは、一般法源理論としての「慣習法説」が慣習法の成立要件として、つねに「事実上の行使」と「法的確信」の存在を求めてきたのに対して、シュが取り上げた憲法現実はこの要件を必ずしも満たすことができないと判断したからである。彼の意図は、「憲法変遷」が特殊憲法理論的な問題であることを強調して、「継続的行使」「法的確信」の証明を要しない、新しいタイプの「憲法的慣習法」の成立を主張することにあったと解することができる。

その際、既存の慣習法理論が要求する「事実上の継続的行使」「民衆の法的確信」に代わって、この特殊憲法的慣習法の成立要件としてシュが掲げるのが、「無比の価値」Werteinmalige の観念である。彼はこう述べている。「同時にここから、憲法変遷の法的考察、われわれが提起した問題の解決も明らかになる。憲法法上、無比の価値をもつものとは、国家の現実から必然的に出現したものであり、それに伴って憲法変遷とは、憲法が意図的に許容したものであるから、憲法変遷は、憲法破毀でも単なる憲法習律でもなくて、法なのである。憲法変遷は、制定法の文言と一致していないにもかかわらず法であり、形式法学的な法概念および構成では把握できないにもかかわらず法である。その法的根拠は、憲法法における無比の価値、いわゆる政治的必要性、みずから実在化し発展していく国家の、生命の要求と表現のうちに見いだされる[77]」。第Ⅻ章で確認したように、「必要性」の指摘はイェリネックにも存在し、「無比の価値」という術語はハチェックも用いているが[78]、国家の自己目的性の主張[79]にもとづいて、国家のヴァイタルな要求を憲法上の「無比の価値」と位置づけ、これをテコにして従来の慣習法理論を乗り越えようとしたところに、シュ・ダウリン変遷論の最大の特徴を見いだすことが可能であろう。彼の変遷論が後の論者による批判を招いた点も、まさに国家の政治的必要性が成文憲法規範に優越するという趣旨の、この主張であった[80]。

四　小　結

本節で取り上げたシュ・ダウリンの憲法変遷論についても、検討の結果を要約しておくことにしたい。

①　シュによる憲法変遷の定義は、「憲法規範と憲法現実との不一致」というものである。「乖離」の存在それ自体に着目した概念構成となっており、こうした「不一致」の結果、何が変化したと考えるのかという、「変遷」の意味に言及しない点に特色がある[81]。

②　「不一致」の両要素のうち、シュの言う「憲法規範」とは、成文硬性憲法の個別条項の規範内容と、成文憲法の全体が表現している「価値志向」「意味システム」の両者を含む観念である。他の多くの論者と同様、不文憲法体制においては憲法変遷という問題は成立しないとする点で、シュの議論はイェリネックのそれと明瞭に一線を画している。また、シュの場合には、成文憲法の個別条項と全体連関との区別に対応して、「憲法変遷」のほうも個々の条項と憲法現実との乖離である「形式的憲法変遷」と、全体の意味システムと憲法現実との乖離である「実質的憲法変遷」とに概念的に区別される。これはビスマルク憲法期の変遷論にはみられない独自の考

え方である。

③「不一致」の両要素のうち、「憲法現実」とは、具体的には「実質的憲法改正法律」「その他の制定法」「国家機関の実務慣行」「(主として裁判所の)憲法解釈」を指す。「現実」とは言うものの、その内容は主として「憲法下位規範」であることに注意を要する。この点では、具体的要素に広狭の差はあるにせよ、ビスマルク憲法期の論者と共通すると言えよう。但し、「実質的憲法改正法律」も考察対象とするシュの変遷論は、ラーバントと同様、厳密にはイェリネック的な「憲法改正」と「憲法変遷」との二項図式には立っていないことになる。

④シュの理解では、「不一致」すなわち「変遷」のうち、「形式的変遷」は憲法典の個別条項には矛盾するが、必ずしも憲法典の基本思想には背馳せず、逆に「実質的変遷」は憲法典の基本思想と抵触するが、個別規定に明白に違反するとはかぎらない。彼自身は後者により大きな重要性を認めるようである。たしかに、シュが「実質的変遷」の例とするヴァイマル憲法の政府在職要件の運用、同じくヴァイマル憲法の政教関係システムとラント法との関係、合衆国最高裁判所の憲法解釈による連邦の「黙示の権力」の承認、第三共和制フランスにおける大統領の下院解散権の死文化といった事例は、いずれもそれぞれの憲法典が予定する統治のシステムに、重大な影響を及ぼした現象と考えられる。

⑤こうした「不一致」現象の法的評価について、シュはビスマルク憲法期に提示された「慣習法説」「習律説」「事実説」をすべて否定する。彼の理解によれば、成文憲法規範と矛盾する制定法・慣行・解釈は、慣習法でも習律でもなく、もちろん単なる違憲の事実でもなくて、憲法レベルの法規範だと言うのである。その趣旨を再構成するならば、「憲法現実」の構成要素のうち、「実質的憲法改正法律」は憲法典の規定にとって代わる憲法的制定法であり、その他の制定法・慣行・解釈は、やはり憲法典の規定にとって代わる憲法的慣習法であるということになろう。したがって私見によれば、彼の主張は、実質的憲法改正法律に関してはラーバントや他のヴァ

イマル期の論者と同様であり、それ以外の要素に関しては一種の「慣習法説」である。それまでの慣習法理論と異なるのは、「事実上の継続的行使」「民衆の法的確信」という要件が、彼の憲法的慣習法の成立には不要とみなされている点である。成文憲法規範と一致しない「憲法現実」が憲法的慣習法となる要件は、シュによれば「無比の価値」としての「国家の生命的要求」なのである。こうした国家の政治的必要性の優越視に対しては、後世の論者から危惧の念が表明されている。

⑥　シュ・ダウリンの憲法観には、彼自身が認めるように、スメントの憲法理論が色濃く反映している。その意味ではシュの憲法変遷論を、ヴァイマル期新派国法学の落とし子と評することが可能であろう。しかし彼の変遷論は、ヴァイマル憲法のみならず、ビスマルク憲法・フランス第三共和制憲法・アメリカ合衆国憲法などから広く素材を集め、ビスマルク憲法期変遷論や外国の学説についても批判的吟味を試みた学術的研究であり、いまなおこのテーマに関する代表的な業績と評されるだけの価値を失っていない[82]。

（1）K. Hesse, Grenzen der Verfassungswandlung, in: Festschrift für Ulrich Scheuner zum 70. Geburtstag, 1973, S. 131.

（2）W. Fiedler, Sozialer Wandel, Verfassungswandel, Rechtsprechung, 1972, S. 37.

（3）B-O. Bryde, Verfassungsentwicklung, 1982, S. 17.

（4）代表的な研究として、川添利幸「憲法変遷 Verfassungswandlung の法的性格」法学新報六〇巻九号（一九五三年、のちに同『憲法保障の理論』（尚学社、一九八六年）四九―八六頁、清宮四郎「憲法の変遷について」綜合法学六巻一号（一九六三年）、のちに同『国家作用の理論』（有斐閣、一九六八年）一八七頁以下、とくに一九一頁、小林直樹「憲法の変遷」法学協会雑誌九一巻六号（一九七四年）、のちに他の論文も組み入れて、同『憲法秩序の理論』第四章（東京大学出版会、一九八六年）二一五―二六八頁。

シュ・ダウリン（Hsü Dau-Lin; 徐道鄰。一九〇五～一九七三）は一九二〇年代にスメントの下に留学し、一九三一年に "Die Verfassungswandlung" でベルリン大学から法学博士号を授与された。ドイツ語で書かれた憲法学の著作には、ほかに“Formalistischer und antiformalistischer Verfassungsbegriff” AöR NF. 22, S. 27-53. がある。金沢大学法学部の神橋一彦助教授（現・立教大学法学部教授）が、台湾中央研究院の陳新民氏から得た情報によると、徐道鄰は帰国後中華民国政界で活動したこともあり、第二次世界大戦後は台湾で中国法制史学者として活躍したとのことである。死後『中國法制史論集』という論文集も公刊された。なお、台湾の若手憲法学者である陳新民氏には、シュの憲法変遷論を中心に取り上げた「驚鴻一瞥的憲法學彗星――談徐道鄰的憲法學理論」という論文がある（同『公法學箚記』三民書局一九九三年二一三―二六二頁）。残念ながら私は中国語に暗いので、その内容を紹介することができない。神橋教授のご教示には、この場を借りて深甚の謝意を表したい。

（5）Hsü Dau-Lin, Die Verfassungswandlung, 1932, S. 17.

（6）Hsü Dau-Lin, aaO., S. 18 f. もっともシュは、「歴史的資料やその他の資料の探求に際しては、成文憲法以外にも、成文法の妥当性に関する法理論的学説を列挙したり、生の現実と意味秩序との対立を理念史的に追跡したりすることがある」と言う。S. 19.

（7）同時代のドイツ語圏で活躍し、日本の公法学界にも大きな影響を与えてきたケルゼン、シュミットに比べると、日本におけるスメント研究は今日なお比較的手薄であるように思われる。スメントに関する主要な研究を管見に属するかぎりで掲げておく。

① 黒田覚「Integration の理論とファシズム」法学論叢二七巻二号（一九三二年）三三二頁以下。

② 宮沢俊義「公法学における法と政治」法学協会雑誌五〇巻七号（一九三二年）、のちに同『公法の原理』（有斐閣、一九六七年）四五頁以下。

③ 佐藤立夫『現代ドイツ公法学を築いた碩学たち』（早稲田大学比較法研究所叢書一一、一九八二年）一七四頁以下。

④ 藤田宙靖「法現象の動態的考察の要請と現代公法学――R・スメントについての覚書――」世良晃志郎還暦記念『社会科学と諸思想の展開（下）』（創文社、一九七七年）、のちに同『行政法学の思考形式』（木鐸社、一九七八年）三六〇頁以下。

⑤ 手塚和男「基本権の基礎的検討――スメントの基本権理解について」三重大学教育学部研究紀要二七巻第三部（一九七六年）一三五頁以下。

⑥　手塚和男「ルードルフ・スメントの政治理論」宮田光雄編『ヴァイマル共和国の政治思想』（創文社、一九八八年）三〇九頁以下。
⑦　手塚和男「スメント及びドイツ国法学における憲法変遷論」菅野喜八郎先生還暦記念『憲法制定と変動の法理』（木鐸社、一九九一年）二八三頁以下。
⑧　手塚和男「ルードルフ・スメントの憲法変遷論」比較憲法学研究七号（一九九五年）三五頁以下。
⑨　堀内健志『ドイツ「法律」概念の研究序説』（多賀出版、一九八四年）二四七頁以下。
⑩　和仁陽『教会・公法学・国家』（東京大学出版会、一九九〇年）三三三以下。
⑪　西浦公「スメント――統合理論の問題点とその現代的意義」小林孝輔編『ドイツ公法の理論』（一粒社、一九九二年）一三二頁以下。
⑫　宇都宮純一『憲法裁判権の理論』（信山社、一九九六年）一三四頁以下、二六一頁以下。
⑬　古賀敬太『ヴァイマール自由主義の悲劇』（風行社、一九九六年）一八九頁以下。
⑭　三宅雄彦「政治的体験の概念と精神科学的方法（一）～（五）」早稲田法学七四巻二号（一九九九年）～七六巻一号（二〇〇〇年）。

（8）　Hsü Dau-Lin, aaO., S. 154; Rudolf Smend, Verfassung und Verfassungsrecht, 1928, in: ders., Staatsrechtliche Abhandlungen und andere Aufsätze, 2. Aufl., 1968, S. 189.
（9）　Hsü Dau-Lin, aaO., S. 154 f.
（10）　Hsü Dau-Lin, aaO., S. 167, vgl. S. 49.
（11）　Hsü Dau-Lin, aaO., S. 167.
（12）　vgl. Hsü Dau-Lin, aaO., S. 168 f.
（13）　vgl. Hsü Dau-Lin, aaO., S. 173
（14）　Hsü Dau-Lin, aaO., S. 19. S. 20 の表も参照。川添利幸『憲法保障の理論』五六頁にはこの表が訳出されている。小林直樹『憲法秩序の理論』二二〇頁以下の叙述も、シュの分類をベースとしている。
（15）　Hsü Dau-Lin, aaO., S. 20.

（16）　Hsü Dau-Lin, aaO., S. 29–32, S. 67–78.

（17）　Hsü Dau-Lin, aaO., S. 69 f. vgl. E. Jacobi, Reichsverfassungsänderung, in: Festgabe der juristischen Fakultäten zum 50 jährigen Bestehen des Reichsgerichts, Bd. 1, 1929, S. 260. S. Jeselsohn, Begriff, Arten und Grenzen der Verfassungsänderung, 1929, S. 21.

（18）　Hsü Dau-Lin, aaO., S. 71, S. 73, S. 77. vgl. S. Jeslsohn, aaO., S. 22–37. 本章第一節での解説を参照。

（19）　Hsü Dau-Lin, aaO., S. 72.

（20）　Hsü Dau-Lin, aaO., S. 29, S. 67.

（21）　Hsü Dau-Lin, aaO., S. 81, S. 84 f.

（22）　Hsü Dau-Lin, aaO., S. 35 f. 本章ではイェリネックがあげる議事規則の例を、憲法典と他の制定法との乖離に分類した。前節の考察を参照せよ。

（23）　Hsü Dau-Lin, aaO., S. 80.

（24）　シュはスメントに依拠して、憲法解釈の特殊性を強調している。たとえば既存の憲法欠缺理論を批判して、彼はこう述べている。「憲法欠缺理論が完全に形式主義的絶望に陥っているのは、結局のところ憲法の精神的意味内実を誤解したことの当然の結果である。憲法の意味体系性を見逃すことによって、憲法の条項は個々の規定に還元されることになる。文字にこだわるのだから、国家現実の生命の横溢に対して成文法規が不完全である（欠缺をもつ）ことはあまりにも当然である」。Hsü Dau-Lin, aaO., S. 56. vgl. S. 174.

（25）　Hsü Dau-Lin, aaO., S. 36–38.

（26）　Hsü Dau-Lin, aaO., S. 167.

（27）　Hsü Dau-Lin, aaO., S. 168, S. 169, S. 172 f.

（28）　Hsü Dau-Lin, aaO., S. 29.

（29）　E. R. Huber, Dokumente zur deutschen Verfassungsgeschichte, Bd. 4, 3. Aufl., 1991, S. 164. C・シュミット［阿部・村上訳］『憲法論』（みすず書房、一九七四年）四五九頁、高田・初宿編『ドイツ憲法集・第五版』（信山社、二〇〇七年）一三二頁。

(30) Hsü Dau-Lin, aaO., S. 30. vgl. S. Jeselsohn, aaO., S. 55.
(31) Hsü Dau-Lin, aaO., S. 31, S. 73. vgl. S. Jeselsohn, aaO., S. 54.
(32) Hsü Dau-Lin, aaO., S. 77 f. vgl. S. Jeselsohn, S. 37.
(33) Hsü Dau-Lin, aaO., S. 31 f. すでに検討したように、フランケンシュタイン条項については、ラーバント・イェリネック・ボルンハークも触れている。第XII章第一節註（46）、第XII章第二節註（39）参照。
(34) Hsü Dau-Lin, aaO., S. 169. すでに述べたように、エルザス－ロートリンゲン帝国直轄領の創設についても、やはりラーバント・イェリネック・ボルンハークが触れている。第XII章第一節註（41）（42）、第XII章第二節註（39）参照。
(35) Hsü Dau-Lin, aaO., S. 32-34.
(36) Hsü Dau-Lin, aaO., S. 35. ビスマルク憲法下の連邦参議院の常設化も、シュ以前の論者によってしばしば触れられてきた。第XII章第一節註（54）（55）、第XII章第二節註（44）参照。
(37) Hsü Dau-Lin, aaO., S. 168 f.
(38) Hsü Dau-Lin, aaO., S. 169.
(39) Hsü Dau-Lin, aaO., S. 169 f.
(40) Hsü Dau-Lin, aaO., S. 169.
(41) ヴァイマル憲法制定国民議会およびヴァイマル憲法下の八立法期のライヒ議会の政党構成と、シャイデマンからヒトラーに至るヴァイマル憲法下の二一のライヒ政府の政党構成については、E. R. Huber, Dokumente, Bd. 4, S. 668 f. S. 674-677 に一覧表がある。この表によると、二一の内閣のうち九つが中央党・ドイツ人民党・ドイツ民主党・バイエルン人民党（中道ブルジョア・ブロック）だけから構成された少数派内閣、一つがこれらにドイツ国家人民党も加わった中道・右派ブロックの少数派内閣、そして二つが政党を母体としない大統領内閣であった。
(42) Hsü Dau-Lin, aaO., S. 170. vgl. C. Schmitt, Verfassungslehre, 1928, S. 343-346. カール・シュミット［尾吹善人訳『憲法理論』（創文社、一九七二年）四二五―四二八頁参照。
(43) Hsü Dau-Lin, aaO., S. 22-25, S. 58.
(44) Hsü Dau-Lin, aaO., S. 22.

(45) Hsü Dau-Lin, aaO., S. 23.

(46) Hsü Dau-Lin, aaO., S. 24.

(47) Hsü Dau-Lin, aaO., S. 21.

(48) Hsü Dau-Lin, aaO., S. 170–172.

(49) 以下は Hsü Dau-Lin, aaO., S. 85–92 の叙述の要約である。

(50) Hsü Dau-Lin, aaO., S. 93.

(51) Hsü Dau-Lin, aaO., S. 172 f. vgl. S. 26 f., S. 65.

(52) たとえば、川添利幸「憲法変遷の意義と性格」小嶋和司編『憲法の争点・新版』（有斐閣、一九八五年）一〇頁は、「法社会学的意義の変遷」と「法解釈学的意義の変遷」とを区別して、「前者は、憲法正文の規範内容と現実の憲法状態との間に『ずれ』が生じていることを、ただ客観的事実として指摘しているに過ぎない」と言う。川添利幸『憲法保障の理論』八二―八四頁も参照。

また、小林直樹『憲法秩序の理論』二一八―二一九頁にも、「いわば没価値的に観察し記述する方法をとれば、そこで捉えられるのは、憲法の枠を越えた『違憲』の実例がある種の規範力を以て通用している、という社会的事象である。……客観的認識としての（いわゆる）社会学的意味の憲法変遷は、そのようにして客観的に捉えられた事象である」という指摘がある。同二六七―二六八頁も参照。

樋口陽一「『憲法変遷』の観念」思想四八四号（一九六四年）五八―五九頁も、「この稿で問題とされるすべての事柄の出発点にあるのは、所与の制定憲法の下で、客観的に見て制定憲法に適合しないところの国家行為――以下、制定憲法不適合の＜憲法実例＞という言葉で呼ぶ――が存在する、ということである」（傍点原著者）としている。

もう一つだけ例示しておくと、高橋和之「憲法変遷論にみられる若干の混乱の整理（上）」ジュリスト九七三号（一九九一年）五一頁、五九頁、のちに同『現代立憲主義の制度構想』（有斐閣、二〇〇六年）一九五頁、二一三―二一四頁も、その冒頭部で次のように述べている。憲法変遷が「法の科学のレベルと法解釈学のレベルのいずれのレベルにおける議論であるかを明確に区別する必要があるとかいった指摘は、今ではこの問題を論ずる場合の常識となっている感さえする」。高橋論文自体も、違憲状態の存在は科学的に純粋に認識可能だが、これを憲法変遷とみなすことは解釈論上の言明であって客観性を主張できないとする。「法源の変遷は、方法二元論に立つかぎり、原理上認識しえない。それは、解釈論上の主張である。ある条項が実効性を失っているとか、違憲の実例の通用性が人々により承認されているとか、法源の変遷が人々により同意を受けているといったことは、認識可能であるし、また、現にそのような『事実』が観察されるなら、それを否定したり、その認識を拒否したりするのは、科学的態度ではない。しかし、そのような『事実』をどれだけ認識しても、そこから『法源変遷』そのものを導き出しうるものでもなければ、『認識』しうるわけでもない。『法源変遷』を認めるか認めないかは、解釈論の問題なのである」（傍点原著者、傍丸筆者）。

（53）　一九八〇年に橋本公亘は、それまでの自説を改めて、憲法九条の変遷が成立し、自衛隊は合憲となったと主張して学界に衝撃を与えた。橋本『日本国憲法』（有斐閣、一九八〇年）四三〇—四三二頁。憲法変遷一般に関する橋本の見解は、同書四七—五二頁参照。しかし周知のように、橋本改説以前にも以後にも、憲法九条の規範意味については、侵略戦争放棄説・戦争全面放棄説を軸として、さまざまなニュアンスの学説対立があり、自衛隊を合憲とする政府見解も、理由づけの点では一九五四年以前と以後で変化が見られる。言い換えると、「憲法九条と自衛隊法との間に抵触が存在する」という「認識」自体にコンセンサスが存在しない。こうしたコンセンサスの不存在は認識可能であるとしても、そこから進んで、いずれかの説を「真」と判断することは、法解釈を実践的価値判断と事実認識の双方を含む説得の技術と見る立場からは不可能なのではなかろうか。

（54）　Hsü Dau-Lin, aaO., S. 159.

（55）　Hsü Dau-Lin, aaO., S. 160.

（56）　Hsü Dau-Lin, aaO., S. 160.

（57）　Hsü Dau-Lin, aaO., S. 154–158.

（58）　Hsü Dau-Lin, aaO., S. 163; R. Smend, aaO., S. 190.

（59）　Hsü Dau-Lin, aaO., S. 163.

（60）　Hsü Dau-Lin, aaO., S. 106–109. シュによる慣習法説の検討は、小林直樹『憲法秩序の理論』二四七—二四八頁にも紹介されている。

（61）　Hsü Dau-Lin, aaO., S. 109.

(62)　Hsü Dau-Lin, aaO., S. 112 f.
(63)　シュ自身もHatschek, Konventionalregeln, S. 3 ff. を参照するように求めている。Hsü Dau-Lin, aaO., S. 114.
(64)　Hsü Dau-Lin, aaO., S. 120.
(65)　Hsü Dau-Lin, aaO., S. 121-124.
(66)　Hsü Dau-Lin, aaO., S. 124 f.
(67)　Hsü Dau-Lin, aaO., S. 138. イギリスの憲法習律論に関する日本の文献については、第XII章第二節註（80）参照。
(68)　Hsü Dau-Lin, aaO., S. 138 f.
(69)　Hsü Dau-Lin, aaO., S. 141.
(70)　Hsü Dau-Lin, aaO., S. 143-150. ケルゼンは「憲法変遷」というテーマでまとまった考察を展開してはいないので、純粋法学と憲法変遷論との関係については日本の研究者の間にも理解の相違がある。

たとえば、川添利幸「憲法変遷 Verfassungswandlung の法的性格」同『憲法保障の理論』六三―六四頁は、本文で紹介したシュ・ダウリンの議論に立脚して、ケルゼンを「事実説」の代表にあげている。いわく、「《憲法変遷》の問題は、ケルゼンにとっては、『規範的法規（実定法秩序）そのものの事実的拒否の問題であり、それは、純粋に事実的性質のものであり、法学的にはとらえられないものであるとともに、また無縁なものでもある』」。小林直樹『憲法秩序の理論』二三〇―二三一頁も、「純粋法学の立場から一層ラディカルに、『変遷』現象を非法の事実の領域に押しやったのは、H・ケルゼン」だと言う。「純粋法学の規範論理主義の立場からすれば、〝上位の規範違反の下位規範はありえない〟から、違憲の実例はどこまでいっても『事実』にすぎず、規範として有効に妥当するものではない」（二三一頁）。

これに対して、純粋法学の見地から憲法変遷の問題を取り扱った新正幸「憲法の変遷」樋口陽一・佐藤幸治編『憲法の基礎』（青林書院、一九七五年）、のちに新『純粋法学と憲法理論』（日本評論社、一九九二年）一八七頁以下は、こうしたケルゼン理解は誤りだとして次のように述べている。「規範違反の規範は存在しうる余地は全くない。それが存在しないなら、その存在を前提としたそれ以後の問題、すなわち憲法規範違反の下位規範によって憲法法源の変遷がありうるかという『憲法変遷』論本来の問題もおよそ生ずる余地はない。この考え方は、『憲法変遷』論をめぐる通常の分類においては、しばしば『事実説』（『変遷』の法的意味の否認論）とよばれ、あるいはそういうものとして位置づけられているが、全然正確でない。かかる位置づけは、『規範違反の規範』の問題についての手続法的・動態的考察という純粋法学の核心を捉え損ねたうえにのみ成り立つ議論だからである。のみならず、かかる誤って理解された純粋法学の虚像に対して、『解決しないことによる問題の解決の試み』という批判もある。しかし、かかる批判に対しては、逆に、そもそもこれまでの『憲法変遷』論は《仮象問題に対する仮象解決の試み》であったという他ない。なぜなら、理論的にはありえない憲法違反の下位規範の存在を仮定し、かかる法的には無であるもの・存在しないものによって憲法は変遷するかと問い、変遷するとかしないとか論じてきたからである」(同書一九〇頁)。

新正幸論文につづいて、ケルゼンの純粋法学と憲法変遷論との関係を最も丹念に考察したのは、長谷川日出世の一連の論稿（「純粋法学と憲法変遷の概念」憲法研究一七号一九八四年七二頁以下、「法と論理」憲法研究二二号一九九〇年三九頁以下、「選択的授権規範と憲法変遷概念」小森義峯古稀記念『現代における憲法問題の諸相』国書刊行会、一九九四年四七頁以下）であろう。長谷川の研究に従ってケルゼンの考え方を要約すると、およそ次のようになると思われる。ケルゼンによれば、「規範違反の規範」、たとえば「違憲の法律」という表現は形容矛盾である。もしある法律が違憲であるなら、その法律は実は法律ではない。しかし、ケルゼンは、ある法規範の内容と他の法規範の内容とに不一致が生ずること、すなわち「規範の衝突」が起こりうることは認める。たとえば、立法の手続や内容を規律する憲法規定とは一致しない法律を、立法者が現実に制定することはありうる。しかしこうして制定された法律は、やはり妥当する法律である。立法の手続・内容に関する憲法条項は、これに合致する法律の制定を立法者に直接授権すると同時に、合致しない法律の制定をも間接的に授権する「選言的授権規定」と理解されなければならない。衝突する二つの法規範（この場合には憲法と法律）はともに法規範として妥当する。この状態が解消されるのは、一方の法規範が「廃止」されるか、あるいは実効性を喪失する場合だけである（とりわけ長谷川「法と論理」四五―五二頁参照）。ケルゼンのこうした考え方からは、次のような結論が導き出される。憲法典の内容と法律の内容とが衝突し、しかも法律が適用されつづける場合には、憲法典中その法律と衝突する部分は実効性を喪失する。そして、当該法律の妥当根拠となる新しい慣習憲法規範が成立する。すなわち、ケルゼンの純粋法学も、憲法変遷という現象を認めることになる（長谷川「選択的授権規範と憲法変遷概念」六四頁参照）。

憲法変遷論は「仮象問題に対する仮象解決の試み」だとする新正幸も、実はこれと同様の純粋法学の立場から、より限定的にではあるが憲法変遷が成立する場合のあることを認めている。「有効ではあるが、憲法『直接規定』と内容において矛盾する当該法律が、現にある程度まで国家機関および国民によって適用・遵守されているのみならず、かかる『直接規定』と矛盾する右と類似の諸法律の定立が反復され、それらが同じくある程度まで適用・遵守されることなどによって、『直接規定』がいわゆる実効性を喪失する一方で、他方では、さらに進んで、当該法律が現に『直接規定』にかわって、それ以後の規範創設に何らかの制約的機能を果たし、『直接規定』にではなく当該法律との不適合が再審査手続開始の要件とされることなどによって、当該法律が『直接規定』、つまり『憲法法源』としての実効性を獲得するというような事態がもしも客観的に認識されうるならば、おそらく、『憲法法源』は『変遷』したという他ないであろう」（新「憲法の最高法規性」同『純粋法学と憲法理論』一九〇―一九一頁、傍点原著者）。

もし、ケルゼンの理論とその延長線上にある純粋法学的思考とがこのようなものであるとすれば、ラーバントやシュ・ダウリンの憲法変遷論との間にそれほど大きな径庭は存在しないようにも思われる。後者も、憲法典とたとえば実質的憲法改正法律という二つの法規範の衝突とその解消の問題を取り扱った議論と理解することができるからである。日本の一般的な憲法変遷論と、上述のような純粋法学的思考とのすれ違いは、純粋法学が考え方としても表現方法としても、「憲法と法律との衝突」と「違憲の法律」とを区別するのに対して、一般の論者は「憲法と内容的に一致しない法律」のことを「違憲の法律」とよぶ点に、その原因の一端が求められよう。

最後に「規範の衝突」に関するケルゼン自身の言葉も参照しておこう。「真正の規範衝突、すなわち、一方がある特定の行態を当為として定立し、他方がこの行態と合致しない行態を当為として定立する二つの規範が妥当する状況があることは、否定することができない。道徳規範と法規範との衝突は、誰もがよく知っている。たとえば、道徳規範は人を殺すなと命じ、法規範のほうは死刑執行のときに人を殺すことや、戦争のときに敵を殺すことを命ずる。一方の規範に従う者は、他方の規範を侵害することになる。彼は、二つの規範のどちらに従うつもりか、したがってどちらを侵害するつもりかを選択する。しかし、彼には、自分が従わないつもりの規範の妥当性を廃棄する力はない。同一の法秩序の内部でも、規範の衝突はやはり起こりうるし、けっしてまれではない。たとえば、宗教の自由に対する一切の制限を禁止する憲法と、特定宗教の活動を公におこなうことを禁止する法律のような、上位段階の法規範と下位段階の法規範との衝突、これは、いわゆる違憲の法律のケースである。あるいは、たとえば姦通のような特定の要件事実を処罰する法律と、この要件事実を処罰しないとする別の法律との衝突である。しかし、同一の法律に属する規範の間でも、衝突は存在することがある。これらすべてに関して本質的なのは、衝突する二つの規範はどちらも妥当しており、したがって一方に従えば他方を侵害せざるをえないということである。そして、この［侵害される側の］規範は、妥当しているからこそ侵害されうるのである。

……規範の衝突は、二つの規範のうちの一方が妥当性を喪失するか、あるいは両方とも妥当性を喪失するという仕方でのみ解消することができる。こうした妥当性の喪失は、二つの方法でしか発生しない。すなわち、衝突する規範の一方が、その実効性を喪失したという理由で妥当性を喪失することによってか、なぜなら、最低限の実効性は規範の妥当性の条件だからである、あるいは、廃止 Derogation によって、である」（H. Kelsen, Recht und Logik, 1965, in: Die Wiener Rechtstheoretische Schule, S. 1476 f. 長谷川「法と論理」四五頁参照）。

(71)　Hsü Dau-Lin, aaO., S. 150 f.

(72)　Hsü Dau-Lin, aaO., S. 165.

(73)　Hsü Dau-Lin, aaO., S. 100.

(74)　もっとも、シュの変遷観はスメントとまったく同一というわけではない。シュは次のようなスメントの言を引用して、「この見解は、おそらくはやや広きに失する」と評している（Hsü Dau-Lin, aaO., S. 174）。「憲法が可塑的であり、そのシステムは必要があれば自ら補充し変遷するということは、成文化された formliert 憲法の内在的で自明の意味である。そこで、憲法によって欲せられ規律された対象、事実的な統合システム、そしてまた憲法に固有の客観的意図、これらを関連づける理解は、このような可塑性・変遷能力・補充能力を考慮に入れ、こうした能力にもとづいて意味法則の上で生起し、現実に規範を補充するものとなる憲法システムの変遷および拡張を考慮に入れることによってはじめて、可能になるのである」（Hsü Dau-Lin, aaO, S. 173; R. Smend, aaO., S. 191）。そしてシュは、「生の現実に対する成文憲法システムの可塑性や適応能力は、個々の規定と一義的に結びついている精神科学的意味を、まさか逆転させるところまでは行かない」というライプホルツの主張を好意的に引いている（Hsü Dau-Lin, aaO., S. 174）。スメントの憲法変遷論については、手塚和男「スメント及びドイツ国法学における憲法変遷論」菅野喜八郎先生還暦記念『憲法制定と変動の法理』二八三頁以下、とりわけ二八七―二九一頁、同「ルードルフ・スメントの憲法変遷論」比較憲法学研究七号三五頁以下参照。

（75） Hsü Dau-Lin, aaO., S. 98, u. 99.

（76） Hsü Dau-Lin, aaO., S. 98.

（77） Hsü Dau-Lin, aaO., S. 164.

（78） G. Jellinek, Verfassungsänderung und Verfassungswandlung, 1906, S. 21. 篠原巌訳（G・イェリネク［森・篠原訳］『少数者の権利』日本評論社、一九八九年）八四—八五頁。Hatschek, aaO., S. 54 f.

（80） W. Fiedler, aaO., S. 41 f.; K. Hesse, aaO., S. 133 f. スメントを主たる対象とした批判として、川添利幸『憲法保障の理論』七七—八〇頁。

（81） 橋本公亘は、憲法変遷には至らない規範と現実との不一致と、憲法変遷とを区別するという前提に立って、シュのような憲法変遷の定義を批判している。「Hsü の憲法変遷の概念定義は、率直にいってとることができないものである」（橋本「憲法変遷論」ジュリスト臨時増刊『日本国憲法——三〇年の軌跡と展望』一一二頁註（4））。「憲法規範の変遷の程度にいたらない『規範と現実との不一致』……は、現実には数多く存在する。これは憲法の変遷と厳格に区別しなければならない。／憲法の変遷といいうるのは、『憲法の意思』……を探究してえられた憲法のある条項の客観的意味が従来の意味と異なるにいたった場合に限られる」（橋本『日本国憲法』五一一頁）。

橋本は、法解釈を法の客観的意味の認識と考える点で（『日本国憲法』四四頁以下）、註（52）にあげた論者と異なる。一般に日本の学説は、憲法規範と現実との不一致（法社会学的意味の憲法変遷）の指摘は「認識」であり、憲法規範の変遷（法解釈学的意味の変遷）の主張は価値判断を含む「法解釈」であると捉えるのに対して、橋本説は、この両者を区別しながら、どちらも客観的認識とみなす点に特色がある。これに対してシュは、憲法典上の憲法規範と、法律などその他の規範との間に乖離が生ずれば、ただちに他の規範の側が憲法規範となると主張していることになろう。

（82） B-O. Bryde, aaO., S. 17.

おわりに

(1) 以上、第XII章と第XIII章において、第二次大戦前ドイツの憲法変遷論を、当時の憲法典との関連にも注意を払いながら、比較的詳しく追跡してきた。その結果、日本の憲法変遷論との相違という観点から、私にとってとくに興味深かったのは次の二点であった。すなわち第一に、当時のドイツを念頭に置いた場合、憲法変遷論の主要な考察対象が「実質的憲法改正」であったこと、第二に、第一走者ラーバントと最終走者シュ・ダウリンが共通に、憲法変遷を「憲法と憲法状態・憲法現実との乖離」と捉えていたこと、この二点である。

(2) 第一の点について。従来日本でもドイツでも、憲法変遷の「理論」をはじめて本格的に展開した業績として、G・イェリネックの論文が重視される傾向が強かった。これに対して本書では、「憲法変遷」という術語の創唱者であるラーバントの二つの論文に、まず注意を向けることにした。イェリネックとラーバントの憲法変遷論を比較すると、「憲法変遷」という観念の捉え方についても、考察の対象ないし素材についても大きな相違があることに気がつく。イェリネックが「変遷」を「変更の意図や意識を伴わない憲法の変更」と考えたのに対して(1)、「変遷」を「憲法状態と憲法律との乖離」とみなすラーバントにはそういう発想はなかったし、イェリネックが考察の範囲をアメリカ合衆国憲法や不文憲法国であるイギリスにまで広げたのに対して、ラーバントはあくまで一八六七―七一年ドイツ憲法の領域に考察を限定している。

たしかに、特殊ドイツ的な問題に視野が局限されているラーバントに比べて、イェリネックの変遷論は、より「一般理論的」「普遍的」な色彩をもつ。しかし、当時のドイツにとって「憲法の変遷」とは何を意味したのか。イェリネック論文を重視した結果、この点が日本の学界にはかえって見えにくくなった面もあるように思われる。

「憲法変遷」を、ドイツ憲法の問題として最も詳細に論じたのはむしろラーバントであり、本文で確認したように、イェリネック、ボルンハーク、シュ・ダウリンの「変遷論」も、帝政ドイツについてはラーバントが取り上げた事例を繰り返しているにすぎない(2)。そして、ラーバントが考察した素材の中心は、ドイツ特有の「実質的憲法改正」という現象であった。

(3)　当時のドイツ憲法にかぎれば、論者が「憲法変遷」という用語の下に考察した主要な問題が、「実質的憲法改正による憲法規範の変化」であったことを、もう一度強調しておきたい。この論点だけから見れば、一八七一年ビスマルク憲法—一九一九年ヴァイマル憲法—一九四九年ボン基本法という三つの憲法典の制定および運用は、「実質的憲法改正」問題の発生とその解決の歴史だったと言うことができる。

①　ビスマルク憲法七八条の規定では、連邦参議院で五八票中一四票の反対があれば憲法改正法律は否決されるが、その他の点で、単純立法と憲法改正立法との間に手続的な相違はなかった。しかも、連邦参議院の議事は秘密とされ、票決結果も原則として公表されなかった。このように、憲法改正法律と単純法律との境界がきわめて曖昧であり、裁判所の違憲審査制もなかったことから、ラーバントのように、憲法典と内容的に矛盾すると解される法律はすべて、標題や公布文に明示されていなくても、実質的には憲法改正法律であるという理解が可能となる。この理解に立ってラーバントは、実質的憲法改正法律による憲法規範の補充・交代を「憲法変遷」と名づけたと見ることが許されよう。

②　これに対してヴァイマル憲法七六条は、憲法典の改正にはライヒ議会総議員の三分の二の出席および出席者の三分の二の多数、ならびにライヒ参議院の投票の三分の二の多数を要するとして、ビスマルク憲法に比して「硬性度」をはるかに高めた。したがって、憲法典と内容的に矛盾すると解される単純法律は、明確に「違憲」

の法律とみなされることになった。また、憲法典に明文の規定はなかったが、裁判所による違憲審査もおこなわれた。(3) この点は、ビスマルク憲法期との大きな相違である。

しかし、憲法典の改正自体は、帝政期と同じく「実質的憲法改正」の手法でおこなわれることが多く、しかも一九二四年までは、標題や公布文に憲法改正法律である旨が表示されないのが普通だった。そのため、ある法律が内容的に憲法典との矛盾を含むと適用者が考えた場合、いちいちライヒ議会議事録等にあたらなければ、当該法律が正規の憲法改正法律なのか、「違憲」の単純法律なのかは識別不能であった。実質的憲法改正法律と単純法律との区別が不明瞭なこうした状況には、ビスマルク憲法期との類似性が見られる。ヴァイマル期の学界はこのような混乱状態を非難して、憲法改正法律はその旨を公布文に明示するように要求し、一九二四年の各省共通事務規程各則でこれが一応制度化された。シュ・ダウリンが帝政期およびヴァイマル期ドイツの憲法変遷現象として取り上げた素材の主要部分も、憲法典から実質的憲法改正法律への憲法規範の交代である。

③　ボン基本法七九条二項は、基本法の改正に連邦議会総議員の三分の二の賛成を要求する点で、憲法典改正手続をヴァイマル憲法よりさらに加重した。しかし、そればかりでなく、基本法七九条一項一文は、「基本法は、基本法の文言を明文で改正し、補充する法律によってのみ、これを改正することができる」という規定を置いた。これは「実質的憲法改正」の禁止規定として理解され、また現に運用されている。(4) 戦前ドイツ憲法学にとって一つの重要なイシューであった「実質的憲法改正」という実務はこうして消滅した。したがって、実質的憲法改正による憲法規範の補充・交代という戦前期憲法変遷論が主たる対象とした問題も、ボン基本法の下では消滅したわけである。

(4)　次に、第二の点について。「憲法典と憲法状態・憲法現実との乖離の発生」というラーバント、シュ・ダウリン的な憲法変遷観に立った場合に、そこから導きだされる注目すべき事柄は、以下の諸点である。

① 内容的に乖離する二つの要素とは何と何か。この点を意識して戦前ドイツの憲法変遷論を読むと、本文で詳しく検討したように、憲法典の規範内容と比較され、乖離するとされているのは「実質的憲法改正法律」「(議院規則など）その他の制定法」「国家機関の実務慣行」「裁判所の判例」の内容である。「状態 Zustand」、「現実 Wirklichkeit」というミスリードな言い回しにもかかわらず、そこで問題とされているのが、憲法典に示された法規範とその他の法源に示された法規範という、二つの法規範の内容的抵触であることに気づかされる。抵触する二つの法規範のいずれが適用されているのかという「事実問題」、いずれが適用されるべきかという「法問題」、これが戦前ドイツの憲法変遷論の実質だと評することができるであろう。観察と記述に徹したラーバントの変遷論は前者を、そして変遷の法的性格の考察に多くのスペースを割いたシュ・ダウリンの変遷論はとくに後者を取り上げた仕事である。

② ラーバント・イェリネック・シュは、憲法典以外の法源に示された憲法規範が、憲法典上の憲法規範に追加されたり、これと交代することを認める。こうした追加・交代は、ラーバント・イェリネック・シュによれば、法的確信や継続的行使という慣習法の一般的成立要件とは無関係に発生する。「実質的憲法改正法律」は憲法典の定める憲法改正手続に従って成立した法律であるから、これらの論者がその制定と同時に新たな憲法規範が定立されたと理解しているのはむしろ当然である。さらに、憲法典上の憲法規範と抵触する議院規則などの制定法や裁判所の判例についても、ただちに新たな憲法規範の成立とみなす、というのが少なくともイェリネックとシュに共通の考え方であろう。この発想を支えているのが「政治的必要性」を重視する姿勢である。

③ 当時の論者にとっては、交代する憲法規範の内容も、それぞれのケースごとに明確であったと考えられる。たとえば、帝国議会議員の総数を三八二名とするビスマルク憲法二〇条の憲法規範は、エルザス－ロートリンゲ

ンに一五議席を割り振る一八七三年六月二五日帝国法律によって、帝国議会の総議員を三九七名とする新たな憲法規範にとって代わられ、集会の自由を保障するヴァイマル憲法一二三条の憲法規範には、一九二〇年五月八日ライヒ法律によって、但しライヒおよびラント議会議事堂周辺での集会は禁止するという新たな憲法規範が追加された、等々である。

④　このように戦前ドイツの憲法変遷論は、二つの法規範の間に内容上の乖離がある場合について、両者の適用のあり方を問題とした議論であったと理解できるのであるから、そこでは法規範の抵触の客観的認識可能性、したがって法規範の内容の客観的認識可能性（＝法解釈の客観性）が、当然の前提とされていると見なければならない。これはラーバントからシュ・ダウリンに至るすべての論者に共通の発想であろう。この点も、「憲法典と憲法現実との乖離」という定義に関連して指摘しておきたい事柄である。

(5)　こうして見てくると、日本の憲法変遷論は、戦前ドイツの憲法変遷論とはいろいろな点で相当に異なっていることがわかる。まず何よりも、「実質的憲法改正」という実務慣行は日本にはまったく存在しない。したがって、憲法典から実質的憲法改正法律への憲法法源の変化、これに伴う憲法規範の交代というラーバント的構図は、日本では注目されることがなかったし、受容される実際的理由もなかった。ラーバントにかぎらず第二次大戦前ドイツの憲法変遷論は、実質的憲法改正法律・単純法律・議院規則・判例などが新たに憲法法源となって、憲法典にとって代わるという主張、いうなれば「憲法法源交代論」であった。これに対して、日本の学界では、一般に憲法変遷は、「憲法規範の現実にもつ意味の変化」、「憲法の正文の意味が、改正されたと同じくらい実質的に変化すること」と定義される場合が多い[5]。こうした日本の憲法変遷論は、憲法典が憲法法源であることに変わりはないが、憲法典の規範意味が変化したという主張、いうなれば「規範意味変化論」とみなすことができよう。たとえば、憲法九条変遷論者も、戦前ドイツの憲法変遷論の基本的な発想とは異なって、自衛隊法が全体として憲法九条にとって代わり、新たな憲法規範となったと主張してきたわけではない(6)。

日本の憲法変遷論も、「憲法と現実とのズレ」ということを言ってきた。しかし、何十という実質的憲法改正法律が現に施行されていた戦前のドイツとは異なって、戦後の日本に、党派・学説を超えて「ズレ」と認められてきた例は（幸いにも）それほどない。日本の憲法変遷論は、「違憲の憲法実例」という言葉にいわば「安住」して、良かれ悪しかれ何と何との間に具体的にはいかなる「ズレ」があるのかという視点から、論点を詰めてはこなかったように思われる(7)。また、「違憲の憲法実例」の認識、「二つの法規範の抵触」の認識が、いかにして法解釈とは別なものとして可能になるのかという問題も、けっして解決済みであるとは思われない。戦前ドイツの変遷論とは異なって法解釈の客観性に懐疑的な戦後日本の憲法学が、「違憲の憲法実例」が存在することの認識可能性、すなわち「法社会学的意味の変遷」の認識可能性をいとも簡単に認めるのは、奇妙な光景でもある。

憲法変遷の問題は、第二次大戦後（西）ドイツにおいても活発に論議されてきた(8)。「実質的憲法改正」という実務が消滅したのであるから、憲法変遷が問題とされる場合の制度的環境の面では、戦後のドイツはむしろ日本に近くなったと言えるだろう。戦後ドイツの憲法変遷論は、戦前ドイツのそれからどのような「変遷」を経験したのだろうか。この問題の究明が次章の課題である。

（1）　G・イェリネックは、憲法典のテクスト自体には手を触れないことを指して、「変更の意図や意識を伴わない」と表現したと理解する余地もある。彼は、帝国憲法を実質的に改正する内容を含むことが当然意図され意識されていたと思われる帝国法律の制定も、憲法変遷の事例としてあげているからである（本章第一節註（3）参照）。そう解釈すれば、イェリネックとラーバントとの間に大きな相違はないとも言える。

（2）　第XII章第二節註（38）～（44）、本章第二節註（33）（34）（36）参照。

（3）　ヴァイマル期の違憲審査の状況については、畑尻剛『憲法裁判研究序説』（尚学社、一九八八年）七九―八四頁参照。

（4） vgl. z. B. Maunz/Dürig/Herzog/Scholz, Grundgesetz Kommentar, 1986, Art. 79, Rn. 1–5; Hrsg. v. Ingo v. Münch, Grundgesetz, Bd. 3, 2. Aufl, 1983, S. 216 f. (B–O. Bryde); Jarass/Pieroth, Grundgesetz Kommentar, 3. Aufl, 1995, S. 722; Schmidt-Bleibtreu/Klein, Kommentar zum Grundgesetz, 6. Aufl, 1983, S. 851 f.; Hrsg. v. Michael Sachs, Grundgesetz Kommentar, 1996, Art. 79, Rn. 1, 4, 5 (Jörg Lücke)。

たとえば、シュミット・ブライプトロイ＝クラインは次のように説明している。「ヴァイマル憲法七六条によれば、憲法は、テクストの明示的な改正をおこなわずに、憲法改正に必要な多数によって改正することができた。いわゆる憲法破毀のこうした簡略化された手続は、当然のことながら妥当している憲法法を見通すことを困難にし、憲法の強度の不安定性を招いた。このような結果を見て、基本法の制定者は、憲法破毀を禁止する決定を下し、その結果憲法のテクストを同時に改正することなく憲法を改正することはもはや不可能になった」。もう一人、イェルク・リュッケの解説も引いておこう。基本法七九条「一項一文は、憲法改正は基本法に内在化されなければならないという命令 das Gebot der grundgesetzinternen Verfassungsänderung、しかもテクストの明示的な改正または補充によらなければならないという命令を規定している。この命令は、基本法の憲法外在的改正 verfassungsexterne Änderung を拒否し、それによって他の法律（または他の法源）に含まれる憲法破毀を拒否している（[憲法典と] 併存する憲法 Nebenverfassung の禁止）。したがって、テクストをそれに対応させることなく、特別法の形式で改正をおこなうという、ヴァイマル憲法について一般的だった慣行は今日では許されない」。

なお、リュッケは、この点を確認する連邦憲法裁判所の判決を二つ引用している。BVerfGE 2, 143 [160]; BVerfGE 90, 286 [341 f] である。

（5） 芦部信喜『憲法制定権力』（東大出版会、一九八三年）一四三頁、川添利幸「憲法変遷の意義と性格」小嶋和司編『憲法の争点・新版』（有斐閣、一九八五年）一〇頁。

（6） たとえば、橋本公亘『日本国憲法』（有斐閣、一九八〇年）四三一頁で語られているのも、「九条の意味の変遷」である。

（7） 周知のように第二次大戦後の日本で、憲法変遷の有無が論じられてきたほとんど唯一の具体的な問題は、憲法九条の規範意味であった。しかし、学界にセンセーションをまきおこした橋本前掲書の憲法九条変遷論の内容は、九条一項はかつては自衛戦争も禁止していたが今は禁止しておらず、九条二項はかつては自衛戦力の保持も禁止していたが今は禁止していない、という主張に尽きると言っても過言ではない（同書四三二―四三八頁参照）。自衛戦力の組織・編成、指揮・統制、災害出動・集団的自衛権の行使・国際協力など自衛戦力の任務の範囲といった諸問題について、変遷したとされる九条が何を要求していると理解するのかは、彼の叙述からは知ることができない。こうした変遷論からは、「変遷後」の九条と、（自衛隊法・PKO協力法などにもとづく）九〇年代後半の自衛隊の現状との間にいかなる乖離があるのか、あるいはないのかも、何とも判断できないことになる。

平松毅「憲法解釈の変更か憲法変遷か」比較憲法学研究七号（一九九五年）八〇頁以下は、日本の憲法変遷論としては例外的に、日本国憲法の一〇の条項について、憲法変遷の可能性を検討した論文である。その上で平松論文は、緊急逮捕制度によって憲法三三条、内閣による無限定の衆議院解散によって憲法六九条、検察官の上訴を認める法律規定によって憲法三九条後段という、三つの憲法規定の意味が変遷したと判断している。しかし、個々の結論のみならず、「憲法典に対する公権的解釈の変更による変遷」「政治上の必要性による変遷」「法たる確信ある慣習による変遷」「権能の不行使による変遷」という、イェリネックに従った憲法変遷の類型論の性質など、なお検討されるべき点が多いように思われる。

（8）　憲法変遷をテーマとした戦後（西）ドイツの主な文献には、たとえば以下のものがある。F. A. Freiherr von der Heydte, Stiller Verfassungswandel und Verfassungsinterpretation, in: Archiv für Rechts-und Sozialphilosophie 39, 1950/51, S. 461–476; Herbert Krüger, Verfassungswandlung und Verfassungsgerichtsbarkeit, in: Festgabe für R. Smend zum 80. Geburtstag, 1962, S. 151–170; Peter Lerche, Stiller Verfassungswandel als aktuelles Politikum, in: Festgabe für T. Maunz zum 70. Geburtstag, 1971, S. 285–300; Wilfried Fiedler, Sozialer Wandel, Verfassungswandel, Rechtsprechung, 1972, 119 S; Konrad Hesse, Grenzen der Verfassungswandlung, in: Festschrift für Ulrich Scheuner zum 70. Geburtstag, 1973, S. 123–141; Peter Häberle, Zeit und Verfassung, in: Zeitschrift für Politik 21, 1974, S. 111–137; Ingo Richter, Bildungsverfassungsrecht, 2. Aufl., 1977, S. 19–36; Wolf-Rüdiger Schenke, Verfassung und Zeit, in: AöR 103, 1978, S. 567–602; Hans Ulrich Scupin, Verfassungswandel im föderativen Bereich des Grundgesetzes durch Zusammenwirken von Bund und Länder, in: Festschrift für T. Maunz zum 80. Geburtstag,

1981, S. 261–279; Alexander Roßnagel, Die Änderungen des Grundgesetzes, 1981, 365 S.; Brun-Otto Bryde, Verfassungsentwicklung, 1982, 473 S.; Peter Badura, Verfassungsänderung, Verfassungswandel, Verfassungsgewohnheitsrecht, in: Hrsg. v. Isensee und Kirchhof, Handbuch des Staatsrechts, Bd. VII, 1992, S. 57–77; Ernst-Wolfgang Böckenförde, Anmerkungen zum Begriff Verfassungswandel, in: Festschrift für P. Lerche zum 65. Geburtstag, 1993, S. 3–14.

XIV　ボン基本法と憲法変遷論

一　はじめに

ドイツで生まれた「憲法変遷」論は、日本の憲法学でも広く受容され、憲法変遷の概念理解という理論的な問題や、憲法九条の変遷という実際的な問題をめぐって、ドイツの論者の影響を受けながらも独自の展開を示してきた。(1) 他方ドイツでも、創唱者ラーバントの一八九五年論文以来、憲法変遷論には百年を超える議論の歴史がある。第XII章と第XIII章では、そのうち第二次大戦前の理論史について、ドイツでの議論の文脈に即して私なりの整理を試みた。そこで今度は、第二次大戦後、ボン基本法下の憲法変遷論の動向を探ることにしたい。

帝政時代とヴァイマル共和国時代のドイツには、「実質的憲法改正」とよばれる慣行があった。これは、憲法典の文言そのものは改正せず、しかし憲法改正に必要な特別多数の議決によって、憲法典とは異なる内容の法律を議会が制定する方法である。(2) このやり方だと、憲法典の条文には手を触れていないとか、憲法典の原則は不変のままであくまで一時的・例外的な規律をおこなうだけだ、といった名目が立つので、議会内での妥協が図られやすかったものと思われる。(3) そのせいもあってかこの手法が多用され、結果として憲法典とは別に多数の憲法的法律が併存する状況が生じた。

これまでの日本の憲法変遷論研究では、この点が明確に指摘されたことはなかったが、ラーバントからシュ・

ダウリンに至る戦前の論者が、憲法変遷の概念を用いて考察の中心とした事柄のひとつは、この「実質的憲法改正」の実務だった。戦前ドイツの憲法変遷論は、憲法典から、それとは別に制定された多数の憲法的法律その他の法形式への、憲法法源の交代を認める議論と見なすことができる。そこで私はこれを「憲法法源交代論」型の憲法変遷論と名づけた。

これに対して、ボン基本法は、憲法典とは別の憲法法源の併存（Nebenverfassung）による混乱と、憲法典の規範力の弱体化とを防止するため、七九条一項一文で「実質的憲法改正」を禁止した。[4] ボン基本法下の憲法学にも憲法変遷の概念は踏襲されたが、「実質的憲法改正」実務の消滅によって、概念内容は戦前とは大きく変化したことが推測される。結論を先取りすれば、私が「規範意味変化論」型と名づけたもうひとつのタイプの変遷概念、すなわち日本で一般的に採用されている憲法変遷概念への転換である。そこで本章では、一九四九年の基本法制定から今日までの約五〇年間を、ほぼ一〇年きざみでたどる戦後憲法変遷論の文献史を素描することで、こうした変遷概念の転換を確認することにしたい。[5]

二　一九五〇〜六〇年代の変遷論

まず、一九五〇〜六〇年代については、フォン・デア・ハイテとヘルベルト・クリューガーの論文を取り上げたい。

① ボン基本法制定後間もない一九五一年に発表されたフォン・デア・ハイテの論文「黙示の憲法変遷と憲法解釈」は、憲法典制定後の「事情の変更」に対処する方法として、憲法改正・憲法変遷・革命の三つを区別した上で、憲法変遷を憲法条文の意味変化と定義している。「文言はまったく改正されることなく、実定憲法規範の意味が本質的に変化する場合に、黙示の憲法変遷について語ることができる」。[6] 彼によれば、憲法変遷の確認手

段、さらには実現手段は憲法解釈であり、解釈の主要な担い手は裁判官・政治家・法学者である[7]。フォン・デア・ハイテ自身がどの程度意識していたのか、彼の論文から窺い知ることはできないが、ここにはすでに、「実質的憲法改正」をはじめとする立法行為を憲法変遷の主たる実現手段と見なし、憲法変遷を憲法典から法律などへの憲法法源の交代と理解する戦前の変遷論から、裁判官などによる憲法典解釈を憲法変遷の手段と考え、憲法変遷を条文の意味変化と理解する戦後の変遷論への明確な方向転換が見出される。「憲法法源交代論」型から「規範意味変化論」型への変遷概念の転換である。

② これに対して、一九六二年にルドルフ・スメントの八〇歳記念論集に寄せられたヘルベルト・クリューガーの論文「憲法変遷と憲法裁判権」では、G・イェリネックの変遷概念が議論の出発点とされている。「成文憲法もまた、意図せずにたえまなく変遷しており、その結果、憲法をその制定の瞬間で固定しようとするあらゆる試みは、はじめから失敗する運命にあるという点から出発しなくてよいのか……。この最後の問題領域こそ、G・イェリネックがとりわけ以下の用語法で把握しようとしたことなのだ。『私は、憲法改正［という用語］を、意図的な意思行為によっておこなわれる憲法テクストの変更と理解し、憲法変遷［という用語］を、憲法テクストを形式的には変更せずに維持したまま、そのような変更を意図または意識しない事実によって惹起される憲法の変更と理解したい』」。

クリューガーは、イェリネックの定義でも主観的意図の有無は決定的ではないとして、憲法変遷は「憲法典の文言の改正という形態をとらずに生じる無意図的・意図的変更を包括する」と言う。また彼は、憲法変遷のなかで特に注目に値するのは、「憲法破毀、すなわち、憲法改正規定の定める方法でおこなわれているが、対応する憲法テクストの改正はなされていない、憲法と矛盾する立法」だとも述べている[8]。

こうした包括的定義と、戦前的な「実質的憲法改正」（「憲法破毀」とよんでいるが）への言及から、A・ロスナーゲルのように、クリューガーは憲法変遷を条文の意味変化と理解しない例外的な論者だとする見解もある(9)。しかし、「憲法変遷と憲法裁判権」という表題が象徴するように、連邦憲法裁判所の裁判による憲法変遷の可能性を検討するクリューガー論文は、フォン・デア・ハイテと同様、憲法変遷＝「解釈による憲法典の意味変化」という理解を前提とした研究と考えるべきだろう。クリューガー自身も、憲法変遷の担い手が憲法裁判であることを強調して、次のように述べている。「しかしながら、［憲法改正］法律の形式による憲法変更［方法］の拘束は、この形式の受命者たる憲法機関、つまり議会にしかあてはまらない。……特別の憲法裁判権が存在し、それが『法治国家の王冠』と讃えられている国家では、そうすることがこの問題のすぐれて法治国家的解決と見なされたために、不可避的な憲法変遷［の権限］は憲法裁判権に割りあてられていることを、特に考慮しなければならない(10)」。

三　一九七〇年代の変遷論

一〇年きざみで見た場合、一九七〇年代は、憲法変遷に関する重要な論文が最も多く公表され、私の理解では戦後の憲法変遷論の枠組みが決定された時期である。ここでは代表的な業績として、ペーター・レルヒェ、ヴィルフリート・フィードラー、コンラート・ヘッセ、ペーター・ヘーベルレ、ヴォルフ－リューディガー・シェンケの論文を取り上げ、憲法変遷の概念内容と、憲法変遷の実現手段に関する論者の見解を探ることにしよう。

①　ペーター・レルヒェがテオドール・マウンツの七〇歳記念論集に寄せた「現実の政治現象としての黙示的憲法変遷」（一九七〇年）は、私見によれば、とりわけ議会の単純立法行為による憲法典の意味変化現象を確認し、その限界づけを試みた点に独自性がある。

レルヒェ論文には憲法変遷の直接的な概念規定は見出されない。しかし、次のような冒頭の文章には、憲法規範の意味変化をもたらす条件と手段の解明、つまり「規範意味変化論」型の憲法変遷の条件と手段の解明という、彼の問題意識が示されていると言えよう。「不文の憲法発展を考察対象とする場合、一般的には二つの点に関心が集中する。すなわち第一点は、憲法をそのときどきの社会の発展段階と関連づけるための必要条件、すなわち、憲法規範の意味の可変性が前提とする必要条件であり、第二点は、このように継続的な、かつ変化する憲法理解が生じるための、たとえば裁判判決を通じてといった、多様な形式の観察である[11]」。

憲法典の意味変化を促す媒体として、この論文でレルヒェが注目するのが、成文・不文の憲法下位法、とりわけ議会の単純法律である。彼によれば、社会の変化に対応して、「たとえば所有権・相続権・プレスの自由・学問の自由などの社会的に重要な制度や現象について、根本的に新しい理解」が議会立法に取り込まれることで、憲法典も意味変化を蒙る[12]。「憲法の大部分は、成文あるいは不文の形態で表現され法的拘束力をもつに至った憲法下位法上の諸観念の、凝縮物の一種である……」。「成文憲法の自律性に……きわめて高い地位を認める人も、憲法の数多くの構成要素が、憲法『下位』法律上の法観念を補助手段として、はじめて解明されうるという事実を避けて通るわけにはいかない」（傍点は原文イタリック）[13]。レルヒェの主要な問題関心は、この意味の憲法変遷現象を認めた上で、どのようにそれを限界づけるかにあった。

②　憲法変遷に関する七〇年代の最も充実した研究は、一九七二年に公刊されたヴィルフリート・フィードラーのモノグラフィー『社会の変遷、憲法の変遷、裁判』であろう。フィードラーのモノグラフィーは、次に取り上げるヘッセの論文とならんで、ボン基本法下の憲法変遷論研究の画期をなすものと評してよい。彼の研究は、私の理解では二つの点で特に注目される。第一は、ラーバント、G・イェリネック、E・エールリッヒ、スメント、シュ・ダウリン、ヘラーを取り上げて、戦後はじめて戦前の憲法変遷論のまとまった学説史研究をおこなったこと、第二は、社会の変遷と憲法の変遷との関連について詳細な考察を展開したこと、この二点である。しか

しここでは、変遷概念理解と変遷の手段の理解だけにしぼって、彼の見解を見ておくことにしたい。

フィードラーは学説史研究のなかで、シュ・ダウリンの『憲法変遷』の解説に頁を割き、シュのモノグラフィーをヴァイマル期ドイツ国法学における憲法変遷研究の理論的到達点と位置づけている(14)。しかし、彼によれば、シュの変遷概念は包括的にすぎ、また憲法解釈による憲法変遷現象に十分な注意を払っていない憾みがある。フィードラーは述べている。実質的憲法改正が「憲法変遷という問題領域の全体のなかに含められたことで、基本的な諸概念に一義的限定が加えられることなく、テーマの範囲が非常に拡大されることになった(15)」。憲法解釈と憲法変遷との関係について、シュの研究が示しているのは、「合衆国最高裁判所の判例に対する冷めた判断と、結果として、合衆国で獲得された知識の翻訳不可能性という点だけだ。憲法解釈による憲法変遷の可能性は目にされてはいるのだが、ドイツの事情に対するその実際的意義はほとんど評価されていない(16)」。

こうしたヴァイマル期までの理論状況に対して、フィードラー自身は、逆に憲法裁判による憲法変遷に問題を限定し、憲法変遷を規範意味の変化と理解する立場をとる。「以下の考察は、憲法の変遷と社会の変遷とが憲法裁判の問題であるかぎりにおいてのみ、憲法変遷の問題［の解明］に寄与しようとするものである(17)」。「憲法変遷という概念で念頭に置かれているのは、規範テクストは変化しないままで生じる、ひとつの憲法規範――および憲法全体――の意味変化である。したがって、憲法変遷は、第一次的には裁判官による規範の具体化の問題である(18)」。

フィードラーは、変遷の概念と手段の問題をもっぱら理論的な次元で捉え、ヴァイマル憲法からボン基本法への憲法制度・実務の大きな変化に十分な考慮を払っていないように見受けられる。実質的憲法改正実務の存在と憲法裁判制度の未発達状況から、実質的憲法改正実務の禁止と憲法裁判制度の充実という制度環境の変化を考えるならば、シュ・ダウリンからフィードラーへの憲法変遷観の変遷は、むしろ当然と言えるかもしれない。

③　コンラート・ヘッセがウルリヒ・ショイナーの七〇歳記念論集に寄稿した「憲法変遷の限界」（一九七三年）は、戦前の変遷概念からのこうした転換を自覚的に明示し、変遷の限界に関する戦後の共通理解を基礎づけた論文と評してさしつかえないだろう。

ヘッセによれば、「連邦憲法裁判所[19]と今日の文献は明らかに、憲法変遷とは、何らかの仕方で個々の憲法規範自体の内容がつねに変化し、その結果、テクストは同一のままで規範は別の意味を獲得することだ、という点から出発している。かつての学説は、［憲法変遷という］概念を、人によっては［今日の文献と］同様の意味で理解し、人によってはもっと別の本質的に広い意味で理解していた[20]」。

この文章に続けてヘッセは、そのような広義の変遷概念をとる論者として、ラーバントとG・イェリネックをあげている。その上で、ヘッセ自身の見解はこうである。「『憲法変遷』を、はじめに述べた今日の学説の言う狭い意味に理解すべきか、それともかつての学説の言う広い意味に理解すべきか……。この問題については、今日の学説が支持されるべきだ。『憲法状態と憲法法律との対立』、あるいは今日の用語法では憲法と憲法現実［との対立］のうちに憲法変遷を見出すことは、そこでは異なる次元が議論されていることからしても、我慢できるものではない。［憲法と憲法現実とが対立すると言われる場合、］そこで変遷しているのは、テクストを基準として決定される憲法規範の内容とは別の何かである。したがって、［憲法変遷の］概念は、同一のテクストの下での、憲法規範の内容の変遷に限定されるべきだろう[21]」。

しかし、第XII章と第XIII章で詳細に検討したように、ラーバント、シュ・ダウリンなどの論者が「憲法状態」「憲法現実」と言う場合、その実態は、「実質的憲法改正法律」など憲法典以外の種々の法規範であること、「憲法と憲法現実との乖離」とは、憲法典の内容と他の法規範の内容との乖離を意味すると理解できること[22]、これらの点から見れば、「憲法と憲法現実との対立」を問題にすることが、ヘッセの言うように「異なる次元についての議論」だとは言えないように思われる。むしろ、ヘッセの立場は、「法源交代論」から「意味変化論」への憲法変遷概念の転換と読むのが合理的であろう。

④　規範意味変化論型へと転換しつつ、憲法変遷の概念そのものは維持する通説的立場とは異なって、憲法解釈による憲法変遷という発想をつきつめることで、「憲法変遷概念不要論」に到達したのが、一九七四年に発表されたペーター・ヘーベルレの論文「時間と憲法」である。

ヘーベルレは、ボン基本法を念頭に置いて、「憲法は自由な公共的プロセスの法的基本秩序――law in public action――であり、憲法は、民主的憲法として、それ自体ひとつのプロセスとなる」と言う(23)。彼によれば、基本法は時間的変化に対応する能力をもつ、時間に対して開かれた憲法である。その柔軟性は、多元的デモクラシーや「開かれた解釈に適合的な基本権」規定、とりわけ一〇三条一項、一九条四項のような手続的基本権によって確保される(24)。世論・選挙・憲法裁判などによる憲法解釈を通じて、憲法は公共的プロセスのなかで実現され、同時にこうした公共的プロセスを規定する。「すべての解釈の目標は、(未来に)開かれた憲法理解であり、こういう憲法理解に立って、適切で『合理的な』利害調整をおこなうことなのである(25)」。

ヘーベルレの理解では、憲法変遷論は、法文テクストにいわば「原意」があることを前提として、解釈を通じて「原意」からの乖離が生じることを想定するわけだが、彼の立場から見ると、解釈以前に規範意味は存在せず、解釈と規範とはいわば同一物である。つまり、「開かれた憲法理解」は解釈の変化を当然に予定し、解釈の変化は同時に規範の変化そのものであるから、ことさらに「憲法変遷」の概念を立てる必要はないことになる。「(開かれた)憲法解釈は、その特質上、『憲法変遷』という特別の装置を認めない。開かれた憲法解釈にとっては、憲法テクスト以外に何の与件も存在しない。憲法テクストは、たいていの場合不確定であり、解釈によって生命を得るものだから、もともと憲法テクストが『変遷する』ことなどありえない。つまり、憲法変遷は、それが概念的に前提にしているはずの、確固とした特定の対象をまったくもっていない。……憲法解釈の領域では、……『初め』や『終わり』について語りうるような定点は存在しないのである[26]。「憲法変遷は、学説史的には憲法における時間という要因を処理するための、実証主義から開かれた憲法理解へと至る、多かれ少なかれ不可避の過渡的段階であった」。しかし、「時間または未来を志向する解釈は、『憲法変遷』という迂回路を単に必要としないばかりでなく、禁止さえしているのだ[27]」。

⑤ このヘーベルレ論文と同様、ヴォルフ－リューディガー・シェンケの論文「憲法と時間――『超時間的』憲法から時間の刻印を帯びた憲法へ」（一九七八年）もまた、時間的変化と憲法との関係というパースペクティヴのなかで、憲法変遷の問題についても考察を加えた研究である。

シェンケは、憲法変遷の概念を明確には定義していない。しかし、憲法と時間との関係という問題設定の仕方、「時間に対して開かれた憲法解釈」の主張、憲法変遷という言葉に付した註でレルヒェ、ヘッセ、フィードラー論文の参照を求めている事実[28]、これらは彼の念頭にあるのが意味変化としての憲法変遷であることを強く示唆する。シェンケはこの意味での憲法変遷の不可避性を次のように認める。

「憲法制定権と立法権との階層的な区別に伴って、憲法改正の問題が提起されるのみならず、明示的な憲法改正なしの憲法変遷の問題が、それとは比較にならないほど重要な意義をもつようになる。つまり、憲法改正の方法による憲法の内容的発展だけを認めようとするならば、改正に対して設けられた加重要件のせいで、憲法は十分な可塑性を保障できなくなるだろう。……したがって、憲法法は、形式的改正なしにも、一定の範囲で時間とともに歩んでいかなければならない。たとえばアメリカ合衆国憲法が示しているように、こういう適応能力によってこそ、憲法の強度が判明する[29]」。

彼によれば、憲法裁判も憲法変遷の担い手だが、それ以上に重要な担い手は議会の単純立法行為である。「事情の変化に対する憲法の適応プロセスにおいては、疑いもなく立法者に、まったく特別の意義をもったペースメーカーの役割が帰せられる。裁判官の［違憲］審査権が承認されたことで、憲法と審査されるべき規範との視線の往復や、同じく生活実態と規範との視線の往復を通じて、これら［憲法と他の規範、規範と生活実態］の間の接近が実現されるが、それだけではない。法律が憲法に与えるインパクトには、憲法裁判をはるかに超えるものがある。憲法法は多くの点で単純法律の参照を求めており、とりわけ、憲法法に定錨された種々の法原理は、当然のこととして単純立法者による具体化に依拠している。……憲法は詳細に規定された他の規範と比べてはるかに開かれたものなので、憲法の場合には、具体化プロセスの枠内で前理解にまったく特別の意義が認められる。そして、前理解を刻印づける価値観や時代精神は、主として特に、まさしく法律の諸規定のうちにこそ現れるのである(30)」。

ヘーベルレと同じく「時間と憲法」という視点から、時間の経過に伴う憲法規範の意味変化を承認するシェンケが、ヘーベルレと一線を画する点も、憲法変遷の「ペースメーカー」たる立法者の役割イメージにかかわる。「法律の諸規定は、『憲法解釈者の開かれた社会』へと開かれた憲法という、ヘーベルレの定式にその危険性が示されているような、憲法解釈の過度の多元化に対抗するものである(31)」。シェンケから見れば、ヘーベルレの解釈観は、憲法典の規範力を過度に弱体化させてしまうということだ。シェンケの場合、さらに進んで「単純立法者のイニシアティヴによる憲法変遷にバリアを設けること(32)」が、理論の課題とされている。

シェンケ論文は、時間のなかで開かれた憲法解釈という観念についてはヘーベルレと、憲法変遷の担い手として単純立法者の役割を重視することではレルヒェと、それぞれ問題意識を共有している。しかし、単純法律の意義を強調しながら、法律が憲法典に取って代わると見なすのではなく、法律の制定改廃によって憲法典の意味変化が生じるという理論構成をとる点や、さらに憲法変遷概念を維持しつつその限界を探る点で、彼もやはり、戦後の通説的憲法変遷論の主流に属すると見ることが許されよう。

四　一九八〇年代の変遷論

こうした一九七〇年代の議論の蓄積を踏まえて、一九八〇年代の初頭に憲法変遷をテーマとする二つの大部の研究が公にされた。アレクサンダー・ロスナーゲルの博士論文『基本法の変更』（一九八一年）と、ブルン－オットー・ブリューデの教授資格取得論文『憲法の発展』（一九八二年）である。これらが、質量ともに、ボン基本法下にこれまで現れた研究の頂点と評されるべき業績であろう。

① アレクサンダー・ロスナーゲルは、憲法テクストの改正にかかる政治的コストを回避するために、ドイツの憲法史においては、種々の態様の「憲法適応の諸形式」が発展してきたと述べ、「帝国憲法、ヴァイマル・ライヒ憲法、ボン基本法施行下の諸経験から」、テクスト改正以外に五つの憲法変更の態様を区別できるとしている。[33]「実質的憲法改正と憲法破毀」「憲法慣習法」「例外事態法」「超憲法律的緊急権」「憲法変遷」の五つである。[34]

それぞれの内容と相互関係に関するロスナーゲルの考察も、当然それ自体として検討対象となりうる。しかし、本章のテーマである憲法変遷概念論の観点からは、これらの区別を一見しただけで、彼の変遷概念が、戦前の変遷論と比べてはるかに限定されたものだと容易に想像できる点が重要である。とりわけ、「実質的憲法改正」の手法に比較的詳しく言及した上で、これと「憲法変遷」とを概念上明確に区別していることが興味深い。

ボン基本法下の憲法変遷概念に関するロスナーゲルの具体的な説明は、以下のようなものである。「連邦憲法裁判所はボン基本法について、――もちろん詳しい説明をしているわけではないが――ある憲法規定が、『予見されなかったような新しい要件事実がその規定の領域で生起した場合や、既知の要件事実が発展の全体的経過のなかに組み込まれて、新しい関係や意義を表している場合には、意味の変遷を経験』しうることを承認している。

連邦憲法裁判所と同様、今日の憲法理論はほとんど例外なく、変更された有効な憲法法を創造できるはずの憲法変遷という概念は、『テクストが同一のまま維持されている場合の、憲法規範の内容の変遷』に限定されなければならないという点から出発している。憲法状態と憲法法律との不一致のうちに、法を創設する憲法変遷を見出すかつての憲法学の概念規定は、広きに失するものとして拒否される(35)」。ロスナーゲルが、通説によるこうした概念規定の理由として、憲法理解の変化という理論的側面ではなく、むしろ「実質的憲法改正」の禁止という制度的側面に注目していることにも興味が惹かれる。憲法変遷概念の「このような限定は、基本法七九条一項のうちにその実定法上の根拠を見出す。この規定によれば、基準となる規範テクストは憲法典自体でなければばならない。したがって、今日の憲法理論にしたがえば、変化した法的観念が事実上通用していたり、政治的必要性が引き合いに出されたりするだけでは、憲法テクスト上確定された規範をおしのけて、変化した憲法法を創設することはできないことになろう。……規範内容の変更要求が、今日の支配的憲法理論にとって、妥当すべき憲法法となりうるためには、規範テクストの意味変化という外見がとられなければならないのだ(36)」。

議論の展開を追っていけば、ロスナーゲル自身の憲法変遷概念も、通説と同様であることが理解できる。たとえば、問題提起にあてられた第一部の最後の箇所では、次のように「意味変化」と「憲法変遷」とが等置され、この本の末尾では、憲法裁判による憲法変遷＝意味変化が次のように容認されている。

「基本法にとって重要な意味をもつ憲法法の変更・発展の可能性は、意味変化と憲法改正である。憲法改正の政治的機能を検討する場合、憲法改正と並んで存在する憲法変遷の可能性を考慮しないわけにはいかない(37)」。憲法に求められる「保護機能・正当化機能・調整機能・統合機能は、これらの機能が十分に果たされていない場合には、連邦議会と連邦参議院による憲法改正手続の代わりに、それに比べれば程度は落ちるが、憲法裁判権を通じても、憲法を変遷させる解釈による憲法内容の変更を通して、実現されることができるだろう[38]」。

② このロスナーゲル論文の翌年に公刊されたブルン＝オットー・ブリューデの包括的研究『憲法の発展』では、冒頭に極めて明確周到な概念規定が見られるので、その部分をほぼ逐語的に訳出しておこう。

「日常言語のなかでは、変更（Ver-）änderung、変遷 Wandel、（継続的）発展（Fort-）Entwicklung といった概念が、多かれ少なかれ同義語として使用されているが、憲法法［学］の用語法では、『憲法の改正 Verfassungsänderung』（ないし Verfassungsrevision）と『憲法の変遷 Verfassungswandel』（Verfassungswandlung）という概念は特別の意味をもっている。憲法改正とは、憲法自身によって定められた規定を遵守しつつ企図された憲法法の変更を意味する。『憲法変遷』［の語］は、……G・イェリネックとシュ・ダウリン以来、圧倒的に憲法改正の対立概念として使用されている。その場合、［憲法改正と憲法変遷との］境界画定は、基本法の憲法秩序に関しては、七九条一項によって一義的な基礎の上に置かれている。帝国やヴァイマル共和国の通説によって、許されるものと見なされていたテクスト改正を伴わない憲法改正［実質的憲法改正］という実務のせいで、憲法変遷の定義には、『無意図性』という疑問の多い追加的基準が必要と思われていたのに対して、基本法の場合には、憲法テクスト［の改正の有無］を区別［の基準］として利用することができる。すなわち、憲法改正とは、テクストの改正による憲法法の変更であり、憲法変遷とは、憲法テクストの改正なしの憲法の意味の内容的変化である。

ヘーベルレは、憲法変遷の概念に別れを告げて、憲法変遷を憲法解釈のうちに吸収しようとしている。これは実質的に見ても、用語法的に見ても、有益とは思われない。潜在的に見れば憲法変遷は、伝統的に『解釈』の概念と結びつけられてきた事柄（つまり判例学説による法の具体化）よりも、もっとずっと多くの事実から発生しうる［からである[39]］」。

そしてブリューデの言う「憲法発展」は、「憲法変遷」と「憲法典のテクスト改正」とを包摂する上位概念である。「憲法変遷を日常言語の意味で理解せず、憲法改正の対立概念として理解するならば、新たな上位概念が必要となる。そこで、『憲法の発展』という概念を提案したい(40)」。

戦前の憲法変遷論では、憲法典から「実質的憲法改正法律」への憲法法源の交代が、憲法変遷の一態様、それどころか当時のドイツについては憲法変遷の中心と見なされていた。この点は、憲法改正と憲法変遷という二項図式の創唱者であるG・イェリネックにもあてはまる。したがって、「実質的憲法改正」を憲法改正概念に包摂し、憲法変遷とは対置するブリューデの立論は、戦前の憲法変遷論理解としては適切でない。しかし、憲法改正＝憲法典の文言の改正、憲法変遷＝文言は改正されていない憲法典の意味の変化、憲法発展＝憲法改正と憲法変遷の上位概念という彼の定義は、七〇年代に確立された戦後の憲法変遷論をまさに再確認し、明確化したものと言うことができる。

③　ブリューデやロスナーゲルのように、憲法変遷（および憲法改正）論をメインテーマとする研究ではないが、八〇年代に出版された研究書で憲法変遷の問題にも言及するものとして、ヴォルフラム・ヘーフリングの博士論文『開かれた基本権解釈』（一九八八年）も取り上げておきたい。

ヘーフリングのモノグラフィーは、私人にも基本権の内容を定義し構成する権限が認められるという主張を軸として、基本権規定の規範的開放性を前提とする「開かれた基本権解釈」の理論的基礎づけと、ドグマーティクの展開とを意図する作品である。この文脈で彼は、規範意味の変化としての憲法変遷の可能性を承認している。「憲法変遷という概念は、最初にラーバントによって、まだ輪郭の不明瞭な用語としてドイツの憲法学に導入され、続いてゲオルク・イェリネックによって詳細に具体化され、明示的・形式的憲法改正と明瞭に対置された。それ以来、この概念は、憲法法文献ではひとつの確たるトポスである。連邦憲法裁判所もこの概念を採用……している。より精確な概念内容や、とりわけ［変遷の］限界に関しては、まだ不明確さが支配しているとはいえ、この現象の説明には広範にコンセンサスが存在する。クラウス・シュテルンの言葉によればこうである。『憲法変遷とは、憲法テクストの文言は維持されたままで、もともとの意味とは異なる意味が次第に付与されることで、ある憲法規範の取り扱い方が変化する現象と考えられる。要するに、憲法変遷によって、ある憲法規範のテクストは改正されることなく、その憲法規範の意味が変化するのである』[41]。

ヘーフリングの論文が、憲法変遷概念論の観点から注目されるのは、こうしたボン基本法下で通説的な変遷概念の採用に加えて、「直接的憲法変遷」と「間接的憲法変遷」との区別を提唱している点である。彼の言う直接的憲法変遷とは、憲法典自体の解釈によって生じる憲法テクストの意味変化であるのに対して、間接的憲法変遷とは、憲法典の具体化の意味をもつ議会の単純立法によって、憲法テクストの意味変化が生じる場合を指す。「……直接的憲法変遷 direkter, unmittelbarer Verfassungswandel は、いわゆる間接的憲法変遷 indirekter, mittelbarer Verfassungswandel とは区別されなければならない。後者の場合には、憲法規範の内容は、憲法下位規範（の複合体）を対象とし当該憲法規範を詳細に具体化する、単純法律の改正行為という『迂回路』を経ることによって、はじめて変遷する」[42]。

ヘーフリングの独自性は、基本権領域での直接的憲法変遷の担い手として、一般に承認されている裁判官だけではなく、私人の権能をクローズアップする点に求められる[43]。しかし、この章のコンテクストでは、レルヒェやシェンケが強調していた議会制定法による憲法変遷の可能性を容認していること、レルヒェやシェンケと同様、議会制定法を媒体とする憲法変遷も、「規範意味変化論」の枠組で理解している点が戦前の憲法変遷論とは異なること、ただしレルヒェ、シェンケとは違って、これを「間接的憲法変遷」と位置づけて、憲法典自体のダイレクトな解釈行為による変遷とは区別すること、これらを、ヘーフリングの変遷概念論の特質と見ることが許されよう。

五　一九九〇年代以降の変遷論

一九九〇年代に発表された憲法変遷論研究としては、エルンスト-ヴォルフガング・ベッケンフェルデが、ペーター・レルヒェの六五歳記念論集に寄稿した「憲法変遷概念覚書」（一九九三年）が目にとまる。そのほか一九九七年には、戦後の研究としてはめずらしく、「憲法破毀」の問題を包括的に論じたウルリヒ・フーフェルトの博士論文が公刊された。この論文にも憲法変遷論への言及が見られる。

① ベッケンフェルデ論文によれば、従来ドイツの学界では、憲法変遷という用語は次の四つの異なる意味内容で使用されてきた。第一に、カール・シュミットの意味での「政治的統一と秩序の全体状態」としての憲法が、時間の経過のなかで、政治的・法的・社会経済的な条件の発展によって継続的に変化する現象が、憲法変遷とよばれることがある。第二に、憲法規範やその内容の変化ではなく、同一憲法規範の適用の現実的効果が、所与の政治的・社会的条件の変化によって変わることが、憲法変遷とよばれることもある。第三に、憲法規範の意味の変化が憲法変遷と言われる場合がある。彼によれば、規範意味の変化と規範内容の変化とは同じではない。規範内容が変化すれば規範の意味も変化するが、規範が関係する事物領域に変化が生じても、規範の意味は変化すると言う。第四に、「憲法テクストの改正はおこなわれずに、憲法規範の内容が変化する場合に、憲法変遷が語られる」[44]。

ベッケンフェルデの理解によると、ビスマルク憲法・ヴァイマル憲法の下では、これらいずれの憲法変遷概念も使用可能であったが、ボン基本法の下ではそうではない。「憲法にもとづいて法律の性質を判断する憲法裁判権を備え、完全な意味での憲法法秩序となったひとつの憲法秩序においては、憲法変遷の概念はドグマーティク上の概念としての輪郭を獲得する。もはや憲法変遷の概念は、継続的に起こる（憲法現実を含めた）憲法秩序の変化を、その原因や現象形態について何ら考慮することなしに、単に包摂するものではなく、法的な許容性や法的帰結の問題とも関係するものとなった。……憲法が、その規範的妥当要求と実定的通用力とを失うべきではないとするならば、憲法の（内容的）変更に関する特定の手続を明示的に規定し指図している憲法秩序においては、この手続の外での内容変更はいったいどの程度まで許容できるのか。これが背景にある法ドグマーティク的な問いである。ドグマーティクの上で有用であるためには、憲法変遷の概念はこの枠組のなかで精密化されなければならない。したがって、憲法変遷の概念は、上述の最後の意味でのみ理解され、それに限定されなければならない。すなわち、憲法変遷とは、（改正のために定められた手続にしたがった）憲法テクストの改正がおこなわれない、憲法規範の内容の変更である。憲法変遷という表現と結びついた他の概念理解は、これによって無意味となる」(45)。

このように理解された憲法変遷の概念をさらに精密化するという目的で、ベッケンフェルデは、憲法変遷と区別されなければならないいくつかの現象を検討している。すなわち彼によれば、次の現象は、憲法変遷とは異なると言う。憲法規範の構成要件によって捕捉されている事実の一般的な変化、憲法規範が内容形成を許している場合の立法者による具体化、憲法上の不特定概念の適用の変化、倫理的観念や政治イデオロギーのような法外的な観念による憲法の規範内容への影響、憲法法上の継続形成、この五つである(46)。

憲法変遷＝テクスト改正なしの憲法規範の内容変更と、これら五つの現象との間に、具体的にはいかなる相違が存在するのか。ベッケンフェルデの所説は、この点でもさらに慎重な吟味を要するように思われる。しかし、私見によれば、ベッケンフェルデ説でまず第一に難解なのは、彼が「憲法規範の意味の変遷 Bedeutungswandel」と「憲法規範の内容の変遷 Wandel des Norminhalts」とを区別し、後者だけをボン基本法下のドグマーティクにとって有用な憲法変遷概念と見ている点だ。これまで取り上げた論者には、「意味」と「内容」とのこうした使い分けは見られなかった。すでに紹介したように、彼は意味の変遷と内容の変遷との関係を次のように説明している。「規範内容の変遷は、意味変遷のための、決して不可欠ではないがありうべき前提条件である。当該憲法規範が関係する事物領域・生活領域の所与が変化し、これによって（同一の）規範から別の新しい機能が成長することからも、意味変遷は生じることがある(47)」。

ベッケンフェルデの変遷論も、フィードラー以降の他の論者と同様に、フリードリヒ・ミュラーの規範理論の影響を強く受け、規範が「規範プログラム」と「規範領域」とを構成要素とするという発想に立っている(48)。そう考えると、「規範が関係する事物領域・生活領域」とは、ミュラーの言う「規範領域」を指すとも受けとることができる。これらの点から推測するならば、内容の変遷とは規範プログラムの内容変化のことであり、意味変遷とは、規範プログラムの内容変化によっても規範領域の変化によっても、定義上生じることになる「規範の変化」のことかもしれない。そうだとすれば、ベッケンフェルデの変遷概念は、同じくミュラーの規範理論を前提としつつ、規範プログラムと規範領域とを合わせた意味での規範の変化と、規範意味の変化と、規範内容の変化とを、同義的に理解していると解される通説的変遷概念よりも狭いことになるだろう。

以上の検討を踏まえて要約するとこうである。ベッケンフェルデの憲法変遷概念は、議会の単純立法による憲法規定の具体化を変遷の媒体と考えない点で、レルヒェ、シェンケ、ヘーフリングよりも狭く、「規範領域」の変化を変遷とは見なさない点で、ヘッセ、フィードラー、シェンケ、ロスナーゲル、ブリューデなど、やはりミュラーの規範理論を前提とした通説的変遷概念よりも狭い。結局、ベッケンフェルデの想定する憲法変遷とは、「憲法テクストの改正なしに、憲法裁判官の解釈によって生じる成文憲法の規範プログラムの変化」を意味することになる。

②　ウルリヒ・フーフェルトの博士論文も、彼のテーマである「憲法破毀」との区別を確認しておくという文

脈で、「憲法変遷」の概念に触れている。フーフェルトはペーター・バドゥーラによる事典の用語解説を出発点とした上で、ヴァイマル期の学説展開を踏まえてこれを修正し、次のように「憲法破毀」の概念を定義する。「憲法破毀の方法によって立法者は、破毀された憲法規定の妥当性には触れることなく、憲法改正の要件を遵守しつつ、ある憲法規定を飛び越える」[49]。すなわち彼の言う憲法破毀とは、憲法典が定める改正手続を遵守して、（憲法改正）立法者が憲法典と内容的に抵触する別立ての法律を制定しながら、これに対応する憲法典自体の文言の修正はおこなわないことを意味する。つまり、フーフェルトの「憲法破毀」は、ヴァイマル期以前の通常の用語法によれば「実質的憲法改正」のことである[50]。

ラーバント、G・イェリネック、シュ・ダウリンに代表される戦前の憲法変遷論が、ドイツ憲法の問題としては、まさに憲法典と「実質的憲法改正法律」との乖離のことを「憲法変遷」とよんでいたと言っても過言ではないことは、第XII章・第XIII章ですでに確認した[51]。これに対して、フーフェルトは、憲法変遷概念については戦後の通説的理解、なかでもヘッセ論文に依拠して、「規範意味変化論」型の定義をとる。「すでに定義上、憲法変遷に属するのは、テクストは維持されたままで生じる憲法規範の内容の変遷だけである」[52]。したがってフーフェルトの場合には、憲法破毀＝「実質的憲法改正」と憲法変遷とが概念的に峻別されることになる。憲法変遷は、議会与野党の対立が激しく、憲法改正立法に必要な三分の二の多数が調達できない状況で出番のある現象なのに対して、「憲法破毀［＝実質的憲法改正］は、三分の二の多数に依存している」というわけである[53]。「……憲法変遷と憲法破毀［＝実質的憲法改正］は、互いに明確に境界画定することができる。いずれにせよ、憲法典のテクストは、憲法変遷が超えることのできない限界である。これに対して、憲法破毀［＝実質的憲法改正］は、これまで妥当してきた憲法法をはっきり飛び越え、抵触する要件事実を創設する。この場合には、憲法のテクストは極限的な限界ではなく、この限界を『破毀する』別な規範が定立される契機なのである。かくして、以下では、憲法変遷の考察は除外される」[54]。

こうして、おそらくこの分野に関する最新の研究であるフーフェルト論文も、「憲法変遷」「憲法破毀」の定義については、ボン基本法下の通説的理解に完全にしたがうものであることが確認できる。もちろん、ヴァイマル期以前の学説を理解する場合に、このような定義が有効と言えるかどうかは、また別問題であろう。

③　二〇〇〇年に出版されたハインリヒ・アマデウス・ヴォルフの教授資格取得論文『基本法の下における不文憲法』も、憲法変遷論の検討にまとまった頁を割いている。本章の初出時には取り上げることのできなかった二〇〇〇年代の研究として、ここでヴォルフを紹介しておくことにしたい[55]。

ヴォルフによれば、ボン基本法期になると、憲法変遷問題は、ビスマルク憲法期・ヴァイマル憲法期と比べてはるかに切実さを失った。ヴォルフは、その原因として、二つの制度的要因をあげている。第一の要因は、戦前期の憲法実務を特徴づけていた「実質的憲法改正」が、基本法七九条一項一文によって明文で禁止されたことである。ヴォルフによれば、実質的憲法改正法律は、憲法典の文言には手を触れないという面から見れば憲法変遷に含まれ、正規の憲法改正手続に従って制定された法律だという面から見れば、むしろ憲法改正に含まれるという両義性をもつ[56]。ヴォルフのこの理解は、彼自身も、憲法変遷を規範意味の変化と捉えて憲法改正と対置する戦後変遷論の潮流に身を置いて、あくまでその視点から戦前期変遷論を見ていることを示唆する。とはいえ、基本法七九条一項による実質的憲法改正の禁止と憲法変遷との関係に触れている点は、ロスナーゲル以外の戦後の論者には欠ける卓見だと言えるだろう。

第二の要因は、基本法が、きわめて充実した憲法裁判権を創設したことである。ヴォルフによれば、憲法裁判権が存在しなかったビスマルク憲法時代、そして憲法裁判権が限定的で弱体であったヴァイマル憲法時代には、憲法典の文言には手を触れずに、憲法典の規定内容に反する例外的措置を実施する「憲法破毀」が許容されていた。しかし、「連邦憲法裁判所が広範な権限を備えたことで、それまで憲法上の諸機関が一致して大目に見てきた憲法破毀という分野は不可能となった」。「……憲法裁判権の創設によって、もはやこうした憲法違反を甘受する必要がなくなり、したがって、学問的にも憲法違反を憲法の継続形成と見なす必要がなくなったのである」[57]。このように、完備した憲法裁判権の創設が憲法変遷現象に対してもつ意味を重視する点は、ボン基本法期の論者に共通するが、「実質的憲法改正」と「憲法破毀」とを区別するヴォルフの分析は、両者を漫然と同一視する他の論者に比して、ヴァイマル期理解の点ではより緻密だと評することができるだろう[58]。

こうした洞察にもとづいてヴォルフは、実質的憲法改正法律・憲法破毀の実務が認められなくなったことで、憲法変遷は従来の意義を失ったが、その代わりにドグマーティク上の明確な輪郭を獲得したと言う[59]。これが「狭義の憲法変遷概念」ないし「法的な憲法変遷概念」である。「法学的な憲法変遷概念が把捉するのは、ある憲法規範の法的効力の変更のみである」。「文言の改正なしに、憲法の規範的内容が変化する場合に、憲法変遷を語ることができる[60]」。戦後ドイツの通説と同じく、ヴォルフ自身もまさに意味変化論型の憲法変遷概念をとることが、ここに明確に示されている。ヴォルフは、制定法のテクストと、テクストの意味内容である法命題とを区別し、特定の憲法規定（テクスト）または憲法規定の全体から、これまでは導き出されなかった憲法法命題（規範意味）が導き出される場合に、憲法変遷が存在するという[61]。

ヴォルフによれば、このような意味での憲法変遷を惹起しうる要因としては、憲法解釈の変更と憲法慣習法の二つが想定可能である。しかし、彼は、結論的には憲法慣習法の成立を憲法変遷に含めることに反対している。ヴォルフが憲法慣習法を憲法変遷概念に包摂しない理由は、憲法慣習法とは、長期にわたって存続してきた慣習に対して、事後的に形式的憲法と同格の効力を認めるものなので、憲法典の諸規定の意味変化とは異なる現象だという趣旨である[62]。

こうして、結局ヴォルフの場合、憲法変遷を惹起する唯一の原因は憲法解釈の変更である。より端的には、ヴォルフのいう憲法変遷とは、法的効果まで変化させる憲法解釈の変更だと言い換えてもよい。それでは、こうした憲法解釈の変更を惹起するのは誰か。ヴォルフの理解では、それはすべての国家機関・社会勢力・一般市民である。しかし、これらの解釈主体には重要度に相違があり、なかでもきわだった役割を果たすのが、憲法を具体化し現実化するための機関として設置された立法者と連邦憲法裁判所である。「解釈の変更は、とりわけ、憲法を具体化する法律の改正によって生じるか、あるいは判例の変更によって生じるのがきわめてふつうである(63)」。このようにヴォルフは、一般市民の憲法解釈まで視野に入れる点ではヘーフリングと共通し、立法者を重視する点ではレルヒェ・シェンケとも軌を一にするが、彼にとっても、他の論者と同様、最も重要な役割を演じるのは連邦憲法裁判所である。「実務が、それまでは許されないと見なされていた解釈を出発点とするようになり、あるいは、ごくふつうのことと見なされていた解釈をやめる場合、そこに変遷が存在する。もし憲法変遷の実例を探し求めるならば、連邦憲法裁判所の判例がそれを提供する。憲法変遷は、解釈の結果にもとづくのみならず憲法規定の解釈自体に関する判例の変更による。……それゆえたとえば、政党財政の諸原則の変更や、超国家的高権を相手取った憲法異議の許容性の変更を、憲法変遷の事例と見なすことができる(64)」。

ヴォルフによれば、現代の憲法典は、互いに緊張関係に立つ二つの要請に仕えている。一つは、安定的な国家秩序の保障の要請、および憲法裁判権の導入によってとりわけ求められるようになった裁判規範としての明確性・精密性の要請であり、いま一つは、国家をとりまくさまざまな環境変化に適応するための未決定性 Offenheit の要請である。「憲法は、政治的な内容形成と未来に向けた未決定性に余地を残すと同時に、……国家に安定性を与えるべきものである。憲法がこの牽引耐久テストに合格するためには、憲法の規範要件は、一定の範囲で変遷可能なものでなければならない(65)」。しかし、憲法変遷は、あくまで「変化しない文言の内部における［解釈の」変化[66]であるから、変遷可能性には当然性質上の限界がある。「憲法変遷は、それぞれの規範の解釈に許容されている余地の範囲にとどまるのである」[67]。それでは、この限界は何によって画されるのか。この点については、「テクストによって引かれた枠」「文言」といった先行業績の「標語」が紹介されるのみで、ヴォルフの叙述には詳細な考察は見出されない。

以上、ボン基本法下の憲法変遷の制度的前提、法的憲法変遷概念、憲法変遷の主体、憲法変遷の限界の諸点について、ヴォルフの理解を紹介した。ここから知られる彼の憲法変遷論のアウトラインは、ヘッセ以来積み重ねられてきたボン基本法下の意味変化論型憲法変遷論のスタンダードを踏襲するものと要約して大過ないだろう。ここでは最後に、ミュラーの規範理論に対するヴォルフのスタンスにも簡単に触れておきたい。

ヴォルフによると、学説の多くは、憲法典の文言は改正されずに規範意味が変化する現象のすべてを憲法変遷と捉えるのではなく、こうした意味変化が社会的・技術的事情の変化によって惹起された場合だけを憲法変遷と捉える。ヴォルフによれば、ミュラーの規範理論は、事実の変化に起因する規範の変化に関する複数の解釈モデルの一つである。「独自の説明モデルを提供するのは、規範プログラムと事物領域との出会いによって成立する『規範領域』を通して、現実を［規範に］算入する説明モデルである。［このミュラーの説明モデルによれば］事物関係のなかで規範が具体化されることを通じて、重要な事実の選択がおこなわれると同時に、重要な事実の変化によって継続形成されるこの［規範］領域において、規範の継続形成が起きる」[68]。しかし、ヴォルフ自身は、社会的・技術的変化による意味変化に焦点を当てるこうした学説動向には批判的である。「憲法変遷について語るためには、事実の領域において、法的領域にまで浸透するような変化が生じることが必要だとするのは、憲法変遷の概念に負荷をかけすぎる」。「憲法変遷の概念が、方法論的な、または哲学的な信仰告白の契機を与えるものではない法学的概念にとどまるべきであるならば、ひとは憲法変遷の概念を、法的なものに対する事実的なもの影響に関する特定の説明モデルから自由にしておかなければならず、それは可能でもある[69]」。

たしかに、ミュラーの規範理論と、その影響を受けたヘッセらの憲法変遷論は、規範領域の変化が憲法変遷を意味することを含意している。しかし、こうした七〇年代以降の通説的変遷論が、規範領域に含まれる事実の変化だけを憲法変遷概念によって捕捉しているとするのは、上述したベッケンフェルデ説をあげるまでもなく、学説理解としては短絡なように思われる。

六　フリードリヒ・ミュラーの憲法変遷論

ベッケンフェルデに関連して述べたように、七〇年代以降のドイツの憲法変遷論には、フリードリヒ・ミュラーの規範理論の影響が色濃く見られる。ミュラーの理論は、ヴォルフのような批判も含めて、七〇年代以降の憲法変遷論のいわば「通奏低音」である。本書では、彼の規範理論そのものを本格的に検討することはできないが、戦後の憲法変遷概念文献史の締めくくりとして、最後にミュラー自身の変遷論を取り上げておくことにしたい[70]。

①　憲法変遷の概念。ミュラーには憲法変遷論それ自体をテーマとした著書論文は存在しない。しかし、私が知りえたかぎりでは、彼は一九七四年にボド・ピエロートと連名で発表した『正規の授業科目としての宗教教育』というモノグラフィーと、一九七九年に公刊した『憲法の統一性』というモノグラフィーのなかで、憲法変遷論についてややまとまった説明をおこなっている。そこでまず、この二つの作品から、ミュラーの変遷概念を確認することにしよう。

ミュラーはこう述べている。ドイツの「国法学と憲法理論は、憲法改正の方法にもよらず、憲法破毀の方法にもよらないで生じる（成文）憲法の規範的妥当内容の変化のことを、『憲法変遷』と理解している。その場合、

『憲法改正』とは、規範的に定められた手続にしたがって憲法テクストが変更されることである。『憲法破毀』とは、憲法改正によるテクストの変更なしに生じる憲法テクストからの個別事案における乖離を意味する。憲法破毀は、ヴァイマル共和国の国家実務では、憲法改正に必要な議会の［特別］多数による成立を条件として、許容されるものと見なされていた。［しかし］憲法破毀は、基本法七九条一項一文によって、基本法の下では明示的に排除されている。基本法の下では、憲法変遷には初めから狭い場所しか残されていない。つまり妥当する憲法の破毀や憲法改正立法の手続なしに生じる憲法の規範的内容の変化［が憲法変遷］である[71]」。

この説明から次のことがわかる。第一に、ミュラーの前提も、戦後の通説的理解と同様、憲法改正・憲法破毀・憲法変遷の三分法であること。第二に、ミュラーも、ヴァイマル期に「実質的憲法改正」と称されていた現象を「憲法破毀」とよんでいること。そして第三に、「憲法変遷」をやはり規範意味の変化と捉えていると見られること。この三点である。

ミュラーが憲法破毀と実質的憲法改正とを同視していることは、憲法の統一性という視角から憲法破毀について論じた作品からも確認することができる。憲法がひとまとまりの法典に表現されるという「外面的統一性」が、つねに存在するとはかぎらない例として、ミュラーはヴァイマル期の実務をあげて次のような説明をしている。「ヴァイマル憲法は、けっして外面的統一性を有せず、憲法典には表現されない憲法改正や破毀に対して開かれていた。……憲法典のテクストに何の痕跡もとどめない憲法改正法律も存在した。こうした憲法改正法律の公布文は、憲法改正立法の形式的要件にしか触れていなかった。これらの憲法改正法律は、議会の特別多数のみによって成立することになっていた。こうして［憲法典と］併存する憲法 Nebenverfassung が形成された。成文憲法の優位と安定化作用、法的安定性と規範の明確性、これらは散在する乖離のコングロマリットによって動揺した。国家実務はこのような憲法破毀を受け入れ、国法学の通説はこれを許されるものとして扱った[72]」。

前章で詳しく論じたように[73]、ヴァイマル期にこうした問題を集中的に取り上げたヤコビやイェーゼルゾーンのような論者は、ミュラーが述べるまさにこの現象を指して、「実質的憲法改正」とよんだのである。ヴァイマル期の論者によれば、「憲法破毀」にはヴァイマル憲法四八条にもとづくライヒ大統領の緊急措置権によるものと、七六条にもとづくライヒ立法部の憲法改正手続によるものとが存在した。また、ライヒ立法部による憲法破毀は、実質的憲法改正と同一物ではなく、その一部と理解されていた。

さらに、ミュラーは、「［実質的］憲法改正法律の公布文は、憲法改正立法の形式的要件にしか触れていなかった」と解説するが、これも正確ではない。実質的憲法改正が集中したヴァイマル初期には、内容的に憲法典の改正を含むことが立法者によって自覚され、したがって憲法改正特別多数で議決された法律が、その点について公布文にも条文中にも何ら言及していないことが常態だったからである。「憲法改正の形式的要件にしか触れていない」どころか、形式的要件にすら触れていなかったわけである。これをヴァイマル期の論者は、「黙示的」実質的憲法改正と称した。こうして見ると、ミュラーにかぎらず、戦後憲法学によるヴァイマル期の憲法実務・理論の認識のラフさには驚きを禁じえない。

ともあれ、このような認識と用語法とを前提として、上述のようにミュラーも通説と同様、ボン基本法七九条一項一文が「憲法破毀」（⊂実質的憲法改正）を禁止したと解釈するわけである。「……七九条一項一文によって、憲法改正の濫用が防止され、憲法破毀が排除され、憲法改正はすべて法典に組み入れられることUrkundlichkeit、そして一目でわかるようにすることEinsichtbarkeit『憲法改正』が守られている。こうしてヴァイマル憲法とは逆に、成文憲法法の優位が保護され、妥当する成文憲法規範の存在が法典から直接理解できることになる」[74]。

こうしてボン基本法では、憲法改正（＝ボン基本法の条文改正）には手続的要求のみならず内容的限界があり、改正内容を基本法自体に組み入れない「憲法破毀」（⊂実質的憲法改正）は禁止されている。しかし、ミュラーによれば、憲法変遷はボン基本法によっても容認されていると言う。「かくして基本法は法典としての統一性を知っており、憲法破毀を排除する。これに対して、憲法変遷のほうは認めている」[75]。

戦前の変遷論が中心的な素材のひとつとして取り上げた「実質的憲法改正」は禁止されたと理解しているにもかかわらず、憲法変遷は認められると言うのであるから、ミュラーが上述のように、「憲法の規範的内容の変化」という「規範意味変化論」型の変遷概念を採用して、「実質的憲法改正」を包摂する戦前の変遷概念から決別したのは当然のなりゆきであろう。この点でミュラーの変遷論は戦後変遷論の通説と軌を一にする。学界をリードしたミュラーの憲法変遷論の特色は、その前提にある彼の規範理論のうちにこそ求められなければならない。

② 規範領域の観念。ミュラーの規範理論は、独特の用語法と抽象的な解説のためにきわめて難解である。しかし、日本でもすでにすぐれた紹介検討がおこなわれているので[76]、それらを参照しながら、ここでも必要最小限の確認をしておこう。

ミュラーによれば、「規範テクスト」、すなわち制定法の条文それ自体が規範なのではない。規範は「規範プログラム」、すなわち規範テクストから伝統的な解釈手法などによって導き出される法的命令と、「規範領域」とによって構成されている[77]。規範＝規範プログラム＋規範領域。一九六六年に発表された教授資格取得論文『規範構造と規範性』のなかで提起され、一九六八年のモノグラフィー『連邦憲法裁判所判例における個別基本権の規範領域』や、一九七一年に初版が出版された『法学方法論』でも展開されたこの発想が、他の多くの公法学者に影響を与えた。彼の言う「規範プログラム」のほうは、通常の用語法で表現すれば、条文の文言から読み取られる規範の意味を指すものと一応理解することが可能だろう。これに対して、彼の規範観の主要な特色をなし、憲法変遷論にも重要な意味をもつのは「規範領域」論である。

では、規範領域とは何か。ミュラーはこう説明している。「文言に表現された『規範プログラム』、つまり規範的指令が、ある規定と関連する所与条件の総体、すなわち『事物領域』のなかから、規範性の存立の構成要素として規範領域を取り出す。規範領域は事物に規定された規範性の構成要素である。すなわち、規範領域は、事実の単なる総計ではなく、規範プログラムによる選択・評価の観点の下で社会的実在のなかから獲得され、たいていの場合すでに法的に加工されている構造要素の、実在する可能性をもって定式化された関係なのである。……事実的なものに支えられた事物要素は、規範の解釈適用に際してある特定の事実、すなわち『事案領域』に直面するとき、具体的な規範性の構成要素であることが合理的に見て明らかなかぎりで、規範的な作用を営む。かくして規範は、事物の刻印を帯びた秩序モデルと理解され、法共同体の部分秩序についての拘束力のある草案と理解される」。「連邦憲法裁判所の判例を通覧すれば、伝統的にはただ規範とだけよばれてきたものの諸要素、つまり、文言に表現された命令と、こうした命令と同等の価値をもった、おおざっぱに『現実』とよばれてきた諸要素とがあることが明らかになる。観点の上でのこうした二つのグループは、法の具体化のため、事案の決定のため、しばしば互いに指図しあう。だからと言って、事案の事実、すなわち『事案領域』の自律的な役割について語っているわけではない。事案領域に対して規範領域は、より高次の一般化によって際立っている。規範領域は、規範プログラムによって取り出された規範的実在関係の基本構造だけを包摂するのである」(78)。

この抽象的で難解な説明からあえて推測するならば、彼の言う「規範領域」とは、条文テクストの構成要件要素に該当する事実の基本構造を意味すると見られる。これに対して、「事物領域」とは、条文テクストに関連するすべての事実、「事案領域」とは、決定＝規範の具体化を必要とする具体的なケースの事実を指すのであろう。事物領域は規範領域よりも範囲が広く、事案領域は規範領域よりも個別具体的である。ミュラーによれば、たとえば、連邦憲法裁判所は、カトリック家政婦団や同業者組合が基本法九条三項の保護を受け、したがって賃金協約法上の労働組合と見なされなければならないと判断した。これは裁判所が、基本法九条三項の構成要件の「規範領域分析」をおこなった結果である。つまりこの場合、規範領域とは、「労働条件および経済条件を維持し促進するための団体」という九条三項の構成要件に関して、ドイツの歴史と社会の現実から抽出された基本性格・基本構造を意味すると考えられるのである[79]。

③ 規範領域と憲法変遷。このようなミュラーの規範理論を前提とするならば、規範プログラムの変化のみならず、規範領域の変化も、定義上「規範の変化」を意味することになる。その上で、戦後の通説のように、憲法変遷をテクストは同一のままでの憲法規範の意味内容の変化と理解するとすれば、憲法規範の規範領域の変化も、ただちに憲法変遷を意味するはずである。

それどころか、むしろミュラーは、憲法の規範領域の変化こそ憲法変遷だと理解する。「憲法テクストの形式的改正はおこなわれず、国家の諸行為による憲法破毀も存在しないのに、当該憲法条項の解釈・具体化が法学的な結論を変えずにそれを無視することはできないような根本的な変化が、憲法法規定の社会的基礎に関して生じる場合に、憲法変遷が存在しうる。『規範領域』の変化は、憲法変遷という帰結を生じさせる。……ある法規範が前提とする社会的現実の基本構造は徐々に変化しうるので、規範テクストは（したがって『規範プログラム』も本質的には）形式的な改正手続に服することなく、規範具体化の結論が変化することもあるのだ[80]」。

ミュラー説では、事実の変化が定義上は規範の変化そのものである以上、憲法変遷は事実の変化に連動して無制限ということになりそうである。ところがミュラーは、あらゆる事実（事物領域）の変化ではなく、規範領域の変化だけが憲法変遷を意味し、規範領域は規範プログラムによって切り出された現実の断片であり、規範プログラムは規範テクストの枠づけを受けているから、逆に憲法変遷の可能性は狭く限定されると言う。「憲法変遷は、文言の可能な意味によって、つまりすべての方法的言語データにもとづいて具体化された規範テクストによって、限界づけられている……。社会的現実における事実の変遷が、単に憲法法の言語領域内で生じているものなのか、それとも変化した現実が規範領域に関するもので、したがって規範性を変化させるものなのかという問題は、規範プログラムの法治国家的限界づけ機能にしたがって決定される。……憲法変遷は成文憲法テクストと矛盾しない場合にかぎって許される……[81]」。

こうした規範領域の変化による憲法変遷、そしてその限界に関するミュラーの学説は、他の公法学者によっても受容されている。典型的な例として、ヘッセの言葉を引いておこう。「規範が、『規範プログラム』と関連するこのような現実の所与を包摂しているならば、すなわち、規範が事物的構成要素としての『規範領域』を包摂しているならば、規範領域の変化は規範内容の変化を帰結するはずである。［しかし］規範によって規律されている現実の断片、すなわち事物領域に属する新しい事実がすべて、このような変化を惹き起こすわけではない。……変化した事実が規範領域に含まれるかどうか。これを判定する最終審は、むしろ本質上、憲法テクストのうちに含まれ（伝統的な補助手段によって解釈され）た規範プログラムなのだ。規範プログラムから、新たな事実や変化した事実が規範領域に含まれることが明らかなかぎりで、規範の変化も想定される[82]」。

かくして、われわれは、意味変化論型の変遷概念と並んで、戦後ドイツの憲法変遷論を特徴づけるもうひとつの論点、「憲法変遷の限界」論の世界に踏み入ることになるのである。

七　おわりに

本章を閉じるにあたって、これまで確認した事柄をまとめ、さらに多少の補足を試みることにしたい。

①　まず第一に、学説の言う「憲法変遷」とは何か。一般にボン基本法下の学説は、第二次大戦前には憲法変遷が「憲法法律と憲法状態との乖離」と定義されていたという認識に立つ。その上で、通説はこの定義から離れ

て、憲法変遷概念を「憲法典のテクストは改正されずに生じる憲法条項の意味変化」と定義する。フリードリヒ・クラインやヘルベルト・クリューガーの論文を見ればわかるように、こうした定義の転換は、一九五〇～六〇年代にはまだコンセンサスを得たものとなっていなかった。私の理解では、憲法変遷概念の自覚的な転換は、一九七〇年代初頭にあいついで発表されたヴィルフリート・フィードラーとコンラート・ヘッセの論文で確立された。

本章で取り上げた論者のなかで、エルンスト－ヴォルフガング・ベッケンフェルデは、フリードリヒ・ミュラーの規範理論を前提として、「規範意味の変遷」と「規範内容の変遷」とを区別し、後者だけを憲法変遷とよぶ独自の用語法によって、変遷概念を限定しようとしている。しかし、同じくミュラーの規範理論の影響を受けながらも、こういう区別には立たずに、「憲法典の規範意味ないし規範内容の変化」を憲法変遷と捉えるのが、戦後の通説的立場と見て大過ないだろう。さらにブルン－オットー・ブリューデは、憲法（テクストの）改正と憲法変遷とを包括する「憲法発展」の概念を提唱する。

私自身は、戦前の論者が言う「憲法法律と憲法状態との乖離」とは、憲法典とは異なる内容をもつ他の法規範への、憲法法源の交代と理解している。したがって、私見によれば、戦前から戦後への憲法変遷概念の変化は、本章冒頭に述べたように「法源交代論」型から「規範意味変化論」型への転換と表現することができるのである。

② 第二に、憲法条項の意味変化としての憲法変遷を惹起するものは何か。連邦憲法裁判所の憲法裁判が憲法変遷の担い手であることを否定する論者はいないと言ってよいだろう。問題となるのは、議会の単純立法の位置づけである。ペーター・レルヒェ論文は、議会の単純立法による憲法変遷だけを直接の考察対象とし、ヴォルフ－リューディガー・シェンケは、憲法裁判よりも議会の単純立法を憲法変遷の担い手として重視している。これに対してヴォルフラム・ヘーフリングは、憲法裁判による憲法変遷を「直接的憲法変遷」、単純立法を媒介とす

る憲法変遷を「間接的憲法変遷」とよぶ用語法を提示した上で、後者を副次的なものと見なし、ベッケンフェルデは単純立法による憲法の具体化を憲法変遷には含めない。

いずれにせよ、単純立法による憲法変遷を認める論者も、議会の制定した単純法律が憲法典に取って代わると主張しているわけではない。憲法典上の諸概念を具体化する法律の制定改廃を通じて、結果として憲法典の規範意味の変化が惹起されると言うのである。「規範意味変化論」型の思考枠組内部の議論であることは、これらすべての論者に共通しており、その点でラーバントやシュ・ダウリンの理論構成とは異なっていると言えよう。

③　第三に、なぜこのような憲法変遷概念の転換が生じたのか。私見では、戦前の常態だった「実質的憲法改正」実務の禁止と、完備した憲法裁判制度の導入という、二つの制度的要因が最も基本的な原因と考えられる(83)。

そのうち、連邦憲法裁判所という強力な有権的憲法解釈機関が設置されたことによって、「憲法条項の意味ないし内容変化」という憲法変遷概念を選択することが適切となった点は、多くの論者によって指摘されている。本稿でも、たとえば次のような発言を確認しておいた。「特別の憲法裁判権が存在……する国家では、……不可避的な憲法変遷［の権限］は憲法裁判権に割り当てられている」（クリューガー）。「憲法変遷という概念で念頭に置かれているのは、規範テクストは変化しないままで生じる、ひとつの憲法規範――および憲法全体――の意味変化である。したがって、憲法変遷は、第一次的には裁判官による規範の具体化の問題である」（フィードラー）。「憲法にもとづいて法律の性質を判断する憲法裁判権を備え……た憲法秩序においては、……憲法変遷の概念は、上述の最後の意味［憲法規範の内容変化］としてのみ理解され、それに限定されなければならない」（ベッケンフェルデ）。

これに対して、「実質的憲法改正」実務の禁止と、憲法変遷概念の転換との関係を指摘した論文は少ない。本稿で取り扱った論者のうち、唯一の例外はロスナーゲルであろう。すでに見たように、彼はこう述べていた。基本法七九条一項「によれば、基準となる規範テクストは憲法典でなければならない。したがって、……規範内容の変更要求が、今日の支配的憲法理論にとって、妥当すべき憲法法となりうるためには、規範テクストの意味変化という外見がとられなければならないのだ」。

しかし、戦前ドイツの憲法変遷論では、「実質的憲法改正」が憲法変遷の概念に包摂されていたことを、ミュラー、ブリューデ、フーフェルトに代表されるように誤解あるいは無視していることが原因となって、「実質的憲法改正」実務の禁止と憲法変遷概念の転換との関係を意識しない傾向が、一般的なように見える。

むしろ、ボン基本法下の憲法学者に共通の自己理解からすると、変遷概念の転換にとって重要なのは、憲法理論の側の変化である。とりわけ、ラーバント、G・イェリネックを代表者とする法実証主義が憲法変遷現象を事実の世界に放逐し、逆にスメント、シュ・ダウリンの憲法理論が無制限の憲法変遷を承認する結果に陥ったのに対して、われわれの憲法理論こそが、憲法の変遷を認めつつその限界を確定することに成功したという自己イメージが、多くの論者に共有されているように思われる。

例として、私見によればボン基本法下の最も重要な憲法変遷研究であるフィードラー、ヘッセ、ブリューデの文章を引いておこう。「実証主義および規範主義との［シュ・ダウリンの］対決によって、スメントの思想はさらに前進させられたが、社会的・事実的変化に対する実証主義者の無力が、シュ・ダウリンの場合には憲法価値の無比性という超解釈の助けを借りることで、単に形式の上だけではなく克服されたのかは疑問である」（フィードラー）[84]。「ラーバントおよびG・イェリネックの学説における両者［規範と現実］の厳格な分離は、逆説的なことだが規範の強化を導かずに、むしろ事実の力に対する規範の降伏を招いた。また、シュ・ダウリンによる解決の試みのように、憲法の『意義』を媒介として、『国家生活の必要性』という形をとって、政治的現実が全体として憲法の構成要素のうちに組み込まれる場合には、……［憲法の規範力の弱体化以外の］帰結はありえない」（ヘッセ）[85]。「憲法規範の意味が［憲法典の］制定とともに一義的に確定していると見る概念法学的実証主義にとっては、憲法変遷は誤りの事後的発見としてか、あるいは『憲法状態と憲法法律』との対立としてしか考えられない。憲法の意味変化［の承認］は、［実証主義の］方法論的基礎と両立しないのである」。「憲法法の具体化は、価値判断（および決断）なしには済まされないという認識は、憲法の意味を……変化に対して開くものである。しかし、この開放性の限界も特定されなければならない。……したがって、スメントの思想を極端化したシュ・ダウリンが、自己現実化する国家の政治的必要性と生命的な要求や表現を絶対化して、この目的に仕える憲法変遷はすべて許容されると述べているのは誤りである[86]」（ブリューデ）。

これらの引用からもわかるように、戦前の憲法変遷論に対するこうした方法論的批判と戦後憲法学の自己認識は、憲法変遷の限界論と密接に結びついている。憲法変遷の概念が転換したことと並んで、憲法変遷の限界が探求されたことにも、戦後憲法変遷論の大きな特徴を見出すことができる。

(1)　主要な憲法体系書は、ほぼ例外なく「憲法変遷」という項目を設けて解説をおこなっている。たとえば、芦部信喜（高橋和之補訂）『憲法・第四版』（岩波書店、二〇〇七年）三八一頁以下、同『憲法学Ⅰ』（有斐閣、一九九二年）八二頁以下、一二七頁以下、二九五頁以下、伊藤正己『憲法・第三版』（弘文堂、一九九六年）八九頁以下、内野正幸『憲法解釈の論点・第四版』（日本評論社、二〇〇五年）二〇三頁、浦部法穂『憲法学教室・全訂第二版』（日本評論社、二〇〇六年）三一頁以下、小嶋和司『憲法概説』（良書普及会、一九八七年）一二五頁以下、小林直樹『新版・憲法講義・下』（東大出版会、一九八一年）五七一頁以下、阪本昌成『憲法理論Ⅰ・第三版』（成文堂、一九九九年）一二二頁、一二七頁以下、佐藤功『日本国憲法概説・全訂第五版』（学陽書房、一九九六年）一四頁以下、佐藤幸治『憲法・第三版』（青林書院、一九九五年）四一頁以下、渋谷秀樹『憲法』（有斐閣、二〇〇七年）三五頁以下、辻村みよ子『憲法』（日本評論社、二〇〇四年）五七一頁以下、戸波江二『憲法・新版』（ぎょうせい、一九九八年）五〇四頁、中村睦男『憲法30講』（青林書院、一九八四年）二八一頁以下、野中ほか『憲法Ⅱ・第四版』（有斐閣、二〇〇六年）三八一頁以下（高橋和之執筆）、橋本公亘『日本国憲法』（有斐閣、一九八〇年）四七頁以下、四三〇頁以下、長谷部恭男『憲法・第四版』

（新世社、二〇〇八年）四一頁以下、樋口陽一『憲法Ⅰ』（青林書院、一九九八年）三八六頁以下、松井茂記『日本国憲法・第三版』（有斐閣、二〇〇七年）七三頁参照。

憲法変遷論をテーマとして日本で発表された主要な論文については、本書三六六―三七一頁のリストを参照。

(2)　ヴァイマル時代の論者は、自分たちの言う「実質的憲法改正」と帝政時代にラーバントが「黙示的憲法改正」と称したものとを同一物として扱っているが、厳密に言うと、帝政時代の「実質的憲法改正（黙示的改正）」とヴァイマル時代の「実質的憲法改正」とは同一ではない。ビスマルク憲法では、連邦参議院での否決要件が異なる以外、単純法律と憲法改正法律の制定手続には相違がなかった上、憲法改正手続が遵守されたかどうかを議事録で確認することも不可能だったため、憲法典と内容的に矛盾すると論者が理解する法律は、すべて実質的には憲法改正法律と解する余地があった。ラーバントの言う「黙示的憲法改正法律」とはこうした単純法律を指す。これに対して、ヴァイマル憲法では憲法改正法律の制定手続と単純法律の制定手続とは明確に区別されていた。そこで、制定時に憲法典との内容的矛盾が意識され、憲法改正特別多数で議決されたが、憲法典そのものを改正するわけではない法律が、「実質的憲法改正法律」とよばれた。本文の説明は、ヴァイマル時代の定義にしたがったものである。

(3)　本書第XIII章第一節註(68)参照。

(4)　この点については、赤坂正浩「ドイツの三憲法典と憲法変遷論」比較憲法学研究七号（一九九五年）一七頁、二三頁註(36)、本書第XIII章「おわりに」註(4)参照。ちなみに、同じドイツ語圏のオーストリアでは、今日でも「実質的憲法改正」の実務が存続し、憲法典以外に多くの憲法的法律が併存している。たとえば、阿部照哉・畑博行編『世界の憲法集・第二版』（有信堂、一九九八年）一〇一―一〇三頁（高田敏執筆）、H. Schambeck, Verfassungsrecht und Verfassungswirklichkeit, in Österreich, in: Festschrift für K. Stern, 1997, S. 258 ff. 参照。

(5)　憲法変遷に関するボン基本法下の主な文献については、K. Stern, Das Staatsrecht der Bundesrepublik Deutschland, Bd. I, 2. Aufl., 1984, S. 160, Anm. 91.

(6)　F. A. Freiherr von der Heydte, Stiller Verfassungswandel und Verfassungsinterpretation, in: Archiv für Rechts-und Sozialphilosophie 39, 1950/51, S. 466.

フォン・デア・ハイテの憲法変遷論を紹介する日本語文献としては、小林直樹『憲法秩序の理論』（東大出版会、一九

八六年）二四三―二四四頁、小林宏晨「憲法第九条への『憲法変遷』論の適用」比較憲法学研究七号（一九九五年）一三四―一三八頁参照。

（7）F. A. Freiherr von der Heydte, aaO., S. 472-476.

（8）H. Krüger, Verfassungswandlung und Verfassungsgerichtsbarkeit, in: Festgabe für R. Smend zum 80. Geburtstag, 1962, S. 152 f.

（9）A. Roßnagel, Die Änderungen des Grundgesetzes, 1981, S. 21, Anm. 131. ただしこれは、クリューガーのこの論文の解釈ではない。

ちなみに、フリードリヒ・クラインも、一九五二年にフリードリヒ・ギーゼ七〇歳記念論集に発表した論文で、憲法変遷の問題に触れている。この論文には、第二次大戦直後までの憲法変遷論関係のドイツ語文献について、私の知るかぎり最も網羅的なリストが掲げられ、クラインが代表的と考える憲法変遷の定義がピックアップされている。しかし彼自身は、これらの定義を並列するのみで詳細な検討をおこなっていない。クライン論文は、「法源交代論」か「規範意味変化論」か、という観点から見れば過渡期的な仕事と評することができよう。もっとも、クラインの趣旨は、基本法の財政制度規定に関して、憲法変遷の主張に反対することにあったから、変遷概念を積極的に提示することは、彼の興味の対象外だったとも言える。

憲法変遷の定義に関するクラインの文章を引いておこう（F. Klein, Von der föderativen zur stärker unitarischen Gestaltung des Finanzwesens in der Bundesrepublik Deutschland, in: Festschrift für F. Giese zum 70. Geburtstag, 1952, S. 114 f.）。「憲法変遷の本格的な概念規定はめったに見出されない。この表現の創唱者であるラーバントは、詳細な概念規定をおこなわなかった。ラーバントは、実質的にはゲオルク・イェリネックの定義に最も近いところにいる。彼［イェリネック］は、憲法変遷を『このテクスト（すなわち憲法テクスト）を形式的には変更せずに維持したまま、そのような変更を意図または意識しない事実によって惹起される憲法の変更』と規定している（Verfassungsänderung und Verfassungswandlung,［1906］S. 3）。シュ・ダウリンは、憲法変遷を『一方の憲法規範と他方の憲法現実との間に存在する不一致』（a. a. O.,［Die Verfassungswandlung, 1932］S. 17）とか、『成文憲法と事実上の憲法状態との関係、つまり憲法の領域における規範と現実との関係の問題』（a. a. O., S. 19）とよんでいる。フォン・デア・ハイテにとって憲法変遷とは、『違法の意識なしに生じる、文言としては変化していない憲法テクストの意味の漸進的変化』である（a. a. O., 〔Stiller Verfassungswandel und Verfassungsinterpretation, 1950/51〕 S. 466 Anm. 5)。ハウクの前掲書一六六頁〔H. Haug, Die Schranken der Verfassungsrevision, 1947〕も参照。〔そこでは次のように述べられている。〕『実質的な憲法状況は、憲法変遷の方法で、憲法解釈の変遷によって変更される。この変更は憲法テクストには表現されず、〈そういう変更を惹起する意図や意識〉を必ずしも伴わない』。またフーバー『政治的憲法』七一頁〔E. R. Huber, Wesen und Inhalt der politischen Verfassung, 1935〕は、『憲法変遷とは、民族と国家の政治的理念によって正当化され、憲法法にまで成長してきた憲法現実の変化である』と述べている」。

なお私自身はF・クラインとは異なって、ラーバントの変遷概念はシュ・ダウリンと最も近く、G・イェリネックとの間には大きな相違があると考えている。第XII章第二節「四　小結」参照。

(10) H. Krüger, aaO., S. 155 f.

(11) P. Lerche, Stiller Verfassungswandel als aktuelles Politikum, in: Festgabe für T. Maunz zum 70. Geburtstag, 1971, S. 285.

(12) P. Lerche, aaO., S. 287.

(13) P. Lerche, aaO., S. 286.

(14) W. Fiedler, Sozialer Wandel, Verfassungswandel, Rechtsprechung, 1972, S. 37.

(15) W. Fiedler, aaO., S. 39.

(16) W. Fiedler, aaO., S. 42.

(17) W. Fiedler, aaO., S. 20.

(18) W. Fiedler, aaO., S. 105.

(19) ヘッセは、意味変化としての憲法変遷の可能性を認める連邦憲法裁判所判決として、次のものをあげている。BVerfGE 2, 380 (401); 3, 407 (422); 7, 342 (351). vgl. K. Hesse, Grenzen der Verfassungswandlung, in: Festschrift für U. Scheuner zum 70. Geburtstag, 1973, S. 124, Anm. 7. 連邦憲法裁判所の憲法変遷観の検討としては、W. Fiedler, aaO., S. 78 ff. が詳しい。W. Fiedler, aaO., S. 78, Anm. 18 a も、ヘッセと同じ三つの連邦憲法裁判所判決の参照を求めて

いる。なお、ヘッセ論文を紹介検討した日本の文献として、阿部照哉「『憲法変遷』について」大石義雄先生喜寿記念『日本国憲法の再検討』（嵯峨野書院、一九八〇年）六〇一頁以下、手塚和男「スメント及びドイツ国法学における憲法変遷論」新・鈴木編『憲法制定と変動の法理』（木鐸社、一九九一年）二九四―二九五頁がある。

(20) K. Hesse, aaO., S. 126.

(21) K. Hesse, aaO., S. 127 f.

(22) 第XII章第一節「四　小結」、第XIII章第二節「四　小結」参照。

(23) P. Häberle, Zeit und Verfassung, in: Zeitschrift für Politik Jahrgang 21, 1974, S. 116. 日本でもヘーベルレ研究は盛んにおこなわれてきた。日本におけるヘーベルレ研究の網羅的リストとして、畑尻剛「資料・ペーター・ヘーベルレ著作一覧及び関連邦語文献（改訂版）」城西大学研究年報・人文社会科学編二三・二四巻（一九九九年）五五頁以下。ヘーベルレの憲法解釈方法論と解釈の背後にある「憲法理論」に関する包括的な研究としては、渡辺康行「『憲法』と『憲法理論』の対話（三）（四）」国家学会雑誌一一一巻五・六号（一九九八年）二一八―一四七頁、同一一二巻七・八号（一九九九年）四〇―八七頁、ヘーベルレの憲法変遷概念不要論については、手塚和男・前掲論文（註（15））二九八頁参照。また、このヘーベルレ論文などを検討の素材として、憲法と時間との関係を考察した本格的な研究として、玉蟲由樹「時間・憲法・憲法の現実化」栗城壽夫先生古稀記念『日独憲法学の創造力・下』（信山社、二〇〇三年）一三一頁以下がある。

(24) P. Häberle, aaO., S. 118–120.

(25) P. Häberle, aaO., S. 121.

(26) P. Häberle, aaO., S. 130. こうしたヘーベルレの規範観には、樋口陽一・長谷部恭男の紹介分析で有名になったミッシェル・トロペールの規範理論を連想させるものがある。樋口・栗城『憲法と裁判』（法律文化社、一九八八年）三一頁―五九頁、長谷部『権力への懐疑』（日本評論社、一九九一年）一―三二頁参照。私が取り上げた戦前の憲法変遷論のうち、G・イェリネック、ヒルデスハイマー、シュ・ダウリンも、解釈と変遷の問題を取り扱っているが、そこでイェリネックとシュの想定する変遷が、成文憲法と憲法解釈との乖離なのか、最終有権解釈機関による旧解釈と新解釈との乖離なのか、この点は必ずしも明瞭ではなかった。第XII章第二節「三　乖離の評価」、第XIII章第二節「二　憲法変遷の諸類型」参照。

（27）P. Häberle, aaO., S. 129 f.

（28）W-R. Schenke, Verfassung und Zeit — von der "entzeiteten" zur zeitgeprägten Verfassung, in: AöR 103, 1978, 567–569, 585, Anm. 93.

（29）W-R. Schenke, aaO., S. 585.

（30）W-R. Schenke, aaO., S. 586.

（31）W-R. Schenke, ebd.

（32）W-R. Schenke, aaO., S. 588.

（33）A. Roßnagel, Die Änderungen des Grundgesetzes, 1981, S. 4 f.

（34）A. Roßnagel, aaO., S. 5–22.

（35）A. Roßnagel, aaO., S. 20 f. 意味変化としての憲法変遷の可能性を認める連邦憲法裁判所判決として、ロスナーゲルはフィードラー、ヘッセと同一の三つの判決をあげている。註（19）参照。

（36）A. Roßnagel, aaO., S. 21 f.

（37）A. Roßnagel, aaO., S. 24.

（38）A. Roßnagel, aaO., S. 326 f.

（39）B-O. Bryde, Verfassungsentwicklung, 1982, S. 20 f. ブリューデのこのモノグラフィーの存在については、芦部信喜『憲法制定権力』（東大出版会、一九八三年）所収の「補論」（同書三三九頁註（10））でもすでに触れられている。ブリューデの変遷論については、拙稿「ドイツの三憲法典と憲法変遷論」比較憲法学研究七号（一九九五年）一七―一九頁でも簡単に言及した。

（40）B-O. Bryde, aaO., S. 22.

（41）W. Höfling, Offene Grundrechtsinterpretation, 1988, 186 f. なお、ヘーフリングは、憲法変遷の可能性を認める連邦憲法裁判所判決として、ヘッセ、フィードラー、ロスナーゲルが列挙する三件（註（19）（35）参照）に、次の二件を追加している。BVerfGE 39, 1（67）; BVerfGE 45, 1,（33）である。連邦憲法裁判所の定式については、註（35）に対応する本文中のロスナーゲルによる引用を参照。また、ヘーフリングが引用しているシュテルンの定義については、K. Stern, Das Staatsrecht der Bundesrepublik Deutschland, Bd. I, 2. Aufl., 1984, S. 160 f.
(42)　W. Höfling, aaO., S. 190, Anm. 20.
(43)　vgl. W. Höfling, aaO., S. 20 f. S. 42.
(44)　E-W. Böckenförde, Anmerkungen zum Begriff Verfassungswandel, in: Festschrift für Peter Lerche zum 65. Geburtstag, 1993, S. 3 f. ベッケンフェルデは、第一の変遷概念の用例を明示的には示していない。第二の変遷概念の用例としてはヘルマン・ヘラーの国家学、第三の変遷概念の用例としては連邦憲法裁判所の判決、第四の用例としてはコンラート・ヘッセの論文をあげている。
(45)　E-W. Böckenförde, aaO., S. 5 f.
(46)　E-W. Böckenförde, aaO., S. 6–11.
(47)　E-W. Böckenförde, aaO., S. 12 f.
(48)　E-W. Böckenförde, aaO., S. 4.
(49)　U. Hufeld, Die Verfassungsdurchbrechung, 1997, S. 25.
(50)　ヴァイマル期の「実質的憲法改正」論議については、第XIII章第一節で詳しく検討した。
　ヴァイマル期には、「実質的憲法改正」と「憲法破毀」とは概念的に区別されていた。すなわち、本文でも述べたように、前者は、憲法典の文言は改正せずに、憲法改正手続にしたがって別立ての法律を制定する議会の立法を意味する。これに対して、後者は、憲法典の文言および原則的妥当性を維持したまま、大統領の緊急措置権行使や議会の「実質的憲法改正」によって、個別の事案や限定された期間にかぎって、憲法典の規定とは異なる例外的措置をとることを指した（第XIII章第一節「二　実質的憲法改正・憲法破毀」参照）。つまり両者には重なり合う部分はあるが同一ではない。

　ところが、ボン基本法下の文献では、早くから両者が同義に取り扱われ、「実質的憲法改正」と言うべきところをしばしば「憲法破毀」と表現する用語例が一般的になったように見受けられる。たとえば、本章註（4）に対応する本文で紹介したように、H・クリューガーもヴァイマル期に「実質的憲法改正」と称されていた事柄を「憲法破毀」とよんでいる。また、ボン基本法のコンメンタール類も、基本法七九条一項一文を、実際には「実質的憲法改正」の意味で「憲法破毀」の禁止規定と説明している。

フーフェルトは、この点でも戦後の一般的用語法を踏襲していることになる。フーフェルト論文は、基本法七九条一項一文に関する通説・実務に反対して、「実質的憲法改正」をボン基本法下でも例外的な場合に容認することは合憲だという主張を含む。U. Hufeld, aaO., S. 239.

用語の定義自体は論者の自由に属するとしても、「実質的憲法改正」と「憲法破毀」とを等置することは、ヴァイマル期の学説理解としては正確さに欠けると言わざるをえない。ボン基本法下のドイツで「実質的憲法改正」という言葉がほとんど死語となってしまったことも、ヴァイマル期理解にとっては好ましくないだろう。管見によれば、「実質的憲法改正」と「憲法破毀」とを区別し、両者の関係を説明するめずらしい例として、ロスナーゲルがあげられる。彼は、憲法改正手続を踏んで別立ての法律を制定し、憲法典の規定内容そのものを変更することを「実質的憲法改正」、憲法改正手続を踏んで制定された法律によって、憲法典の原則を個別の例外的な場合にかぎって回避することを「憲法破毀」と説明している。しかし、私見では、この定義もヴァイマル期の用語例の説明として見た場合には正確ではない。vgl. A. Roßnagel, aaO. (Anm. 33), S. 5 f.

(51) 本書第XIII章第一節「二 実質的憲法改正・憲法破毀」、同第二節「二 憲法変遷の諸類型」の検討を参照。

(52) U. Hufeld, aaO., S. 28 f.

(53) U. Hufeld, aaO., S. 29.

(54) U. Hufeld, aaO., S. 30 f.

(55) H. A. Wolff, Ungeschriebenes Verfassungsrecht unter dem Grundgesetz, 2000.

(56) H. A. Wolff, aaO., S. 87.

(57) H. A. Wolff, aaO., S. 89 f.

(58) 私のヴァイマル期憲法理論の理解からすると、「憲法破毀」には「実質的憲法改正」の手法をとったものと、大統領の緊急措置権にもとづくものとがあり、憲法破毀と実質的憲法改正とは部分的に重なり合う関係に立つので、両者を並列関係と捉えているとすれば、ヴォルフのヴァイマル期理論理解も――私の立場からは――正確ではない。註(50)参照。

(59) H. A. Wolff, aaO., S. 89.

(60) H. A. Wolff, aaO., S. 99.
(61) H. A. Wolff, ebd.
(62) H. A. Wolff, aaO., S. 99, S. 103. ヴォルフも、継続的行使と法的確信とを成立要件とする伝統的な慣習法理解に立っている。Vgl. aaO. S. 427. 私見によれば、伝統的な慣習法論と、シュ・ダウリンのような戦前期変遷論との基本的な相違は、変遷論者が継続的行使や法的確信を、憲法変遷の成立要件と考えていない点にある。これに対して、戦後変遷論の法的構成は、条文の意味変化論であるから、制定法とは別の法源として慣習法が成立したという法的構成と異なるのは、——私の理解では——当然の事理である。
(63) H. A. Wolff, aaO., S. 100 f.
(64) H. A. Wolff, aaO., S. 101 f.
(65) H. A. Wolff, aaO., S. 107.
(66) H. A. Wolff, aaO., S. 109.
(67) H. A. Wolff, aaO., S. 102.
(68) H. A. Wolff, aaO., S. 110.
(69) H.A. Wolff, aaO., S. 110, S. 111.
(70) フリードリヒ・ミュラーの規範理論の研究としては、小野寺邦広「フリードリッヒ・ミュラーの『構造的』規範論と憲法解釈方法論」中央大学大学院研究年報一六号I—1（一九八六年）三九頁以下、服部高宏「F・ミュラーの法律学的方法論（一）（二・完）」法学論叢一二三巻三号（一九八八年）四五頁以下、同一二三巻六号（一九八八年）四九頁以下、渡辺康行「『憲法』と『憲法理論』の対話（二）」同「（三）」国家学会雑誌一〇五巻一・二号（一九九二年）一一九頁以下、同一一一巻五・六号（一九九八年）一〇一頁以下がある。
(71) F. Müller und B. Pieroth, Religionsunterricht als ordentliches Lehrfach, 1974, S. 82 f.
(72) F. Müller, Die Einheit der Verfassung, 1979, S. 117 f.
(73) 第XIII章第一節「二　実質的憲法改正・憲法破毀」参照。なお本章註（50）も参照。
(74) F. Müller, Die Einheit der Verfassung, S. 118

（75）F. Müller, Die Einheit der Verfassung, S. 120

（76）註（70）に掲げた文献。とりわけ「規範領域」についての紹介検討は、小野寺邦広・前掲論文四二―四三頁、服部高宏・前掲論文（一）六七―六八頁、同（二）六三―六六頁、渡辺康行・前掲論文（二）一二二―一二九頁参照。もっとも、ミュラー自身の解説も多くは抽象的であるから、いずれの論文でも、規範領域論が必ずしも詳細に検討されているとは言えないようである。

ミュラーの「規範領域」を理解する上で示唆を与えるのは、今日ドイツの憲法学において一般的に承認されている「基本権の保護領域」の観念である。基本権の保護領域は、ミュラーの言う規範領域の基本権版と考えられるからである。たとえば、ピエロート＝シュリンクの有名な基本権の教科書には次のような説明がある。「いろいろな基本権がいろいろな生活領域に妥当する」。たとえば基本法四条は「宗教的信念」、五条は「コミュニケーション」、六条は「結婚および家族」、九条は「結社」、五条三項は「芸術と学問」を、それぞれ国家の介入から保護している。「これらは基本権によって保護された生活領域、基本権の保護領域、または基本権の構成要件である。……保護領域はときには基本権の規範領域ともよばれる。すなわち、基本権規範が生活現実から保護の対象として切り取ってきた領域である（F. Müller, Strukturierende Rechtslehre, 1984 を受け継いだ Hesse, VerfR, Rn 46, 69)」。ピエロート＝シュリンクがミュラーの著書の参照を明示しながら、基本権の保護領域＝基本権の規範領域と述べていることが注目される(Pieroth/Schlink, Grundrechte Staatsrecht II, 10. Aufl., 1994, Rnrn. 212–214.)。ピエロート＝シュリンク［永田秀樹・松本和彦・倉田原志訳］『現代ドイツ基本権』（法律文化社、二〇〇一年）七一―七二頁。なお、この翻訳の底本となった第一五版（一九九九年）ではミュラーの引照は削除されている。

（77）F. Müller, Normstruktur und Normativität, 1966, S. 184 ff. ders., Juristische Methodik, 2. Aufl., 1976, S. 107 ff.

（78）F. Müller, Normbereiche von Einzelgrundrechten in der Rechtsprechung des Bundesverfassungsgerichts, 1968, S. 9 f. ほぼ同様の説明は、ders., Juristische Methodik, 2. Aufl., S. 120 f. にも見られる。

（79）F. Müller, Normbereiche von Einzelgrundrechten in der Rechtsprechung des Bundesverfassungsgerichts, S. 23 f.

（80）F. Müller und B. Pieroth, Religionsunterricht als ordentliches Lehrfach, S. 84.

（81）　F. Müller, Die Einheit der Verfassung, S. 120

（82）　K. Hesse, aaO.（Anm. 19）, S. 138.

（83）　この点は、拙稿「ドイツの三憲法典と憲法変遷論」比較憲法学研究七号（一九九五年）一七―一八頁でも指摘しておいた。

（84）　W. Fiedler, aaO.（Anm. 10）, S. 42.

（85）　K. Hesse, aaO.（Anm. 19）, S. 137.

（86）　B-O. Bryde, aaO.（Anm. 35）, S. 255, u. S. 262. 教育制度における憲法変遷をテーマとして一九七〇年代の後半にインゴ・リヒターが公刊した研究書でも、憲法変遷の一般論を取り扱った「序説」のなかに、次のような指摘が見られる。「憲法変遷の理論は、［ケルゼンなどの］実証主義によっても［カール・シュミットの］決断主義によっても根拠づけることができない。前者は規範のみを知り、後者は決断のみを知っているのに対して、憲法変遷は規範と決断との関係、法と現実との関係にかかわるものだからである。それゆえ、憲法変遷の理論が［憲法変遷の］説明と正当化の要求を正しく評価しようとするならば、憲法変遷の理論は法社会学的な理論としてのみ根拠づけることができる」。vgl. I. Richter, Bildungsverfassungsrecht, 1977, S. 24. リヒターの変遷論については、手塚和男・前掲論文（註（19））二九二―二九四頁参照。もちろん、これらの論者の学説理解が適切かどうかは、別途吟味してみる必要がある。たとえば、リヒターが、シュミットは「憲法」と「憲法律」とを対置して、前者を「決断」という意思行為と捉えていると見なしていることは、シュミット理解として必ずしも正確とは言えない。シュミットの「憲法」概念については、菅野喜八郎『論争憲法―法哲学』（木鐸社、一九九四年）一九三頁以下参照。

XV　憲法解釈の枠と憲法変遷論

一　はじめに

前章で述べたように、現代ドイツの憲法学は、「憲法典の意味変化」という意味での憲法変遷を承認するとともに、変遷には限界があるとする。ドイツの学説によれば、憲法典の意味変化を惹起する中心的な主体は連邦憲法裁判所であるから、憲法変遷の限界とは、実質的には連邦憲法裁判所による憲法解釈の限界である。日本でも、「(憲)法解釈には限界が存在する」、すなわち、「(憲)法解釈には枠が存在する」という命題は、広く承認されていると言ってよいだろう(1)。しかし、「ワクとは何かという論議はまだ掘り下げてなされていない(2)」と言われてからすでに久しいにもかかわらず、今日でも「憲法(解釈)の枠の捉え方については、必ずしも一般的に承認されている固まった理論が形成されているとはいいがたい(3)」。そこで、この章では、(憲)法解釈の枠について日本ではどのように考えられてきたのかを私なりに整理して、憲法変遷論との関係を探っておくことにしたい。

これまで「枠」について発言してきた主な文献を概観するかぎり、「(憲)法解釈には枠がある」という命題は、少なくとも次のような三つの異なる意味で主張されてきたように思われる。

① 制定法(憲法典)の文言は、解釈によっても動かすことのできない枠である。

② 憲法典に内在化された基本的諸原理は、解釈を方向づけ限界を画する枠をなしている。
③ 法解釈の枠とは、解釈論上の主張は論理的に首尾一貫していなければならないという要請を指す。

以下では、この三つの考え方（ここでは仮に「枠＝文言説」「枠＝原理説」「枠＝論理説」と呼んでおく）の内容をそれぞれ紹介し、若干の考察を試みることにしよう。

二　枠＝文言説

(1)　私のいう枠＝文言説とは、文言の可能な意味が、制定法解釈の限界を形成するという趣旨の学説である。日本では「枠」論というとケルゼンが有名であるが、彼の見解もこの説に含めることができよう。ケルゼンによれば、上位規範の定立者が意図的に一般的規範 generelle Norm を定立した場合、法規範の文言が多義的な場合、規範の言語表現と定立者の意思との間に食違いがあると適用者が判断する場合、複数の規範間に矛盾が存在する場合、これらの場合には、適用されるべき規範はひとつの枠にすぎない。その際、法解釈の役割は、解釈されるべき法の枠を確認し、枠内での複数の適用可能性を認識することにとどまる(4)。すなわち彼のいう枠とは、結局いずれの場合にも、法規範の言語表現が示す複数の理解可能性の総和である。そして彼によれば、文言の可能な意味理解の選択肢のなかから、どれを選ぶかは適用者の政策的判断に委ねられている(5)。ケルゼンの「枠」論は、文言の可能な意味理解の選択肢が法適用の枠をなし、この枠の認識が法解釈の任務である、という主張として要約することができよう。ケルゼンの場合、「文言の意味」は正確には法適用の枠であり、この枠認識が（学理）解釈の役割とされている点に注意を要する(6)。

戦後（西）ドイツの学界でも、「……規範テクスト［文言］の意味ある理解の可能性が尽きるところに……憲法解釈の限界が存在する(7)」という考え方が説かれており、また日本にもこういう見解は存在する。たとえば、

「法の解釈は、どこまでも、すでに存在する成文法（または、慣習法）のワク内で、それに内在する意味を引き出すことによって、それを具体化する、という作業である[8]」という戦後の宮沢俊義の発言を、枠＝文言説への転換と読むこともできよう。

しかし、ケルゼン学説を基礎としながら、枠＝文言説の立場をとる代表的な論者としては、誰よりも本章のJubilarをあげなければならない。「解釈によるも動かすことのできない『法の枠』というものが仮に在るとしたならば、かかる枠そのものを設定する立法とその枠内での『実践的意欲の作用』にすぎぬ解釈との間の本質的な差異は肯定されねばなるまい。……もとより、自然言語の宿命として、また、それが置かれるコンテキストの複雑さから、同一法文が複数の解釈を許容することが多いのは否定できない。しかし、文理上可能な解釈は、当然ながら、無限ではありえず、若干箇に限定される。その法文の文理上可能な意味の総体の確定、文理上幾通りの意味を持ちうるかの確定が、いわゆる法の枠の確定であるだろう。この段階までの『法の解釈』は『実践的意欲の作用』ではなくて、認識作用とみられる[9]」。

(2)　このように、枠＝文言説は、文言の意味の総体（意味上可能な選択肢）は客観的に認識可能かつ確定可能だという主張を含意している。そこで仮にこの説を受容した場合、まず問題となるのは、いかにして文言の意味の総体が認識されうるのかという点である。

ひとつの答え方は、文言の意味の総体は文法的・国語学的に確認できるというものである。たとえば、一九世紀の終わりにJ・コーラーは、「文法的解釈、というより実際には、可能な法律内容の文法的限界づけについて語る必要がある[10]」と述べ、また、近年ではF・ミュラーも、「文法的具体化要素［文法的解釈］は、特殊なケースにおいてのみならず、常に［許容される規範具体化の］限界づけ作用を営む」としている[11]。

この考え方を受け容れるならば、解釈者は、解釈作業の第一段階として、国語辞典などによって制定法の個々の字句や文章の辞書的に可能な意味を必ず確認し、その範囲内でのみ自己の解釈論を展開できる（辞書的意味の範囲を越えた解釈は誤りである）ということになるか、あるいは少なくとも、解釈者は自己の解釈論上の結論を正当化する際に、自己の主張が辞書的意味を逸脱するものではないことを証明しなければならない（証明に成功しなければその解釈は誤りである）ということになろう。(12)

憲法典の人権規定の多くや、民法上の一般条項の場合には、文言の辞書的意味はあまりにも漠然としているので、枠＝文言説をいまのように理解するならば、一方では、文言は枠の機能を果たさないのではないかと考えられる。(13)また他方で、このように辞書的解釈の絶対的優位性を承認することは、その厳格さの点で、これまでの法解釈の実情とは掛け離れた要求とも言えるであろう。たとえば、裁判所は、民法二一〇条（囲繞地通行権の保障規定）にいう「所有者」には、一定範囲の賃借人も含まれると解しているが、(14)「所有者」の辞書的意味からすると、これは枠の範囲外の誤った解釈となる。しかし、法律家の多くは、そういう結論には従わないのではなかろうか。(15)

(3)　文言の可能な意味の総体は、単なる文法的・辞書的意味の確認だけでは明らかにならず、少なくとも制定史解釈・目的論的解釈・体系的解釈といった伝統的技法をも併用して、はじめて確定できるという考え方も成り立つ。「解釈過程の第一段階においては、『文言の可能な意味』möglichen Wortlaut には、単なる発見的機能しか認められない。……文法的解釈によって発見される意味は暫定的なものである。規範の想定された真の内容は、その規範が理解されたとき、すなわち解釈過程の最後に現れるのである(16)」。枠の確定についてもこの議論はあてはまる。「[文言による限界づけの]要請は、さまざまな具体化の道筋を経ておこなわれる解釈過程の帰結が、『なお文言の可能な意味』と合致することを確保しようとする。つまり、いかなる場合にも、文法的・体系的・論理的・歴史的解釈要素にこれまで払われてきた考慮を放棄することはできない。……それゆえ、たとえばミュラーは、文言による限界づけとして念頭に置かれているのは、『単に文法的に解釈された……規範テクストではなく、言語データ［立法資料などを含む概念］の解釈によって具体化された規範テクストなのだ』ということを強調している(17)」。

「規範執行者が、規範の言語的表現と、それによって表現されるべき規範定立権威の意思との間に、食違いがあると考えうるときには、同じ状況が存在する［法適用行為は不確定である(18)］」。前にも紹介したケルゼンのこの発言は、文言の文法的意味理解と制定者意思のいずれもが、法適用者の選択肢となりうるという趣旨であり、制定者の意思は制定史解釈の結果はじめて知りうるのであるから、ケルゼンも、枠は文法的解釈だけで認識されるのではないことを認めているわけである。

同じことは、菅野にもあてはまるように思われる。菅野は、確定された枠のなかでの選択について、「……枠内での複数の意味の中の一つを選び採るのは、一般に、『実践的意欲の作用』だといえるが、この場合でも、法の解釈とは現実の立法者によって実際に思念された意味を見出すことだという立場を採れば、立法資料を利用することによって複数の意味中の一つをその法文の意味として確定することは原理的に可能である」とか、「立法目的は解釈の指導理念でなければならぬという点で合意がみられるならば、複数の可能な意味の中立法目的に適合する意味が『立法者の合理的意思』とされるだろう」と述べている(19)。確定された枠内での選択肢に、制定史解釈の結果や目的論的解釈の結果が含まれることを認めるのであるから、逆にいうと、枠は菅野の場合にも、文法的解釈だけで確定されるとは考えられていないことになろう。

この考え方をとると、文法的解釈は枠確定の決め手ではなくなり、文言の意味の総体は、種々の技法を組み合わせた解釈作業の結果はじめて明らかとなることになる。すなわちこの見解にとっては、文言の意味の可能な選択肢は、この選択肢によって限界づけられているはずの（実践的価値判断を交えた）解釈操作を経なければ列挙されえないのである。「法解釈は実践的価値判断をともない、解釈者の主観によって左右されうる。」「解釈の枠としての文言の意味の総体は、客観的に認識・確定可能である。」「文言の意味の総体は、種々の技法を用いた法解釈の結果明らかになる。」この三つの命題は、はたして同時に成立可能であろうか。

直接「枠」の問題を取り扱っているわけではないが、K・ヘッセに対するベッケンフェルデの次のようなコメントをここで想起することが許されよう。「憲法解釈の問題は、まさしく憲法規範の文言の多義性・不確定性・簡潔性・断片性から生ずる。そこから内容が確定した明瞭な規範テクストを獲得すること自体が、解釈の――主要な――課題なのである。しかしその場合、解釈自体によってはじめて導き出されるべきものが、どうやって解釈を拘束できるのであろうか。規範が不確定であり、解釈によってはじめて内容を獲得するかぎりで……、規範は同時に解釈の拘束要素とはなりえないのである」[20]。

三　枠＝原理説

（1）本稿にいう枠＝原理説とは、憲法典に内在化された基本的な諸原理や価値が、個別の憲法解釈の枠をなすという趣旨の学説である。憲法典の骨格を形作る理念や精神に着目する点で、各条項の個々の文言を問題にする枠＝文言説とは区別される。たとえば小林直樹が「わくの画定およびわく内での〃より妥当な〃結論の選択のために、拠りどころとすべきもの」のひとつとして、「憲法の精神（基本原理）およびその系ともいうべき諸原則」をあげ[21]、杉原泰雄が「解釈対象としての憲法典・憲法規範は、一定の原理と基礎概念を前提としている。……憲法原理は、憲法解釈において、文言に関する概念や論理における可能性の選択のあり方を規定する」と述べているのは[22]、私見によれば枠＝原理説の例である。さらに、この説の代表例として、古野豊秋の見解を取り上げておかなければならない。古野は、直接的には裁判官の憲法解釈を対象として「解釈の枠」論を展開している。彼によれば、憲法解釈の枠は次のように整理される[23]。

個別的な憲法規定の解釈対象としての枠
解釈に対する一般的な解釈基準としての枠
　解釈の内在的な枠
　　憲法規範の文言の意味という形式的な枠
　　憲法の基本的な価値原則という実質的な枠
　解釈の外在的・制度的な枠

古野が提起する「枠」論の全体を分析検討することは本章の任ではない。ここでは「憲法の基本的な価値原則という実質的な枠」についての彼の説明を概観しておくことにしたい。

①　現行憲法典の基本的価値原則→「日本国憲法の基本原理として一般にあげられる国民主権主義、基本的人権の尊重および平和主義については、まさしくそれぞれが日本国憲法の前文および本文で排他的価値の特定がなされている。[24]」

②　それらの内容および相互関係→「このような価値原則の相互の関係、あるいは個々の価値原則それ自体の具体的な内容については、学説の間で種々の解釈がなされうるし、また現になされている。[25]」「しかし、このような相違は、最高裁判所の裁判官の憲法解釈に対する『枠』を問題とするときは無視すべきであろう。というのは、……憲法解釈「学」の任務は、個々の学説による憲法解釈の現段階での最大限共通の内容を、裁判官……の憲法解釈の『枠』として、……示すことだからである。[26]」

③　学説の認める中心的価値原則→「学説上特に最大限共通に強調されているものとして、基本的人権の尊重という価値原則を……あげることができるであろう。……さらに具体的にみれば、……『個人の尊重』（一三条前段）ないし『人間の尊厳』という価値原則が中心的なものということができるであろう。[27]」

④　この実質的な枠の機能→「憲法規範の文言の『意味』が多義的である場合に、［裁判官による］選択が……憲法の基本的な価値原則に合致している程度の問題は、特に……個人の尊重ないし人間の尊厳のレベルとの関係で検討される必要がでてくる。……合致する程度が低ければ低いほど、……実質的には違憲の疑いの強い憲法解釈ということができる……。」(28)

(2)　枠＝文言説の場合と同様に、憲法典に内在化された基本的諸原理が解釈の枠となるためには、それらの内容が、客観的に認識・確定可能だということが前提となる。それでは、この客観性はどのようにして確保されるのであろうか。上にみたように、古野は基本的価値原則の具体的内容理解について、学説間に種々の相違が生じうることを認め、客観的な認識可能性を、いわば放棄している。しかし彼によれば、裁判官に対する枠の提示という解釈学の任務にとっては、学説内容の最大公約数を枠とみれば必要十分であるという。

これに対して、基本的諸原理の内容は客観的に認識可能であるとみる見解も、当然のことながら存在する。こういう主張には、私見によれば二つのタイプがあるように思われる。ひとつは憲法典の歴史的位置づけから基本的原理の内容が特定可能とみる考え方であり、いまひとつは、制定者の価値判断の内容を探ろうとする考え方である。

(3)　小林直樹・杉原泰雄は前者のタイプに属するとみてよいであろう。たとえば杉原は次のように述べている。「憲法解釈論は、とりわけ憲法の基本原理・基礎概念の解明において憲法科学と密接に関係する。……憲法典・憲法規範は、これらの原理や基礎概念について、多くの場合、明確な概念規定をしていない。……しかし、一見不確定的にみえる憲法の原理や基礎概念は、文字通り不確定的であるわけではない。憲法の原理は、その歴史的社会的担い手および憲法類型と相対的にその内容を歴史的に規定されており（たとえば、『国民主権』、『人民主権』、『国家法人説』）、その基礎概念も憲法の原理および憲法類型と相対的にその内容を規定されている（たとえば、『国民代表』……）……憲法の原理と基礎概念を、近現代の市民憲法史の中で、市民憲法の類型とともに、憲法科学的に解明をしておくことが不可欠となる」[29]。

杉原は、憲法の基本原理・基礎概念の例として、国家法人説、立憲主義、社会権などのような、それ自体直接には現行憲法に存在しない概念もあげるので、彼の場合「解釈対象としての憲法典・憲法規範」が「前提としている」基本原理・基礎概念には、古野と異なって憲法「学」上のそれも含まれることになる。それでは「基本原理・基礎概念」の範囲そのものが不確定とならないかという疑問も生ずるが、その点は措くとして、憲法的諸原理の内容理解の客観性を、一種の歴史的法則認識に求めるこのような考え方に対しては、歴史的法則認識の「正しさ」自体は何によって担保されるのかという問題が提起されよう。たとえば、杉原自身が整理した「最近の国民主権論争とその課題」を一読しても、多くの論者の「科学的認識」の対立に驚かされるのである[30]。

杉原・小林・古野にみるような枠＝原理説については、仮に学説の最大公約数として、あるいは歴史的認識の結果として、基本的原理の内容が特定されたとしても、たとえば古野のいう「個人の尊重」のように抽象度の高い価値原則が、具体的な解釈問題（例、表現の自由とプライバシー保護のような人権相互の衝突）の解決にあたって、解釈の枠づけ機能をどの程度果たしうるかがさらに問われなければならない。

(4)　司法審査の限界をめぐって一九七〇年代以降、アメリカで激しい論争を惹き起こした解釈主義ないし原意主義の主張には、私のいう二番目のタイプ、憲法典の基本的諸原理が解釈を枠づけ、そのような諸原理の内容は、制定者の意図を探ることによって客観的に確定できるという考え方、が含まれているように思う。

解釈主義ないし原意主義とは、合衆国「最高裁は二〇〇〇年まえの憲法起草者・制定者が抱いていた意思 original intent を憲法解釈の唯一の基準とせよ」という主張だと言われ[31]、「解釈的審査のみが正当であると信じる者は、裁判所にとって唯一真正の憲法上の問いは争われている統治部門の行為が制憲者によって憲法化された価値判断と抵触するか否かであると主張する」とされる。[32] 解釈主義ないし原意主義にもさまざまなヴァリエーションが存在するようであるが、[33] その基本的特徴を、野坂泰司は次のように説明している。「原意主義者にとって、憲法の文言がその起草者ないし批准者による本来の理解を離れてそれと異なる意味をもつことはありえない。裁判所が執行すべき憲法原理は、起草者によって本来理解されたものでなければならないのである。そこで、具体の憲法事件において裁判官は、まず起草者の始原的意思を探求し、彼らによって理解されていた憲法原理の本来の意味（原意）を確認するよう努め、それが確認されたならば、それに基づいて面前の事件を裁定すべきだとされる。……原意主義者が裁判官に求めているのは、あくまでも『起草者が憲法に書き込んだ諸原理に自己限定』［Bork］せよ、ということである……。……原意主義者にとって……問題なのは、裁判官が『起草者の意思に由来する諸価値を他の諸価値のセットで置き換えること』［Rehnquist］である」。[34]

解釈主義・原意主義が現れた背景には、「堕胎の権利」のような、激しい対立の存在する社会問題についての、「リベラルな」最高裁判決への「保守派」の不満という、アメリカ特有の事情があり、また、解釈主義・原意主義と非解釈主義・非原意主義との対立には、代表民主制下の裁判所の役割という根本問題をめぐる考え方の違いが含まれている。[35] ここではその点に立ち入ることはできないが、憲法上の諸原理に関する起草者の原意を、いわば絶対的な枠とみなすこのような見解には、少なくとも制定者意思説に対して通常加えられる批判が、[36] 同じようにあてはまるであろう。[37] すなわち第一は、憲法典の制定作業に複数の人が関与した場合、制定者の範囲は一義的に決定できないのではないか、制定史の資料が欠如していたり、制定に関与した人々の発言が相互に矛盾している場合には、制定者意思の確認は実際上不可能ではないか、という事実レベルでの批判である。たとえば、憲法第九条の制定過程でなされた自衛戦争をも否定する趣旨の吉田答弁と、逆に自衛戦力を保持しうる含みを残したとされる、いわゆる芦田修正との関係を想起すれば、[38] 上の批判には傾聴すべき点があるように思われる。第二は、法の解釈適用者は、制定後の事態の変化にもかかわらず、テクストそのものとは区別される歴史上の制定者の固定的な意思にのみ、なぜ忠実でなければならないのか、それで法適用という社会的任務を果たすことができるのか、という原理的な批判である。ドイツでいわゆる主観説（制定者意思説）から客観説への移行が、主としてこの点を理由として生じ[39]、裁判所も明示的に客観説を支持していること[40]は注目に値する。佐藤幸治の言うように、「制憲意思の確認が絶対的であるとすれば、憲法解釈学は歴史学と化そう[41]」。

四　枠＝論理説

(1)　「解釈論は論理的に首尾一貫したものでなければならない」という要請が、法解釈の枠をなすという趣旨の学説が、ここにいう枠＝論理説である。解釈の対象の側に枠を求めるのではなく、解釈論のあり方の側に枠を求める点で、枠＝文言説や枠＝原理説と区別される。論理性や首尾一貫性を、法解釈論の必要条件と見なす見解はめずらしいものではないと思われるが[42]、論理性・首尾一貫性だけを枠と捉える点で独特な考え方の代表的主張者として、民法学者の広中俊雄をあげることができる[43]。広中は次のように述べている。「かつて私は、『ある解釈はそれ自身として論理的一貫性をもたなければならず、また法体系全体に対して論理的に矛盾しないものであることが説明されうるのでなければならない、というワク』しか存在しない旨を述べた。……私は、それをはみ出たものを法の解釈とよびえないところのものを意味するためにワクという言葉を用いるのが適当であると考え、そのようなものとしてのワクは前記のもの以外にないとの考えをその後も維持している[44]」。樋口陽一の言うように、広中説「の場合、解釈を『ワク』づけているのは、認識された所与の規範ではなくて、説明可能性という、いわばゲームのルールである[45]」と理解することが許されるのであれば、そういう樋口自身の考え方も、広中説と同趣旨とみなすことができよう。

樋口は、あるべき枠（「解釈主張の次元」）と現にある枠（「事実の認識の次元」）とを区別すべきだとしたうえで、「事実認識の問題としては、制定法は解釈の『枠』をなしているとはかぎらず、『枠』は、……いわば機能的なものである」という。「硬性の憲法典をもつ国では、制定憲法そのものが憲法法源であるから、そこでは、憲法解釈者は、自己の解釈が制定憲法を規準としたということを示さなければならない。ところで、制定憲法は、一定の時点に憲法制定者が下した法的価値判断を伝達可能な形態で定着したものとして、所与の客観的存在であり、解釈者自身の価値判断によって動かすことのできないものであり、にもかかわらず制定憲法に内在している法的価値判断と異なる結論を解釈として主張しようとする解釈者は、しばしば、彼自身の価値判断によって制定憲法に意識的・無意識的に彩色をほどこしたうえで、そのような制定憲法＝法源の『認識』という形式の擬制を経由して、自己の解釈を主張する。……そのような擬制をほどこすことによって、解釈者は、自己の解釈こそが憲法法源に忠実なのであり、少なくともそれと矛盾していない、ということを示し、他人に対する説得力を強化しようとするのである。」樋口によれば「制定憲法適合性の擬制操作が通常とられるというまさにそのことによって、またそのかぎりにおいて、制定憲法の羈束性が機能するにとどまる。その羈束性の範囲が、事実認識の次元での解釈の『枠』にほかならない[46]」。

解釈論的主張の論理的一貫性の要求を枠とみる広中説も、制定法適合性の擬制の要求を枠とみる樋口説も、これらの要求を満たさない「解釈」は、論者のあからさまな主観的意見とみなされて説得力をもたないから、これらの要求が、解釈の事実的な限界となるのだ、と考える点では（少なくとも樋口の理解に従えば）共通している。

上に引用したような広中＝樋口説に対しては、議論のつじつまが合っており、制定法の内容にも合致しているという一応の体裁さえとれていれば、どのような主張も法解釈として通用するのが実態だとして、結局その実態を容認する「極端な自由法論[47]」に陥ることになりはしないかという危惧がもたれる。現に広中自身も、「ワクを私のいうようなものとして理解するかぎり、それは法の解釈を実質的に制約する意味をもたないといっても過言でない」ことを認めているのである。(48)

(2)　このようにみてくると、枠＝論理説は、実質的には枠否定説とも受け取れるのであるが、枠＝論理説が、必ずしも常に枠否定のみを意味するとはかぎらない。近年、法的紛争を解決するために法律家がおこなう「議論」の構造認識を基礎にして、あるべき「法律論」(49)の姿を提示しようという試みが、いろいろな論者によってなされている。こういうアプローチは、法解釈論と言えるものと言えないものとの境界を「議論」の仕方によって画するという面をもっているので、ここでは枠＝論理説のひとつのタイプとみて、取り上げておきたい。この種の試みの代表例としては、民法学者・平井宜雄の著書をあげることができよう。平井の関心も、解釈対象としての制定法（の枠）をいかにして客観的に認識するかという点ではなく、むしろ解釈者の法律論の客観性をいかにして確保するかという点にもっぱら注がれている。

平井はまず、「法律家に共通する最も特徴的なものは、『議論（argument または argumentation）』によって問題を解決していく」ことだとしたうえで、(50)トゥールミン・ワッサストローム・ポパー・マコーミックなどに依拠して、「議論」の一般的構造をモデル化し、(51)それに基づいて川島武宜に代表される戦後の法解釈性質論――たとえば法律学と経験科学（解釈学説と科学学説）との対置――を批判する。(52)平井によれば、法解釈についても「客観性」を語ることができるのであり、法解釈の「客観性」と科学の「客観性」との相違は程度の差にすぎない。どちらの客観性も「『議論』すなわち『批判的討論』の場を確保することにある」のである。(53)

こうして平井は、「『議論』の重要性に着目した法律学像」を、「法律家という職業が分化独立して以来、その中で蓄積され、行われてきた活動と伝統とに敬意を払い、それらを伝達可能となるように概念化し、次世代の法律家に伝えるとともに、その活動と伝統を一層刺激し発展させることを目的として構成されるところの言明」であると結論する。[54] そのうえで平井は、このような法律学は法律家の職業「倫理に重大な関心を払わなくてはならない」[55] として、「議論」の重視という観点から、次のような法律家の職業倫理規範を提唱する。①「合理性ルール」↓主張に対しては、暴力や沈黙ではなく、事実と論理に基づく反論によって答えなければならない。②「整合性ルール」↓同一事実に基づく主張の根拠や理由は、いかなる反論に対しても常に同一でなければならず、根拠・理由の相互間に矛盾があってはならない。③「適格性ルール」↓議論をおこなう場・機会・能力の均等が、主張・反論の前提とされていなければならない。[56]

以上のような基準を満たした主張は、平井の考え方に従えばすべて法解釈論の「枠」内の「議論」ということになろう。さらに複数の解釈のなかからは、反論可能性の程度を基準として「良い法律論」が篩い分けられるという。「反論に堪ええた言明、しかもそれが『反論可能性』の大なるものであればあるほど『良い』」法律論である。[57]

枠＝論理説の場合、枠＝文言説や枠＝原理説とは異なって、枠は制定法の内容以外のところに求められている。そこで平井のような考え方の妥当性は、「議論」の構造認識の客観性、「法律家の倫理」に関する提案の正当性の両面から吟味される必要があると思われる。そして枠＝論理説の考える枠が、その機能を果たしうるか否かは、専門家としての法律家集団が、たとえば平井の提唱するような職業倫理規範にどれだけ共鳴するか、さらに法律学が、このような職業倫理教育にどれほど成功するかという点に、もっぱらかかっているといえよう。また、解釈の対象となるべき制定法が解釈論のなかで果たす役割が、とりわけ解釈論的主張の正当化の文脈で、いま一度問い直されなければならないことになろう。

五　三説の関係

ひとくちに「法解釈の枠」といっても、「枠」の捉え方はひとによって大きく異なっている。本章では、少なくとも三つの「枠」観が、学説のなかから抽出可能であることを論じてきた。そこで、これら三説の相互関係についても、簡単な考察を試みておきたい。

①　文言説の第一類型と原理説との関係。ある条項の読み方の選択肢は、当該条項の文法的・辞書的解釈によって列挙されうるし、また、されるべきであるという立場と、ある条項の読み方の選択肢は、憲法典の歴史的類型の認識や制定者の原意の探求によって明らかになる憲法典の基本的諸原理によって、枠づけられるべきだという立場とは、両立しないと思われる。前者は、辞書的解釈の結果列挙された選択肢a、b、c、dが、憲法典の基本的諸原理に合致するか否かという別の基準で（たとえばb、c、d、eというふうに）増減されることを、否定する趣旨を含むと考えられるからである。ただし、文言説第一類型は、辞書的解釈を根拠に列挙された選択肢のなかから、どれを選択するかが問題となる段階では、たとえば選択肢bが、憲法典の基本原理Bに最も合致するという理由で選択されることには、関知しない。しかしこれは、「枠」の確定の問題ではない。

②　文言説の第二類型と原理説との関係。ある条項の読み方の選択肢は、さまざまの解釈技法の組み合わせにもとづく「解釈」を経てはじめて確定されうるし、また、されるべきであるという立場と、原理説の立場とは両立可能であろう。その場合、原理説は、枠確定のためにおこなわれる「解釈」に際して、憲法典の基本的諸原理に関する歴史的認識や制定者意思の探求の結果に、絶対的優位を認めよと主張していることになる。すなわち、他の解釈技法によって提出された読み方の選択肢aが、憲法原理Eに合致しないという理由で排除され、逆に他の解釈技法では否定された読み方eが、憲法原理Eに合致するという理由で選択肢に加えられうるわけである。

③　事実命題としての論理説と文言説・原理説との関係。文言説や原理説の主張を「文言の可能な意味の総体、あるいは憲法典に内在化された基本的諸原理は、実際に法解釈を枠づけている」という事実命題と理解し、同様に論理説の主張を「現実に法解釈を枠づけているのは、論理の一貫性の要求だけである」という事実命題と理解

するならば、少なくとも一見したところ、この二つの命題は両立しない。広中説・樋口説の眼目も、まさに事実認識のレベルにおいて、私のいう文言説や原理説の主張を否定することにあった。しかし、帰するところ法解釈には枠は存在しないという「事実」を確認しただけでは、問題は解決しない。「枠」論を含めて、法解釈が一定の客観性をもたなければならないという考え方は、近代法治国原理から導き出される「政策的な要請」だからである。「法治国原理は、なんらかの意味で法律適用の客観性、その前提としての法律解釈の客観性を要求すると考えられる」[58]。「法律学にとって重要なのは法解釈と呼ばれている作業の実体認識よりも法解釈は如何にあるべきか、正しい法の解釈とは何かという問題ではないかと考え」られるのである[59]。のちには樋口も、広中のいう枠をゲームのルールとしながら、そのルールのあり方を問題とするに至っている[60]。

④　当為命題としての論理説と文言説・原理説との関係。そこで、論理説を「法解釈は、反論の可能性に向けて開かれた一定のやり方で展開されるべきだ（そうでない主張を解釈論と呼ぶべきではない）」という提言と理解するならば、この提言は、「文言の可能な意味の総体が、解釈を枠づけるべきだ」とか「憲法上の基本的諸原理が、解釈の限界を画すべきだ」という命題と、原理的には両立不可能ではない。ただし実際には、平井を例にして取り上げたような、法律論の「議論」のあり方に着目する見解は、法の客観的認識をめざす考え方に対するアンチテーゼとして提出された。すなわち当為命題としての論理説も、同じく当為命題としての文言説・原理説を否定する文脈で語られたとみることが許されよう。たとえば亀本洋は、「法解釈の理論から法的議論の理論へ」と題する節のなかで、法の客観的認識をめざした伝統的な解釈理論が、結局は法的な問題の決定者をコントロールできなかったとして、「ここで発想の転換が必要となる。新しい理論は、法的決定の正しさがその『理由づけ』(Begründung) ないし『正当化』(Rechtfertigung. justification) に依存すると考える……。そして、ある主張に賛成または反対する理由を挙げる活動を『議論』(Argumentation) と呼ぶ」と述べている[61]。

その場合には、「政策論」や「道徳上の議論」のような他の実践的議論とは区別された、「法律論」の名に値する「議論」とはいかなるものか、そのなかで、法はいかなる役割を果たすとみるべきなのかという点が、さらに問題となろう。

六　戦後ドイツの憲法変遷論と解釈の枠

(1)　冒頭でも述べたように、戦後ドイツの憲法学説は、「意味変化論型」の憲法変遷概念に立ちつつ、憲法変遷には許容される規範的限界が存在すると考える。戦後ドイツと日本の学説は、「意味変化論型」憲法変遷概念をとる点では共通し、変遷の規範的限界の認否では鮮やかな対照を示す。条文改正を経ない憲法条項の意味変化とは、実質的には解釈主体による憲法典解釈の変更であり、憲法変遷の限界とは、実質的には憲法典の解釈の枠にほかならない。こう考えるならば、戦後ドイツの学説が想定する憲法変遷とは、解釈の枠内での解釈変更であるのに対して、日本の学説が想定する憲法変遷とは、一般に違憲の実例、すなわち解釈の枠を踏み越えた憲法解釈だと捉えなおすことが可能だろう。実際、戦後ドイツの学説が検討する憲法変遷の限界の問題は、右に考察した解釈の枠の問題と同一に帰するように思われる。このことを示す好例として、ここでは戦後ドイツを代表する変遷論研究であるブリューデの所説を取り上げておきたい。

(2)　前章でも触れたように、ブリューデは、『憲法の発展』と題する教授資格取得論文において、憲法改正と憲法変遷の総合的研究を試みた。この書のほぼ二分の一を占める「D．憲法発展の規範秩序」と題する章のなかでブリューデは、「憲法変遷」の問題を集中的に取り上げ、しかも憲法変遷に関する叙述の大半をその「限界」の検討にあてている[62]。この章でブリューデは、憲法変遷の限界を——prima facie に——構成しうる要素として、まず基本法七九条の指示、基本法の各条文の文言、憲法制定者の決定の三つをあげている。彼の述べるところを簡単にみておこう。

①　ブリューデによれば、憲法典改正の手続と内容的限界とを規定した基本法七九条は、憲法変遷の禁止を定めたものではない。「憲法制定者が、テクストの改正によってしかその意味が変化しないような憲法の創造を意図していたとするならば…基本法は立法技術上の壮大な誤りということになるだろう」。「七九条を変遷の禁止とみる理解は、社会的・政治的プロセスを包括的に規律しようとする基本法の要求に適合しない」。しかしながら、憲法典改正手続を通常の立法手続よりも加重した七九条の意図は、憲法変遷についても重く受け止められるべきであるから、「七九条は、少なくとも変遷の限界の探求を要求する」[63]。

②　基本法七九条は、憲法変遷を禁止してはいないが、変遷に限界を設けている。第一の限界は文言である。ブリューデは、ヘッセを引いて、「規範テクストの有意味な理解の可能性が尽きるか、あるいは『憲法変遷』が規範テクストと一義的な矛盾に陥る場合には、許容された憲法変遷の可能性も尽きる」としている[64]。この地点にとどまれば、ブリューデの見解は「枠＝文言説」と同旨だということになるだろう。しかし、続けて彼は、文言が必ずしも枠の機能を果たさないことを次のように指摘する。やや長文だが逐語的に引いておこう。

「憲法の文言を［憲法変遷の］限界として指摘しても、憲法の文言の開放性と具体化の必要性とを考えると、許容された憲法変遷の限界を画するという課題にとっては、ほとんど進展はない。言い換えると、憲法について、他の法領域よりも文言による厳格な拘束を要請しても、憲法の文言がとりわけ可塑的で拘束の能力を欠いているために、期待された安定の利益は再び失われてしまうのである。たしかに、基本法のなかにも、『規範テクストとの一義的な矛盾』を確認でき、それに対応する『憲法変遷』を許さないと評価できるような、言語上（比較的）一義的な憲法規範は存在する。しかし、こうしたケースはここでの問題の特徴を示していない。言語的に一義的な憲法規範は、連邦共和国の政治システムにおいて遵守されている。誰も、六三条に規定されている以外の方法で、連邦宰相を選挙しようなどとは考えていない。さらに重要なのは、具体化を要する憲法規範も、一義的な『核』をもっていることだ。社会国家は市民を餓死させてはならないし、拷問は人間の尊厳と合致しない。また、多くの基本権は、その異論の余地のない中核的内容として、こうした限界事例以上の事柄を含んでいる。憲法テクストによってすでに保障された、異論の余地のないこうしたミニマム・スタンダードが、憲法変遷の限界の探求にとって依拠すべき拠り所であることは疑いない。…しかし、実際には、憲法変遷は、ほとんどもっぱらこのような『核』の外側で生じており、その満足ゆく限界は、これではまだ見出されたことにならないのである[65]」。

③　基本法七九条三項は、「基本法の改正によって、連邦が複数のラントから構成されること、連邦の立法に対するラントの原則的協働、または一条および二〇条に掲げられた基本原則に手を触れることは許されない」として、改正の内容的限界を定めている[66]。ブリューデによれば、いわゆる議会委員会、すなわちボン基本法の制憲会議は、この規定によって基本法の中核部分を固定化しようとし、この決定は、憲法改正権者のみならず憲法発展に携わるすべての機関に向けられたものである。したがって、第二に、七九条三項に規定された諸原則は、憲法変遷の限界でもある[67]。

この見解は、上述した「枠＝原理説」と類似する。しかし、ブリューデは、憲法典の文言一般と同様、七九条三項の諸原則も、やはり広い解釈余地をもつことを強調することも忘れていない。「もちろん、七九条三項の解釈にあたって自制的な態度を保つ必要性、すなわち、そこに掲げられた諸原則の具体化のすべてが不可侵なのではなくて、最も広いコンセンサスを得た中核部分だけが不可侵なのだと考える必要性は、ここでもう一度確認しておかなければならない[68]」。

(3)　こうしてブリューデによれば、「憲法の『一義的な』文言や『一義的な』決定も、われわれの問題の解決には十分ではない。…文言が、きわめて多様な、そして相対立する解釈を許し、憲法制定者の決定を探求してもそれ以上の助けにならないような場合にこそ、むしろ憲法変遷が存在するのである。憲法変遷の限界を探求する目的は、まさにこの領域の内部で、規範理解の可能なヴァリエーションと、恣意的規範理解とを線引きすることでなければならないだろう(69)」。

ブリューデの理解では、憲法規定の文言が抽象的であれば解釈の余地も大きく、具体的であればその余地も小さいとは必ずしも言えない。「言語的に開かれた規範が閉じられたり、言語的には密度の高い規範が開かれたりするので、どちらの方向に向かって規範が発展させられるべきか、換言すると、それぞれの憲法規範はどのような『発展傾向』をもつのか、この点を憲法から読み取ることができれば一つの進歩と言えるだろう。このような発展傾向を確認することができれば、それによって解釈者の仕事が奪われることにはならないが、憲法の具体化をさらに合理化でき、具体化に対して特定の方向を指示できるような、憲法解釈の補助原理が見出されたことになるだろう(70)」。

ブリューデのこの主張は、憲法典の諸規定の性格と構造の理解に関するメタ理論に合意が形成されれば、この理論によって解釈を一定程度統御できるという発想と解することが可能だろう。もし、そう理解してよいなら、枠としての文言、および枠としての制定者の原理的決定の不十分さを意識したブリューデのたどり着いた地点も、一種の「枠＝論理説」とみることができると思われる。

(4)　ブリューデは、憲法典の諸規定を、一定の社会的秩序形成を意図する基本権規定・国家目標規定と、統治のプロセスを統制する組織法的・手続法的規定とに大別し、前者は性質上解釈余地の大きい開かれた規定、後者は文言の抽象性如何にかかわらず性質上閉じられた規定だと言う。したがって、彼の理解では、前者については憲法変遷の許容性は大きく、後者については小さいことになる。

基本権規定・国家目標規定が、性質上、社会・経済の状況変化に対して開かれた規定だという趣旨を、ブリューデは次のように説明している。「憲法が、つねに動態的に発展している社会的・経済的プロセスの内容形成を命じている場合、規範は、その規範領域における広範な発展に対して、一定の役割と規範力とを認めるものであるから、当該規範の硬直した解釈を求めることが憲法の趣旨であるはずがない。このことが、通常この種の憲法規定が、偶然にではなく必然的に、言語的に開かれていることの理由である…」。たとえば、基本法「一四条の所有権概念を民法のそれと結びつけることによって、一四条を精密化し、閉じられたものにすることは理論的にはまったく可能だが、経済発展の結果、財産的価値をもつ権利の古典的形態が意義を失い、新たな形態が意義をもつようになった場合には、そういう精密化によって一四条の趣旨が誤解されることになるだろう。同様に、『職業』選択の自由が、基本法制定時に承認されていたような伝統的『職業像』の制約を受けるとするならば、一二条はこの条項が果たすべき保護の任務に適合しないであろう。また、信仰・芸術・学問の自由の保障は、新たに生まれた信仰の形態や、芸術的・学問的自己理解の形態にはその保護が及ばないのであれば、たいした価値をもたないだろうし、『放送』の自由は、テレビや他のニューメディアにまでは及ばないとするならば、やはりたいした価値をもたないことになるだろう」[71]。

ブリューデによれば、このように憲法の基本権規定・国家目標規定は、時間のなかで開かれている必要があるが、この開放性は、憲法改正によっては実現できない。「開放の必要を満たすためには、開かれた憲法理解が要求される。したがって、少なくとも憲法が社会形成に関する規律を設けている場合には、憲法の『発展傾向』は開放に向かっている。憲法制定者の決定が、まさに一定の社会的現状［の維持］を指示している例外は別として、この場合の憲法変遷の限界は、こういう傾向の尊重の下においてのみ、こういう開放の程度と方向を限定しようとすることによって、設定されうる」[72]。

これに対して、国家組織規定については、このような開放性は要請されない。「議会と政府が、さまざまな問題の無限の出現に直面している場合でも、議会と政府の選任および手続は、『一義的に』規定することができる」。「権限規範と手続規範は、憲法の開放性を守るためにこそ、可能なかぎり閉じられるべき」なのである。[73]

(5)　それでは、性質上開かれた規定である基本権規定・国家目標規定については、憲法変遷の限界はいかにして画されるのであろうか。この点に関するブリューデの説明[74]を、再構成すると次のようになるだろう。

第一に、個別の基本権問題の解決は、基本権の性質に関するメタ理論によって統御されうる。ブリューデによれば、基本権解釈の恣意性をこうした「基本権理論」によって食い止めようとした代表的な試みは、ベッケンフェルデの一九七四年論文[75]である。ブリューデは、「制度的基本権理論」「民主的‐機能的基本権理論」といった基本権解釈のメタ理論の類型化には、たとえば「民主的‐機能的基本権理論」と基本法五条の意見表明の自由のように、「理論」がピッタリあてはまる個別基本権規定の解釈を超えた、無理な一般化に陥る危険性があると言う。にもかかわらず、基本権理論の類型が個別基本権の新たな意味の次元を発見し制御する機能を果たすことは、ブリューデによって肯定的に捉えられている。

第二に、ブリューデは、憲法解釈における「討議のプロセス」が、個別具体的な憲法解釈の連続性と安定性を事実上担保する機能を重視している。基本法のもとでは、憲法解釈に参加するすべてのアクターに対して、民主的討議のプロセスが保障されており、解釈者はこのプロセスのなかで合意を調達することを要求される。「解釈者は、憲法規範の意味の追求がおこなわれる合意のプロセスから離れてはならないという点が、とりわけ重大な意義をもつ。…法はわれわれの理論理性の帰結ではなく実践理性の帰結であるから、共同体の最良の実現をめぐる討議のプロセスと結びついている。したがって、新たな立場は、これまで受容されてきた意見や、討議のなかでの反対意見との対決においてのみ、自己を主張することが許されるのである[76]」。

(6)　以上を要約すれば、①基本法七九条の要求として、憲法変遷には規範的限界があること、②それは実質的には憲法解釈の限界であること、③憲法典の文言、憲法制定者の決定によって憲法典に受容された基本原理、これらも憲法変遷の限界を構成するが、実際には解釈の余地がきわめて大きいこと、④基本権規定・国家目標規定は動態的な社会・経済の現実を前提とするため、性質上開かれた規定と理解され、国家組織規定は逆に閉じられた規定と理解されること、⑤広汎な余地のある基本権規定の意味変化（変遷）についても、基本権解釈のメタ理論や、解釈者間の討議プロセスと合意形成が、恣意的解釈を排除する枠機能を果たしうること、これが「憲法変遷の限界」に関するブリューデの見解のアウトラインということになるだろう。このような要約に大過なければ、私の整理枠組では、ブリューデの見解も「枠＝論理説」の一種と理解できることはすでに述べた。

七　おわりに

これまでの考察をもとにして、「意味変化論型」の憲法変遷論と解釈の枠論との関係を、以下のようにまとめておきたい。

①　文言に体現されている規範意味はひとつであるという前提に立つならば、文言が改正されないかぎり、規範の意味が変化することはありえない。たとえば、条文Aの意味はPであると述べてきた裁判所が、Aの意味はQであると見解を変えた場合、PかQのいずれかが誤りだということになる。→憲法変遷否定説[77]

②　①と同じ前提に立ちながら、（たとえば世論の変化とか最高裁判所の判例変更のような）一定の要件が満たされた場合には、文言の規範意味が変化するという考え方もありうる。→憲法変遷肯定説[78]

③　文言の意味は、有権解釈機関の解釈によってその都度確定される。解釈以前には規範は存在せず、あるのはテクストだけである。①と正反対のこういう前提に立つならば、有権解釈機関の解釈の変更は、規範意味その

ものの変化をもたらすことになる。↓憲法変遷肯定説(79)

④　③のように有権解釈を絶対視せず、憲法典の文言の解釈には幅があるが、同時に限界＝枠もあるという立場をとることも可能だ。この立場に立つ場合、枠を超える解釈は端的に憲法違反であって、これを憲法変遷の名で正当化することはできない。↓憲法変遷否定説

⑤　④と同一の前提に立ちながら、とりわけ最終的有権解釈機関による憲法解釈の変更を、それが解釈の枠内とみなされる場合には、憲法典の規範意味の変化、すなわち憲法の変遷と位置づけることも可能だ。↓憲法変遷肯定説(80)

⑥　また、④と同一の前提に立った場合でも、(慣習法の成立・主権者意思の表明など)一定の要件が充足されたときには、枠を越える解釈、すなわち違憲の憲法解釈によって、規範意味そのものが変化するか、あるいは枠が変化するとみなす考え方もありうる。↓憲法変遷肯定説

今日の憲法学界では、①②の立場、すなわち文言は唯一の規範意味を体現しており、解釈とはこの唯一の意味の正しい認識であるという見解は、例外的な少数説とみてよいであろう。またその逆に、③のような「有権的憲法解釈絶対化論」も「わが国ではあまりみられないと思われる(81)」。そこでもし、上述①～⑥のような分類をおこなうとするならば、日本の憲法学者の多くが想定する憲法変遷否定説は④、憲法変遷肯定説は⑥のタイプということになるだろう。

これに対して、現代ドイツ憲法学の通説的立場は、上にみたブリューデの議論が典型的に示しているように⑤である。解釈の枠自体が一義的に明確ではない以上、ある解釈を枠内とみなすか枠外とみなすかという点についても、意見の対立は避けがたい。しかし、特定の解釈的主張が枠内か枠外かを論ずることには、自分が支持しない解釈もそれが解釈論として成り立つことは承認するというメンタリティーの涵養と相俟って、憲法論議を収斂

させ安定化させる上で意味がある。そして、有権解釈機関、とりわけ最終有権解釈機関による憲法解釈が変化したこと、変化後の解釈もありうべき解釈的主張として成り立つこと、これらの点について、憲法解釈のアリーナに参入した人々の間におおよその合意が確認できる場合だけを、特に憲法変遷とよぶことは可能だ。最高裁の憲法解釈を、解釈変更の有無が不明確な場合、枠内と言える解釈変更があった場合、枠外の解釈としか言えない場合に自覚的に区別し、この判断について合意を得ようとする発想は、成文硬性憲法のもとでの変化と安定の調和点を模索するという意味をもつ。こう考えると、限界を伴う憲法変遷（規範意味変化）の可能性を承認する現代ドイツの変遷論にも、傾聴すべき点があることになるだろう。

（1）小林直樹「憲法解釈学の基本問題」田中二郎先生古稀記念『公法の理論・下Ⅰ』（有斐閣、一九七七年）一四〇二頁。
（2）広中俊雄『民法論集』（東京大学出版会、一九七一年）三八二頁。
（3）内野正幸『憲法解釈の論理と体系』（日本評論社、一九九一年）九一頁。
（4）H. Kelsen, Reine Rechtslehre, 2. Aufl., 1960, S. 347-349.
（5）Kelsen, aaO., S. 350 f.
（6）ただしケルゼンによれば、法適用機関による「解釈」には枠内での政策的選択も含まれる。Kelsen, aaO., S. 351.
（7）K. Hesse, Grundzüge des Verfassungsrechts der Bundesrepublik Deutschland, 13. Aufl., 1982, Rn. 77. 本書の最終版である第二〇版の翻訳として、初宿正典・赤坂幸一訳『ドイツ憲法の基本的特質』（成文堂、二〇〇六年）がある。引用した欄外番号77の該当箇所は一三版と二〇版で異ならない。訳は同書四三頁。
（8）宮沢俊義『法律学における学説』（有斐閣、一九六八年）九七―九八頁。
（9）菅野喜八郎『国権の限界問題』（木鐸社、一九七八年）二四九―二五〇頁。
（10）O. Depenheuer, Der Wortlaut als Grenze, 1988, S. 27.
（11）F. Müller, Juristische Methodik, 2. Aufl., 1976, S. 153.

(12) 主張における「発見の過程」（結論に至るまでの心理内的経過）と「正当化の過程」（他者に対する結論の理由づけの過程）との区別という考え方を意識して本文のように説明した。B. Schlink, Bemerkungen zum Stand der Methodendiskussion in der Verfassungsrechtswissenschaft, in: Staat 19 (1980) S. 87、平井宜雄『法律学基礎論覚書』（有斐閣、一九八九年）二〇―二四頁参照。

(13) 小林・前掲論文一四〇三―一四〇四頁参照。

(14) 田中英夫『実定法学入門・第三版』（東京大学出版会、一九七四年）一一九頁。

(15) たとえば沢井裕ほか『道路・隣地通行の法律紛争』（有斐閣、一九八二年）八〇―八二頁参照。

(16) O. Depenheuer, aaO. S. 15 f.

(17) 可能な選択肢は文法的解釈だけで確定されるのか、それとも他の要素も含んだ解釈によって確定されるのか、という点に関するミュラー説の動揺については、Schlink, aaO. S. 99. ミュラー理論全体については小野寺邦広「フリードリッヒ・ミュラーの『構造的』規範論と憲法解釈方法論」中央大学大学院研究年報一六号Ⅰ―1（一九八六年）、服部高宏「F・ミュラーの法律学的方法論（一）（二完）」法学論叢一二三巻三号、六号（一九八八年）参照。

(18) H. Kelsen, aaO., S. 348.

(19) 菅野・前掲書二五〇―二五一頁。

(20) E-W. Böckenförde, Die Methoden der Verfassungsinterpretation, in: NJW 1976, S. 2096. なお、古野豊秋『違憲の憲法解釈』（尚学社、一九九〇年）一四九頁参照。

(21) 小林・前掲論文一四一五頁。

(22) 杉原泰雄『憲法Ⅰ』（有斐閣、一九八七年）八八頁。

(23) 古野・前掲書一七六―一七七頁参照。

(24) 古野・前掲書一六〇頁。

(25) 古野・前掲書一六〇頁。

(26) 古野・前掲書一六六頁。

(27) 古野・前掲書一六六頁。

(28) 古野・前掲書一六七頁。
(29) 杉原・前掲書八八―八九頁。なお、杉原泰雄「憲法解釈と憲法の基礎概念」名古屋大学・法政論集一〇九号（一九八六年）二一―四頁、小林・前掲論文一三七四―一三七六頁も参照。
(30) 杉原泰雄『国民主権と国民代表制』（有斐閣、一九八三年）三頁以下。杉原の「研究プログラム」に対する批判として、長谷部恭男「主権：魔術からの解放？」同『権力への懐疑』（日本評論社、一九九一年）八一頁以下参照。
(31) 藤倉皓一郎「少数者の人権をいかに保障するか」思想一九八七年一一月号九一頁。
(32) M・J・ペリィ（芦部信喜監訳）『憲法・裁判所・人権』（東京大学出版会、一九八七年）一二頁。
(33) 松井茂記「憲法『解釈』の意味」阪大法学一四四号（一九八七年）三四―四一頁参照。
(34) 野坂泰司「アメリカ憲法理論の現代的課題」ジュリスト臨時増刊『憲法と憲法原理』（有斐閣、一九八七年）八〇頁。
(35) 野坂・前掲論文七九―八一頁、藤倉・前掲論文九一―九四頁参照。
(36) たとえば、田中英夫・前掲書一〇〇頁
(37) アメリカ憲法学の文脈での解釈主義批判については、松井・前掲論文四二―五九頁参照。
(38) たとえば小林直樹『憲法第九条』（岩波書店、一九八二年）一七―一八頁、四四―四五頁参照。
(39) O. Depenheuer, aaO. S. 21 f.
(40) P. Schneider, Prinzipien der Verfassungsinterpretation, in: VVDStRL 20, 1963, S. 10–13, O. Depenheuer, aaO. S. 23, anm. 83.
(41) 佐藤幸治『憲法・第三版』（青林書院、一九九五年）四二―四三頁。
(42) たとえば宮沢・前掲書九三―九四頁。
(43) 広中のワク論については、広中俊雄『法と裁判』（東京大学出版会、一九七一年）四六頁、同『法社会学論集』（東京大学出版会、一九七六年）三二一―三二九頁も参照。広中のいう「論理」とは何かは必ずしもはっきりしない。宮沢がこの文脈でいう論理とは、形式論理学上の論理のことではなく、ふつうにいう法律論上の理論構成の意味である（宮沢・前掲書九三頁）。平井も自分が「演繹的正当化」というときの「演繹」は、規範的言明にかかわるものであるから、純粋な形式論理学上の演繹とはいえないと述べている（平井・前掲書二二一―二二三頁）。

(44)　広中『民法論集』三八二頁。
(45)　樋口陽一・栗城壽夫『憲法と裁判』(法律文化社、一九八八年) 五三頁。
(46)　樋口陽一『近代立憲主義と現代国家』(勁草書房、一九七三年) 六七—六八頁。
(47)　三並敏克「憲法解釈という精神作業の性質」京都学園大学論集一八巻一・二号 (一九八九年) 二七七頁
(48)　広中『民法論集』三八四頁。
(49)　平井は、ふつう法解釈方法論と称されてきたものを「法解釈論」と呼び (平井・前掲書六頁)、法律家が紛争解決のためにおこなう「議論」のことを「法律論」と呼んでいる (たとえば二五頁)。「法解釈」という用語が法の客観的認識可能性のニュアンスを含んでいると考えられたためか、「解釈論」という表現は避けられる傾向がみられるが、法を適用して (現実の、あるいは仮設の) 問題を解決するためにおこなわれる「議論」という意味で、本章では「法解釈論」と「法律論」とを区別せずに用いた。
(50)　平井・前掲書一四頁。
(51)　平井・前掲書一六—二四頁。
(52)　平井・前掲書二五—三七頁。
(53)　平井・前掲書三〇頁。
(54)　平井・前掲書六四頁。
(55)　平井・前掲書六五頁。
(56)　平井・前掲書六五頁。
(57)　平井・前掲書六八頁。
(58)　阿部純二「刑法解釈の客観性についての一試論」平場安治先生還暦記念『現代の刑事法学・上』(有斐閣、一九七七年) 三〇頁。Vgl. F. Muller, aaO., S. 153 f.
(59)　菅野・前掲書二五二頁。
(60)　樋口・栗城・前掲書五三—五四頁。
(61)　大橋智之輔・三島淑臣・田中成明編『法哲学綱要』(青林書院、一九九〇年) 二三八—二三九頁 (亀本洋執筆)。

(62) B-O. Bryde, Verfassungsentwicklung, 1982, S. 264 ff.
(63) B-O. Bryde, aaO., S. 264–266.
(64) B-O. Bryde, aaO., S. 267.
(65) B-O. Bryde, aaO., S. 268.
(66) ドイツ基本法の日本語訳としては、高田敏・初宿正典編訳『ドイツ憲法集・第五版』（信山社、二〇〇七年）などがある。
(67) B-O. Bryde, aaO., S. 271.
(68) B-O. Bryde, ebd.
(69) B-O. Bryde, aaO., S. 272.
(70) B-O. Bryde, aaO., S. 272 f.
(71) B-O. Bryde, aaO., S. 274 f.
(72) B-O. Bryde, aaO., S. 276.
(73) B-O. Bryde, aaO., S. 276, S. 279.
(74) B-O. Bryde, aao., S. 289–294.
(75) E-W. Böckenförde, Grundrechtstheorie und Grundrechtsinterpretation, in: NJW 1974, S. 1592 ff. のちに Ders., Staat, Verfassung, Demokratie, S. 115 ff. 翻訳として、E・W・ベッケンフェルデ／初宿正典編訳『現代国家と憲法・自由・民主制』（風行社、一九九九年）二七九頁以下（小山剛訳）がある。
(76) B-O. Bryde, aaO., S. 293.
(77) 岩間昭道「『憲法変遷』についての一試論」芦部信喜先生還暦記念『憲法訴訟と人権の理論』（有斐閣、一九八五年）七六四頁参照。
(78) 橋本公亘『日本国憲法・改訂版』（有斐閣、一九八八年）四〇頁、四五―四七頁。
(79) 樋口・栗城前掲書四一―四三頁所引のトロペール説参照。
(80) ブリューデを例示したように、現代ドイツの通説である。日本でも、かつて清宮四郎は、解釈の枠内の憲法変遷を

「本解釈による変遷」、枠外の変遷を「にせ解釈による変遷」として区別する見解をとっていた（『国家作用の理論』有斐閣、一九六八年一九二―一九八頁）。「本解釈による変遷」は、戦後ドイツの学説が想定する憲法変遷と同趣旨である。

(81)　内野・前掲書一九二頁。

初出・原題一覧

Ⅰ　「国家法人説とベッケンフェルデのアンシュタルト国家論」日本法学七三巻二号（小林宏晨教授古稀記念号）（二〇〇七年）三八五頁以下

Ⅱ　「ドイツ憲法史学における Parlamentarisierung 論をめぐって」東北法学七号（一九八三年）一頁以下

Ⅲ　「ケルゼン・デモクラシー論再考」日本法学五四巻二号（一九八八年）一六九頁以下

Ⅳ　「法治国家と民主制・覚書き」栗城壽夫先生古稀記念『日独憲法学の創造力・下巻』（信山社、二〇〇三年）九九頁以下

Ⅴ　「ドイツ基本法への環境保護規定の導入」比較憲法学研究一三号（二〇〇一年）一頁以下

Ⅵ　「二つの制度的保障論――C・シュミットとP・ヘーベルレ」東北大学・法学四九巻一号（一九八五年）八二頁以下

Ⅶ　「制度保障と人権」長谷部恭男編著『リーディングズ現代の憲法』（日本評論社、一九九五年）一七頁以下

Ⅷ　「法律の一般性とボン基本法一九条一項一文」菅野喜八郎先生古稀記念『公法の思想と制度』（信山社、一九九九年）二五五頁以下

Ⅸ　「基本権放棄の観念と自己決定権」神戸法学年報一八号（二〇〇二年）一頁以下

Ⅹ　「人格の自由な発展の権利」東北大学・法学五〇巻七号（小嶋和司教授退官記念号）（一九八七年）三三頁以下

Ⅺ　「基本法八条の集会の自由と集会法による規制――ブロックドルフ決定――」ドイツ憲法判例研究会編『ドイツの憲法判例』（信山社、一九九六年）一九九頁以下、のちに同編『ドイツの憲法判例・第二版』（信山社、二〇〇三年）二四八頁以下、『「緊急の集会」決定』ドイツ憲法判例研究会編『ドイツの最新憲法判例』（信山社、一九九九年）二〇九頁以下、のちに同編『ドイツの憲法判例Ⅱ・第二版』（信山社、二〇〇六年）二三三頁以下

Ⅻ　「第二次大戦前ドイツの憲法変遷論（一）（二）」日本法学六三巻二号（一九九七年）一頁以下、日本法学六三巻三号（一九九七年）一頁以下

XIII　「第二次大戦前ドイツの憲法変遷論（三）（四・完）」日本法学六三巻四号（一九九八年）九三頁以下、日本法学六四巻一号（一九九八年）六五頁以下

XIV 「憲法変遷概念の変遷」日本法学六六巻三号（北野弘久教授古稀記念号）（二〇〇〇年）二四七頁以下

XV 「憲法解釈の枠について――憲法変遷論への一視角――」菅野喜八郎先生還暦記念『憲法制定と変動の法理』（木鐸社、一九九一年）三五七頁以下

あとがき

本書は、私がこれまで従事してきたドイツ語圏の憲法理論を素材とする比較研究を収録した論文集である。書き下ろしの研究書ではないから、統一的な構想にもとづく著作とは言えない。しかし、どの作品も憲法学の基礎概念をめぐる理論的研究という点では一貫している。この機会に、収録論文の内容と方法について、多少の説明をおこなうことにしたい。

論文の内容に即して全体を三部に分け、第一部には立憲国家の諸原理を取り上げた論考を集めた。憲法の教科書をひもとけば、「憲法は国家の基礎法である」「日本国憲法が立脚する基本思想は立憲民主主義である」といった趣旨の記述に出会う。「国家」「立憲主義」「国民主権」などの茫漠とした抽象概念に、てらいもなく取り組める点に憲法学の醍醐味があるが、同時にまた陥穽もある。「立憲民主主義国家」という人間の営為に魅せられて、フィルムを回したいくつかの映像を集める第一部だが、距離やアングルの不適切なピントのぼけた作品ばかりではないことを願う。

「国家の基礎法」を対象とする学問にとっては、本来、国家の研究は不可欠の作業であろうが、さまざまな事情から憲法学界の国家論研究は低調である。私自身も、特に本格的に研究してきたわけではない。ただ、昨年、国家法人説の問題を取り上げる機会をもったので、憲法学の基礎概念のアルファを取り扱った作品という意味で、今回論文集を編むにあたってこれを第Ⅰ論文として収録した。

第Ⅱ論文～第Ⅳ論文は、ドイツの憲法学なら「国家構造規定」とよぶような、憲法上の統治原理に関する研究である。第Ⅱ論文では、ドイツ公法学の強い影響を受けているはずの日本の学界にはなぜか耳慣れない、「立憲主義」と「議会主義」との対立という、ドイツ特有の議論を取り上げている。他方、一五年の時を隔てて書かれた第Ⅲ論文と第Ⅳ論文は、いずれもドイツ語圏に素材を求めて「立憲主義と民主主義」の関係を探ったもので、私のなかではひとつづきの作品である。

第Ⅴ論文は、ドイツでは「国家構造規定」に対して「国家目標規定」とよばれるものの一つ、「環境国家」規定の導入の経緯と解釈を取り上げている。元来、近代国家は包括的な統治団体と観念され、近代立憲主義憲法学においては、憲法上の統治原理の解明に比べて国家目的・国家目標に対する関心は薄かった。しかし近年では、国家機能の民営化の潮流や九・一一以降のテロ対策の強化などの影響で、憲法学でも国家の役割論・目的論に次第に関心が集まりつつある。第Ⅴ論文は、この流れに掉さした小篇である。

第二部には、文字どおり「基本権保障」関係の六つの論考を集めた。いずれも国家という共同体のなかで、個人の自由を実質化し最適化するためには、憲法の基本権規定はどのように解釈されるべきかという問題関心から、ドイツ語圏の理論を取り扱ったものである。

私が研究生活に入った一九八〇年代の初頭には、ドイツにおける基本権解釈のメタ理論の展開に、ドイツ憲法研究者の大きな関心が集まっていた。第Ⅵ論文は、こうした動向に触発されて、古典的な自由権理解をベースとするカール・シュミットの「制度保障論」と、新傾向の典型と目されたペーター・ヘーベルレの「制度的基本権論」との比較分析を試みたものである。第Ⅶ論文は、第Ⅵ論文で取り上げた「制度的基本権論」という視点を日本の憲法理解に応用しようとしたものだが、まさしく習作にとどまっている。その後、ドイツ法研究の分野では、小山剛『基本権保護の法理』（成文堂、一九九八年）、同『基本権の内容形成』（尚学社、二〇〇四年）、松本和彦『基本権保障の憲法理論』（大阪大学出版会、二〇〇一年）など、基礎理論研究の発展が著しい。これらの成果に学びながら、私自身の関心は、日本国憲法上の基本権の解釈に向かうことが多くなった。

第Ⅷ論文と第Ⅸ論文は、国家による基本権の制限と、本人による基本権の放棄という、いわば対になるテーマを取り扱っている。いまさら断るまでもなく、国家による基本権制限の許容性は、憲法学のまさに最も重要なテーマで、憲法の授業の大半はその解説に割かれていると言っても過言ではない。この大きな問題領域のなかから、やはり基礎論的なテーマの一つとして、「基本権を制限する法律は一般性をもたなければならない」というドイツ憲法上の命題を取り上げ、日本国憲法の立法概念を再検討する視角を得ようとしたのが第Ⅷ論文である。他方、「基本権の放棄」という法的観念は、日本の学界には必ずしも知られていない。第Ⅸ論文では、自己決定と人間の尊厳というテーマの部分問題として、「基本権放棄」の観念に関するドイツの議論を紹介した。

基本権全般にかかわる基礎論的研究と並んで、個別基本権の各論的検討を積み重ねることも、基本権の研究には不可欠である。日本国憲法一三条に匹敵する基本法二条一項の「人格の自由な発展の権利」を考察した第Ⅹ論文と、日本でもこれまでいろいろな議論があった「集会の自由」を対象とした第Ⅺ論文は、こうした各論的研究の試みである。

第一部と第二部がさまざまな機会に発表された論考からなるのに対して、第三部は全体として統一的な構想のもとに執筆されている。第Ⅻ論文と第XIII論文は初出では一つの論考として公表したものであり、その続編にあたる第XIV論文も、それからあまり時を経ないでとりまとめた。第XV論文は、私が変遷論研究に本格的に取り組む契機となった作品で、もともとは第Ⅻ～第ⅩⅣ論文に先行して執筆したものだが、今回論文集にまとめるにあたって手を入れ、本来あるべき場所に置いた。

日本国憲法は、立憲民主主義（本書第一部参照）を「人類普遍の原理」、基本的人権（本書第二部参照）を「侵すことのできない永久の権利」と宣言しているが、人間の営みのすべてがそうであるように、具体的な憲法秩序は当然のことながら時間の経過のなかで変転してゆく。こうした時の流れによる憲法の変化を捉えようとして編み出された憲法学上の道具立ての一つが、「憲法変遷」の観念である。ドイツ由来のこの観念をめぐる先行研究は数多いが、ドイツの文脈における「憲法変遷」概念を精査して、日本の憲法学上の射程を見極めようとした理論研究は案外少ない。第三部はこのテーマに挑戦したものだ。私見によれば、立憲民主主義憲法の「変化と安定」の調和点として、限界を伴う改正と並んで、やはり限界を伴う変遷可能性を構想する点に、現代ドイツの憲法理論の特徴がある。この発想は、日本の憲法学にとっても示唆的であろう。

次に方法の問題についてもひとことしておきたい。外国法研究ないし比較法研究は、日本の憲法学の伝統である。ヨーロッパ近代法の包括的継受からすでに一二〇年を超える蓄積をもつ現代の日本で、なぜいまさら外国法研究か、といぶかしむ向きもあるかもしれない。しかし、それぞれの国家の組織法という性質上、ややもすると独善的な論調が強くなりがちで、また仮説と検証といった研究手法にもなじみにくい分野だけに、憲法学にとっては、比較研究と歴史研究はむしろつねに不可欠の作業と考えられる。そして、ドイツの憲法は、この国の歩んできた歴史、日本とのかかわり、日本の公法学における研究の蓄積、これらの点からみて、今日なお、きわめて興味深い研究対象である。

しかし、ひとくちに外国法研究と言っても、その手法にはさまざまなスタイルがありうる。私のそれは、ほぼ一貫して学説（史）研究Dogmengeschichte、すなわち、ある法的観念Rechtsfigurに関する諸学説の内容・対立・変化の分析検討である。このことは、本書では法制度それ自体や法の制定史、あるいはある法学者の思想の全体像などは直接の考察対象とされていないことを意味する。これはもちろん私の研究の限界であるが、こうした研究スタイルも、とりわけ二〇世紀ドイツ憲法学の学説群像を、いくつかのテーマに即して浮き彫りにし、そこから現代日本の憲法学にとって示唆的な思考類型を探り出すという点では、有効性があると思っている。

また、法的観念の学説研究と言っても、どのような法的観念についての学説なのかという次元の設定の点で、さらにいろいろな手法が考えられる。この観点からは、本書に収録した論文は、四つのグループに分類することができるだろう。第一グループは、「制度保障」（第Ⅵ・第Ⅶ論文）、「憲法変遷」（第Ⅻ～第ⅩⅤ論文）のように、ドイツから日本の学界に輸入され、日本の解釈論に受け入れられているRechtsfigurの再検討を試みた作品である。第二グループは、「立憲主義」の観念を対象とした第Ⅱ論文のように、立憲民主主義憲法に共通する基礎観念について、日本との異同の観点からドイツの学説を取り上げた作品である。第三グループは、ドイツ基本法の特定条文に関する学説を対象とした研究である。第Ⅴ論文（二〇a条「環境保護国家目標規定」）、第Ⅷ論文（一九条一項一文「基本権制限法律の一般性」）、第Ⅹ論文（基本法二条一項「人格の自由な発展の権利」）、第Ⅺ論文（八条「集会の自由」）、がこれに属する。そして第四グループは、日本の学界には知られていないドイツの法観念の紹介である。上述のように、「基本権放棄の観念」に関する第Ⅸ論文がこれにあたる。どういう次元の学説を取り上げるかは、研究の目的によって規定される。本書に収録した諸論文が、目的に即して適切な学説研究となっていることを願う。

初出の論文を改めて読み返すのは苦痛だったが、どの論文もそのときどきに私なりに精一杯の努力を傾けたもので、そのほとんどについては、内容に大きな修正を加える工夫に思い至らなかった。そのため、註などの表記を多少改めたほかは、ほぼ初出のまま再録している。ただ、私の最初の作品である第Ⅱ論文は、「節」ごとの見出しを欠くなど、いまの私の目から見るとかなり読みづらい表現が散見されるので、それらをある程度補正し、結論部の叙述も若干改めた。また、「人格の自由な発展の権利」に関する第Ⅹ論文は、可能ならば本格的に書き直したい論考である。しかし、現状ではその余裕がないので、「二」の註（5）と「四」の註（4）に最小限の補足説明を追加した。さらに、ボン基本法下の憲法変遷論に関する第ⅩⅣ論文に、二〇〇〇年代の研究であるH・A・ヴォルフの所説の紹介を追加し、解釈の枠と変遷との関係を考察した第ⅩⅤ論文には、変遷の限界に関するドイツの議論を組み入れてやや大きな手直しを施した。

初出論文では、読者がそのテーマに関する日本の研究史を追跡できるようにという趣旨で、執筆時に知りえたかぎりの先行文献リストを掲げるのを例とした。今回、これに、初出論文公表後に目にとまった日本語の著書・論文を〔文献補遺〕として追加した。

私は一九八〇年代の前半に東北大学の大学院に在籍し、指導教官である故小嶋和司先生をはじめ、故菅野喜八郎先生、樋口陽一先生、藤田宙靖先生の大学院演習に複数年度参加して、先生方の教えをじかに受ける機会に恵まれた。また、この時期に小嶋和司『憲法学講話』（有斐閣、一九八二年）、菅野喜八郎『国権の限界問題』（木鐸社、一九七八年）、樋口陽一『近代立憲主義と現代国家』（勁草書房、一九七三年）、藤田宙靖『行政法学の思考形式』（木鐸社、一九七八年）を、それこそ「論文作法をつかみとる」という気持ちで精読した。この学びの経験が私の研究活動の原点である。その意味でひっきょう私は、東北大学に公法学の一時代を画した巨人たちの手のひらで踊る凡夫である。学恩に報いることあまりに乏しいが、故小嶋先生をはじめとする先生方のご指導に心からの感謝を申し上げたい。

学術出版の著しい苦境が言われて久しい時代に、このようにわがままな本作りをさせていただけたのは、信山社の袖山貴社長あったればこそである。数年前に論文集出版のお願いを申し上げて快諾を得ながら、その後いろいろと迷いが出て、いたずらに時を過ごしてしまった。それを辛抱強く見守っていただいた上に、拙いものとはいえこうして研究生活に一つの区切りをつける機会を与えてくださった袖山社長には御礼の言葉もない。

最後に、頑固で気難しく、まさに「内弁慶」の典型である私を温かく見守り支えてきた両親と妻に、この場を借りて深い感謝の意を表することをお許しいただきたい。

二〇〇八年二月

著　者

◇ドイツ憲法判例研究会 編◇

栗城壽夫・戸波江二・根森健 編代

ドイツの憲法判例Ⅰ（第２版）

栗城壽夫・戸波江二・石村修 編代

ドイツの憲法判例Ⅱ（第２版）

栗城壽夫・戸波江二・嶋崎健太郎 編代

ドイツの憲法判例Ⅲ（近刊）

栗城壽夫著　15,000円

19世紀ドイツ憲法理論の研究

高田敏・初宿正典編訳　最新版

ドイツ憲法集（第5版）3,300円

◇香城敏麿著作集◇

1 憲法解釈の法理　12,000円

2 刑事訴訟法の構造　12,000円

3 刑法と行政刑法　12,000円

メイン・古代法　安西文夫訳

MAINE'S ANCIENT LAW—POLLOCK版 原書

刑事法辞典　三井誠・町野朔・曽根威彦・吉岡一男・西田典之 編

スポーツ六法2008　小笠原正・塩野宏・松尾浩也 編

裁判制度　2,600円　笹田栄司 著

司法的人権救済論　8,800円　井上典之 著

〈著者紹介〉

赤坂正浩（あかさか・まさひろ）

1956年　東京都に生まれる
1979年　東北大学法学部卒業
1984年　東北大学大学院法学研究科博士後期課程満期退学
日本大学法学部講師・助教授・教授を経て
2001年　神戸大学大学院法学研究科教授，現在に至る

〈主要著作〉

憲法１人権（共著，初版·2000年，第３版·2007年·有斐閣）
憲法２統治（共著，初版·2000年，第３版·2007年·有斐閣）
基本的人権の事件簿（共著，初版·1997年，第３版·2007年·有斐閣）
ファーストステップ憲法（共著，2005年·有斐閣）
ケースブック憲法（共著，初版·2004年，第２版·2007年·弘文堂）
プロセス演習憲法（共著，初版·2004年，第３版·2007年·信山社）

学術選書
8
憲　法

立憲国家と憲法変遷

2008年(平成20年) 5月20日　第1版第1刷発行
5408-2:P640　¥12000E-012:050-015

著　者　赤　坂　正　浩
発行者　今井 貴 渡辺左近
発行所　株式会社 信 山 社
〒113-0033　東京都文京区本郷 6-2-9-102
Tel 03-3818-1019　Fax 03-3818-0344
henshu@shinzansha.co.jp
エクレール後楽園編集部 〒113-0033 文京区本郷 1-30-18
笠間才木支店 〒309-1600 茨城県笠間市才木 515-3
笠間来栖支店 〒309-1625 茨城県笠間市来栖 2345-1
Tel 0296-71-0215　Fax 0296-72-5410
出版契約 2008-5408-2-01010　Printed in Japan

©赤坂正浩, 2008
印刷・製本／松澤印刷・渋谷文泉閣
ISBN978-4-7972-5408-2 C3332　分類323.011-a008 憲法
5408-0101:012-050-0150
《禁無断複写》

事項索引

さ

し

せ

そ

人名索引

ア行

アーベル（G. Abel）……………………………200
イェーゼルゾーン（S. Jeselsohn）
……………………………445～, 492, 495
イェリネック（G. Jellinek）
………22, 28, 395, 404～(憲法変遷論),
476, 491
イーゼンゼー（J. Isensee）…19, 140, 145, 150
イプセン（J. Ipsen）………………………………4
ヴァール（R. Wahl）……………………………52
ヴェーアハーン（H. Wehrhahn）……313, 314
ヴェーラー（H-U. Wehler）………34, 54, 399
ヴェルテンブルーフ（W. Wertenbruch）
……………………………………313, 315
ヴォルフ，ハインリヒ・アマデウス
(H. A. Wolff)……………………556～, 577
ヴォルフ，ハンス・ユリウス
(H. J. Wolff)……………………………4～, 11～
ウーレンブロック（H. Uhlenbrock）………20
エファース（H-U. Evers）……………………325
オーリウ（M. Hauriou）……………193～, 506

カ行

ガイス（M-E. Geis）……………………………359
キミニッヒ（O. Kimminich）…………142, 149
クライン（F. Klein）…186, 191(制度保障
論), 313, 314, 335, 572(憲法変遷論)
グラビッツ（E. Grabitz）……………191, 195
クリューガー，ヒルデガルト
(Hildegard Krüger)……………………272～
クリューガー，ヘルベルト
(Herbert Krüger)………………………539～
クレップファー（M. Kloepfer）……171, 174
クレープス（W. Krebs）………………274～
ケーギ（W. Kägi）…………………………141～
ケルゼン（H. Kelsen）……79～(民主主義
論), 511, 523～(規範衝突), 582～(法解
釈の枠)
コラー（P. Koller）……………………………121

サ行

ザイデル（M. v. Seydel）………………28, 508
シェンケ（W-R. Schenke）………358, 545～
シュタイガー（H. Steiger）…………184, 230
シュ・ダウリン（Hsü Dau-Lin）
……………………487～(憲法変遷論)
シュタール（F. J. Stahl）……………………43
シュタルク（Ch. Starck）……………………218
シュテュルマー（M. Stürmer）
……………………………33～, 55～, 399
シュテルン（K. Stern）
……131～(法治国家概念), 135～(民主
主義概念), 266～(法律の一般性), 295
～(基本権放棄), 551(憲法変遷概念),
576
シュトゥルム（G. Sturm）……………293, 298
シュナイダー（H. Schneider）……………268
シュピース（G. Spieß）………292, 295, 299～
シュミット，ヴァルター（W. Schmidt）
……………………………………………326～
シュミット，カール（C. Schmitt）
…29～(議会主義化論), 183～(制度保障
論), 258, 277, 448（憲法破毀）
シュミット - アスマン
(E. Schmidt-Assmann)……………132, 148
シュルツ - シェファー
(H. Schulz-Schaeffer)……………………325

ショイナー（U. Scheuner）………131, 220～
ショルツ（R. Scholz）……………………326～
スメント（R. Smend）
………………489, 507, 517, 519, 526
ゾボタ（K. Sobota）……………………130～

タ行

デーゲンハルト（Ch. Degenhart）………279
デニンガー（E. Denninger）…………162, 277
デューリヒ（G. Dürig）…………277, 313, 316
ドーナ（グラーフ・ツー・ドーナ）
…………(A. Graf zu Dohna）442～
ドライヤー（H. Dreier）…120～, 144, 151～
トリーペル（H. Triepel）………………442～

ナ行

ニッパーダイ（H. C. Nipperdey）……313, 315

ハ行

ハイエク（F. A. Hayek）…………………109
バイメ（K. Beyme）…………………………43
バウエルンファイント（H. Bauernfeind）
………………………………269, 275
ハース（D. Haas）…………………………313
ハチェック（J. Hatschek）……404～, 509, 514
ハルトゥング（F. Hartung）…27, 30, 399, 484
ピエロート＝シュリンク
(B. Pieroth＝B. Schlink）……307, 332, 579
ピーツカー（J. Piezcker）………291～, 299～
ヒルグルーバー（Ch. Hillgruber）……299～
ヒルデスハイマー（W. Hildesheimer）
……………………404～, 491～, 511
ビルフィンガー（C. Bifinger）………449, 477
ヒンツェ（O. Hintze）………………29, 49～
フィードラー（W. Fiedler）…402, 541～, 569
フォルクマール（D. Volkmar）………272～
フォン・デア・ハイテ
(F. A. Freiherr von der Heydte）…538～
フーバー（E. R. Huber）…………32～, 50～
フーフェルト（U. Hufeld）…………554～, 577
ブライス（J. Bryce）……………417, 436, 506
フラウエンディーンスト
(W. Frauendienst）……………………31～
ブリューデ（B-O. Bryde）
…………………403, 549, 569, 597～
ブレックマン（A. Bleckmann）
……………………200, 201, 292, 299
プロイス（H. Preuss）…………28, 442, 461～
フローヴァイン（J. A. Frowein）…………357
ペータース（H. Peters）……………313, 320～
ベッケンフェルデ（E-W. Böckenförde）
…4～(アンシュタルト国家論), 19, 27,
32～, 47～(議会主義化論), 137～(民
主主義概念), 297, 307(基本権理論),
552～(憲法変遷論)
ヘッセ, エルンスト（E. Hesse）…………316
ヘッセ, コンラート（K. Hesse）
………………148, 543, 566, 569, 573
ヘーフリング（W. Höfling）
……………………357, 550～, 575～
ヘーベルレ（P. Häberle）
…183～(制度的基本権論), 245, 544～
(憲法変遷概念不要論)
ヘルツォーク（R. Herzog）……………269～
ボック（B. Bock）…………………………175
ホフマン（H. Hoffmann）…………………285
ボルト（H. Boldt）……………33, 43～, 57, 399
ボルンハーク（C. Bornhak）………404～, 495

マ行

マイヤー（O. Mayer）…………………11, 21～
マウンツ（Th. Maunz）……………………283
マローニー（M. Malorny）…………………293
ミュラー（F. Müller）………………560～, 583
ミュンヒ（I. v. Münch）……………………349
ムルスヴィーク（D. Murswiek）…………171
メーセン（M. Meessen）…………………268
メンガー（Ch-F. Menger）……………269～

ヤ行

ヤコビ（E. Jacobi）……………………446～, 495

ラ行

ラウー（M. Rauh）…………………………36～
ラーバント（P. Laband）
……372～（憲法変遷論）, 471, 491, 495, 508
リヒター（I. Richter）………………402, 580
リュッケ（J. Lücke）…………………………534
レーヴェンシュタイン
（K. Loewenstein）……………187, 452, 475
レルヒェ（P. Lerche）……………………540～
ロスナーゲル（A. Roßnagel）……547～, 577
ロバース（G. Robbers）……………293, 297～
ローベルト（R. Robert）……………………174
ロールフ（D. Rohlf）…………………………333